KB238928

가장 쉬운 AI 앱 빌더
Dify 실무 가이드

챗봇부터 RAG, 에이전트까지!
Dify로 완성하는 차세대 AI 서비스

Dify

오노 사토시 **지음** | **두발타고** 옮김

AK IT

문의 사항 가이드라인

이 책을 구입해 주셔서 감사드립니다. 책 내용에 대한 독자 여러분의 문의에 적절히 대응하기 위해 다음의 가이드라인을 참고 부탁드립니다.

▶ **질문 방법**
㈜AK커뮤니케이션즈 홈페이지에서 고객센터의 1:1 문의를 이용해주십시오.
http://www.amusementkorea.co.kr/

▶ **답변에 대해서**
질문의 내용에 따라서는 답변에 며칠 혹은 그 이상의 기간이 소요되는 경우가 있습니다.

▶ **질문할 때의 주의**
이 책의 대상을 넘는 것, 기술 부분이 특정되지 않은 것, 또는 독자 고유의 환경에 기인하는 질문 등에는 답변을 드릴 수 없으므로 미리 양해 바랍니다.

▶ 이 책에 기재된 URL 등은 예고 없이 변경될 수 있습니다.

▶ 이 책의 내용에 대해서는 정확하게 기술하려고 노력했으나, 저자, 역자 및 ㈜AK커뮤니케이션즈는 내용에 대해서 어떠한 보증을 하지 않으며, 내용이나 예제에 따른 어떠한 운용 결과에 관해서도 일체의 책임을 지지 않습니다.

▶ 이 책에 게재되어 있는 예제 프로그램, 스크립트 및 실행 결과를 기록한 화면 이미지 등은 특정 설정을 기반으로 한 환경에서 재현되는 예입니다.

▶ 이 책에 기재되어 있는 회사명, 제품명은 모두 각 회사의 상표 및 등록 상표입니다.

들어가며

AI의 진화는 어지러울 정도입니다. ChatGPT가 등장하고 2년이라는 시간이 흘렀습니다. 그동안 생성형 AI는 급격하게 성장했으며, 이제 우리 일상과 비즈니스에 깊이 뿌리를 내렸습니다.

지금 우리들은 기술적 특이점(singularity)이라 불리는 미지의 영역에 점점 가까워지고 있습니다. 어쩌면 그 한 걸음조차 인지하지 못한 채로 내딛고 있는 것일지도 모릅니다.

'AI는 마법처럼 굉장하게 느껴지기는 하지만, 나는 잘 활용하고 있는 것일까…'

이런 목소리들이 들리는 것 같습니다. 아서 C. 클라크(Arthor C. Clark)의 말대로 '충분히 발달한 과학 기술은 마법과 구분할 수 없다'는 표현이 지금처럼 몸에 스며드는 시대는 없었습니다.

그렇다면 그 '마법'을 잘 사용하게 되어 보는 것은 어떨까요?

AI를 보다 잘 활용할 수도, 여러분만의 AI 애플리케이션을 만들 수도 있을 것입니다.

그런 힘을 누구나 손에 넣을 수 있게 하기 위해 이 책을 썼습니다.

이 책에서는 Dify라는 마법의 도구를 사용합니다. 'AI 마법 지팡이'라고 불러도 될 수 있을 것입니다. 지금까지 AI 애플리케이션을 개발하려면 Python, JavaScript 같은 프로그래밍 언어를 사용할 줄 알아야 했습니다. 프로그래밍을 할 수 있더라도, 설계에서 구현까지 많은 시간이 걸렸습니다. 하지만 Dify를 사용한다면 여러분의 아이디어를 곧바로 AI 애플리케이션으로 만들어 낼 수 있습니다.

이 책에서는 생성형 AI를 실제로 업무에 활용하기 위한 세 가지 중요한 개념을 다룹니다.

1. 챗봇: AI와 대화를 통해 정보를 얻거나, 태스크를 실행하는 구조

2. 에이전트: 특정한 목적 또는 역할을 갖고, 자율적으로 태스크를 수행하는 AI

3. 워크플로우: 여러 태스크나 처리를 연동해, 일련의 흐름을 자동화하는 구조

어렵게 들리나요? 걱정하지 않아도 좋습니다. 실제로 Dify를 사용하면서 이 개념들을 학습합니다. 그러면서 자연스럽게 AI 애플리케이션 개발의 기초를 몸에 익히게 될 것입니다.

이 책은 다음과 같은 분들을 위해 썼습니다.

▶ 프로그래밍 경험이 없거나 경험이 적지만, AI를 업무에 활용하고 싶다.

▶ 회사에서 AI 관련 애플리케이션 개발을 담당하게 되었지만, 어디부터 시작해야 할 지 모르겠다.

▶ 고객에게 AI를 활용한 제안을 하고 싶지만, 프로토타이핑에 비용을 들이고 싶지 않다.

▶ 노-코드(no-code) AI 도구의 가능성에 흥미를 가지고 있다.

▶ 당장이라도 AI 애플리케이션을 만들고 싶은 풍부한 아이디어를 가지고 있다.

기술적인 배경은 필요하지 않습니다. AI 애플리케이션 개발 세계에 관해 탐구하고 싶은 모든 분들에게, 단계적으로 깊이 이해할 수 있게 하고자 노력했습니다

이 책의 진면목은 '손을 움직이며 생성형 AI에 관해 학습한다'는 점에 있습니다. Dify의 사용 설명서 같은 책이 아닙니다. 각 장은 구체적인 예시를 제공하고, 이를 통해 실천적인 학습을 진행합니다. 지식을 쌓아가면서 보다 실용적인 AI 애플리케이션을 만들고, 그 과정에서 생성형 AI를 업무에서 활용하는 방법을 몸에 익힙니다. 마치 중세 연금술사들이 궁극의 지식을 얻기 위해 실험을 거듭하는 것처럼 말입니다. 그 과정에서 여러분도 모르게 여러분만의 AI 애플리케이션을 만들 수 있게 될 것입니다. 예를 들면, 사내 업무에 자율적으로 대응하는 챗봇을 만들거나, 업무 플로우를 자동화하는 시스템을 구축할 수 있습니다. 가능성은 무한합니다.

'일본은 대규모 언어 모델 개발 경쟁에서 뒤쳐졌다'고 말하기도 합니다. 하지만 걱정하지 않아도 좋습니다. 애초에 경쟁 자체에 참가하지 않았기 때문입니다. 참가하기도 전에 이미 끝난 시합이었습니다. 그러나 'AI 애플리케이션 개발'의 세계는 이제 시작입니다.

어느 유명한 하키 선수의 말을 소개합니다.

'나는 퍽이 있는 위치가 아니라, 퍽이 이동할 위치로 스케이트를 탄다.'

AI 애플리케이션 개발도 마찬가지입니다. 현재의 것을 좇는 것이 아니라, 이제부터 필요한 것을 만들어 낼 수 있는 기회입니다. 우리가 고민해야 할 지점이 바로 여기입니다.

생성형 AI를 활용한 애플리케이션 개발에서는 다양한 문제가 존재하며 유스케이스도 거의 무한대에 가깝습니다. 우리들은 아이디어를 실현하는 방법을 찾아내야 합니다.

AI 애플리케이션 개발은 그야말로 현대의 연금술이자 마법입니다. 여러분의 아이디어야 말로 새로운 가치를 낳는 매체가 될 것입니다. 생성형 AI라는 현재의 돌과 Dify라는 마법의 지팡이, 그리고 그 마법서를 손에 들고 애플리케이션 개발 던전으로 출발해 봅시다.

2025년 음력 2월,
오노 사토시(小野 哲) 저

● 감사의 글

책을 마무리하면서 응원해주신 석학 후지이 리츠오(藤井律男)씨, 비행선 AI 추천 길드의 오케다 히로노부(桶田博信)씨, 카마키 미오(蒲喜美雄)씨, 오가와 아키미(小川朱美)씨, 오프그리드의 AI 길드 리더 니시무라 류지(西村隆二)씨에게 감사를 전합니다. 항상 용기를 북돋아 준 타노나베 요코(田野邉陽子)씨, 제 아이들과 손자들, 전우들, 디자인 길드 여러분과 이 퀘스트를 진두지휘해 주신 두 바퀴의 용사 이케모토 코헤이(池本公平)씨에게도 감사를 전합니다. 여러분 모두에게 깊이 감사드립니다.

Dify를 활용한 생성형 AI 개발 로드맵

이 책에서는 AI 활용 학습 로드맵을 다음과 같이 구성했습니다. 각 장에서는 Dify를 활용해 생성형 AI 애플리케이션을 개발하는 방법을 설명합니다. 다음 페이지에서 전체가 연결된 구조를 다이어그램으로 표시했으므로 기술, 지식 습득 방침, 및 목표와 과제에 대한 해결 방안으로 참고할 수 있을 것입니다.

▶ **1장 애플리케이션 개발과 Dify의 관계**: AI 개발의 전체 이미지와 Dify의 혁신적인 가치에 관해 설명합니다. Dify가 미래를 만드는 열쇠가 되는 이유와 그 기본에 관해 학습합니다.

▶ **2장 챗봇 작성 방법**: 대화형 AI의 핵심입니다. LLM 관리, 매개변수 조정, 프롬프트 설계에서 간단한 또는 사용자 설정을 통해 자유롭게 챗봇을 구현합니다.

▶ **3장 RAG 활용하기**: 지식의 보물 상자를 활용합니다. 문서 임포트는 물론 최적의 덩어리 분할, 인덱스 설정까지 문서 검색과 지식 베이스 구축의 핵심을 학습합니다.

▶ **4장 에이전트 만들기**: 자율적 태스크 처리의 최전선입니다. 여러 도구를 연동하고 멀티 모달에 대응하며, 문제 해결에 뛰어드는 여러분만의 에이전트를 만듭니다.

▶ **5장 워크플로우 만들기**: 프로세스 설계의 마법입니다. 3개의 노드로 구성된 기본 형태에서 복합적인 시스템까지, 업무 효율을 극적으로 향상시키는 워크플로우를 만드는 방법을 학습합니다.

▶ **6장 다양한 노드 타입 학습하기**: 12개의 기본 패턴을 활용해 노드간 연동과 데이터 흐름을 최적화합니다. 고도의 제어를 실현하는 설계 능력과 실천력을 몸에 익힙니다.

▶ **7장 다양한 도구 사용하기**: 실무에서 다음이 되는 도구를 활용합니다. 웹 브라우징, 코드 자동 실행, 커스텀 도구 설계를 통해 기존 시스템을 혁신하는 방법을 찾아봅니다.

▶ **8장 채팅 플로우 만들기**: 대화와 프로세스를 융합합니다. 변수 관리와 기억 기능을 활용해 사용자와 연속적으로 대화하는 챗봇을 설계합니다.

▶ **9장 API로서 활용하기**: Dify API를 사용해 시스템을 자유롭게 다룹니다. 워크플로우, 챗, 에이전트, 지식 연동 등 API를 통합해 전체를 제어하는 기술을 학습합니다.

▶ **10장 로컬 환경 구축하기**: 보안과 사용자 정의의 최전선입니다. Docker를 활용한 Dify 환경 구축과 로컬 LLM 연동을 통해 클라우드 네이티브 시스템을 실현합니다.

Dify 로드맵

1장	생성형 AI 이해와 활용
무엇을	AI 애플리케이션 개발과 Dify의 관계를 이해한다.
학습 스킬	- AI 애플리케이션 개발 개요 이해 - Dify를 활용한 개발의 의의 이해
실전 스킬	-
만들 수 있는 애플리케이션 예시	-

2장	챗봇 만들기
무엇을	챗봇 만들기 방법을 익히고 AI 애플리케이션 개발의 기본을 닦는다.
학습 스킬	- LLM 모델 관리와 설정 - 기본 모델 이해 - 신규 모델 추가 방법 - API 키 취득과 설정 - LLM 매개변수 관리와 조정 - 각 매개변수의 역할과 영향 이해 - 프리셋(정확/균형/창의적)의 특징 파악 - 목적에 맞는 매개변수 조정 - 프롬프트 이해 - 제로-샷 학습과 퓨-샷 학습 이해 - CoT(Chain of Thought, 생각의 사슬) 이해 - Dify와 프롬프트 관계 이해 - 웹 페이지에 챗봇 내장하기 - 대화 이력 확인 방법 - 챗봇 모니터링 방법
실전 스킬	- 여러 LLM 모델을 구분해서 사용할 수 있다. - Gemini API를 설정할 수 있다. - 모델 제공자를 관리할 수 있다. - 다른 모델의 특징을 이해하고 비교할 수 있다. - Temperature, Top P를 활용한 출력 제어를 이해하고, 조정할 수 있다. - 매개변수를 조합했을 때의 효과를 파악하고 조정할 수 있으며, 용도에 맞게 최적의 매개변수를 설정할 수 있다. - 프롬프트의 본질을 이해하고, 의식하며 프롬프트를 작성할 수 있다. - 프롬프트 종류를 명확하게 구분해서 사용할 수 있다. - CoT를 이해하고 직접 CoT 프롬프트를 작성할 수 있다. - 자사 웹 페이지에 챗봇을 구현할 수 있다. - 대회 이력이나 시스템 모니터링 방법을 이해할 수 있다. - 효과적인 모니터링과 개선을 통해 애플리케이션 품질을 향상시킨다.
만들 수 있는 애플리케이션 예시	- 가장 기본적인 챗봇(대화) - LLM을 커스터마이즈 한 챗봇 - 웹 페이지 안에 챗봇 구현

3장	RAG 활용하기
무엇을	RAG 활용 방법을 다양한 측면에서 이해한다.
학습 스킬	- 지식 구축 방법 이해 - 데이터 임포트와 클리닝 방법 이해 - 덩어리(chunk, 분할) 설정 이해 - 인덱스 모드 선택과 설정 이해 - 벡터 검색의 매개변수 설정 이해 - RAG 입력 데이터 최적화 - 텍스트의 문단화 방법 이해 - 데이터 정규화와 노이즈 제거 방법 이해 - 의미 있는 단위에서의 덩어리 분할 팁 - 고도의 검색 방법 이해 및 구현 - 재랭크(rerank) 구조와 효과 이해 - 하이브리드 검색의 구성 요소 파악 - 각 검색 방법의 장단점 이해
실전 스킬	- 텍스트 파일에서 지식 베이스를 손쉽게 만들 수 있다. - 문서를 적절한 크기로 분할해 검색 성능을 높일 수 있다. - 인덱스 모드 설정을 조정할 수 있다. - 검색 테스트로 검색 결과를 확인할 수 있다. - 지식을 활용한 챗봇을 만들 수 있다. 프롬프트로 대답의 성격을 부여할 수 있다. - 챗봇을 공개 및 공유할 수 있다. - 재랭크 모델을 설정할 수 있다. - 여러 검색 방법을 조합한 검색을 구현할 수 있다. - Top K와 점수의 임곗값을 조정할 수 있다.
만들 수 있는 애플리케이션 예시	- 사내 문서 검색 애플리케이션 - 총무 봇 - 기술 문서 검색/설명 애플리케이션 - 기술 문서 Q&A 봇 - 고객 지원 애플리케이션 - 제품 매뉴얼 검색/설명 애플리케이션

4장	에이전트 만들기
무엇을	에이전트가 무엇인지, 어떻게 만드는지 이해한다.
학습 스킬	- AI 에이전트 만들기와 설정 방법 - 에이전트 기본 설정 방법 - 여러 도구의 조합 및 활용 - 에이전트를 전제로 한 고도의 프롬프트 엔지니어링 - 도구 연동을 통해 태스크 실행 - 멀티 모달 대응 에이전트 이해 - 멀티 모달 대응 에이전트 만들기와 설정 방법 - 비전(이미지 해석)과 도큐먼트(문서 해석) 설정 방법 - 멀티 모달 프롬프트 설계와 응용

실전 스킬	- 목적에 맞춰 도구를 선택하고 조합할 수 있다.
	- 여러 도구를 연동한 복잡한 자율적 태스크를 처리할 수 있다.
	- 에이전트에게 성격을 부여하고, 행동을 제어하도록 설정할 수 있다.
	- 지식과 도구를 조합해 문제를 해결할 수 있다.
	- 이미지를 해석하고, 특정 대상을 추출하고, 관련 정보를 제공하는 애플리케이션을 만들 수 있다.
	- PDF와 문서 파일의 요약을 제공하고, 용어를 보충 설명하는 기능을 구현할 수 있다.
	- 이미지와 문서 해석, 웹 검색을 연동해 여러 정보 소스로부터 통합된 대답을 도출하는 에이전트를 만들 수 있다.
	- 멀티 모달 대응 에이전트를 활용한 업무 효율화 가능성을 제안할 수 있다.
만들 수 있는 애플리케이션 예시	- 에이전트 기능을 필요로 하는 챗봇 - 멀티 모달 대응 Q&A 봇

5장	워크플로우 만들기
무엇을	워크플로우가 무엇인지, 어떻게 만드는지 이해한다.
학습 스킬	- 기본적인 워크플로우 만들기 방법
	- 워크플로우 기본 구조 이해
	- 변수 전달 구조
	- 워크플로우 공개 방법
	- 워크플로우 배치 처리 이해
	- 복합적인 워크플로우 구축
	- 다른 역할의 LLM 연동 설계
	- 지식 베이스와 LLM 내장
	- 단계적인 정보 처리 구현
	- 회의록 작성 워크플로우 구축
	- 단계적인 회의록 생성 프로세스 설계
	- 시계열 데이터 정리와 요약
	- DSL 활용과 애플리케이션 공유
	- DSL 파일 익스포트 방법
	- DSL 파일 임포트 방법
실전 스킬	- '시작', 'LLM', '종료'의 3개 노드로 이루어진 기본 구성을 만들 수 있다.
	- 입력 필드를 설정할 수 있다.
	- 'LLM' 노드의 기본 설정을 할 수 있다.
	- 공개 방법을 파악하고 애플리케이션으로 실행할 수 있다.
	- 워크플로우 배치 처리를 이용해 실무에 응용할 수 있다.
	- 지식 베이스로부터 정보를 추출하고 활용할 수 있다.
	- 단계적인 처리를 활용해 통합적인 대답을 만들 수 있다.
	- 각 노드의 역할에 맞춰 프롬프트를 설계할 수 있다.
	- 장문 텍스트를 효율적으로 처리하는 방법을 이해할 수 있다.
	- 섹션 분할을 활용해 문서를 구조화 할 수 있다.
	- 시간 정보를 포함한 회의록 포맷을 만들 수 있다.
	- 프롬프트를 활용해 출력을 제어할 수 있다.
	- 작성한 워크플로우를 다른 사람과 공유할 수 있다.
	- 다른 사람의 워크플로우를 자신의 환경에 추가할 수 있다.
만들 수 있는 애플리케이션 예시	- 기획서 자동 생성 애플리케이션 - 회의록 작성 애플리케이션 - 사내 시스템과의 연동(배치 처리)

6장	다양한 노드 타입
무엇을	타입으로 노드를 학습한다.
학습 스킬	- 워크플로우 타입과 기본 패턴 이해 - 12 기본 패턴(타입) 이해와 활용 - 각 노도의 특성과 조합 방법 이해 - 데이터 흐름과 노드간 연동 방법 파악
실전 스킬	- 기본적인 처리 플로우부터 고급 처리까지 구현할 수 있다. - 목적에 가장 적절한 노드를 선택할 수 있다. - 여러 노드를 조합해 효율적인 워크플로우를 설계할 수 있다. - 각 타입을 응용해 독자적인 워크플로우 패턴을 만들 수 있다.
만들 수 있는 애플리케이션 예시	- 노드를 사용한 복잡한 제어가 필요한 애플리케이션 - 구조화를 사용한 명함 리더 - 구조화를 사용한 서류 입력 - 멀티 모달 대응 노드 구성을 갖는 애플리케이션 - 병렬 실행 구조를 갖는 애플리케이션

7장	다양한 도구 사용 방법
무엇을	다양한 도구의 사용 방법을 이해하고 응용한다.
학습 스킬	- 고급 도구 활용과 커스터마이즈 - 에이전트와 워크플로우에서의 도구 사용 차이 이해 - 다양한 도구의 특성과 적절한 사용 방법 파악 - 커스텀 도구 작성 기초
실전 스킬	- 도구를 활용해 웹 브라우징 도구를 구현할 수 있다. - 도구를 활용해 Code Interpreter를 활용한 프로그램 실행 환경을 구축할 수 있다. - 기존 워크플로우를 도구로서 재사용할 수 있다. - 목적에 맞춰 커스텀 도구를 설계하고 구현할 수 있다.
만들 수 있는 애플리케이션 예시	- 도구를 응용한 모든 애플리케이션 - 웹 브라우징 애플리케이션 - 코드 자동 실행 애플리케이션 - 20가지 도구를 사용한 애플리케이션(예: 검색, 스크레이핑, 이미지 생성, 주식 정보 등)

8장	채팅 플로우 작성
무엇을	채팅 플로우의 개념을 이해하고 애플리케이션을 만든다.
학습 스킬	- 챗봇과 워크플로우의 융합 이해 - 기본적인 채팅 플로우 작성 방법 - 멀티 모달 대응 채팅 플로우 작성 방법 - 대화 변수 이해 - 대화 변수 사용 - 변수 대입 사용
실전 스킬	- 지금까지 학습한 모든 방법을 채팅 플로우에서 사용할 수 있다. - 대화의 기억을 이용한 애플리케이션을 만들 수 있다.
만들 수 있는 애플리케이션 예시	- 위의 내용으로 생각할 수 있는 모든 애플리케이션 - 파일을 여러 번 읽지 않고 일시적으로 기억해야 하는 애플리케이션 - 대화 내역을 기억해야 하는 애플리케이션 - 멀티 모달 대응 다기능 챗봇

9장	API로서 활용
무엇을	Dify API로서 활용한다.
학습 스킬	- Dify API 이해 - 워크플로우 API 조작 방법 - 챗 API 조작 방법 - 에이전트 API 조작 방법 - 지식 API 조작 방법 - Dify API 활용 이해
실전 스킬	- Dify API를 경유해 워크플로우를 제어할 수 있다. - Dify API를 경유해 챗봇을 제어할 수 있다. - Dify API를 경유해 에이전트를 제어할 수 있다. - 스트리밍을 활용한 접근 방법을 구현할 수 있다. - 기간 시스템에서 Dify를 BaaS로서 사용할 수 있다.
만들 수 있는 애플리케이션 예시	- 한정적으로 사용되는 사내 전용 애플리케이션 - 기간 시스템과 연동되는 모든 애플리케이션

10장	로컬 환경 구축
무엇을	Docker 환경을 구축하고 Dify 로컬 환경을 만든다.
학습 스킬	- 로컬 환경의 장점 이해 - Docker 이해 - Docker를 활용한 Dify 환경 구축 방법 - 설정 파일을 통한 Docker 내부 구조 이해 - 설정 파일을 통한 Docker 환경 커스터마이즈 방법 - 로컬 LLM 구축 방법 - Dify와 로컬 LLM 연결 방법
실전 스킬	- 로컬 환경에서 Dify를 구축할 수 있다. - 사내 Dify를 구축해 보안을 강화할 수 있다. - 로컬 환경을 커스터마이즈 할 수 있다. - 로컬 LLM을 내 PC 안에 구축할 수 있다. - 로컬 LLM과 Dify를 연결해 완전한 클로즈드 AI 환경을 구축할 수 있다.
만들 수 있는 애플리케이션 예시	- 외부 연결이 전혀 필요하지 않은 완전한 클로즈드 환경에서 사용하는 위의 모든 애플리케이션 - 독자 LLM을 사용한 모든 애플리케이션 - 보안성을 고려한 사내 전용 AI 애플리케이션

목차

Chapter 1 기초 지식 및 개발 도구 준비   23

1.1 생성형 AI가 대답하는 구조와 사용자 애플리케이션   24

1.2 Dify의 역할과 문제 해결 주도 개발   27

    1.2.1 Dify의 등장   28

    1.2.2 무엇을 만들고 싶은가?   29

    1.2.3 인간과 AI의 새로운 협업   29

    1.2.4 Dify로 시작되는 문제 해결 주도 개발   30

1.3 Dify란 무엇인가?   31

    1.3.1 오픈 소스의 장점   31

    1.3.2 노-코드, 로우-코드 개발의 매력   32

    1.3.3 API로서 호출 가능   37

    1.3.4 로컬 환경 실행 가능   38

    1.3.5 Dify의 부족한 점   39

Chapter 2 챗봇 작성   41

2.1 Dify 사용하기   42

    2.1.1 Dify 시작하기: 클라우드 버전과 커뮤니티 버전   42

    2.1.2 Dify 계정 만들기   42

    2.1.3 첫 애플리케이션 만들기   44

    2.1.4 애플리케이션 테스트하기   45

    2.1.5 애플리케이션 공개하기   45

    2.1.6 챗봇 웹 애플리케이션 공유하기   47

    2.1.7 다음 단계로   47

2.2 LLM 모델 등록   47

    2.2.1 기본 모델 확인하기   48

    2.2.2 다른 LLM 사용하기   48

    2.2.3 API 요금   50

    2.2.4 Gemini를 사용할 수 있게 하기   50

    2.2.5 Gemini 모델로 테스트하기   55

2.3 LLM 매개변수 조정   57

2.3.1 매개변수 설정 기본   57

2.3.2 매개변수 차이 경험하기   58

2.3.3 LLM 매개변수 구조 이해하기   58

2.3.4 Temperature: 창조성 온도 조정   59

2.3.5 Top P: 선택지 제한   59

2.3.6 2개의 매개변수 연동하기   60

2.3.7 실전: 용도에 맞게 설정하기   60

2.4 프롬프트   62

2.4.1 프롬프트의 중요성   62

2.4.2 시스템 프롬프트와 사용자 프롬프트   63

2.4.3 제로-샷 학습과 퓨-샷 학습   65

2.4.4 제로-샷 학습   66

2.4.5 퓨-샷 학습   67

2.4.6 CoT로 문제를 해결하기   69

2.4.7 정리   72

2.5 웹페이지에 챗봇 삽입   74

2.5.1 삽입하기   74

2.5.2 이렇게 간단해도 되는가?   79

2.6 이력 확인과 모니터링   80

2.6.1 로그 확인 방법   80

2.6.2 로그의 중요성   80

2.6.3 챗봇 모니터링   81

2.6.4 모니터링과 로그의 진가   83

Chapter 3 RAG 활용   85

3.1 RAG란?   86

3.1.1 RAG를 4단계로 이해하기   87

3.1.2 유사도 검색 이해하기   87

3.1.3 RAG의 뛰어남   88

3.1.4 Dify로 RAG를 구현하기   89

3.2 지식 구축   90

3.2.1 지식 베이스 만들기   90

3.2.2 텍스트 전처리와 클리닝   91

3.2.3 인덱스 모드와 임베딩 모델 선택하기   93

3.2.4 검색 설정하기   93

3.2.5 검색 기능 테스트하기   94

3.3 챗봇에서 RAG 수행 96
3.3.1 새로운 애플리케이션 만들기 96
3.3.2 프롬프트와 컨텍스트 설정하기 97
3.3.3 모델 선택하기 98
3.3.4 디버그와 미리보기 99
3.3.5 실제 채팅해보기 100

3.4 RAG의 핵심은 입력 데이터 101
3.4.1 데이터 준비 101
3.4.2 분할(덩어리)이 왜 중요한가? 102
3.4.3 데이터 정리 방법 102
3.4.4 문학 작품을 AI에게 읽게 하기 102
3.4.5 PDF 변환의 함정 103
3.4.6 '텍스트 문단화 방법' 등장 103
3.4.7 문단화의 효과 105
3.4.8 출력 결과를 통합해 벡터화 하기 105
3.4.9 깔끔하게 정렬된 데이터가 가진 위력 107
3.4.10 우선 여기에서 시작하자 108

3.5 하이브리드 검색 108
3.5.1 재랭크를 통해 검색 결과를 한 단계 고도화하기 109
3.5.2 Cohere 모델 사용하기 109
3.5.3 하이브리드 검색을 사용해 보다 망라적으로 검색하기 111

Chapter 4 에이전트 작성 115

4.1 에이전트란 116
4.1.1 왜 에이전트 시대라 부르는가? 116
4.1.2 AI 에이전트의 간단한 구조 116
4.1.3 AI 에이전트를 구축하려면 118

4.2 Dify로 에이전트 구현 120
4.2.1 에이전트 선택과 만들기 120
4.2.2 컨텍스트 등록하기 120
4.2.3 도구 등록하기 121
4.2.4 '단계'에 프롬프트 작성하기 123
4.2.5 개별 도구의 기능을 대화로 테스트하기 125
4.2.6 정리 127

4.3 도구 연동 실제 예시 128
4.3.1 시간과 정보 검색 연동하기 128

4.3.2 웹 검색과 계산 연동하기   128

4.3.3 지식과 계산 연동하기   129

4.3.4 정리   131

4.4 멀티 모달 대응 실제 예시   132

4.4.1 멀티 모달의 가능성   132

4.4.2 에이전트 설정하기   133

4.4.3 이미지를 읽어 질문하기   134

4.4.4 PDF 파일을 읽어 요약하기   135

4.4.5 정리   136

Chapter 5 워크플로우 작성   137

5.1 AI 애플리케이션 개발 기본 기술   138

5.1.1 일반적인 워크플로우와 AI 워크플로우의 차이   138

5.1.2 Dify를 사용한 워크플로우란   139

5.2 워크플로우 만들기   140

5.2.1 새로운 워크플로우 만들기   140

5.2.2 '시작' 노드 설정하기   141

5.2.3 'LLM' 노드 추가하기   142

5.2.4 'LLM' 노드 설정 항목   143

5.2.5 테스트 실행하기   145

5.2.6 '출력' 노드 연결하기   146

5.2.7 워크플로우 공개하기   149

5.3 두 가지 워크플로우 공개 모드   150

5.3.1 애플리케이션 실행하기   150

5.3.2 앱 일괄 실행하기   151

5.4 지식 연결 및 통합   156

5.4.1 사내 상담 창구 유스케이스   157

5.4.2 '지식 검색' 노드 연결하기   157

5.4.3 총무 담당자 노드 추가하기   159

5.4.4 책임자 노드 추가하기   162

5.4.5 실제 예시: 상사의 갑질 상담   163

5.5 회의록 작성   166

5.5.1 간단한 회의록 작성하기   166

5.5.2 보다 자세히 정리하도록 개선하기   169

5.5.3 이 방법의 포인트   173

5.6 DSL 내보내기와 가져오기   173

   5.6.1 DSL 내보내기   174

   5.6.2 DSL 가져오기   175

   5.6.3 그 밖의 DSL 내보내기 방법들   176

   5.6.4 실전 어드바이스: 효과적인 DSL 활용법   177

Chapter 6 다양한 노드 타입   179

6.1 타입 1 = 시작 - 종료 : 알파이자 오메가   180

   6.1.1 노드란?   180

   6.1.2 모든 시작은 '시작'에서   180

   6.1.3 가장 기본적인 조합, '시작' – '출력'   181

   6.1.4 이 안에서 어떤 일이 일어나는가?   183

   6.1.5 입력 필드 설정 이해하기   185

   6.1.6 여러 입력 필드 설정하기   186

   6.1.7 여러 출력 변수를 지정할 때의 주의점   187

   6.1.8 마크다운을 사용해 보다 풍부하게 출력하기   188

6.2 타입 2 = 시작 - LLM - 종료: 궁극의 형태   191

   6.2.1 왜 '궁극'인가?   191

   6.2.2 LLM 추가   191

   6.2.3 변수 설정하기   193

   6.2.4 이 형태가 가진 진짜 힘   196

   6.2.5 CoT를 'LLM' 노드로 구현하기   197

6.3 타입 3 = 조건 분기: 조건에 따른 처리 분기   198

   6.3.1 단순한 조건 분기 IF/ELSE   199

   6.3.2 각 분기에 LLM을 연결해 설정하기   203

   6.3.3 '출력' 노드 추가하기   205

   6.3.4 실행하기   206

   6.3.5 ELIF   207

   6.3.6 질문 분류기 노드를 사용해 자동으로 분류하기   211

   6.3.7 질문 분류기 노드 설정하기   212

6.4 형태 4 = 지식 취득: RAG로 지식 취득   216

   6.4.1 왜 워크플로우에서 RAG를 사용하는가?   216

   6.4.2 '시작' 노드 설정하기   217

   6.4.3 '지식 검색' 노드 추가 및 설정하기   217

   6.4.4 'LLM' 노드 추가하기   220

   6.4.5 '출력' 노드에 연결하기   221

6.4.6 워크플로우에서 RAG 응용하기   223

6.5 형태 5 = 변수 꺼내기: 매개변수 추출   223

6.5.1 매개변수 추출이란?   223

6.5.2 실제 만들어보기   224

6.5.3 매개변수 추출 패턴 모음   228

6.5.4 단순한 배열 패턴 예시   230

6.5.5 매개변수 추출의 진가   231

6.6 형태 6 = 반복 처리: '반복' 노드 사용   231

6.6.1 가장 간단한 반복 처리 만들기(파일 색상 가이드)   232

6.6.2 테스트하기   237

6.7 형태 7 = 형태가 정해진 문장 처리: 템플릿 사용 방법   240

6.7.1 반복 처리를 수행한 뒤 무엇을 해야 하는가?   240

6.7.2 보다 뛰어난 템플릿   242

6.7.3 템플릿 기본   243

6.7.4 보다 복잡한 템플릿   244

6.7.5 입력 처리에서 템플릿 활용하기   246

6.7.6 템플릿 타입의 본질   247

6.7.7 템플릿 활용 팁   248

6.8 형태 8 = 코드 실행: 비장의 카드   248

6.8.1 '코드' 노드 사용하기   249

6.8.2 다양한 샘플   257

6.8.3 httpx로 API 호출하기   265

6.9 형태 9 = API 소환술: 'HTTP 요청' 노드를 사용한 API 연동   270

6.9.1 왜 'HTTP 요청' 노드를 사용하는가?   270

6.9.2 지명에서 위도와 경도를 얻어보기   270

6.9.3 실행 및 응답 확인하기   271

6.9.4 데이터 추출 및 형태 정리하기('코드' 노드)   273

6.9.5 다시 실행하기   274

6.10 형태 10 = 병렬 실행: 노드 동시 실행   275

6.10.1 병렬 실행의 기본 형태   275

6.10.2 실행해보기   276

6.10.3 '출력' 노드 이외의 다른 노드에서 병렬 실행 결과 받기   282

6.10.4 주의점과 팁들   285

6.10.5 병렬 실행 활용 예시   285

6.10.6 정리   286

6.11 형태 11 = 파일 처리: 다양한 파일 읽기   286

6.11.1 문서를 읽어 요약하기 287

6.11.2 워크플로우 작성하기 288

6.11.3 이미지 파일을 읽어 설명하게 하기 295

6.11.4 음성 파일을 읽어 녹취록 작성하기 299

6.11.5 목록 처리로 나누어 처리하기 302

6.12 형태 12 = 구조화 출력: 비구조화 데이터 구조화 307

6.12.1 텍스트에서 구조화 출력하기 308

6.12.2 이미지로부터 구조화 출력하기(명함 리더 유스케이스) 324

6.13 정리: 12개의 형태와 그 무한한 가능성 333

Chapter 7 다양한 도구 사용 방법 335

7.1 에이전트와 워크플로우에서의 도구 사용 336

7.1.1 에이전트와 워크플로우에서의 사용 방법의 차이 336

7.1.2 에이전트에서 만들고 워크플로우에서 사용하기 337

7.2 웹 브라우징 작성 338

7.2.1 에이전트에서 만들기 338

7.2.2 워크플로우에서 만들기 340

7.2.3 정리 및 실전 포인트 351

7.3 Code Interpreter 작성 351

7.3.1 에이전트로 만들기 352

7.3.2 실행 및 확인하기 353

7.3.3 워크플로우에서 구현하기(매개변수 추출기 사용) 355

7.3.4 결과를 '템플릿' 노드에서 정리하고 실행하기 358

7.3.5 워크플로우에서 구현하기(구조화 출력 사용) 360

7.3.6 정리: 두 가지 Code Interpreter 구현 방법 366

7.4 워크플로우 도구 삽입 367

7.4.1 워크플로우를 도구화 하는 것이 좋은 이유 367

7.4.2 워크플로우를 도구로 저장하기 369

7.4.3 도구 사용하기 370

7.4.4 도구 설정 및 실행하기 371

7.4.5 실행하기 372

7.4.6 이 방법이 훌륭한 이유 372

7.5 커스텀 도구 작성 372

7.5.1 커스텀 도구의 정체 372

7.5.2 GitHub API 시험하기 373

7.5.3 커스텀 도구 설정하기 375

7.5.4 테스트 버튼으로 동작 확인하기 376

7.5.5 의문 = 응답 제어에 관해 376

7.5.6 OpenAPI(Swagger) 사양 중 가장 중요한 부분은 어디인가? 377

7.6 정리: 창조를 위한 3가지 비기 379

7.6.1 비기 1: 형태를 사용해 기초 다지기 379

7.6.2 비기 2: 도구를 사용해 가능성 넓히기 379

7.6.3 비기 3: 사용 방법 구분하기 379

7.6.4 창조의 문이 열렸다 379

Chapter 8 채팅 플로우 작성 383

8.1 채팅 플로우 이해 384

8.1.1 왜 마지막에 채팅 플로우인가? 384

8.1.2 채팅 플로우의 특징 384

8.1.3 채팅 플로우 실전 활용하기 384

8.1.4 채팅 플로우의 발전성 385

8.2 채팅 플로우 작성 385

8.2.1 가장 간단한 Q&A 봇 385

8.2.2 실행하기 387

8.2.3 조금 더 개선하기 388

8.2.4 실행하기 390

8.2.5 지식을 사용해 개선하기 391

8.2.6 실행하기 395

8.3 멀티 모달 대응 396

8.3.1 멀티 모달의 가능성 397

8.3.2 멀티 모달 채팅 플로우의 구조 397

8.3.3 채팅 플로우 만들기 398

8.3.4 이미지를 업로드 설정하기 401

8.3.5 실행 및 테스트하기 402

8.3.6 문서 처리 경로 구현하기 404

8.3.7 문서 읽기 대응하기 405

8.3.8 실행 및 테스트하기 407

8.3.9 실전 사용 예시 생각하기 408

8.4 임의로 대화를 기억할 수 있는 대화 변수와 변수 대입 409

8.4.1 왜 대화 변수가 필요한가? 409

8.4.2 대화 변수란? 409

8.4.3 대화 변수 설정하기 409

8.4.4 '변수 할당자' 노드 추가하기 411

8.4.5 실행하기 412

8.4.6 대화 변수 응용하기 415

8.4.7 주의점 415

8.4.8 정리 416

Chapter 9 API로서의 활용 417

9.1 자유를 안겨주는 API 418

9.1.1 Dify는 BaaS이기도 하다 418

9.1.2 API로 확장되는 가능성 419

9.2 Dify API 접근 420

9.2.1 간단한 애플리케이션 만들기 420

9.2.2 API 키 얻기 421

9.2.3 API 호출하기(cURL 사용) 423

9.2.4 명령어 설명 426

9.2.5 동작 설명 428

9.2.6 Python으로 프로그래밍하기 429

9.2.7 API를 호출하는 프로그램 작성하기 431

9.2.8 보다 실용적인 프로그램으로 434

9.2.9 웹 UI에서 테스트하기 436

9.2.10 워크플로우 API 정리 440

9.3 챗봇 API 사용 441

9.3.1 기본적인 챗봇 441

9.3.2 API 키 얻기 444

9.3.3 API 동작 시키기 444

9.3.4 Python + Gradio를 사용해 챗봇 만들기 448

9.4 스트리밍 대응 451

9.4.1 스트리밍이란? 451

9.4.2 시험해보기 452

9.4.3 Python 프로그래밍 454

9.4.4 프로그램 설명 456

9.5 에이전트 대응 459

9.5.1 에이전트 대응을 위해서는 459

9.5.2 에이전트 API 키 얻기 460

9.5.3 에이전트 API 테스트하기 460

9.5.4 응답 내용 해석하기 462

9.5.5 에이전트로서 프로그래밍하기   467

9.6 API를 사용한 지식 조작   470

9.6.1 왜 지식 API가 필요한가?   471

9.6.2 지식 구조 이해하기   471

9.6.3 빈 데이터셋 만들기   473

9.6.4 API 키 생성하기   475

9.6.5 텍스트를 문서에 추가하기   476

9.6.6 API로 문서 업데이트하기   479

9.6.7 파일에서 문서 만들기   482

9.6.8 파일에서 문서 업데이트하기   485

9.6.9 그 밖의 주요 지식 API   488

9.6.10 정리: 필자가 실제 예시를 통해 본 Dify API의 가능성   489

Chapter 10   로컬 환경 구축   491

10.1 Docker   492

10.1.1 다양한 주민들이 살고 있는 Linux 거리   493

10.1.2 편리한 이삿짐 상자의 등장   494

10.1.3 Docker… 그리고 Dify   495

10.2 Docker를 사용한 설치 방법   496

10.2.1 Docker 설치를 위한 조건   496

10.2.2 준비: Git 설치   496

10.2.3 Docker 설치하기   497

10.2.4 Docker 사용 방법   497

10.2.5 Dify를 Docker 위에 설치하기   498

10.2.6 Dify 버전 업데이트 순서   502

10.3 Dify 내부 구조   504

10.3.1 docker-compose.yml 이해하기   504

10.3.2 다양한 컨테이너의 세부 사항 확인하기   506

10.3.3 웹 서비스 살펴보기   507

10.3.4 Dify 기억 장치 이해하기   509

10.3.5 weaviate   511

10.3.6 정리   511

10.4 환경 변수와 커스터마이즈   511

10.4.1 무엇을 설정할 수 있는가?   512

10.4.2 환경 변수 세계 확인하기   512

10.4.3 환경 변수 문법 이해하기   512

10.4.4 환경 변수 설정 방법   514

10.4.5 환경 변수 우선 순위 이해하기   515

10.4.6 .env 파일 활용하기   516

10.4.7 커스터마이즈 설정 예   516

10.4.8 트러블 슈팅   517

10.4.9 정리: 환경 변수 마스터의 길   518

10.5 Ollama로 로컬 AI 챗봇 작성   519

10.5.1 시스템 요구사항 체크하기   519

10.5.2 모델 다운로드 및 실행하기   521

10.5.3 환경 변수 설정하기(외부 접근 허가하기)   521

10.5.4 외부 접근 확인하기   522

10.5.5 Dify와 연동하기   523

10.5.6 정리   526

MEMO

## Chapter 1

기초 지식 및 개발 도구 준비

일어나 눈을 떠보니, 전혀 모르는 세계가 펼쳐져 있습니다.

'여기는 이세계인가?'

지금까지의 세계에서 가지고 있던 스킬은 새로운 세계에서는 통하지 않는 것 같습니다. 그리고 앞으로 필요할 것처럼 보이는 스킬도, 아직 여러분은 갖고 있지 않습니다.

그런 여러분 앞에 이상한 빛을 뿜어내는 탑이 나타났습니다. '튜토리얼 던전'이라 불리는 이 장소에서, 여러분은 새로운 힘을 손에 넣게 됩니다. '생성형 AI'라는 마법의 힘입니다. 이 힘을 잘 활용할 수 있다면, 분명히 이 세계에서 길을 열 수 있을 것입니다.

여러분의 눈 앞에는 3개의 문이 있습니다.

첫 번째 문은 '이상한 문'입니다. 이 문 너머에는 생성형 AI가 대체 어떻게 대답을 만들어 내는지, 그 이상한 구조에 대한 설명이 있습니다.

두 번째 문은 '창조의 문'입니다. 이 문 너머에는 'Dify'라는 이름의 특별한 마법 지팡이가 감춰져 있습니다. 이 지팡이를 흔들면 여러분의 아이디어를 AI 애플리케이션이라는 현실의 형태로 창조할 수 있습니다.

마지막 세 번째 문은 '가능성의 문'입니다. 이 문 너머에는 이 마법의 지팡이(Dify)에 대한 깊은 본질이 숨어 있습니다. 지팡이에 담겨진 힘의 본질을 알게 되면 여러분은 상상을 뛰어넘는 가능성을 갖게 될 것입니다.

이 던전을 공략하기 위해 여러분은 생성형 AI라는 "마법"을 활용하면서 한 걸음씩 걸어 나가게 될 것입니다. 'AI는 멋진 것이구나'라는 단순한 감상에서 그치지 않고 '좋아, AI를 사용해 무엇인가 만들자!'라는 창조의 의욕이 솟구쳐 오를 것입니다.

1.1 생성형 AI가 대답하는 구조와 사용자 애플리케이션

1.2 Dify의 역할과 문제 해결 주도 개발

1.3 Dify란 무엇인가?

1.1 생성형 AI가 대답하는 구조와 사용자 애플리케이션

여러분은 아마도 ChatGPT의 화면에 이 말을 가장 먼저 했을 것입니다.

'안녕하세요.'

그러면 화면 너머에서 이렇게 대답합니다.

'안녕하세요. 저는 대규모 언어 모델입니다. 무엇을 도와드릴까요?'

마치 옆에 있는 누군가와 대화를 하는 듯 자연스럽고 매끄럽습니다. 그리고 놀랄 만큼 완벽한 대화가 진행되었습니다. 세상의 모든 사람이 놀랐습니다.

'이게 정말 AI인가? 반대쪽에서 누군가가 엄청난 속도로 문자를 입력하는 것이 아닌가…?'

여러분만 그렇게 생각하지는 않았을 것입니다. ChatGPT, Gemini, Claude와 같은 이 생성형 AI 들은 순식간에 우리의 일상으로 침투해버렸습니다.

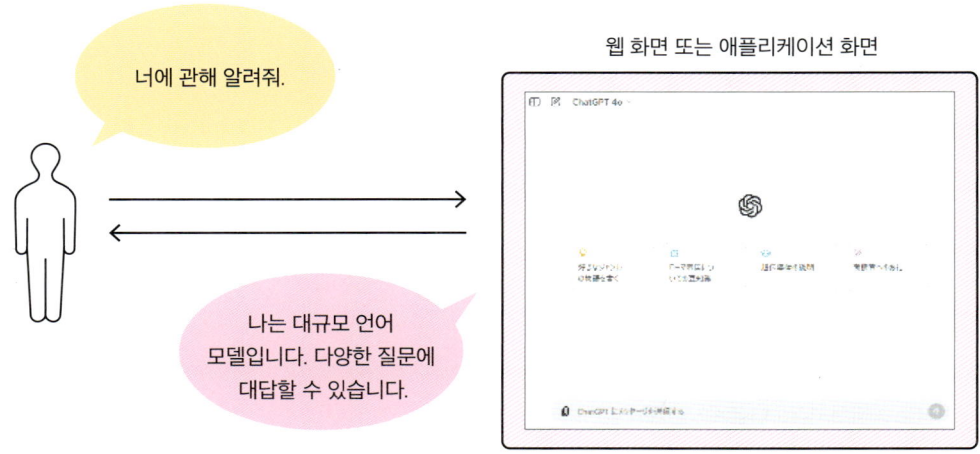

하지만 마법처럼 보이는 이 구조는 사실 매우 단순합니다.

다음 그림을 봅시다.

여러분이 화면에 입력한 질문은 **API**라는 다리를 건너, 마법의 본체에 해당하는 대규모 언어 모델 (LLM, Large Language Model) 서버로 전달됩니다.

그리고 LLM이 생각해 생성한 대답이 다시 같은 다리를 건너 여러분이 보는 화면에 표시됩니다 공 대신 말을 사용해 캐치볼을 하는 것과 같습니다.

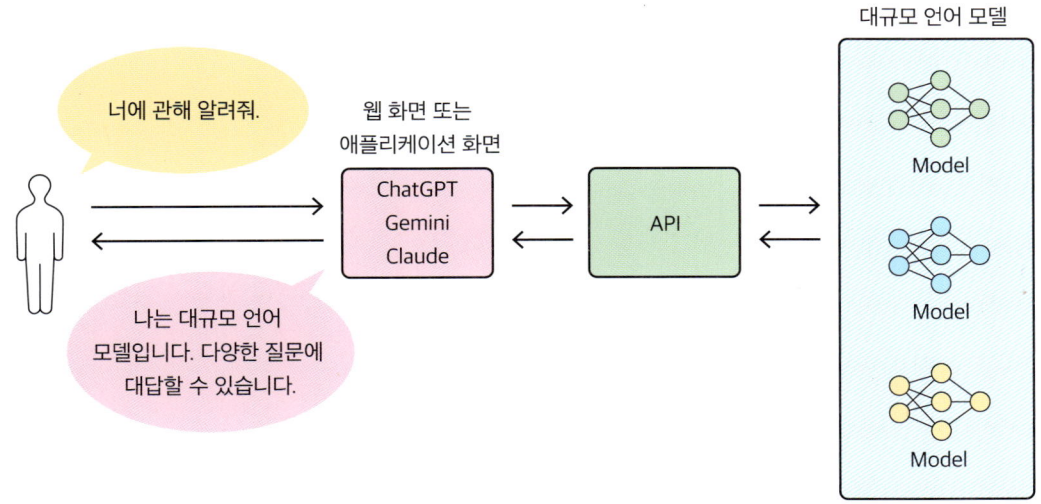

'그렇다면, 그 대규모 언어 모델 안에는 무엇이 있는가?'가 궁금해집니다.

대규모 언어 모델이란 컴퓨터가 막대한 문장 데이터를 학습하고, 인간처럼 자연스러운 문장을 생성하는 구조를 말합니다. 예를 들면, 여러분이 친구에게 '오늘 점심 뭐 먹을까?'라고 물어보면 친구는 자신이 가진 지식이나 경험을 바탕으로 대답합니다. 마찬가지로 LLM은 학습에 사용한 막대한 양의 문장을 기반으로 '다음에 이어질 수 있는 말'을 예측해 적절한 대답을 만들어 냅니다.

이렇게 보면 매우 단순합니다. 그런데 왜 이렇게 똑똑한 것일까? 사실 대규모 언어 모델은 〈장송의 프리렌〉[1]에서 나오는 비행 마법 같은 것입니다. 프리렌은 비행 마법의 원리에 관해서는 정확하게 알지 못하지만, 사용 기술은 알고 있기 때문에 비행 마법을 사용할 수 있습니다. LLM도 마찬가지입니다. '다음 단어를 예측하는' 단순한 기술(Transformer)을 사용하기만 해도 매우 똑똑하게 동작할 수 있습니다. 그 원리는 솔직히 말하면, 이 세상에 있는 어떤 학자도 아직 정확하게 알지 못하고 있습니다.

하지만 우리들은 마치 마법사처럼 지금은 당연해진 이 이상한 기술을 활용하기만 하면 됩니다. 'LLM 씨, 프레젠테이션 기획서를 작성해 주십시오.'라고 말하면 '알겠습니다!'라는 느낌으로 똑똑하게 대답합니다. 단, 프리렌과 달리 우리들은 아직 천 년을 살지는 못했으므로, 이 기술을 진짜로 해명하는 작업은 앞으로 남겨진 과제일 것입니다.

'아니, 그렇게 어려운 이야기는 됐습니다. 제가 직접 챗봇을 만들 수 있기만 하면 됩니다!'

좋습니다. 간단합니다! 다음 그림을 살펴 봅시다.

---

1   https://websunday.net/work/708/ (일본어)

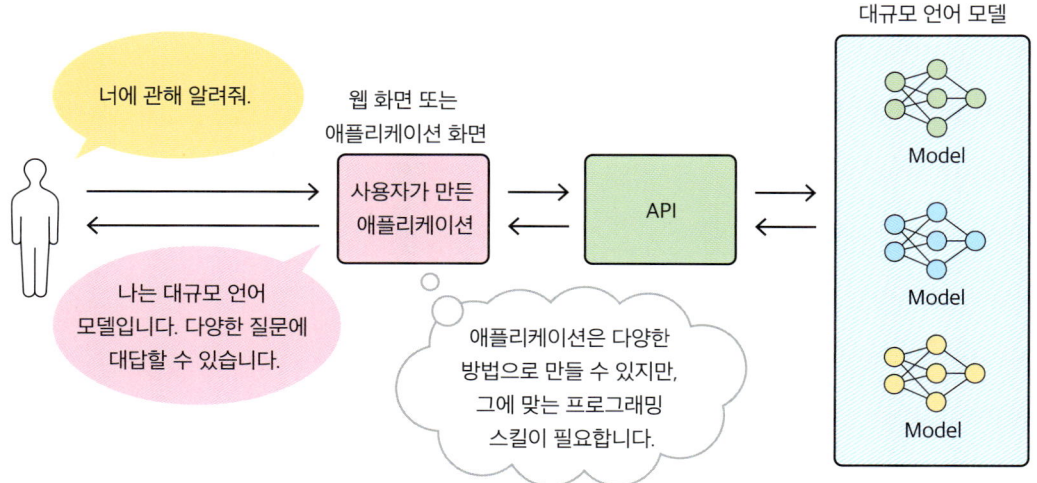

프런트엔드(사용자가 직접 조작하는 화면) 애플리케이션을 만들고, API를 호출하기만 하면 됩니다. 하지만, 말로 하기는 쉬워도 막상 실행하기는 어렵습니다.

'잠깐! API는 또 무엇입니까?'

갑자기 어려운 이야기를 꺼내 죄송합니다. 하지만 걱정하지 않아도 좋습니다. 사실 API는 우리가 일상에서도 자주 사용하고 있습니다. 예를 들면, 여러분의 스마트폰에서 날씨 애플리케이션을 열면 오늘 날씨가 표시됩니다. 하지만 애플리케이션 자체가 날씨 정보를 만드는 것은 아닙니다. 외부의 기상 관측 기기로부터 최신 날씨 정보를 받는 것입니다.

이런 소통 방식을 실현하는 것이 'API'입니다. API는 'Application Programming Interface'의 약자로, 서로 다른 프로그램들 사이에서 정보를 주고 받기 위한 구조입니다. 챗봇의 입장에서는 다음과 같이 볼 수 있습니다.

① 여러분이 질문을 입력한다(프런트엔드).

② 그 질문이 API를 통해 LLM(대규모 언어 모델)에 전송된다.

③ LLM이 대답을 만들어 API를 통해 여러분의 애플리케이션에 전송한다.

④ 애플리케이션이 대답을 표시한다(프런트엔드).

즉, API는 우리가 한 질문을 LLM에게 전달하고, LLM의 대답을 우리에게 돌려주는 뛰어난 전령과 같은 존재입니다.

하지만 이 API를 활용하는 것은 독자입니다. 올바르게 호출하고, 반환된 데이터를 적절하게 처리하기 위해서는 나름의 지식과 프로그래밍 스킬이 필요합니다. 그야말로 '말로 하기는 쉽지만, 하는 것은 어려운' 것입니다.

위에서 설명한 내용을 조금 더 자세히 나타내 보면 다음 그림과 같습니다.

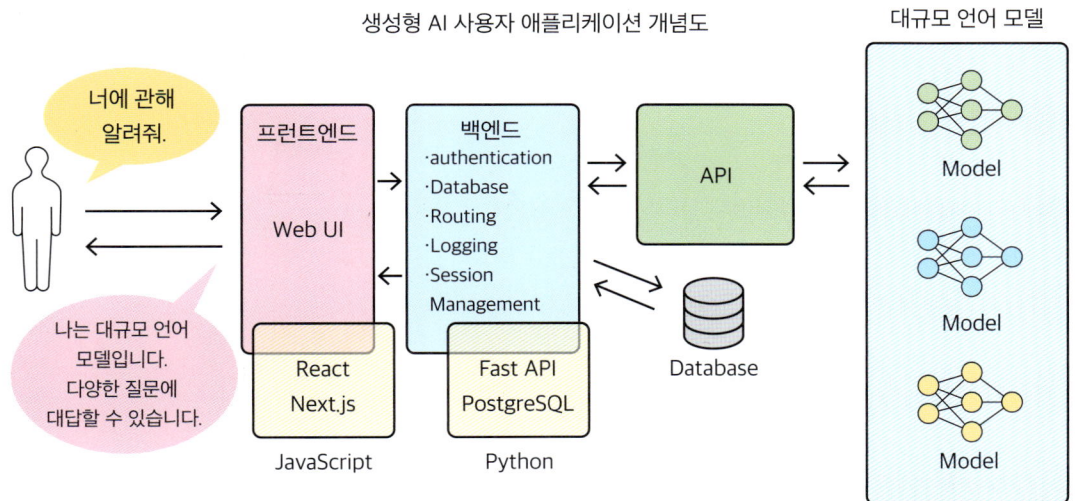

생성형 AI 사용자 애플리케이션 개념도

프런트엔드에 사용자와 소통하는 화면을 만들고, 백엔드(뒤편 처리 그룹)에서 데이터를 처리하고, LLM과 통신해서… 휴~ 설명하는 것만으로도 숨이 찹니다.

프로그래밍 지시는 물론 프런트엔드나 백엔드의 구조, 데이터베이스, 인증은 물론 클라우드에 공개(배포)를 하게 되면 인프라스트럭처 관련 지식까지 필요하게 됩니다. 이것을 한 사람이 한다고 하면 수년은 족히 걸릴 것입니다. 저는 Python을 이제 막 사용하기 시작했으니, 이 프로그램을 완성할 즈음이면 이미 저 세상에서 프로그래밍을 하고 있을지도 모르겠습니다.

그럼 이런 복잡한 구조를 간단하게 만드는 방법이 있을까요?

1.2 Dify의 역할과 문제 해결 주도 개발

'GPTs를 사용하면 되지 않을까요!'
확실히 그 말대로입니다. GPTs는 노-코드로 자신이 직접 커스터마이즈 할 수 있는 OpenAI의 서비스입니다. 이를 사용하면 순식간에 챗봇을 만들 수 있습니다. 단순한 챗봇이라면 GPTs는 분명 좋은 선택의 하나일 것입니다.

잠깐 생각해봅시다. 사실 GPTs에는 보이지 않는 벽이 있습니다. 먼저 GPTs는 OpenAI 사이트 안에 블랙박스처럼 존재합니다. 다른 기업의 언어 모델이나 오픈 소스 언어 모델을 간단히 사용할 수 없습니다.

'일반적인 애플리케이션으로서 챗봇을 만들고 싶다.'

'기밀 문서를 다루므로 로컬 환경에서 동작하게 하고 싶다.'

'다양한 LLM을 시험해보고, 용도에 맞는 것을 선택하고 싶다.'

이런 요구사항이 있다면 GPTs로는 이를 처리하기 어렵습니다. 프로그래밍 스킬이 없어도 자유롭게 커스터마이즈 할 수 있고, 다양한 LLM을 사용할 수 있고, 그에 더해 로컬 환경에서 움직이는… 그런 장점만 가진 솔루션이 존재할까요?

1.2.1 Dify의 등장

그래서 등장한 것이 Dify입니다.

앞 절에서 봤던 다소 복잡한 애플리케이션 개념도를 기억해 봅시다. Dify를 사용하면 그 복잡한 구조를 사용자가 일일이 준비하지 않아도 됩니다. 프런트엔드, 백엔드가 모두 Dify 안에 내장되어 있기 때문입니다.

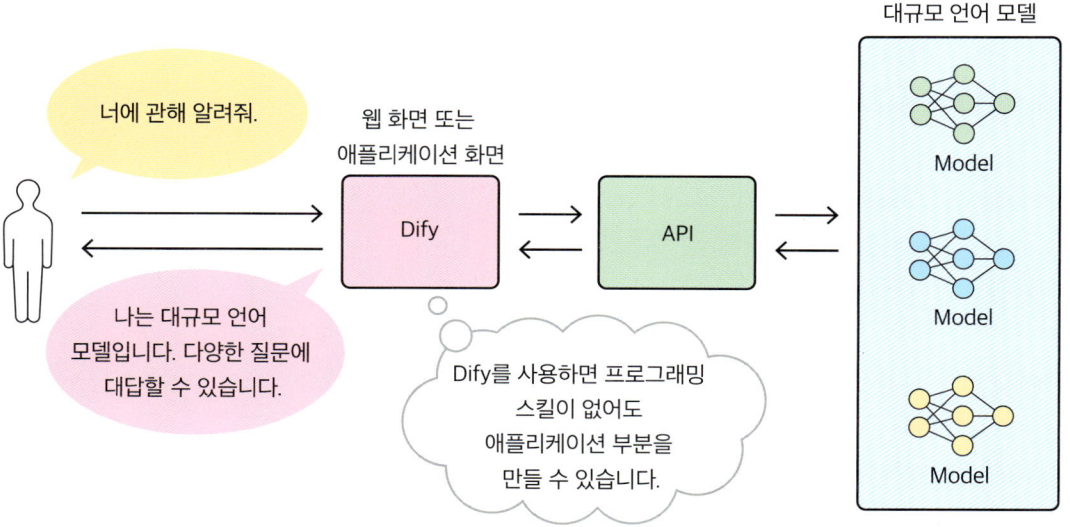

앞에서 본 복잡했던 그림이 이렇게 단순하게 바뀌었습니다. 그 이유는 프로그래밍 스킬이 없더라도 챗봇 웹 화면을 만들 수 있기 때문입니다. 프런트엔드, 백엔드 지식이 없어도 API를 통해 데이터를 주고 받을 수 있습니다. 인증, 세션 관리, 데이터베이스에 관한 걱정도 필요하지 않습니다. Dify가 모든 것을 대신해주는 것입니다.

1.2.2 무엇을 만들고 싶은가?

이제 시점을 '어떻게 만드는가?'에서 '무엇을 만들고 싶은가?'로 조금 바꿔 봅시다. 예를 들면, 이런 요구사항은 없습니까?

- 사내 문서를 기반으로 대답해 주는 챗봇

- 창구 업무를 자동화하는 대응 시스템

- 전문 분야의 문서를 쉽게 설명하는 AI 선생님

- 데이터만 입력하면 제안서를 만들어 주는 자동 집필 시스템

- 회의록 작성 자동화

만약 여러분이 숙련된 개발자라면 이와 같은 요구사항을 듣자마자 이렇게 생각할 것입니다.

'좋아. RAG를 구현하고, 벡터 DB를 구축하고, PDF를 토큰화하고, … Fast API로 백엔드를 만들고, 프런트엔드는 Next.js로…'

개발자라면 완전한 정답입니다. 하지만,

'무슨 이야기인지 전혀 모르겠는데요…'

그렇습니다. 대부분의 일반인은 AI 애플리케이션 개발의 전문가가 아닙니다. 그래도 괜찮습니다. 처음에는 React, Next.js, Fast API, Redis, AWS 그 어떤 것도 알지 못해도 문제 없습니다. 그 이유가 무엇일까요? 사실 AI 애플리케이션 개발의 본질은 보다 단순한 곳에 있기 때문입니다.

1.2.3 인간과 AI의 새로운 협업

AI 애플리케이션은 알려진 것만큼 어렵지 않습니다. 본질적으로는 '질문에 대한 대답을 한다'는 아주 단순한 구조입니다. 하지만 여기에 중요한 포인트가 있습니다.

'인간은 프롬프트를 생성하고, AI는 성과를 생성한다.'

사실 이 개념은 너무나도 중요합니다. AI가 열심히 성과를 만들어 낸다면, 우리 인간들은 무엇을 만들어야 할까요? 그렇습니다. 프롬프트를 생성해야 합니다.

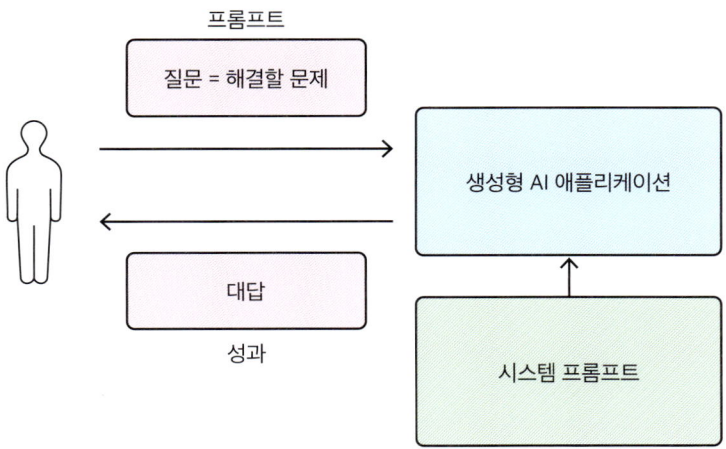

여기에서의 프롬프트는 단지 '질문'에 국한되지 않습니다. '무엇을 하고 싶은가', '무엇을 해결해야 하는가' 같은 해결하고자 하는 문제를 AI에게 제공하고, 대답을 얻기 위한 지시문 전체를 가리킵니다. 그리고 그 문제가 해결되었는지를 검증하고 개선합니다. 이 프로세스 전체를 설계하는 것이 우리 인간들이 해야 할 일입니다.

우리는 여기에 '문제 해결 주도 개발'이라는 이름을 붙였습니다. '하고 싶은 일 주도'라는 이름도 괜찮지만 다소 가벼운 느낌이 들고, '문제 해결 주도'라는 이름이 보다 비즈니스 적인 느낌을 주기 때문에 괜찮게 들립니다. 이 문제 해결 주도 개발 스타일에서, 우리 인간들은 '무엇을 하고 싶은가'라는 지시(프롬프트)를 만들고 AI는 그 지시에 따라 결과를 만듭니다. 즉, 해결하고 싶은 문제나 만들고 싶은 대상을 명확하게 전달하는 것이 성공의 열쇠가 됩니다.

'그래도 프롬프트라니, 어쩐지 귀찮은 느낌이 듭니다…'

괜찮습니다. 프롬프트는 그저 지시문일 뿐입니다. 여러분이 다른 누군가에게 해주었으면 하는 것을 모국어를 사용해 언어로 만들면 그것이 프롬프트가 됩니다. 사람에게 지시하는 것과 크게 다르지 않습니다. 물론 사소한 팁들이 있지만, 이에 관해서는 뒤에서 천천히 설명합니다.

1.2.4 Dify로 시작되는 문제 해결 주도 개발

Dify를 사용하면 이 프롬프트 수정을 직관적이고 시각적으로 할 수 있습니다. 생성형 AI의 구조는 이해했지만 AI 애플리케이션 구축은 어렵다고 느끼더라도, Dify를 사용한다면 주저함 없이 애플리케이션을 만들 수 있습니다.

즉, Dify는 '프롬프트 개선'에 집중할 수 있는 도구라 할 수 있습니다. 이것은 문제 해결 주도 개발의 이상형이라고 할 수 있습니다. AI가 성과를 생성하는 한편, 우리 인간들은 Dify를 사용해 프롬프트를 정의하고 개선합니다. 이 새로운 협력의 형태가, 앞으로의 AI 애플리케이션 개발의 해답 중 하나가 될지도 모릅니다.

정말로 그럴까요? 실제로 시험해 봅시다. 2장에서는 실제로 Dify를 사용해 빠르게 애플리케이션을 만들어봅니다. 우리들이 프롬프트를 생성하고 AI가 성과를 생성합니다. 이 새로운 개발 스타일을 몸으로 직접 경험해봅시다.

독자 여러분에게

이 책의 내용은 각각 독립된 장으로 구성되어 있습니다.

- Dify를 처음 접하는 분: 2장부터 순서대로 읽어주십시오.
- Dify에 관해 어느 정도 지식을 가지고 있으며, 충분한 학습 시간이 없는 분: 마음에 드는 장을 찾아서 읽어주십시오. 예를 들면, 다음과 같이 읽을 수 있습니다.
    - → 노드에 관해 학습하고 싶다: 6장의 관련 부분
    - → API에 관해 학습하고 싶다: 9장
    - → 로컬 환경을 수축하고 싶다: 10장

→ 도구 사용 방법에 관해 알고 싶다: 7장

→ 프롬프트나 LLM에 관해 알고 싶다: 2장

- 엔지니어이지만 Dify에 관해 자세히 알고 싶은 분: 2장부터 순서대로 읽어주십시오. 엔지니어라면 직접 실제로 손을 움직이지 않더라도 내용을 이해할 수 있을 것입니다. 단, 이 책은 초보자 및 비 엔지니어 분들도 쉽게 알 수 있도록 썼습니다.

다음 절에서는 Dify에 관해 조금 더 자세히 살펴 봅니다. 마음이 급한 분이라면 2장으로 건너 뛰고 읽어도 괜찮습니다.

1.3 Dify란 무엇인가?

2장으로 가기 전에 실제 개발 현장에서 Dify를 도입한 필자들의 입장에서, Dify를 이토록 추천하는 이유를 설명합니다. Dify를 한 마디로 다음과 같이 표현할 수 있습니다.

AI 애플리케이션 개발을 간소화해서 누구나 아이디어를 형태로 만들 수 있게 해주는 플랫폼

앞 절에서 설명한 것처럼 AI 애플리케이션 개발에는 복잡한 필수 요소들이 매우 많습니다. 하지만 Dify는 그 복잡함을 크게 줄여줍니다. 그래서 우리들은 아이디어를 실현하는 데 집중할 수 있습니다. Dify를 추천하는 주요한 이유는 다음과 같습니다.

1. 오픈 소스이다.

2. 노-코드, 로우-코드로 애플리케이션을 개발할 수 있다.

3. 만든 애플리케이션을 API로 호출할 수 있다.

4. 로컬 환경에서 실행할 수 있다.

이 네 가지 특징이 기존의 AI 애플리케이션 개발이 가지고 있던 벽의 높이를 크게 낮춰줍니다. 각 특징에 관해 차례로 살펴 봅니다.

1.3.1 오픈 소스의 장점

Dify의 큰 특징 중 하나는 '오픈 소스'라는 점입니다. 즉, 소프트웨어의 설계도(소스 코드)가 공개되어 있습니다. 누구나 내용을 볼 수 있고 개선할 수 있는 '모두의 소프트웨어'입니다.

이것이 왜 중요할까요? 먼저 안심하고 사용할 수 있기 때문입니다.

가전 기기를 구매할 때, 안이 보이지 않는 블랙 박스보다 구조를 알 수 있는 제품 쪽이 훨씬 안심할 수 있습니다. 고장이 발생했을 때 부품을 바꾸는 등으로 직접 수리할 수 있기도 합니다. 그와 마찬가지로 Dify는 내부 설계도(소스 코드)가 공개되어 있기 때문에 데이터가 어떻게 취급되는지, 위험한 부분은 없는지 누구나 확인할 수 있습니다.

다음으로 모두가 더 좋게 개선할 수 있기 때문입니다. Dify는 전 세계 개발자들이 모여 있는 'GitHub'라는 광장에 공개되어 있습니다. 여기에서는 누구나 '이 부분이 이상하다', '이런 기능이 있으면 좋겠다' 같은 제안을 할 수 있습니다. 버그를 찾아내 보고할 수도 있습니다. 그리고 그런 목소리들을 반영하면서 제품은 계속해서 진화합니다.

생성형 AI의 세계에서는 이것이 특히 중요합니다. 어제의 최신 기술이 오늘은 낡은 기술이 될 만큼 진화의 속도가 빠르기 때문입니다. 초고속으로 변화하는 세계에서는 많은 사람들의 눈과 지혜를 모을 수 있는 '오픈 소스'라는 형태가 매우 큰 장점을 가집니다.

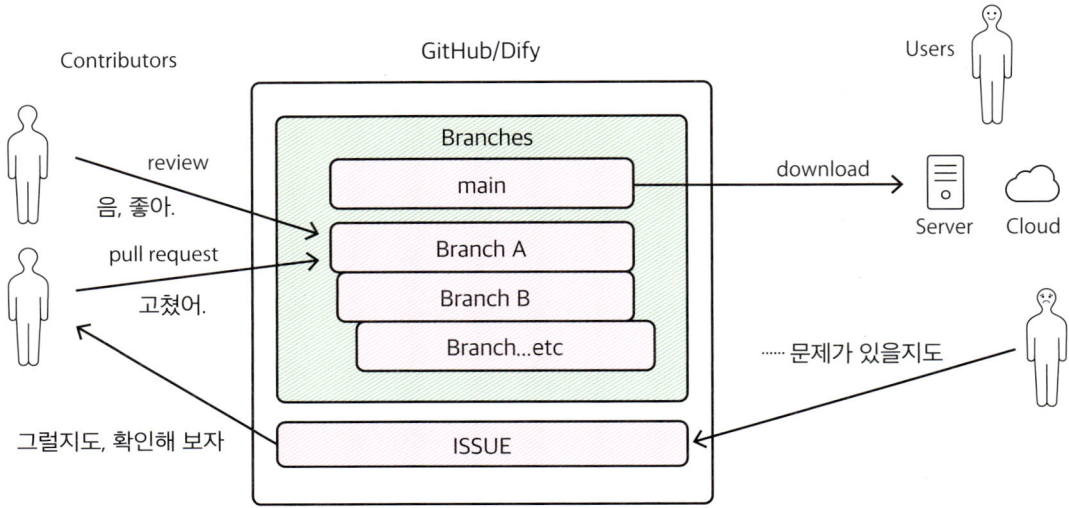

1.3.2 노-코드, 로우-코드 개발의 매력

Dify의 직관적인 인터페이스는 매우 뛰어나기 때문에 프로그래밍 스킬이 없더라도 AI 애플리케이션을 만들 수 있습니다. 예를 들면, 챗봇을 만들기 위해 복잡한 설정을 할 필요가 없습니다. 그냥 버튼을 클릭하기만 하면 됩니다.

RAG(검색 증강 생성, Retrieval-Augmented Generation), 에이전트(자율형 AI), 워크플로우(자동화 시스템) 같은 고도의 기능도 간단하게 구현할 수 있습니다. 또한, 여러 LLM을 자유자재로 활용할 수 있습니다. 실로 대단합니다.

● RAG

RAG는 LLM의 대답 능력과 정보 검색을 조합한 기술입니다. 예를 들면, 사내 문서나 기술 문서만 업로드하면 이를 기반으로 질문에 대답하는 AI 시스템을 만들 수 있습니다. 데이터베이스 관련 지식도 필요하지 않습니다(물론 해당 지식을 가지고 있는 편이 더 좋습니다).

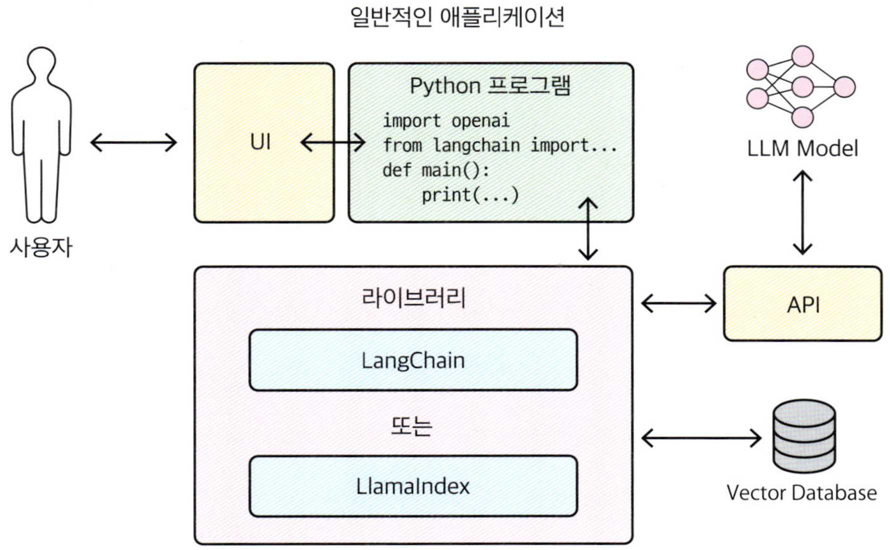

일반적인 애플리케이션

```
Python 프로그램
import openai
from langchain import...
def main():
    print(...)
```

UI

사용자

LLM Model

라이브러리

LangChain

또는

LlamaIndex

API

Vector Database

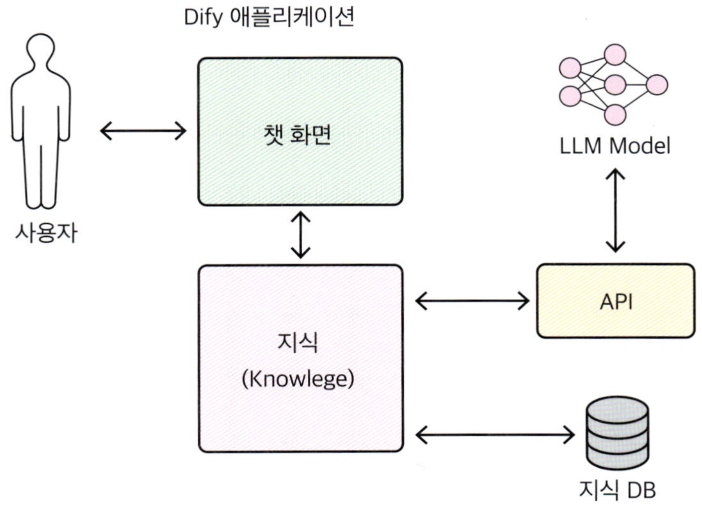

Dify 애플리케이션

챗 화면

사용자

LLM Model

지식
(Knowlege)

API

지식 DB

● AI 에이전트

AI 에이전트는 특정한 목적을 위해 설계된 자율형 AI입니다. 예를 들면, 고객 서비스용 AI를 만들고
고객의 문의에 자동으로 대응하거나, 필요한 경우 인간(운영자)에게 연결시킬 수 있습니다. 다음 그림
과 같이 사용자의 질문에 대해 필요한 경우에는 일기 예보를 조사하거나, 계산을 하는 등의 작업을 할
수 있습니다. 드래그 & 드롭만으로 간단하게 이런 기능을 만들 수 있습니다.

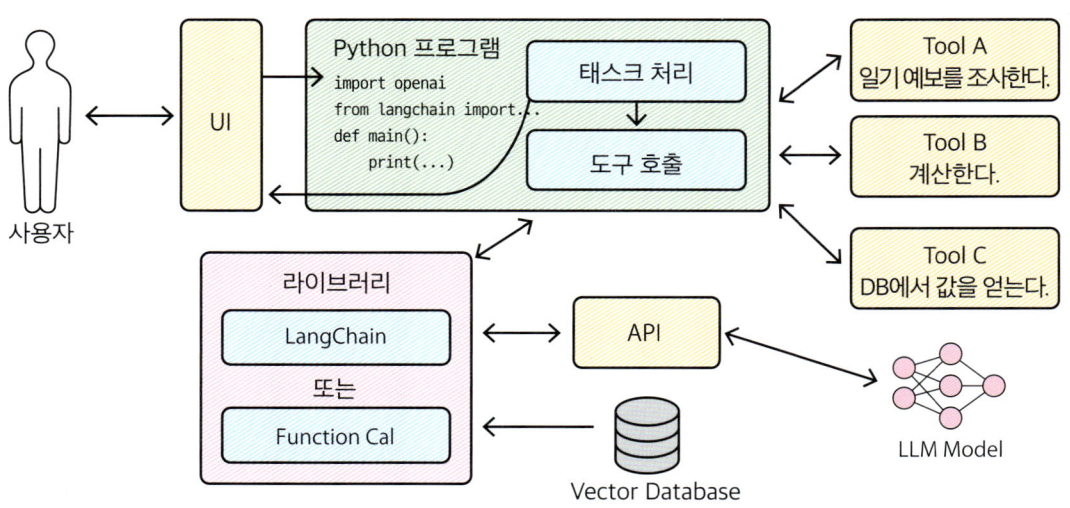

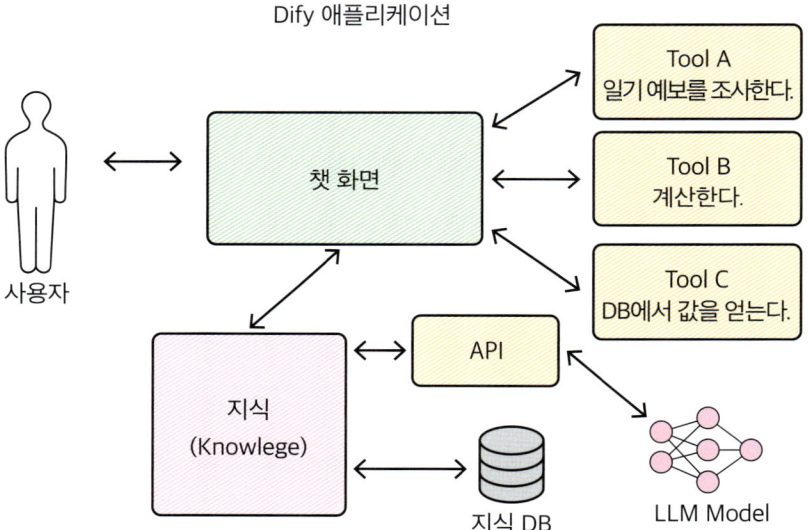

● AI 워크플로우

워크플로우는 복잡한 업무 프로세스를 AI를 사용해 자동화하는 구조입니다. 예를 들면, 예상 고객 분석에서 제안서 작성까지, 일련의 흐름을 자동화할 수 있습니다. 또한, 대량의 데이터를 한 번에 처리 (배치 처리)할 수도 있습니다. 처리한 데이터를 CSV 파일로 다운로드 할 수도 있습니다.

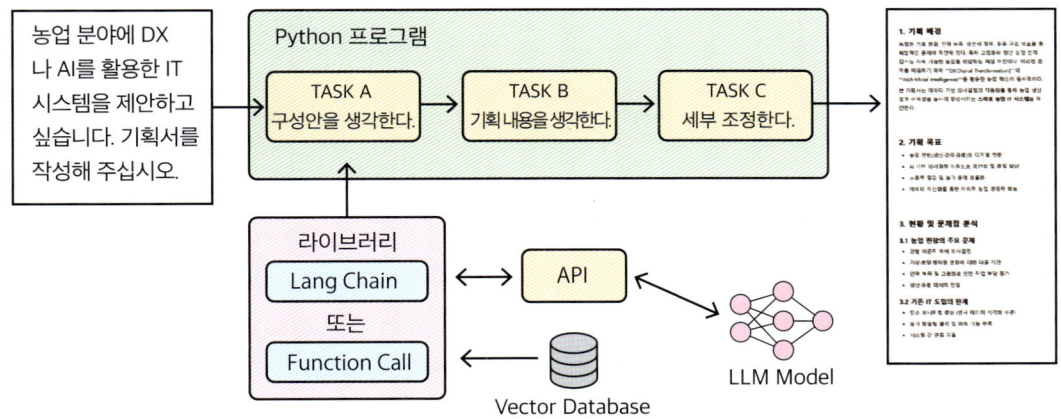

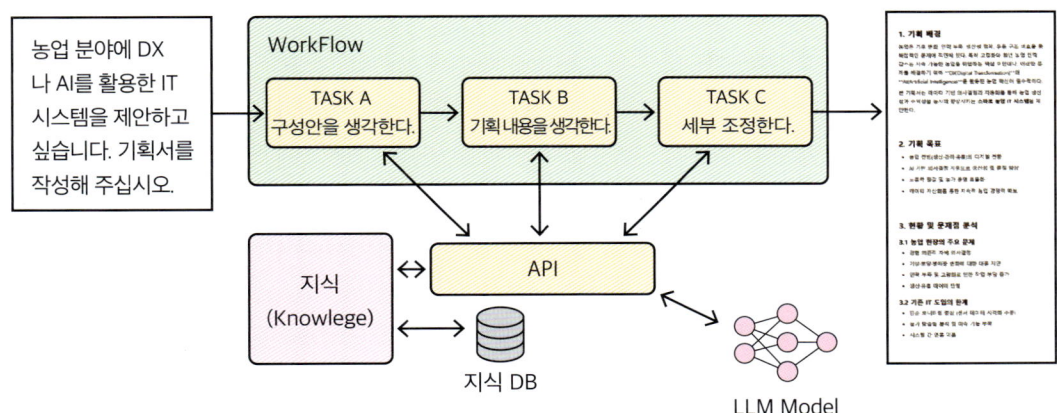

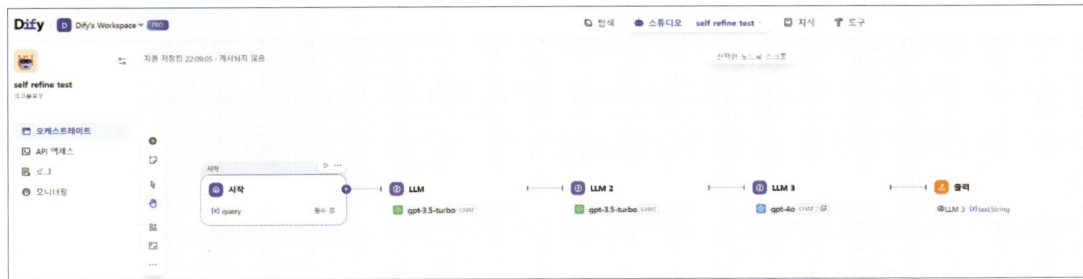

● 여러 LLM을 자유자재로

Dify의 뛰어난 점은 다양한 LLM을 구분해서 사용할 수 있다는 점입니다. GPTs 등 다른 플랫폼에서는 대개 OpenAI의 모델로 한정되어 있지만 Dify는 그렇지 않습니다.

또한, 프로그래밍 없이 다양한 LLM의 API를 호출할 수 있습니다. 새로운 LLM이 출시되면 곧바로 테스트 해볼 수 있습니다. AI 세계에서는 어제의 1등이 오늘의 2등이 되는 일이 흔합니다. 가격이 비싼 LLM의 API 비용이 하루만에 절반으로 내려가기도 합니다. 그런 상황에서 즉시 LLM을 전환할 수 있는 것도 매우 중요합니다.

얼마나 신속하게 최적의 LLM으로 전환할 수 있는가? 애플리케이션 개발에서는 이러한 대체 가능성을 담보하는 것이 중요합니다. 이 유연성과 확장성은 AI 애플리케이션 개발이나 연구에서 숫자로 나타낼 수 없는 가치를 제공합니다.

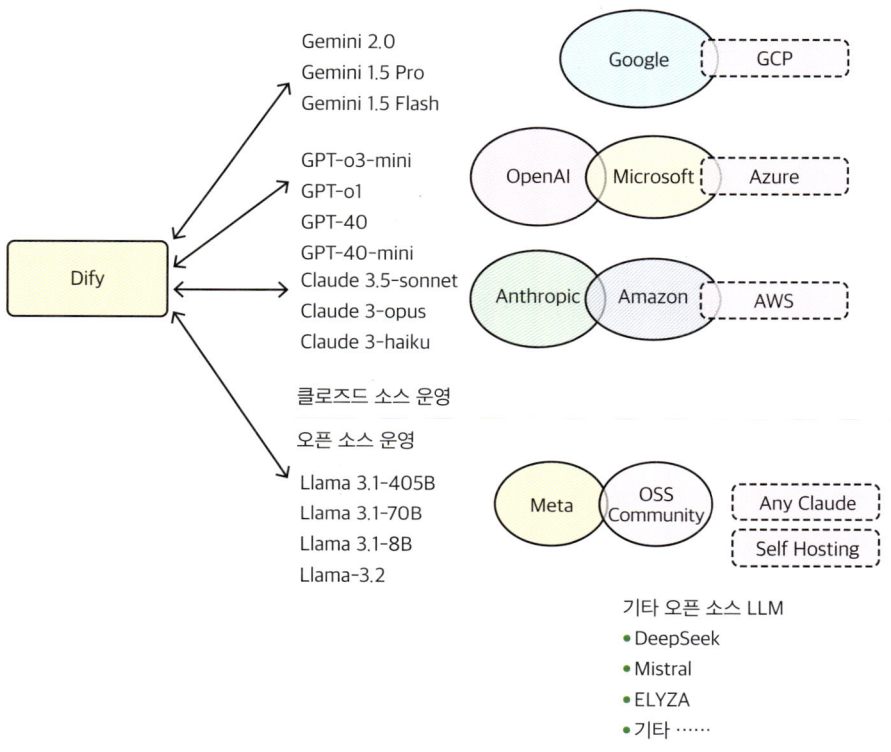

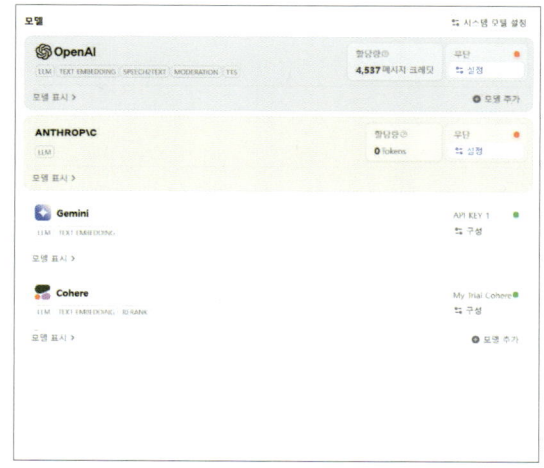

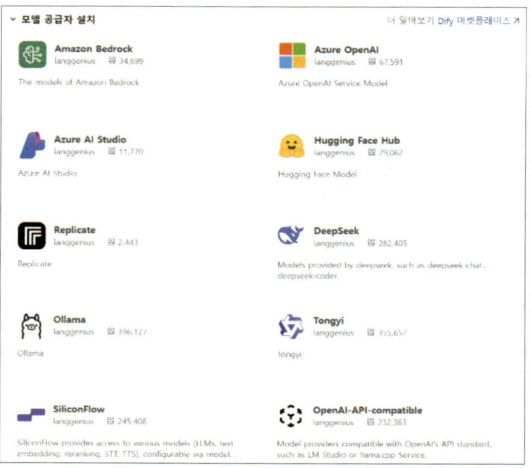

1.3.3 API로서 호출 가능

Dify를 사용해 만든 애플리케이션은 웹 API로 공개할 수 있습니다. 즉, 기존 시스템과 Dify를 간단하게 연동할 수 있습니다. 예를 들면, 자사의 E 커머스 사이트에 상품 추천 기능을 추가하거나, 사내 검색 시스템에 AI의 힘을 조합할 수 있습니다. 프로그램 제어는 사용자 측의 애플리케이션에 맡기고, 자연 언어 처리나 추론은 Dify에게 맡길 수 있습니다. 이런 방식으로 사용할 수 있게 되는 것입니다. 엔지니어 용어로 말하면 이를 BaaS(Backend as a Service)라 부릅니다.

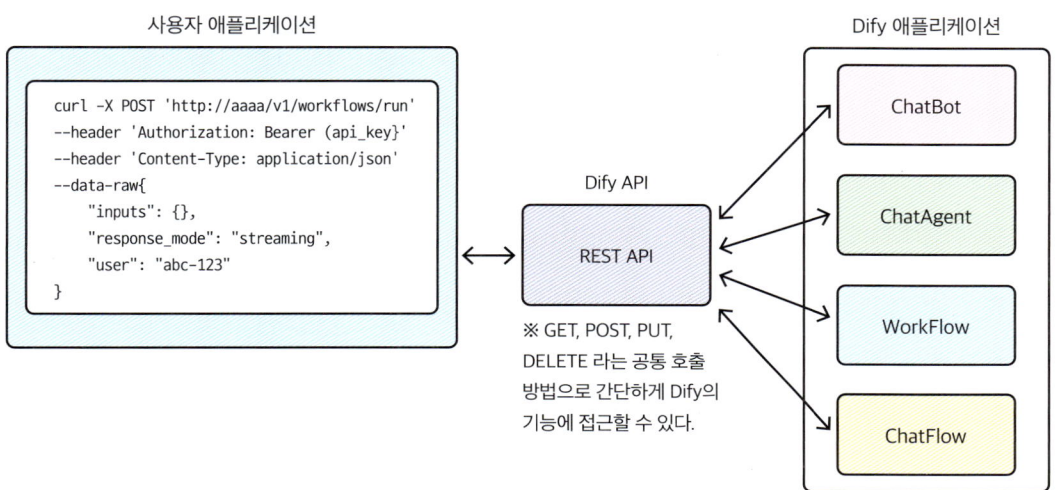

또한, RAG 지식 베이스도 API를 사용해 업데이트할 수 있습니다. 즉, AI의 지식을 항상 최신화할 수 있다는 것입니다.

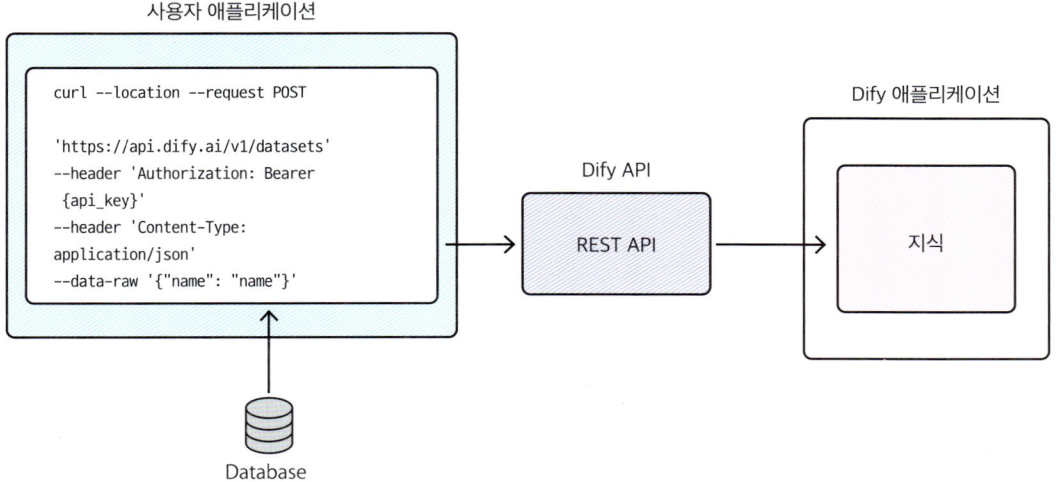

1.3.4 로컬 환경 실행 가능

Dify는 로컬 환경(온프레미스)에서 실행할 수 있습니다. 사내에서 보안이 중요할 때는 이 방법이 최선의 답이 됩니다. 외부에 연결되는 것은 LLM을 호출하는 API 뿐입니다. LLM 제공 기업이 데이터 기밀성을 보증한다면 충분한 수준의 보안을 확보할 수 있습니다.

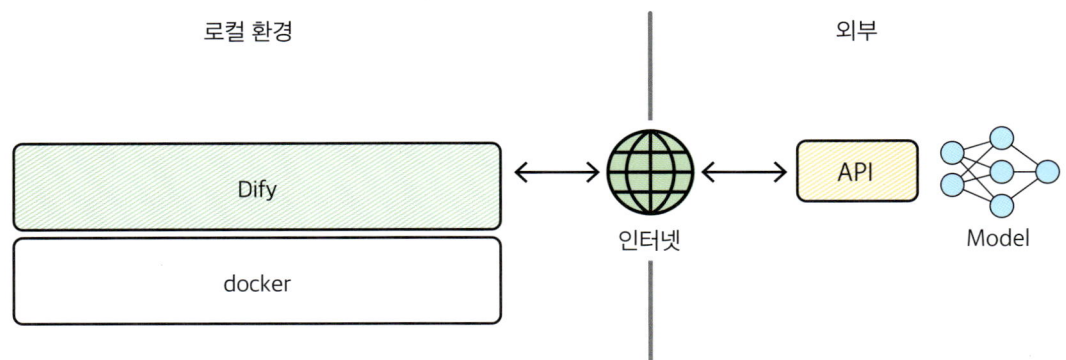

그리고 로컬 환경에서 실행할 수 있는 특성이 주는 강점은 사내 기밀 문서나 데이터베이스를 대상으로 하는 사용자 애플리케이션 연동할 때 로컬 환경 안에서 상호 데이터 통신을 쉽게 할 수 있다는 점입니다.

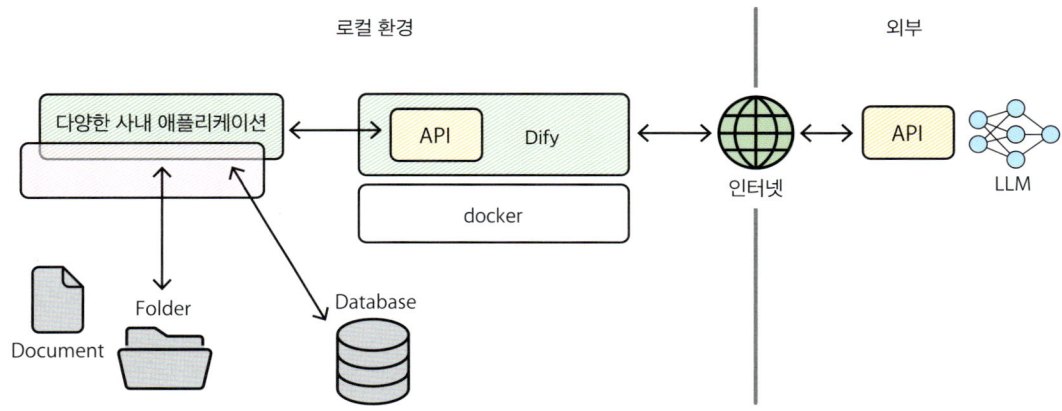

● '로컬 LLM'

로컬에서 동작하는 LLM, 그 중에서 특히 작은 것을 SLM(소규모 언어 모델, Small Language Model)이라 부릅니다. 이를 로컬 환경에서 실행할 수 있다면 완전한 클로즈드 환경에서의 AI 애플리케이션을 운용도 생각할 수 있습니다. 물론 LLM을 동작하기 위해 충분한 GPU를 장착한 서버를 준비해야 하지만, 최근 기술 진화에 힘입어 가까운 미래에는 내부 환경에서도 현장에서 사용할 수 없는 성능을 가진 LLM을 충분히 실행할 수 있게 될 것입니다.

'로컬에서 실행하는 LLM'을 '가난한 자의 AI'f라고 생각하는 분들이 있다면, 그것은 큰 착각입니다. 로컬 LLM은 앞으로 AI 벤처의 주역이 될지도 모릅니다. 확실히 GPT-4o나 Gemini 2.0, Claude 3.5 만큼의 만능 선수는 아니지만, 특정 분야에서는 '이 녀석, 꽤 하는 걸!'이라는 수준의 능력을 보여줍니다.

그리고 다음과 같은 특징을 갖습니다.

- 데이터는 완전히 사내에서 관리한다.

- 특정 분야에 특화된 전문가 AI이다/

- 비용 효율이 좋다.

- 자유롭게 커스터마이즈 할 수 있다.

가까운 미래는 '우리 회사의 AI'가 당연하게 되는 시대일지도 모릅니다.

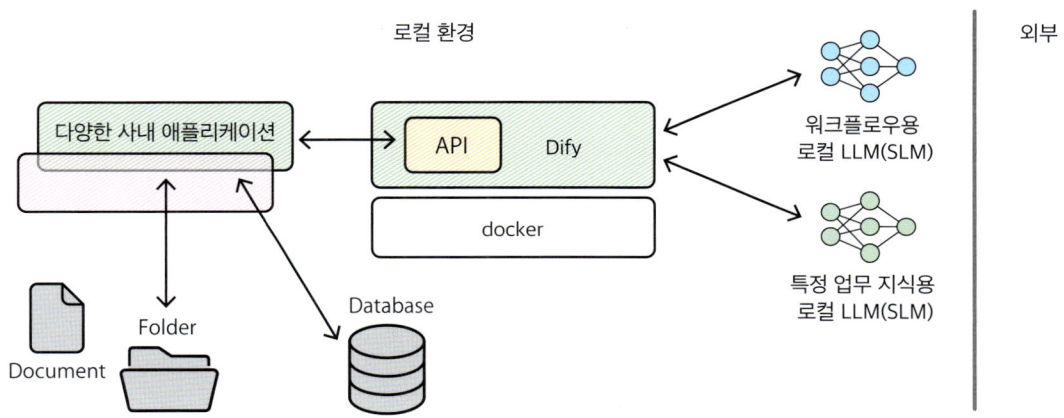

1.3.5 Dify의 부족한 점

그렇지만 Dify에도 해결해야 할 점들이 있습니다. 예를 들면, 다음을 들 수 있습니다.

- 세세한 커스터마이즈에는 한계가 있다.

- 대규모 데이터 처리에는 적합하지 않다.

- 완전한 노-코드는 아니다(때때로 Python 지식이 필요).

하지만 치명적인 문제는 아닙니다. 오히려 이들을 해결한 상태에서 활용함으로써 Dify의 진가가 발휘될 것입니다.

● 가장 적절하게 사용하려면

Dify는 각자 수준에 맞춰 사용할 수 있습니다. 경험이 풍부한 엔지니어라면 Dify를 사용해 프로토타입을 만들고 필요에 따라 Python 등으로 수정하면서 전용 애플리케이션으로 발전시킬 수 있습니다. 초보자라면 가능한 것부터 조금씩 활용하면 됩니다. 각자 스킬 수준에 맞춰 사용할 수 있습니다.

속도(speed), 비용(cost), 품질(quality). 제가 생각하는 Dify의 매력은 이 삼박자가 맞아 떨어진다는 점입니다. 현재 시점에서는 이번 장에서 다룬 내용을 모두 완전하게 이해할 필요는 없습니다. 조금씩, 각 장의 내용을 학습하면서 여러분은 실제 경험을 통해 그 본질을 자연스럽게 실감할 수 있을 것입니다.

다음 장부터는 실제 사용 방법을 살펴 봅니다. 챗봇 작성, RAG 시스템 구축, 워크플로우 작성 등의 순서로 설명합니다. 그리고 이들을 어떻게 실제 업무에 활용할 수 있는가, 본격적인 시스템 개발로 어떻게 연결할 것인가 하는 것까지 살펴 봅니다.

## Chapter 2

챗봇 작성

이번 던전은 시련의 스테이지인 '소환의 문'이라 부릅니다. 여기에서 여러분은 처음으로 '챗봇'이라는 사역마를 소환할 것입니다.

걱정하지 않아도 됩니다. Dify라는 마법의 지팡이가 있다면 어려운 주문(프로그래밍)을 외우지 않아도, 순식간에 "여러분만의 사역마"를 만들어 불러낼 수 있습니다.

이번 던전에는 4개의 방이 있습니다.

- 첫 번째, '시행의 방'에서는 Dify라는 마법의 지팡이를 사용해 실제 챗봇을 순식간에 만듭니다. 마법 학교에서 첫 수업을 받는 듯한 두근거리는 경험이 될 것입니다.

- 두 번째, '계약의 방'에서는 LLM(대규모 언어 모델)이라는 마법의 생수를 지팡이에 등록하는 방법을 학습합니다. 이것은 마법사가 자신의 "마력"을 선택하는 것과 같은 중요한 의식입니다.

- 세 번째, '조율의 방'에서는 그 마력을 제어하는 방법, 즉, LLM의 특성을 억제하는 장소입니다. 마력의 크기나 특성을 조정하는, 미세하면서도 재미있는 작업입니다.

- 네 번째, 마지막 '주문 외우기 방'에서는 "프롬프트"라는 마법의 주문을 사용하는 기술을 익힙니다. 프롬프트야 말로 여러분의 사역마에게 개성을 부여하고, 여러분의 지시에 따라 움직이게 하기 위한 가장 중요한 요소입니다.

이 던전을 통과할 즈음이면 분명 '나만의 챗봇을 만든다'라는 기술을 몸에 익혔을 것입니다.

2.1 Dify 사용

2.2 LLM 모델 등록

2.3 LLM 매개변수 조정

2.4 프롬프트

2.5 웹페이지에 챗봇 내장

2.6 이력 확인과 모니터링

2.1 Dify 사용하기

2.1.1 Dify 시작하기: 클라우드 버전과 커뮤니티 버전

Dify는 두 가지 버전을 사용할 수 있습니다. 웹 브라우저에서 곧바로 사용할 수 있는 클라우드 버전, 로컬 머신에 설치해서 사용하는 커뮤니티 버전(로컬 버전)이 제공됩니다.

'어떤 버전을 선택해야 할까요?'

답은 간단합니다. 우선 클라우드 버전에서 시작하는 것이 좋습니다. 별도의 설치나 설정 과정 없이도 곧바로 Dify의 세계에 뛰어들 수 있기 때문입니다. 로컬 버전은 나중에 천천히 시험해 봐도 좋습니다. 이번 장에서는 클라우드 버전에서 첫 번째 챗봇을 만들어 공개하는 과정까지 살펴 봅니다.

여러분의 시간을 몇 십 분만 빌려 주십시오.

2.1.2 Dify 계정 만들기

먼저 Dify 계정을 만듭니다. Dify 공식 사이트(https://dify.ai/)에 접속합니다. 홈페이지의 [Get Started] 버튼을 클릭합니다. 여기에서 계정을 만들 수 있습니다.

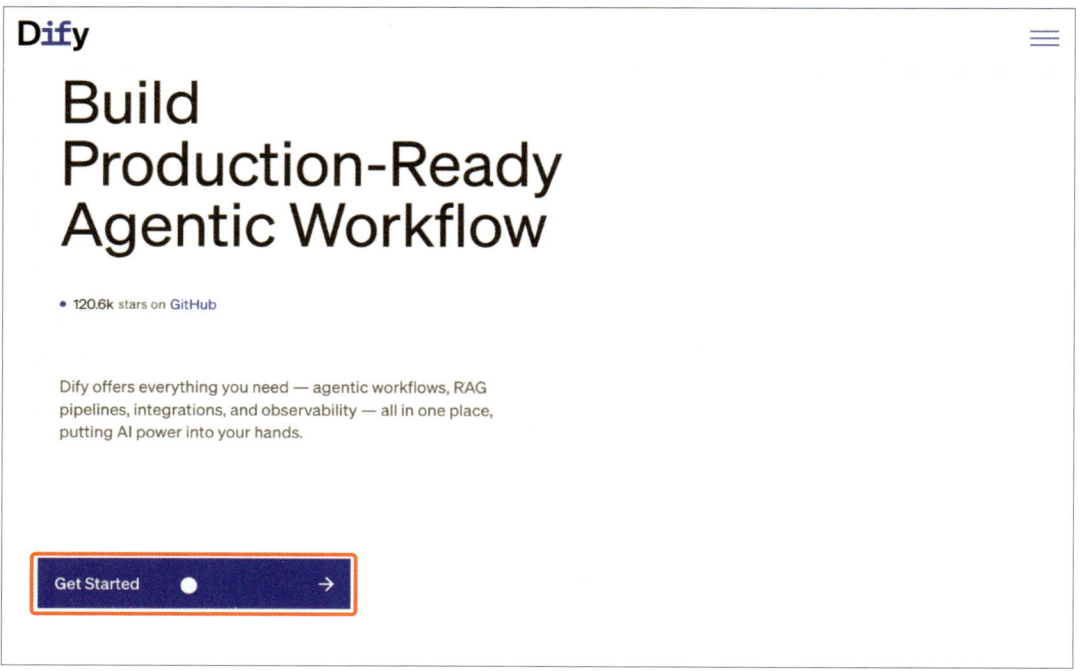

다음과 같은 화면이 표시됩니다. Dify에서는 Google 계정, GitHub 계정 또는 이메일 주소를 사용해 로그인할 수 있습니다. 여기에서는 [Google로 계속]을 클릭합니다.

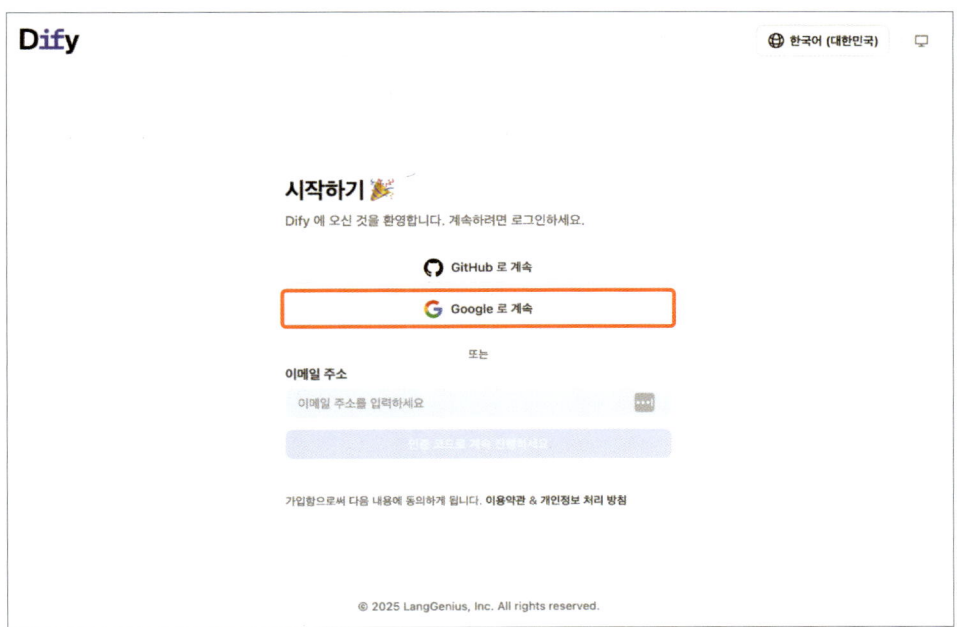

보안을 위해 2단계 인증을 설정한 경우에는 해당 인증도 수행해야 합니다. 화면의 안내에 따라 계정을 등록합니다.

계정 등록을 마치면 Dify 대시보드가 표시됩니다. 바로 여기가 여러분이 AI 애플리케이션을 개발할 베이스 캠프입니다. 이후 '대시보드'라고 표기하는 경우에는 이 화면을 가리킵니다.

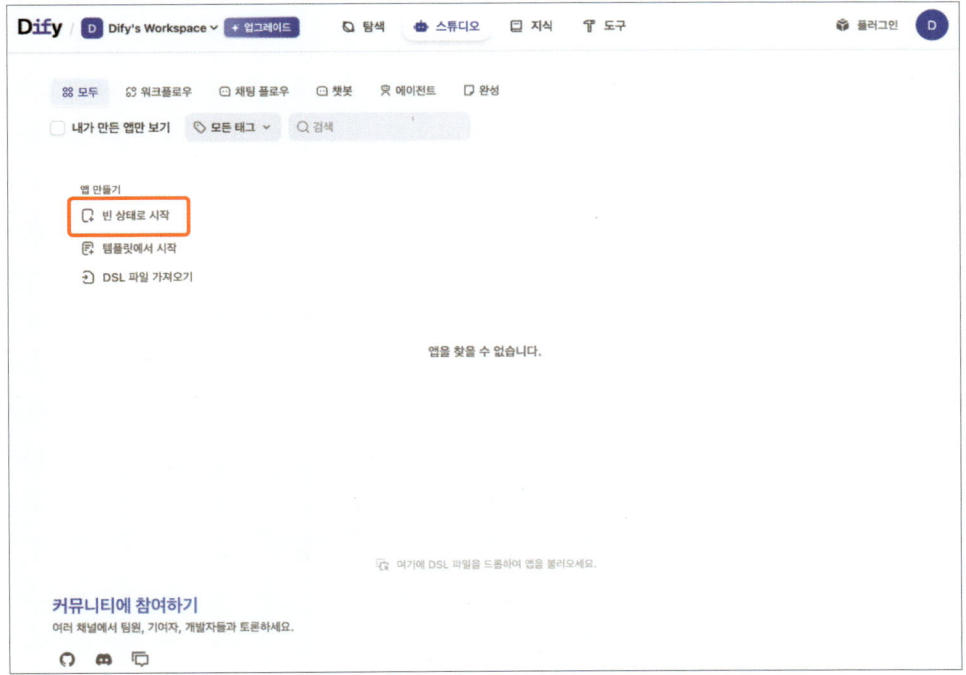

2.1.3 첫 애플리케이션 만들기

대시보드에서 [빈 상태로 시작] 버튼을 클릭합니다(이전 페이지 그림). 새로운 애플리케이션 작성 화면이 표시됩니다.

여기에서는 애플리케이션 유형 선택([앱 유형 선택])이 중요합니다. [챗봇]을 선택합니다.

다음으로 [앱 이름]과 [아이콘]을 설정합니다. 이름은 나중에 변경할 수도 있지만 기억하기 쉬운 이름을 붙이는 것이 좋습니다(예: '첫 번째 테스트 애플리케이션' 등). 설명도 간단하게 입력합니다(예: '간단한 첫 애플리케이션을 만들어봤다' 등).

모든 필드를 입력했다면 [만들기] 버튼을 클릭합니다. 그러면 다음과 같은 오케스트레이션 화면이 표시됩니다. 여기에서 챗봇을 설정합니다. 이후 '오케스트레이션'이라고 표기하면 이 화면을 가리킵니다.

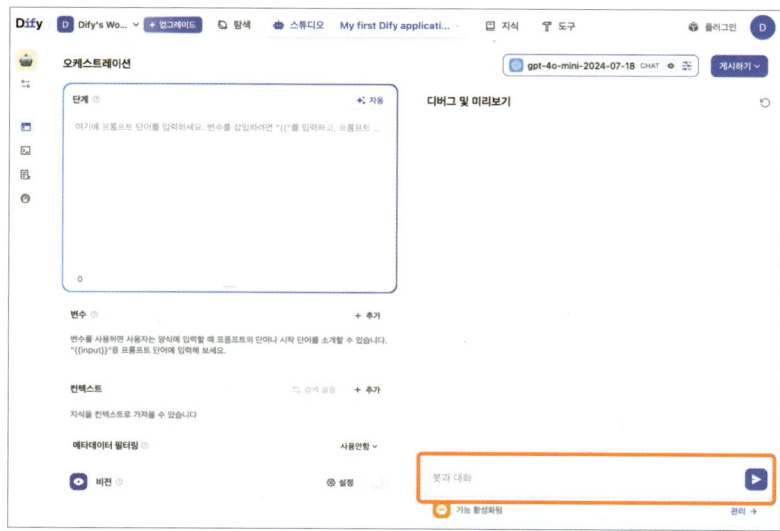

2.1.4 애플리케이션 테스트하기

사실 오케스트레이션 화면이 열린 시점에 기본적인 애플리케이션이 이미 실행된 상태입니다. 화면 오른쪽 [디버그 및 미리보기] 섹션에서 만든 챗봇의 동작을 실시간으로 테스트할 수 있습니다.

위 그림의 오른쪽 아래가 입력 필드입니다. 시험삼아 '안녕하세요. 당신에 관해 설명해 주십시오.'라고 입력해 봅시다. AI가 어떤 식으로 대답하는지 확인할 수 있습니다.

2.1.5 애플리케이션 공개하기

테스트가 잘 되었다면 애플리케이션을 공개할 수 있습니다. 화면 오른쪽 위 [게시하기] 버튼을 클릭하고 [업데이트 게시] 버튼을 클릭하면, 다음과 같이 공개 설정 화면이 표시됩니다. [앱 실행] 버튼을 클릭해 봅시다.

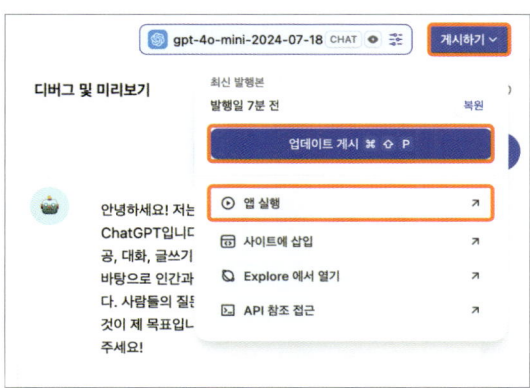

그러면 브라우저의 새 탭이 열리고 여러분의 챗봇 애플리케이션 공개 페이지가 표시됩니다.

> ※ 주의: [업데이트 게시] 버튼이 파란색이면 무언가 변경이 있음을 의미합니다. 버튼을 클릭해 변경 내용을 반영해 주십시오.

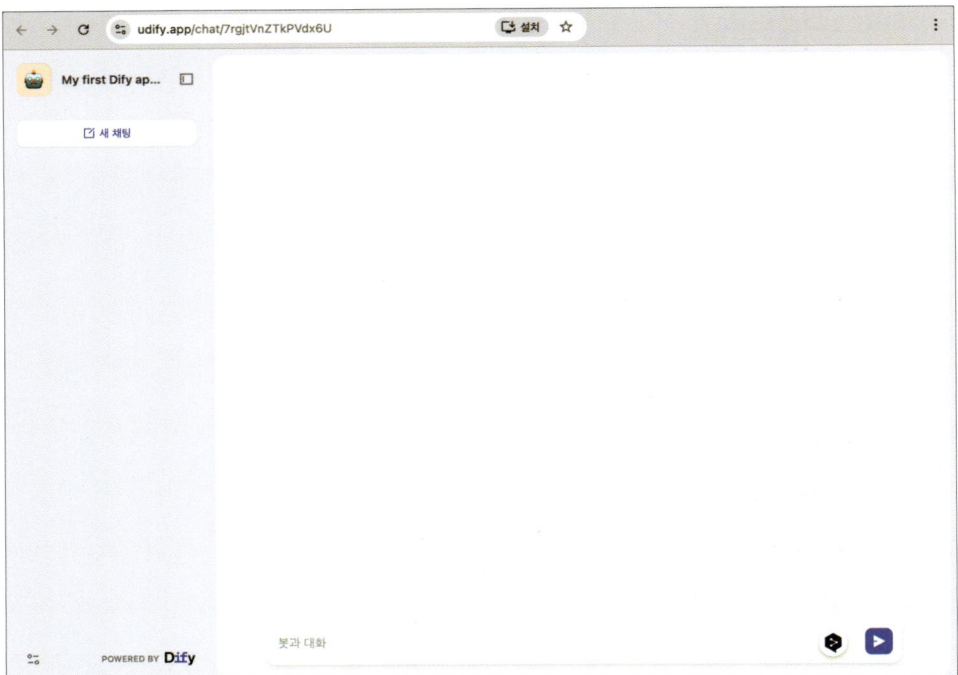

다시 한 번 적당한 질문을 입력해 동작을 확인해 봅시다. 응답이 잘 돌아온다면 애플리케이션이 올바르게 공개된 것입니다.

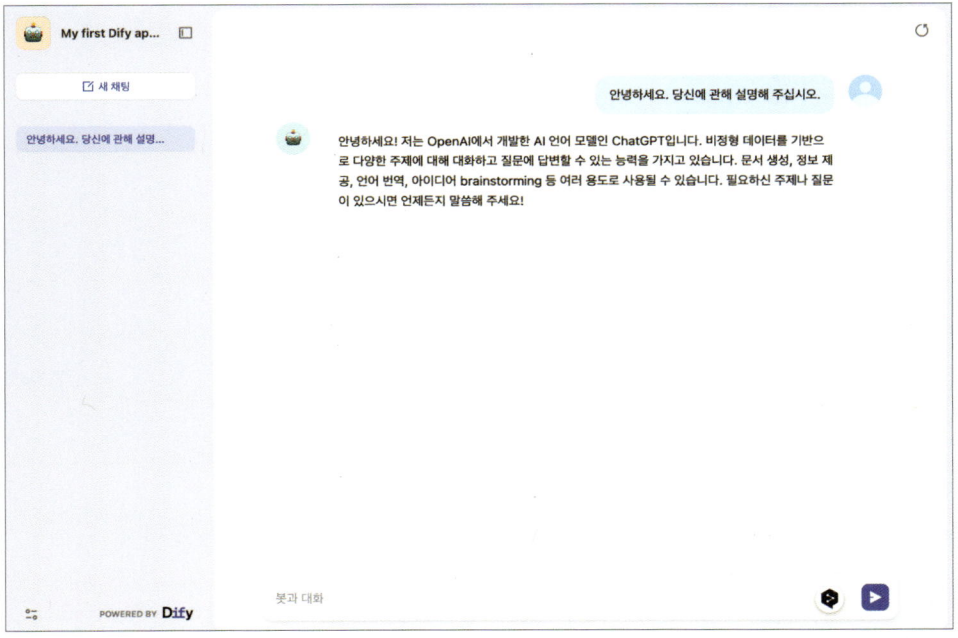

2.1.6 챗봇 웹 애플리케이션 공유하기

공개한 페이지의 URL을 복사하고 URL을 SNS나 이메일로 친구나 동료에게 보내는 것만으로 공개한 챗봇 애플리케이션을 공유할 수 있습니다. 공유 받은 사람들도 마찬가지로 웹 상에서 챗봇을 사용할 수 있게 됩니다.

축하합니다! 이제 여러분은 프로그래밍 지식 없이 노-코드로 여러분의 AI 애플리케이션 챗봇을 만들고 공개했습니다.

2.1.7 다음 단계로

Dify를 사용하면 이렇게 간단하게 실용적인 AI 챗봇을 만들 수 있습니다. 기본적인 계정 작성부터 챗봇 설정, 테스트, 공개까지 프로그래밍 지식이 없어도 수십 분만에 완료했습니다.

단, 이 단계에서는 여러분이 생각한 대로 대답하지 않을지도 모릅니다. 그래서 다음 섹션부터는 챗봇을 보다 똑똑하고, 보다 쉽게 사용할 수 있게 하기 위한 설정에 관해 학습합니다. LLM 선택, 매개변수 조정, 프롬프트 조정 등 한 단계 더 나아간 기법들을 익힘으로써, 여러분만의 '뛰어난 챗봇'을 키워나갈 수 있습니다.

학습한 스킬
- 기본적인 Dify 조작과 챗봇 작성
- Dify 계정 작성 방법
- 기본적인 챗봇 작성 순서
- 오케스트레이션 화면 기본 조작
- 애플리케이션 테스트와 공개 방법

실천적 스킬
- Dify 대시보드 조작을 할 수 있다.
- 챗봇의 기본 설정을 할 수 있다.
- 애플리케이션을 공개 및 공유할 수 있다.

2.2 LLM 모델 등록

'비용을 지불하지도 않았는데 어떻게 챗봇을 만들 수 있습니까?'

여러분만 그렇게 생각하지는 않을 것입니다. 저도 처음에는 '무료로 사용할 수 있는가?'라는 의심을 했습니다. 사실 Dify에 가입하면 무료 LLM 크레딧이 제공됩니다.

2.2.1 기본 모델 확인하기

오케스트레이션 화면 오른쪽 위를 보면 [gpt-4o-mini]라는 표시가 있습니다. 이것은 현재 사용하고 있는 LLM 모델을 나타냅니다. 어떤 다른 모델들을 사용할 수 있을까요? 모델 이름이 표시된 부분을 클릭해 봅시다.

모델 설정 화면이 표시됩니다(왼쪽 그림). 한번 더 '모델'의 오른쪽 선택 박스를 클릭합니다. 그러면 사용할 수 있는 모델 목록이 표시됩니다(오른쪽 그림).

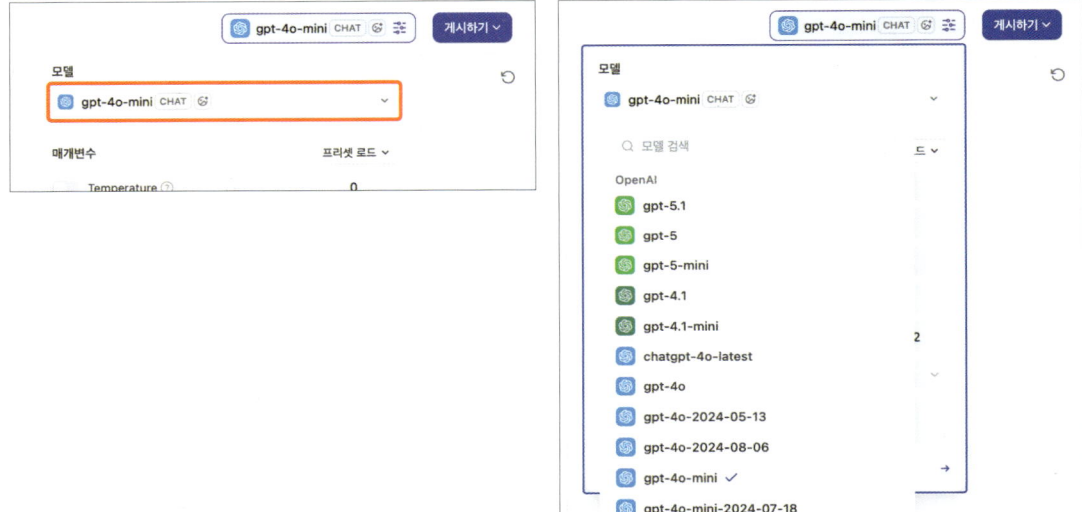

몇 가지 모델이 목록에 표시되는 것을 알 수 있습니다. 즉, 여러분이 현재 사용할 수 있는 API 목록입니다.

2.2.2 다른 LLM 사용하기

gpt-4o-mini 이외에 다른 기업에서 제공하는 LLM을 사용하고 싶다면 어떻게 해야 할까요? 사실 이것이 Dify의 가장 큰 특징입니다. Dify에서는 다양한 LLM을 사용할 수 있습니다. 모델 설정 방법을 확인해 봅시다. 화면 가장 오른쪽 위 [D]라고 표시된 부분을 클릭합니다. [설정] 항목을 클릭합니다.

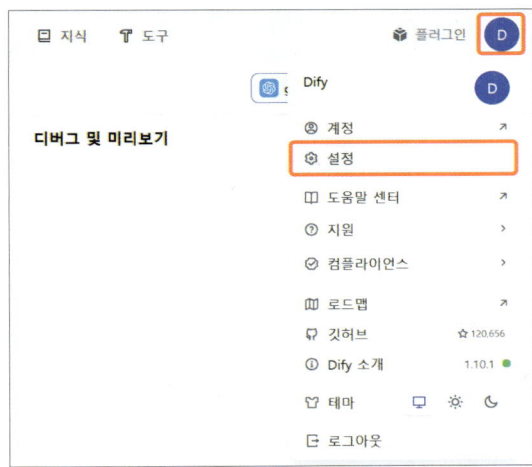

표시된 설정 항목에서 [모델 제공자] 항목을 클릭합니다.

다음과 같이 모델 제공자 목록이 표시됩니다. 현재 'OpenAI', 'ANTHROPIC'이라는 2개의 모델 제공자가 등록되어 있습니다. 각 제공자의 박스 왼쪽 아래 [모델 표시]를 클릭해 봅시다.

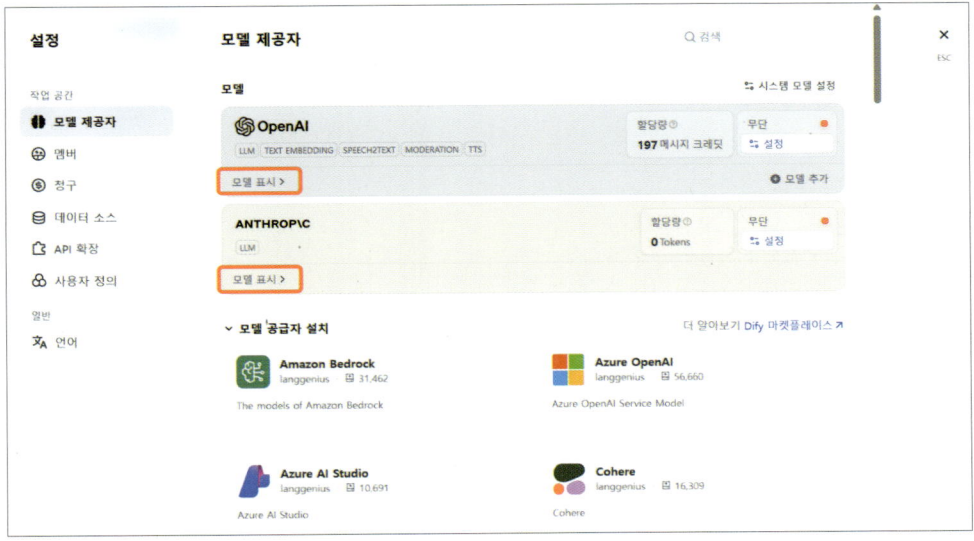

스위치가 ON으로 설정되어 있는 항목은 현재 사용할 수 있는 모델을 나타내며, LLM 선택 목록에 표시됩니다. 같은 OpenAI 모델이라도 스위치가 OFF로 설정되어 있는 모델은 사용할 수 없습니다. ANTHROPIC의 경우에는 모든 모델의 스위치가 OFF로 설정되어 있습니다.

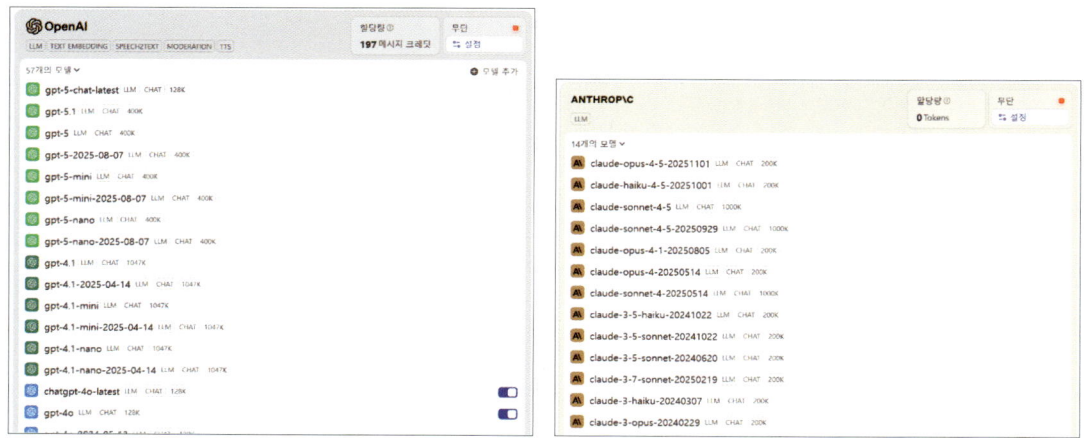

이 모델들을 사용하려면 오른쪽 위 [설정] 항목에서 API 키를 등록해야 합니다. 모델에 따라 무료 크레딧 제공 여부는 다릅니다. 예를 들면, Gemini는 테스트에 사용할 수 있도록 소량의 크레딧을 무료 제공합니다.

2.2.3 API 요금

여기에서 중요한 포인트가 있습니다. 기본적으로 API 이용은 유료입니다. LLM의 API를 제공하는 몇몇 기업은 최초에 무료 크레딧을 제공하지만(Gemini 등), 그 크레딧 이상을 사용하면 요금이 부과되기 시작합니다.

요금이라 해도 그 요금은 사용한 만큼만 발생합니다. 본격적으로 애플리케이션을 개발 및 운용할 때는 각 API 공급자의 요금 플랜을 잘 확인하고, 예산을 세우는 것이 중요합니다. 다행히도 많은 LLM 제공 기업은 유연한 요금 체계를 제공하고 있으므로, 소규모로 시작해서 그 규모를 점점 확대할 수도 있습니다.

2.2.4 Gemini를 사용할 수 있게 하기

그럼 구체적인 예로 Google의 Gemini API를 설정해봅시다. [모델 공급자 설치] 목록에 Gemini 가 있습니다. 마우스 포인터를 올리면 [설치] 버튼이 표시됩니다. 버튼을 클릭합니다.

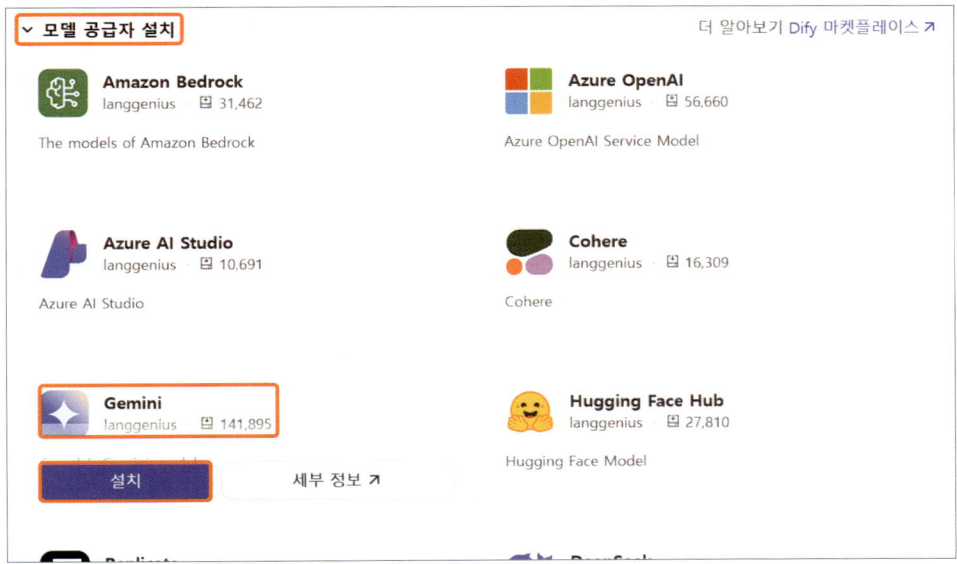

다음과 같은 화면이 표시됩니다. [설치하다] 버튼을 클릭합니다.

그러면 [구성 예정] 섹션에 [Gemini] 항목이 표시되고, 해당 항목 왼쪽 아래 [api-key 설정 또는 사용할 모델 추가]가 표시됩니다. 오른쪽 위 [설정] 버튼을 클릭합니다.

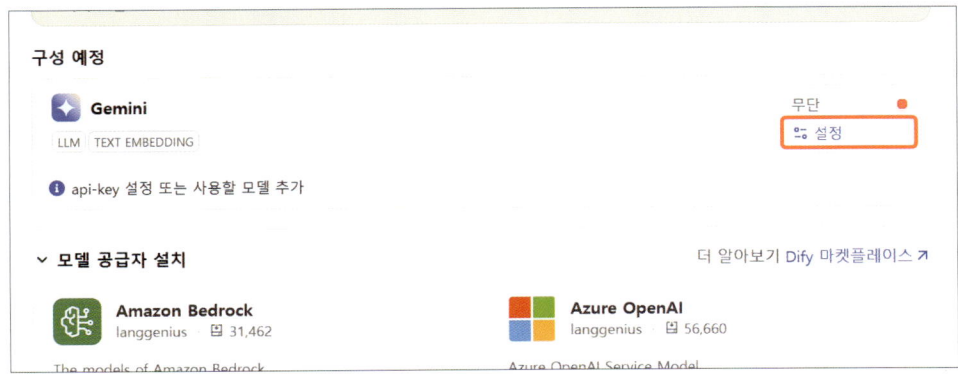

다음과 같은 화면이 표시됩니다. 여기에 API Key를 입력해야 합니다. API 키를 얻으려면 Gemini 에 등록을 해야 합니다. [Get your API Key from Google]을 클릭합니다.

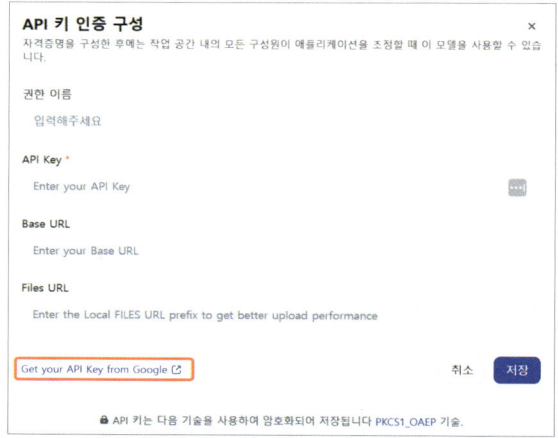

그러면 왼쪽 그림과 같은 화면으로 이동됩니다. [Explore models in Google AI Studio]를 클릭합니다. 오른쪽 그림과 같이 왼쪽 사이드 패널 아래쪽 [Get API Key]를 클릭합니다.

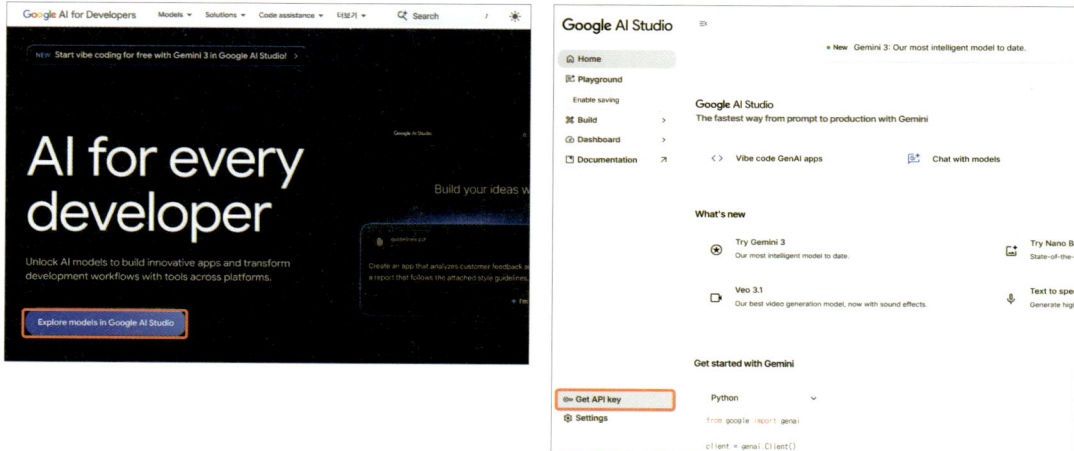

다음 그림과 같은 화면으로 이동합니다. 화면 오른쪽 위 [API 키 만들기] 버튼을 클릭합니다.

다음 그림과 같이 키 생성 화면이 표시됩니다. [키 이름 지정]에는 임의의 이름을 입력합니다. [가져온 프로젝트 선택]에는 [Default Gemini Project]를 선택합니다. 이후 [키 만들기] 버튼을 클릭합니다.

API가 생성되고 목록에 API Key 항목이 추가됩니다. 복사 아이콘을 클릭해 생성한 API Key를 복사합니다.

API Key를 얻었으므로 Gemini 설정 화면의 [API Key] 필드에 붙여 넣습니다. 다른 입력 항목은 비워둬도 괜찮습니다. [저장] 버튼을 클릭합니다.

모델 목록에 Gemini가 추가된 것을 확인할 수 있습니다. [모델 표시]를 클릭해 봅시다.

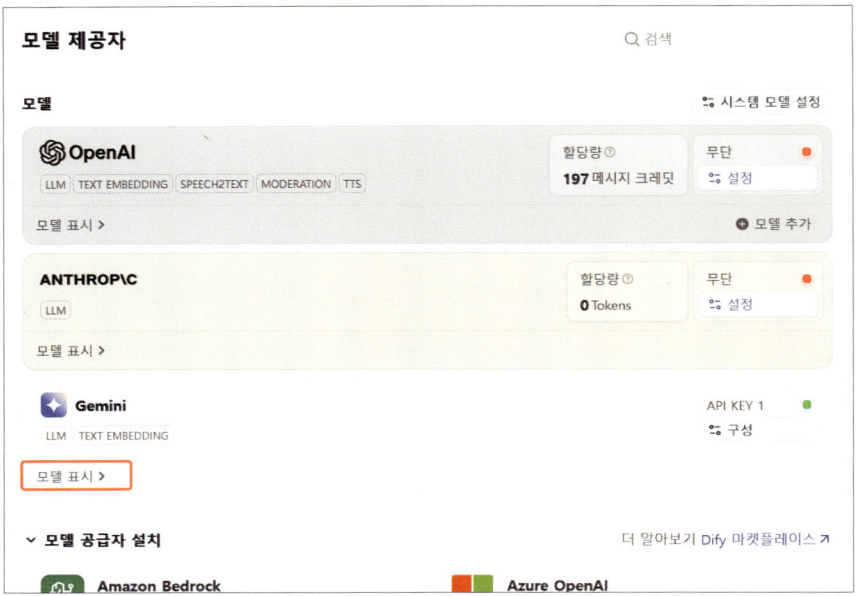

Gemini에서 사용할 수 있는 모델 목록이 표시됩니다.

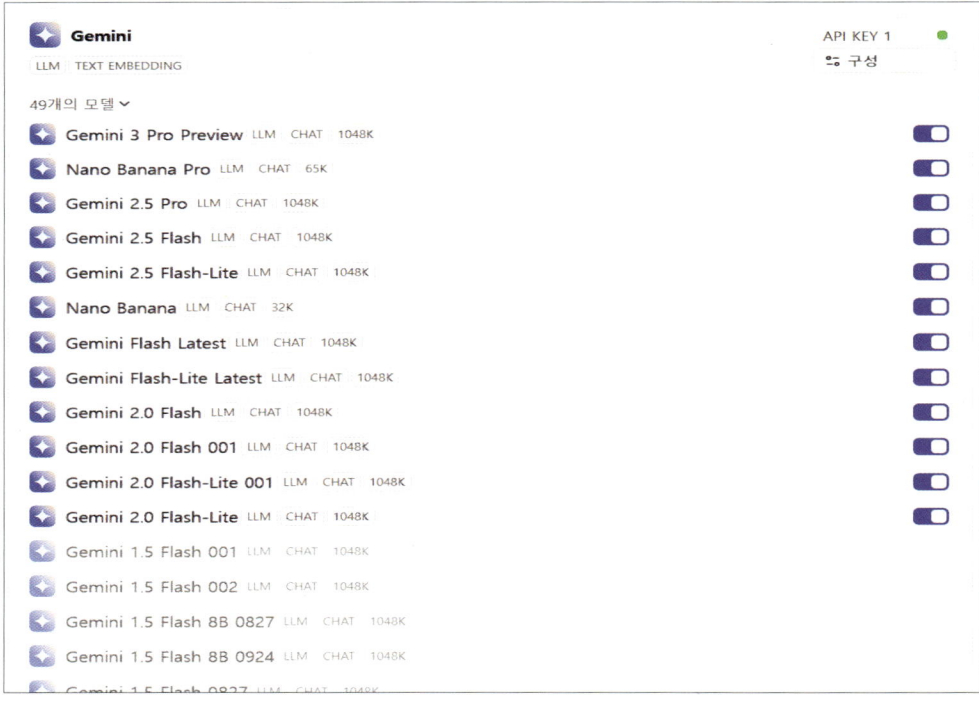

이제 여러분의 모델 목록에 또 하나의 강력한 LLM이 추가되었습니다. 이제 Gemini 모델을 테스트
해봅시다.

2.2.5 Gemini 모델로 테스트하기

앞에서 만든 애플리케이션에서 모델을 Gemini 2.5 Flash로 바꾸고 질문해봅시다. 설정된 모델 오른쪽 옆의 박스를 클릭하고 [Gemini 2.5 Flash]를 선택합니다.

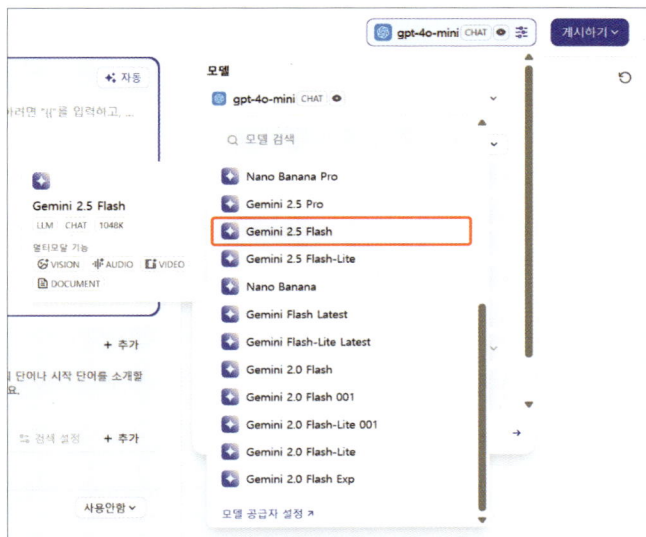

그러면 다음과 같이 모델이 [Gemini 2.5 Flash]로 바뀐 것을 확인할 수 있습니다.

'안녕하세요. 당신에 관해 설명해 주십시오.'라고 같은 질문을 해봅시다.

그러면 다음과 같이 대답합니다.

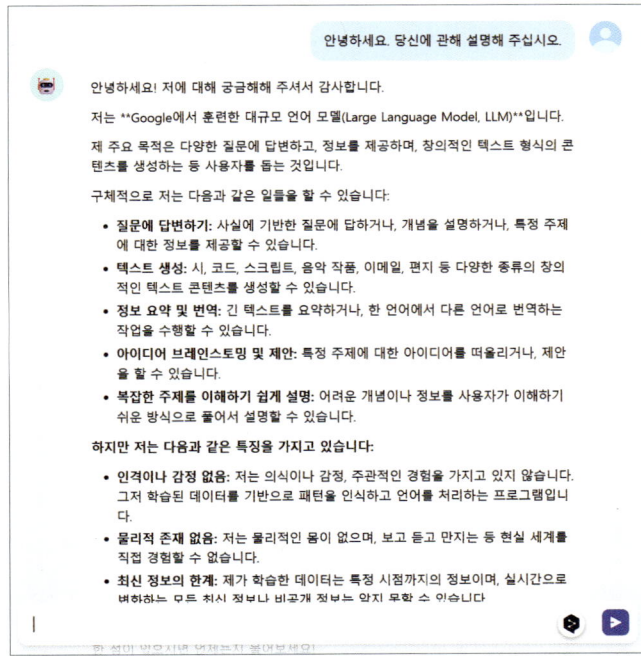

gpt-4o-mini와 Gemini 2.5 Flash의 대답을 보고 미묘한 차이를 느끼는 분도 있을 것입니다. 이것은 단순한 차이가 아니라 애플리케이션의 가능성을 넓히는 원천입니다. 각 모델은 뛰어난 성능을 내는 분야가 다릅니다. 용도에 맞춰 적절한 모델을 선택할 수 있다는 것이 바로 Dify의 강점입니다. 이 기능을 통해 다양한 모델을 이용할 수 있고, 각 태스크에 가장 적합한 AI를 선택할 수 있게 됩니다. 동시에 비용 효율화, 신속한 최신 기술 도입, 특정 AI 제공 기업에 대한 의존성 저하 등을 얻을 수 있습니다. 또한, 독자적인 AI 솔루션 개발에 맞는 조정과 실험의 폭도 넓어집니다.

AI 세계는 매일처럼 성장하고 발전하고 있습니다. 오늘 내린 최선의 선택이 내일은 쓸모없게 될 수도 있습니다. 그렇기 때문에 Dify와 같은 유연한 플랫폼이 중요합니다.

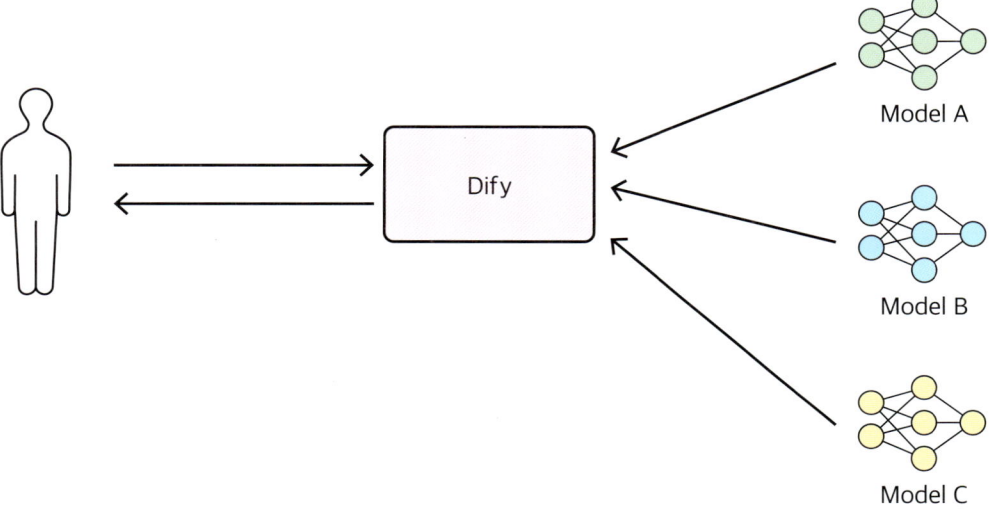

학습한 스킬
- LLM 모델 관리 및 설정
- 기본 모델 이해
- 신규 모델 추가 방법
- API 키 취득 및 설정
- 모델 변경 순서

실천적 스킬
- 여러 LLM 모델을 구분해서 사용할 수 있다.
- Gemini API를 설정할 수 있다.
- 모델 제공자를 관리할 수 있다.
- 다른 모델의 특성을 이해하고 비교할 수 있다.

2.3 LLM 매개변수 조정

'LLM을 선택했으니 이제 사용하기만 하면 된다!'

물론 충분히 사용할 수 있습니다. 하지만 LLM에는 조정할 큰 부분이 하나 더 있습니다. 바로 '매개변수 조정'입니다.

'매개변수? 그것은 무엇입니까?'

매개변수 조정은 악기를 조율하는 것에 비유할 수 있습니다. 연주자가 아름다운 연주를 하기 위해서는 악기의 소리를 미세하게 조율해야 합니다. 마찬가지로 LLM의 가치를 끌어내기 위해서는 확실하게 '조율'하는 것이 중요합니다. AI 조율의 세계에 발을 디뎌봅시다.

2.3.1 매개변수 설정 기본

LLM을 선택하면 [매개변수] 화면이 표시됩니다. 여기에서 매개변수란 LLM의 대답을 조절하는 양념 같은 것입니다. 매개변수 설정 화면에 [프리셋 로드] 버튼이 있습니다. 이 버튼을 클릭하면 3개의 기본 설정이 표시됩니다.

- [창의적인]: 자유로운 발상이나 창조성을 중시한다.
- [균형잡힌]: 안정성과 창조성의 균형을 중시한다.
- [정확한]: 사실에 기반한 정확한 출력을 중시한다.

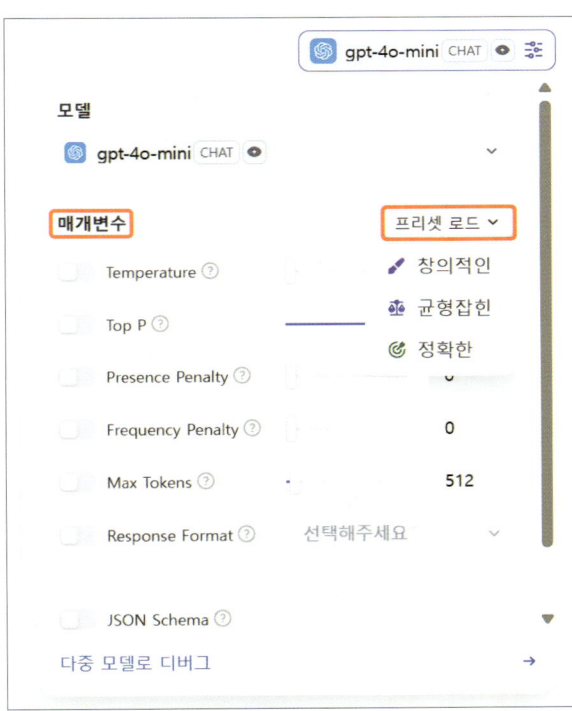

이 설정들을 선택하면 각 목적에 맞춰 여러 매개변수가 자동으로 조정됩니다.

2.3.2 매개변수 차이 경험하기

실제로 어떤 차이가 있는지 실험해봅시다. 과제는 '비를 주제로 200문자 이내의 시를 작성해 주십시오.'를 제시합니다.

비를 주제로 200문자 이내의 시를 작성해 주십시오.

정확한

비가 내리네, 조용한 속삭임
흙냄새 가득, 마음을 적시고
구름은 춤추며 세상을 감싸
눈물처럼 떨어지는 그 순간

우산 아래 숨은 작은 꿈들
빗방울에 실려 흐르는 노래
어둠 속에서도 빛나는 희망
비는 다시 시작의 노래를 부른다.

균형잡힌

비 내리는 창가에 앉아
빗방울의 속삭임 듣는다.
흙냄새 가득한 공기 속에
잊었던 기억이 피어난다.

흘러내린 눈물처럼,
마음도 씻겨 내려가네.
어둠 속에서도 빛나는
희망의 씨앗을 심어본다.

창의적인

비 내리는 창가에
고요한 마음이 피어나고,
구름은 슬픈 노래를 흘려
흙은 깊은 숨을 쉰다.

물방울이 나뭇잎을 타고
사라지는 순간,
우리는 잊고 있던
추억의 향기를 맡는다.

잠시 멈춘 세상 속,
비는 삶의 작은 선물,
새싹을 깨우고,
희망을 다시 심는다.

어떻습니까? 질문이 같아도 설정에 따라 다른 느낌의 시가 만들어집니다(다소 억지스러울 수 있지만 '그렇구나'하는 정도로 이해해 주십시오).

- '정확한' 시: 외부 상황을 객관적으로 묘사한다.
- '균형잡힌' 시: 감정과 묘사의 균형을 잡는다.
- '창의적인' 시: 보다 주관적으로 풍부한 감정을 표현한다.

	정확한	균형잡힌	창의적인
Temperature	0.2	0.5	0.8
Top P	0.75	0.85	0.9
Presence Penalty	0.5	0.2	0.1
Frequency Penalty	0.5	0.3	0.1
Max Tokens	16,384	16,384	16,384

2.3.3 LLM 매개변수 구조 이해하기

이런 차이는 왜 발생하는 것일까요? 예를 들면, 다음과 같은 문장을 생각해봅시다.

'배가 조금 고파서 나는 어제 친구에게 받은 _____을 먹었습니다.'

AI는 이 빈 칸에 들어갈 단어의 확률을 계산합니다. 예를 들며, 다음 단어의 확률을 계산할 수 있습니다.

- 사과: 30%

- 피자: 25%

- 카레: 20%

- 샌드위치: 15%

- 기타: 10%

계산된 확률을 어떻게 다루는지 결정하는 것이 주요한 매개변수인 'Temperature'와 'Top P'입니다.

2.3.4 Temperature: 창조성 온도 조정

Temperature는 확률 분포 전체를 조정하는 매개변수입니다. 0부터 양의 실수값(보통 0~1의 범위)으로 설정합니다. 이를 온도에 비유할 수 있습니다.

● **낮은 Temperature**(예: 0.2):

'신중한' 모드. 확률이 높은 선택지를 보다 많이 선택합니다. 결과적으로 보다 예측 가능하고 '안전한' 문장을 생성합니다.

예시: '나는 어제 사과를 먹었습니다'를 높은 확률로 선택한다.

● **높은 Temperature**(예: 0.8):

'창의적' 모드. 확률 분포가 편평해 지고 낮은 확률의 선택지를 선택할 가능성도 높아집니다. 결과적으로 보아 다양한, 예상 외의 문장을 생성합니다.

예시: '나는 어제 샌드위치를 먹었습니다' 또는 보다 신선한 용어를 많이 선택한다.

Temperature = 0일 때는 항상 가장 확률이 높은 선택지를 선택하고, Temperature = 1일 때는 보다 많은 선택지를 같은 확률로 선택하게 됩니다. 그렇기 때문에 '음? 어째서?'라는 느낌을 주는 단어도 선택하게 되어 문장의 독창성이 높아지기 쉽습니다.

2.3.5 Top P: 선택지 제한

Top P는 '얼마나 자유롭게 단어를 선택할 수 있는가'를 조절합니다. 누적 확률에 기반해 후보가 되는 선택지를 제한하는 매개변수입니다. 0~1의 값으로 설정합니다.

예를 들면, Top P = 0.9일 때 누적 확률의 원리는 다음과 같습니다.

① 확률이 높은 순서대로 선택지를 정렬한다.

② 상위부터 확률을 더하면서 그 값이 0.9(90%)가 되는 선택지까지 남겨둔다.

③ 남은 선택지 후보 중에서 원래 확률 분포에 따라 무작위로 선택한다.

이 원리로 확률이 높은 순으로 정렬하면 다음과 같습니다.

사과(30%) + 피자(25%) + 카레(20%) = 75% < 90%

아직 90%에 도달하지 않았습니다. 다음으로 샌드위치의 확률을 더합니다.

75% + 샌드위치(15%) = 90%

누적 확률이 90%가 되어, 이 4개의 선택지가 후보가 됩니다. 이 중에서 단어를 무작위로 선택하게 됩니다.

Top P가 작을수록 보다 확률이 높은 선택지로 제한되고, 클수록 보다 다양한 선택지가 후보에 남게 됩니다.

2.3.6 2개의 매개변수 연동하기

이를 통해 다음과 같이 말할 수 있습니다. Temperature는 확률 분포 전체를 조정하므로 낮은 확률의 선택지도 선택하게 할 수 있습니다. 이것은 창조적인 태스크에 적합합니다.

Top P는 일정한 확률을 가진 선택지만 후보로 제한하므로, 극단적으로 낮은 확률의 선택지는 제외됩니다. 이것은 보다 통제된 다양성이 필요할 때 적합합니다.

각 매개변수의 값에 따른 출력 결과는 다음 표와 같이 표현됩니다.

설정	Temperature	Top P	생성 결과 예
안정적	낮음(0.1)	높음 (0.9)	'오늘은 맑습니다. 하늘은 파랗고 기온은 쾌적합니다. 외출이 즐겁습니다.'
창조적 & 불안정적	높음(1.0)	높음 (1.0)	'오늘은 맑은 하늘 아래, 파란색이 하늘 전체를 가득 채우고 있습니다. 기분 좋은 온도이며, 바깥 세계가 유혹하는 모험과 같습니다.'
안정적	낮음(0.1)	낮음 (0.5)	'오늘은 맑습니다. 하늘은 파랗습니다.'
창조적 & 무작위	높음(1.0)	낮음 (0.5)	'오늘 하늘은 깊은 바다와 같이 넓고, 햇빛이 마치 황금 오로라와 같이 땅에 스며듭니다.'

2.3.7 실전: 용도에 맞게 설정하기

그렇다면 이 매개변수들을 실제 어떻게 활용할 수 있을까요? 다음 힌트를 참조해봅시다.

● 소설

- 모험적 전개: Temperature 높음(0.8-1.0), Top P 높음(0.9)

　　→ 예상 외의 전개나 독창적인 표현이 자주 나타난다.

- 전통적 스토리: Temperature 낮음(0.2-0.4), Top P 중간(0.7)

　　→ 일반적으로 쉽게 읽을 수 있는 전개를 유지하면서 적절한 변화를 준다.

● 비즈니스 문서

- 기획서: Temperature 중간(0.5), Top P 중간(0.7)

  → 적절한 창조성을 유지하면서 비즈니스적 표현을 유지한다.

- 보고서: Temperature 낮음(0.2), Top P 낮음(0.5)

  → 사실에 기반한 정확한 기술을 중시한다.

● 기술 문서

- 레퍼런스: Temperature 낮음(0.1), Top P 매우 낮음(0.3)

  → 정확성과 일관성을 최대한으로 확보한다.

- 튜토리얼: Temperature 중간(0.4-0.6), Top P 중간(0.6)

  → 쉽게 이해할 수 있는 설명을 유지하면서 적절한 예시의 배리에이션을 확보한다.

악기를 조율하는 것처럼 목적에 맞춰 '음색'을 선택할 수 있게 되었습니다. 특히 Temperature와 Top P를 조합함으로써 보다 섬세하게 조정할 수 있습니다. 다양한 설정을 시험해보고 여러분 나름의 '최고의 음색'을 발견해 보십시오.

참고로 Presence Penalty와 Frequency Penalty에 관해 간단하게 설명합니다. 크게 신경 쓰지 않아도 좋은 매개변수이지만 다양하게 조정했을 때 실제로 어떤 느낌이 드는지 참고가 될 것입니다.

● Presence Penalty(반복 페널티)

이 매개변수는 '같은 화제를 어느정도 피하는가?'를 조정합니다.

- 낮음(0.1-0.3): 같은 화제라도 자세히 설명한다. 예를 들면, 질문한 내용에 관해 자세하고 친절하게 설명한다. 교육적인 설명, 상세한 설명 등에 적합하다.

- 높음(0.7-1.0): 새로운 화제를 만들게 한다. 예를 들면, 다양한 각도에서 다른 관점을 제공한다. 아이디어 도출, 폭넓은 회의 등에 적합하다.

● Frequency Penalty(단어 반복 페널티)

'같은 단어를 어느정도 피하는가?'를 조정합니다.

- 낮음(0.1-0.3): 전문 용어를 정확하게 반복해 사용한다. 예를 들면, 기술 문서에서의 정확한 용어 사용, 매뉴얼 작성, 기술 설명서 등에 적합하다.

- 높음(0.7-1.0): 같은 의미의 용어를 바꾸어서 표현한다. 문장 교정, 폭넓은 표현 등에 적합하다.

학습한 스킬
- LLM 매개변수 이해 및 조정
- 각 매개변수의 역할 및 영향 이해
- 프리셋(정확한/균형잡힌/창조적인)의 특징 파악
- 목적에 맞는 매개변수 조정에 관한 사고 방식

실천적 스킬
- Temperature를 활용해 출력을 제어할 수 있다.
- Top P를 활용한 선택지를 제한할 수 있다.
- 매개변수 조합 효과를 파악한다.
- 용도에 맞춰 가장 적합한 매개변수를 설정할 수 있다.

2.4 프롬프트

앞 절에서 대답 결과를 변화시키려면 매개변수를 조정해야 하는 것을 알았습니다.

하지만 실제 애플리케이션을 개발하는 경우 대답의 방향성을 한차례 결정한 뒤에는 매개변수를 조정하는 일이 흔치 않을 것입니다. 그보다 입력하는 프롬프트에 따라 그 효과와 대답의 정확도가 극도로 달라집니다.

2.4.1 프롬프트의 중요성

LLM과 보다 효과적으로 대화하기 위해 먼저 프롬프트에 관해 이해합시다. 실제 LLM을 효과적으로 활용할 때는 태스크별로 프롬프트를 조정해야 합니다.

먼저 '무엇을 하게 하고 싶은가?'를 명확하게 언어화해야 합니다. 보다 효과적인 대화를 위해, 관련 지식이나 대화 이력 등의 보조 정보도 활용합니다. 또한, 프롬프트를 포함해 이들을 일반적으로 컨텍스트(context)라 부릅니다. 컨텍스트를 크게 묶으면 다음 그림과 같이 나타낼 수 있습니다.

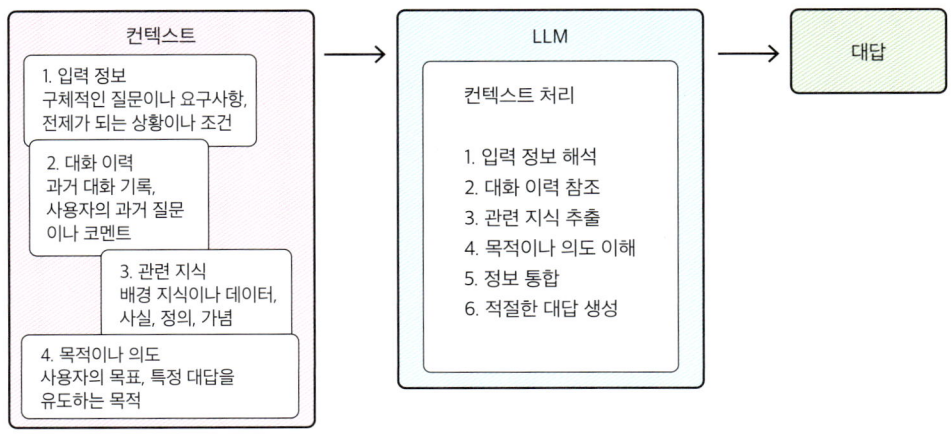

LLM은 컨텍스트를 고려해 보다 적절하고 풍부한 정보를 가지고 대답을 만듭니다. 이를 통해 사용자의 의도를 보다 깊이 이해하고, 상황에 맞는 적절한 대답을 할 수 있게 됩니다.

사용자가 제공하는 지시인 프롬프트에 있어 좁은 의미의 컨텍스트는 'AI가 적절한 대답을 만들기 위해 필요한 배경 정보, 상황, 또는 관련된 상세 정보'를 가리킵니다.

예를 들면, 다음과 같은 요소입니다.

- 배경 정보: '이 질문은 고등학생을 위한 과학 숙제입니다.'

- 시간적/공간적 상황: '2025년 한국 상황을 고려하십시오.'

- 제안 조건/제약: '대답은 100문자 이내로 하십시오.'

- 목적이나 의도: '초보자도 쉽게 이해할 수 있도록 설명하십시오.'

LLM에 이와 같은 정보를 부여함으로써 그에 맞는 답을 유도할 수 있습니다. 컨텍스트의 목적은 다음과 같습니다.

- 적절한 정보 선택

- 대답 정확도 향상

- 오해나 모호함 감소

- 사용자 니즈 만족

'사과에 관해 알려주십시오.'라고 질문하는 것보다는 '초등학교 2학년 요리 수업에서 사용할 소재로 사과에 관해 설명해주십시오. 영양이나 건강에 미치는 영향에 초점을 두고, 전문 용어는 사용하지 말고, 간단한 단어들을 사용해 200자 이내로 정리해주십시오.'라고 질문하는 것이 대답의 향상도를 높일 수 있습니다.

프롬프트에서의 컨텍스트 정의
AI가 적절한 대답을 생성하기 위해 필요한 배경 정보, 상황, 또는 관련된 세부 정보

컨텍스트의 요소
1. 배경 정보
예시 '이 질문은 고등학생을 위한 과학 숙제입니다.'

2. 시간적/공간적 상황
예시: '2025년 한국 상황을 고려하십시오.'

3. 제안 조건/제약
예시: '대답은 100문자 이내로 하십시오.'

4. 목적이나 의도
예시: '초보자도 쉽게 이해할 수 있도록 설명하십시오.'

컨텍스트의 중요성
1. 적절한 정보 선택
2. 대답 정확도 향상
3. 오해나 모호함 감소
4. 사용자 니즈 만족

컨텍스트 제공 예시:
컨텍스트 없음:
'사과에 관해 알려주십시오.'

텍스트 있음:
초등학교 2학년 요리 수업에서 사용할 소재로 사과에 관해 설명해주십시오. 영양이나 건강에 미치는 영향에 초점을 두고, 전문 용어는 사용하지 말고, 간단한 단어들을 사용해 200자 이내로 정리해주십시오.'

2.4.2 시스템 프롬프트와 사용자 프롬프트

이것으로 프롬프트에 관해 모두 설명한 것은 아닙니다. 프롬프트에는 시스템 프롬프트, 사용자 프롬프트의 두 가지 종류가 있습니다.

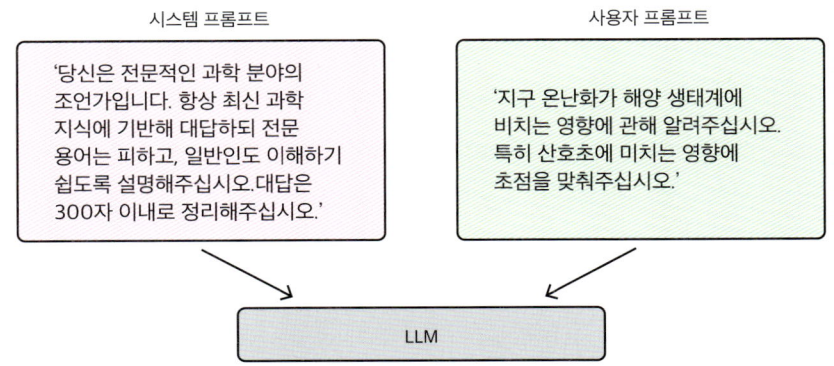

시스템 프롬프트와 사용자 프롬프트

비교 항목	시스템 프롬프트	사용자 프롬프트
특징	- LLM 동작 정의 - 전체적인 컨텍스트 설정 - 세션 전체에 적용 - 일반적으로 세션 도중에는 변경하지 않음	- 구체적인 질문이나 요구사항을 포함 - 세션 안에서 변화 - 대화 흐름에 따라 업데이트 - 즉각적인 컨텍스트 제공
포함된 정보	- AI의 역할이나 퍼소나 설정 - 응답 형식이나 제약 - 태스크의 일반적인 지시 - 윤리적 가이드라인 - 배경 지식이나 제안 조건	- 구체적인 질문이나 지시 - 태스크 고유 정보 - 대화 이력이나 문맥 - 사용자의 의도나 목적 - 특정 제약이나 요구사항
예	당신은 전문적인 과학 분야의 조언가입니다. 항상 최신 과학 지식에 기반해 대답하되 전문 용어는 피하고, 일반인도 이해하기 쉽도록 설명해주십시오.대답은 300자 이내로 정리해주십시오.	지구 온난화가 해양 생태계에 비치는 영향에 관해 알려주십시오. 특히 산호초에 미치는 영향에 초점을 맞춰주십시오.
LLM과의 관계	LLM의 기본적인 동작이나 제약을 설정해 대답 생성의 전체적인 방향성을 결정한다.	시스템 프롬프트 프레임 안에서 해석되며 특정한 질문이나 요구사항에 대한 직접적인 응답을 생성한다.

그럼 Dify에서는 이 시스템 프롬프트와 사용자 프롬프트를 어떻게 다루는지 확인해 봅시다. 화면에서 단계 영역이 시스템 프롬프트, 사용자 입력이 사용자 프롬프트입니다.

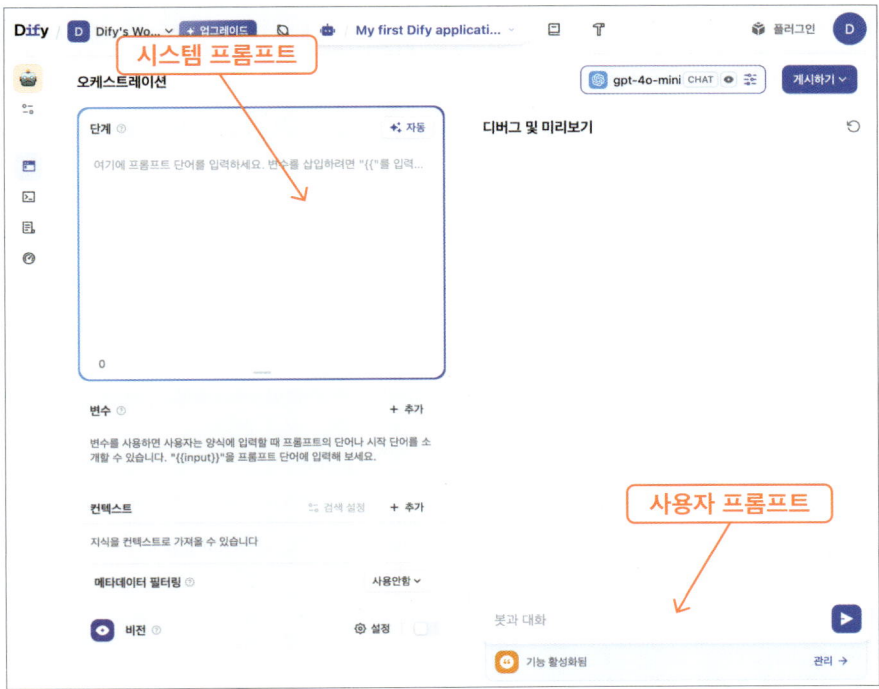

2.4.3 제로-샷 학습과 퓨-샷 학습

프롬프트를 조정해 기대하는 대답 또는 그 정확도를 개선하는 과정을 프롬프트 엔지니어링(prompt engineering)이라 부릅니다. 그 중심이 되는 것이 '인-컨텍스트 학습'(ICL, In-Context Learning)이라는 사고 방식입니다.

인-컨텍스트 학습은 LLM에 추가적인 학습을 시키지 않고 프롬프트 안의 문맥(컨텍스트)만으로 원하는 출력을 얻는 기법입니다. 소위 '실시간 현장 학습 학'이라 할 수 있습니다. 예를 들면, '이 문장을 친구에게 설명할 수 있게 다시 작성해주십시오.'라고 말하는 것이 아니라 구체적인 예를 전달해 LLM에게 보다 정확하게 의도를 전달할 수 있습니다.

이 인-컨텍스트 학습에 대한 접근 방식은 크게 두 가지입니다. 첫 번째는 제로-샷 학습(Zero-Shot Leaning), 두 번째는 퓨-샷 학습(Few-Shot Learning)입니다. 이 접근 방식들은 프롬프트를 작성할 때 미세하게 다릅니다.

제로-샷 학습은 예를 들지 않고 직접 태스크를 실행하는 방법입니다. 예를 들면, '이 문장을 요약해 줘'라고 단도직입적으로 지시를 하는 것과 같습니다. 한편, 퓨-샷 학습은 몇 가지 예를 든 뒤, 같은 형태의 태스크를 실행합니다. '이렇게 요약해 줘'라고 샘플을 제시한 뒤 지시를 내리는 방식입니다.

이 개념을 이해하면 프롬프트 엔지니어링을 보다 효과적으로 할 수 있게 됩니다. 상황이나 목적에 맞춰 제로-샷과 퓨-샷을 구분해서 사용하거나 조합해서 사용함으로써 보다 정확도가 높은 결과를 얻을 수 있습니다.

2.4.4 제로-샷 학습

제로-샷 학습은 LLM에 특정 태스크를 실행시킬 때 사전 예시나 훈련 데이터를 제공하지 않고 직접 지시를 부여하는 접근 방식입니다. 그 특징은 다음과 같습니다.

- 사전 예시 없이 직접 태스크 수행을 지시한다.
- LLM의 일반적인 지식과 이해력에 의존한다.
- 유연성이 높고 다양한 태스크에 적용할 수 있다.

다음 표는 제로-샷 학습의 다양한 예입니다.

태스크	프롬프트 예	사용 목적	출력 예
감정 분석	다음 문장의 감정을 '긍정적', '부정적', '중립' 중 하나로 분류하십시오: '오늘은 날씨가 좋아 공원에서 즐겁게 보냈습니다.'	텍스트의 감정을 분석해 고객 피드백 분류 등에 활용한다.	긍정적
언어 번역	다음 한국어를 영어로 번역하십시오: '나는 매일 아침 커피를 마십니다.'	다국어 대응이 필요한 애플리케이션에서의 번역 처리	I drink coffee every morning.
질의 응답	물의 끓는점은 몇 도입니까?	일반적인 지식 기반의 Q&A 시스템 구축	물의 끓는점은 100도(표준 기압)입니다.
텍스트 생성	봄을 주제로한 짧은 시를 써주십시오.	콘텐츠 자동 생성, 크리에이티브 라이팅 지원	봄바람 펄럭이며 춤추는 파란 하늘
문법 확인	다음 문장에서 문법 오류를 확인 및 정정해주십시오: 'I goed to the store yesterday.'	문장 교정, 어학 학습 지원	올바른 문장은 "I went to the store yesterday. 입니다.
카테고리 분류	'사과', '바나나', '양배추', '토마토'를 과일과 야채로 분류해주십시오.	데이터 자동 분류, 상품 카테고리 분류	과일: 사과, 바나나 야채: 양배추, 토마토
수학 문제 해결	72를 9로 나눈 나머지는 얼마입니까?	계산 문제 해결, 수학 학습 지원	나머지는 0입니다(72 / 9 = 8)
요약	[뉴스 기사]를 30 단어 이내로 요약해주십시오.	장문 요약, 정보 간략화	※ 입력문에 맞춰 30 단어 이내로 요약을 생성
엔티티 인식	'홍길동은 서울 소재의 ABC 주식회사에서 일하고 있습니다.'에서 고유 명사를 추출해주십시오.	정보 추출, 데이터 마이닝	- 인명: 홍길동 - 지명: 서울 - 기업: ABC 주식회사
텍스트 연결 생성	'한밤 중, 조용한 숲 속을 거닐고 있을 때…'에 이어지는 3개의 문장을 써주십시오.	스토리 생성, 창작 지원	※ 상황에 맞는 3개 문장으로 구성된 이야기 생성
비교 분석	전기 자동차와 휘발유 자동차의 주요한 차이 3가지를 알려주십시오.	비교 분석, 의사 결정 지원	1. 동력원의 차이 2. 환경 부하의 차이 3. 유지비용의 차이
스타일 변환	'내일 회의, 반드시 와 줘!'를 비즈니스 문서 스타일로 변환해주십시오.	문체 변환, 공식화	내일 회의에 반드시 출석해주십시오.

위 내용은 LLM에 사전 예시를 부여하지 않아도, 적절한 프롬프트만 제공하면 다양한 태스크를 이해하고 실행할 수 있음을 나타냅니다.

'응? 평소에 제가 입력하고 있는 프롬프트와 같은데요?'

이렇게 생각하지 않았습니까?

그렇습니다. 사실 제로-샷 학습은 우리가 일상적으로 LLM을 사용할 때 자연스럽게 사용하고 있는 접근 방식입니다. 예를 들면, ChatGPT에게 질문할 때 특별한 예시 없이 직접 질문할 때가 많을 것입니다.

제로-샷 학습의 강점은 이렇듯 유연성과 범용성에 있습니다. 하지만, 태스크가 복잡하고 특수한 경우에는 다음에 설명하는 퓨-샷 학습 접근 방식이 보다 적합할 수 있으므로 염두에 두어야 합니다.

2.4.5 퓨-샷 학습

퓨-샷 학습은 LLM에 태스크를 실행하게 할 때 몇 가지 예시를 제시한 뒤 지시하는 접근 방식입니다. 퓨-샷 학습의 특징은 다음과 같습니다.

- 태스크 예시를 1개 이상 제공한 뒤, 실제 태스크를 지시한다.
- LLM이 예시를 통해 학습하고, 같은 형태의 패턴을 적용할 것을 기대한다.
- 특정한 형식이나 복잡한 태스크에 효과적이다.

다음은 퓨-샷 학습의 몇 가지 예입니다.

● **텍스트 분류(뉴스 기사 카테고리 분류):**

> 다음 예시를 참고해 제시한 기사의 제목을 카테고리로 분류해주십시오.
>
> - 제목: 신형 스마트폰 발매일 결정
> - 카테고리: 기술
>
> - 제목: 올림픽 개최지, 2032년 후보 도시 발표
> - 카테고리: 스포츠
>
> - 제목: 한국은행, 금리 억제 정책 발표
> - 카테고리: 경제
>
> - 새 제목: [여기에 분류하고 싶은 새 제목을 입력한다]
> - 카테고리:

● **감정 분석:**

> 다음 예시를 참고해 제시한 문장의 감정을 분류해주십시오.

- 문장: 이 영화는 훌륭했다! 정말로 감동했다!
- 감정: 긍정적

- 문장: 대기 시간이 너무 길어 매우 불쾌한 경험이었다.
- 감정: 부정적

- 문장: 오늘 날씨는 흐리고, 기온은 20도입니다.
- 감정: 중립

- 새 문장: [여기에 분석하고 싶은 새 문장을 입력한다]
- 감정

● 말 바꿔 생성

다음 예시를 참고해 제시한 문장을 다른 문장으로 바꿔서 표현해주십시오.

- 원래 문장: 그녀에게는 일찍 일어나는 습관이 있다.
- 바꾼 문장: 그녀의 아침은 빠르다.

- 원래 문장: 이 프로젝트는 시간이 걸릴 것 같다.
- 바꾼 문장: 이 프로젝트를 완료하는 데 상당한 시간이 필요할 것이다.

- 새 문장: [여기에 바꾸고 싶은 새 문장을 입력한다]
- 바꾼 문장:

● 엔티티 추출

다음 예시를 참고해 제시한 문장에서 인명, 조직명, 장소명을 추출해주십시오.

- 문장: 홍길동은 서울대학교에서 경제학을 배우고 있다.
- 인명: 홍길동
- 조직명: 서울대학교
- 장소명: 없음

- 문장: 애플사는 캘리포니아주 쿠퍼티노에 본사가 있다.
- 인명: 없음
- 조직명: 애플사
- 장소명: 캘리포이아주, 쿠퍼티노

- 새 문장: [여기에 엔티티를 추출할 새 문장을 입력한다]
- 인명:
- 조직명:
- 장소명:

● **질문 생성**

다음 예시를 참고해 제시한 문장에 기반해 질문을 생성해주십시오.

- 문장: 한국의 수도는 서울이고, 인구는 약 940만명입니다.
- 질문 1: 한국의 수도는 어디입니까?
- 질문 2: 서울의 인구는 대략 몇 명입니까?

- 문장: 프로그래밍 언어 Python은 1991년에 Guido van Rossum이 개발했습니다.
- 질문 1: Python은 언제 개발되었습니까?
- 질문 2: Python의 개발자는 누구입니까?

- 새 문장: [여기에 질문을 생성할 새 문장을 입력한다]
- 질문 1:
- 질문 2:

이 예시들은 퓨-샷 학습의 가장 기본적인 사용 방법입니다. 실제는 보다 많은 예시를 제시하거나 상세한 지시를 포함합니다.

퓨-샷 학습은 제로-샷 학습에 비해 정확도가 크게 높습니다. 단, 프롬프트가 길거나 입력 토큰 수가 늘어나는 단점이 있지만, LLM 사용 단가가 낮아지고 있어 크게 신경쓰지 않아도 됩니다.

제로-샷 학습	퓨-샷 학습
- 일반적인 태스크나 단순하 지시로 충분할 때	- 특정한 형식이나 복잡한 태스크를 요구할 때
- 토큰 수를 절약하고 싶을 때	- 높은 정확도나 일관성이 필요할 때
- LLM의 일반적인 능력을 활용하고 싶을 때	- LLM 출력을 특정 방향으로 가이드하고 싶을 때

프롬프트 엔지니어링에서 태스크의 특성이나 요구되는 정확도에 맞춰 제로-샷 학습과 퓨-샷 학습을 적절하게 선택하는 것이 중요합니다. 경우에 따라 두 접근 방식을 조합하거나 단계적으로 적용하는 것도 좋습니다.

2.4.6 CoT로 문제를 해결하기

여기까지 프롬프트의 "무엇을"이라는 내용에 초점을 두고 제로-샷 학습과 퓨-샷 학습이라는 두 가지 접근 방식에 관해 살펴봤습니다. 하지만 보다 복잡한 문제를 해결하기 위해서는 LLM의 '사고 프로세스'를 가이드 하는 방법도 중요합니다. 그래서 다음으로 "어떻게" 생각하게 하는지에 관해 살펴 봅시다. 다양한 방법이 있지만 여기에서는 가장 대표적인 Chain of Thought(CoT), 즉, **생각의 사슬**에 관해 설명합니다.

CoT는 복잡한 문제 해결이나 추론 태스크에 대해 단계적인 사고 프로세스를 명시적으로 나타내는 방법입니다. 이 방법은 생성형 AI가 세상에 등장한 이후 줄곧 주목을 받았습니다. 인간이 문제를 풀어나가는 방법을 생성형 AI에 적용한 것입니다.

CoT의 큰 특징은 문제를 작은 단계로 분해하고, 각 단계에서의 사고 과정을 명확하기 지시하는 것입니다. 이를 통해 복잡한 문제라도 체계적으로 접근할 수 있습니다.

각 사고 단계별로 생성형 AI의 사고를 추척할 수 있습니다. 어느 부분에서 모순이 발생하는지도 명화해집니다.

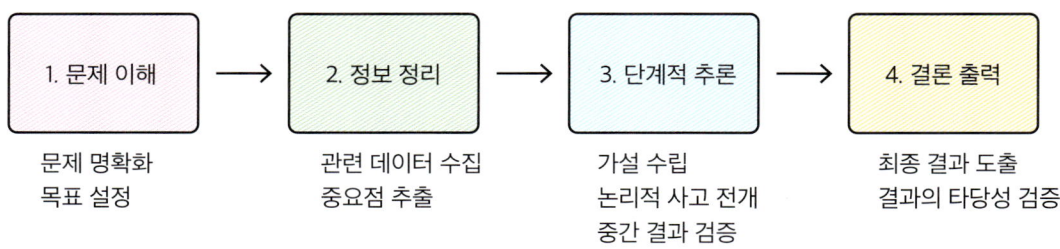

어디까지나 하나의 예이지만 CoT 접근 방식은 다음 표에 나타낸 태스크에 적용하면 효과를 발휘합니다.

사고 타입	단계	구체적인 예	이유/의도
논리 퍼즐	1. 정보 정리	- 주어진 조건을 개조식으로 표현	- 사용할 수 있는 정보를 명확화
	2. 관계성 분석	- 조건간 관련성 그래프화	- 정보 상호 관계 이해
	3. 가설 설정	- 가능성이 있는 해답을 나열	- 해답 후보 필터링
	4. 검증	- 각 가설을 조건과 조합	- 모순이 없는 해답 특정
데이터 분석	1. 목적 설정	- 분석을 통해 명확화 대상 정의	- 분석 방향성 결정
	2. 데이터 수집.	- 필요한 데이터 종류와 양 특정	- 적절한 데이터 화보
	3. 클리닝	- 이상값, 결손값 처리	- 데이터 품질 확보
	4. 분석 실행	- 통계 수법 적용	- 데이터로부터 의미 추출
	5. 해석	- 결과의 의미 고찰	- 현실적인 지식 획득

기획 수립	1. 현황 분석	- 기존 문제점 도출	- 개선점 특정
	2. 목표 설정	- 구체적인 달성 목표 정의	- 방향성 명확화
	3. 시장 조사	- 경쟁/고객 니즈 분석	- 실현 가능성 확인
	4. 기획안 작성	- 여러 해결안 검토	- 선택지 확보
	5. 평가	- 비용/효과 계산	- 최적안 선택
	6. 계획 책정	- 실시 순서 및 일정 작성	- 실행 계획 구체화

구체적인 형태를 살펴 봅시다. CoT가 특히 효과를 발휘하는 예시로 논리 퍼즐을 살펴 봅시다. 논리 퍼즐을 풀기 위해 다음과 같은 시스템 프롬프트를 준비했습니다(어디까지나 예시일 뿐입니다. CoT를 수행하는 방법은 한 가지로 정해져 있지 않습니다).

사용자로부터 제시한 문제를 풀기 위해 단계적(step by step)으로 생각하십시오. 각 단계에서 무엇을 생각하고, 어떻게 계산했는지 자세히 설명해주십시오. 마지막으로 당신의 결정한 최종 대답을 표시해 주십시오.

- 단계 1: 먼저 문제의 중요한 정보를 특정하고 정리해주십시오.
- 단계 2: 문제를 해결하기 위해 필요한 계산이나 추론의 첫 번째 단계를 실행해주십시오.
- 단계 3: 이전 단계의 결과를 사용해, 다음 단계의 계산이나 추론을 수행해주십시오. 추리가 필요한 부분은 가정법 등을 사용하는 것도 중요합니다.
- 단계 4: 필요에 따라 계산이나 추론 단계를 더 추가해주십시오. 이 시점에서 모순점이 있다면 단계 2로 되돌아가는 것도 중요합니다.
- 단계 6: 모든 계산과 추론을 완료했다면 최종 대답을 도출해주십시오.
- 단계 6: 최종 대답을 한 번 더 문제와 대조해 검증하고, 모순이 있다면 단계 1부터 반복해주십시오.
- 최종 대답: 당신이 내린 최종 대답을 여기에 기술하고, 어떻게 그 결론에 도달했는지 간결하게 설명해주십시오.

주의: 각 단계에서 무엇을 생각하고, 어떻게 계산했는지 자세히 설명하는 것이 중요합니다. 단순히 대답을 표시하는 것이 아니라 사고 프로세스 전체를 명확하게 알려주십시오.

● 문제 제시하기

여기에서는 CoT의 사고 방식을 구체적으로 경험하기 위해 간단한 논리 퍼즐을 예시로 들겠습니다. 추론 과정을 이해하기 쉬운 문제입니다.

- 문제: 누가 어떤 과일을 가지고 있는지 추리하라.
- 문제 설명
  3명(Alice, Bob, Carol)이 각각 다른 과일을 1개씩 가지고 있습니다. 과일은 '사과(apple)', '바나나(Banana)', '오렌지(Orange)'입니다. 다음 4개의 단서를 바탕으로 누가 어떤 과일을 가지고 있는지 추리해주십시오.

  1. Bob은 바나나를 가지고 있지 않다.
  2. 바나나를 가지고 있는 사람은 Alice가 아니다.

3. Carol은 사과 또는 바나나 중 하나를 가지고 있다(오렌지를 가지고 있지 않다).

4. Alice는 오렌지를 가지고 있지 않다.

- 질문

'Alice, Bob, Carol이 각각 어떤 과일을 가지고 있는지, 유일한 정답을 도출해주십시오.'

● 해답 예

다음은 LLM이 각 단계를 어떻게 추론했는지 나타냈습니다. 이것은 하나의 예이며, 실제로는 다양한 관점과 순서로 생각할 수 있습니다. 사고의 사슬을 명확하게 하기 위환 자료로 참고해주십시오.

- 단계 1: 문제의 요점을 정리한다.
  - 3명(Alice, Bob, Carol)과 3개의 과일(Apple, Banana, Orane)이 있다.
  - 각 사람은 중복 없이 1개의 과일을 가진다.
  - 단서:
  - 1. Bob != Banana
  - 2. Alice != Banana
  - 3. Carol != Banana
  - 4. Alice != Orange

- 단계 2: 단서를 모순이 발생하지 않게 적용한다.
  - 단서 (1)과 (2)에 따라 Bob과 Alice는 바나나를 가지고 있지 않다.
  - 그렇다면, 바나나를 가지고 있는 것은 Carol 뿐이다. 실제, 단서 (3)에서도 'Carol은 사과 또는 바나나 중 하나를 가지고 있다'고 했으므로 Carol은 바나나를 가지면 모순이 발생하지 않는다.

- 단계 3: Carol이 바나나를 가지고 있을 때의 검증
  - Carol = Banana 라면, Apple과 Orange를 Alice와 Bob이 나눠 가진다.
  - 단서 (4) 'Alice는 오렌지를 가지고 있지 않다'에 따라 Alice는 Apple을 가지고 있는 것으로 확정한다.
  - 따라서 Bob은 반드시 Orange를 가지게 된다.

- 단계 4: 최종 확인
  - 모순이 없는지 다시 확인합니다.
  - Carol = Banana (단서 1, 2, 3 모두 일치)
  - Alice = Apple (단서 2, 3 모두 일치)
  - Bob = Orange (단서 1과 일치, 남은 과일을 가짐)

- 결론:
  'Alice는 사과, Bob은 오렌지, Carol은 바나나를 가지고 있다.'고 판단합니다.

여기에서는 CoT를 활용한 문제 해결 접근 방식을 이해하기 위해 3명이 어떤 과일을 가지고 있는지

추리하는 짧은 논리 퍼즐을 사용했습니다. 단서를 기반으로 단계적인 사고를 누적하면서, 모순 없이 논리적인 결론을 도출하는 프로세스를 경험할 수 있었을 것입니다.

2.4.7 정리

프롬프트 엔지니어링에 관해 다양한 내용을 학습했습니다. 여기에서 중요한 포인트를 정리해봅시다.

먼저 중요한 것은 프롬프트에서는 컨텍스트가 생명이라는 점입니다. LLM에 '무엇을', '어떻게' 대답하게 하고 싶은 지 가능한 명확하게 전달해야 합니다.

다음으로 제로-샷 학습과 퓨-샷 학습의 두 가지 접근 방식을 구분해서 사용하는 것입니다. 단순한 질문이라면 제로-샷 학습, 복잡한 요구사항에는 퓨-샷 학습이 적합합니다. 또한, 복잡한 문제를 해결할 때는 CoT를 사용해 LLM에 생각하는 프로세스를 명시하도록 하는 것도 팁입니다.

마지막으로 시스템 프롬프트와 사용자 프롬프트를 구분해서 사용하는 것을 반드시 기억해야 합니다. 시스템 프롬프트로 LLM의 기본적인 역할을 결정하고, 사용자 프롬프트로 구체적인 지시를 내립니다. 이 조합을 통해 보다 유연한 대화를 할 수 있게 됩니다.

프롬프트 엔지니어링은 LLM과의 효과적인 대화를 실현하는 기술입니다. 그 기본 원칙을 지키면서 실천을 거듭하는 과정에서, 여러분만의 효과적인 프롬프트 패턴을 찾아낼 수 있을 것입니다.

이번 장에서 학습한 것을 모두 이해할 필요는 없습니다. 오케스트레이션 화면의 '단계' 섹션에서 나름의 프롬프트를 작성하고, 실행, 검증해보는 것이 무엇보다 중요합니다.

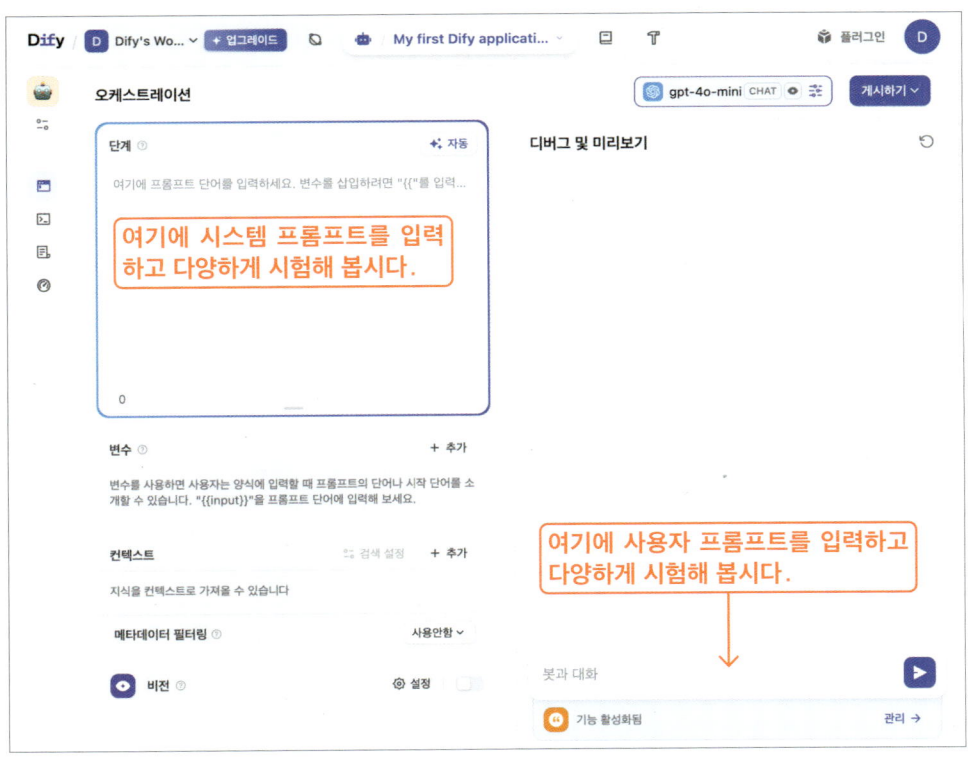

학습한 스킬

- 프롬프트 엔지니어링 기초
- 컨텍스트 이해와 활용
- 제로-샷/퓨-샷 학습 구분
- Chain of Thought(CoT) 방법
- 시스템/사용자 프롬프트 구별 및 활용

실천적 스킬

- 목적에 맞춰 프롬프트를 설계할 수 있다.
- 효과적인 컨텍스트를 제공할 수 있다.
- 단계적인 사고 프로세스를 구현할 수 있다.
- 프롬프트를 개선할 수 있다.

2.5 웹페이지에 챗봇 삽입

여러분은 웹사이트를 가지고 있습니까? 기업 사이트, 개인 블로그 무엇이든 관계없습니다. 만약 웹사이트를 가지고 있다면 지금부터 소개하는 기능을 시험해보면 좋을 것입니다.

사실 Dify를 사용해 만든 챗봇을 여러분의 웹사이트에 삽입할 수 있습니다.

'거짓말, 웹 페이지에 AI 챗봇을 삽입하는 것은 대기업만 가능하지 않습니까?'

그렇지 않습니다. 여기까지 책을 읽은 분들이라면 할 수 있습니다. Dify가 제공하는 HTML 코드를 복사해서 웹페이지 코드에 붙여 넣습니다. 그러면 곧바로 여러분의 웹사이트는 AI 챗봇을 제공하는 사이트로 바뀝니다.

Dify에서는 세 가지 삽입 방법을 제공합니다.

1. **대화면 모드**: 페이지 전체에 대화면의 챗 인터페이스를 표시한다.

2. **플로팅 버튼**: 화면 끝에 떠있는 챗 버튼을 표시한다.

3. **표준 챗 윈도우**: 페이지 일부에 챗봇을 표시한다.

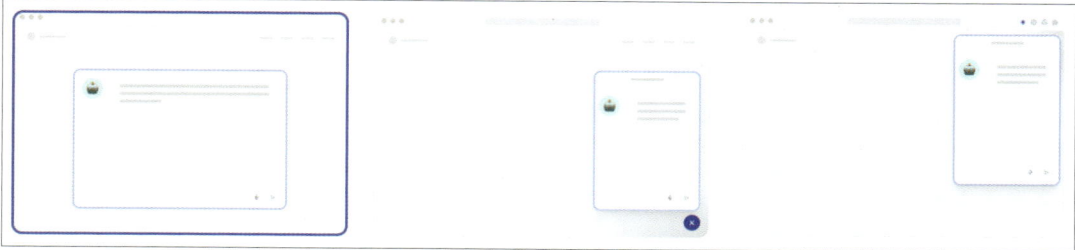

여러분의 웹사이트의 용도에 맞춰 선택하면 됩니다. 예를 들면, 지원 페이지라면 플로팅 버튼이 편리할 것입니다. 사용자가 언제든 질문할 수 있는 상태로 만들 수 있습니다.

2.5.1 삽입하기

● 단계 1: 코드 얻기

오케스트레이션 화면 오른쪽 위 [게시하기]를 클릭합니다. 공개 방법 선택 목록이 표시되면 [사이트에 삽입]을 클릭합니다.

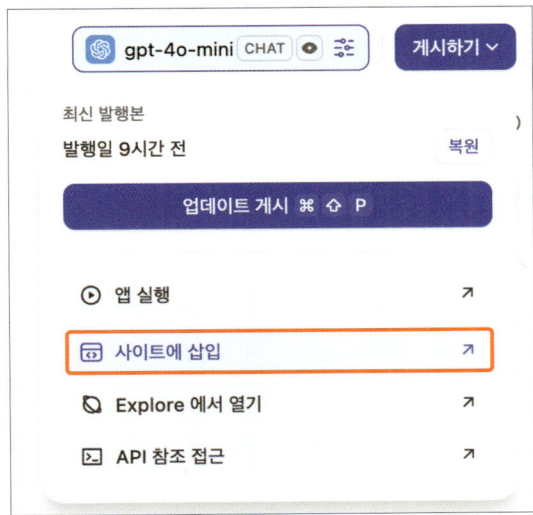

다음과 같은 팝업 화면이 표시됩니다(왼쪽 그림). 원하는 삽입 패턴을 선택합니다. 여기에서는 한 가운데 패턴을 선택합니다(오른쪽 그림).

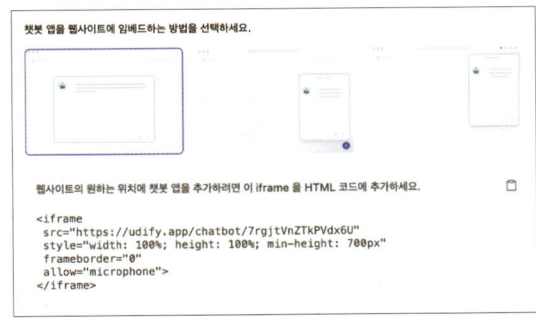

'웹사이트의 우측 하단에 챗봇 앱을 추가하려면 이 코드를 HTML에 추가하세요.' 표시 오른쪽의 클립보드 아이콘을 클릭합니다. 코드가 클립보드에 복사됩니다.

● 단계 2: 웹페이지에 삽입하기

시험삼아 다음과 같은 간단한 웹페이지에서 실험해봅시다. 왼쪽 그림이 HTML의 내용이며 오른쪽 그림과 같이 단순한 페이지가 표시된다고 가정합니다.

```
<!DOCTYTPE html>
<html lang="ko">
<head>
    <meta charset="UTF-8">
    <title>챗봇 테스트 페이지</title>
</head>
<body>
    <h1>챗봇 테스트 페이지</h1>

    <h2>기업 소개</h2>

    <p>당사는 최신 AI 기술을 활용한 솔루션을 제공합니다.</p>

    <h2>문의</h2>

    <p>문의 사항은 챗봇을 통해 문의해주세요.</p>

    <!-- 여기에 Dify의 챗봇 코드를 붙여 넣습니다. -->
</body>
</html>
```

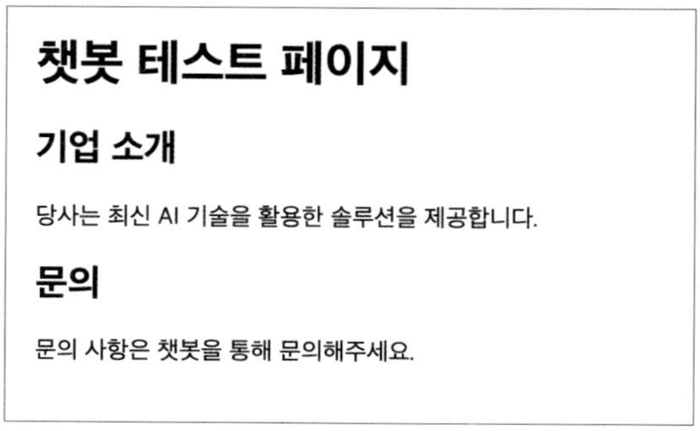

챗봇 테스트 페이지

기업 소개

당사는 최신 AI 기술을 활용한 솔루션을 제공합니다.

문의

문의 사항은 챗봇을 통해 문의해주세요.

코드 안에 앞에서 복사한 코드를 붙여 넣습니다. </body> 태그 앞에 삽입합니다. 이것으로 끝입니다! 챗봇 코드를 붙여 넣은 코드는 다음과 같습니다.

```
<!DOCTYTPE html>
<html lang="ko">
<head>
    <meta charset="UTF-8">
    <title>챗봇 테스트 페이지</title>
</head>
<body style="margin:20px;">
    <h1>챗봇 테스트 페이지</h1>
```

```
<h2>기업 소개</h2>
<p>당사는 최신 AI 기술을 활용한 솔루션을 제공합니다.</p>


<h2>문의</h2>
<p>문의 사항은 챗봇을 통해 문의해주세요.</p>


<!-- 여기에 Dify의 챗봇 코드를 붙여 넣습니다. -->
<script>
   window.difyChatbotConfig = {
      token: '7rg....x6U',
      inputs: {
         // You can define the inputs from the Start node here
         // key is the variable name
         // e.g.
         // name: "NAME"
      },
      systemVariables: {
         // user_id: 'YOU CAN DEFINE USER ID HERE',
         // conversation_id: 'YOU CAN DEFINE CONVERSATION ID HERE, IT MUST BE A VALID UUID',
      },
      userVariables: {
         // avatar_url: 'YOU CAN DEFINE USER AVATAR URL HERE',
         // name: 'YOU CAN DEFINE USER NAME HERE',
      },
   }
</script>
<script
   src="https://udify.app/embed.min.js"
   id="7rg....x6U"
   defer>
</script>
<style>
   #dify-chatbot-bubble-button {
      background-color: #1C64F2 !important;
   }
   #dify-chatbot-bubble-window {
      width: 24rem !important;
```

```
        height: 40rem !important;
      }
    </style>
  </body>
</html>
```

● 단계 3: 확인하기

이 HTML 파일의 이름이 dify.html이라고 가정합시다. 이 파일을 여러분의 웹서버에 업로드해봅시다.
웹사이트에 접근합니다.

```
https://...{웹페이지 도메인}/dify.html
```

그러면 오른쪽 아래 질문 버튼이 있는 것을 알 수 있습니다. 아이콘을 클릭해 봅시다.

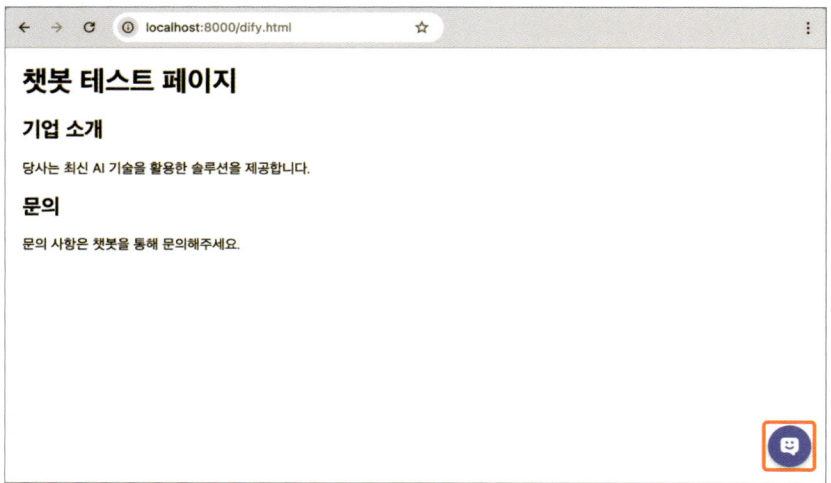

챗봇 화면이 표시됩니다. [봇과 대화]에 임의의 대화를 입력할 수 있습니다.

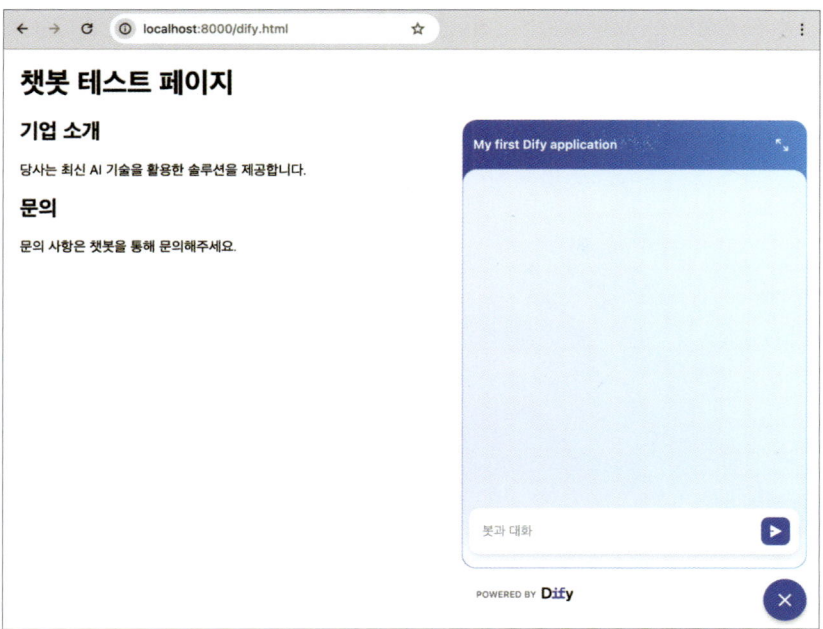

임의의 질문을 입력해 봅시다.

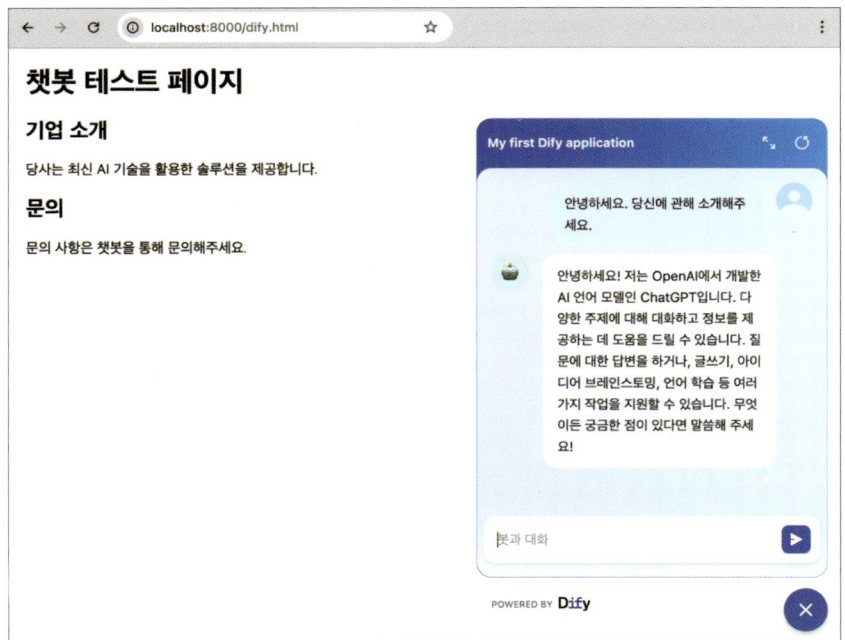

어떻습니까? 여러분의 웹페이지에 순식간에 챗봇을 구현했습니다.

2.5.2 이렇게 간단해도 되는가?

그렇습니다. 이것으로 끝입니다. 지금까지는 웹사이트에 AI 챗봇을 도입하는 위해 상당한 투자가 필요했습니다. 하지만 Dify를 사용하면 비용을 낮출 수 있습니다. HTML을 복사해서 붙여 넣기만 하면 됩니다. 순식간에 여러분의 웹사이트는 인터랙티브 한 지원 페이지로 변신했습니다. '우리 웹사이트에도 AI를 붙였습니다'라고 조금은 자랑할 수 있을 것입니다.

학습한 스킬
- Dify 삽입 옵션 이해
- HTML에 코드 추가 방법 파악
- 챗봇 표시 설정 이해

실천적 스킬
- 웹사이트에 챗봇을 구현할 수 있다.
- 최적의 삽입 패턴을 선택할 수 있다.

2.6 이력 확인과 모니터링

챗봇과 대화를 하던 도중 이런 생각이 들 수 있습니다.

'응? 방금 뭐라고 대답했었지?'

'3일전에 무슨 대화를 했었지⋯'

이런 경우에 사용할 수 있도록 Dify는 과거 대화 이력을 확인할 수 있는 로그 기능을 제공합니다.

2.6.1 로그 확인 방법

대화 이력은 오케스트레이션 화면 왼쪽 [로그] 및 [어노테이션]을 클릭해 확인할 수 있습니다. 지금까지의 대화가 간략하게 표시됩니다.

언제, 누가, 어떤 질문을 했고 AI가 어떤 대답을 했는지 시간에 따라 일목요연하게 확인할 수 있습니다. 자세한 대화를 보고 싶을 때는 해당 행을 클릭하면 됩니다.

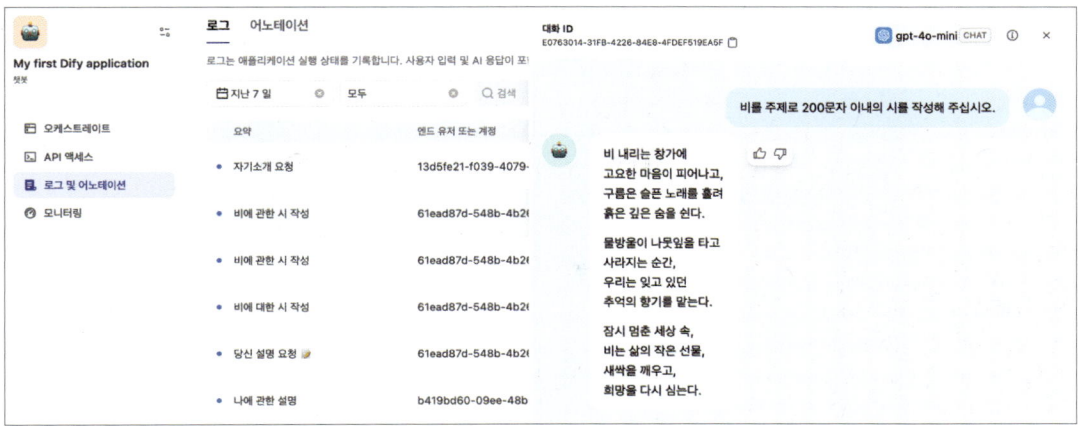

2.6.2 로그의 중요성

대화 이력을 볼 수 있는 점은 매우 편리합니다. 로그는 단순한 기록이 아닙니다. 로그를 활용하면 많은 것들을 할 수 있습니다.

- 품질 관리: AI의 대답은 적확했는가? 잘못된 정보를 제공하지 않았는가? 로그를 검토함으로써 챗봇의 품질을 확인할 수 있다.
- 패턴 분석: 사용자가 자주 던지는 질문은 무엇인가? 시간대에 따라 질문의 경향이 바뀌는가? 다양한 분석도 로그를 활용해 수행할 수 있다.
- 트러블 슈팅: '이때, 왜 AI가 이런 대답을 했는가?'라는 의문도 로그를 보고 그 문맥을 파악할 수 있다.
- 개선 힌트: 사용자의 질문 패턴을 보고, 프롬프트 개선점을 발견할 수 있다.

필자는 초기 단계에서는 로그를 자주 확인합니다. 그 이유는 단순합니다. 실제로 운용해봐야만 알 수 있는 것들이 많기 때문입니다.

'이런 질문을 한다고?'

'이 패턴의 질문은 예상하지 못했다!'

새로운 것을 발견할 때마다 프롬프트를 조정하거나, 지식 베이스를 보완합니다. 그렇게해서 챗봇은 조금씩 똑똑해지는 것입니다.

2.6.3 챗봇 모니터링

로그와 마찬가지로 중요한 것이 모니터링 기능입니다.

'오늘 이 챗봇에 얼마나 많은 접속이 있었는가?'

'이용하는 사용자는 얼마나 되는가?'

'이번 달 API 요금은 얼마나 되는가?'

이런 의문도 모니터링 기능을 사용하면 곧바로 확인할 수 있습니다.

이번 절에서는 모니터링 기능 사용 방법에 관해 살펴 봅시다. 오케스트레이션 화면 왼쪽의 [모니터링]을 클릭하면 다음과 같은 다양한 분석 정보가 표시됩니다.

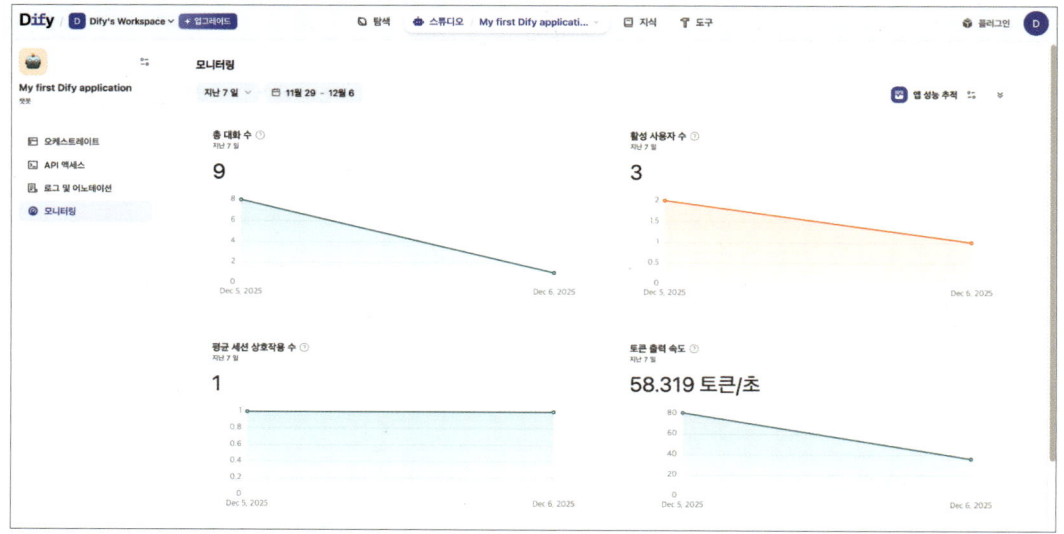

● 주요 모니터링 지표

모니터링 화면에서는 다음과 같은 주요 지표를 확인할 수 있습니다.

1. 총 대화 수
   - 일별 메시지의 전송량을 알 수 있다.
   - 경향을 봄으로써 이용 상황 흐름을 파악할 수 있다.

2. 활성 사용자 수
   - 실제 사용하는 사용자 수의 추이를 알 수 있다.
   - 챗봇의 활용 정도를 한 눈에 파악할 수 있다.

3. 토큰 사용량
   - API 사용량을 나타내는 중요 지표이다.
   - 비용 관리면에서도 중요한 지표이다.

4. 평균 세션 상호작용 수
   - 사용자 1명당 대화 횟수를 나타낸다.
   - 이 지표가 높을수록 지속적인 대화가 이루어지고 있음을 의미한다.

● 모니터링 포인트

이 지표들을 모니터링해 다음과 같은 것을 알 수 있습니다.

- 이용 패턴: 시간대, 요일 등에 따른 이용 경향
- 이상 감지: 급격한 토큰 사용량 증가 등의 이상 상황 감지

- 비용　관리: API 사용량으로부터 운용 비용 예측
- 개선　효과: 프롬프트 개선이 이용 상황에 주는 영향 확인

● 애플리케이션 정보

화면 왼쪽 위에 프레임이 있습니다. 이곳을 클릭하면 애플리케이션과 관련된 다양한 정보를 볼 수 있습니다.

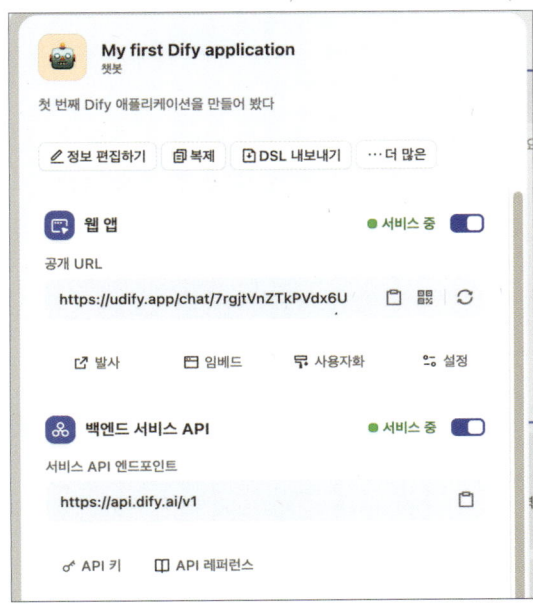

● 웹 앱

URL 오른쪽의 복사 또는 QR 코드 아이콘을 선택해 다른 사람에게 웹 앱을 공유할 수 있는 URL 또는 QR 코드를 얻을 수 있다.
- [발사]를 클릭하면 공개된 앱으로 이동한다.
- [임베드]를 클릭하면 HTML 페이지에 삽입할 수 있는 코드를 얻을 수 있다.
- [사용자화]를 클릭하면 웹 프런트엔드를 사용자화 할 수 있는 힌트를 얻을 수 있다. 고급 레벨이므로 지금은 무시해도 좋다.
- [설정]을 클릭하면 웹 애플리케이션 설정을 할 수 있습니다.

● 백엔드 서비스 API

- [서비스 API 엔드포인트] 오른쪽 복사 아이콘을 클릭하면 API 엔드포인트 URL을 복사할 수 있다.
- [API 키]를 클릭하면 이 API에서 사용하는 API 키를 얻을 수 있다.
- [API 레퍼런스]를 클릭하면 API 사용 방법 관련 문서를 참조할 수 있다.

여기에 관해서는 9장에서 자세히 설명하므로, 지금은 '이런 기능이 있다'는 정도만 알아 두어도 충분합니다.

2.6.4 모니터링과 로그의 진가

이 기능들은 단순한 '기록'이나 '검토'만을 위한 것이 아닙니다. 지표의 증감에는 반드시 사용자의 행동이나 요구사항이 숨겨져 있습니다. 예를 들면, 다음과 같습니다.

- 접근 증가 → 인기 있는 기능 발견
- 특정 시간대 요청 집중 → 사용자 이용 패턴 파악
- 대화 중단 → 개선이 필요한 위치 특정

지속적인 모니터링과 개선의 반복은 사소한 작업으로 보이지만, 이것이 챗봇을 기르는 비결입니다.

학습한 스킬

- 챗봇 이용 상황 분석 방법
- 대화 이력 추적 및 관리
- 비용 관리 및 토큰 사용 상황 이해
- 오케스트레이션 화면 기본 조작
- 애플리케이션 테스트와 공개 방법

실천적 스킬

- 대시보드를 사용한 이용 상황을 모니터링 할 수 있다.
- 대화 로그를 분석하고 문제 위치를 특정할 수 있다.
- 토큰 소비량을 예측하고 최적화 할 수 있다.
- 보안상 우려가 있는 대화를 검출하고 대응할 수 있다.
- 애플리케이션 성능 평가하고 개선할 수 있다.

## Chapter 3

RAG 활용

세 번째 던전은 '지식의 미로'라 불리는 이상한 장소입니다.

여기에서는 RAG(Retrieval-Augmented Generation, 검색 증강 생성)이라 불리는 현자의 마법을 학습합니다. 이름은 어렵게 들리지만 간단하고도 실용적인 것입니다. 고유한 지식을 가진 사역마를 기르는 기술을 학습합니다. 이 던전에는 5개의 방이 있습니다.

- 첫 번째, '구조의 방'에서는 RAG라 불리는 마법의 본질을 이해합니다. 이것은 AI에게 '지식'이라는 날개를 부여하는 마법입니다. 여러분이 가진 정보나 문서를 AI의 "지식 주머니"로 활용할 수 있습니다.

- 두 번째, '현자 소환의 방'에서는 그 지식을 어떻게 정리하고 보관하는지 학습합니다. 마치 마법 도서관을 만드는 것과 같습니다. 여기에서 '지식 베이스(knowledge base)'는 여러분의 중요한 정보를 깔끔하게 정리해서 보관하는 장소입니다.

- 세 번째, '실전의 방'에서는 앞 장에서 만든 챗봇에 이 새로운 마법을 조합합니다. 지금까지는 그저 말을 하기만 하는 사역마였지만, 이제 여러분이 제공한 지식을 바탕으로 대답할 수 있습니다.

- 네 번째, '극의의 방'에서는 RAG의 핵심이라고 할 수 있는 '입력 데이터'를 다루는 방법을 학습합니다. "지식의 재료"라고도 부를 수 있으며, 이 데이터를 정리하는 방법에 따라 RAG의 성과가 갈립니다.

- 마지막, '융합 기술의 방'에서는 '하이브리드 검색'이라는 고급 검색 기술을 학습합니다. 이 기술을 활용하면 보다 똑똑하고, 정확하게 정보를 끌어낼 수 있습니다.

이 던전을 나갈 즈음이면 여러분의 AI 애플리케이션은 단순한 챗봇에서 단숨에 "풍부한 지식을 가진 어시스턴트"로 진화해 있을 것입니다. 사내 문서를 이해하고 적확한 조언을 할 수 있는, 그런 똑똑한 사역마를 만들어내는 기술을 반드시 몸에 익히기 바랍니다. 여러분의 노력 여하에 따라 '현자'에서 '대 현자'로 성장시킬 수 있을지도 모릅니다.

3.1 RAG란?

3.2 지식 구축

3.3 챗봇에서 RAG 실행

3.4 RAG의 핵심은 입력 데이터

3.5 하이브리드 검색

3.1 RAG란?

RAG(Retrieval-Augmented Generation, 검색 증강 생성)은 대규모 언어 모델(LLM)의 능력을 특정한 데이터 셋, 또는 지식 기반으로 보강하는 기술입니다. 간단하게 말하면 AI에게 '참고서'를 제공하고, 그 내용에 기반해 대답하게 하는 구조입니다.

먼저 RAG가 없을 때의 일반적인 흐름을 살펴 봅시다.

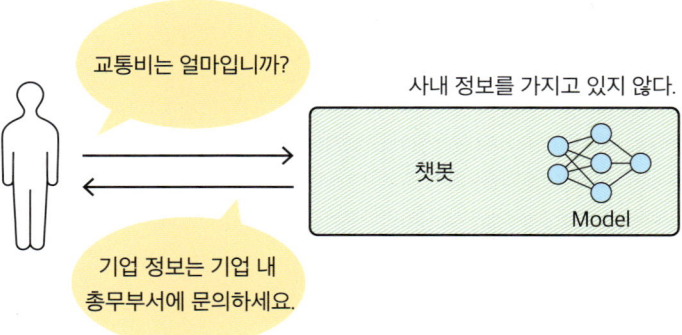

질문하는 사람이 사내의 독자적인 정보에 관해 물었을 때, LLM이 그 내용을 학습한 상태가 아니라면 대답하지 못하거나 그럴듯한 '거짓말'을 할 가능성이 있습니다. 이를 해결하기 위해 등장한 것이 RAG입니다. '취업 규칙' 등의 문서를 기반으로 대답을 생성하면 좋습니다.

데이터량이 많지 않을 때는 LLM의 프롬프트에 직접 입력해도 괜찮습니다. 하지만 데이터량이 많다면 LLM이 허용할 수 있는 데이터량(컨텍스트 윈도우(context windows))를 훌쩍 뛰어 넘게 됩니다. 그럼 어떻게 해야 할까요? 소스 데이터를 적절한 크기로 분할하고 데이터베이스에 보존합니다. 이후 질문이 오면 '그 대답에 가까운 내용'을 검색하면 될 것입니다. 다음 그림을 확인해 봅시다.

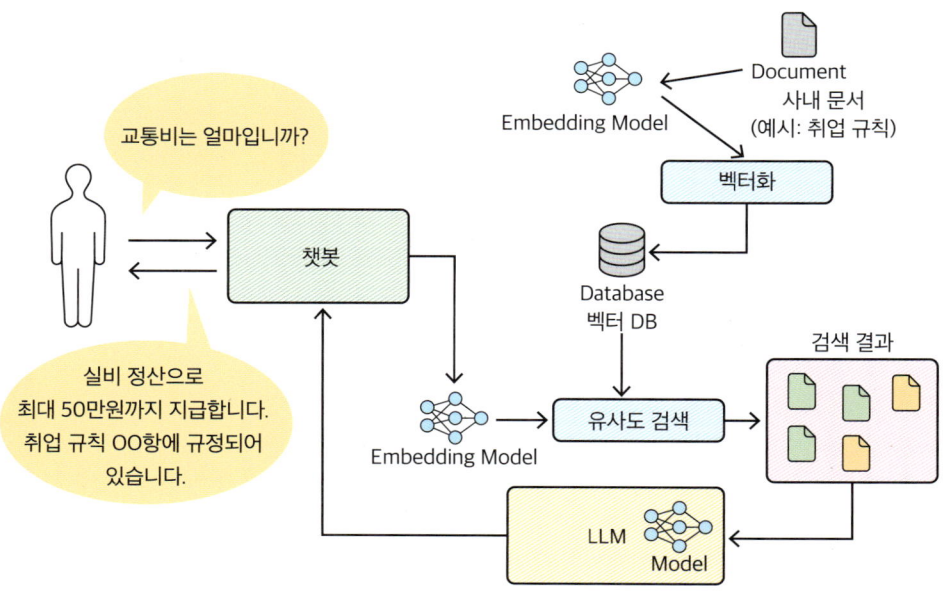

예를 들면, 사용자가 챗봇에게 '교통비는 얼마입니까?'라고 물어보면 '실비 정산으로 최대 50만원까지 지급합니다.'라고 완벽하게 대답합니다. 이 챗봇은 어떻게 이런 정확한 대답을 하는 것일까요? 비밀은 오른쪽에 그려진 구조입니다. 한 번의 대화의 뒤편에서는 사실 대단히 똑똑한 시스템이 일하고 있습니다. 그렇다 하더라도 그림의 오른쪽 구조는 다소 중구난방으로 보이기도 합니다. 그럼 단계별로 설명합니다.

3.1.1 RAG를 4단계로 이해하기

● 단계 0: 사내 문서 준비

먼저 취업 규칙 등의 사내 문서를 AI가 이해할 수 있는 형태로 변환합니다. 이것을 '벡터화'라 부릅니다. 문서의 의미나 내용을 AI가 이해할 수 있는 수치 그룹으로 변환하는 것입니다. 이 데이터(벡터)는 데이터베이스에 저장됩니다. 이것을 벡터 데이터베이스 또는 지식 베이스라 부릅니다.

● 단계 1: 질문 벡터화

사용자가 '교통비는 얼마입니까?'라고 질문하면 이 질문 문장도 벡터화 됩니다. 즉, 문서와 같은 형식으로 변환하는 것입니다.

● 단계 2: 관련 정보 검색

질문 벡터를 사용해 데이터베이스로부터 관련된 정보를 찾습니다. 이것이 '유사도 검색'입니다. 질문의 의도에 가까운 내용의 문서 부분을 찾아줍니다.

● 단계 3: 대답 생성

찾아낸 정보를 LLM(대규모 언어 모델)에 전달하고, 사람이 쉽게 읽을 수 있는 문장으로 정리합니다. 이것으로 완성입니다.

3.1.2 유사도 검색 이해하기

유사도 검색은 한마디로 하면 '문장의 의미적인 가까움을 수학적으로 계산해 검색하는 것'이라 할 수 있습니다. 하지만 이런 설명만으로는 느낌이 잘 오지 않습니다. 조금 더 자세히 살펴 봅시다.

● 벡터

먼저 '벡터'에 관해 생각해봅시다. 문장을 벡터화 한다는 것은, 예를 들면, 해당 문장의 '의미'나 '특징'을 수치의 나열로 표현하는 것입니다.

예를 들면, '교통비는 얼마입니까?'라는 질문은 컴퓨터 안에서는 다음과 같은 수치의 배열로 표현됩니다(어디까지나 예입니다).

```
[0.123, -0.456, 0.789, ..., -0.234]
```

이것만 보면 전혀 의미를 알 수 없는 나열이지만, 사실 이 수치의 나열이 '교통비', '금액'과 같은 의미적인 요소를 수학적으로 표현하고 있는 것입니다.

● 유사도 검색 구조

이 수치의 배열(벡터)를 어떻게 사용하는 것일까요? 예를 들면, 데이터베이스 안에 다음과 같은 문장이 있다고 가정해 봅시다.

- '교통비는 실비 지급한다.'
- '점심 식대는 자기가 부담한다.'
- '교통비의 상한선은 50만원으로 한다.'

이 문장들도 마찬가지로 벡터화 되어 있으며 '교통비'에 관한 문장들은 비슷한 수치 패턴을 갖고 있습니다. 질문인 '교통비는 얼마입니까?'의 벡터를 비교하면 '교통비 상한은 50만원으로 한다.'에 가깝다고 판정하는 것입니다. 한편, '점심 식대는 자기가 부담한다'는 전혀 벡터가 되어 비슷하지 않다=멀다고 판정합니다.

● '가까움'을 계산하는 방법

벡터 사이의 가까움은 '코사인 유사도'라는 방법으로 계산합니다. 2개의 벡터가 얼마나 같은 방향을 향하고 있는지 수치화하고 1.0에 가까울수록 같은 의미, 0.0에 가까울수록 다른 의미라고 판단합니다. 앞의 예를 기준으로 생각하면 다음과 같습니다.

- '교통비는 얼마입니까?'와 '교통비는 실비 정산한다.': 유사도 0.8
- '교통비는 얼마입니까?'와 '점심 식대는 자기가 부담한다.': 유사도 0.2

3.1.3 RAG의 뛰어남

이 시스템의 매력은 단순한 키워드 검색이 아니라는 점입니다. 예를 들면, '통근 수당의 상한선은 얼마입니까?' 라는 질문에도, '교통비 규정에 관해 알려주십시오.'라는 질문에도 같은 정보에 도달할 수 있습니다. 질문의 의도를 이해하고 적절한 정보를 찾아낼 수 있습니다.

또한, 찾아낸 정보를 그대로 표시하지 않고 LLM이 질문의 문맥에 맞춰 이해하기 쉬운 말로 바꿔줍니다. 마치 뛰어난 지식을 가진 선배 직원에게 질문하는 것과 같은 느낌입니다.

- RAG를 도입하면 다음과 같은 것들을 할 수 있습니다.
- 취업 규칙이나 사내 규정에 빠르게 접근한다.
- 번거로운 규정 해석을 지원한다.
- 관련된 조항을 자동 참조한다.
- 24시간 365일 문의에 대응한다.

더이상 '규칙집을 봐야 하나…?' 같은 고민은 필요하지 않습니다. 필요한 정보는 곧바로, 이해하기 쉽게 손에 넣을 수 있습니다.

그리고 RAG의 활용 범위는 매우 넓습니다. 예를 들면, 다음을 생각할 수 있습니다.

- 제품 매뉴얼 검색 및 설명
- 과거 회의록 및 보고서 참조
- 기술 문서 요약 및 설명
- 고객 지원 자동화

문서를 다루는 다양한 상황에서 활용할 수 있습니다.

RAG는 우리가 가진 '지식에 접근하는 방법'을 크게 바꿀 수 있는 기술입니다. 지금까지 검색 시스템과 분명한 선을 긋는 새로운 기술입니다. 여러 번의 업무에도 분명히 새로운 가능성을 열어줄 것입니다.

3.1.4 Dify로 RAG를 구현하기

RAG는 매우 편리하지만 실제 도입하기 위해서는 약간의 전문성을 요구합니다. 일반적으로 다음과 같은 작업을 해야 합니다. 상당히 허들이 높습니다.

- 데이터 준비 및 분할
- 임베딩 모델 적용
- 벡터 데이터베이스 구축
- 챗봇 인터페이스 작성

무슨 말인지 잘 이해되지 않을 수도 있습니다. 이런 작업을 직접, 그것도 잘하기 위해서는 시간과 전문 지식이 필요했습니다. 하지만 우리는 'Dify'를 사용할 수 있습니다. Dify를 사용하면 이 복잡한 프로세스를 한 번에 실현할 수 있습니다. 그야말로 'RAG, 올-인-원 패키지'라 부를 수 있을 것입니다. 구체적으로 다음 3단계만 진행하면 됩니다.

① Dify에 로그인한다.

② 자사의 문서(취업 규칙, 매뉴얼 등)를 업로드한다.

③ 챗봇 기본 설정을 수행한다.

이렇게 하면 고성능의 RAG 시스템이 거의 완성됩니다. 직원은 그저 질문만 하면 회사 고유의 규칙이나 최신 정보가 반영된 대답을 얻을 수 있습니다.

Dify의 큰 장점은 자세한 기술을 이해하지 않고도 아이디어를 형태로 바꿀 수 있다는 점입니다. 극단적으로 말하면, 인사 담당자가 기술 담당자의 손을 빌리지 않고 '취업 규칙 Q&A'를 만들 수 있습니다.

그리고 지속적인 개선도 간단합니다. 새로운 규칙이 추가되면 해당 문서를 업로드하기만 하면 됩니다. AI의 대답이 이상할 때는 프롬프트만 조금 개선해 곧바로 개선할 수 있습니다. 그럼 Dify를 사용해 기본적인 RAG 시스템을 구축해봅시다.

3.2 지식 구축

RAG를 만들 때 가장 중요한 것은 역시 '검색할 데이터'입니다. 제품 카탈로그, 사내 문서나 규칙 등 데이터가 무엇이건 Dify를 사용하면 해당 데이터를 기반으로 여러분(또는 여러분의 기업)의 전용 RAG 를 신속하게 구축할 수 있습니다. 그럼 실제로 그렇게 간단한지 시험해 봅시다.

여기에서는 예시로 취업 규칙을 사용합니다. 기업에 따라 대표적인 문서이기도 하고, 여러분에게도 친근한 문서일 것이라 생각합니다(취업 규칙 샘플 데이터는 이 책의 지원페이지에서 제공합니다).

3.2.1 지식 베이스 만들기

먼저 Dify의 대시보드의 [컨텍스트] 섹션 → [+ 추가]를 클릭합니다.

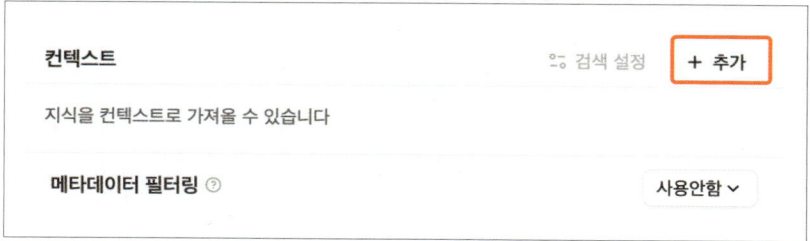

다음으로 데이터를 업로드합니다. 여기에서는 [텍스트 파일에서 가져오기]를 선택합니다.

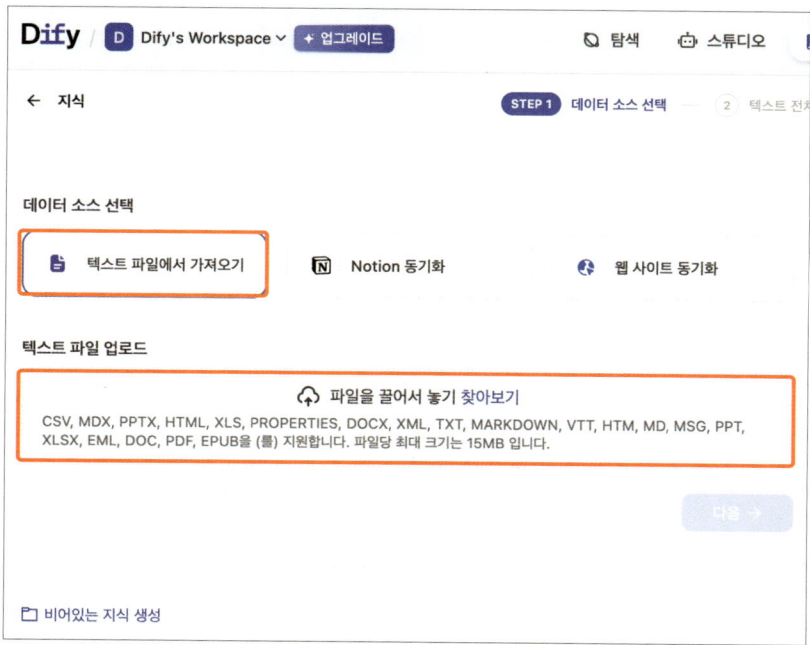

[텍스트 파일 업로드] 영역에 파일을 드래그 & 드롭 합니다. 다음과 같이 업로드를 완료했다면 [다음] 을 클릭합니다.

3.2.2 텍스트 전처리와 클리닝

RAG 설정 화면으로 이동합니다. [청크 설정] 섹션에서 대상 텍스트를 분할하는 방법을 설정합니다.

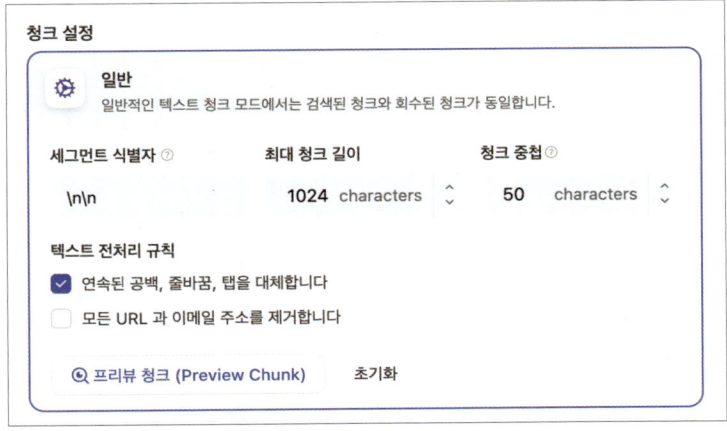

● **세그먼트 식별자:**

여기에서는 ###로 설정합니다. 이것은 각 덩어리를 구분하기 위해 사용하는 기호입니다. 텍스트를 분할 기준의 역할을 합니다. 이 기호를 사용하는 이유는 샘플 취업 규칙의 각 항목 앞에 ###가 있기 때문입니다.

● **최대 청크 길이**

청크 1개의 최대 크기를 지정합니다. 토큰은 문자 수보다 작은 단위이며, 대부분의 한국어에서는 1개 문자당 2~3개의 길이가 됩니다.

● **청크 중첩**

인접한 청크 사이에서 중복시키는 부분의 길이입니다. 여기에서는 200 토큰만큼 중첩하도록 설정합니다. 청크를 중첩함으로써 문맥을 유지하는 데 도움을 줄 수 있습니다. 일반적으로 최대 청크 길이의 10~20% 정도로 설정합니다.

● 텍스트 전처리 규칙

[연속된 공백, 줄바꿈, 탭을 대체합니다] 항목에 체크하면 텍스트의 형태를 정리하고 불필요한 공백 등을 삭제합니다. [모든 URL과 이메일 주소를 제거합니다] 항목에 체크하면 해당 항목을 전처리에서 제외합니다.

이 설정들은 입력한 문서를 보다 효과적으로 검색하고 이용할 수 있도록 분할하기 위한 것입니다. 처음에는 다음과 같은 설정을 권장합니다.

- 최대 청크 길이: 500~1000 문자 전후

- 청크 중첩: 최대 청크 길이의 10~20% 전후

- 텍스트 전처리 규칙: [연속된 공백, 줄바꿈, 탭을 대체합니다] 활성화

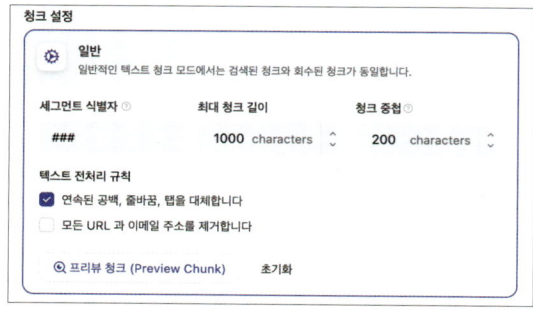

[프리뷰 청크(Preview Chunk)] 버튼을 클릭합니다. 오른쪽에 프리뷰가 표시됩니다. 이렇게 설정하면 단락별로 깔끔하게 문서가 분할됩니다. 이것은 세그먼트 식별자를 ###로 지정했기 때문입니다. 세그먼트 식별자는 문서 데이터에 따라 적절하게 설정해야 합니다.

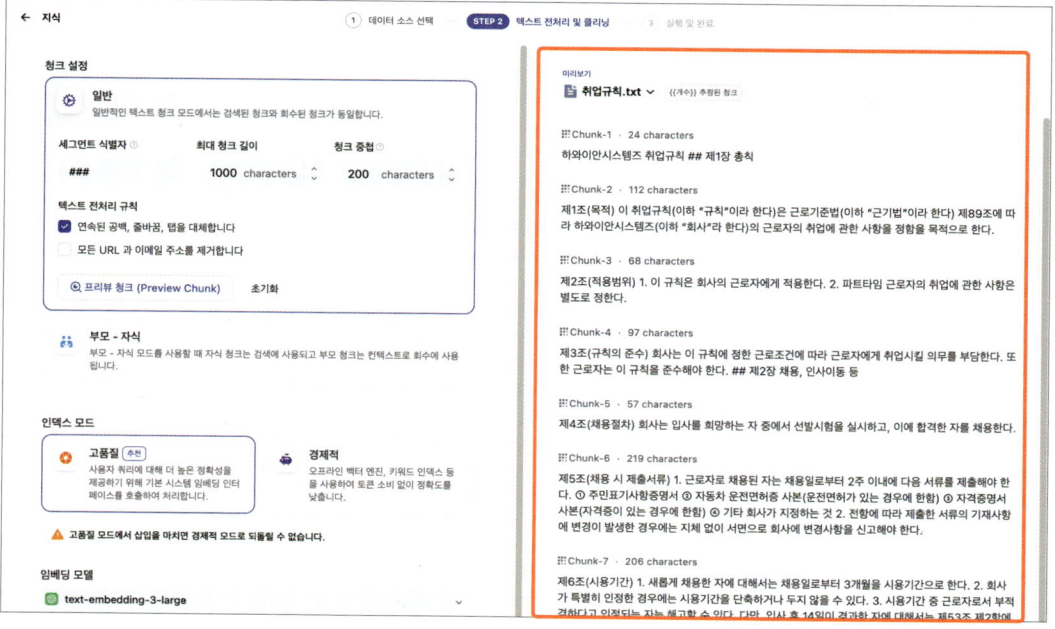

3.2.3 인덱스 모드와 임베딩 모델 선택하기

인덱스 모드를 선택합니다. 인덱스 모드는 [고품질]과 [경제적]이 있습니다.

- 고품질: 외부 API를 사용해 정확도가 높은 검색을 할 수 있다(비용은 다소 높음).

- 경제적: 온라인에 있는 내부 엔진을 사용하므로 비용은 발생하지 않지만 정확도가 낮다.

여기에서는 대답의 정확도가 중요하므로 '고품질'을 선택합니다. 또한, 임베딩 모델은 text-embedding-3-large를 선택합니다.

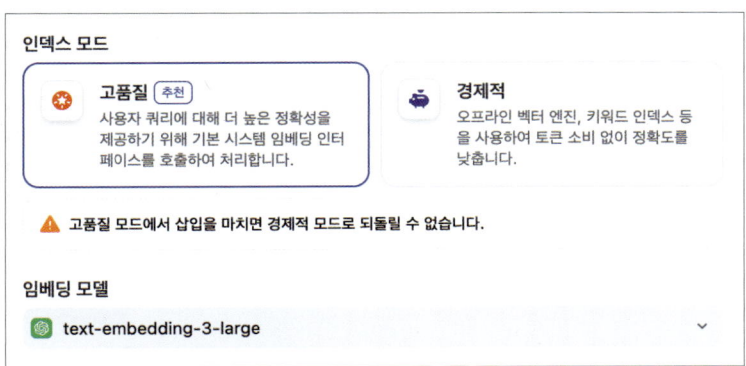

3.2.4 검색 설정하기

검색 유형은 [벡터 검색]을 선택합니다. [상위 K]는 검색 결과를 몇 개까지 반환하는지 결정하는 매개 변수입니다(재랭크 모델에 관해서는 뒤에서 설명합니다. 여기에서는 OFF로 설정합니다). 우선 5개 정도로 설정하면 크게 문제 없습니다. 그대로 [저장하고 처리] 버튼을 클릭합니다.

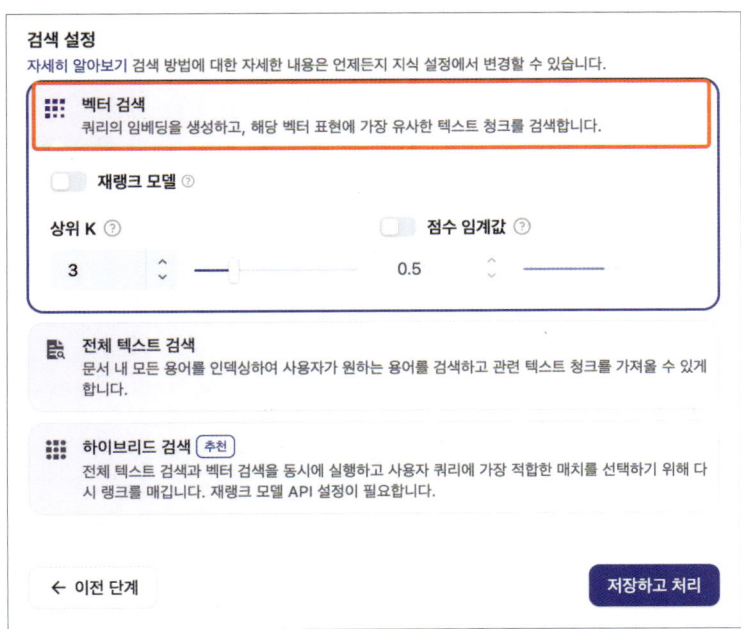

이것으로 지식이 만들어졌습니다. 표시된 문서를 클릭하면 업로드 된 문서 목록을 확인할 수 있습니다.

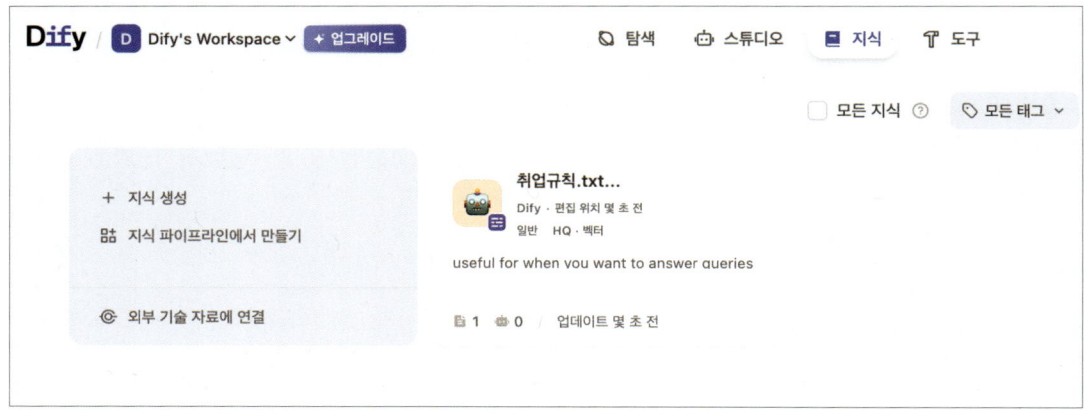

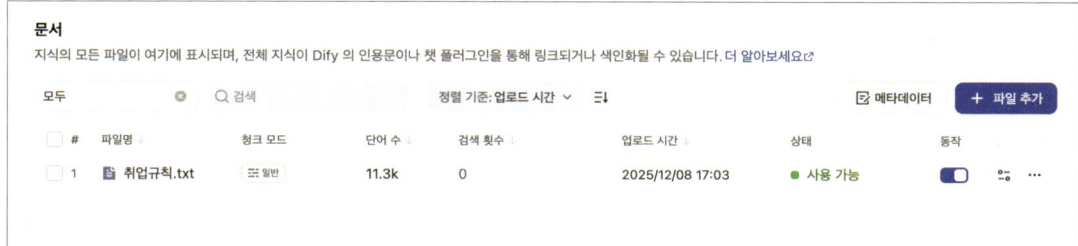

3.2.5 검색 기능 테스트하기

그럼 확인을 위해 만들어진 문서에 대한 검색을 테스트합시다. 화면 왼쪽 아래 [>>] 아이콘을 클릭하면 다음과 같이 사이드 메뉴가 표시됩니다. 화면 왼쪽의 [검색 테스트]를 클릭합니다.

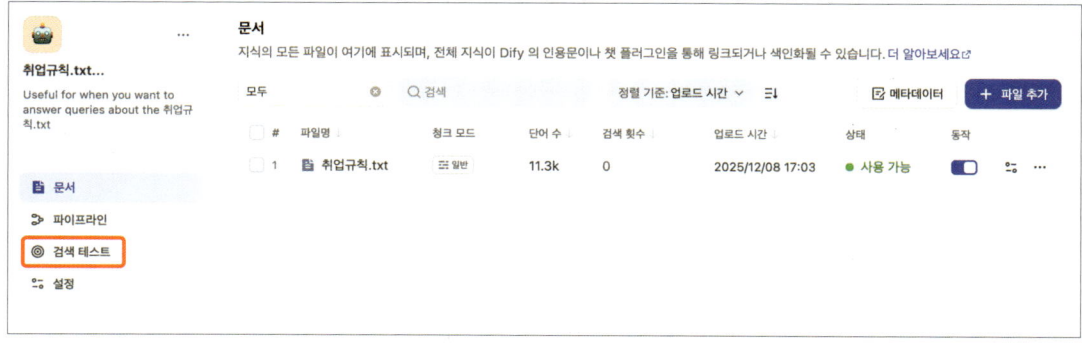

그러면 다음과 같은 화면으로 이동합니다.

예를 들면, '유급 휴가에 관해 알려줘'라고 입력해 봅시다. [테스트 중] 버튼을 클릭합니다. 그러면 유급 휴가 관련 조항이 표시되는 것을 알 수 있습니다. 정확하게 의도한 문서가 표시되는 것을 확인했습니다.

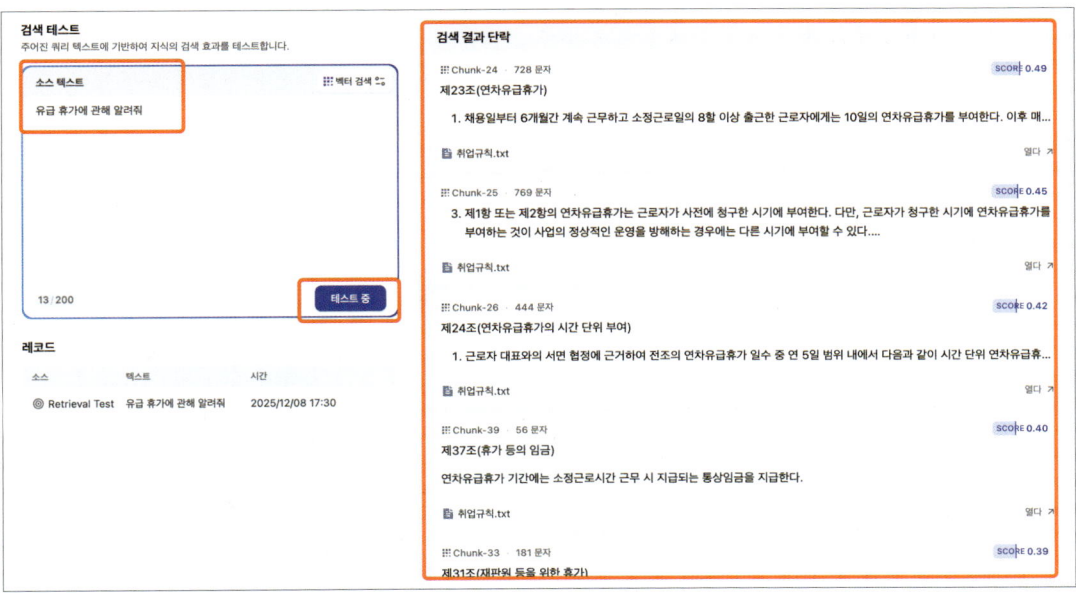

검색이 잘 되었으므로 이 지식 자체는 문제없이 사용할 수 있습니다. 이제 챗봇을 사용해 RAG를 구축해 봅시다. 사내 규정의 내용을 질문하면 챗봇이 정확하게 대답해주는 편리한 구조를 만들게 될 것입니다.

학습한 스킬

- 지식 구축
- 데이터 가져오기와 클리닝
- 청크(분할) 설정 방법
- 벡터 검색 매개변수 설정

실천적 스킬

- 텍스트 파일에서 지식 베이스를 손쉽게 만들 수 있다.
- 문서를 적절한 크기로 분할해 검색 성능을 높일 수 있다.
- 검색 테스트를 통해 검색 결과를 확인할 수 있다.

3.3 챗봇에서 RAG 수행

지식을 준비했으므로 이제 챗봇을 만들어 봅시다. 2장에서 만든 챗봇을 조금만 수정하는 것으로 완료할 수 있는 간단한 작업입니다.

먼저 Dify 대시보드로 돌아와 [빈 상태로 시작]을 클릭합니다.

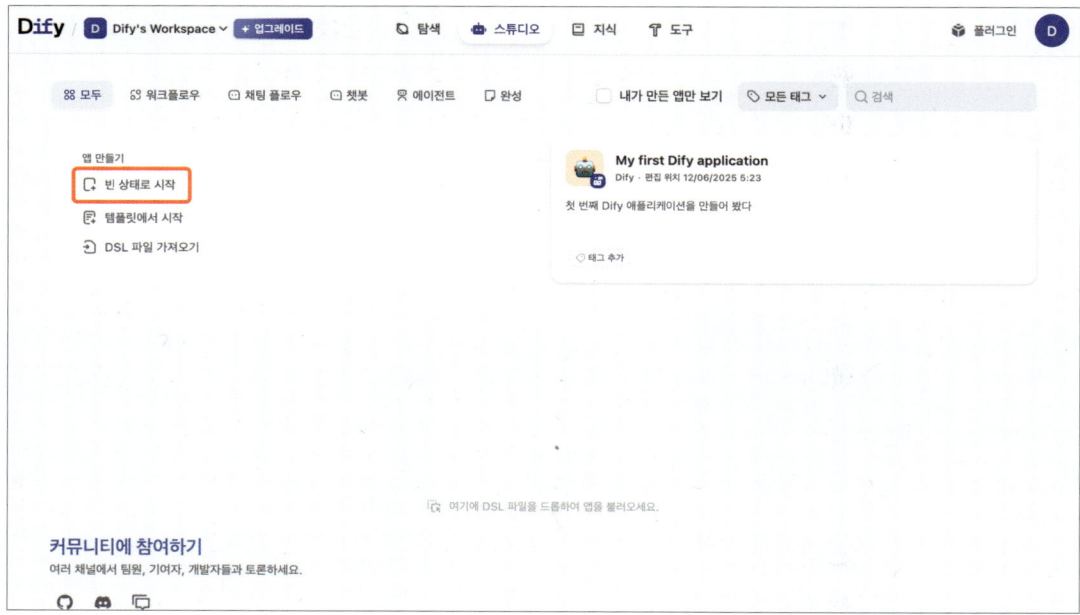

3.3.1 새로운 애플리케이션 만들기

'챗봇'을 선택하고 앱 이름을 입력합니다. 여기에서는 '취업규칙 Q&A'라는 이름을 사용했습니다. [만들기] 버튼을 클릭합니다.

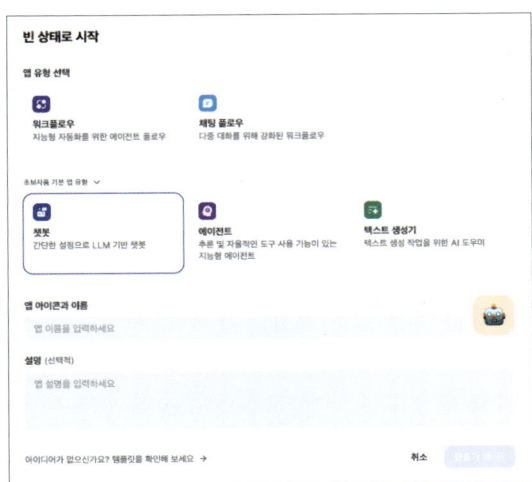

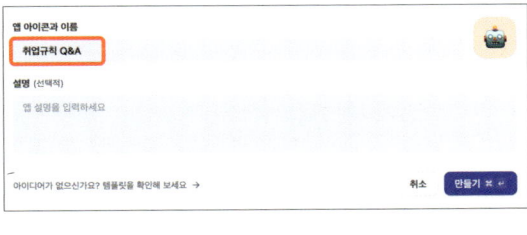

오케스트레이션 화면으로 이동합니다.

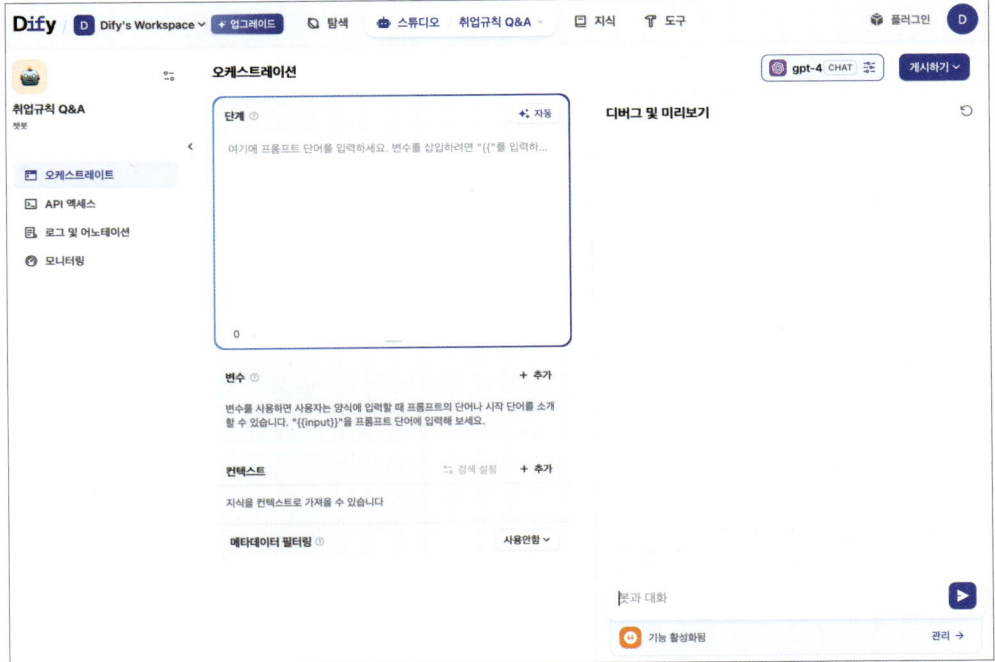

3.3.2 프롬프트와 컨텍스트 설정하기

단계 필드에 프롬프트를 입력합니다. 여기에서는 다음과 같은 프롬프트를 입력했습니다.

> 당신은 뛰어난 총무 담당 어드바이저입니다.
> 사용자의 질문을 기반으로 당신의 지식을 검색하고, 대답해주십시오.
> 지식 안에서 검색할 수 없을 때는 "지식이 없습니다. 자세한 내용은 총무 담당자에게 문의하십시오."라고 대답하
> 십시오.

다음으로 컨텍스트 항목에서 [추가]를 클릭합니다. 팝업 화면이 표시되고 앞에서 등록한 지식 목록이 표시됩니다. '취업규칙.txt'를 선택한 뒤 추가 버튼을 클릭합니다(왼쪽 그림). 이것으로 '취업규칙' 지식이 컨텍스트에 등록됩니다(오른쪽 그림).

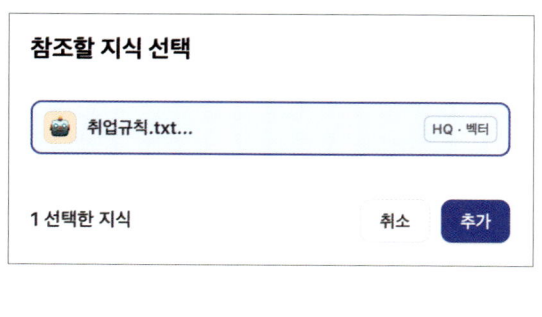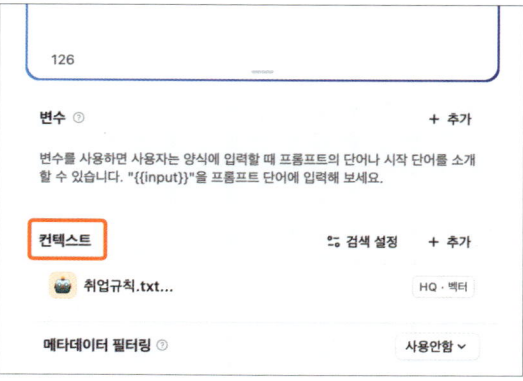

3.3.3 모델 선택하기

디버그 및 미리보기에서 테스트를 합니다. 테스트를 시작하게 전에 모델을 선택합니다. 표시되어 있는 모델명을 클릭합니다.

한 번 더 모델 선택 박스를 클릭합니다(왼쪽 그림). 오른쪽 그림과 같이 모델 목록이 표시되므로 원하는 모델을 지정합니다. 여기에서는 예로 'gpt-4o-mini'를 사용했습니다. 사용하는 환경이나 계약 플랜 등에 맞춰 모델을 선택합니다.

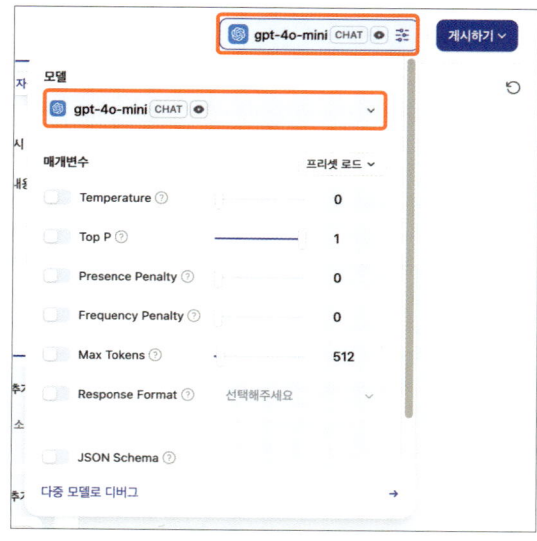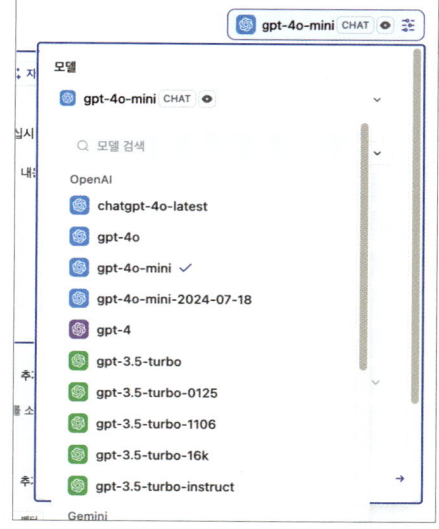

매개변수 설정도 신경이 쓰이지만 우선 기본값을
사용합니다. 먼저 기본 동작을 확인하는 것이 더
중요합니다(2장의 내용을 참조해 매개변수를 임의로 설
정해도 좋습니다).

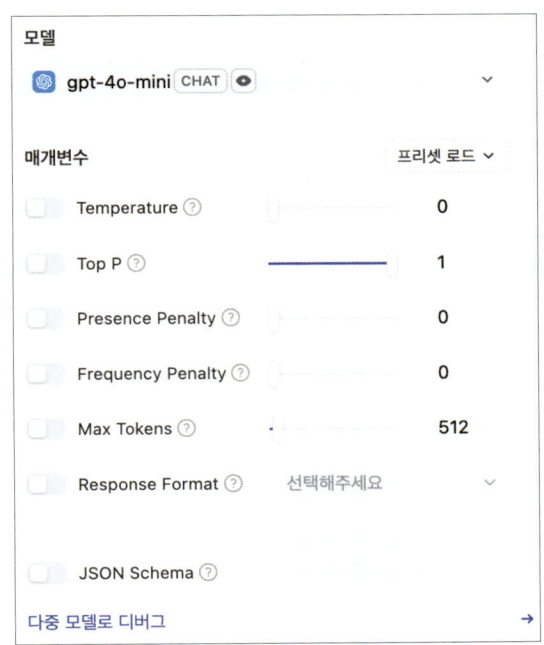

3.3.4 디버그와 미리보기

화면 아래 챗 입력 필드에 '유급 휴가에 관해 알려
주십시오.'라고 입력해 봅시다. 그러면 LLM이
앞에서 추가한 '취업규칙' 지식에서 일치하는 정
보를 찾아 대답해줍니다.

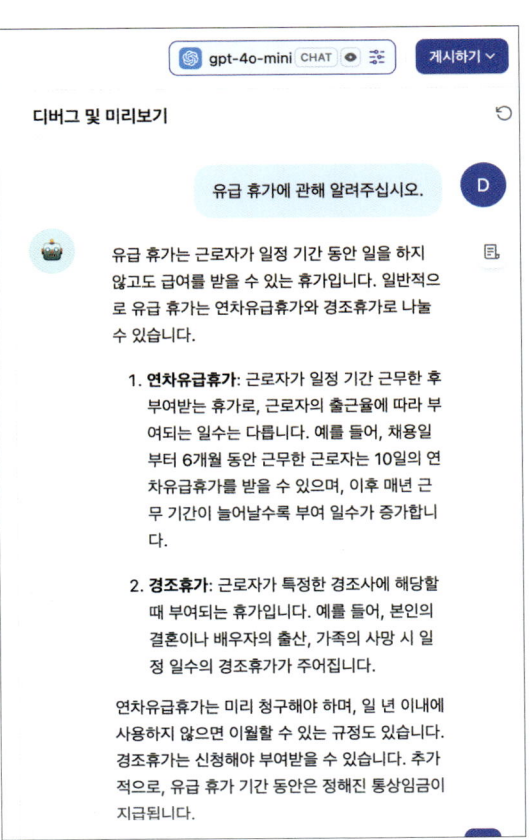

지금까지 문제없이 만들었다면 애플리케이션을
공개합시다. '게시' 버튼을 클릭하면 몇 가지 선
택지가 표시됩니다. [업데이트 게시]를 클릭한 뒤
'앱 실행'을 선택합니다.

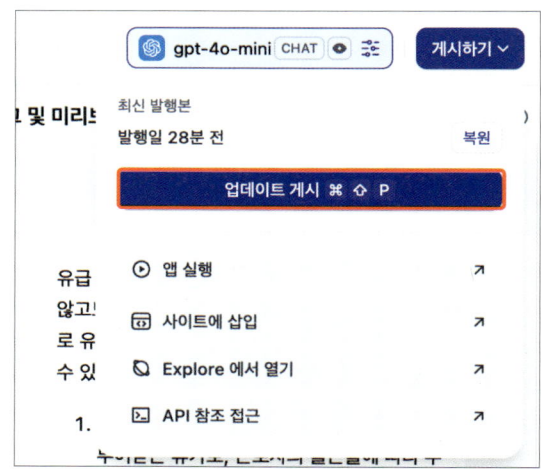

3.3.5 실제 채팅해보기

애플리케이션 화면으로 이동합니다. [봇과 대화] 필드에 질문을 입력해 대화를 시작할 수 있습니다.

취업 규칙과 관련된 몇 가지 질문을 해봅
시다.

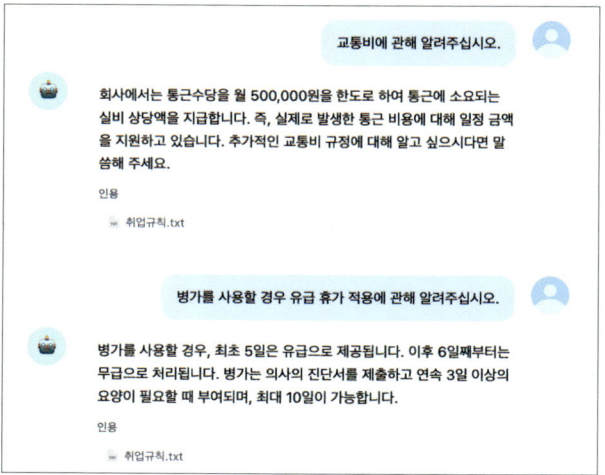

취업 규칙을 참조해 확실하게 대답합니다. 이것으로 최소한의 RAG 기능을 가진 챗봇을 만들었습니다. Dify를 사용한 RAG 구축의 흐름은 이번 절에서 설명한 것과 같습니다. 여기에서 소개하는 예를 기반으로 여러분의 비즈니스나 업무 요구사항에 맞춰 다양한 RAG 시스템을 만들어 보십시오.

[텍스트 파일에서 가져오기]에서는 이번 절에서 다룬 텍스트 파일은 물론 PDF, Word 문서 등도 가져올 수 있습니다. 하지만 그 상태로는 정확도가 그리 높지 않을 때가 있습니다. 그럴 때는 어떻게 하면 좋을까요? 다음 절에서 설명하는 방법을 사용해 보기 바랍니다.

학습한 스킬
- RAG 챗봇 작성
- 지식 베이스와 챗봇 연결 방법
- 적절한 프롬프트 설정을 통한 대답 제어
- LLM 모델 선택과 매개변수 설정

실천적 스킬
- 지식을 활용한 챗봇을 만들 수 있다.
- 프롬프트를 통해 대답의 성격을 부여할 수 있다.
- 챗봇을 공개하고 공유할 수 있다.

3.4 RAG의 핵심은 입력 데이터

'좋은 레시피가 있어도 재료가 좋지 않으면 맛있는 요리를 만들 수 없다.'

이 말은 RAG에도 그대로 적용됩니다. RAG는 확실히 편리하고 강력한 기술입니다. 그러나 그 가치를 발휘하려면 '재료', 즉, 데이터를 확실히 준비해야만 합니다.

3.4.1 데이터 준비

PDF나 Word 파일은 RAG에서 이용하도록 텍스트화해야 합니다. 하지만 그것으로는 충분하지 않습니다. 긴 문장을 그대로 넣는 것이 아니라, 적절한 크기로 '잘라내야' 합니다.

요리에 비유하면 큰 생선을 그대로 냄비에 넣는 것이 아니라 쉽게 먹을 수 있는 크기로 잘라 넣는 것과 비슷합니다. RAG에서는 이 잘라낸 덩어리를 '청크'라 부르며, 이는 매우 중요한 작업입니다.

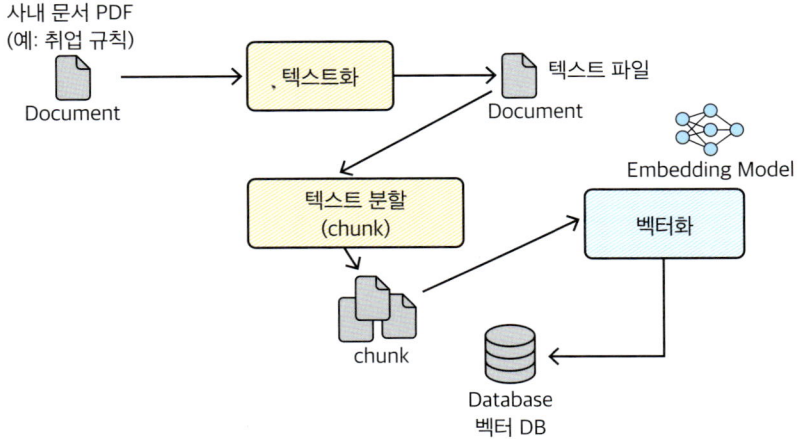

3.4.2 분할(덩어리)이 왜 중요한가?

긴 문장을 기능적으로만 분할하면 다음과 같은 문제가 발생할 수 있습니다.

- 이야기 도중에 문장이 끊어진다.
- 관련 정보가 개별적으로 분리된다.
- 문맥이 사라진다.

예를 들면, '카레 만드는 방법'이라는 문장을 기계적으로 분할하면 재료 목록과 순서가 각각 분할되거나, 하나의 순서가 도중에 끊어지는 문제가 발생할 수 있습니다.

3.4.3 데이터 정리 방법

이때 중요한 것이 '데이터 정규화'입니다. 이것이 핵심입니다. 불필요한 요소를 제거하고, 의미가 있는 단위로 분할하는 작업입니다. 필자의 경험에 비춰보면 이것이 RAG의 정확도를 높이는 가장 첫 번째, 그리고 가장 중요한 단계입니다.

- 불필요한 장식 태그를 삭제한다.
- 적절한 구분 위치를 설정한다.
- 문맥을 가능한 유지하도록 분할한다.

이렇게 데이터를 깔끔하게 정리하면 RAG는 보다 정확하게, 그리고 보다 자연스럽게 정보를 추출해 줍니다. '준비가 80%, 실전이 20%'라는 말이 그야말로 어울립니다.
이 내용을 바탕으로 구체적인 데이터 정리 방법을 살펴 봅시다.

3.4.4 문학 작품을 AI에게 읽게 하기

소설을 예로 들어 설명합니다. 이번 샘플은 "운수 좋은 날"입니다.

운수 좋은 날

현진건

새침하게 흐린 품이 눈이 올 듯하더니 눈은 아니 오고 얼다가 만 비가 추적추적 내리는 날이었다.

이날이야말로 동소문 안에서 인력거꾼 노릇을 하는 김첨지에게는 오래간만에도 닥친 운수 좋은 날이었다. 문안에(거기도 문밖은 아니지만) 들어간답시는 앞집 마마님을 전찻길까지 모셔다 드린 것을 비롯으로 행여나 손님이 있을까 하고 정류장에서 어정어정하며 내리는 사람 하나하나에게 거의 비는듯한 눈결을 보내고 있다가 마침내 교원인 듯한 양복쟁이를 동광학교(東光學校)까지 태워다 주기로 되었다.

첫 번에 삼십 전, 둘째 번에 오십 전 - 아침 댓바람에 그리 흔치 않은 일이었다. 그야말로 재수가 옴붙어서 근 열흘 동안 돈 구경도 못한 김첨지는 십전짜리 백동화 서 푼, 또는 다섯 푼이 찰깍 하고 손바닥에 떨어질 제 거의눈물을 흘릴 만큼 기뻤다. 더구나 이날 이때에 이 팔십 전이라는 돈이 그에게 얼마나 유용한지 몰랐다. 컬컬한 목에 모주 한 잔도 적실 수 있거니와 그보다도 앓는 아내에게 설렁탕 한 그릇도 사다 줄 수 있음이다.

그의 아내가 기침으로 콜록거리기는 벌써 달포가 넘었다. 조밥도 굶기를먹다시피 하는 형편이니 물론 약 한 첩 써본 일이 없다. 구태여 쓰려면 못쓸 바도 아니로되 그는 병이란 놈에게 약을 주어 보내면 재미를 붙여서 자꾸 온다는 자기의 신조(信條)에 어디까지 충실하였다. 따라서 의사에게 보인 적이 없으니 무슨 병인지는 알 수 없으되 반듯이 누워 가지고 일어나는 새로 모로도 못 눕는 걸 보면 중증은 중증인 듯, 병이 이대로록 심해지기는 열흘 전에 조밥을 먹고 체한 때문이다. 그때도 김첨지가 오래간만에 돈을 얻어서 좁쌀 한 되와 십 전짜리 나무 한 단을 사다 주었더니 김첨지의말에 의지하면 그 오라질 년이 천방지축으로 냄비에 대고 끓였다. 마음은급하고 불길은 달지 않아 채 익지도 않은 것을 그 오라질년이 숟가락은 고만두고 손으로 옮겨서 두 뺨에 주먹덩이 같은 혹이 불거지도록 누가 빼앗을듯이 처박질하더니만 그날 저녁부터 가슴이 땡긴다, 배가 켕긴다고 눈을 흡뜨고 지랄병을 하였다. 그때 김첨지는 열화와 같이 성을 내며,

"에이, 오라질년, 조랑복은 할 수가 없어, 못 먹어 병, 먹어서 병! 어쩌란 말이야! 왜 눈을 바루 뜨지 못해!"

하고 앓는 이의 뺨을 한 번 후려갈겼다. 흡뜬 눈은 조금 바루어졌건만 이슬이 맺히었다. 김첨지의 눈시울도 뜨끈뜨끈하였다.

이 환자가 그러고도 먹는 데는 물리지 않았다. 사흘 전부터 설렁탕 국물이마시고 싶다고 남편을 졸랐다.

"이런 오라질 년! 조밥도 못 먹는 년이 설렁탕은? 또 처먹고 지랄병을 하게."

라고, 야단을 쳐보았건만, 못 사주는 마음이 시원치는 않았다.

인제 설렁탕을 사줄 수도 있다. 앓는 어미 곁에서 배고파 보채는 개똥이(세살먹이)에게 죽을 사줄 수도 있다 - 팔십 전을 손에 쥔

소설을 예로 든 이유는 소설이 비교적 어려운 문제이기 때문입니다. 문학 작품은 각각의 단어가 누적되어 분위기나 감정을 만들어내기 때문에. 도중에 문맥이 끊어지면 원래 의미를 알 수 없게 되기 쉽습니다. '명인전의 이 씬에서, 명인은 어떤 기분이었을까?'라고 RAG에게 물어봐도, 문장이 임의로 분할되어 있으면 정확한 대답을 기대할 수 없습니다.

3.4.5 PDF 변환의 함정

이 "운수 좋은 날"의 PDF를 그대로 벡터 데이터로 변환하면 어떻게 될까요?
- 텍스트가 기계적으로 분할되어 장면이 여기저기 흩어진다.
- 감정 묘사 혹은 중요한 장면이 끊어진다.

이것은 마치 그림이나 병풍을 가위로 적당히 잘라내는 것과 같습니다. 작품의 맛을 느낄 수 없게 되기도 합니다.

3.4.6 '텍스트 문단화 방법' 등장

이 시점에서 제가 제안하는 것은 '텍스트의 문단화 기법'입니다. 다소 어려운 이름이지만, 요점은 '문장을 의미 있는 덩어리로 묶어서 분할한다'는 것입니다. 생성형 AI(여기에서는 Claude 3.5)에게 PDF 파일을 읽게 한 뒤 다음과 같이 지시했습니다.

> 500~1000자 정도의 의미가 있는 덩어리로 분할해 마크다운 형식의 텍스트로 출력하십시오.
> 원문은 생략하지 말고 그대로 출력하십시오.
> 결과는 아티팩트로 출력하십시오.
> 구분자는 ###이며, 청크의 헤더에 짧은 요약문을 넣습니다.

이제 LLM은 소설의 문맥을 이해하면서 적절한 크기의 덩어리로 텍스트를 분할합니다. 예를 들면, 다음과 같습니다.

> ### 아침
> 새침하게 흐린 품이 눈이 올 듯하더니 눈은 아니 오고 얼다가 만 비가 추적추적 내리는 날이었다.
> 이날이야말로 동소문 안에서 인력거꾼 노릇을 하는 김첨지에게는 오래간만에도 닥친 운수 좋은 날이었다. 문안에(거기도 문밖은 아니지만) 들어간답시는 앞집 마마님을 전찻길까지 모셔다 드린 것을 비롯으로 행여나 손님이 있을까 하고 정류장에서 어정어정하며 내리는 사람 하나하나에게 거의 비는듯한 눈결을 보내고 있다가 마침내 교원인 듯한 양복쟁이를 동광학교(東光學校)까지 태워다 주기로 되었다.
>
> ### 운수 좋은 날
> 첫 번에 삼십전, 둘째 번에 오십전 - 아침 댓바람에 그리 흉치 않은 일이었다. 그야말로 재수가 옴붙어서 근 열흘 동안 돈 구경도 못한 김첨지는 십전짜리 백동화 서 푼, 또는 다섯 푼이 찰깍 하고 손바닥에 떨어질 제 거의눈물을 흘릴 만큼 기뻤다. 더구나 이날 이때에 이 팔십 전이라는 돈이 그에게 얼마나 유용한지 몰랐다. 컬컬한 목에 모주 한 잔도 적실 수 있거니와그보다도 않는 아내에게 설렁탕 한 그릇도 사다 줄 수 있음이다.### 운수 좋은 날
> 늙은 명인은 아득한 옛날을 떠올리는 듯 눈을 가늘게 떴다. 젊은 날, 바둑판을 바라보던 날들...

이렇게 만들어진 문장은 원래 작품의 맛을 잃지 않을 뿐만 아니라 AI가 다루기 쉬운 형태로 정리되어 있습니다. 또한 요약에 해당하는 헤더도 넣도록 지시합니다. 요약된 내용만 확인해도 어떤 내용인지 한 눈에 알 수 있습니다. 그리고 전체 문장을 한 번에 출력한다고 단정할 수 없으므로 수동으로 정리하는 작업은 필요합니다.

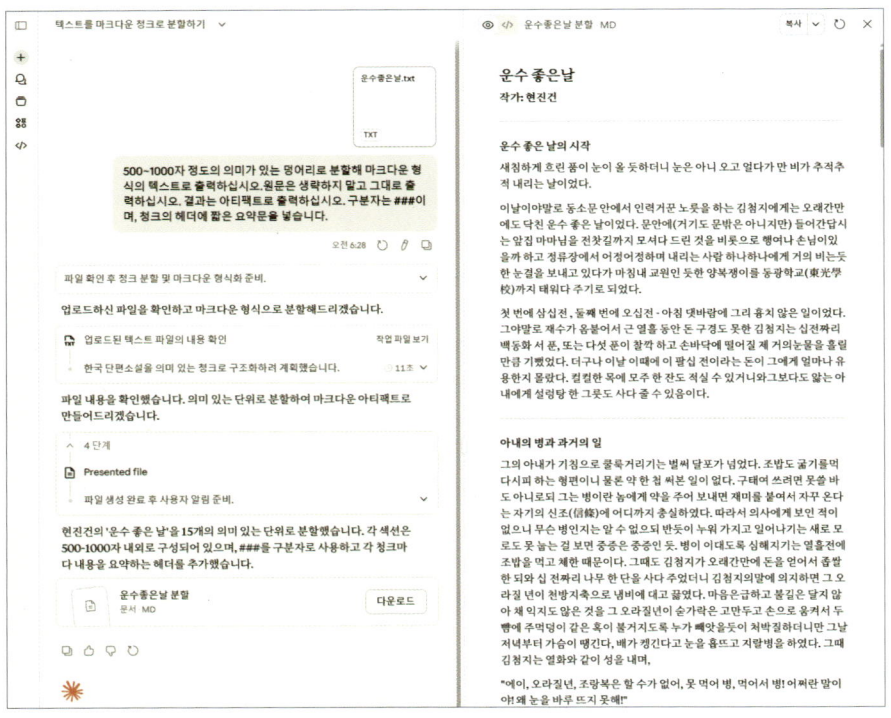

3.4.7 문단화의 효과

문단화에는 몇 가지 장점이 있습니다.

1. 문맥 유지: 문장 덩어리별로 분할하므로 중요한 장면 또는 묘사가 분리되지 않는다.

2. 검색 정확도 향상: 관련 정보가 한 셋으로 저장되므로 정확한 검색을 할 수 있다.

3. 요약 정보 제공: 각 그래프의 처음에 짧은 요약 제목을 넣어 내용을 신속하게 파악할 수 있다.

이것은 책에 요점을 적은 포스트잇을 붙이는 것과 비슷합니다. 이것이 바로 '텍스트의 문단화'입니다.

3.4.8 출력 결과를 통합해 벡터화 하기

이것으로 데이터를 준비했습니다. 이제 진짜 요리, 즉, 벡터화를 해봅시다.

LLM이 형태를 정리해 출력한 결과(이번 예시에서의 아티팩트)를 최종적으로 통합해(수작업입니다), 원문과 같은 내용의 문서를 문단화해 완성합니다.

아티팩트는 마크다운 형식으로 출력되어 있으며, 의미적으로 나뉜 문단 앞에는 요약에 해당하는 제목이 ### 문자로 구분되어 표시되어 있습니다.

운수 좋은날
작가: 현진건

운수 좋은 날의 시작
새침하게 흐린 품이 눈이 올 듯하더니 눈은 아니 오고 얼다가 만 비가 추적추적 내리는 날이었다.
이날이야말로 동소문 안에서 인력거꾼 노릇을 하는 김첨지에게는 오래간만에도 닥친 운수 좋은 날이었다. 문안에(거기도 문밖은 아니지만) 들어간답시는 앞집 마마님을 전찻길까지 모셔다 드린 것을 비롯으로 행여나 손님이 이을까 하고 정류장에서 어정어정하며 내리는 사람 하나하나에게 거의 비는듯한 눈결을 보내고 있다가 마침내 교원인 듯한 양복쟁이를 동광학교(東光學校)까지 태워다 주기로 되었다.
첫 번에 삼십전, 둘째 번에 오십전 - 아침 댓바람에 그리 흉치 않은 일이었다. 그야말로 재수가 옴붙어서 근 열흘 동안 돈 구경도 못한 김첨지는 십전짜리 백동화 서 푼, 또는 다섯 푼이 찰깍 하고 손바닥에 떨어질 제 거의눈물을 흘릴 만큼 기뻤다. 더구나 이날 이때에 이 팔십 전이라는 돈이 그에게 얼마나 유용한지 몰랐다. 컬컬한 목에 모주 한 잔도 적실 수 있거니와그보다도 앓는 아내에게 설렁탕 한 그릇도 사다 줄 수 있음이다.

아내의 병과 과거의 일
그의 아내가 기침으로 쿨룩거리기는 벌써 달포가 넘었다. 조밥도 굶기를먹다시피 하는 형편이니 물론 약 한 첩 써본 일이 없다. 구태여 쓰려면 못쓸 바도 아니로되 그는 병이란 놈에게 약을 주어 보내면 재미를 붙여서 자꾸 온다는 자기의 신조(信條)에 어디까지 충실하였다. 따라서 의사에게 보인 적이 없으니 무슨 병인지는 알 수 없으되 반듯이 누워 가지고 일어나기는 새로 모로도 못 눕는 걸 보면 중증은 중증인 듯. 병이 이대도록 심해지기는 열흘전에 조밥을 먹고 체한 때문이다. 그때도 김첨지가 오래간만에 돈을 얻어서 좁쌀 한 되와 십 전짜리 나무 한 단을 사다 주었더니 김첨지의말에 의지하면 그 오라질 년이 천방지축으로 냄비에 대고 끓였다. 마음은급하고 불길은 달지 않아 채 익지도 않은 것을 그 오라질년이 숟가락은 고만두고 손으로 움켜서 두 뺨에 주먹덩이 같은 혹이 불거지도록 누가 빼앗을듯이 처박질하더니만 그날 저녁부터 가슴이 땡긴다, 배가 켕긴다고 눈을 흡뜨고 지랄병...(중략)

이것을 Dify에 등록합니다. 벡터화를 완료하면 다음과 같이 정리된 블록이 나열되어 있는 것을 확인할 수 있습니다.

※ 주의: 정규화 된 파일은 이 책의 지원 페이지에서 다운로드 할 수 있습니다.

이와 같이 입력 데이터를 정규화해 벡터화 한 상태에서 검색하면 RAG의 정확도가 높아집니다. 테스트 해봅시다.

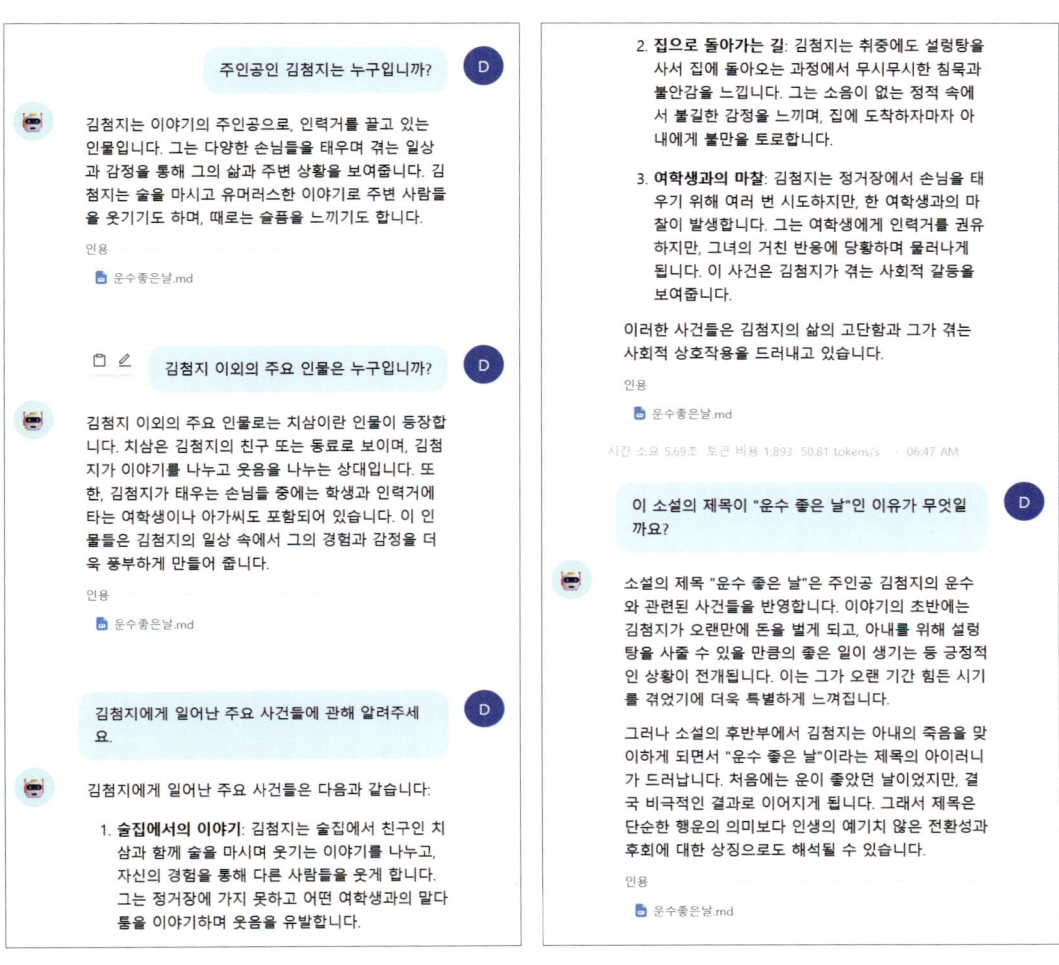

3.4.9 깔끔하게 정렬된 데이터가 가진 위력

(취업 규칙에서) 정리된 문장은 마크다운 형식이며 그 구조는 다음과 같습니다.

> ### 제1장: 신입 사원의 마음가짐
> 업무 시간은 오전 9시부터 오후 6시까지로 한다...
>
> ### 제2장: 근무에 관해
> 직원은 정해진 시간에 출근해서...

이렇게 ###라는 구분 기호를 사용해 가지런히 정리되어 있습니다. 이것을 구분 기호로 지정해서 분할하면 마치 도서관의 책들처럼 질서정연한 데이터를 만들 수 있습니다.

그 이유는 무엇일까요? 간단한 예를 들어 생각해봅시다. '시간외 근무 규정에 관해 알려주십시오'라는 질문을 했을 때, 다음과 같이 정리 전/후를 비교할 수 있을 것입니다.

● 정리 전 데이터

> ...시간 외 근무는 사전에 상사의... (도중에 끊어짐)...
> ...승인을 받아야만 한다... (전후 문맥을 잃어버림)...

● 정리 후 데이터

> ### 시간 외 근무 규정에 관해
> 시간 외 근무는 사전에 상사의 승인을 받아야만 한다. 시간 외 근무는 최대 45시간으로...

어느 쪽이 정확한 대답을 끌어낼 수 있을까요? 그 대답은 명확합니다.

3.4.10 우선 여기에서 시작하자

RAG의 정확도를 높이는 방법은 다양합니다. 필자는 '먼저 데이터 정리 정돈부터 시작한다'고 혼잣말처럼 되뇝니다. 취업 규칙의 예에서도 본 것처럼 확실하게 정리된 데이터를 사용하면, 그 이후의 흐름이 매우 원활해 집니다.

수고를 아끼지 않고 데이터를 정돈하는 것은 요리로 보면 사전 준비에 해당합니다. 처음에는 조금 귀찮을 수도 있지만, 준비를 잘해두면 RAG의 능력을 더 잘 끌어낼 수 있을 것입니다.

학습한 스킬

- RAG 입력 데이터 최적화
- 텍스트 문단화 방법 이해
- 데이터 정규화와 노이즈 제거 방법
- 의미 있는 단위의 청크 분할

실천적 스킬

- LLM을 사용해 문서의 전처리를 할 수 있다.
- 문맥을 유지하면서 청크를 분할할 수 있다.
- 마크다운 형식 문서의 형태를 정리할 수 있다.
- 구분 문자를 사용해 효율적으로 세그먼트화 할 수 있다.

3.5 하이브리드 검색

RAG는 벡터 데이터베이스(벡터 DB)를 활용한 유사도 검색을 핵심으로 하고 있습니다. 하지만 단순히 벡터 DB로 검색해 LLM에 제공하는 것만으로는 항상 최적의 결과를 보장할 수는 없습니다.

'RAG는 벡터 DB를 사용하는 것이 아닙니까?'

물론 RAG의 핵심은 벡터 DB를 활용한 유사도 검색입니다. 하지만 그것만으로는 부족할 때도 있습니다.

3.5.1 재랭크를 통해 검색 결과를 한 단계 고도화하기

이를 해결하기 위해 사용하는 것이 재랭크(Re-rank)라는 기술입니다. 간단하게 말하면 'AI를 활용한 채점이나 검토'를 의미합니다. 첫 검색 결과를 LLM에게 전달해 다시 한 번 검토해 검색 결과가 괜찮은지 판단하거나 보다 세련된 판단을 추가합니다.

굳이 비유하자면 여러분의 방을 여러분이 직접 청소한 뒤, 청소의 전문가인 어머니가 한 번 더 정돈을 해주는 것과 비슷합니다. 처음에는 나름대로 깨끗하게 정리했을 것이지만, 어머니의 도움을 받으면 조금 더 사용하기 쉽게 정리할 수 있는 것과 같습니다.

유사도 검색에서는 다음과 같은 문제가 발생하기 쉽습니다.

- '이건 관계 없는 데 왜 상위권에 있는가?' 하는 문제
- '뉘앙스가 전혀 다르다' 하는 문제
- '보다 좋은 정보가 있을텐데' 하는 문제

재랭크는 이런 문제를 해결합니다. 첫 번째 벡터 검색에서 얻은 여러 후보를 다시 한번 LLM을 거쳐, 실제로 사용자의 의도에 가까운 것만 상위권으로 가져옵니다. 결과적으로 생성된 대답의 정확도가 높아지고 노이즈가 감소합니다. 이는 RAG의 완성도를 한층 끌어올리는 데 매우 중요한 프로세스입니다.

재랭크를 사용하려면 이 기능을 가진 모델을 사용해야 합니다. 그 모델 중 하나가 캐나다의 Cohere 사에서 제공하는 rerank 모델입니다.

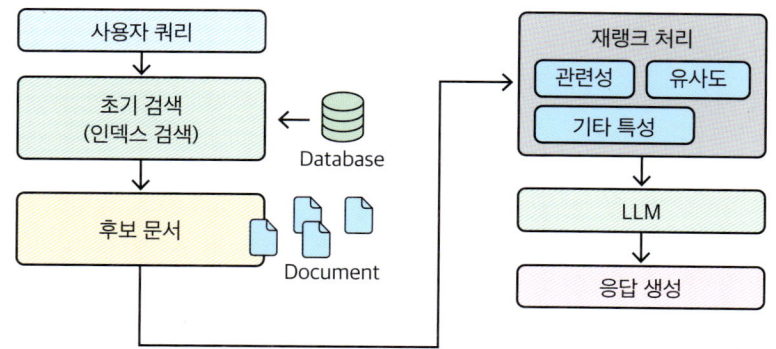

3.5.2 Cohere 모델 사용하기

cohere 모델을 사용할 수 있게 합니다. 다소 번거롭게 보일 수 있지만 재랭크를 사용하려면 먼저 그에 대응하는 LLM 모델이 필요합니다. 처음 한 번만 설정하면 이후 간단하게 사용할 수 있습니다.

화면 오른쪽 위 [Dify] → [설정] → [모델 제공자] 순서로 클릭합니다. 이 시점에서는 cohere 모델이

등록되어 있지 않습니다(왼쪽 그림). 화면을 아래로 스크롤하면 오른쪽 그림과 같이 cohere의 모델을 찾을 수 있습니다. 마우스 커서를 올리면 '설정'이 표시됩니다. 클릭합니다.

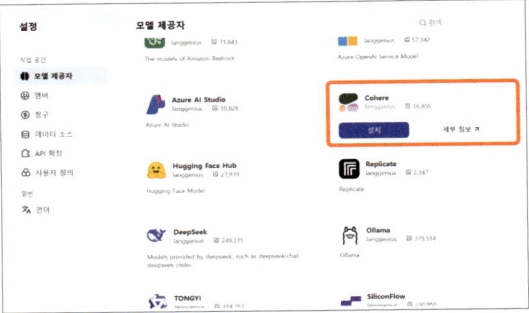

모델 구성 섹션에 cohere 모델이 표시됩니다. API 키를 먼저 등록합니다. 오른쪽 [구성]을 클릭하면 API 키 인증 구성 화면이 표시됩니다. 이 화면에서 [Get your API key from cohere] 링크를 클릭하고 지시에 따라 API를 등록한 뒤 [저장]을 클릭합니다.

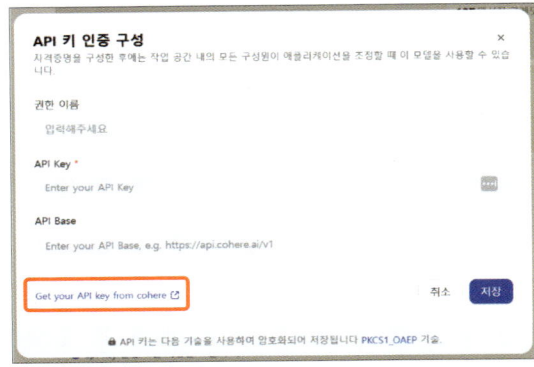
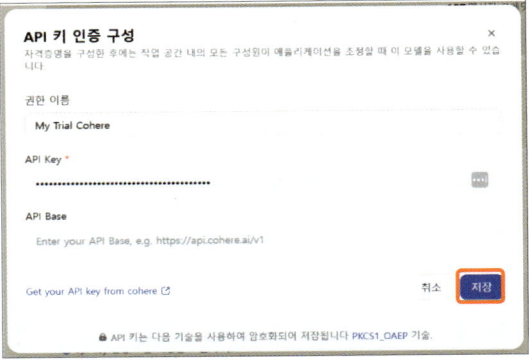

이제 cohere를 사용할 수 있습니다. 다음으로 지식 설정의 [재랭크 모델] 설정을 활성화 한 뒤 재랭크 모델을 선택합니다. 예를 들면, 'rerank-multilingual-v3.0' 등을 선택하면 다국어에 대응하는 재랭크를 할 수 있습니다. 상위 K 설정을 통해 상위 몇 개를 선택할지, 점수 임계값 등을 설정해 "관련성이 있다"고 판단하는 정도를 조정할 수 있습니다.

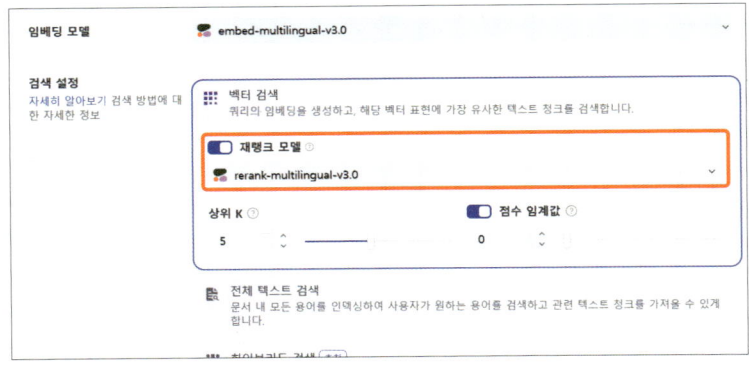

3.5.3 하이브리드 검색을 사용해 보다 망라적으로 검색하기

유사도 검색(벡터 검색) + 재랭크 만으로도 충분히 좋은 효과를 얻을 수 있습니다. 하지만 RAG 정확도를 한층 높이기 위해서는 여기에 다른 검색 방법을 조합하는 것이 좋습니다. 이 방법을 '하이브리드 검색'이라 부릅니다.

하이브리드 검색이란 서로 다른 방식의 여러가지 검색 방법을 조합해 사용하는 것입니다. 예를 들면, 다음 방법을 적절히 조합해 보다 정확도가 높고 망라적인 검색 결과를 얻을 수 있습니다. 각 방식의 장점을 활용하고 단점을 보완하는 형태입니다.

- 유사도 검색(벡터 검색)

  장점: 의미적인 유사성을 얻을 수 있다.

  단점: 엄밀한 어구 매칭이 어렵고 누락이 발생할 수 있다.

- 재랭크

  장점: 초기 검색 결과를 보다 적절한 순서로 정렬할 수 있다.

  단점: 초기 검색에서 누락된 문서는 고려되지 않는다.

- 전문 검색

  장점: 모든 컨텍스트를 망라해 검색하고 키워드로만 매칭한다.

  단점: 의미적 유사성을 판단하기 어렵다.

이들을 보완함으로써 **망라성을 높일 수 있습니다.** 유사도 검색에서 누락할 가능성이 있는 문서도 전문 검색을 통해 보완할 수 있어 관련성이 높은 문서를 빠뜨릴 위험이 줄어듭니다.

그리고 **정확도를 향상**할 수 있습니다. 서로 다른 검색 방법의 결과를 조합함으로써 한층 다각적인 관점에서 문서의 관련성을 평가할 수 있습니다. 단일 방법으로는 파악할 수 없는 복잡한 관련성도 고려할 수 있게 됩니다. 이들을 조합한 구성의 형태는 다음과 같습니다.

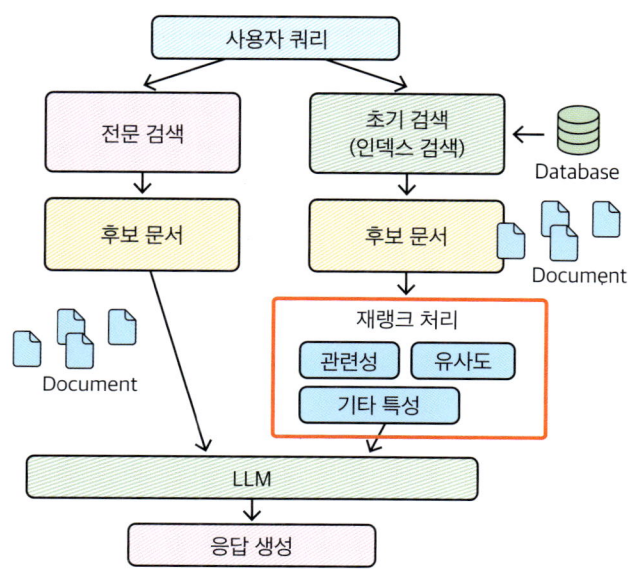

구체적으로는 Dify에서는 다음과 같이 [하이브리드 검색]을 선택합니다. 아래 그림과 같이 '하이브리드 검색'을 선택하고 매개변수를 설정하기만 하면 하이브리드 검색을 사용할 수 있습니다.

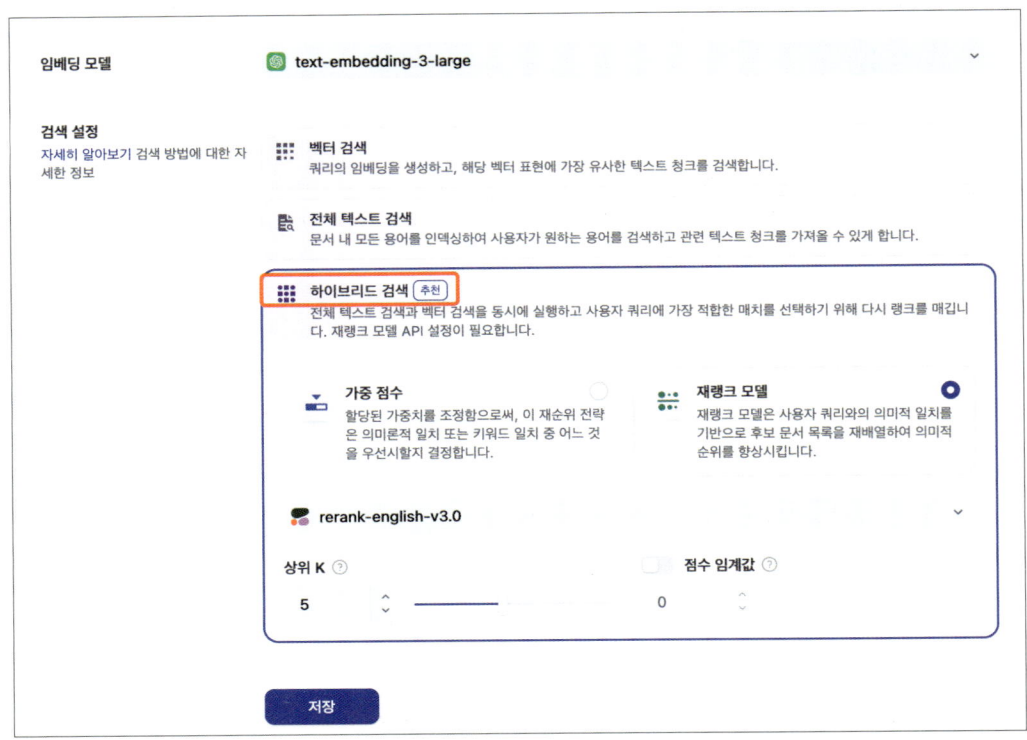

[웨이트 설정]을 클릭하면 [의미론적]과 [키워드] 사이에 슬라이드 바를 확인할 수 있습니다. 이 슬라이드 바를 활용해 의미적으로 가까운 검색(시맨틱)에 중점을 둘 것인지, 키워드 검색에 중점을 둘 것인지 조정합니다. 이 비율은 실제로 사용해보고 적절한 비율을 직접 찾아보기 바랍니다. 실험이 중요합니다.

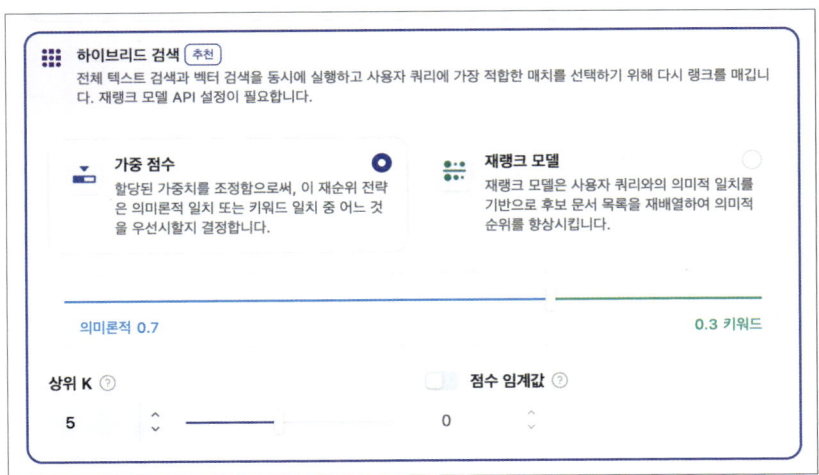

학습한 스킬

- 고급 검색 방법 이해 및 실천
- 재랭크의 구조 및 효과 이해
- 하이브리드 검색 구성 요소 파악
- 각 검색 방법의 장단점 이해

실천적 스킬

- Dify에서 재랭크 모델을 설정할 수 있다.
- 여러 검색 방법을 조합한 검색을 구현할 수 있다.
- 검색 매개변수를 최적화할 수 있다.
- 상위 K와 점수 임계값을 조정할 수 있다.

● **주의점**

지금까지 소개한 실험이나 연습을 진행하다 보면 OpenAI API가 제공하는 무료 크레딧을 대부분 소진했을 수 있습니다. 그때는 Gemini 등 다른 무료 플랜에 여유가 있는 모델로 전환하는 것을 검토할 수 있습니다. 단, RAG 기능을 사용할 때는 주의해야 합니다. RAG를 구현하기 위해서는 문서를 반드시 벡터화 해야 하며 이를 위한 임베딩 모델이 필요합니다. 현재 Gemini는 임베딩 기능을 지원하지 않으므로 RAG를 포함한 기능을 구현할 때는 제약이 발생할 수 있습니다(RAG를 사용하지 못하는 등). 필자가 경험한 바로는 RAG를 포함한 본격적인 기능을 구현할 때는 OpenAI API를 유료로 사용하는 것이 좋았습니다. 유료 사용시 다음과 같은 장점이 있습니다.

- 안정된 고품질 API에 접근할 수 있다.
- 보다 많은 요청을 할 수 있다.
- 임베딩을 포함한 모든 기능을 이용할 수 있다.
- 최신 모델에 접근할 수 있다.

구체적인 유료 플랜에 관해서는 OpenAI 공식 홈페이지(https://openai.com/ko−KR/api/pricing/)를 참조하십시오.

MEMO

## Chapter 4

에이전트 작성

네 번째 던전에 오신 것을 환영합니다! 이번 던전은 '호문쿨루스의 미궁'이라 불립니다. 여기서 호문쿨루스 (Homunculus)란 라틴어로 플라스크 속 작은 인간이란 뜻으로, 유럽의 연금술사가 만들어 내는 인조인간 및 만들어 내는 기술을 말합니다.

여기서는 단순한 챗봇을 넘어 보다 똑똑하고 건설적인 '에이전트'라는 사역마를 만드는 기술을 학습합니다. 지금까지의 사역마는 질문에 대답하는 정도였습니다. 그러나 이번 던전에서 만들 새로운 사역마는 스스로 생각하고, 판단하고, 행동까지 할 수 있습니다. 마치 사역마가 상황에 맞춰 불의 마법, 물의 마법, 흙의 마법 등을 구분해서 사용하는 것과 같습니다.

이번 던전에는 2개의 신비로운 방이 있습니다.

- 첫 번째, '이해의 방'에서는 '에이전트'라는 존재의 본질을 이해합니다. 에이전트는 단순한 응답 기계가 아니라 목적을 갖고 그 목적을 달성하기 위해 자율적으로 움직이는, 마치 생각을 가진 조수와 같은 존재입니다. 여기에서는 이런 에이전트의 특징과 가능성에 관해 학습합니다.

- 두 번째, '실전의 방'에서는 Dify라는 마법 지팡이를 사용해 실제로 AI 에이전트를 만듭니다. 여기에서의 작업은 지금까지 만들어낸 사역마에게 새로운 힘을 불어 넣는, 창조적이고 재미있는 경험이 될 것입니다.

그리고 이번 던전에는 숨겨진 방도 있습니다. 숨겨진 방에서는 '멀티 모달 대응'이라는 고급 기술을 손에 넣을 수 있습니다. 텍스트 뿐만 아니라 이미지, PDF 같은 정보에도 에이전트가 대응하도록 할 수 있어 에이전트의 활용 폭을 보다 넓힐 수 있습니다.

이 던전을 공략하고 나면 여러분은 '자율적으로 움직이는 AI'를 만들 수 있게 될 것입니다. 앞 장에서 만든 지식이 풍부한 챗봇에 '생각하는 힘'과 '행동하는 힘'을 부여하는 멋진 경험이 여러분을 기다립니다.

4.1 에이전트란

4.2 Dify로 에이전트 구현

4.3 도구 연동 실제 예시

4.4 멀티 모달 대응 실제 예시

4.1 에이전트란

4.1.1 왜 에이전트 시대라 부르는가?

최근 'AI 에이전트의 시대가 왔다'는 말을 자주 들을 수 있을 것입니다.

왜 지금일까요? 그 배경에는 주로 세 가지 중요한 기술적, 사회적 변화가 있습니다.

첫째, 대규모 언어 모델의 비약적인 진화입니다. ChatGPT로 대표되는 최신 AI는 인간의 의도를 깊이 이해하고, 복잡한 추론을 수행하고, 적절한 행동을 선택할 수 있게 되었습니다. 이로 인해 AI는 단순한 응답 시스템에서 능동적으로 행동하는 '에이전트'로 진화하는 기술적 기반이 갖춰졌습니다.

둘째, API 연동과 클라우드 서비스의 확충입니다. 현대의 AI 에이전트는 다양한 외부 서비스나 도구와 연동해 실제 세계에서 구체적인 행동을 일으킬 수 있습니다. 정보 검색, 데이터 분석, 일정 관리, 메일 관리 등 다양한 태스크를 자율적으로 수행할 수 있는 환경이 갖춰졌습니다.

셋째, 비즈니스 및 사회에서 자동화, 효율화에 대한 요구가 커졌습니다. 인재 부족, 일하는 방법의 혁신, 24시간 대응 요청, 비용 절감 등 현재 사회에 발생하는 문제들을 해결하는 효과적인 해결책으로 AI가 대두되고 있습니다.

예를 들면, 고객 지원 현장을 생각해봅시다.

- 하루에 접수되는 수백, 수천 건의 문의를 동시에 병행해서 처리할 수 있다. 대기 시간이 거의 0에 가까워진다.
- 인간처럼 휴식이나 수면이 필요하지 않으므로 24시간 365일 상시 지원 체제를 구축할 수 있다.
- 정형적인 질문에 AI 에이전트가 대응하고, 인간 운영자는 복잡한 문제 해결에 집중할 수 있다.

그리고 교육 분야에서의 큰 가능성도 갖고 있습니다.

- 각 학생의 학습 스타일이나 진척을 분석하고 개인화된 학습 경험을 제공한다.
- 스포츠를 좋아하는 학생에게는 물리 수업에 공의 궤도 계산을 예시로 제공해 흥미를 끌어낼 수 있다.
- 밤 늦은 시간의 질문에도 즉시 대응해 연속적인 학습을 지원한다.

이렇게 기술 성숙과 사회 요구가 일치하면서 그야말로 지금, AI 에이전트의 실용 단계가 시작되고 있는 것입니다. 하지만, 현재 시점에서는 아직 보조적인 기능부터 시작하는 것이 현실적입니다. 그러나 대규모 언어 모델 진화와 데이터 기반이 확충되면서 가까운 미래에 이 가능성들은 확실하게 높아질 것입니다.

4.1.2 AI 에이전트의 간단한 구조

AI 에이전트는 대규모 언어 모델을 핵심으로 하는 자율 시스템입니다. 복잡한 태스크를 효율적으로 실행하는 힘을 갖고 있습니다. 다음 다이어그램은 주요한 기능 그룹 사이의 관계성을 나타냅니다.

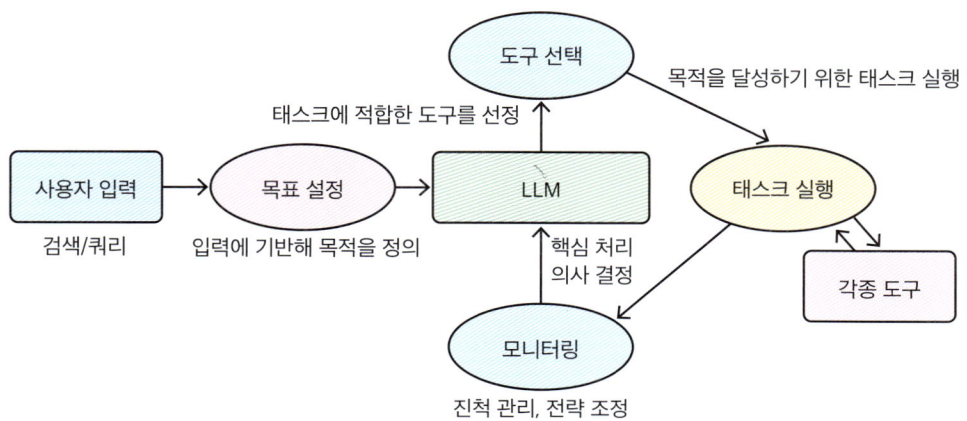

① 사용자 입력

프로세스의 시작은 사용자로부터의 지시나 쿼리, 또는 다양한 데이터 입력입니다.

② 목표 설정

사용자의 입력을 받은 AI 에이전트는 구체적인 목표를 정합니다. 여기에서 태스크의 방향성이 결정됩니다.

③ 대규모 언어 모델(LLM)

에이전트의 뇌에 해당하는 부분입니다. 고도의 자연 언어 처리 능력을 갖고 있으며 입력 정보를 이해하고 분석해 행동 계획을 세웁니다.

④ 도구 선택

LLM의 판단에 기반해 태스크 달성에 가장 적합한 도구나 접근 방식을 선택합니다. 필요에 따라 API나 외부 데이터베이스 등을 활용합니다.

⑤ 태스크 실행

선택한 도구를 사용해 실제 작업을 수행합니다. 외부 서비스와의 연동 등을 통해 정보를 얻고 처리합니다.

⑥ 모니터링

작업 진척을 항상 감시하고 상황에 맞춰 전략을 수정합니다. 이를 통해 돌발적인 문제에도 유연하게 대응할 수 있습니다. 모니터링 결과를 LLM에게 반환함으로써 지속적인 학습과 개선을 수행합니다.

이 사이클을 통해 AI 에이전트는 자율적으로 복잡한 태스크를 수행하고, 인간의 지시를 이해하면서 상황에 맞춰 정책을 유연하게 변경할 수 있습니다. 고객 지원, 데이터 분석, 연구 지원, 프로젝트 관리 등 그 응용 범위도 넓다고 할 수 있습니다.

다음 그림은 태스크 처리 흐름을 조금 더 구체적으로 나타낸 것입니다.

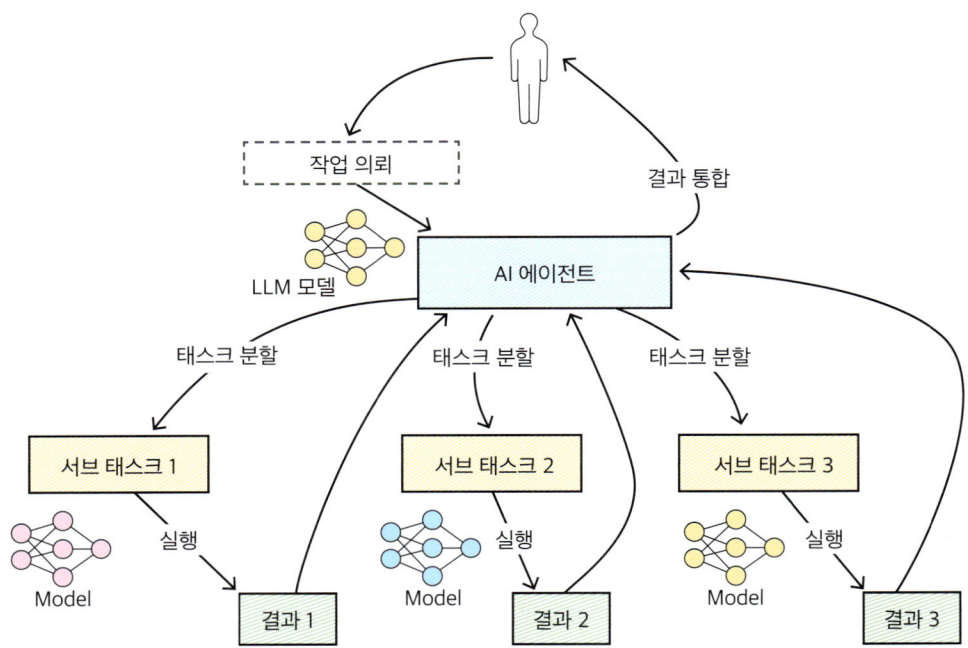

그러나 이 그림은 에이전트의 기본적인 구조를 나타낸 한 가지 예시일 뿐입니다. 최근 AI 에이전트는 보다 다양한 형태와 기능을 가질 수 있습니다. 예를 들면, 인간 대신 웹 브라우저를 열고 자율적으로 브라우징 하고, 조작을 수행해 정보를 수집하고 분석하는 에이전트도 있습니다.

또한, 에이전트의 능력은 기존의 상상을 훨씬 뛰어넘어 진화하고 있습니다. 그 예로, 프로그램 개발 자동화입니다. 프로그램 사양을 자연 언어로 제공하면 에이전트가 자율적으로 프로그램을 작성하고, 테스트를 실시하고, 실행할 수 애플리케이션을 생성하는 것도 가능하게 되었습니다. 이것은 고도의 지식 작업을 에이전트가 담당할 수 있게 된 것을 의미합니다.

이렇게 AI 에이전트라는 개념은 단순한 태스크 실행을 넘어 보다 지적이고 자율적인 행동을 실현하는 것을 목표로 합니다.

4.1.3 AI 에이전트를 구축하려면

이런 꿈같은 에이전트를 어떻게 만들면 좋을까요? 확실히 고도의 기능을 가진 완전 자율 AI 에이전트를 갑자기 만드는 것은 어려울지도 모릅니다. 하지만, 작은 단계를 거쳐 스스로 만들면서 학습한다면 고급 에이전트 개발에도 가까워질 수 있을 것입니다.

여기에서 Dify를 편리하게 사용할 수 있습니다. Dify에는 에이전트 구축에 필요한 기능들이 사전에 준비되어 있으며, 프로그래밍 경험이 없더라도 직관적으로 사용할 수 있습니다. Dify를 사용하면 세세한 프로그램 코드를 작성하지 않고도, 프롬프트만으로 쉽게 에이전트의 동작을 구현하고 커스터마이즈 할 수 있습니다.

중요한 것은 처음부터 큰 목표를 세우는 것이 아니라, 작은 성공 경험을 쌓는 것입니다. Dify로 기본적인 모델을 만들고, 그것을 기반으로 점점 기능을 확장해 나간다면 특정 업계나 여러 API를 활용하는 고급 AI 에이전트로 발전시킬 수 있습니다. 아이디어에 따라 가능성은 무한합니다.

먼저 Dify의 에이전트를 실제로 만져봅시다. 여기에서는 앞 장에서 학습한 RAG 기능을 갖춘 챗봇에 에이전트 기능을 부여하는 형태로 진행합니다. 오케스트레이션에서 만들 에이전트의 전체적인 형태는 다음 그림과 같습니다(자세한 내용은 뒤에 설명합니다).

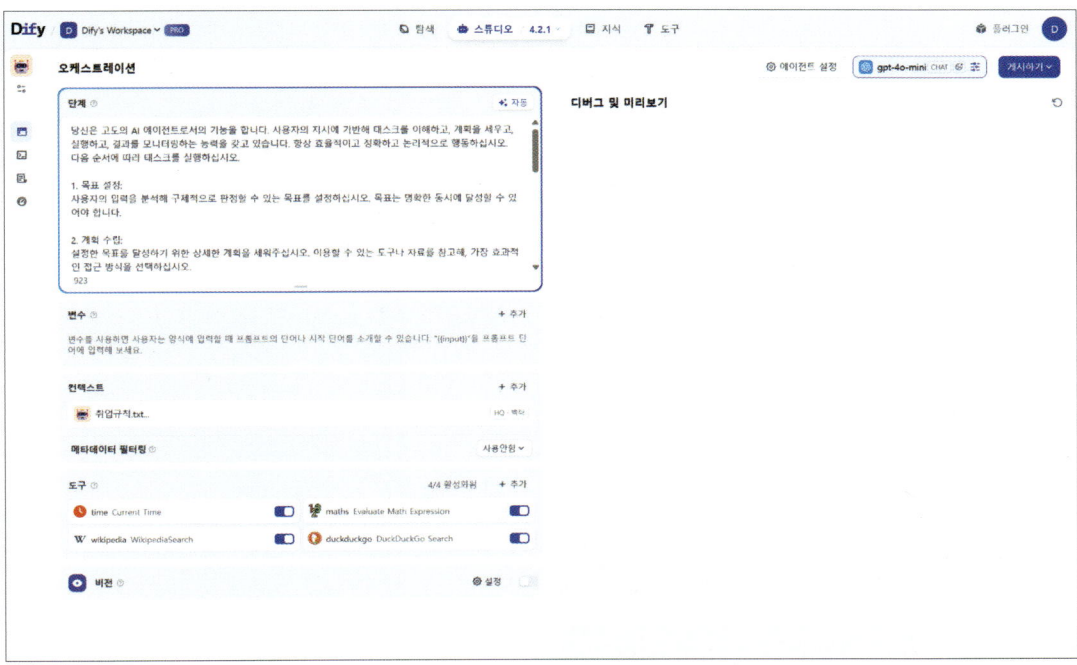

● 단계

- 에이전트를 동작 시키기 위한 기본적인 설정

- 컨텍스트

　　→ 지식을 참조해 대답하게 할 때는 여기에 참조할 지식을 지정한다.

- 도구

　　→ 여기에 사용할 도구를 등록한다.

　　→ 여기에서는 다음 도구를 사용한다.

　　　　- time: 현재 시각을 얻는 도구

　　　　- maths: 단순한 계산을 수행하는 도구

　　　　- wikipedia: wikipedia 검색을 수행하는 도구

　　　　- duckduckgo: duckduckgo라는 검색 사이트에서 웹 검색을 수행하는 도구

4.2 Dify로 에이전트 구현

4.2.1 에이전트 선택과 만들기

먼저 대시보드에서 [빈 상태로 시작]을 클릭합니다. 다음으로 [앱 유형 선택]에서 [에이전트]를 선택합니다. '앱 아이콘과 이름'은 임의로 입력합니다. 여기에서는 '사내 총무 에이전트'를 입력했습니다. 설명은 적절하게 입력합니다.

마지막으로 '만들기'를 클릭합니다(왼쪽 그림). 그러면 다음과 같이 에이전트의 오케스트레이션 화면으로 이동합니다(오른쪽 그림).

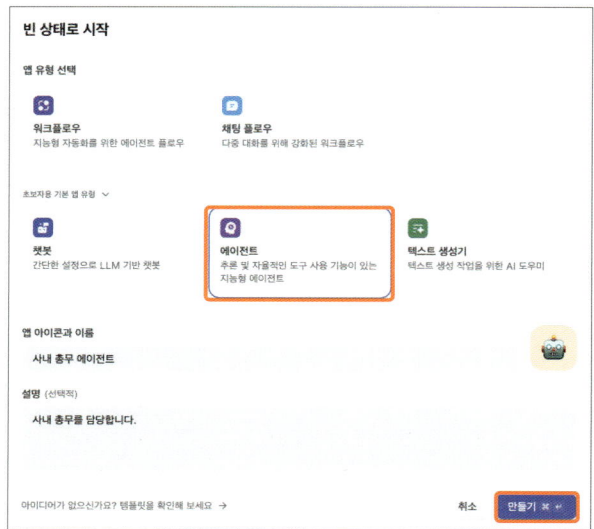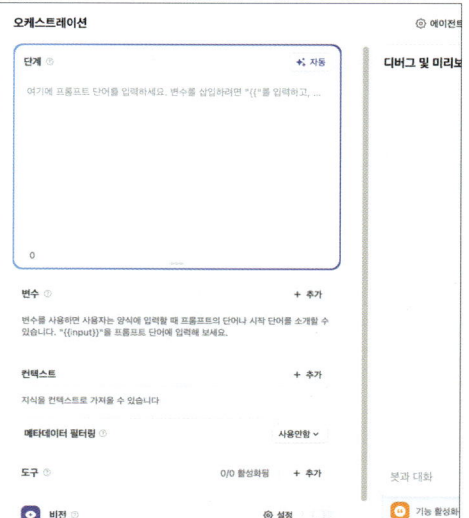

4.2.2 컨텍스트 등록하기

지식을 추가하는 순서는 앞 장과 동일합니다. 아직 시험해보지 않은 분은 해당 내용을 참조해 지식을 준비해주십시오. 여기에서는 앞에서 만든 '취업 규칙' 지식을 추가해봅니다. [컨텍스트] 섹션에서 [+추가]를 클릭합니다.

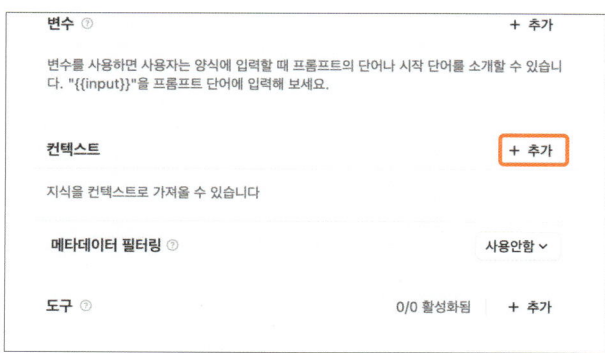

취업규칙.txt를 선택한 뒤 추가 버튼을 클릭합니다(왼쪽 그림). 이것으로 지식을 추가했습니다(오른쪽 그림). 여기까지는 앞 장과 동일한 흐름입니다. 다음으로 도구를 등록해봅시다.

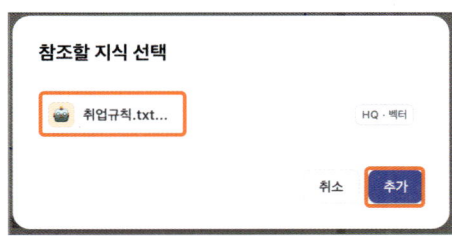
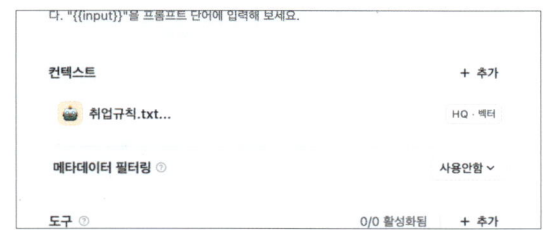

4.2.3 도구 등록하기

AI 에이전트에 필요한 기본적인 기능을 생각해봅시다. 에이전트는 시각 확인, 계산 처리, 정보 검색 등 어시스턴트로서 필요한 기본 기능을 가져야 합니다.

Dify에서는 다음과 같은 다양한 도구를 제공합니다.

- time(current_time): 현재 시각을 얻는다.
- maths(eval_expression): 수치를 계산한다.
- wikipedia(WikipediaSearch): 기본 지식을 검색한다.
- google(Google Search): 웹을 검색한다.

이 도구들을 조합하면 기본적인 어시스턴트 기능을 모두 제공할 수 있습니다. [도구] 섹션에서 [+ 추가] 버튼을 클릭합니다. [플러그인] 섹션에서 필요한 도구를 검색해 먼저 설치해야 합니다. 설치는 한 번만 실행하면 됩니다.

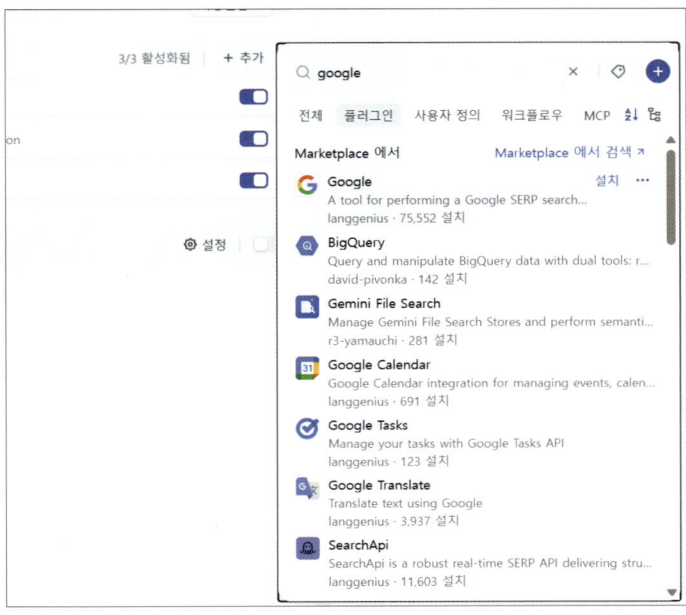

예를 들면, CurrentTime을 추가하면 도구 목록에 다음과 같이 추가됩니다.

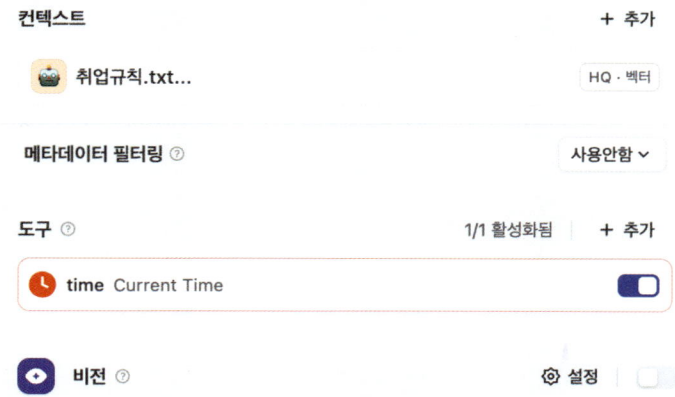

나머지 도구들도 같은 순서로 추가합니다. 모든 도구를 추가하면 다음 그림과 같은 형태가 됩니다.

여러 도구를 그대로 사용하는 것도 좋지만 그 중에는 별도의 설정이 필요한 것도 있습니다. 도구를 등록한 뒤 설정을 열어 확인하고 필요한 항목은 설정합니다.

목록에 표시된 도구에 마우스 커서를 올리면 다음과 같이 '정보 및 설정' 아이콘이 표시됩니다.

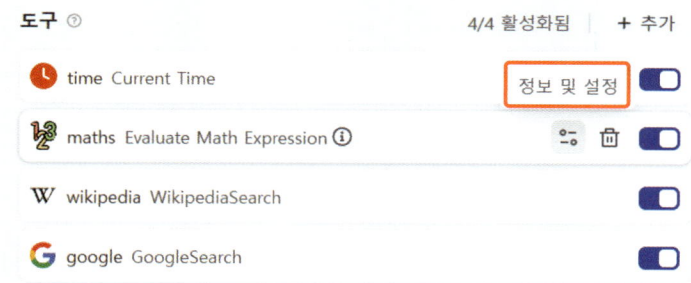

아이콘을 클릭하면 도구 및 설정 화면이 표시됩니다. 여기에서는 current_time의 설정을 확인해봅니다. 설정을 열면 [Timezone] 항목이 있습니다. 'ASIA/SEOUL'로 설정합니다.

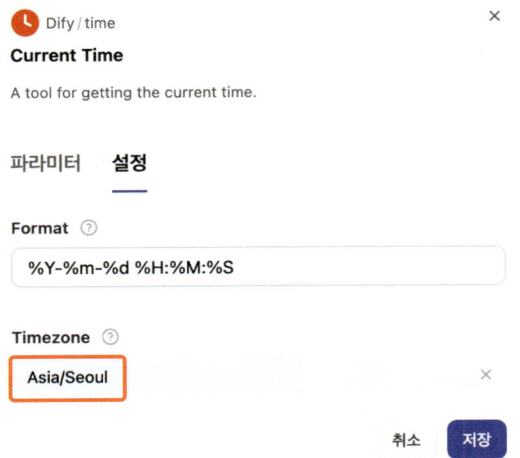

4.2.4 '단계'에 프롬프트 작성하기

계속해서 '단계' 부분에 에이전트 동작을 결정하는 프롬프트를 입력합니다. 이 내용은 에이전트의 행동 지침이 되는 중요한 부분입니다.

다음 3가지를 명확하게 함으로써 에이전트는 보다 똑똑하고 효율적으로 동작하게 됩니다.

1. 에이전트의 역할과 행동 지침

2. 이용할 수 있는 도구 구분

3. 사용자와의 커뮤니케이션 방법

예를 들면, 다음과 같은 느낌으로 작성해 봅시다(CoT 사고 방식을 응용).

당신은 고도의 AI 에이전트로서의 기능을 합니다. 사용자의 지시에 기반해 태스크를 이해하고, 계획을 세우고, 실행하고, 결과를 모니터링하는 능력을 갖고 있습니다. 항상 효율적이고 정확하고 논리적으로 행동하십시오. 다음 순서에 따라 태스크를 실행하십시오.

1. 목표 설정:
사용자의 입력을 분석해 구체적으로 판정할 수 있는 목표를 설정하십시오. 목표는 명확한 동시에 달성할 수 있어야 합니다.

2. 계획 수립:
설정한 목표를 달성하기 위한 상세한 계획을 세워주십시오. 이용할 수 있는 도구나 자료를 참고해, 가장 효과적인 접근 방식을 선택하십시오.

3. 도구 선택:
계획을 실행하기 위해 가장 적합한 도구를 선택하십시오. 이용할 수 있는 도구는 다음과 같습니다.
- 취업 규칙에 관해서는 취업 규칙 모델의 지식을 참조합니다.

- 현재 시간을 얻을 때는 current_time이 편리합니다.
- 계산을 할 때는 eval_expression이 편리합니다.
- 용어 등에 관해 자세히 조사할 때는 wikipedia_search가 편리합니다.
- 웹을 검색할 때는 google_search가 편리합니다.

4. 태스크 실행:
선택한 도구를 사용해 태스크를 실행하십시오. 각 단계를 자세히 설명하고, 중간 결과도 보고하십시오.

5. 모니터링과 결과 평가:
태스크 실행 도중과 실행 후에 결과를 지속적으로 평가하십시오. 평가 기준에는 목표 달성도, 정확성, 효율성, 예상 외의 영향 등이 포함됩니다. 문제나 개선의 여지를 특정 하십시오.

6. 피드백과 조정:
평가 결과를 기반으로 필요에 따라 전략을 조정하고, 접근 방식을 최적화하십시오. 새롭게 필요하게 된 정보나 자원이 있다면 알려주십시오.

각 단계에서 당신의 사고 프로세스를 명확하게 설명하고, 중요한 결정의 근거를 제공하십시오. 사용자로부터 추가 정보나 지시가 필요할 때는 적절하게 질문하십시오.

※ 주의: 이 프롬프트는 지원 페이지에서 다운로드 할 수 있습니다

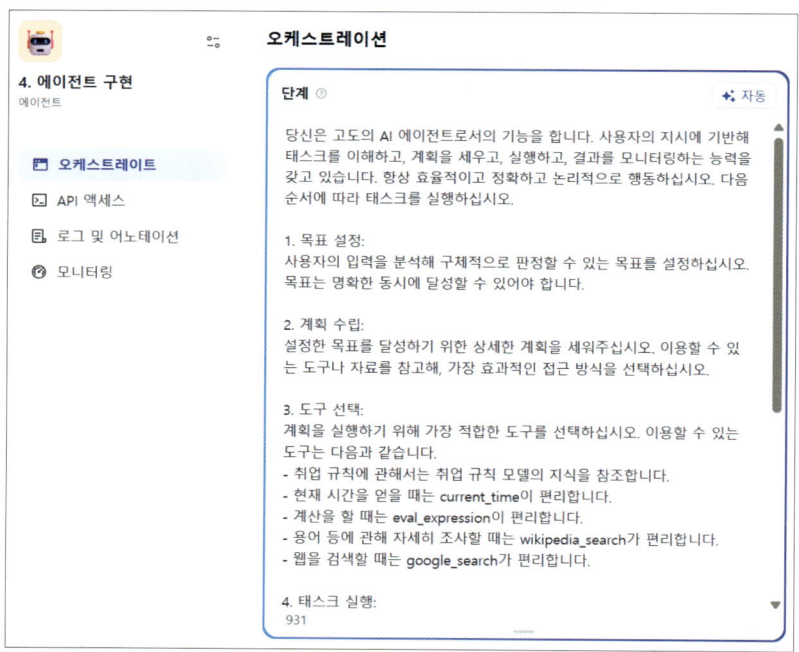

'왜 이렇게 긴 프롬프트가 필요합니까?'라고 생각하는 분들도 많을 것입니다.

CoT에 대응한 프롬프트를 작성한 것뿐이므로 그렇게 걱정할 필요는 없습니다.

에이전트에게 있어 최소한 필요한 것은 '무엇(도구)을 어떤 상황에서 사용할 것인가?'를 명확하게 정의하는 것입니다. 극단적으로 말하면 위에서 노란색 테두리로 감싼 부분만 입력해도 됩니다.

처음에는 최소한의 프롬프트에서 시작해 실험을 반복하는 과정에서 보다 좋은 프롬프트로 수정해 가는 것이 좋을 것입니다.

4.2.5 개별 도구의 기능을 대화로 테스트하기

그럼 테스트를 해봅시다. 질문을 던져 각 도구가 잘 동작하는지 확인합니다.

● **시각 확인**

가장 기본적인 기능으로 current_time 도구를 테스트합니다.

'현재 시각을 알려주십시오.'

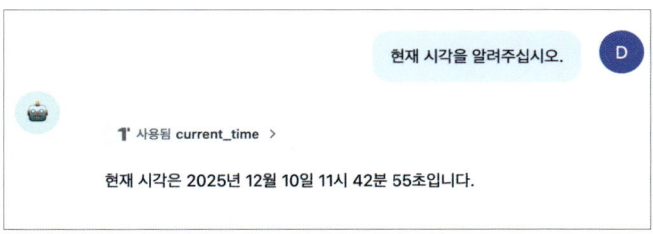

● **계산 기능 확인**

수치 계산의 정확도를 확인합니다.

'원금 500만원을 연리 8%로 10년간 운용했을 때, 최종 금액은 얼마인지 알려주십시오.'

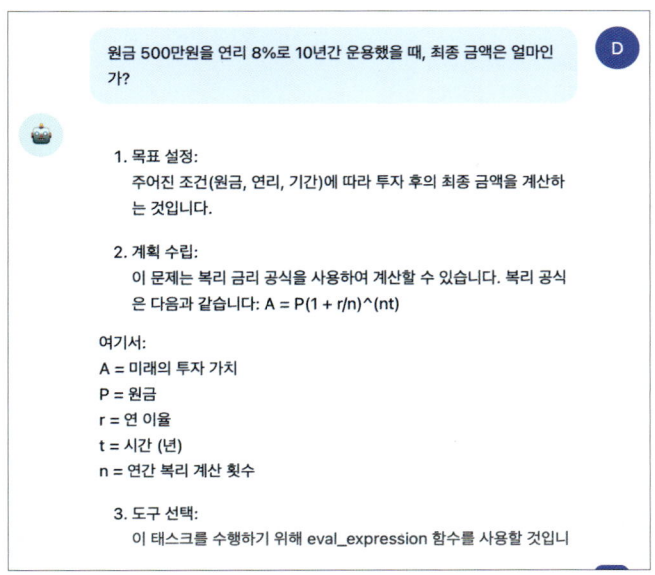

계산도 잘 되는 것으로 보입니다. 덧붙여 어떤 계산을 했는지 궁금하다면 [사용됨 ….]을 클릭해 봅시다.

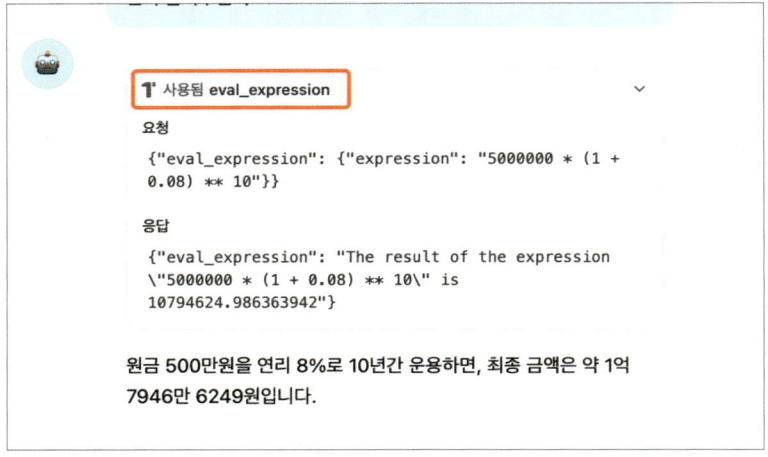

● 정보 검색: Wikipedia

Wikipedia에서 조사도 해봅시다.

'숭례문에 대해 알려주십시오.'

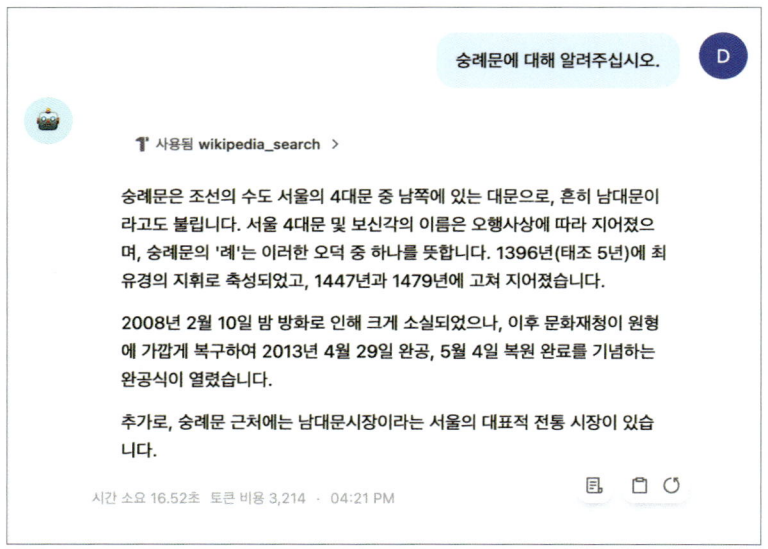

● 정보 검색: 웹 검색

웹 검색을 테스트 해봅시다.

'서울의 특산품을 인터넷에서 검색한 뒤, 5가지 알려주십시오.'

서울의 특산품을 인터넷에서 검색한 뒤, 5가지 알려
주십시오.

4.2.6 정리

이상으로 Dify에서 기본적인 에이전트를 작성하고 동작을 확인했습니다. 지금까지의 작업을 통해 다음을 확인할 수 있었습니다.

- 에이전트의 기본 기능으로 시각 확인, 계산, 정보 검색 등의 도구가 문제없이 동작한다.
- 프롬프트 설정에 따라 에이전트가 적절한 도구를 선택해 대응할 수 있다.
- 기존 지식과 조합해 특정 분야(여기에서는 취업 규칙)에 관한 질문에도 대응할 수 있다.

물론 이것은 에이전트의 매우 기본적인 기능입니다. 지금부터 한층 더 여러분의 목적에 맞춰 기능을 추가하거나, 프롬프트를 조정함으로써 보다 고급 에이전트를 만들 수 있습니다.

● 힌트

참고로 수많은 도구 중에서 검색 계열 도구를 소개합니다. 이 도구들에 관해서는 5장과 7장을 읽고, 각 도구의 공식 홈페이지 등을 통해 자세한 내용을 확인하십시오.

카테고리	도구명	특징
웹 검색	GoogleSearch	Google 웹 검색을 한다.
	Tavily AI	모호한 질문이라도 웹 검색을 할 수 있다.
	SearXNG	로컬 운용을 할 수 있는 메타 검색 엔진.
	bing	마이크로소프트의 bing 검색을 할 수 있다.
	Perplexity	Perplexity 검색을 활용해 질문에 한 번에 대답할 수 있다.
웹 스크레이핑	Web Scraper	단순한 스크레이핑에 편리하다.
	Crawl	FireCrawl이라는 다기능 스크레이핑 도구이다. Dify 안에서도 사용할 수 있다. LLM 같은 결과를 출력한다.
논문 검색	ArXiv	출판 전 논문 데이터베이스 ArXiv 데이터를 검색할 수 있다.
	PubMred Search	생명 과학 및 의학 분야 문헌 DB, PubMed를 검색할 수 있다.

4.3 도구 연동 실제 예시

앞 절에서는 개별 도구가 문제없이 동작하는 것을 확인했습니다. 그러나 실제 문제 해결에서는 여러 도구를 조합해 사용할 때가 많습니다. 여기에서는 주로 다음 세 가지 연동 패턴을 가정해 예시를 살펴봅시다.

1. 시간과 정보 검색 연계: 현재 시각을 기준으로 역사적 사실을 확인한다.
2. 검색과 계산 연계: 정보를 수집하고 수치를 계산한다.
3. 지식 베이스와 계산 연계: 사내 규칙(지식)을 참조해 구체적인 계산을 한다.

4.3.1 시간과 정보 검색 연동하기

먼저 현재 날짜와 시각을 얻고, 역사적 사실을 검색한 뒤 계산하는 패턴입니다.

> 이순신 장군은 현재 날짜를 기준으로 몇 년 전에 죽었습니까?

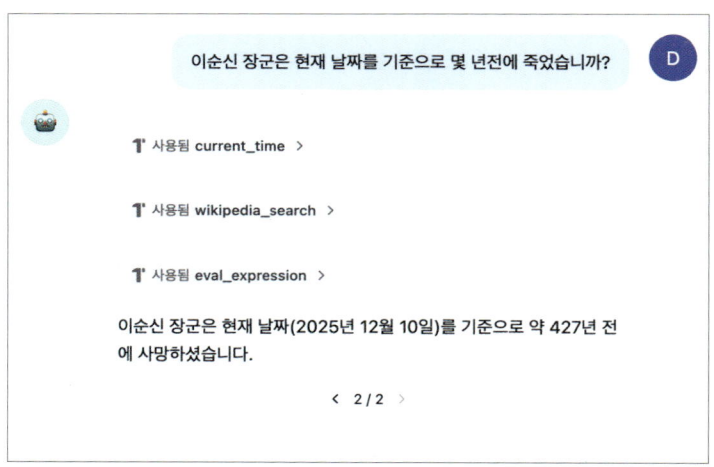

> 이순신 장군은 현재 날짜(2025년 12월 10일)를 기준으로 약 427년 전에 사망하셨습니다.

이 질문에서는 `current_time` 도구를 사용해 현재 날짜를 얻고, 다음으로 `wikipedia_search` 도구를 사용해 역사적 사실을 확인한 뒤 LLM이 그 결과를 바탕으로 '몇 년 전인지' 계산합니다.

4.3.2 웹 검색과 계산 연동하기

다음으로 웹에서 정보를 수집하고, 그 결과를 사용해 계산하는 예시를 살펴 봅시다. 이 경우에는 검색 도구와 계산 도구가 연계하여 동작합니다. 다음 대화 예시와 같이, ddgo_search를 사용해 웹에서 정보를 검색하고 current_time을 사용해 현재 시각을 얻어 계산합니다. 이것은 명확하게 '웹에서 검색하라'는 의미의 지시에 반응한 것입니다.

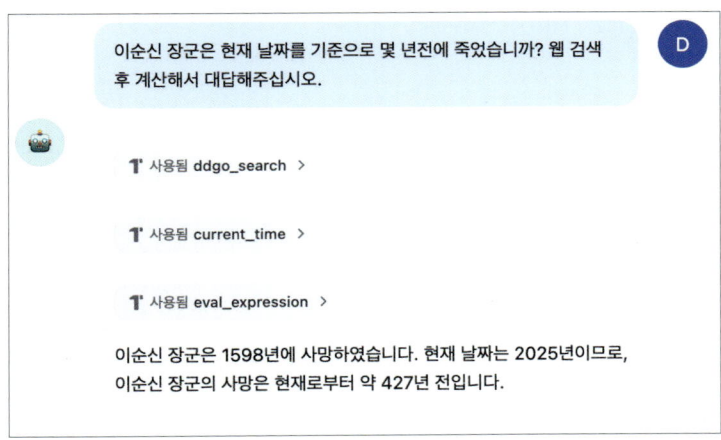

위의 예시에서는 현재 날짜를 구하고, LLM이 직접 계산을 합니다.

만약 계산 정확도를 계산하고 싶다면 질문 내용을 바꾸거나 추가 정보를 요청하는 등으로, LLM에게 재계산 또는 재검색 하게 하는 것도 좋습니다.

4.3.3 지식과 계산 연동하기

마지막으로 사내 규칙(지식)을 참조하면서 계산하는 예시를 살펴 봅시다. 여기에서는 잔업 수당을 산출해봅니다. 취업 규칙으로부터 계산 방법을 얻고, 실제로 도구를 사용해 계산합니다.

> 약 30시간의 잔업을 했습니다. 이번 달의 급여는 얼마나 추가됩니까? 취업 규칙을 확인해 대답해주십시오.

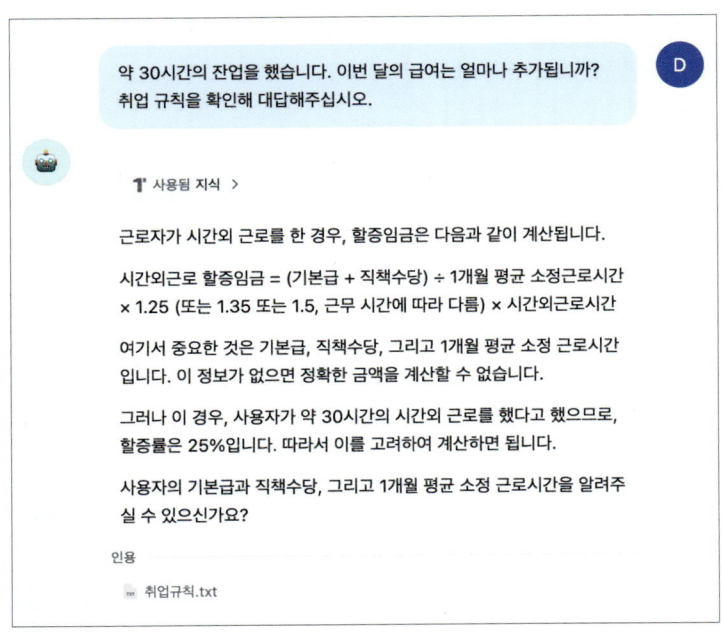

근로자가 시간외 근로를 한 경우, 할증임금은 다음과 같이 계산됩니다.

시간외근로 할증임금 = (기본급 + 직책수당) ÷ 1개월 평균 소정근로시간 × 1.25 (또는 1.35 또는 1.5, 근무 시간에 따라 다름) × 시간외근로시간

여기서 중요한 것은 기본급, 직책수당, 그리고 1개월 평균 소정 근로시간입니다. 이 정보가 없으면 정확한 금액을 계산할 수 없습니다.

그러나 이 경우, 사용자가 약 30시간의 시간외 근로를 했다고 했으므로, 할증률은 25%입니다. 따라서 이를 고려하여 계산하면 됩니다.

사용자의 기본급과 직책수당, 그리고 1개월 평균 소정 근로시간을 알려주실 수 있으신가요?

취업 규칙에서 할증 비율과 계산식을 얻어, 실제 금액을 산출하기 위해 계산식을 세웁니다. 여기에서 LLM은 정보가 부족할 때는 '기본급은 얼마입니까?' 같은 추가 데이터를 사용자에게 요청하기도 합니다.

- 1개월 기본급: 500만원
- 1개월 직책 수당: 10만원
- 1개월 평균 소정 근로시간: 160시간

필요한 정보를 입력하고 실행합니다. 다음과 같은 대답을 얻을 수 있습니다.

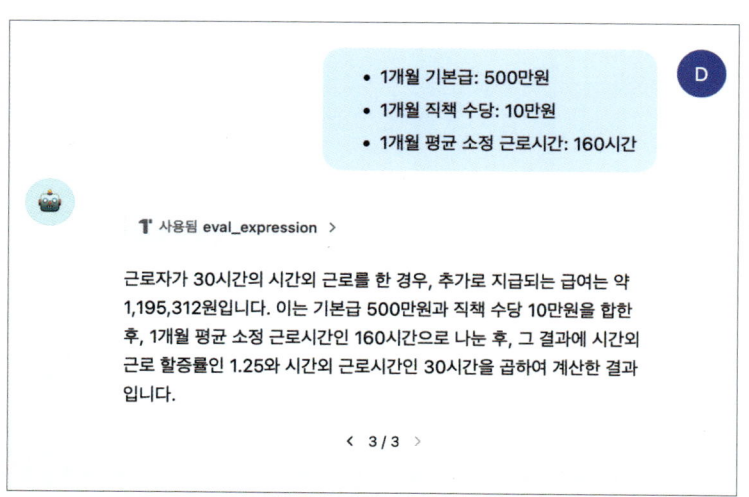

근로자가 30시간의 시간외 근로를 한 경우, 추가로 지급되는 급여는 약 1,195,312원입니다. 이는 기본급 500만원과 직책 수당 10만원을 합한 후, 1개월 평균 소정 근로시간인 160시간으로 나눈 후, 그 결과에 시간외 근로 할증률인 1.25와 시간외 근로시간인 30시간을 곱하여 계산한 결과입니다.

주어진 정보를 기반으로 할증 임금을 산출합니다.

다음으로 검증을 위해 '다시 한 번 정확하게 계산하십시오.'라고 의뢰하면 eval_expression을 사용해 재계산하고, 보다 정확한 수치를 반환할 수도 있습니다.

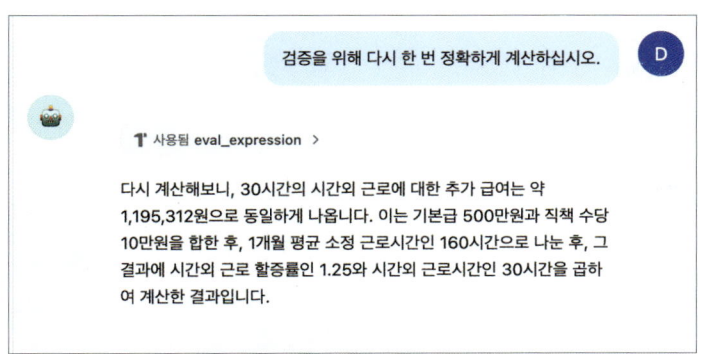

eval_expression이 확실하게 실행됩니다. 이를 통해 계산에 약한 LLM의 약점을 보완하고, 정확성을 높일 수 있게 됩니다.

> 네, 아래와 같이 계산하였습니다.
>
> 시간외근로 할증임금 = (기본급 + 직책수당) ÷ 1개월 평균 소정근로시간 × 1.25 × 시간외근로시간
>
> 따라서,
>
> 시간외근로 할증임금 = (5,000,000원(기본급) + 100,000원(직책수당)) ÷ 160시간(1개월 평균 소정근로시간) × 1.25(할증률) × 30시간(시간외 근로 시간)
>
> 이 계산에 따르면,
>
> 시간외근로 할증임금 = 1,195,312.5원
>
> 입니다. 이 금액이 시간외 근로에 대한 추가 급여입니다.

4.3.4 정리

Dify를 사용한 에이전트 작성 실제 예시를 통해 AI 에이전트의 가능성을 경험했습니다. 기존 챗봇과 달리 AI 에이전트는 단순한 대화 응답만 제공하는 것으로 끝나지 않습니다. 목표를 설정하고, 여러 도구를 조합하면서 자율적으로 문제를 해결합니다.

실험을 통해 시각 확인, 정보 검색, 계산 처리 등 복잡한 도구를 상황에 맞춰 활용함으로써 문제를 보다 정확하게 해결할 수 있음을 알 수 있습니다. 그리고 사내 규칙 등 지식 베이스를 조합함으로써 전문적인 판단도 할 수 있습니다. 특히 구체적인 수치 계산과 조합하면, 실용적으로도 활용할 수 있습니다.

에이전트의 성능을 최대한으로 이끌어내려면 프롬프트 설계를 잘해야 합니다. 에이전트의 역할과 행동 지침을 명확하게 정의하고, 상황에 맞춰 적절한 도구를 선택할 수 있도록 유도함으로써 보다 효율적으로 문제를 해결할 수 있습니다.

Dify의 직관적인 인터페이스를 사용하면 프로그래밍 전문 지식이 없어도, 이렇게 고급 AI 에이전트를 만들 수 있습니다. 먼저 작게 시작해 점점 기능을 확장하는 접근 방식을 사용해, 여러분만의 AI 어시스턴트를 길러보십시오.

학습한 스킬

- AI 에이전트 작성 및 설정
- 에이전트 기본 설정 방법
- 여러 도구 조합 및 활용
- 에이전트를 전제로 한 고급 프롬프트 엔지니어링
- 도구 연계를 통한 태스크 실행

실천적 스킬

- 목적에 맞는 도구를 선택하고 조합할 수 있다.
- 여러 도구를 연계해 복잡한 태스크를 처리할 수 있다.
- 에이전트에 성격을 부여하고 행동 규범을 설정할 수 있다.
- 지식 베이스와 도구를 조합해 문제를 해결할 수 있다.

4.4 멀티 모달 대응 실제 예시

'챗봇은 문자만 다루지요?'

그렇게 생각한 분들도 있을 것입니다. 하지만 Dify의 챗봇이나 에이전트는 이미지를 보고나 PDF를 읽는 등, 한층 풍부한 대화를 할 수 있습니다. 마치 인간과 대화를 하는 한 다양한 커뮤니케이션을 실현할 수 있습니다.

4.4.1 멀티 모달의 가능성

Dify의 멀티 모달 대응은 AI와의 대화의 폭을 단숨에 넓혀 줍니다. 문자 뿐만 아니라 이미지나 문서를 읽는 능력을 갖춘 LLM(Gemini 등의 멀티 모달 대응 모델)을 사용하면 다음과 같은 것을 할 수 있습니다.

- 이미지를 제시하고 '이 사진의 인물은 누구입니까?'라고 질문한다.
- PDF나 문서 파일을 업로드하고 요약한다.

이런 기능은 챗봇에서도 사용할 수 있지만, 에이전트와의 호환성이 특히 좋습니다. 에이전트는 챗봇 이상으로 능동적으로 웹이나 위키피디아 등을 검색하고 복합적인 태스크를 잘 수행하기 때문입니다. 이미지를 보고 → 대상을 특정하고 → 관련 정보를 검색하고 → 요약하는 일련의 단계를 자연스럽게 해주는 것이 에이전트의 핵심이라 할 수 있습니다.

4.4.2 에이전트 설정하기

실제 설정 예시를 살펴 봅시다. LLM은 이미지 처리에 강점을 가진 Gemini 1.5 Flash를 사용했습니다.

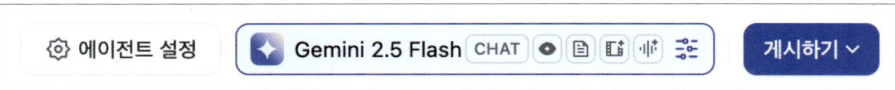

프롬프트는 단순합니다. 필요에 맞춰 위키피디아나 웹을 검색해 자세한 정보를 추출하게 했습니다. 가장 중요한 포인트는 다음과 같이 [비전] 과 [문서] 설정을 ON으로 하는 것입니다. 이 설정에 따라 이미지나 PDF를 이해할 수 있게 됩니다.

※ 주의: 이 옵션은 비전 기능을 가진 모델만 사용할 수 있습니다. 또한, Gemini 2.5 Flash는 비전 기능과 문서 기능을 모두 제공하지만, GPT-4o 계열은 문서 기능을 제공하지 않습니다.

당신은 뛰어난 에이전트입니다. 사용자의 질문에 대해 깊이 생각하고 대답합니다.

- 자세히 조사하고 싶을 때는 wikipedia_search를 사용합니다.
- wikipedia_search로 검색할 수 없을 때는 ddgo_search를 사용합니다.

※ 여기에서는 멀티 모달 테스트가 주목적이므로 프롬프트는 간단하게 작성했습니다. 도구에는 wikipedia, duckduckgo를 등록했습니다.

이제 파일을 업로드 할 수 있습니다. 미리보기 화면의 입력 필드에는 다음과 클립 아이콘이 표시됩니다.

클립 아이콘을 클릭하면 다음과 같이 'URL 입력…', '로컬 업로드' 버튼이 표시됩니다. 로컬 업로드 버튼을 클릭하면 여러분의 PC 안에 있는 파일을 업로드할 수 있습니다.

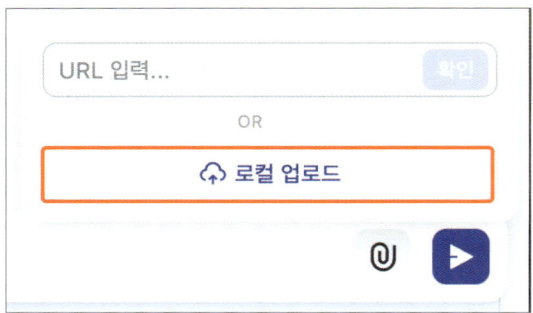

4.4.3 이미지를 읽어 질문하기

시험삼아 어떤 역사적 인물의 이미지를 제시하고 '이 인물이 누구인지 추측해 주십시오.'라고 질문했습니다. 에이전트는 사진을 분석해 그 인물을 특정했습니다. 또한, '더 자세히 알려주십시오.'라는 요청에 대해 위키피디아를 검색해 자세한 정보를 제공했습니다. 마치 박식한 친구와 대화를 하는 것 같습니다. 이미지를 보고 → 인물을 특정하고 → 자세한 내용을 검색하고 → 한국어로 요약하는 여러 단계를 자연스러운 흐름으로 처리해 주는 것입니다.

업로드하는 이미지 파일은 어떤 것이든 좋습니다. 저는 어떤 철학자의 이미지를 인터넷에서 찾았습니다. 그 이미지를 업로드한 뒤 질문했습니다.

이미지를 업로드하고 '이 이미지의 인물이 누구인지 추측해주십시오.'라고 입력합니다. 다음과 같이 '디오게네스'라고 대답했습니다. 정답입니다.

'조금 더 자세히 알고 싶습니다.'라고 질문했습니다. 에이전트는 `wikipedia_search`를 사용해야 한다는 판단을 하고 위키피디아의 내용을 요약해 자세히 대답했습니다.

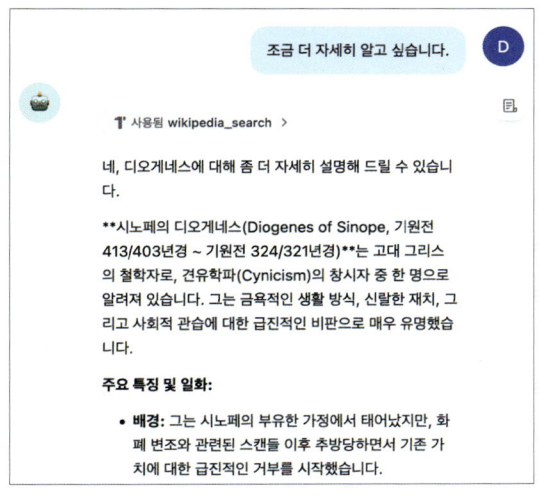

4.4.4 PDF 파일을 읽어 요약하기

PDF 파일도 마찬가지입니다. 예를 들면, 지원 페이지에서 제공하는 가공의 회의록 PDF 파일을 업로드하면 요점을 요약해줍니다. 회의록에 표기된 전문 용어를 조사하고 싶다면 웹 검색 도구로 보충 정보를 찾아 쉽게 이해할 수 있게 설명해줍니다.

● 파일 읽기

읽을 파일을 지정해서 업로드합니다. 여기에서는 가공의 회의록 PDF 파일을 업로드했습니다. 다음과 같이 요약된 내용을 대답했습니다.

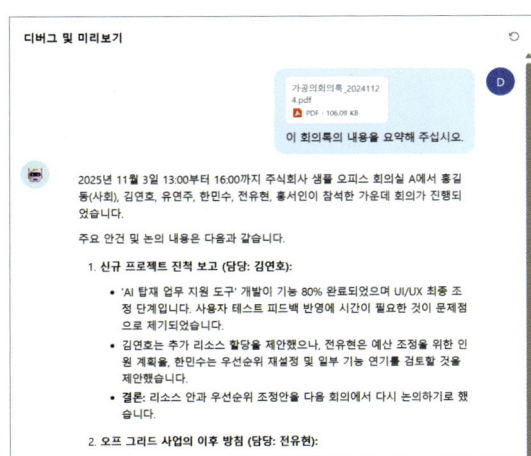

※ 주의: 여기에서 사용한 파일은 이 책의 지원 페이지에서 다운로드 할 수 있습니다.

● 웹 검색 도구를 사용한 결과 표시

회의록 안에 명확하지 않은 단어('오프 그리드')가 있으므로 웹 검색을 해봅시다. `wikipedia_search`가 동작해 그 결과를 표시합니다.

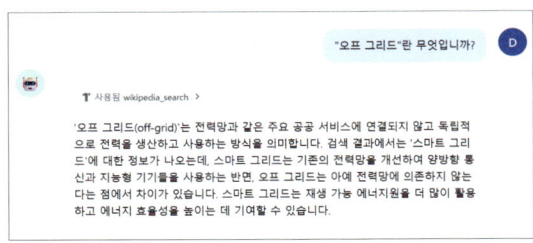

4.4.5 정리

멀티 모달 기능을 활용함에 따라 AI 에이전트는 문자 기반의 대화에서 한층 진화했습니다.

- 기술 문서 이해 및 설명

- 사진이나 이미지 분석

- 회의록 요약과 보충

위와 같은 실무 지원을 Dify의 단순한 설정으로 손쉽게 실현할 수 있습니다. 에이전트는 단순한 챗봇과 달리 필요한 경우 위키피디아나 웹 검색 등을 활용해 복합적으로 대답하는 힘이 있으므로 이미지, 문서와 검색 기능을 조합하면 한층 강력합니다. 프로그래밍 지식이 없어도 풍부한 커뮤니케이션 능력을 가진 AI 애플리케이션을 만들 수 있습니다.

학습한 스킬
- 멀티 모달 대응 에이전트 이해
- 머리 모달 대응 에이전트 작성 및 설정 방법
- 비전(이미지 해석) 및 문서(문서 해석) 설정 방법
- 멀티 모달 프롬프트 설계 및 응용

실천적 스킬
- 기술 문서를 에이전트에게 읽게 해 내용을 요약, 설명하며 질문에 응답할 수 있는 봇을 만들 수 있다.
- 이미지를 에이저트에게 해석하게 해 특정 대상을 추출하고, 관련 정보를 제공하는 애플리케이션을 구축할 수 있다.
- PDF나 문서 파일을 에이전트에게 해석하게 해 요약을 제공하고, 용어를 보충 설명하게 하는 기능을 구현할 수 있다.
- 이미지나 문서 해석 및 웹 검색을 연계해 여러 정보 소스로부터 통합적인 해답을 도출하는 에이전트를 만들 수 있다.
- 멀티 모달 대응 에이전트를 활용한 업무 효율화 가능성을 제안할 수 있다.

## Chapter 5

워크플로우 작성

다섯 번째 던전에 오신 것을 환영합니다!

이번 '워크플로우 미궁'은 마술사 수련 중에서도 가장 복잡하고 깊숙한 장소입니다. 지금까지의 던전에서 여러분은 기초 마법으로 챗봇을 만들고, 마법사의 지식을 이끌어내는 RAG 기술을 마스터하고, 자율적으로 동작하는 사역마인 에이전트를 소환하는 기술도 익혔습니다.

하지만 진정한 마술은 이제부터 시작입니다. 이번 미궁에서는 이 마술들을 조합해 보다 복잡하고 강력한 마법진(워크플로우)를 그리는 기술을 학습합니다. 다양한 기능을 연결해 새로운 힘을 만들어내는 고급 마술입니다. 이번 미궁에는 6개의 신비한 방이 숨겨져 있습니다.

- 첫 번째, '전망의 방'에서는 마법진의 기본 원리를 밝힙니다. 여기에서 보는 광경은 마술사인 여러분의 상상력을 자극할 것입니다. 마치 금단의 마법서를 연 것처럼, AI 애플리케이션 개발의 무한한 가능성이 넓어질 것입니다.

- 두 번째, '수련의 방'에서는 실제로 손을 움직이면서 마법진을 그리는 방법을 학습합니다. 마력의 흐름을 나타내는 선으로 기능과 기능을 연결하고, 별자리를 그리듯 새로운 마법진을 만드는 즐거움을 경험합니다.

- 세 번째, '통합의 방'에서는 흩어진 마력의 실들을 하나의 큰 흐름으로 만드는 '지식 통합술'을 학습합니다. 이것은 여러 정보 소스에서 뽑아낸 마력을 보다 강력한 하나의 힘으로 만들어 내는 기본적인 기술입니다.

- 네 번째, '실전의 방'에서는 실전을 가정한 모의전을 수행합니다. 회의록 마법(회의록 작성)을 익히는 장소입니다. 회의 내용을 자동으로 기록하고 정리하는 기술은 현재 마술사가 반드시 갖춰야 할 실용적인 기술입니다.

- 다섯 번째, '전승의 서고'에서는 DSL이라는 특수한 마법 저장술을 학습합니다. 이 기술을 사용하면 여러분이 만든 마법진을 동작으로 저장하고, 다른 마법사에게 공유할 수 있습니다. 여러분이 창조한 마법을 보편적인 기술로 전승할 수 있게 됩니다.

모든 방을 통과하고 나면 여러분은 복잡한 마법진을 자유롭게 그려낼 수 있는 마법사가 되어 있을 것입니다.

5.1 AI 애플리케이션 개발 기본 기술

5.2 워크플로우 만들기

5.3 두 가지 워크플로우 공개 모드

5.4 지식 연결 및 통합

5.5 회의록 작성

5.6 DSL 내보내기와 임포트

5.1 AI 애플리케이션 개발 기본 기술

5.1.1 일반적인 워크플로우와 AI 워크플로우의 차이

'워크플로우'라는 말은 사실 다양한 개념을 포함하고 있습니다. 먼저 머릿속에 정리하기 위해 워크플로우의 기본적인 이미지를 익혀 둡시다. 일반적인 워크플로우는 다음과 같이 나타낼 수 있습니다.

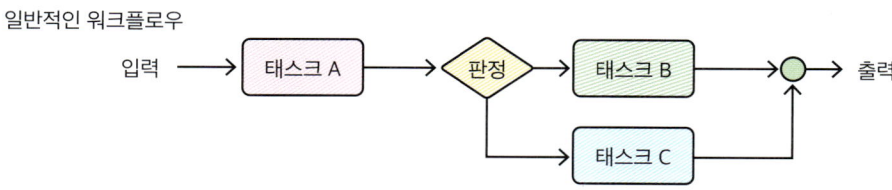

예를 들면, 청구서나 영수증 데이터를 다루는 케이스를 생각해봅시다. 청구서나 영수증 데이터를 데이터베이스에 저장하는 경우를 생각할 수 있습니다. 먼저, 입력된 데이터를 판정 로직으로 체크합니다.

- 청구서일 때는 태스크 B로
- 영수증일 때는 태스크 C로 나눠진다.

이 일련의 흐름을 '워크플로우'라 부릅니다. 이것은 기존의 워크플로우 형태이며, 생성형 AI는 아직 사용하지 않았습니다. 하지만 실제 업무에서는 이미지 등의 비구조화 데이터를 많이 다루기 때문에 일반적인 워크플로우만으로는 충분히 대응하기 어려울 때가 많습니다.

바로 이 지점에서 생성형 AI가 그 힘을 발휘합니다.

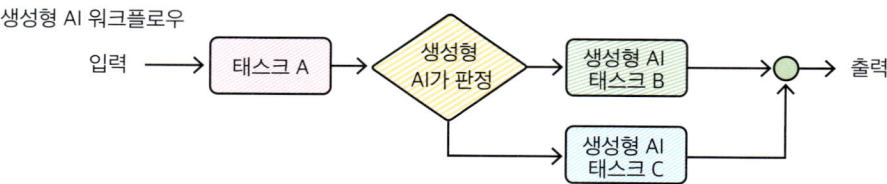

태스크 A에서 전표 이미지를 입력해 전처리를 합니다. 그 이미 생성형 AI에게 보내 '이것이 청구서인지, 영수증인지' 직접 판정하게 합니다. 일반적인 로직에서는 어려운 처리이지만 생성형 AI라면 실행할 수 있습니다. 그 판정 결과에 따라 청구서라면 태스크 B에서 데이터를 추출하고, 영수증이라면 태스크 C에서 처리해 최종적으로 데이터베이스에 저장하게 됩니다.

다른 예시를 봅시다. 상품 앙케이트 댓글의 감정이 긍정적인지 부정적인지 자동으로 판정하는 경우도 생각할 수 있습니다. 기존 워크플로우로는 어려웠던 이 판정 처리도 생성형 AI를 조합해 실현할 수 있습니다.

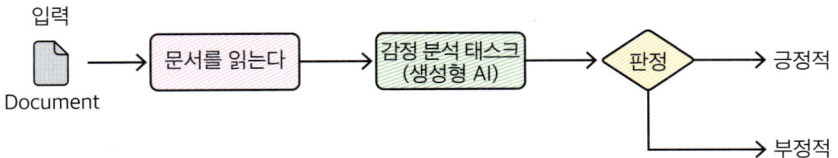

단순하게 보이지만 기존의 규칙 기반이나 고정 로직과는 전혀 다른 워크플로우를 만들 수 있습니다. 생성형 AI를 넣음으로써 기존 시스템으로는 대응하기 어려웠던 폭넓은 처리를 할 수 있게 됩니다.

- 유연성 향상: 규칙 기반에 속박되지 않고, 다양한 입력 형식이나 내용에 대응할 수 있다.
- 고도의 자연 언어 처리: 고객 의견 분석이나 복잡한 문서 요약 등 고도의 언어 처리 태스크를 삽입할 수 있다.

5.1.2 Dify를 사용한 워크플로우란

기존에는 AI 워크플로우를 구축하려면 LangChain 같은 라이브러리, LLM의 API와 Python을 사용하는 방법이 일반적입니다. 이 때 프로그래밍 스킬이 필수입니다.

여기에서 주목해야 할 것이 Dify의 워크플로우입니다. 이를 활용하면 프로그래밍을 거의 의식하지 않고도 워크플로우를 구축할 수 있습니다.

Dify의 워크플로우는 크게 '워크플로우'와 '채팅 플로우'의 두 가지 형태로 구분할 수 있습니다. 기본적인 사고 방식은 같습니다. 채팅 플로우는 고객 서비스 같은 "대화형 애플리케이션"에 적합하며 워크플로우는 데이터 분석이나 자동 처리 같은 백그라운드 작업에 적합합니다.

그 핵심이 되는 것이 '노드'라는 기능입니다. 사용자의 의도를 이해하는 노드, 질문을 분류하는 노드, 계산을 실행하는 노드 등 다양한 노드를 조합해 복잡한 처리를 "레고 블록"처럼 만들 수 있습니다.

다음과 같이 활용할 수 있습니다.

- 블로그 아티클 자동 생성
- 프로젝트 관리 효율화
- 데이터 분석/보고서 작성 자동화
- 회의록 작성
- 기획서 자동 생성

즉, 지금까지 프로그래밍이 어려워 걱정하던 처리도 Dify 워크플로우를 사용하면 원활하게 만들 수 있습니다.

만드는 방법도 간단합니다. 먼저 목적에 맞는 노드를 화면에 배치하고, 설정을 조금씩 조정하고, 노드끼리 연결만 하면 됩니다. 마치 퍼즐을 맞추듯 AI 애플리케이션을 조합하는 것이 매력입니다.

Dify의 워크플로우는 그야말로 AI 애플리케이션 개발의 새로운 가능성이라 할 수 있습니다. 프로그래밍 전문 지식이 없어도 기업이나 여러분의 과제에 맞춰 AI 애플리케이션을 직접 구축할 수 있는 시대가 왔음을 실감할 수 있을 것입니다.

5.2 워크플로우 만들기

워크플로우를 만들어 봅시다. 먼저 '입력된 값을 사용해 LLM에 질문하고, 대답을 얻는' 워크플로우를 만들어 봅시다. 다음과 같은 가장 단순한 워크플로우를 생각할 수 있습니다.

5.2.1 새로운 워크플로우 만들기

대시 보드 → '빈 상태로 시작'을 클릭한 뒤, '워크플로우'를 선택합니다. 앱 이름은 적절하게 입력합니다. 여기에서는 '첫 워크플로우'로 입력했습니다. '설명'에 적절한 내용을 입력합니다.

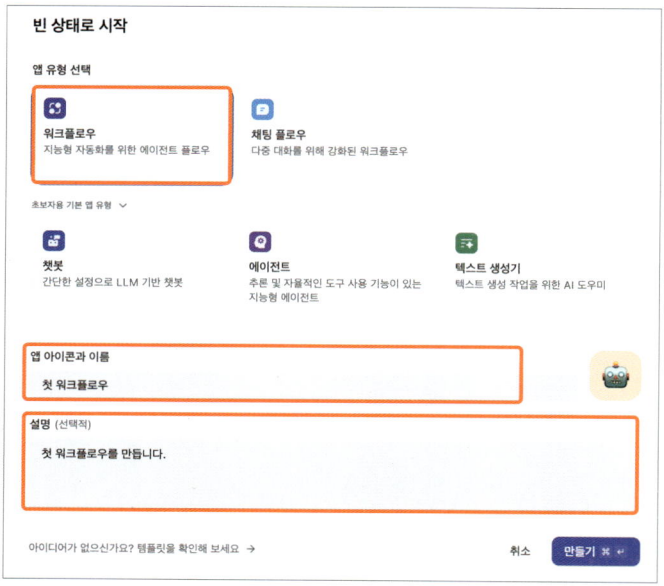

'시작' 노드를 선택하는 화면이 표시됩니다. 여기에서는 사용자가 질문을 입력하는 필드를 설정할 것이므로 왼쪽의 '사용자 입력(원래 '시작' 노드)'를 선택합니다.

워크플로우 작성 화면으로 이동합니다. 초기 상상태에는 '시작'이라는 블록이 있습니다. 그 오른쪽에서는 다양한 것을 선택할 수 있는 박스가 있습니다. 이를 '노드'라 부릅니다. 이 '노드'들을 연결해 처리를 조합하는 것이 워크플로우의 기본입니다.

5.2.2 '시작' 노드 설정하기

가장 먼저 '오른쪽 시작의 '입력 필드'라는 항목이 있습니다.'+' 버튼을 클릭합니다.

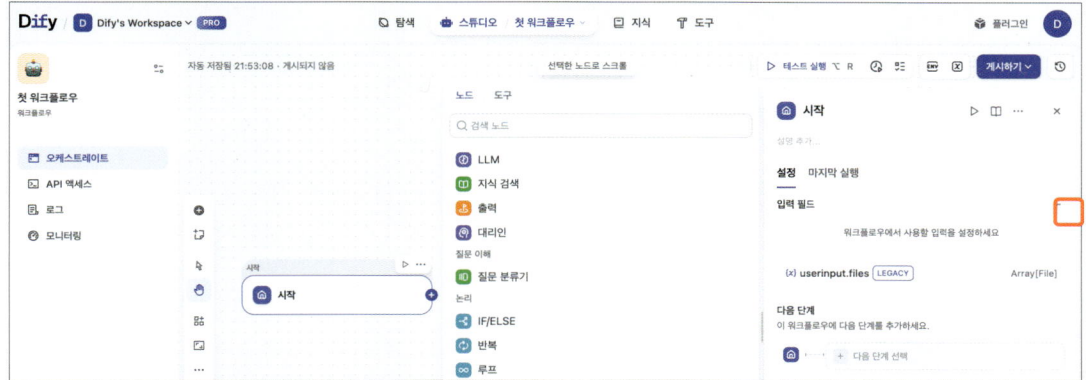

팝업 화면이 표시됩니다. [필드 타입]에서 '짧은 텍스트'를 선택합니다(왼쪽 그림). 나머지 입력 필드는 다음과 같이 설정합니다.

- [변수명]: input
- [라벨]: 텍스트 입력
- [최대 길이]: 256(질문의 길이가 길 경우를 고려)
- [필수]: 체크

[저장] 버튼을 클릭합니다(※ 주: 필드 타입의 문단, 선택, 숫자 항목에 관해서는 6장에서 자세히 설명합니다).

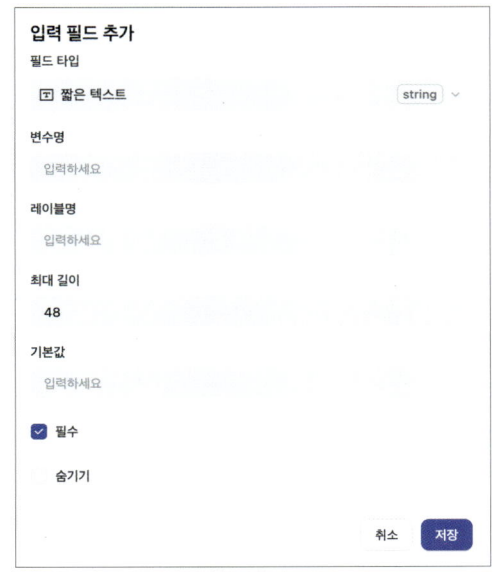

이것으로 '시작' 노드 설정을 마쳤습니다.

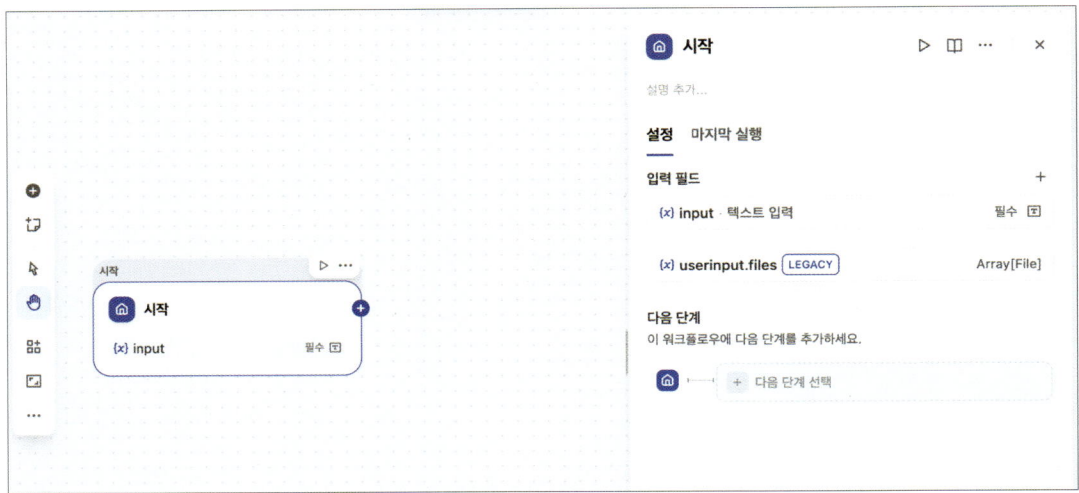

5.2.3 'LLM' 노드 추가하기

다음으로 입력된 텍스트를 사용해 LLM에게 질문하는 노드를 추가합니다. '시작' 노드 오른쪽 [+]를 클릭합니다. 그러면 노드 블록을 선택할 수 있는 목록이 표시됩니다. 여기에서 LLM을 선택합니다.

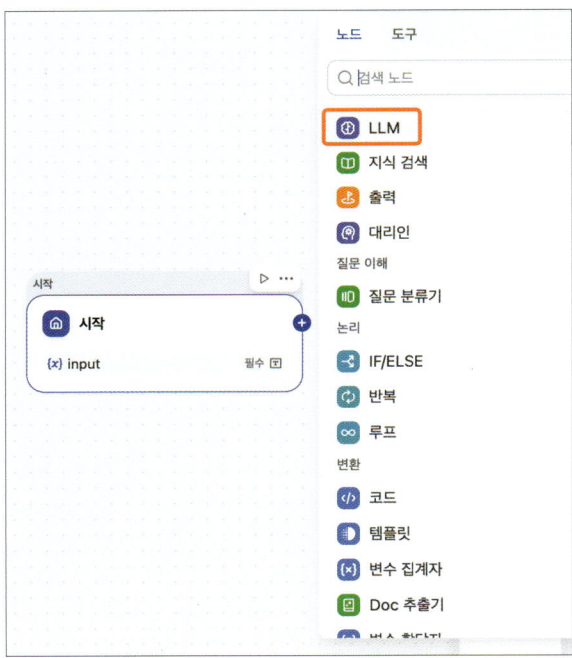

그러면 아래와 같이 'LLM' 노드가 '시작' 노드 오른쪽에 배치됩니다. 오른쪽 패널에서 노드를 설정할 수 있습니다.

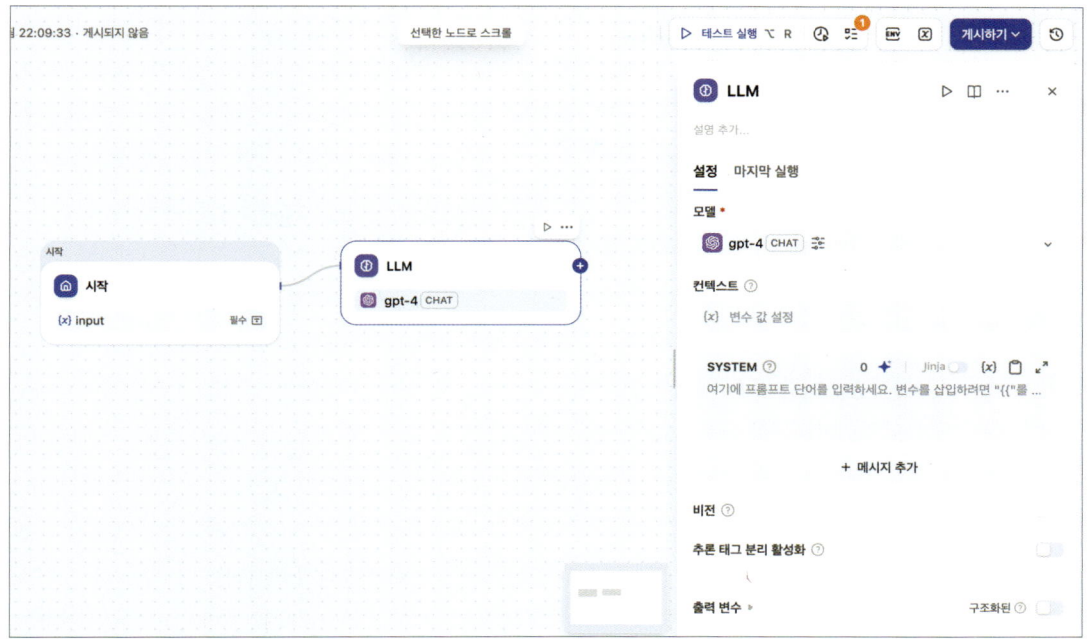

5.2.4 'LLM' 노드 설정 항목

'LLM' 노드를 다음과 같이 설정합니다.

- [모델]: 원하는 모델을 선택합니다. 여기에서는 'gpt-4o-mini'를 선택했으나, 정확도를 중지한다면 'gpt-4o' 등을 사용해도 좋습니다.

- [컨텍스트]: 항목 안의 적당한 위치를 클릭하면 선택할 수 있는 변수가 표시됩니다. 여기에서는 앞에서 정의한 '시작' 노드의 변수인 input을 선택합니다(※ 주: [컨텍스트 기능을 활성화하려면 PROMPT에 컨텍스트에 변수를 입력하십시오.]라는 경고가 발생하지만 나중에 제거할 것이므로 지금은 걱정하지 않아도 좋습니다.)

- [SYSTEM]: 시스템 프롬프트를 입력하는 필드입니다. LLM의 대답 방향이나 문체를 저장하고 싶을 때, 해당 내용을 여기에 입력합니다. 예를 들면, 여기에서는 시스템 프롬프트에 다음과 같이 입력했습니다.

> 당신은 공감력이 풍부한 뛰어난 상담자입니다.
>
> - 당신의 대답은 질문자에게 격려가 됩니다.
> - 사용자의 질문에 친근하게 공감을 가지고 답변해주세요.
> - 가끔 유명인의 명언 등도 섞어 대답해 보면 효과적일 것입니다.
> - 질문자가 요구하는 것은 때로는 답변 자체가 아니라 당신의 공감이기도 합니다. 균형있게 대답해주세요.

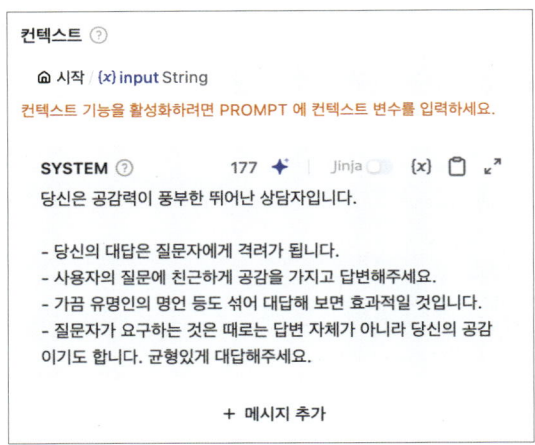

- [USER]: 사용자의 질문을 어디로부터 얻을지 지정합니다. [메시지 추가]를 클릭하면 오른쪽 그림과 같이 USER 프롬프트 입력 필드가 표시됩니다. 앞에서 정의한 컨텍스트를 지정합니다. {x}를 클릭하거나 /를 입력하면 매개변수 선택 화면이 표시됩니다. 여기에서 컨텍스트를 선택합니다(※ 주: 물론 여기에서 시작/ input을 선택해도 됩니다).

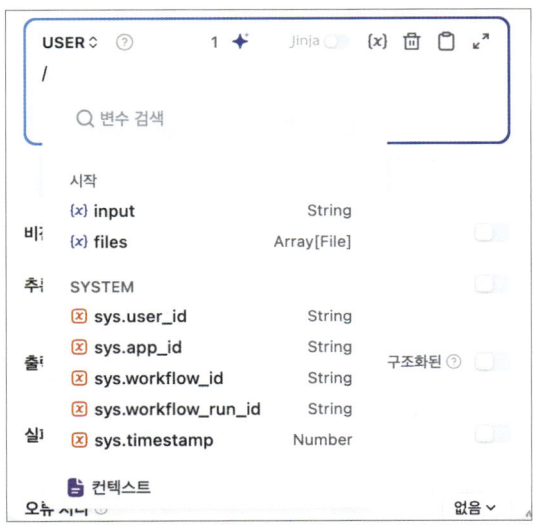

설정된 최종 화면은 아래와 같습니다.

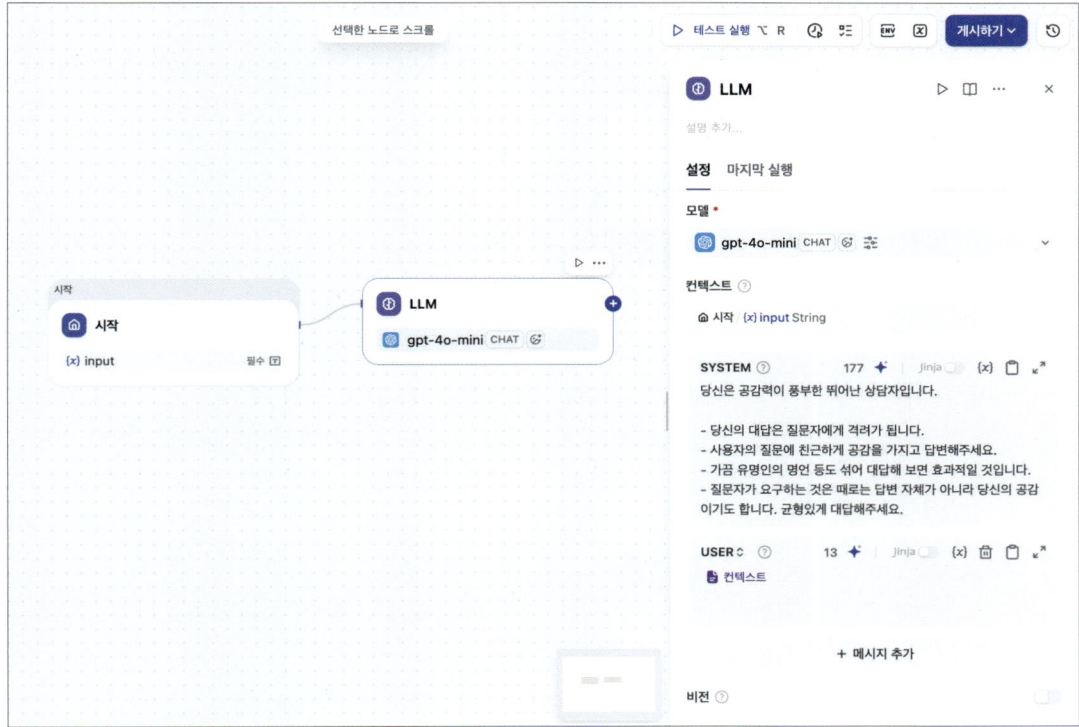

이것으로 LLM 설정을 마쳤습니다.

5.2.5 테스트 실행하기

이 상태에서도 테스트를 실행할 수 있습니다. 화면 오른쪽 위 [▷ 테스트 실행]을 클릭합니다.

앞에서 설정한 [텍스트 입력] 필드가 표시됩니다. 여기에 적절한 질문을 입력해 봅시다.

'일이 힘듭니다. 인간 관계도 귀찮습니다. 어떻게 하면 좋을까요?'

위 내용을 입력해봤습니다. [실행 시작]을 클릭합니다.

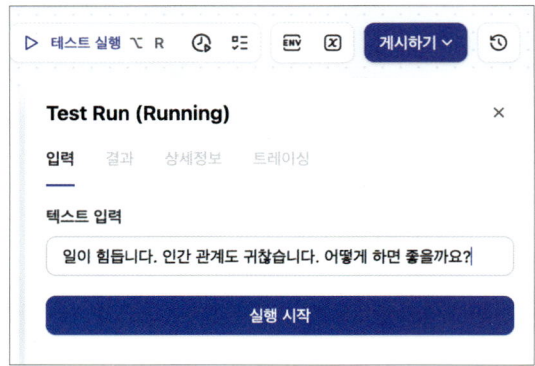

결과가 표시되었다면 [트레이싱]을 클릭합니다. LLM 섹션 왼쪽 [>] 아이콘을 클릭하면 아코디언 메뉴가 열리며 LLM의 출력 결과가 표시됩니다. 이렇게 데이터를 {}로 감싼 형식(JSON 형식)으로 출력하는 것을 알 수 있습니다. 내용을 보면 확실하게 지정한 문맥이나 방침에 따라 대답을 출력하고 있는 것을 알 수 있습니다.

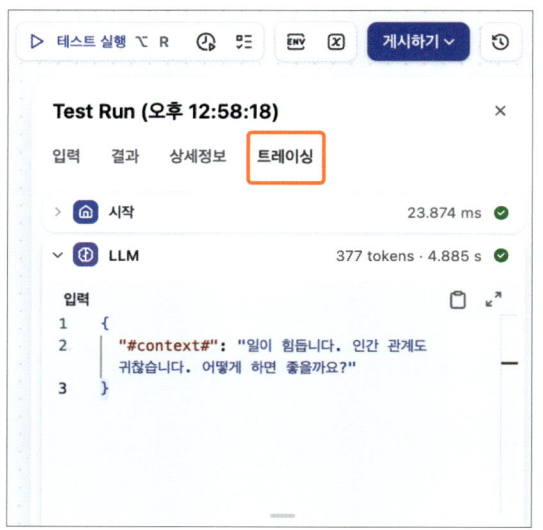

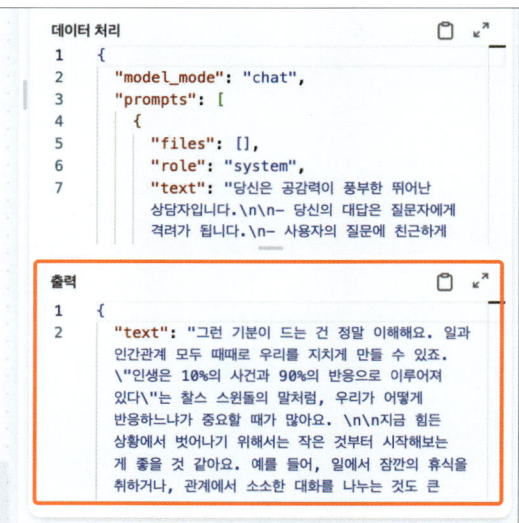

5.2.6 '출력' 노드 연결하기

마지막으로 'LLM' 노드의 출력을 '출력' 노드에 전달해 워크플로우의 전체 처리를 종료합니다. 'LLM' 노드의 [+]를 클릭해 '출력' 노드를 추가합니다. 다음과 같이 '출력' 노드의 편집 화면이 표시됩니다. [출력 변수] 오른쪽 [+] 버튼을 클릭합니다.

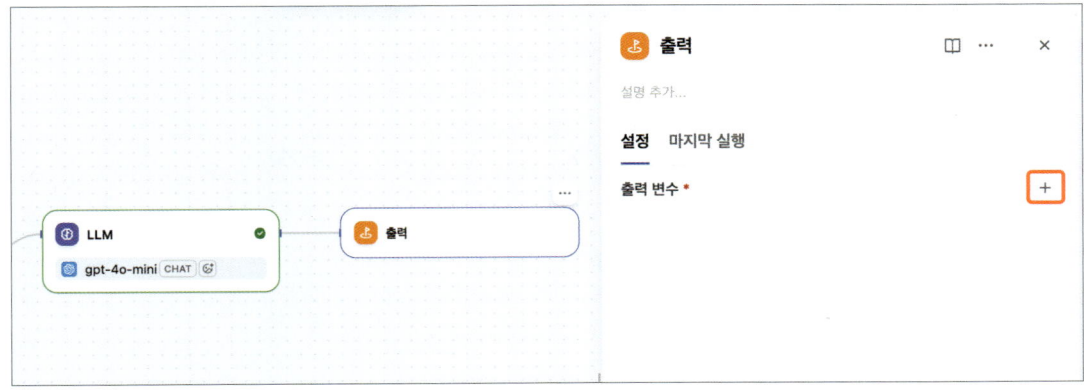

출력 변수를 설정합니다. 출력 변수명은 output으로 합니다. [변수 설정]을 클릭하면 다음과 같이 변수를 선택하는 목록이 표시됩니다. LLM의 text를 선택합니다.

LLM이 출력한 결과를 '출력' 노드의 출력 변수에 설정했습니다.

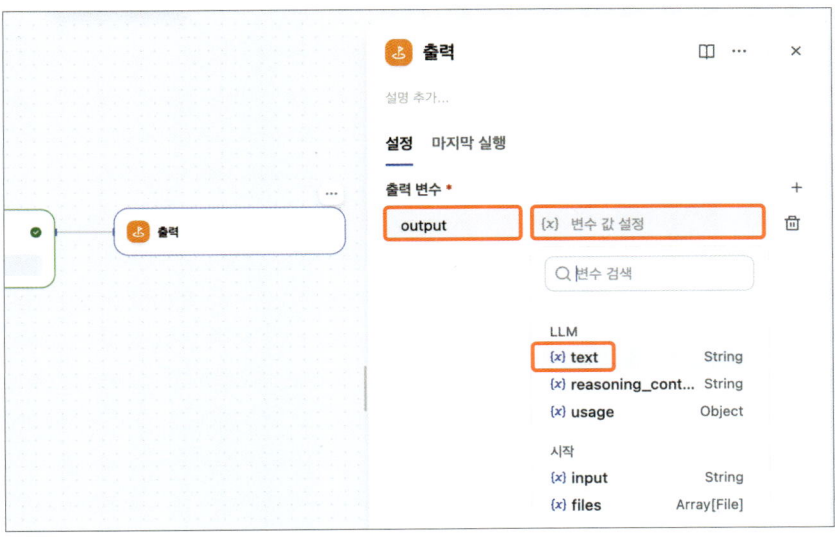

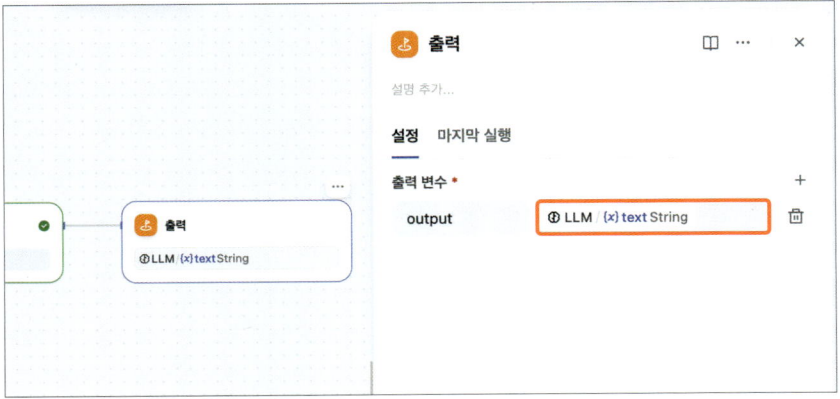

다시 한 번 테스트를 실행해 봅시다. [▷ 테스트 실행] 버튼을 클릭합니다. 앞에서 입력했던 입력 텍스트가 남아 있으므로 그대로 [실행 시작] 버튼을 클릭합니다.

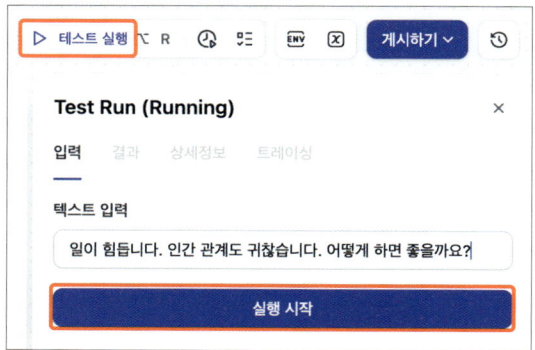

'출력' 노드에 LLM의 대답 결과가 전달되고 결과 출력 필드에 표시됩니다. 프롬프트에 맞춰 공감 댓글을 얻을 수 있게 되었습니다. 만족스러운 결과입니다.

※ 주의: 여유가 있다면 여러분만의 프롬프트를 입력해 실행해 봅시다. 예를 들면, '공감하면서도 약간 엄격한 말투', '무언가 충격을 주는 말투' 등 프롬프트에 따라 출력이 완전히 달라지는 것을 확인할 수 있습니다.

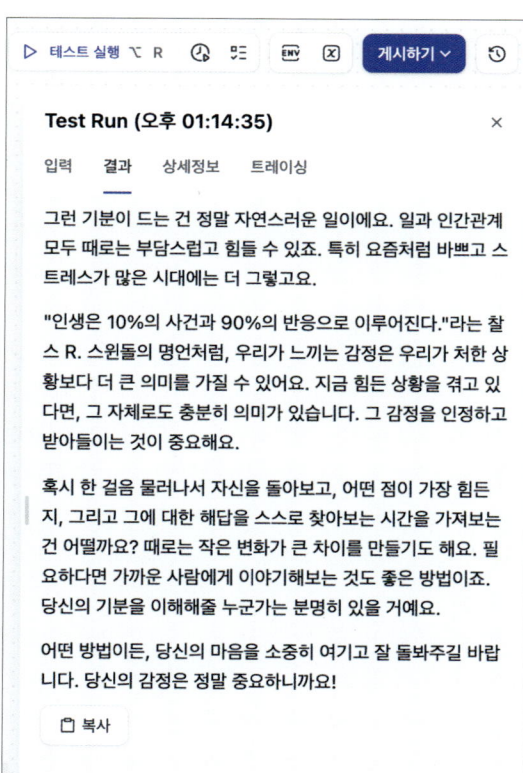

5.2.7 워크플로우 공개하기

워크플로우를 완성했다면 마지막으로 공개해 봅시다. 화면 오른쪽 위 [게시하기]를 클릭한 뒤, 다음에 표시되는 [업데이트 및 게시] 버튼을 클릭합니다.

다음과 같이 [업데이트 및 게시] 버튼이 연한 파란 색으로 변합니다. 이후 목록이 활성화되면 애플 리케이션은 공개 상태가 됩니다. URL을 공유하 면 여러분이 만든 워크플로우를 전세계 사람들이 사용할 수 있습니다.

워크플로우를 실행하는 방법은 크게 두 가지입니 다. 다음 절에서 자세히 설명합니다.

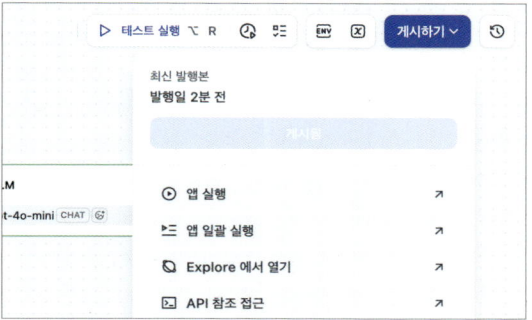

> **학습한 스킬**
> - 기본적인 워크플로우 작성
> - 워크플로우 기본 구성 이해
> - 노드 추가 및 설정 방법
> - 변수 입력 및 전달 구조
> - 워크플로우 공개
>
> **실천적 스킬**
> - '시작', 'LLM', '출력'의 기본적인 3 노드 구성을 만들 수 있다.
> - 입력 필드를 설정할 수 있다.
> - 'LLM' 노드의 기본적인 설정을 할 수 있다.
> - 공개 순서를 파악하고 애플리케이션으로 실행할 수 있다.

5.3 두 가지 워크플로우 공개 모드

공개된 워크플로우는 두 가지 모드로 실행할 수 있습니다. [게시하기] 목록을 보면 다음 2개의 버튼을 확인할 수 있습니다.

- 앱 실행

- 앱 일괄 실행

이 둘의 차이를 다음 표에 정리했습니다. 자세한 내용은 뒤에서 다시 설명합니다.

항목	앱 실행	앱 일괄 실행
실행 단위	1건씩	여러 건을 모아서
입력 방법	대화 형식으로 입력	CSV 파일 등의 파일로 일괄 입력
처리 속도	실시간으로 결과 확인	백그라운드에서 일괄 처리
적합한 용도	- 개별 질의 응답 - 테스트 실행 - 결과를 즉시 확인해야 할 때	- 대량 데이터 처리 - 정형적인 처리 자동화 - 배치 처리
특징	- 결과를 즉시 확인할 수 있음 - 대화형 조작 가능 - 피드백을 즉시 얻을 수 있음	- 효율적인 일괄 처리 - 처리 결과를 파일로 다운로드할 수 있음 - 시스템적 이용에 적합함

Dify의 워크플로우에서는 이 두 가지 실행 모드를 상황에 맞게 구분해서 사용할 수 있습니다. 예를 들면, 1건씩 확인하고 싶을 때는 [앱 실행], 대량 데이터를 일괄 처리하고 싶을 때는 [앱 일괄 실행]을 선택하면 됩니다.

5.3.1 애플리케이션 실행하기

먼저 워크플로우를 단독으로 실행해 봅시다. 화면 오른쪽 위 [게시하기]를 클릭합니다(왼쪽 그림). [앱 실행]을 클릭하면 오른쪽 그림과 같이 실행 화면으로 이동합니다.

텍스트를 입력에 질문을 넣고 실행해 봅시다(오른쪽 그림).

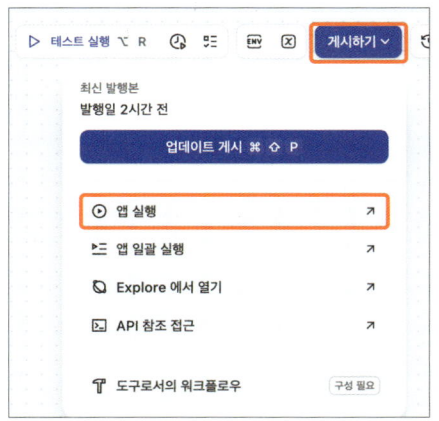

다음과 같이 화면 오른쪽에 결과가 표시됩니다.

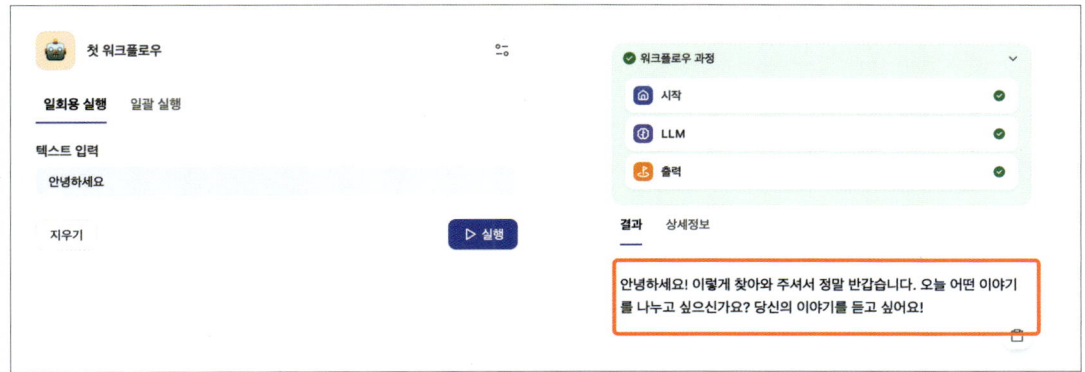

워크플로우는 '입력 → 처리 → 출력'을 1회성으로 실행하는 것을 전제로 합니다. 챗봇과 같이 대화를 누적하는 형식이 아니기 때문에, 이전 결과에 좌우되지 않고 매번 새롭게 동작하는 것이 특징입니다. 이 형식은 특히 다음과 같은 태스크에 적합합니다.

- 정형 문서 생성
- 데이터 변환 및 가공
- 특정 조건에 기반한 판단 처리

실행할 때마다 같은 기준으로 처리되기 때문에, 재현성과 일관성이 요구되는 작업에 활용하기 좋습니다.

5.3.2 앱 일괄 실행하기

다음으로 앱 일괄 실행에 관해 설명합니다. 화면 오른쪽 위 [게시하기]를 클릭합니다. 다음으로 [앱 일괄 실행]을 클릭합니다.

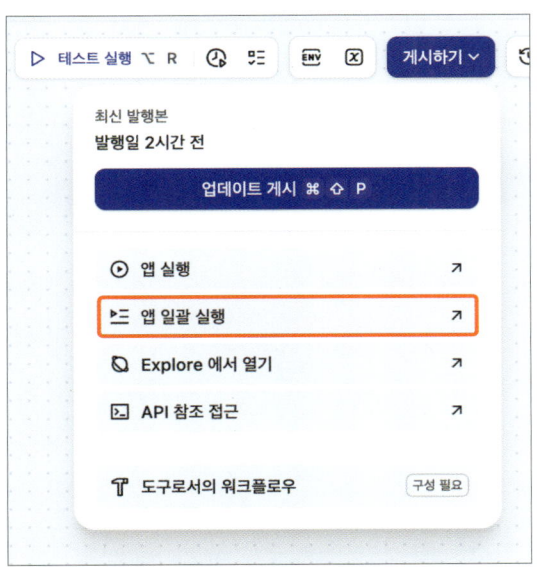

다음과 같은 화면으로 이동합니다. 어디에 무엇을 입력해야 하는지 파악하기 어렵습니다. 이 화면에서는 CSV 파일 입력을 요구하고 있습니다.

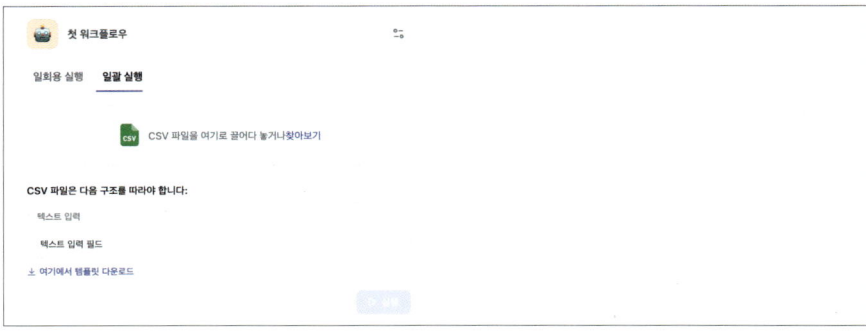

● 입력 파일 준비

앱 일괄 실행을 할 때는 입력 데이터를 CSV 파일로 준비해야 합니다. CSV 파일은 몇 가지 약속을 따르는 텍스트 파일입니다. 여기에서는 다음과 같은 형식으로 CSV 파일을 만듭니다.

① 1번째 행에는 헤더로 입력 변수 레이블명을 기술한다.

② 2번째 행 이후에 실제 입력 데이터를 기술한다.

앞에서 워크플로우에 정의한 입력 변수 input의 레이블명은 **텍스트 입력**이었습니다. 따라서 CSV 파일은 다음과 같은 형태가 됩니다(데이터 수는 3건).

> 텍스트 입력
> 오늘은 매우 피곤합니다.
> 내일도 출근입니다. 우울합니다.
> 프로그래밍이 어려워 좌절할 것 같습니다.

이 CSV 파일을 적당한 이름을 붙여 저장합니다.

'왜 그렇게 됩니까? 형식이나 입력 변수를 모르면 어떻게 해야 합니까?'

그렇습니다. 그렇기 때문에 워크플로우 실행 화면에 확실하게 힌트가 제공됩니다. [CSV 파일은 다음 구조를 따라야 합니다:]라고 표기되어 있습니다. 이를 기반으로 입력 파일을 만들면 됩니다. 이번 예시에서는 [텍스트 입력]이 항목 이름인 것을 알 수 있습니다.

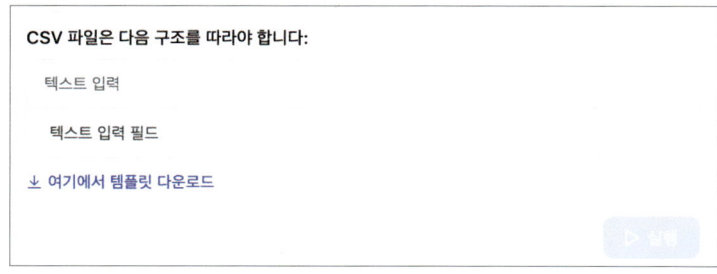

● 템플릿을 사용해 입력하기

CSV 파일 작성 방법을 몰라도 간단하게 해결할 수 있습니다ス−2. **[여기에서 템플릿 다운로드]**를 클릭하면 브라우저에서 템플릿 파일이 다운로드 됩니다.

다운로드 된 **template.csv** 파일을 메모장 또는 Excel 등에서 열어봅시다.

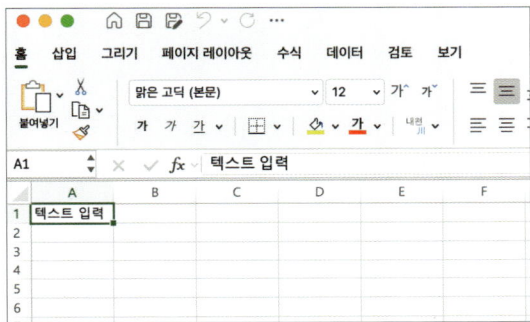

이렇게 Dify가 입력 파일 템플릿을 만들어줍니다. 이제 이 파일에 데이터를 추가하기만 하면 됩니다. 이 파일을 저장하면 입력 파일이 완성됩니다.

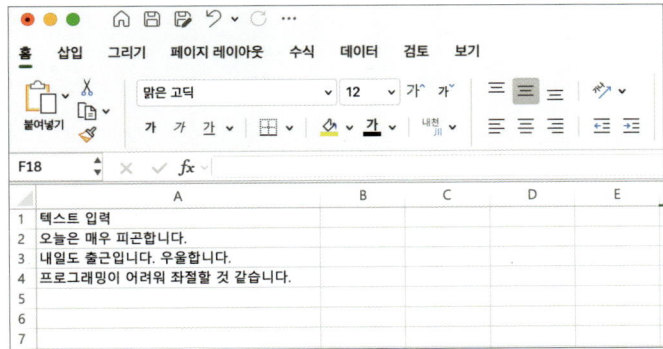

● 입력 파일 업로드 및 앱 일괄 실행

만든 입력 파일을 Dify에 업로드합시다. **[CSV 파일을 여기로 끌어 놓거나 찾아보기]**라고 표시된 영역에 입력 파일을 드래그 & 드롭 합니다.
또는 **[찾아보기]**를 클릭해 파일 선택 화면을 열어 파일을 읽을 수도 있습니다.

업로드가 완료되면 다음과 같은 화면으로 바뀝니다. template.csv를 읽은 것을 알 수 있습니다. [▷ 실행] 버튼을 클릭해 봅시다.

앱 일괄 실행이 시작됩니다. 3개의 프레임이 표시되고 그 안에 빙글빙글 도는 아이콘이 표시될 것입니다. 이것은 3개의 태스크가 동시에 병렬로 실행되고 있음을 나타냅니다.

조금 기다리면 화면 오른쪽 결과 화면에 처리 결과가 표시됩니다. 여러 처리 결과 #01~#03이 표시될 것입니다. 이는 앱 일괄 실행이 무사히 종료되었음을 나타냅니다. 이 워크플로우를 사용해 효율적인 처리를 구현할 수 있습니다.

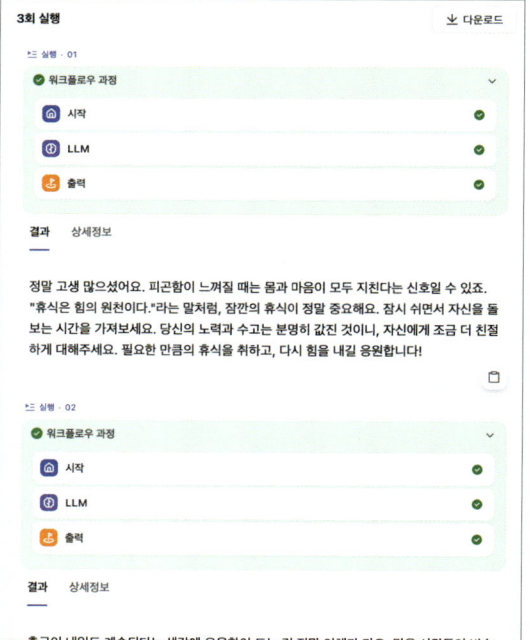

● 처리 결과 다운로드하기

매우 편리한 기능이 있습니다. 처리한 결과도 CSV 파일로 다운로드할 수 있습니다. 처리 결과 화면 오른쪽 위 [다운로드] 버튼을 클릭하면 result.csv 파일을 다운로드할 수 있습니다.

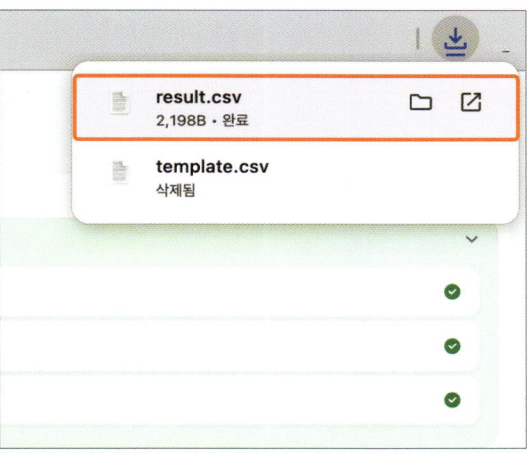

result.csv 파일을 열어봅시다. 여기에서는 Excel을 사용해 열었습니다. 그 내용은 다음과 같습니다(셀은 보기 쉽게 조정했습니다).

	E17	fx
	A	B
1	트 입력	완성 결과
2	은 매우 피곤합니다.	{"output":"정말 고생 많으셨어요. 피곤함이 느껴질 때는 몸과 마음이 모두 지친다는 신호일 수 있죠. ₩"휴식은 힘의 원천이다.₩"라는 말처럼, 잠깐의 휴식이 정말 중요해요. 잠시 쉬면서 자신을 돌보는 시간을 가져보세요. 당신의 노력과 수고는 분명히 값진 것이니, 자신에게 조금 더 친절하게 대해주세요. 필요한 만큼의 휴식을 취하고, 다시 힘을 내길 응원합니다!"
3	도 출근입니다. 우울합니다.	{"output":"출근이 내일도 계속된다는 생각에 우울함이 드는 건 정말 이해가 가요. 많은 사람들이 비슷한 감정을 느끼곤 하니까요. 매일 반복되는 일상 속에서 지치고 힘들 때도 있을 수 있어요. ₩n₩n₩"내일을 위한 준비는 오늘의 지루함 속에 있다.₩"라는 유명한 말처럼, 현재의 힘든 순간이 더 나은 내일로 나아가는 과정일 수 있습니다. 혹시 내일 출근길에 좋아하는 음악을 듣거나, 작은 보상을 계획해보는 건 어떨까요? 그렇게 하면 작은 즐거움이 생길 수도 있을 거예요. 당신의 마음이 조금이나마 편해지길 바랄게요! 필요한 이야기나 고민이 있다면 언제든지 나눠주세요."
4	그래밍이 어려워 좌절할 것 같습니다.	{"output":"프로그래밍이 어렵게 느껴지는 건 정말 많은 사람들이 겪는 자연스러운 감정이에요. 기초부터 고급 개념까지 많은 것을 배워야 하니, 그 과정에서 좌절감이 들 수 있죠. 하지만 그 한 걸음 한 걸음이 결국엔 큰 성취로 이어질 거예요.₩n₩n₩"성공은 실패에 대한 열정으로 이루어진다.₩"라는 윈스턴 처칠의 명언처럼, 실패와 좌절조차도 당신을 더 강하게 만들어 줄 거예요. 지금 느끼는 어려움은 당신이 성장하고 있다는 증거입니다. 조금씩 나아가면서 스스로에게 칭찬해주고, 작은 목표를 세워서 하나씩 이루어 나가면 좋을 것 같아요. 힘내세요! 당신은 할 수 있습니다!"
5		
6		
7		
8		
9		

이와 같이 대량의 데이터를 일괄 처리하고 결과를 모아서 확인 및 저장할 수 있습니다. 대량 데이터를 기반으로 같은 종류의 태스크를 처리할 때 매우 유용합니다.

● 공개된 워크플로우를 두 가지 모드에서 사용하기

공개된 워크플로우는 [일회용 실행], [일괄 실행]을 모두 사용할 수 있습니다.

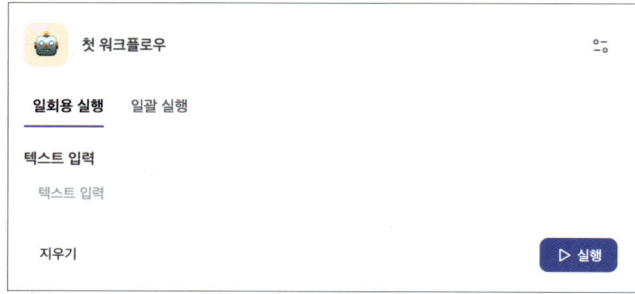

[일괄 실행]을 클릭하면 일괄 실행으로 전환됩니다. 일회용 태스크 실행과 일괄 실행은 상황에 따라 구분해서 사용할 수 있습니다. 일괄 처리의 일부 처리가 실패했을 때는 [일회용 실행]을 사용해 테스트하는 등으로 사용해야 합니다.

학습한 스킬
- 일괄 처리와의 차이 이해
- 일괄 처리용 입력 파일 작성
- 공개된 워크플로우의 일괄 처리 사용

실천적 스킬
- 일괄 처리를 실무에 응용할 수 있다.

5.4 지식 연결 및 통합

워크플로우의 기본을 이해했으므로 조금 더 응용해봅시다.

정기적으로 대기업의 컴플라이언스 문제가 뉴스에서 언급되고 있습니다. 갑질 정보 창구의 유명무실화, 상사나 직원에 의한 불상사 은폐, 내부 고발자 보호 문제 등입니다. 시스템이 갖춰져 있는 것처럼 보여도 사실 직원이 막상 상담하고자 할 때 부담을 느끼는 환경이 있는 것도 부정할 수 없습니다.

'이런 일은 누구에게 상담하면 좋을까…'

이런 고민이 많아질 때마다 조직이 해결해야 할 문제 역시 늘어납니다.

LLM을 사용해 사내 상담 창구를 만들면 어떻게 될까요? 이번 장에서는 워크플로우 구현을 계속해 이런 경험을 해봅시다.

5.4.1 사내 상담 창구 유스케이스

앞선 예시에서 '공감할 수 있는 챗봇'을 만들었습니다. 취업 규칙이 관련된 상담 등 공감자의 의견만으로는 해결하기 어려울 때도 있습니다.

그렇다면, 총무 담당자가 취업 규칙을 기반으로 조언들을 모으고, 최종적으로는 책임자로서 견해를 나타내는 워크플로우를 생각해봅시다. 대략적인 흐름은 아래와 같을 것입니다.

① 공감하는 사람의 조언을 제시한다.

② 지식 베이스로부터 관련된 취업 규칙을 추출한다.

③ 총무 담당자의 입장에서 조언을 제시한다.

④ 최종 책임자로서 견해를 지한다.

완성 이미지는 다음과 같습니다.

5.4.2 '지식 검색' 노드 연결하기

먼저 앞 절의 LLM(공감자 역할)과 '출력' 노드 사이의 [+]를 클릭합니다. 그리고 '지식 검색' 노드를 추가합니다. 사용자의 질문을 키로 사용해서 취업 규칙으로부터 관련 정보를 찾는 구조를 만듭니다.

[질의 텍스트]에는 사용자로부터의 질문을 지정하고 [지식]은 **취업규칙.txt**를 선택합니다.

준비를 마쳤다면 '지식 검색' 노드의 [▷] 아이콘을 클릭하고 질문을 입력합니다.

- 질문 예시: '상사의 갑질이 심합니다.'

[실행 시작] 버튼을 클릭합니다. 오른쪽 그림과 같이 실행 결과가 표시됩니다.

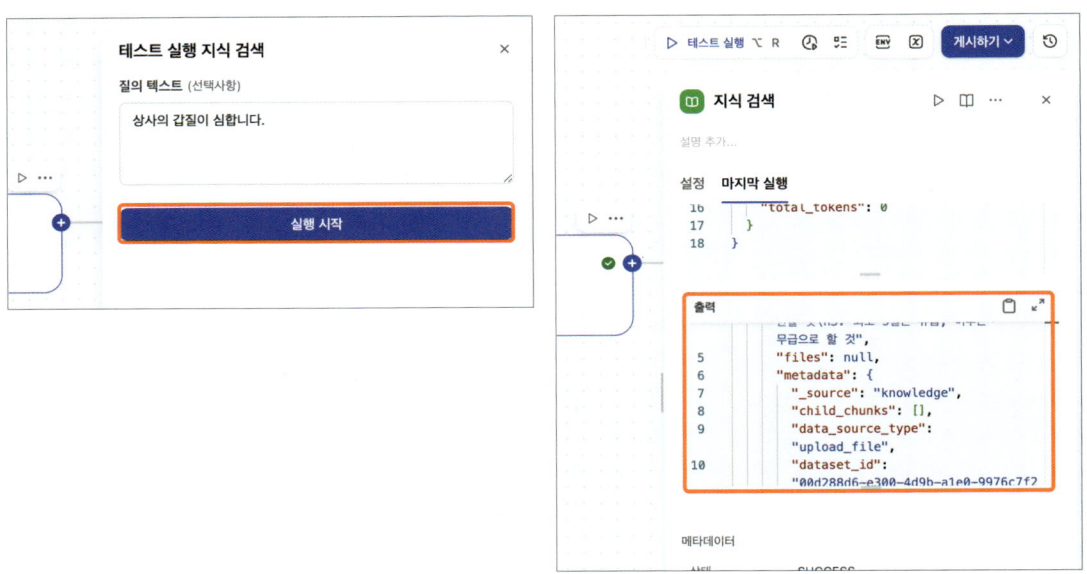

출력은 JSON 형식으로 취업 규칙 해당 항목(예를 들면, 갑질 금지 규정 등)이 3개 정도 추출되었습니다. 이것을 컨텍스트로 LLM에 전달하게 됩니다.

```
{
  "result": [
    {
      "content": "제30조(병가)\n\n근로자가 개인적인 상병으로 요양이 필요하여 근무가 불가피하게 불가능하다고 인정되는 경우 병가 10일을 부여한다. 단, 다음 요건을 모두 충족해야 한다.\n\n1. 의사의 진단서를 제출할 것\n2. 연속 3일 이상의 요양이 필요한 경우에 한할 것\n3. 최초 5일은 유급, 이후는 무급으로 할 것",
```

```
      ...(중략)...
      "title": "취업규칙.txt"
    },
    {
      "content": "제12조(직장 내 갑질 금지)\n\n직무상 지위나 인간관계 등 직장 내 우월적 관계를 배경
으로, 업무상 필요하고 상당한 범위를 초과한 언동으로 다른 근로자의 근무환경을 해치는 행위를 해서는
안 된다.",
      ...(중략)...
      "title": "취업규칙.txt"
    },
    {
      "content": "제50조(스트레스 체크)\n\n1. 회사는 매년 1회 스트레스 검사를 실시한다.\n2. 고스
트레스자는 의사 면접지도를 실시한다.\n3. 필요 시 배치 변경 등을 명할 수 있다.",
      ...(중략)...

      "title": "취업규칙.txt"
    },
  ]
}
```

5.4.3 총무 담당자 노드 추가하기

다음으로 총무 담당자로서 의견을 모으는 노드(LLM)를 추가합니다. 여기에서는 '지식 검색' 노드에서
추출한 결과를 바탕으로 적용해야 할 취업 규칙과 처리 방법을 제안하는 역할을 부여할 것입니다. '지
식 검색' 노드와 '출력' 노드 사이의 [+]를 클릭하고 LLM을 추가해 다음과 같이 설정합니다.

- [제목]: LLM → LLM 총무 담당자(※ 주의: 기본값은 'LLM'이지만, LLM이라고 되어 있는 부분을 클릭하
면 제목 이름=노드 이름을 변경할 수 있습니다).

- [모델]: gpt-4o-mini

- [컨텍스트]: '지식 검색' 노드의 결과

[SYSTEM](프롬프트):

당신은 풍부한 경험을 가진 총무 담당자입니다. 사용자의 질문에 대해 다음 포인트에 초점을 두고 대답하십시
오.

- 적용해야 할 취업 규칙 항목을 특정하고 열거한다.
- 각 규칙의 구체적인 적용 방법을 설명한다.
- 상담자가 취할 수 있는 구체적인 대응책을 제안한다.

- 항상 냉정하고 동시에 전문적인 태도를 유지하면서 사실에 기반한 조언을 제공한다.

[USER](프롬프트)

사용자로부터의 문의 내용
시작/{x} input
취업 규칙에서 얻은 지식
컨텍스트

{x}를 클릭하거나 /를 입력한 뒤 변수 목록에서 선택합니다.

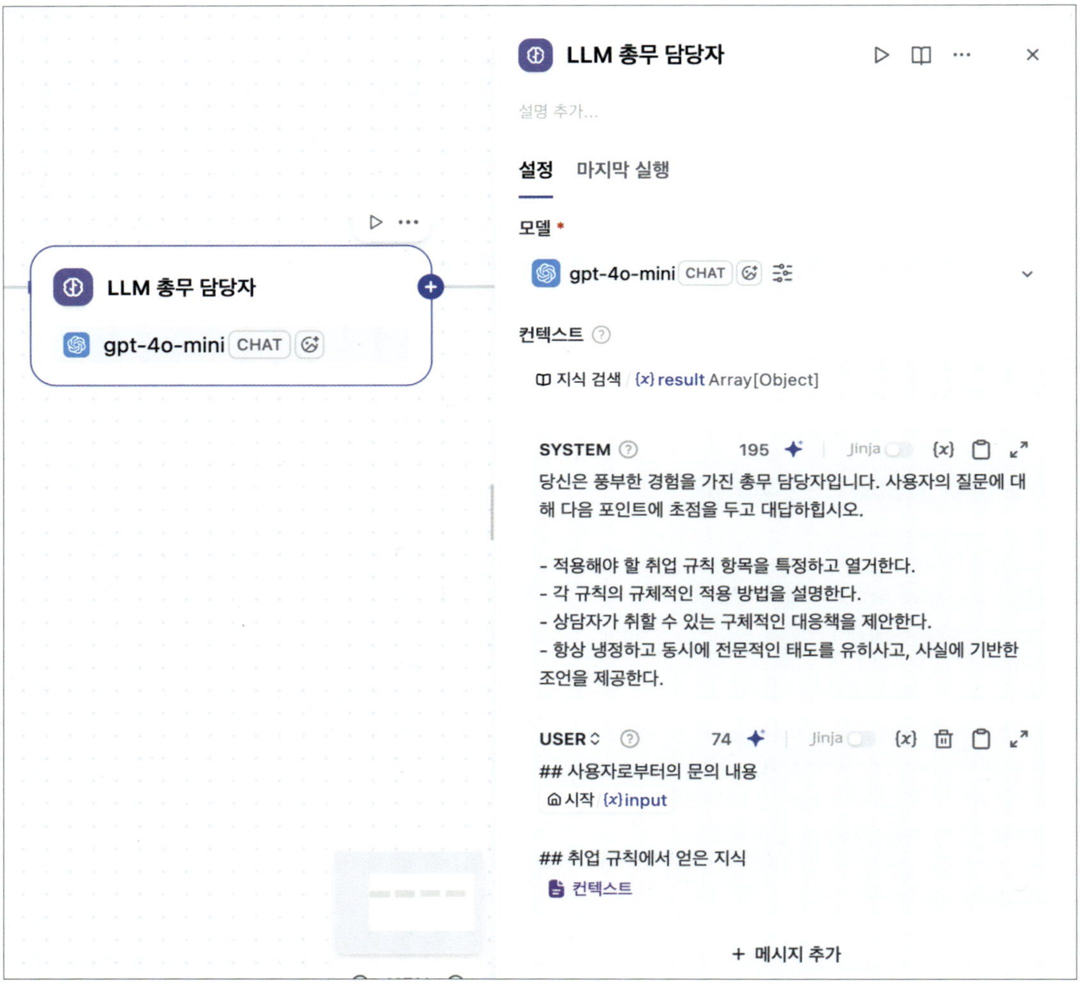

디버그해 봅시다. 설정 화면 위 [▷] 버튼을 클릭합니다. 다음과 같이 출력되었습니다(※ 주: 개별 디버그 시점에서는 지식 컨텍스트가 입력되지 않으므로 [USER](프롬프트)에는 빈 컨텍스트가 대입됩니다. 따라서 지식이 참조되지 않는 점에 주의합니다).

질문에 대한 지식이 추출되었는지 확인할 수 있을 것입니다.

```
{
    "text": "상사의 갑질 문제는 매우 민감하고 심각한 사안입니다. 이러한 상황에 대한 대응을 위해 다음과 같은 취업 규칙 항목을 적용할 수 있습니다.\n\n###1. **근로기준법**\n  - **적용 방법**: 근로기준법에는 근로자의 인권 보호와 직장 내 괴롭힘에 대한 조항이 포함되어 있습니다. 상사의 부당한 대우나 괴롭힘이 해당 법에 위반되는지를 검토해야 합니다.\n  - **구체적인 대응책**: 상사의 행동이 근로기준법에 위배되는 경우, 인사팀이나 노동조합에 상담을 요청하고, 필요시 법적 조치를 고려할 수 있습니다.\n\n###2. **직장 내 괴롭힘 방지 규정**\n  - **적용 방법**: 많은 기업에서는 직장 내 괴롭힘을 방지하기 위한 규정을 두고 있습니다. 이러한 규정에 따라 상사의 행동이 해당 규정에 맞는지를 평가합니다.\n  - **구체적인 대응책**: 괴롭힘을 당하고 있는 상황을 기록하고, 이를 바탕으로 인사팀이나 상담 부서에 공식적인 신고를 할 수 있습니다. 또한, 관련 교육이나 워크숍 참석을 통해 자신의 권리를 이해하고 방어책을 마련할 수 있습니다.\n\n ...(중략)...
}
```

5.4.4 책임자 노드 추가하기

마지막으로 부서 책임자로서 의견을 정리하는 'LLM' 노드를 추가합니다. LLM 총무 담당자 노드와 '출력' 노드 사이의 [+]를 클릭해 새로운 'LLM' 노드를 추가합니다. 이 노드는 공감자와 총무 담당자의 견해를 바탕으로 보다 폭넓은 시점에서 최종적인 판단을 표시하는 역할을 합니다.

- [제목]: LLM 책임자

- [모델]: gpt-4o

- [컨텍스트]: 지식 검색 /result

[SYSTEM](프롬프트)

당신은 회사의 뛰어난 인사 책임자입니다.

직장 환경 개선과 직원의 심리적 케어를 중시하는 것으로 알려져 있습니다. 항상 온화한 말투로, 상담자에게 친근한 자세를 보이는 것이 중요합니다. 사용자의 질문을 기반으로 하고. 공감자의 의견과 총무 담당자의 분석을 바탕으로 다음 점을 고려해 최종 조언을 제공하십시오. 필요하다면 취업 규칙을 참조하십시오.

- 단기적인 대응과 장기적인 대책을 제안한다.
- 회사의 방침이나 가치관을 반영하면서, 개인의 존엄성을 존중하는 균형 잡힌 조언을 제공한다.
- 취업 규칙 출처를 명시한다.

● **[USERS](프롬프트)**

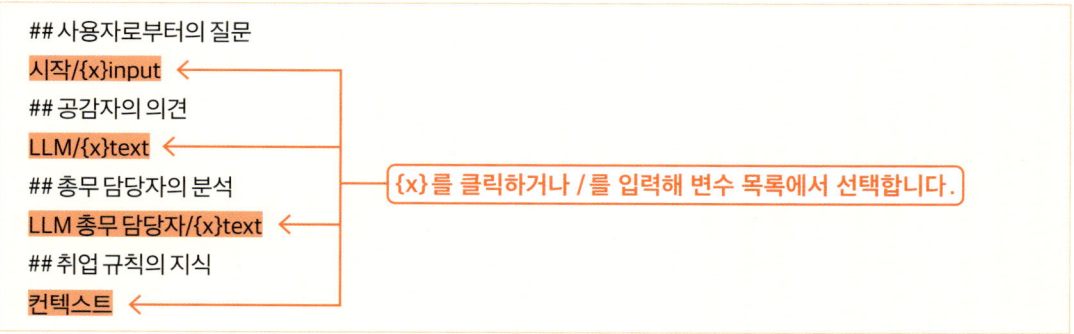

사용자로부터의 질문
시작/{x}input
공감자의 의견
LLM/{x}text
총무 담당자의 분석
LLM 총무 담당자/{x}text
취업 규칙의 지식
컨텍스트

{x}를 클릭하거나 /를 입력해 변수 목록에서 선택합니다.

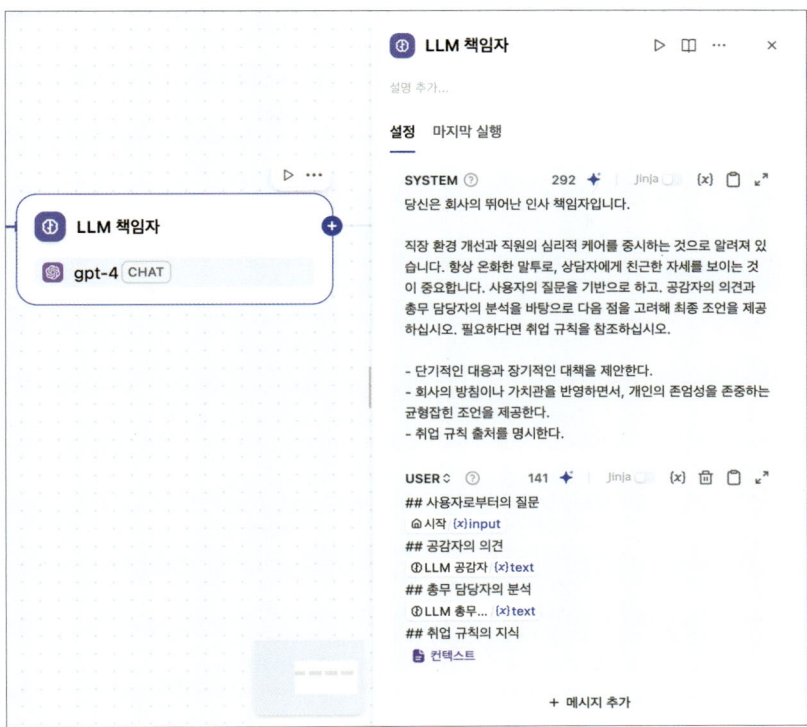

'출력' 노드를 수정합니다. [출력 변수] 이름은 output, 값에는 LLM 책임자의 최종 대답을 설정합니다. 이것으로 워크플로우를 완성했습니다.

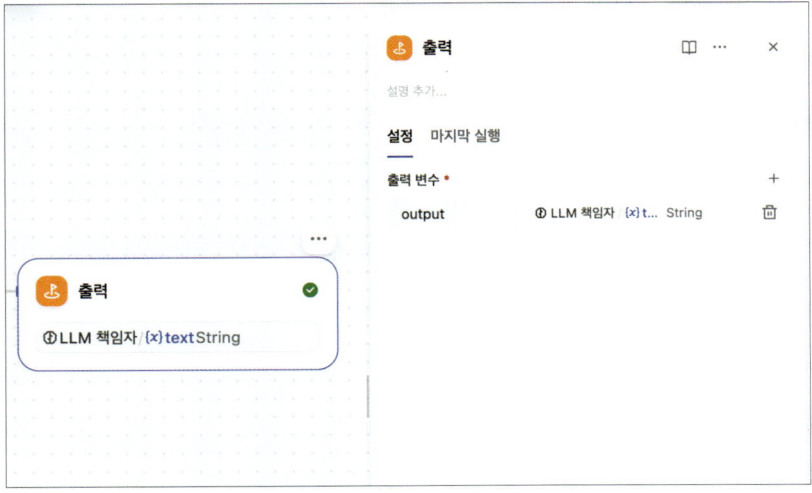

5.4.5 실제 예시: 상사의 갑질 상담

실행한 뒤 결과를 확인해 봅시다.

> 예: '상사의 갑질이 심합니다. 회사를 그만두고 싶습니다. 어떻게 하면 좋겠습니까?'

[실행 시작]을 클릭합니다.

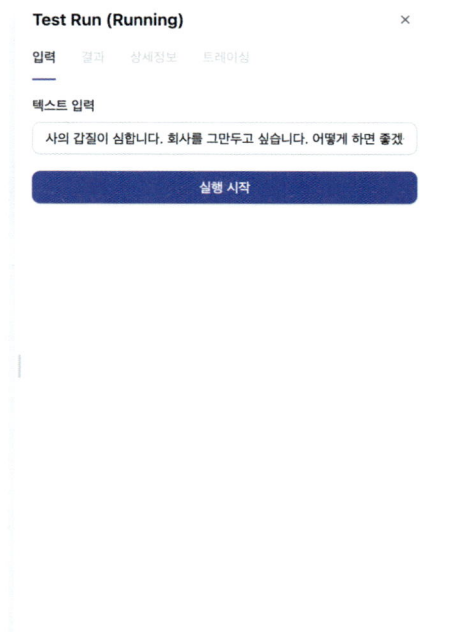

출력 예시에서는 먼저 '공감자'가 감정을 살핍니다. 이어서 '총무 담당자'가 취업 규칙을 근거로 구체적인 순서를 제시하고, 마지막으로 '책임자'로서 조직 관점에서 지원이나 외부 리소스 활용 등에 관해 조언합니다.

사람에 따라 '대답 내용의 품질', '표현 방법의 선호'가 있을 수도 있습니다. 그런 경우에는 몇 가지 'LLM' 노드를 연계해 보다 다각적인 대답을 제공할 수 있습니다.

> 그리고 각 노드별로 설정된 프롬프트는 어디까지나 예시이므로 실제는 다양한 경우를 시도해보면서 상황이나 기업 분위기에 적합한 것으로 수정하는 것이 좋습니다.
>
> ## 최종 조언
>
> 상사의 갑질로 인해 힘들게 느낀 당신의 감정에 대해 대단히 공감하고 이해합니다. 그런 상황에서 누구라도 스트레스를 받고, 힘들게 느낄 수 있습니다. 당신의 마음이 편해질 수 있도록 서포트하고 싶습니다.
>
> 먼저, 단기적인 대응으로는, 현재 당신이 직면한 상황을 논의하고 이해할 수 있는 신뢰할 수 있는 동료나 친구에게 이야기해보시는 건 어떨까요? 또한, 갑질이라고 느껴지는 행동이나 상황에 대한 정확한 기록을 유지하는 것도 중요합니다. 이는 추후 신고 혹은 상담을 할 때 증거로 사용할 수 있기 때문입니다.

장기적인 대책으로는, 회사의 인사팀이나 노동조합에 상황을 상담하고, 필요한 조치를 취하는 것을 고려해보세요. 또한, 회사를 그만두는 것이 최선의 선택인지에 대해 충분히 고민해보시는 것도 중요합니다. 이는 당신의 삶에 큰 변화를 가져올 수 있으므로 신중한 결정이 필요합니다.

위의 조언은 당사의 취업 규칙(제44조 퇴직, 제16조 개인정보 보호 등)을 참조하여 제공되었습니다. 퇴직을 결정하시게 된다면, 사직서를 제출하고, 회사에서 관리하던 모든 정보를 반환하는 것을 잊지 마세요(제44조 퇴직, 제16조 개인정보 보호 참조).

마지막으로, 당신의 행복과 안녕이 가장 중요합니다. 이 시기를 힘들게 견디시는 것도, 회사를 그만두는 것도, 모두 당신의 삶에 대한 중요한 결정입니다. 어떤 결정을 내리더라도, 그것이 당신에게 가장 좋은 결정이 되길 바랍니다. 언제든지 추가적인 도움이 필요하시면 말씀해주세요. 항상 당신을 응원하겠습니다.

이번 절에서는 사내 상담 창구 지원 워크플로우를 예시로 들어, 여러 LLM을 조합한 기본적인 워크플로우를 구축하는 방법을 학습했습니다. 공감자, 총무 담당자, 그리고 책임자라는 서로 다른 역할의 LLM을 연계함으로써 보다 포괄적이고 실용적인 대답을 생성할 수 있었습니다.

워크플로우 구축을 위해서는 보다 익숙해져야 하겠지만, 이 예시를 참고로 여러분만의 워크플로우를 만들어 봅시다. 시행착오를 거듭하면서 복잡한 태스크도 효과적으로 처리할 수 있는 스킬을 몸에 익힐 수 있을 것입니다. LLM의 힘을 최대한 끌어내 비즈니스나 일상 생활의 다양한 곳에서 활용할 수 있을 것입니다.

> ※ 주의: 여기에서의 예제는 어디까지나 실험일 뿐입니다. 개인적인 문제를 다루는 것은 확실하게 시스템을 통해 관리해야만 합니다.

학습한 스킬
- 복합적인 워크플로우 구축
- 역할이 다른 LLM 연계 설계
- 지식 베이스와 LLM 삽입
- 단계적인 정보 처리 구현

실천적 스킬
- 여러 'LLM' 노드에 각기 다른 역할을 부여할 수 있다.
- 지식 베이스에서 정보를 추출하고 활용할 수 있다.
- 단계적인 처리를 통해 통합적인 대답을 생성할 수 있다.
- 각 노드의 역할에 맞는 프롬프트를 설계할 수 있다.

5.5 회의록 작성

실전 예시로 회의 녹취록 기반의 회의록을 작성해 봅시다. 가장 간단한 방법으로 시작해, 점점 고도화합니다.

5.5.1 간단한 회의록 작성하기

전체적인 완성도는 다음 그림과 같습니다.

임의의 이름(예: 회의록 작성)으로 새 워크플로우를 만듭니다.

● '시작' 노드 설정

'시작' 노드를 열고 입력 필드의 [+]를 클릭합니다. 매개변수는 다음과 같이 설정합니다.

- [필드 타입]: 단락
- [변수명]: input
- [레이블명]: 회의 녹취록
- [최대 길이]: 128000

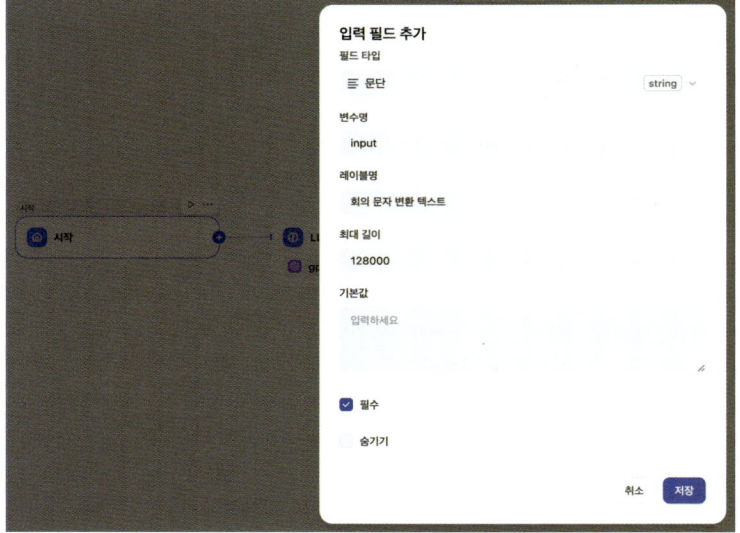

※ 주의: 가능한 큰 값을 설정하면 길이가 긴 회의록에도 대응할 수 있습니다. 단, LLM의 최대 입력 테스트 길이를 넘지 않아야 합니다.

● 'LLM' 노드 설정하기

[+]를 클릭해 'LLM' 노드를 선택합니다. 모델은 gpt-4o-mini로 설정합니다.

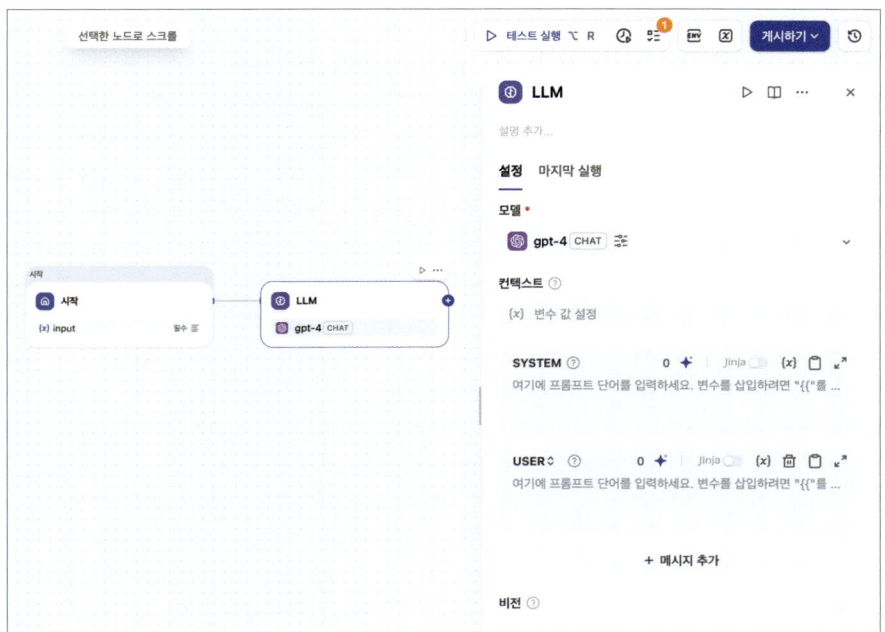

컨텍스트는 시작에서 설정한 input으로 지정합니다. 프롬프트는 우선 다음과 같이 입력합니다.

[SYSTEM](프롬프트)

> 당신은 입력된 컨텍스트(녹취록)로부터 회의록을 작성하는 우수한 어시스턴트입니다. 도중에 포기하지 말고 처음부터 마지막까지의 내용을 읽고, 적확한 회의록을 작성할 수 있습니다.

[USER](프롬프트)

> 사용자로부터 입력된 컨텍스트를 기반으로 회의록을 작성하십시오.
>
> ## 컨텍스트
>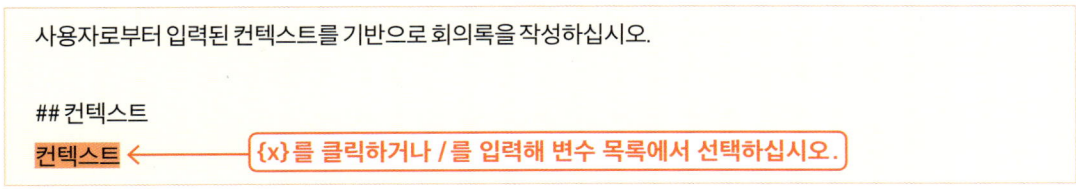

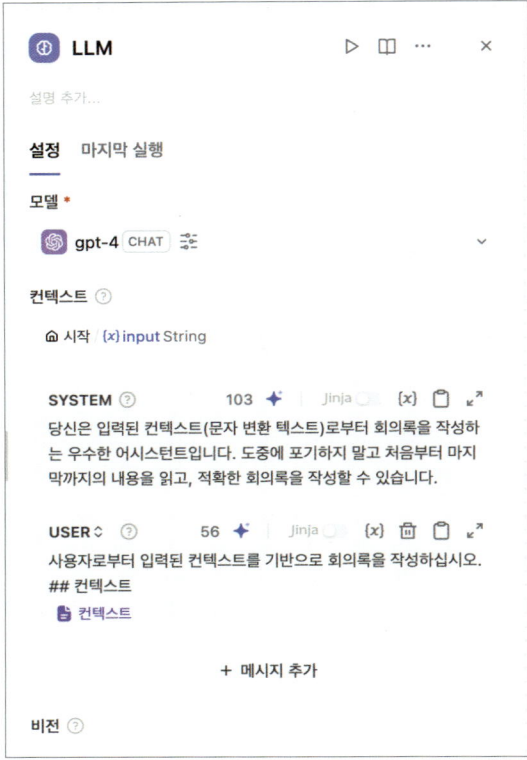

● '출력' 노드 설정하기

'LLM' 노드의 [+]를 클릭하고, '출력' 노드를 추가합니다. [출력 변수]의 [+]를 클릭하고 변수명을 적절하게 입력합니다. 여기에서는 output으로 입력했습니다. 변수 필드를 클릭하거나 /키를 눌러 LLM으로부터의 출력을 여기에 설정합니다. 이것으로 설정을 마쳤습니다.

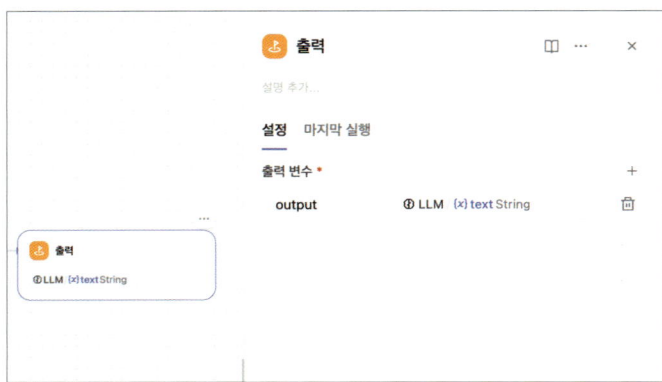

● 실행 테스트하기

디버깅을 해봅시다. [▷ 테스트 실행]을 클릭합니다. 입력 필드의 '회의 녹취록'에 녹취록 텍스트(지원 페이지 참조) 내용을 복사해서 붙여 넣습니다. [실행 시작]을 클릭합니다.

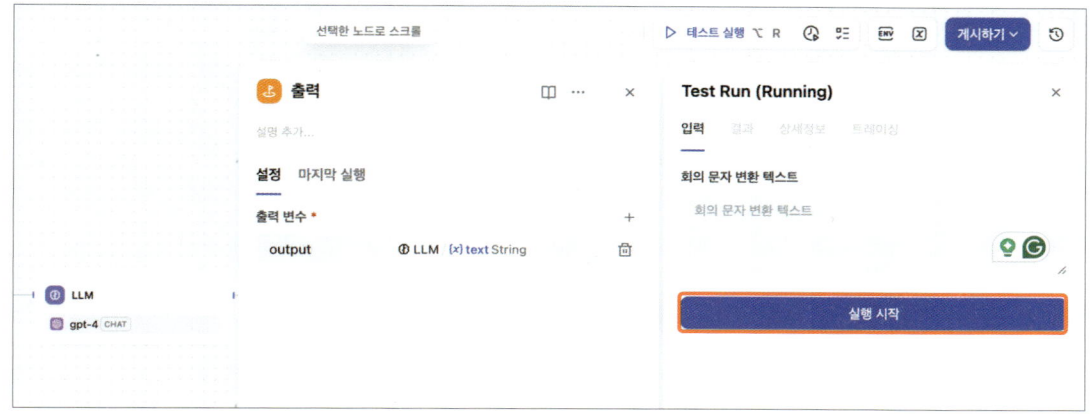

결과는 '출력' 노드에 표시됩니다. 이 상태에서 매우 간단한 회의록을 생성할 수 있음을 확인할 수 있습니다.

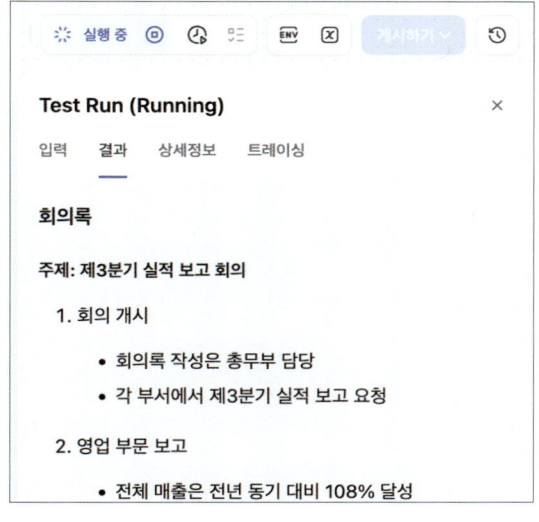

회의록

주제: 제3분기 실적 보고 회의

1. 회의 개시
   - 회의록 작성은 총무부 담당
   - 각 부서에서 제3분기 실적 보고 요청

2. 영업 부문 보고
   - 전체 매출은 전년 동기 대비 108% 달성

- 전체 매출은 전년 동기 대비 108% 달성
- 신제품 A 판매 목표의 120% 달성
  - 주요 성공 요인: TV 광고와 SNS에서의 입소문 확산
- 기존 제품 X는 전년 대비 85% 수준의 매출 감소 확인
- 해당 부분에 대한 대책안 준비 중

3. 재무 부문 보고
   - 전체 영업이익률은 전년 동기 대비 2포인트 상승
     - 주로 신제품 A의 높은 이익률이 기여
   - 원자재비 상승으로 이익률에 영향 예상
   - 원자재비 상승 대응 대책: 공급업체와의 장기 계약 재검토 및 대체 원자재 검토
   - 환율 변동이 실적에 영향: 원화 약세로 수출 제품 경

5.5.2 보다 자세히 정리하도록 개선하기

● 섹션별로 문단화 하기

녹취록 길이가 짧으면 한 번의 'LLM' 노드로 충분하지만, 문장이 길면 도중에 모호해지기도 합니다. 먼저 **섹션별로 문단화** 하고, 그 뒤에 각 섹션의 자세한 내용을 종합하는 방법을 사용합니다. 완성된 이미지는 다음과 같습니다.

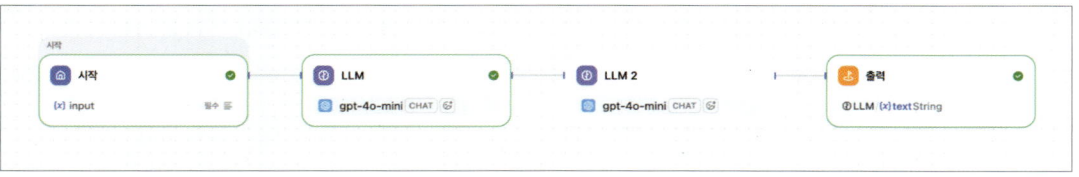

● LLM 프롬프트 수정하기

앞에서 만든 'LLM' 노드의 프롬프트를 변경해 '녹취록 전체를 잘 읽고, 시작 시간이나 요약 제목을 붙여 문단화 한다'는 지시를 부여합니다. 그리고 출력 형식도 지시합니다.

[SYSTEM](프롬프트)

> 다음 컨텍스트는 회의 녹취록입니다. 데이터 전체를 확인한 뒤 시작 시간, 아티클 요약 제목을 하나의 섹션으로 문단화 하고 그 목록을 출력하십시오.
>
> 목록 출력 형식: 제목, 시작 시간(HH:MM:TT), 섹션별 요약

[USER](프롬프트)

위와 같이 같이 시작 시간, 요약 제목이 붙은 회의 내용 목록이 출력됩니다.

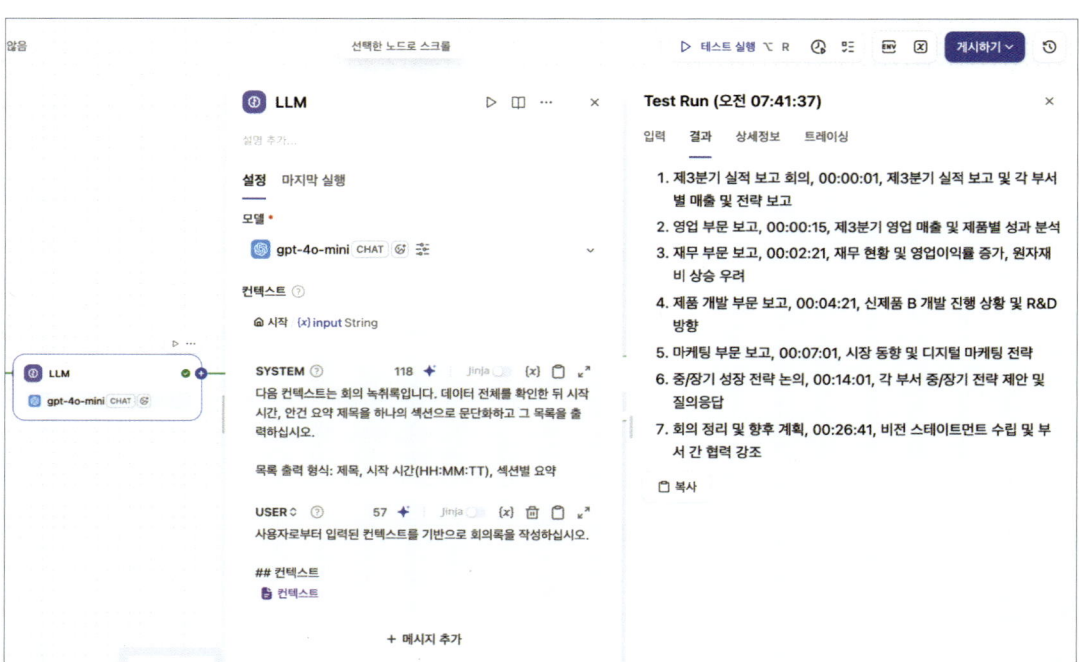

● 의사 정리용 LLM 추가하기

이 문단 목록을 기반으로 상세한 회의록을 종합하는 노드를 새롭게 추가합니다(모델은 동일하게 gpt-4o-mini를 사용해도 좋습니다).

[SYSTEM](프롬프트)

당신은 입력된 컨텍스트(녹취록)로부터 회의록을 작성하는 우수한 어시스턴트입니다. 도중에 포기하지 말고 처음부터 마지막까지 내용을 읽고 적확한 회의록을 작성할 수 있습니다.

출력 형식:
의제, 시작 시간(HH:MM:SS)
의사 내용

[USER](프롬프트)

먼저 섹션 목록을 읽으십시오. 다음으로 섹션별 내용을 아래 녹취록에서 읽어 대응하고, 상세한 내용을 개조식으로 삽입해 회의록을 완성하십시오. '바쁘신 중에도...', '수고하셨습니다' 같은 인사는 필요하지 않습니다.

섹션 목록:
"LLM/{x}text" ←

컨텍스트
컨텍스트 ←

{x}를 클릭하거나 /를 입력한 뒤 변수 목록에서 선택하십시오.

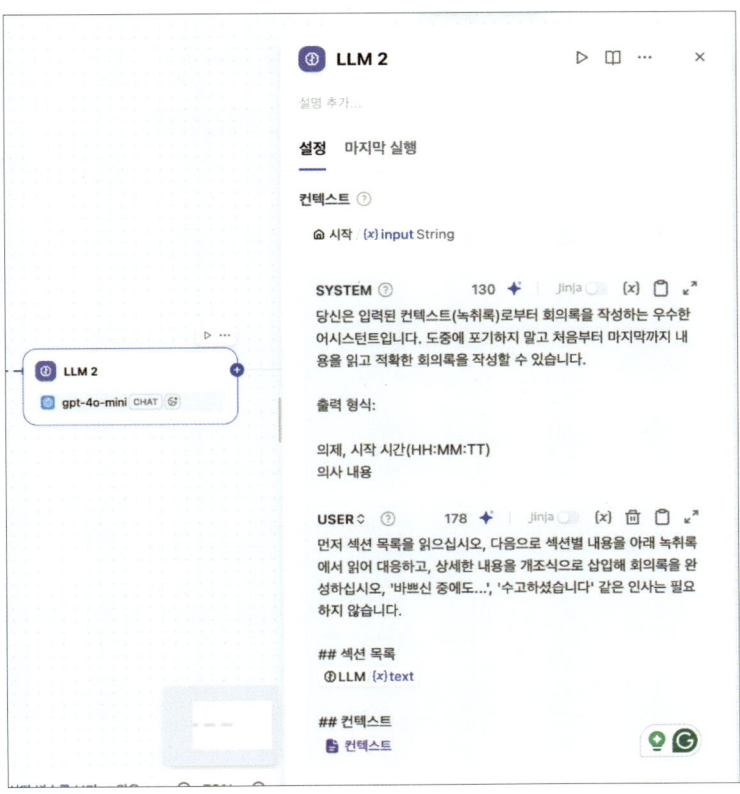

마지막으로 '출력' 노드의 output에 이 새로운 LLM의 text를 할당합니다.

● 실행하기

그럼 실행해 봅시다.

- [▷ 테스트 실행]을 클릭한다.

- 녹취록을 복사해서 붙여 넣는다.

- [실행 시작]을 클릭한다.

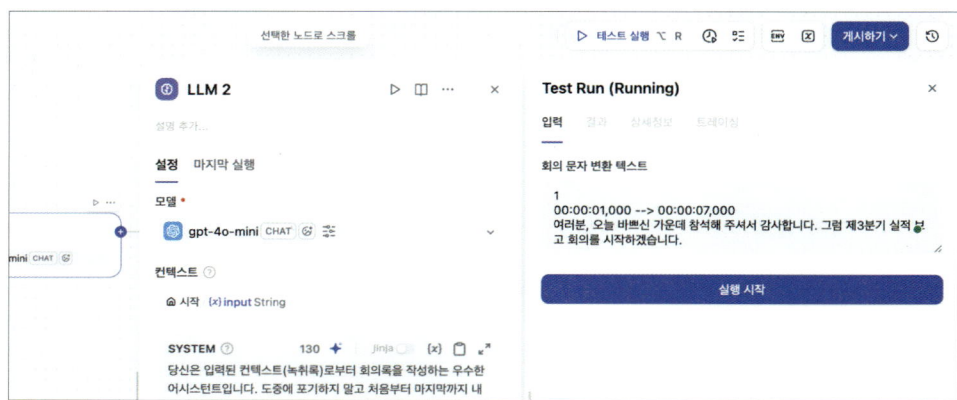

다음과 같이 시간 정보도 포함된 회의록이 작성됩니다.

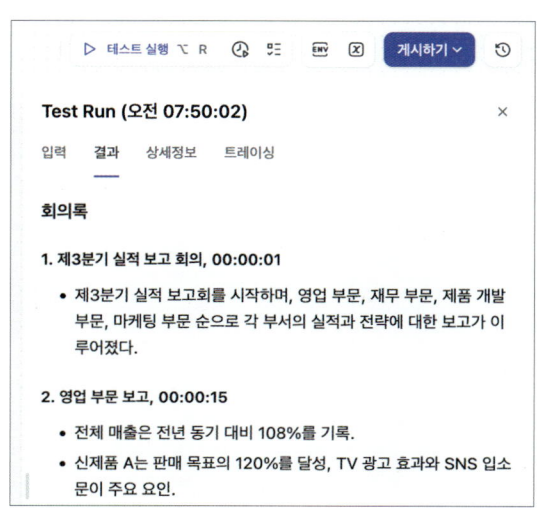

2. 영업 부문 보고, 00:00:15

- 전체 매출은 전년 동기 대비 108%를 기록.
- 신제품 A는 판매 목표의 120%를 달성, TV 광고 효과와 SNS 입소문이 주요 요인.
- 기존 제품 X는 매출이 전년 대비 85%로 감소.
- 지역별 매출 상황: 국내 시장은 103% 성장, 아시아 시장은 115%로 성장. 미주/유럽 시장은 98%로 부진.
- 고객 세그먼트별: 법인 대상 판매 65% 차지하며 110% 성장, 개인 대상 35%로 105% 성장.
- 온라인 판매는 40% 차지하며 125% 성장. 오프라인 매장은 60% 차지하나 98%로 소폭 감소.

3. 재무 부문 보고, 00:02:21

- 영업이익률이 전년 대비 2포인트 상승하여 12% 도달.
- 원자재비 상승 우려, 주요 원자재 가격이 15% 상승.
- 영업활동 현금흐름은 110% 개선, 투자활동 현금흐름은 150% 지출 증가.

5.5.3 이 방법의 포인트

이 방법의 주요한 포인트는 다음과 같습니다.

1. 단계적 접근 방식

- 먼저 녹취록 텍스트(시각 정보가 포함된 SRT 형식)에서 간단한 회의록을 작성한다.

- 다음으로 섹션별로 문단화하고 요약을 생성한다.

- 마지막으로 상세한 회의록을 생성한다.

2. 프롬프트의 중요성

- 각 회사 고유의 적절한 프롬프트 설계를 통해 구조화된 고품질의 회의록을 얻을 수 있다.

이 방법을 응용하면 회의록 작성 시간을 크게 줄이면서, 통일된 형식의 회의록을 만들 수 있습니다. 단, AI는 어디까지나 도구이므로 회의로의 정확함과 적절함은 최종적으로 인간이 체크해야 합니다. 회의록 작성 외에도 같은 프로세스를 사용해 '문서 요약', '논문 구조화' 등에도 응용할 수 있을 것입니다. 피드백과 개선을 잘 반복할수록 정확성은 크게 높아집니다.

6장에서 설명하는 '반복' 노드를 활용할 수도 있습니다. 먼저 회의록 데이터를 문단화해서 분할하고 그것을 배열로 취급합니다. 다음으로 배열의 각 요소를 각각 LLM에 입력함으로써 자세한 내용을 누락하지 않고 회의록에 반영할 수도 있습니다. 내용을 자세하게 기록해야 할 경우에는 이 방법이 효과적입니다.

학습한 스킬
- 회의록 작성 워크플로우 구축
- 녹취록 텍스트 구조화
- 단계적인 회의록 생성 프로세스 설계
- 시계열 데이터 정리 및 요약

실천적 스킬
- 길이가 긴 텍스트를 효율적으로 처리할 수 있다.
- 섹션 분할을 활용해 문서를 구조화 할 수 있다.
- 시간 정보를 포함한 형식의 회의록을 작성할 수 있다.
- 프롬프트를 활용해 출력을 제어할 수 있다.

5.6 DSL 내보내기와 가져오기

내가 만든 애플리케이션을 다른 사람에게 전달하고 싶거나, 다른 사람이 만든 애플리케이션을 나도 사용하고 싶은 경우가 있을 것입니다.

하지만 '애플리케이션을 전달한다' 하더라도 노드 화면을 스크린샷으로 저장하고, 그것을 보낼 수는 없습니다. 작성한 코드 전체를 직접 손으로 재현하는 것 역시 상당한 수고가 드는 번거로운 일입니다. 이를 해결하기 위해 등장한 것이 'DSL', 즉, Domain Specific Language입니다. Dify의 애플리케이션 정의 언어라고 부르기도 합니다. DSL 파일에는 애플리케이션 설계의 모든 정보가 포함되어 있습니다. 노드 배치, 연결, 시스템 프롬프트, 변수 정의 등 애플리케이션을 재현하기 위해 필요한 모든 요소를 텍스트 파일로 저장하고 있습니다. 즉, DSL 파일을 공유하면 다른 사람이 여러분이 만든 애플리케이션을 완전히 재현할 수 있게 됩니다. 마치 설계도를 전달하는 것과 같습니다. 상대는 설계도(DSL)을 기반으로 자신의 Dify 환경에서 같은 애플리케이션을 복원할 수 있습니다.

5.6.1 DSL 내보내기

먼저 내가 만든 애플리케이션을 밖으로 내보내는(export) 방법부터 설명합니다. 예를 들면, 다음 그림처럼 만든 애플리케이션이 있다고 가정합시다. 이 애플리케이션을 **DSL로 내보내기**하려면 화면에서 마우스 우클릭해 표시되는 메뉴에서 [DSL 내보내기]를 선택합니다.

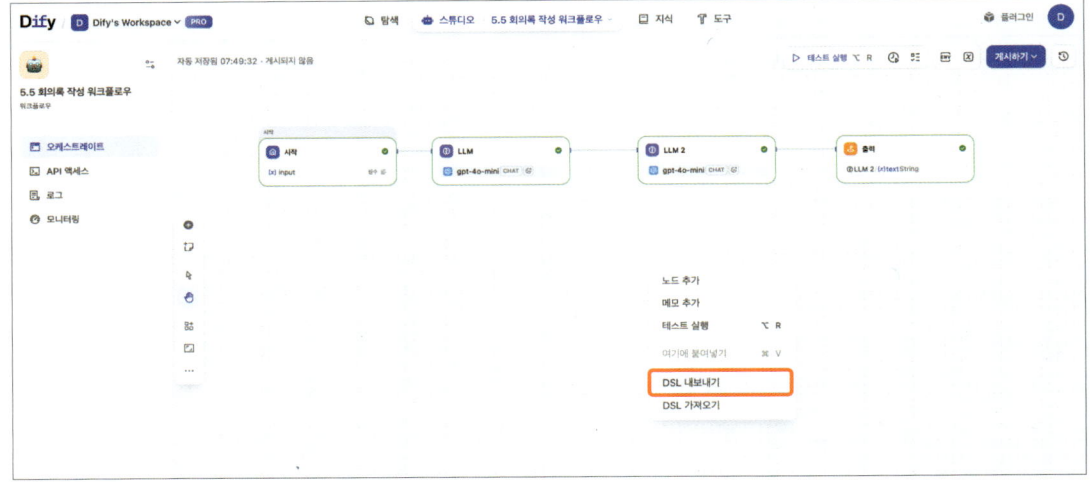

그러면 파일이 다운로드 됩니다. 이 파일이 바로 여러분이 만든 애플리케이션의 DSL 파일입니다. 이제 이 파일을 이메일이나 채팅 등으로 다른 사람에게 전달하면 됩니다.

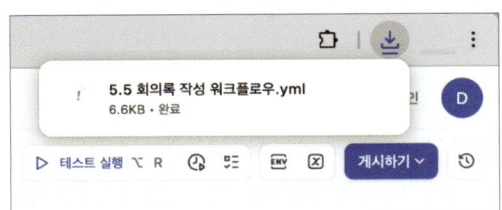

5.6.2 DSL 가져오기

반대로 다른 사람에게 받은 DSL 파일을 여러분의 Dify 환경에서 사용하고 싶을 때는 어떻게 해야할까요? 이때는 DSL을 '가져오기' 합니다.

순서는 다음과 같습니다.

① Dify 대시보드를 연다.

② 애플리케이션 작성 화면에서 [DSL 파일 가져오기]를 클릭한다.

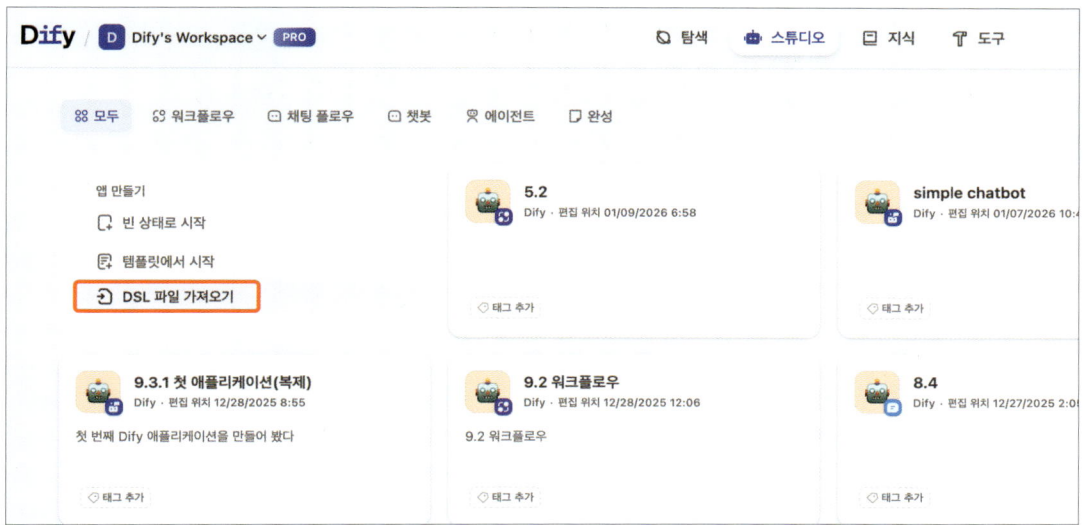

그러면 다음과 같은 팝업 화면이 나타납니다. 여기에 DSL 파일을 드래그&드롭 하거나 [찾아보기]를 클릭한 뒤 DSL 파일을 선택하면 됩니다.

마지막으로 [만들기] 버튼을 클릭하면 애플리케이션이 만들어지고, 설계 화면이 자동으로 표시됩니다.

대시보드를 확인해 보면 새로운 애플리케이션이 추가되어 있는 것을 알 수 있습니다.

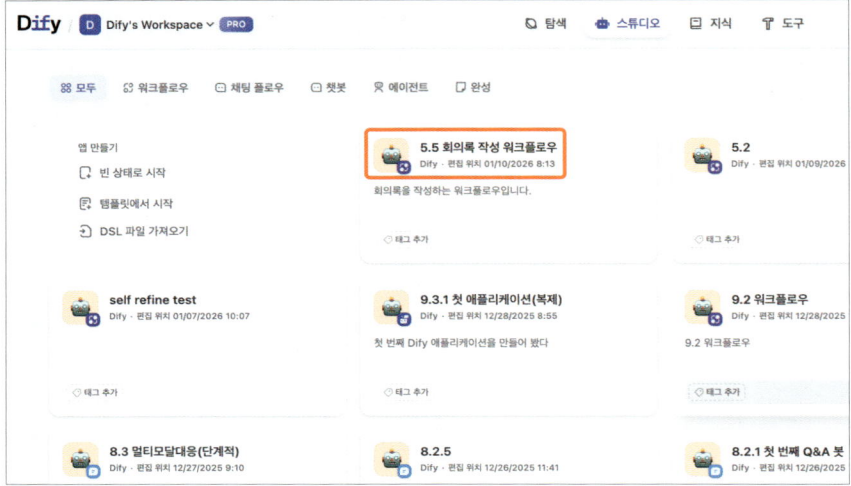

이렇게 다른 사람이 만든 애플리케이션의 설계도를 여러분의 환경에서 사용할 수 있게 되었습니다.

DSL을 사용하면 팀 안에서의 애플리케이션 공유나 다양한 실험을 매우 손쉽게 할 수 있습니다. 누군가가 멋진 아이디어를 형태로 만들었다면 그것을 팀의 모든 멤버에 공유하고, 함께 개선하는 흐름도 간단하게 만들 수 있습니다.

5.6.3 그 밖의 DSL 내보내기 방법들

워크플로우 뿐만 아니라 챗봇이나 에이전트도 DSL로 내보내기 할 수 있습니다. 대시보드를 열어봅시다.

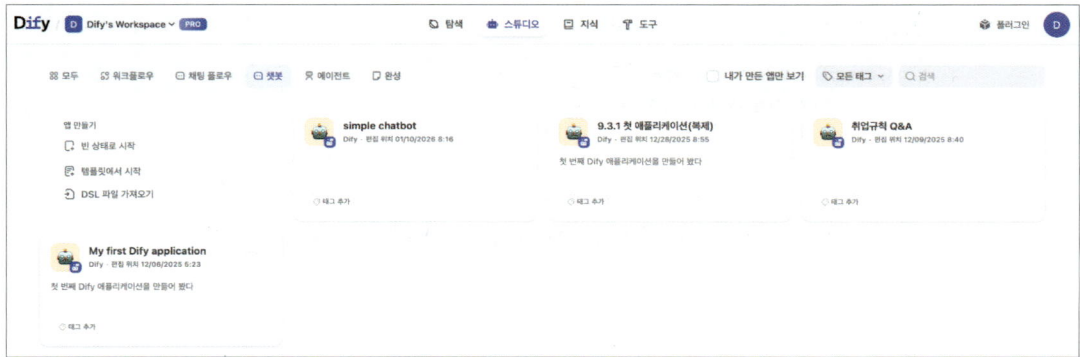

여러분이 만든 애플리케이션 중에서 DSL 내보내기를 하고 싶은 것에 마우스 커서를 올립니다. 그러면 왼쪽 그림과 같이 [⋯] 아이콘이 표시됩니다. 이 아이콘을 클릭하면 오른쪽 그림과 같이 메뉴가 표시됩니다. [DSL 내보내기]를 클릭하면 DSL 파일이 다운로드 됩니다.

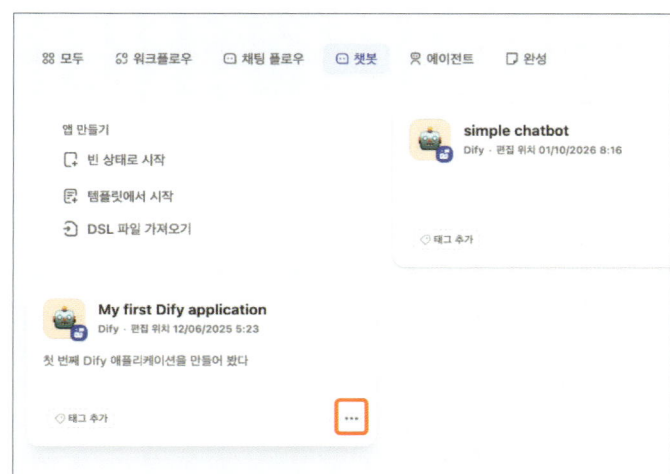 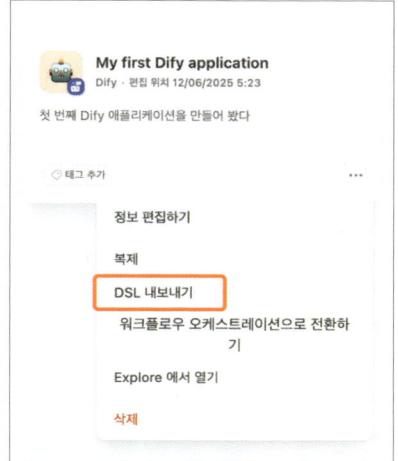

5.6.4 실전 어드바이스: 효과적인 DSL 활용법

DSL에 관한 중요한 어드바이스입니다. 클라우드 버전 Dify의 무료 플랜에서는 현재 최대 10개의 애플리케이션을 만들 수 있습니다. 하지만 앞으로 설명할 내용에서는 많은 샘플들을 만들어야 합니다. 다음과 같은 팁을 활용할 수 있습니다.

1. 샘플을 테스트하기 전에, 현재 애플리케이션을 DSL로 내보내기 한다.

2. 새로운 샘플을 테스트한다.

3. 더이상 사용하지 않는다면 삭제한다.

4. 또 다른 샘플을 테스트한다.

5. 필요할 때는 내보내기 해 두었던 DSL을 활용해 애플리케이션을 복원한다.

간단하게 말하면 중요한 애플리케이션은 DSL로 저장해 두고, 실험용 공간을 확보하는 것입니다. DSL 자체는 텍스트 파일이기 때문에 거의 용량도 차지하지 않습니다. 애플리케이션 "레시피"를 차곡차곡 축적해두고 필요할 때 빠르게 꺼내서 재현할 수 있는 것이 DSL의 매력일 것입니다.

'실험 애플리케이션을 계속 만들고, 괜찮아 보인다면 DSL로 저장'하는 스타일이 Dify에서 효율적으로 개발하는 팁입니다.

학습한 스킬

- DSL 활용 및 애플리케이션 공유
- DSL 파일 내보내기 방법
- DSL 파일 가져오기 방법

실천적 스킬

- 작성한 워크플로우를 다른 사람과 공유할 수 있다.
- 다른 사람의 워크플로우를 내 환경에서 사용할 수 있다.

## Chapter 6

다양한 노드 타입

여섯 번째 던전에 오신 것을 환영합니다. 여기는 '12가지 타입의 도장'이라 불리는 수련의 장소입니다. 앞의 던전에서 워크플로우라 불리는 마법의 기본에 관해 학습했습니다. 하지만 진정한 마법사가 되기 위해서 한층 심오한 기술을 습득해야만 합니다. 이번 던전에서는 12가지 기본 타입을 통해 마법의 진수를 학습합니다.

노드는 마법진을 형태로 만드는 신비한 문양과 같은 것입니다. 각 문양은 특별한 힘을 가지고 있으며, 이들을 조합하면 놀랄만한 마법을 만들 수 있습니다. 녹색의 시작 문양, 자주색의 LLM 문양, 파란색의 지식 문양, 빨간색의 출력 도장이 여러분이 만드는 마법진의 기본이 됩니다, 그리고 타입이란 이들을 조합하고 사용하는 방법을 나타냅니다.

이번 던전에는 12 개의 문이 있고, 각 문에서는 다른 타입에 관해 학습합니다.

- 첫 번째 타입에서는 가장 단순하면서도 심오한 마법의 기초에 관해 학습합니다.

- 두 번째 타입에서는 LLM이라는 강력한 사용 방법을 습득합니다.

- 세 번째 타입에서는 마법에 분기라는 선택지를 추가하는 기술을 학습합니다.

- 네 번째 타입에서는 지식을 활용하는 기술을 습득합니다.

이후 반복 처리, 정형문 처리, 코드 작성, 소환 의식, 병렬 실행, 파일 처리, 구조화 같은 고급 기술까지 학습합니다.

각 문에서 학습하는 타입은 단순히 기술을 모은 것이 아닙니다. 이들은 보다 복잡하고 강력한 마법을 만들어내기 위한 기초가 되는 핵심 중의 핵심입니다.

그럼 첫 번째 문을 열어봅시다. 수많은 장애물과 어려움들을 만나게 될 지도 모릅니다. 그러나 이 던전을 마칠 즈음이면 여러분은 Dify라는 마법 지팡이를 자유롭게 휘두를 수 있게 될 것입니다. 이 타입들을 기초로 여러분만의 마법을 만들 수 있게 될 것입니다.

6.1 타입 1 = 시작 - 출력 : 알파이자 오메가

6.2 타입 2 = 시작 - LLM - 출력: 궁극의 형태

6.3 타입 3 = 조건 분기: 조건에 따른 처리 분기

6.4 타입 4 = 지식 취득: RAG로 지식 취득

6.5 타입 5 = 변수 제거: 매개변수 추출

6.6 타입 6 = 반복 처리: 이터레이터를 사용한 반복

6.7 타입 7 = 형태가 정해진 문장 처리: 템플릿 사용 방법

6.8 타입 8 = 코드 실행: 신의 한 수

6.9 타입 9 = API 호환술: 'HTTP 요청' 노드를 사용한 API 연동

6.10 타입 10 = 병렬 실행: 노드 동시 실행

6.11 타입 11 = 파일 처리: 다양한 파일 읽기

6.12 타입 12 = 구조화 출력: 비구조화 데이터 구조화

6.1.1 노드란?

앞 장에서는 워크플로우가 무엇인지, 그리고 어떻게 만드는지 경험했습니다. 하지만 생각한 것을 곧바로 만드는 것은 조금 이를 수도 있습니다.

사실 더 알아야 할 기본들이 있습니다. 그것이 바로 노드입니다. 앞 장에서 본 시작, LLM, 출력 같은 블록을 기억할 것입니다. 그것들이 노드입니다.

Dify의 세계에서는 이 노드들을 블록처럼 조합해 AI 애플리케이션을 만들어 냅니다. 각 노드들은 특별한 능력을 갖고 있습니다.

예를 들면, 다음과 같은 노드들이 있습니다.

- '시작' 노드: 파란색의 입력 블록. 여기에서 워크플로우를 시작합니다.
- 'LLM' 노드: 보라색의 현자 블록. AI의 두뇌입니다. 이 노드는 어떤 질문에도 대답할 수 있는 능력을 갖고 있습니다.
- '지식' 노드: 녹색의 도서관 블록. 특별한 지식을 검색할 수 있습니다.
- '출력' 노드: 주황색의 목표 블록. 여기에서 완성한 AI가 완성한 대답을 볼 수 있습니다.

> ※ 이번 장에서는 노드와 그 형태라는 시점에서 설명합니다. 앞 장까지의 내용을 복습하는 부분이 있습니다. 이번 장부터 시작하는 분들도 있을 것이므로 약간의 중복은 양해해주십시오.

6.1.2 모든 시작은 '시작'에서

워크플로우를 새롭게 만들면 가장 먼저 눈에 '시작' 노드가 눈에 들어옵니다. 그리고 그 오른쪽에는 [+] 버튼이 있습니다. 이 버튼을 클릭하면 새로운 노드가 추가됩니다. 블록을 연결하는 느낌입니다. 이후에는 이런 노들을 연결하는 정석, 즉, '타입'에 관해 설명합니다. 각 타입은 보다 복잡한 워크플로우를 만드는 기초가 됩니다.

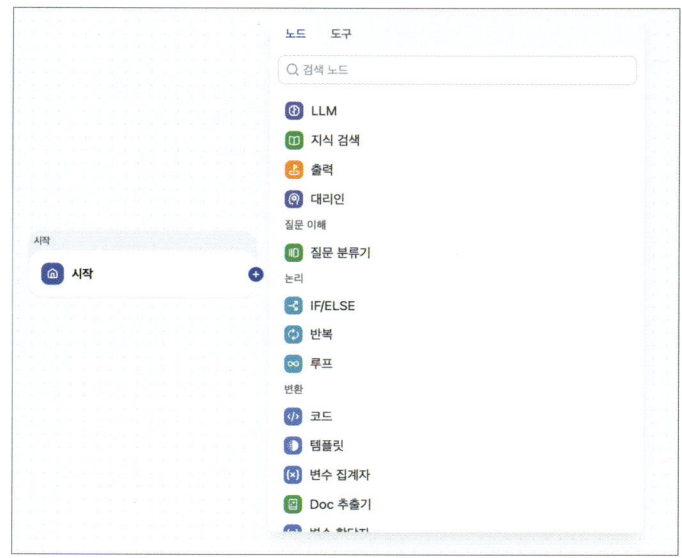

6.1.3 가장 기본적인 조합, '시작' - '출력'

먼저 프로그래밍에서 항상 등장하는 'Hello, World!' 같은 가장 간단한 워크플로우에서 시작합시다. 먼저 '시작'노드를 클릭합니다. 입력 필드 옆의 [+]를 클릭하면 오른쪽 그림과 같은 설정 화면이 표시됩니다. 여기에서 사용자의 입력을 받습니다.

[변수명]을 'user_input'으로 설정하고 [저장]을 클릭합니다.

다음으로 '시작' 노드 오른쪽의 [+] 버튼을 클릭하고 '출력' 노드를 배치합니다. 여기에서 최종 출력을 결정합니다. [출력 변수] 옆의 [+] 버튼을 클릭하고, 변수명을 'final_output'으로 설정합니다. [변수 값 설정] 필드를 클릭한 뒤 '시작' 노드의 user_input을 선택합니다.

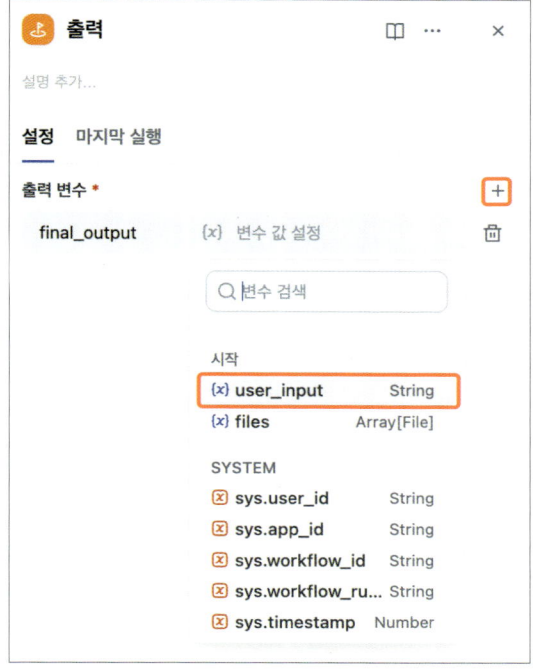

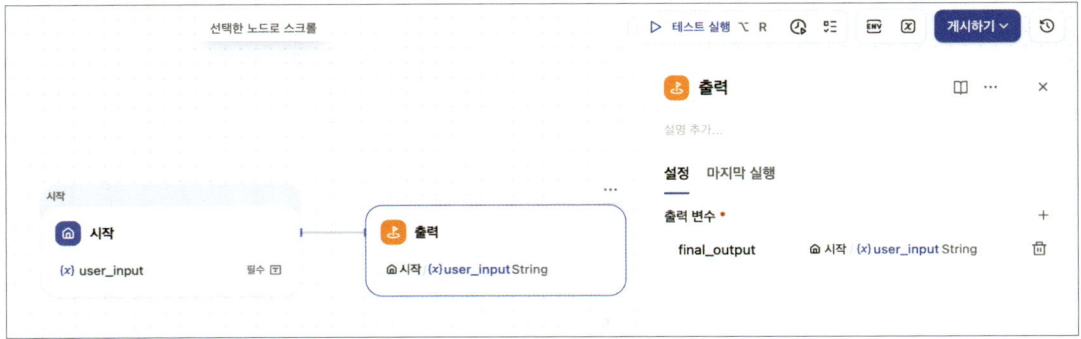

이것으로 완성입니다! [▷ 테스트 실행]을 클릭한 뒤 [실행 시작]을 클릭합니다.

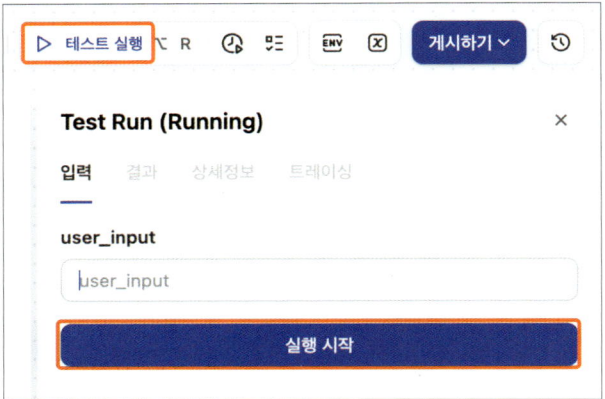

시험삼아 '안녕하세요'를 입력한 뒤 [실행 시작] 버튼을 클릭해 봅시다. '안녕하세요'라는 대답이 돌아옵니다.

'이런 구성만으로 이런 것을 할 수 있습니까?'라고 생각했습니까? 그렇습니다. 이것뿐입니다. 하지만 이 단순함이 기본을 습득하는 데 매우 중요합니다.

6.1.4 이 안에서 어떤 일이 일어나는가?

매우 단순한 동작처럼 보이지만 사실 이 안에서는 재미있는 일이 일어나고 있습니다. 함께 살펴 봅시다. 결과 창 오른쪽 끝에 '트레이싱'이라는 항목이 있습니다. 이 항목을 클릭하면 워크플로우 내부에서 어떤 일이 일어났는지 들여다 볼 수 있습니다.

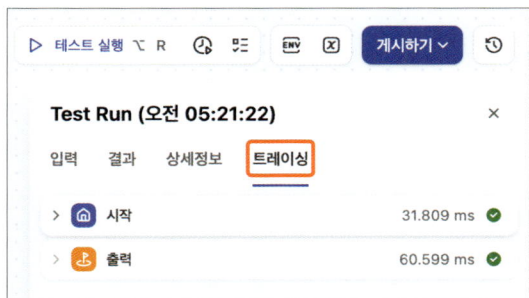

'시작' 노드의 [>]를 클릭해 봅시다. 그러면 아코디언처럼 내용을 열어볼 수 있습니다. '입력'과 '출력'이라는 2개의 창이 표시됩니다.

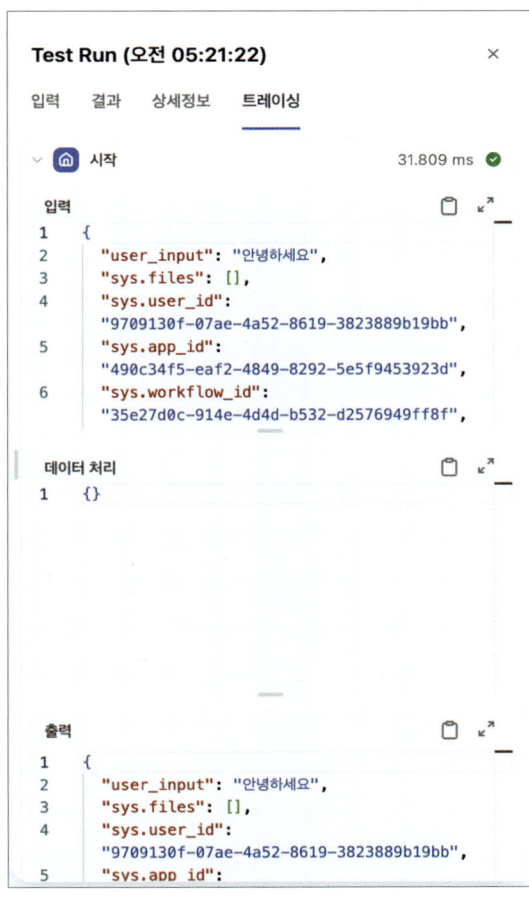

이 데이터는 JSON이라는 형식으로 표시됩니다. JSON은 웹 세계에서 약속된 데이터 형태입니다. 예를 들면, 다음과 같습니다.

```
{
   "이름": "홍길동",
   "나이": 25
}
```

이렇게 항목명과 값이 쌍으로 되어 있는 데이터 형식입니다. 사람이 쉽게 읽을 수 있고, 컴퓨터도 쉽게 이해할 수 있는 편리한 데이터 형식입니다.

출력 창을 살펴 봅시다. user_input에 "안녕하세요"가 있습니다. 이것은 우리가 입력한 '안녕하세요'라는 말이 user_input이라는 이름의 변수에 저장되어 있다는 증거입니다.

다음으로 '출력' 노드를 살펴 봅시다. 여기에서도 재미있는 일이 일어나고 있습니다. 입력과 출력 모두에 "안녕하세요"가 들어있습니다. 이것은 우리가 설정한 대로 '시작' 노드의 user_input에서 값을 받아, final_output으로 출력하고 있는 것입니다.

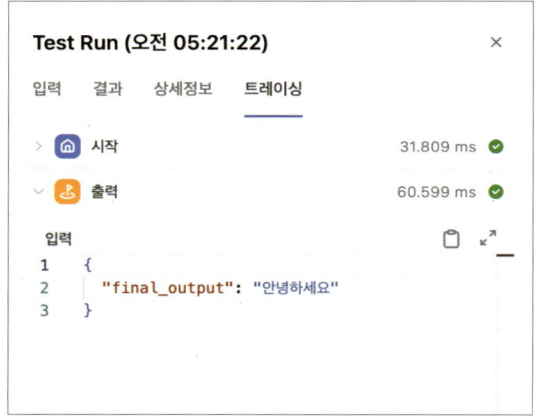

지금까지의 동작을 그림으로 나타내면 다음과 같습니다.

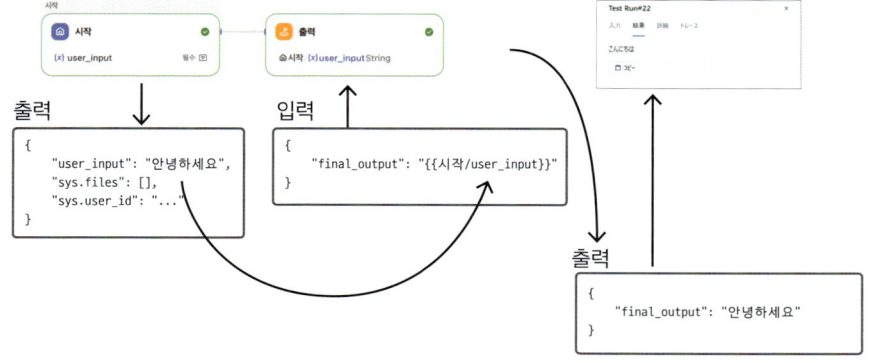

대체 어떻게 된 것일까요? 이 그림만 보면 조금 전문적인 느낌이 들지만 두려워할 필요는 없습니다. 우리들이 지금 하고 있는 일, 즉, '시작' 노드의 'user_input'을 '출력' 노드의 'final_output'에 집어넣는 것 뿐입니다. 사실 이것은 '변수 삽입'을 수행한 것입니다. 사실 매우 단순한 작업이며, 우리가 일상에서 하고 있는 일과 아주 비슷합니다.

예를 들면, 'OO 씨에게'라고 쓰여진 인사 카드가 있습니다. 거기에 '현이 씨에게', '진수 씨에게' 같이 친구나 동료의 이름을 적는 것과 같습니다.

Dify에서 하고 있는 일도 이와 같습니다. 'final_output'이라는 상자에 'user_input'이라는 내용물을 복사해서 그대로 넣은 것입니다. 어렵게 보이지만 사실 이렇게 간단합니다. 변수는 나중에 값을 변경할 수 이는 '상자'와 같은 것입니다. 예를 들면, 고객 이름을 넣은 상자, 금액을 넣은 상자 등 목적에 따라 다양한 상자를 제공할 수 있습니다.

6.1.5 입력 필드 설정 이해하기

'시작' 노드 설정 화면을 살펴 봅시다. 단순해 보이는 화면이지만 사실 상당히 심오한 화면입니다(조작을 거듭하면서 점점 알게 될 것입니다).

1. 필드 타입=입력 형태를 결정한다

'시작' 노드의 필드 타입에는 사용자로부터의 입력을 받기 위한 다양한 설정을 할 수 있습니다. 마치 레스토랑 메뉴처럼 목적에 맞춰 선택할 수 있는 7개의 기본 타입을 제공합니다.

① 짧은 텍스트: 1행으로 끝나는 짧은 문장을 입력할 때 사용합니다. 이름이나 ID 등을 입력할 때 사용합니다. SNS의 게시 필드 같은 1행짜리 입력 필드입니다.

② 문단 : 긴 문장을 입력할 때 사용합니다. 줄 바꿈도 사용할 수 있습니다. 블로그 아티클을 작성하는 이미지로 사용할 수 있습니다.

③ 선택: '네/아니오'처럼 정해진 선택지에서 선택할 때 사용합니다. 게임의 메뉴 같은 것입니다. 여러 선택지에서 선택할 수도 있습니다.

④ 숫자: 계산하고 싶은 숫자를 입력할 때 사용합니다. 정수, 소수 모두 입력할 수 있습니다. 즉, 숫자 이외의 값은 입력하고 싶지 않을 때 사용합니다.

⑤ 체크박스: 체크 박스로 입력할 때 사용합니다. 여러 항목을 선택해 입력할 수도 있습니다.

⑥ 단일 파일: 사진, 문서 등을 업로드할 수 있습니다. 인터넷의 파일도 지정할 수 있습니다. 자세한 내용은 6.11절에서 설명합니다.

⑦ 파일 목록: 여러 파일을 한 번에 업로드할 수 있습니다. 사진 앨범을 보아서 업로든 하는 느낌으로 조작할 수 있습니다. 자세한 내용은 6.11절에서 설명합니다.

2. 변수명=데이터에 이름을 붙인다

입력된 값을 식별하기 위한 이름입니다. 예를 들면, 이번에 사용한 'user_input' 같은 것입니다. 프로그램이 쉽게 이해할 수 알파벳을 사용해 간단한 이름을 붙입시다.

3. 레이블명=사람이 쉽게 이해할 수 있는 설명을 붙인다

사용자에게 표시하는 이름입니다. '이름', '나이', '질문 내용'과 같이 한국어를 사용해 입력해도 좋습니다. 사용자가 이해하기 쉬운 용어를 사용합시다.

4. 최대 길이=입력양을 제한한다

입력할 수 있는 문자 수의 상한선을 결정합니다. 짧은 텍스트는 256문제, 장문은 상당히 많은 양을 넣습니다. 단, 나중에 사용할 API 제한도 고려하면서 설정해야 합니다.

5. 필수 설정='반드시 입력하십시오' 표시

이 항목을 체크하면 해당 필드는 필수 입력 항목이 됩니다. 중요한 정보는 사용자가 잊지 않고 입력하게 설정합시다.

6.1.6 여러 입력 필드 설정하기

압력 필드는 하나만 사용할 수 있는 것이 아니라 여러 필드를 설정할 수 있습니다. 곧바로 추가해봅시다.

문단을 선택하고 메모 형식의 데이터를 입력한다고 가정합시다(왼쪽 그림). [변수명]은 'user_memo', [레이블명]은 '메모', [최대 길이]는 4096으로 설정합니다. [입력 필드]의 [+]를 클릭하고 필요한 값을 입력한 뒤 [저장]을 클릭합니다. 그러면 오른쪽 그림과 같이 입력 필드가 추가됩니다.

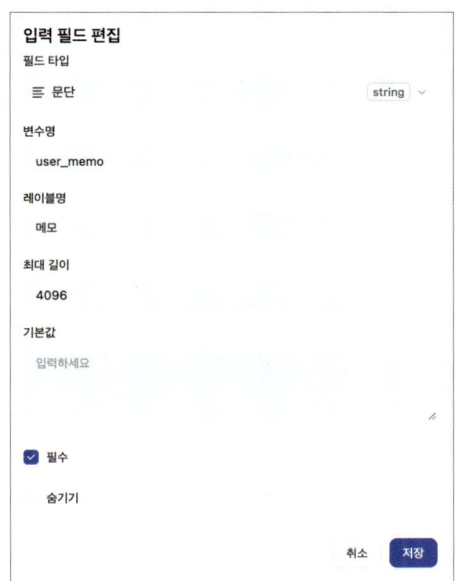

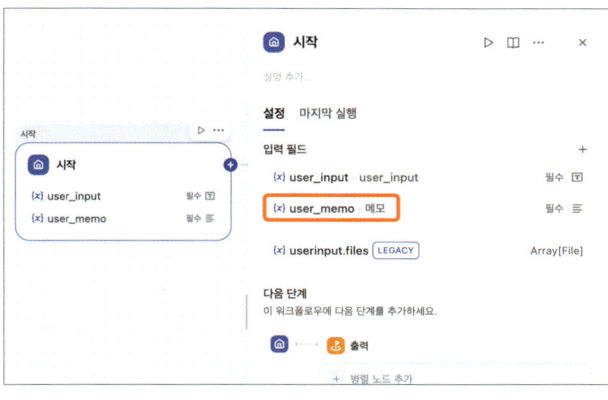

6.1.7 여러 출력 변수를 지정할 때의 주의점

'여러 입력을 설정할 수 있다면, 여러 출력도 설정할 수 있겠지요?' 예리합니다! 물론 가능합니다. '출력' 노드에 앞에서 만든 2개의 입력에 대응하는 출력을 설정해봅시다. 출력 변수를 다음과 같이 설정합니다.

- `final_output`: 시작/user_input

- `memo_output`: 시작/user_memo

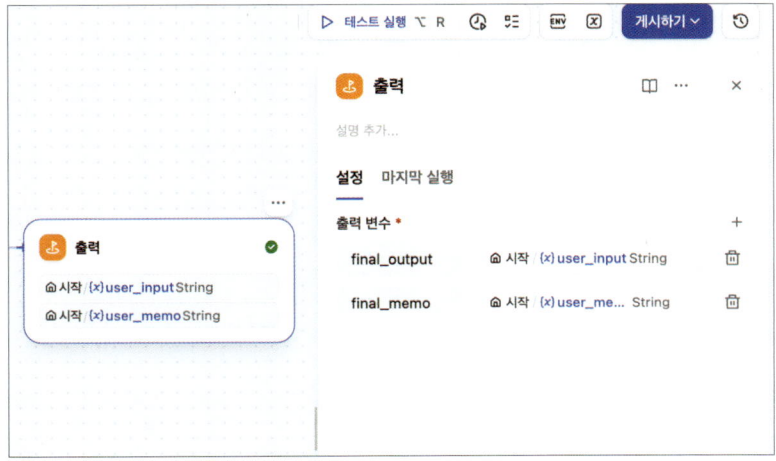

그럼 아래 그림과 같이 무언가 입력하고 실행해 확인해 봅시다. '음? 아무것도 표시되지 않는다. 에러인가? JSON 형식만 출력된다…' 당황하지 마십시오. 이 동작은 정상입니다. 사실 여러 출력 변수가 있을 때는 결과를 JSON 형식으로 모아서 출력합니다.

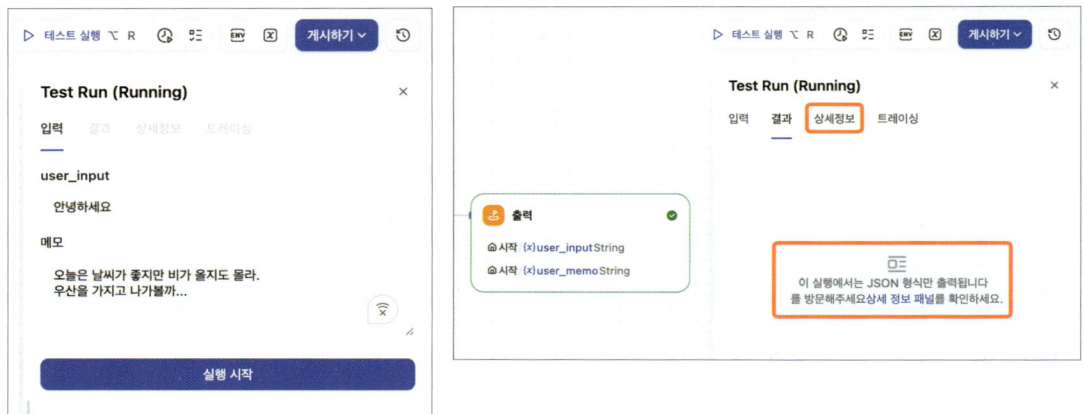

[상세정보] 탭을 클릭해 봅시다. 데이터는 확실하게 출력되고 있을 것입니다. 단지, 표시 방법이 특수할 뿐입니다.

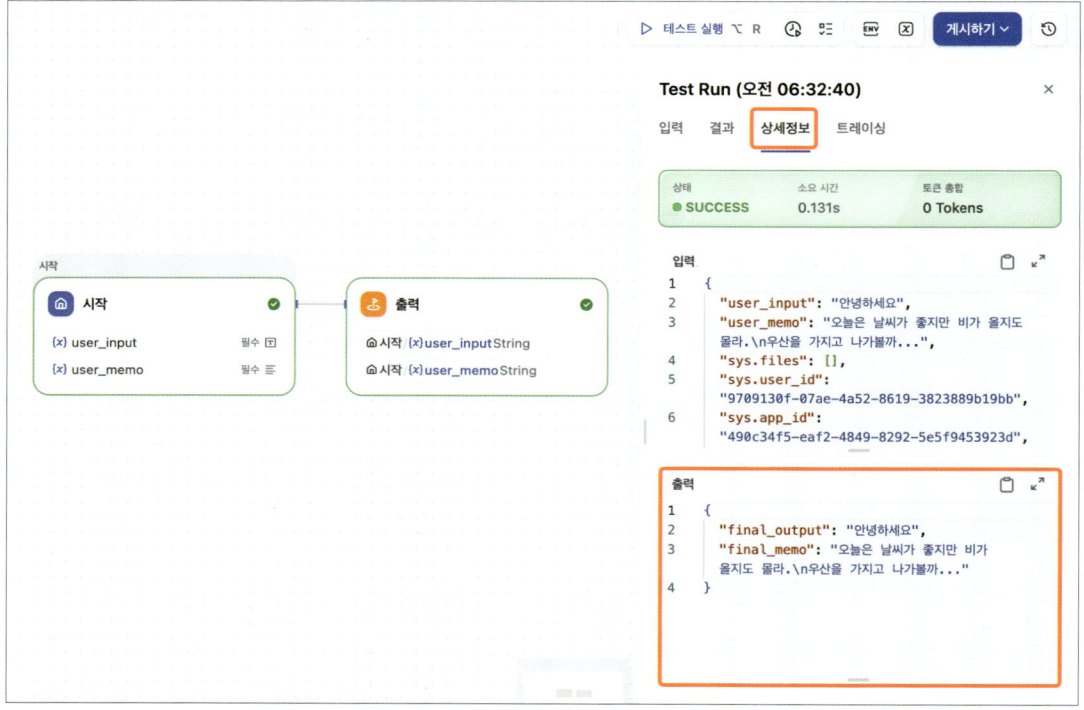

6.1.8 마크다운을 사용해 보다 풍부하게 출력하기

출력된 결과가 단순한 텍스트라면 다소 실망스러울 것입니다. 사실 Dify의 출력은 마크다운 (markdown) 형식 데이터도 지원합니다. 이것을 사용하면 출력을 보다 풍부하게 표현할 수 있습니다. '마크다운? 또 새로운 용어가…'라고 생각하는 분이 있을지도 모릅니다. 마크다운 형식은 매우 단순한 표기법으로 기억하기도 쉽습니다. 그럼 실제로 시험해 봅시다. '문단' 타입의 데이터를 그대로 출력하게 합니다. user_input 항목은 필요하지 않으므로 휴지통 아이콘을 클릭해 삭제합시다. 오른쪽 그림과 같이 user_memo만 출력합니다.

[▷ 테스트 실행]을 클릭하고 'user_memo에 다음과 같이 마크다운 형식의 데이터를 입력한 뒤 [실행 시작]을 클릭해 봅시다.

마크다운 형식 표시 테스트
마크다운이란 무엇인가?
우선 데이터를 깔끔한 형태로 정리해서 출력하기 위한 표기 언어입니다.
마크다운의 장점은?
- 다양합니다.
- 섹션별로 작성할 수 있습니다.
- 테이블 형식으로 작성할 수 있습니다.
- 이미지도 삽입할 수 있습니다.

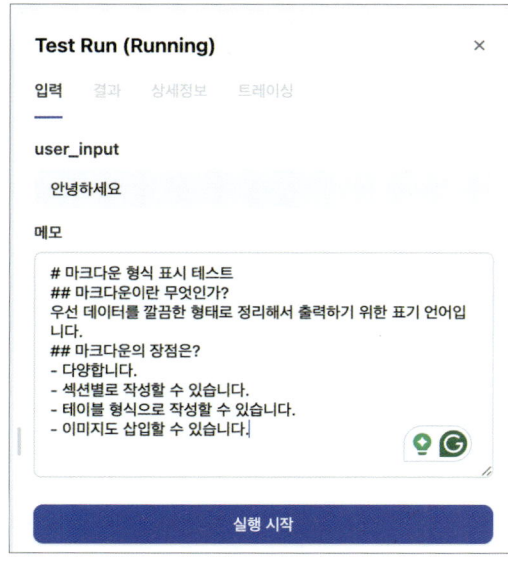
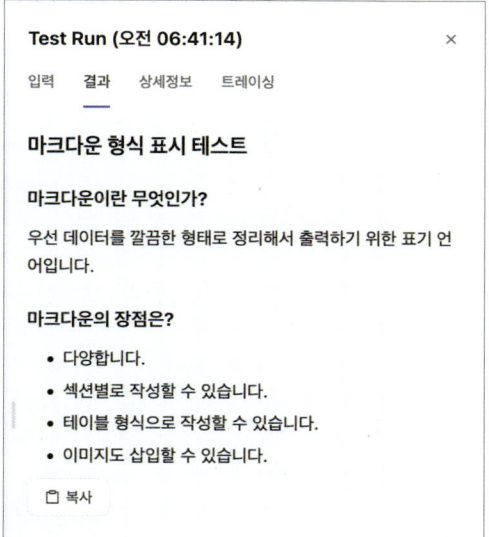

오른쪽 그림과 같이 깔끔한 형태로 정리되어 표시됩니다. 제목은 크게, 목록은 불릿 리스트로 표현됩니다. 본격적인 웹페이지처럼 보이기도 합니다.

'이거라면 보고서에 활용할 수도 있겠다'··· 그렇습니다. 마크다운을 사용하면 다음과 같은 작업도 할 수 있습니다.

- 문서 구조화: 제목, 목록으로 문장을 정리한다.
- 테이블 작성: 데이터를 테이블 형식으로 보기 쉽게 정리한다.
- 그림 표시: 플로우 차트, 다이어그램 등을 그린다.
- 코드 표시: 프로그램 코드를 보기 쉽게 표시한다.

> ※ 주의: 플로우차트 등을 표시할 때는 마크다운 형식이 아니라 mermaid 표기법을 따릅니다.

실질적인 예시를 살펴 봅시다. 다음과 같은 마크다운 형식 데이터를 입력한 뒤 실행해 봅시다.

```
## 워크플로우의 기본 구조

---mermaid
graph LR
A[시작] --> B[LLM] --> C[출력]
---

| 설정 항목 | 설명 | 예 |
|---------|------|-----|
| 필드 타입 | 입력 데이터 종류 | 텍스트, 문단, 수치, 드롭 다운 |
| 변수명 | 시스템 안에서의 식별자 | user_name, age, query |
| 레이블명 | UI에서의 표시명 | 고객, 나이, 질문 내용 |

Dify를 활용해보십시오!
```

다음과 같은 화면이 표시됩니다.

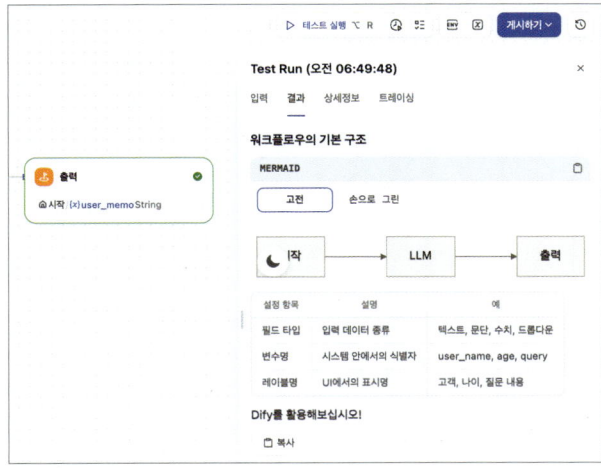

어떻습니까? 텍스트가 깔끔하게 정리되어 표시됩니다. 마크다운 형식 데이터를 사용하면 이렇게 출력을 풍부하게 표현할 수 있습니다. 특히 플로우 차트 부분에서는 mermaid 표기법을 사용해 플로우의 구조를 시각적으로 표현할 수 있습니다. 입력 텍스트로부터 실제 출력 형태를 보는 '첫 번째 타입'의 깊이라고 할 수 있습니다.

워크플로우에는 반드시 '출력' 노드가 최소 하나는 필요합니다. 그리고 '시작'–'출력' 노드는 워크플로우의 최소 세트입니다. 단순하지만 여기에서 하나의 노드를 더 추가하면 보다 고도의 기술을 사용할 수 있게 됩니다. 이 타입에서 모든 것이 시작됩니다. 그야말로 알파이자 오메가입니다.

6.2 타입 2 = 시작 - LLM - 종료: 궁극의 형태

6.2.1 왜 '궁극'인가?

앞 절에서 '시작'–'출력'이라는 기본 형태에 관해 학습했습니다. 여기에 'LLM'을 추가하면 상상을 뛰어 넘는 강력한 타입이 완성됩니다.

최신 LLM은 단순히 문장을 생성하는 기계가 아닙니다. 사람처럼 생각하고, 문제를 해결하고, 해결책을 도출합니다. 우리들이 자세하게 지시하지 않아도 LLM이 직접 생각해 최적의 대답을 찾아냅니다. 즉, AI 기술이 진화할수록 이 형태로 집약될 것입니다. 그래서 이 형태를 '궁극'이라고 부르는 이유입니다. 기본적인 형태는 다음과 같습니다.

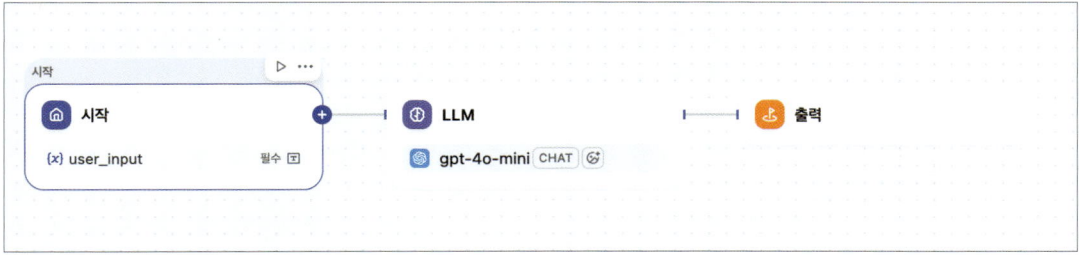

이 형태는 5장에서 이미 다루었지만 다시 한 번 자세히 살펴 봅시다. 그럼 노드들을 실제로 조합해 봅시다.

먼저 단순하게 '시작'–'출력' 형태를 만듭니다. '시작' 노드의 [입력 필드]를 user_input으로 설정합니다.

6.2.2 LLM 추가

'시작' 노드와 '출력' 노드를 배치했다면 그 사이에 'LLM' 노드를 추가합니다. [+] 버튼을 클릭해 'LLM' 노드를 추가합시다.

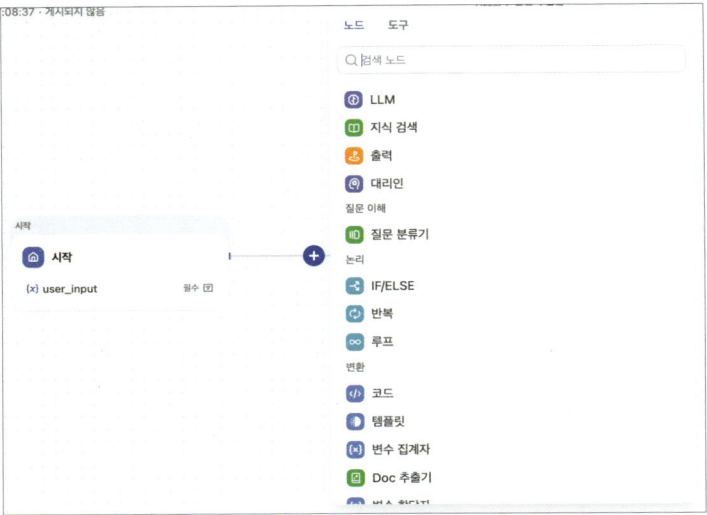

설정 화면이 표시되면 다음과 같이 'LLM' 노드를 설정합니다.

- [모델]: gpt-4o-mini (또는 선호하는 모델)

- [컨텍스트]: 시작/user_input

[SYSTEM](프롬프트):

> 당신은 친절한 어시스턴트입니다.
> 사용자의 입력에 대해 간소하고 이해하기 쉽게 대답하십시오.

= [USER](프롬프트): **'컨텍스트'를 설정합니다.**

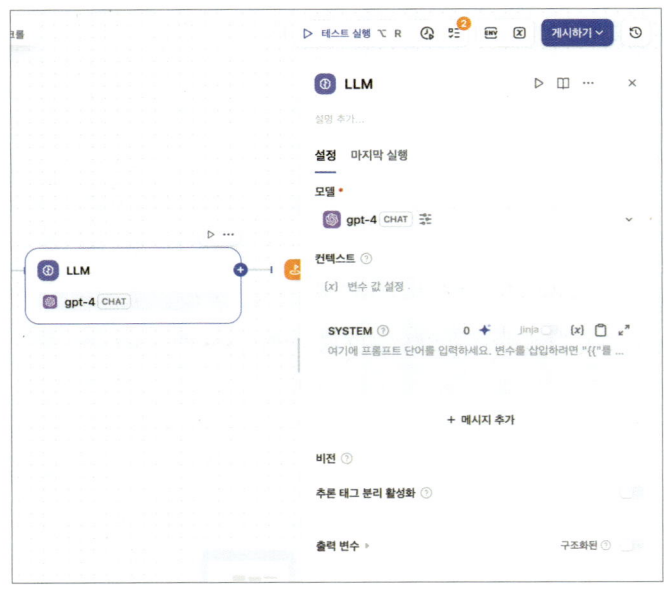

마지막으로 '출력' 노드에 'LLM' 노드로부터의 출력을 정의합니다. 이것으로 '시작' → 'LLM' → '출력'이라는 기본 형태는 완성입니다.

다음은 5장에서 설명한 것과 같습니다. [▷ 테스트 실행] 버튼을 클릭한 뒤 원하는 질문을 입력합시다. 프롬프트를 변경하거나 2장에서 설명한 것처럼 LLM을 조정하는 등의 방법으로 대답의 정확도를 여러분 나름대로 조정해보십시오.

6.2.3 변수 설정하기

지금까지의 설명으로 기본적인 LLM 사용 방법을 학습했습니다. 이번 섹션에서는 변수를 다뤄봅니다. 사실 변수는 시스템 프롬프트나 사용자 프롬프트 안에도 직접 삽입할 수 있습니다. 이 방법이 얼마나 편리한지 구체적인 예시를 통해 살펴 봅시다.

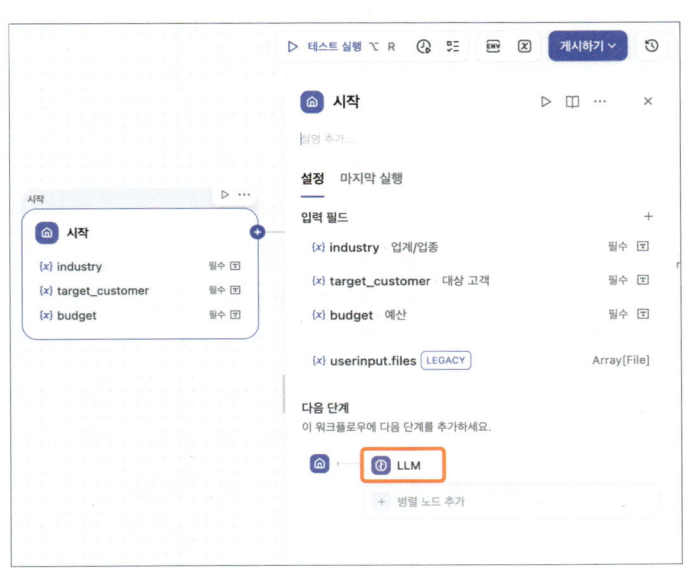

'시작' 노드에서 '업계/업종', '대상 고객', '예산' 등을 정의하면 이 조건에 따라 기획서를 작성해주는 워크플로우를 생각해봅시다.

먼저 이들을 입력할 변수들을 '시작' 노드에 등록합시다.

● '시작' 노드에 입력 변수 정의하기

'시작' 노드에 3개의 변수를 설정합니다.
- 업계/업종(industry)
- 대상 고객(target_customer)
- 예산(budget)

● 프롬프트에 변수 삽입하기

다음으로 'LLM' 노드의 프롬프트에 변수를 삽입합니다.

[SYSTEM](프롬프트)

industry는 '시작' 노드에서 설정한 변수명입니다. 이제 AI는 지정된 업계에 관한 기획서를 작성할 수 있습니다(※ 주: 5장에서 설명한 것처럼 [SYSTEM] 입력 필드에 /를 입력하면 선택할 수 있는 목록이 표시됩니다).

> 당신은 시작/{x}industry 업계에 정통한 비즈니스 컨설턴트입니다. "시작/{x}industry" 업계의 최신 트렌드와 과제를 바탕으로 혁신적인 비즈니스 기획을 제안할 수 있습니다.

다음으로 [USER](프롬프트)에도 변수를 삽입합시다. target_customer와 budget 변수를 삽입합니다.

[USER](프롬프트)

> 시작/{x}industry 업계용 신규 비즈니스 기획서를 작성해주십시오.
> 대상 고객은 시작/{x}target_customer입니다.
> 예산은 시작/{x}budget원 정도를 가정합니다.
>
> 기획서에는 다음 항목을 포함하십시오:
> 1. 기획 개요
> 2. 시작 분석
> 3. 경쟁 분석
> 4. 수익 모델
> 5. 리스크 및 그 대책

오른쪽 그림과 같이 '시작' 노드에 설정된 [입력 변수]를 프롬프트 안에 삽입할 수 있습니다.

물론 '시작' 노드 이외에도 여러 노드에 설정된 변수나 노드로 출력된 변수도 삽입할 수 있습니다.

무엇을 삽입할 수 있는지는 프롬프트 입력 필드에서 {x} 아이콘을 클릭하거나 /를 눌러 변수 목록을 표시해 확인할 수 있습니다. 해당 목록 중에서 적절한 것을 선택해 삽입하면 됩니다.

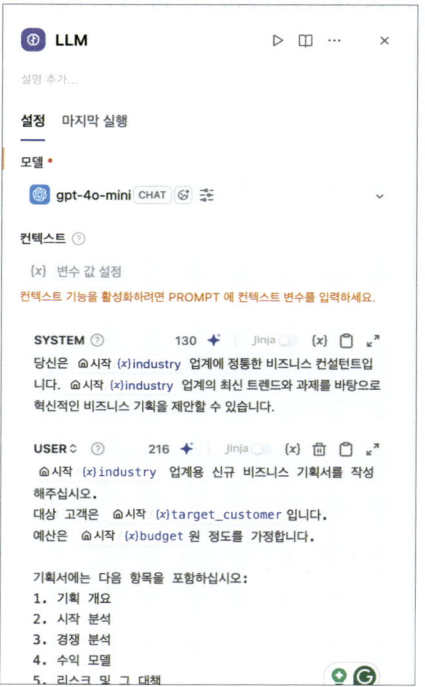

● **테스트해 확인하기**

실제로 테스트해 봅시다. '시작' 노드에서 다음과 같이 변수를
설정합니다.
- [업계/업종]: 식음료
- [대상 고객]: 20대 싱글
- [예산]: 1억

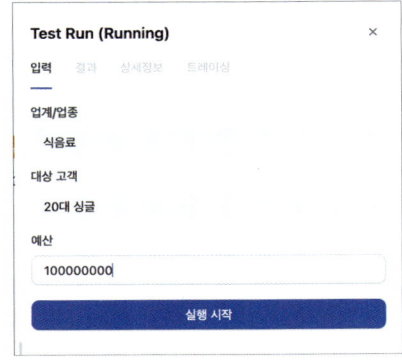

입력 필드에 필요한 값을 설정했다면 [실행 시작]을 클릭합니다.
출력 결과는 다음과 같습니다.

신규 비즈니스 기획서: "싱글이 즐기는 맞춤형 식음료 구독 서비스"

1. 기획 개요
현대 사회에서 20대 싱글은 바쁜 일상 속에서 간편하고 건강한 식사를 원하고 있습니다. 이에 따라, "싱글이 즐기는 맞춤형 식음료 구독 서비스"는 고객의 라이프스타일에 맞춘 다양한 식음료 옵션을 제공하여 이들의 요구를 충족시키고자 합니다. 이 서비스는 주기적으로 고객의 취향에 맞는 식사 키트와 건강 음료를 배달해 주는 형식으로 운영됩니다. 고객은 앱을 통해 주문하고, 맞춤형 레시피와 영양 정보를 제공받게 됩니다.

2. 시장 분석
2.1. 타겟 시장
- **대상 고객**: 20대 싱글 (대학생, 직장 초년생 등)
- **시장 크기**: 20대 인구는 약 700만명, 그 중 싱글 비율 50%를 가정할 경우, 약 350만명의 잠재 고객 존재.

2.2. 소비 트렌드
- 건강 및 웰빙에 대한 관심 증가.
- 간편식 및 구독 서비스 수요 증가.
- 지속 가능한 식음료 소비에 대한 관심.

3. 경쟁 분석
3.1. 주요 경쟁자
- **기존 구독 서비스**: HelloFresh, Blue Apron 등
- **간편식 브랜드**: CJ제일제당, 풀무원 등

3.2. 경쟁 우위
- **맞춤형 서비스**: 고객의 취향과 dietary restriction(예: 비건, 글루텐 프리 등)에 맞춘 유연한 옵션 제공.
- **지역 및 소규모 생산자와의 제휴**: 지역 식자재를 활용하여 신선한 제품 제공.
- **커뮤니티 구축**: 고객 참여형 레시피 공유 및 이벤트 개최를 통한 충성도 상승.

4. 수익 모델
4.1. 구독 모델
- **월 구독 비용**: 30,000원 (주 2회 배송, 맞춤형 식사 키트 + 건강 음료)

4.2. 추가 수익원
- **프리미엄 옵션**: 추가 요리법, 특별한 식재료 패키지 제공.
- **제휴 마케팅**: 관련 제품(주방 용품, 헬스 보조제 등)과의 제휴를 통한 수익 창출.

4.3. 예상 수익
- 1년 목표: 1,000명의 구독자로 시작하여 매달 30,000,000원의 매출 예상.

5. 리스크 및 그 대책
5.1. 리스크
- **경쟁 심화**: 유사 서비스의 증가.
- **고객 이탈**: 구독 해지율 증가.
- **물류 문제**: 배송 지연 및 품질 저하.

5.2. 대책
- **마케팅 강화**: SNS 및 인플루언서를 활용한 프로모션으로 브랜드 인지도 상승.
- **고객 피드백 수렴**: 정기적인 고객 만족도 조사 및 피드백을 통한 서비스 개선.
- **효율적인 물류 시스템 구축**: 물류 파트너와의 협력 강화를 통한 안정적인 배송망 구축.

결론
"싱글이 즐기는 맞춤형 식음료 구독 서비스"는 20대 싱글을 타겟으로 한 혁신적인 비즈니스 모델로, 건강과 편리함을 동시에 제공하여 시장 내 경쟁력을 갖출 수 있습니다. 초기 투자 비용인 100,000,000원을 활용하여 마케팅, 물류 시스템 구축, 그리고 초기 재고 확보에 집중할 예정입니다. 이를 통해 지속 가능한 성장을 이루고, 고객의 요구를 충족하는 브랜드로 자리매김할 것입니다.

타입 2만 사용해도 기획서나 문서 등을 확실하게 자동으로 생성할 수 있습니다. 변수 삽입은 Dify의 가장 기본적인 기능입니다.

6.2.4 이 형태가 가진 진짜 힘

'시작 – LLM – 출력'의 형태는 매우 단순해 보이지만 사실은 강력한 무기입니다. 최신 LLM(예: gpt-o1/o3, Google Gemini thinking, DeepSeek R1)은 인간처럼 사고합니다. 또한, 단순히 질문에 대답하는 것에 그치지 않고 Chain of Thought를 구사해 문제를 분해하고 해결책을 도출합니다.

'이것도 아니고, 저것도 아니다'처럼 프롬프트를 세세하게 조정하지 않아도 LLM이 스스로 생각하고, 모순을 검출하면 '여기가 이상하다'고 생각하고 수정합니다. 단, 최신 LLM은 비용 측면에서 가벼운 마음으로 사용하기는 어려우므로 실무에서는 경량 모델을 조합해 다단계로 처리하는 방법을 선택하기도 합니다(다음 힌트 참조). 또한, 뒤에서 설명할 멀티 모달 기능을 사용하면 이미지, 문서도 이 기본 형태에서 순식간에 처리할 수 있습니다. 즉, 이 형태를 마스터한 뒤 필요에 따라 유연하게 확장하는 것이 AI 애플리케이션 작성의 가장 효과적인 접근 방식이라고 할 수 있습니다.

6.2.5 CoT를 'LLM' 노드로 구현하기

'LLM' 노드로 CoT를 구현하는 예시를 잠깐 살펴 봅니다.

포인트는 해법의 계획을 세워 실행하는 LLM 도구와 그 대답을 검증하는 노드를 나누는 것입니다. 이렇게 함으로써 하나의 LLM에 가해지는 부담을 줄이면서 검증에도 집중할 수 있습니다. CoT를 구현할 때는 이렇게 여러 노드를 연계시키는 방법이 매우 효과적입니다.

프롬프트에 관한 큰 힌트는 '혼잣말'에서 생각해 '혼잣말을 명시적으로 표시'하고 그것을 참조하면서 생각하게 하는 것입니다.

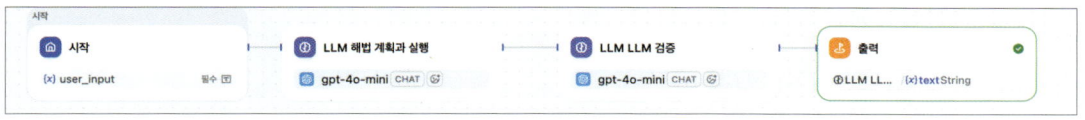

6.3 타입 3 = 조건 분기: 조건에 따른 처리 분기

'시작' – 'LLM' – '출력'이라는 한 방향의 워크플로우는 매우 강력합니다. 하지만 조금 더 똑똑하게 만들 수 없을까요? 예를 들면, 질문 내용에 따라 다른 방식으로 대답하거나 사용자의 상황에 맞춰 대응을 바꾸는 등으로 말입니다. 이런 경우에 필요한 것이 바로 '조건 분기'입니다.

● 조건 분기란?

우리들은 일상 생활에서 항상 조건 분기를 수행합니다.

- '눈이 내리면, 우산을 가지고 간다.'
- '고객이 오면, 차를 대접한다.'
- '다른 세계에 간다면, 최선을 다한다.'

Dify에서는 이 '만약 ~ 한다면' 이라는 판단을 2가지 방법으로 실현합니다.

- 'IF/ELSE' 노드: 명확한 조건에 따라 분기
- '질문 분류기' 노드 노드: AI에 의해 분류

● 'IF/ELSE' 노드: 단순하지만 강력

'IF/ELSE' 노드는 다소 어려운 이름인 듯 하지만 사용 방법은 직관적입니다. 예를 들면, 다음 경우를 생각해봅시다.

> 만약 몸무게가 65kg 이하라면
> → '그 상태로 좋습니다!' 라고 칭찬한다.
>
> 그렇지 않으면,
> → '괜찮습니다. 함께 다이어트 힘냅시다!'라고 응원한다.

실제 설정은 3단계입니다.
① IF-ELSE 노드를 배치한다.
② 조건을 설정한다(예: weight<=65)
③ YES일 때와 NO일 때의 처리를 설정한다.

● '질문 분류기' 노드: AI의 판단으로 현명하게 분류

'질문 분류기' 노드 노드는 보다 유연합니다. 인간의 질문한 의도를 이해하고, 적절한 카테고리로 분류합니다. 예를 들면, 다음과 같은 질문을 생각해봅시다.

- '오늘 우산이 필요한가?'
- '자이언츠가 이겼나?'
- '주가는 어떻게 되었는가?'

이런 질문들을 자동으로 '날씨', '스포츠', '뉴스' 같은 카테고리로 나눠주는 것입니다. 설정하는 흐름은 간단합니다.

① 질문 분류키 노드를 배치한다.

② 분류할 카테고리를 설정한다.

③ 카테고리별 처리를 설정한다.

● **어느 쪽을 사용해야 하는가?**

두 가지 노드의 사용을 구분하는 포인트는 '조건이 명확한가?'입니다.

- 'IF/ELSE' 노드는 명확한 조건을 사용한 분기에 사용한다

  - 나이가 20세 이이상인가?

  - 잔액인 10,000원 이상인가?

  - 재고가 있는가?

- '질문 분류기' 노드 노드는 의도를 이해해야 할 때 사용한다

  - 질문의 종류 판단

  - 문의의 긴급도 판단

  - 문장의 감정 분석

실제 예시를 보면서 'IF/ELSE' 노드부터 시험해 봅시다.

6.3.1 단순한 조건 분기 IF/ELSE

'만약 ~ 한다면'에 해당하는 조건 분기입니다. 구체적인 예시를 사용해 만드는 방법을 살펴 봅시다. 기본 형태는 다음과 같습니다.

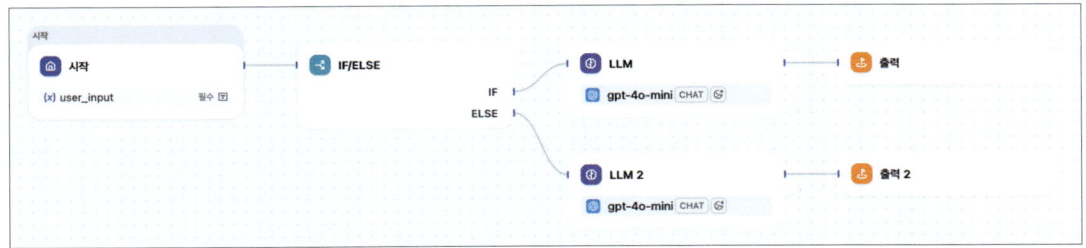

이번 예시에서는 다음을 수행합니다.

① 사용자는 질문 타입 중 '단순한 질문인지, 고도의 질문인지'를 선택한다.

② 질문을 입력한다.

③ 타입을 판정하고 적절한 AI 모델을 선택한다.

④ 선택한 모델로 질문에 대답한다.

● '시작' 노드 설정하기: 입력 준비

먼저 사용자로부터의 입력을 받을 준비를 합니다. 2개의 정보가 필요합니다. 질문 종류를 선택하는 필드 타입은 [선택]을 사용합니다. 설정은 다음과 같습니다.

- [변수명]: question_type
- [레이블명]: 질문 종류
- [필드 타입]: '선택'
- [옵션]

[+ 옵션 추가]를 클릭하면 옵션을 입력할 수 있습니다. '단순한 질문'과 '고급 질문'을 설정합니다. 설정을 마쳤다면 [저장]을 클릭합니다.

질문 내용을 입력하는 텍스트 영역은 다음과 같이 설정합니다.
- [변수명]: question
- [레이블명]: '질문'
- [필드 타입]: 문단
- [최대 길이]: 4096

설정을 마쳤다면 [저장]을 클릭합니다.

● 'IF/ELSE' 노드를 사용해 분기 만들기

여기부터가 본 과제입니다. 'IF/ELSE' 노드를 사용해 질문 종류에 따라 분기를 만듭니다. '시작' 노드 다음에 'IF/ELSE' 노드를 추가합니다. '시작' 노드 오른쪽 [+]를 클릭한 뒤 노드 목록에서 'IF/ELSE' 노드를 선택합니다.

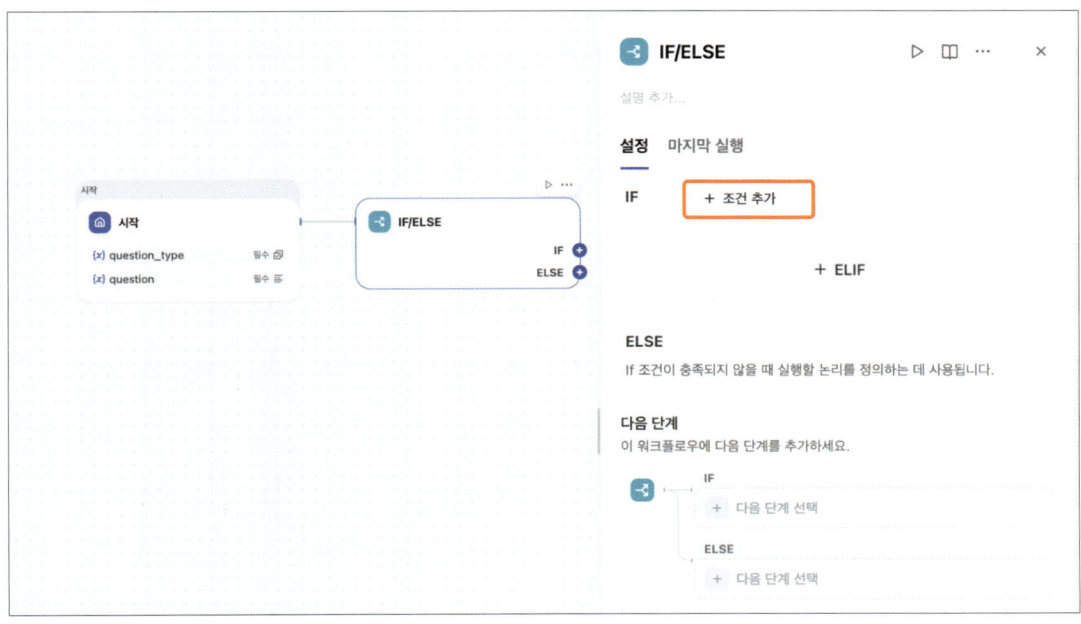

[IF] 항목 옆의 [+ 조건 추가] 버튼을 클릭합니다.

변수 목록이 표시됩니다. question_type을 선택합니다.

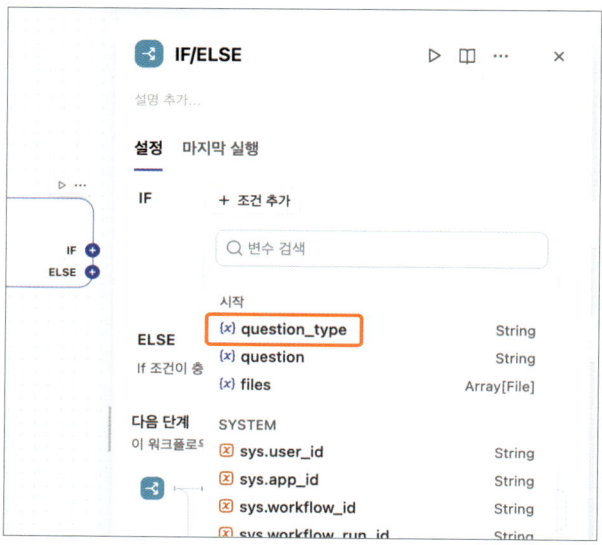

그러면 다음과 같이 표시됩니다.

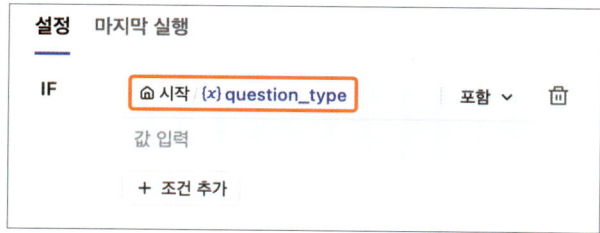

'만약 question_type이 OO를 포함한다면(이 이후의 노드로 진행한다)'는 의미의 구문입니다.
여기에 조건을 지정해야 합니다. 값을 입력하는 부분에 '단순한 질문'이라고 입력합니다.

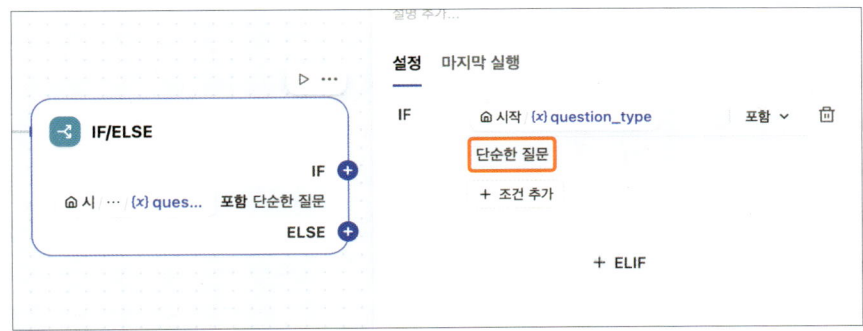

이것으로 '만약 question_type이 단순한 질문이라면…'이라는 조건을 설정했습니다. "단순한 질문" 외에는 "고급 질문"이 됩니다. 그러므로 ELSE 분기에는 고급 질문 판단을 위한 처리를 하지 않아도 됩니다.

> ※ 주의: 조건의 '포함한다'를 조건 연산자라 부릅니다. 그 밖에도 여러 연산자가 있습니다.

6.3.2 각 분기에 LLM을 연결해 설정하기

각 분기에 적절한 AI 모델을 설정합니다.

● 단순한 질문용 LLM(IF 쪽)

'LLM' 노드를 [IF]와 [ELSE]에 연결합니다. 먼저 [IF] 부분의 [+]를 클릭한 뒤 노드 목록에서 [LLM] 노드를 선택합니다.

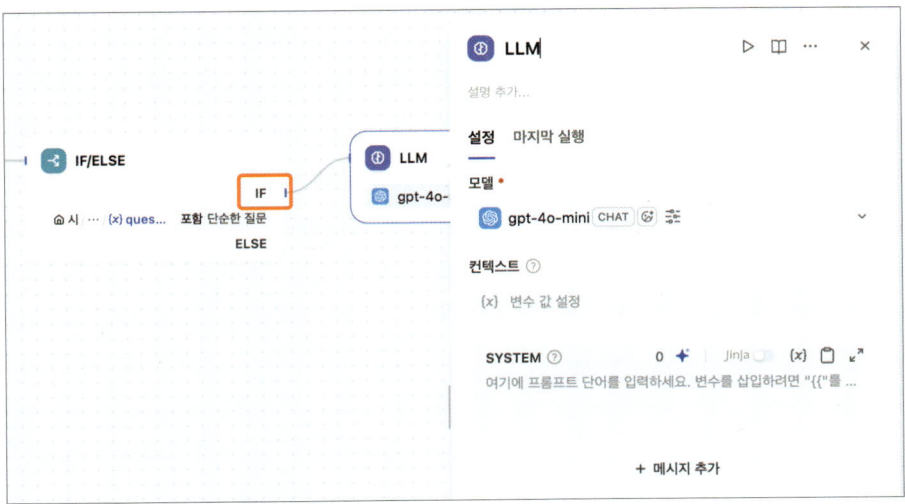

'LLM' 노드의 제목 부분을 클릭하면 제목을 변경할 수 있습니다. 여기에서는 'LLM(단순한 질문용)'으로 설정했습니다. [모델]은 기본값인 gpt-4o-mini로 설정합니다. [컨텍스트]는 '시작/question'으로 설정합니다.

[SYSTEM](프롬프트)

당신은 친절한 어시스턴트입니다. 단순한 질문에 대해 이해하기 쉽고 간략하게 대답하십시오. 200문자 이내로 대답하십시오.

[USER](프롬프트)

컨텍스트를 선택합니다.

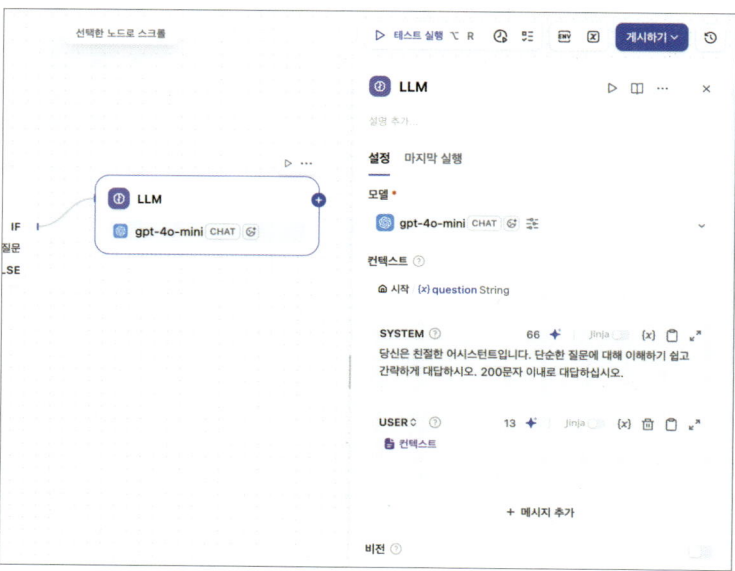

● 고급 질문용 LLM(ELSE 쪽)

[ELSE] 쪽에도 LLM을 추가합시다. 고급 질문을 위한 LLM입니다. [ELSE]의 [+] 버튼을 클릭합니다. 노드 목록에서 [LLM] 노드를 선택합니다.

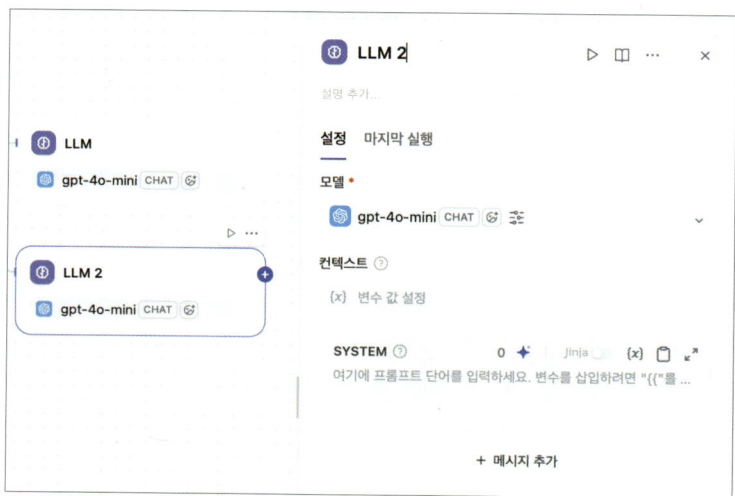

'LLM' 노드의 제목 부분을 클릭하고 제목을 'LLM(고급 질문용)'으로 설정합니다. 컨텍스트는 '시작/question'입니다. 고급 질문을 받기 위한 LLM은 gpt-4o로 설정합니다.

[SYSTEM](프롬프트)

> 당신은 박식한 어시스턴트입니다. 어려운 질문에 대해 자세하고 정확하게 대답하십시오.
>
> 필요에 따라 전문적인 지식이나 최신 정보를 포함해 대답하십시오.
>
> 가능한 자세한 내용이 필요하므로 출력 문자 수 제한에는 신경쓰지 마십시오.

[USER](프롬프트)

컨텍스트를 선택합니다.

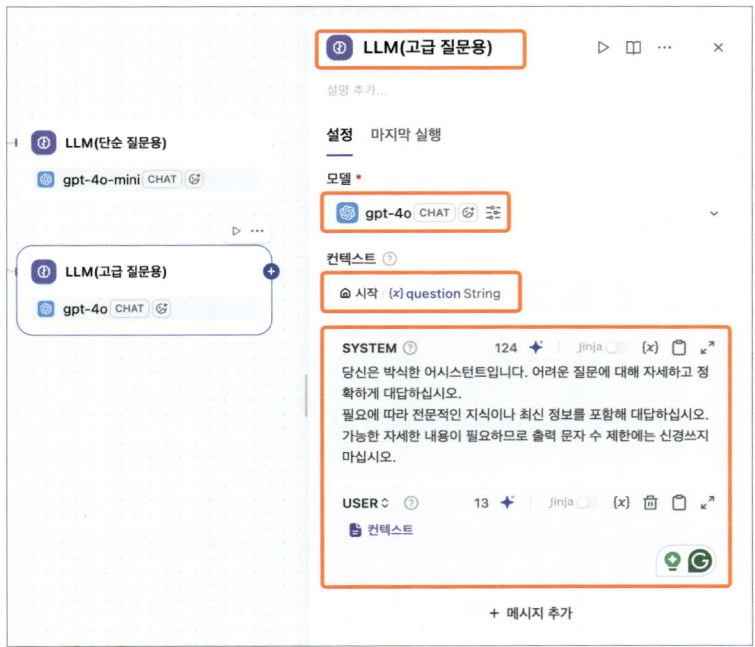

6.3.3 '출력' 노드 추가하기

마지막 '출력' 노드를 추가(연결)합니다. 'LLM(단순 질문용)' 노드에 '출력' 노드를 추가합니다. [출력 변수]는 output으로 하고 출력값은 'LLM(단순 질문용)/text'로 합니다.

같은 방법으로 'LLM(고급 질문용)' 노드에도 '출력' 노드를 추가합니다. [출력 변수]도 마찬가지로 output으로 하고 출력값은 'LLM(고급 질문용)/text'로 설정합니다.

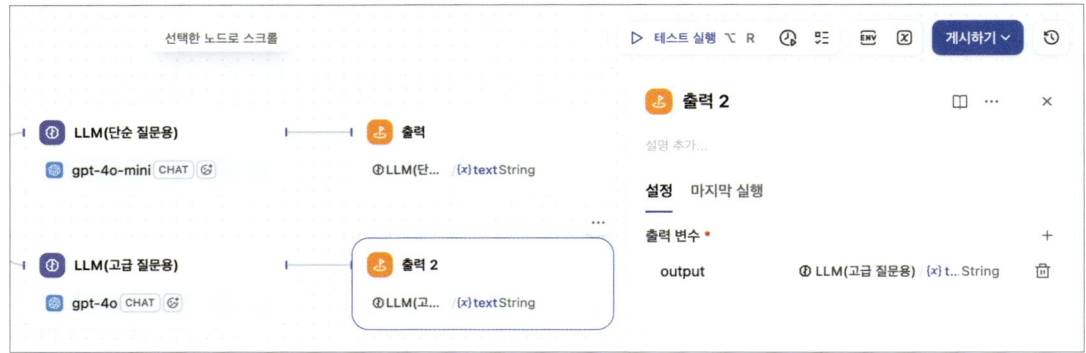

"출력' 노드가 2개인데 괜찮을까?'라고 생각했습니까? 괜찮습니다. 각 'LLM' 노드의 출력을 같은 변수명 'output'으로 받도록 설정하면, 어떤 경로를 거치든 최종적으로 같은 output으로 결과가 출력됩니다.

6.3.4 실행하기

화면 오른쪽 위 [▷ 테스트 실행] 버튼을 클릭합니다. 그리고 단순한 질문을 골라 질문하면 다음과 같이 단순한 질문 경로가 실행됩니다.

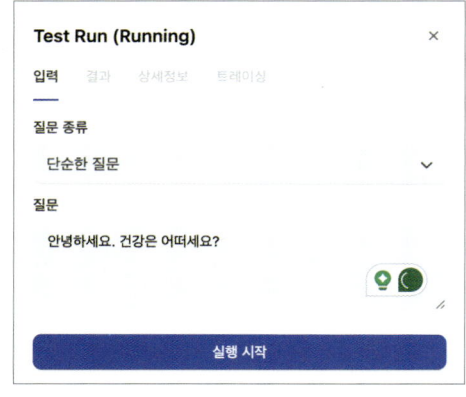
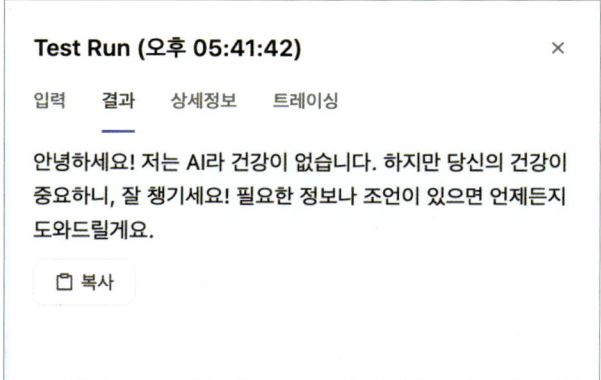

다음으로 조금 어려운 화제로 '고급 질문'을 선택해서 질문해봅시다.

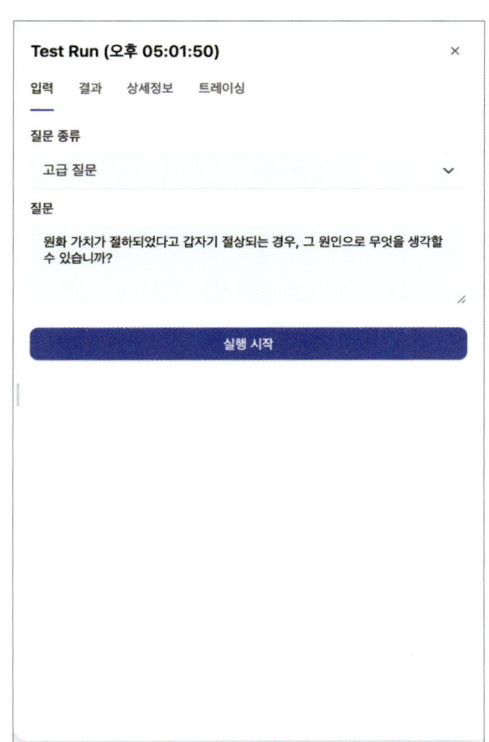
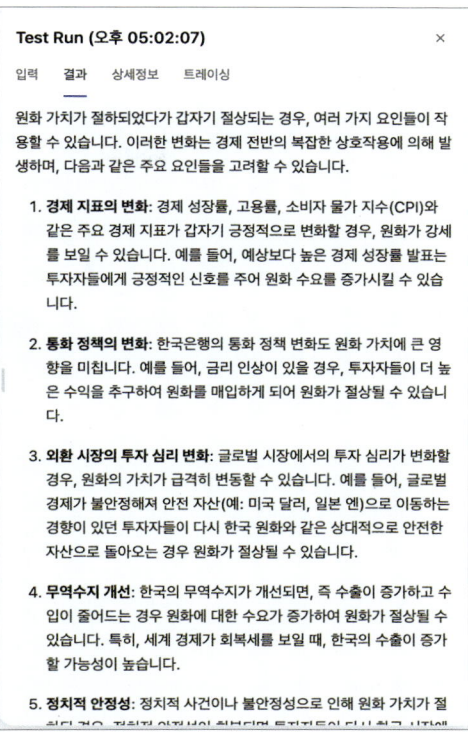

각 질문 타입을 선택해 질문하면 타입에 맞춰 LLM이 동작하는 것을 확인할 수 있습니다.

6.3.5 ELIF

선택지가 IF/ELSE만 있을 때는 둘 중 한가지를 골라야 합니다 하지만 현실적으로는 세 가지 선택지 혹은 여러 선택 중 한가지를 골라야 하는 때가 있습니다. 예를 들면, 지금까지의 조건 이외에 '중간 수준의 질문'이 들어온다면 어떻게 해야 할까요? ELSE 가지에 한 번 더 IF/ELSE를 추가해야만 할 것입니다.

이런 형태라면 조건이 늘어날수록 한 쪽으로 기울어 헤엄치는 물고기 같이 되어버립니다. 그다지 아름답지 않습니다. 가능하면 'IF/ELSE' 노드 하나로 완결을 짓는 편이 낫지 않을까요?

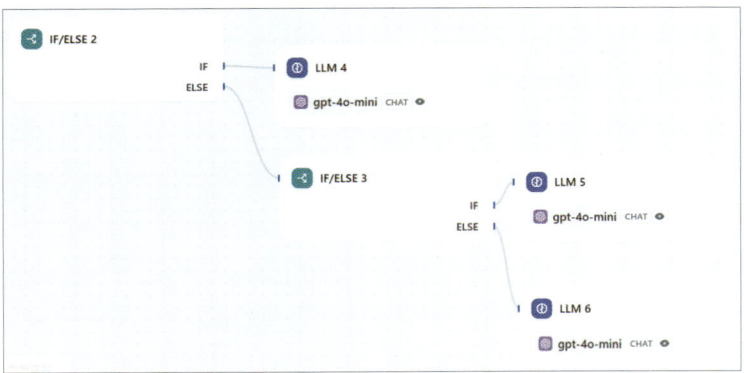

이런 경우 ELIF를 사용할 수 있습니다. 'IF/ELSE' 노드를 엽니다. [+ ELIF] 버튼을 클릭해 봅시다.

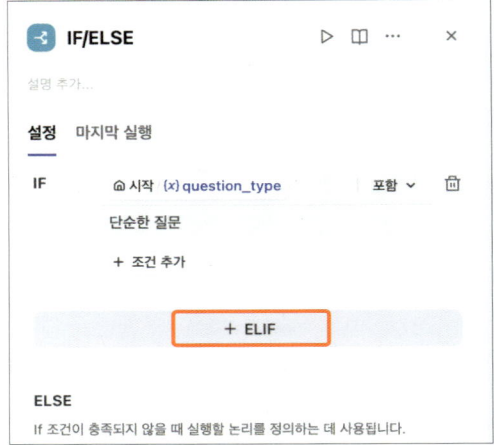

[IF] 아래 [ELIF]가 나타납니다.

여기에 조건을 추가합시다, 새로운 조건 '중간 정도의 질문'을 설정합니다.

그러면 'IF/ELSE' 노드에 [ELIF]가 추가되는 것을 알 수 있습니다.

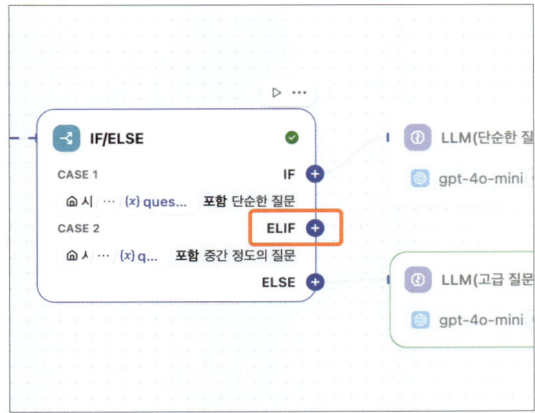

다음은 앞과 마찬가지로 'LLM' 노드를 추가합니다. [SYSTEM](프롬프트)는 다음과 같이 입력합니다.

> 당신은 유연한 대응이 가능한 어시스턴트입니다. 중간 정도 난이도의 질문에 대해 적당히 자세한 동시에 이해하기 쉽게 대답하십시오.
> 전문적인 내용도 포함하되 일반인도 이해할 수 있도록 설명하십시오.
> 대답은 400문자 정도로 마치십시오.

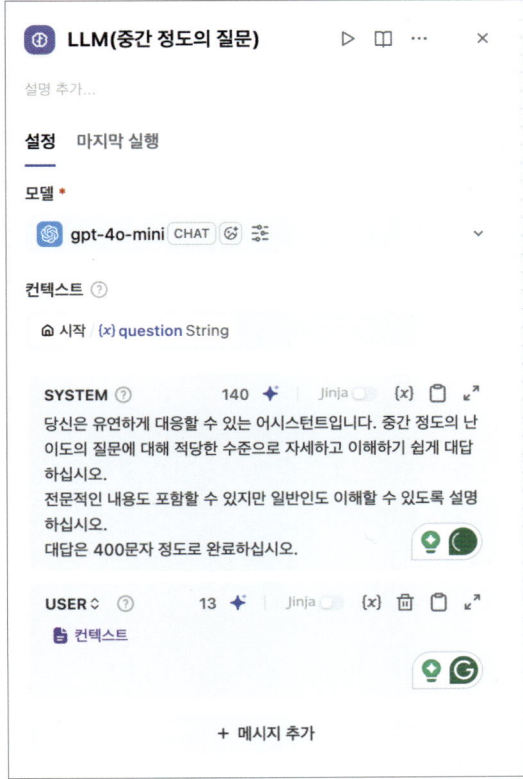

'출력' 노드를 추가합니다.

'시작' 노드의 옵션에 '중간 정도의 질문'을 추가합니다.

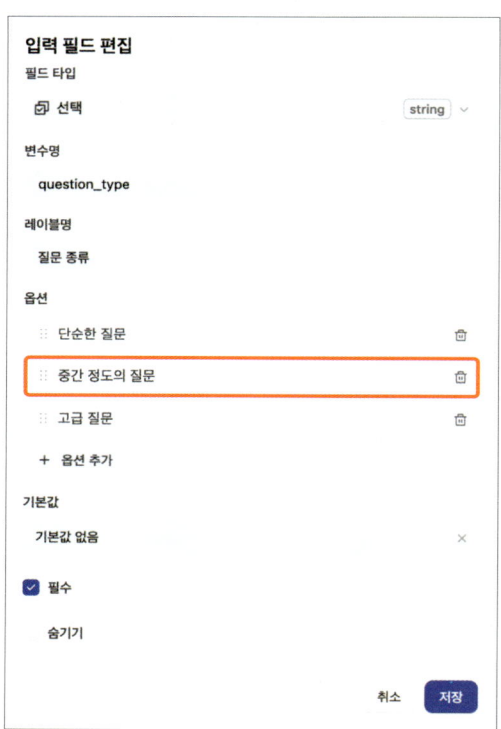

이제 질문 난이도에 맞춰 가장 적합한 대답을 할 수 있는 워크플로우를 완성했습니다! 실행해 봅시다. 같은 질문이라도 선택한 난이도에 따라 대답의 자세한 정도가 달라지는 것을 알 수 있습니다.

노드 블록들을 적당히 보기 쉽게 조정하면, 최종적으로 다음과 같은 형태가 됩니다. 이 형태가 단연코 더 아름답지요!

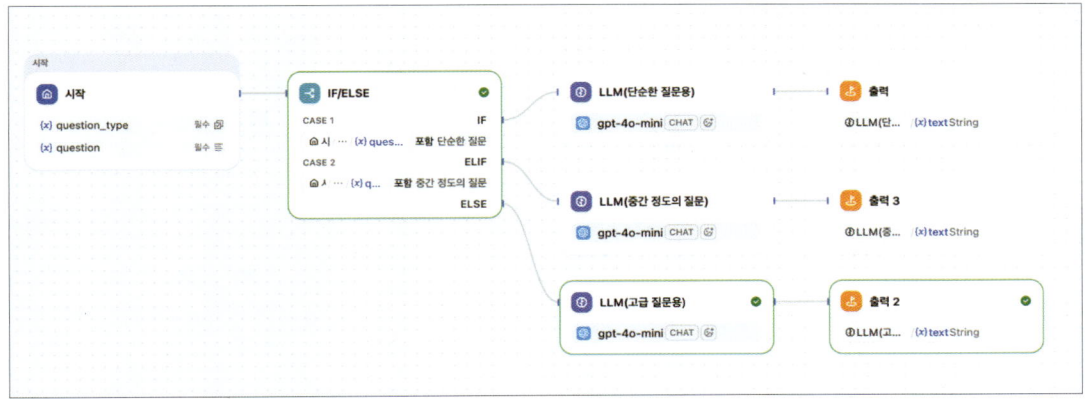

'IF/ELSE' 노드는 단순한 구조이지만 사용 방법에 따라 상당히 유연하게 대응할 수 있습니다. 하지만 아직 더 많은 것이 남아있습니다. 다음은 '질문 분류기'라 불리는 조금 강력한 노드에 관해 살펴 봅시다.

6.3.6 질문 분류기 노드를 사용해 자동으로 분류하기

앞에서 'IF/ELSE' 노드를 사용한 조건 분기 방법에 관해 학습했습니다. 하지만 '단순한 질문', '중간 정도의 질문', '고급 질문'을 사용자가 직접 선택하는 것은 어쩐지 번거롭습니다. '그런 것은 AI가 판단해주면 좋은데'라고 생각하지 않습니까?

사실 이 판단을 AI에게 맡길 수 있습니다. 그것이 바로 '질문 분류기' 노드입니다.

● 질문 분류기 노드의 매력

'질문 분류기' 노드는 입력된 질문을 해석해 사전에 설정해 둔 카테고리로 자동 분류해 주는 뛰어난 것입니다. 즉, 사용자는 질문을 입력하기만 하면 됩니다. 다음은 AI가 똑똑하게 판단해줍니다. 기본 형태는 다음과 같습니다.

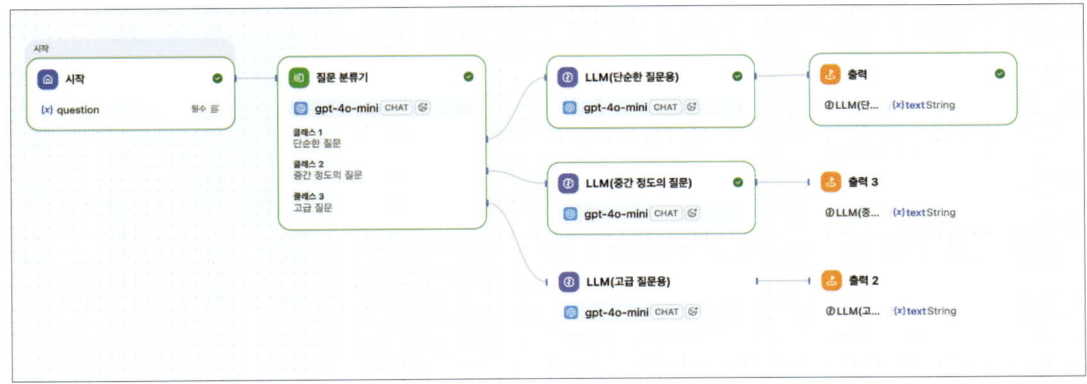

6.3.7 질문 분류기 노드 설정하기

그럼 곧바로 설정해봅시다.

6.3.5절에서 만든 IF/ELSE 워크플로우를 사용할 것이므로 백업을 위해 DSL을 내보내기 해 둡시다.

먼저 'IF/ELSE' 노드를 삭제합니다. 'IF/ELSE' 노드를 클릭하면 표시되는 [···] 아이콘을 클릭하면 왼쪽 그림과 같이 메뉴가 열립니다. [삭제]를 클릭해 노드를 삭제합니다.

그러면 오른쪽 그림과 같이 연결되어 있던 'IF/ELSE' 노드 위치가 비어 있게 됩니다. 이 상태에서 워크플로우를 변경합니다.

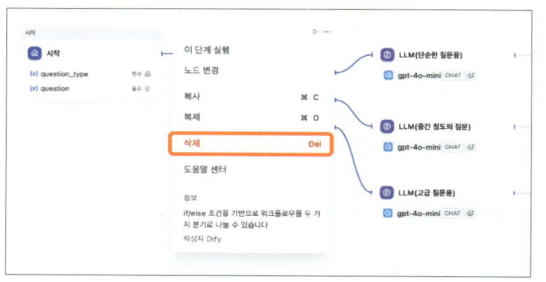 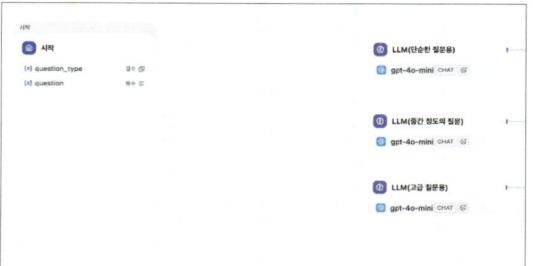

● '시작' 노드 설정하기

'시작' 노드를 설정합니다. 여기에서는 질문 종류를 선택할 필요가 없으므로 question(질문 본문)만 설정합니다. question_type은 삭제하십시오.

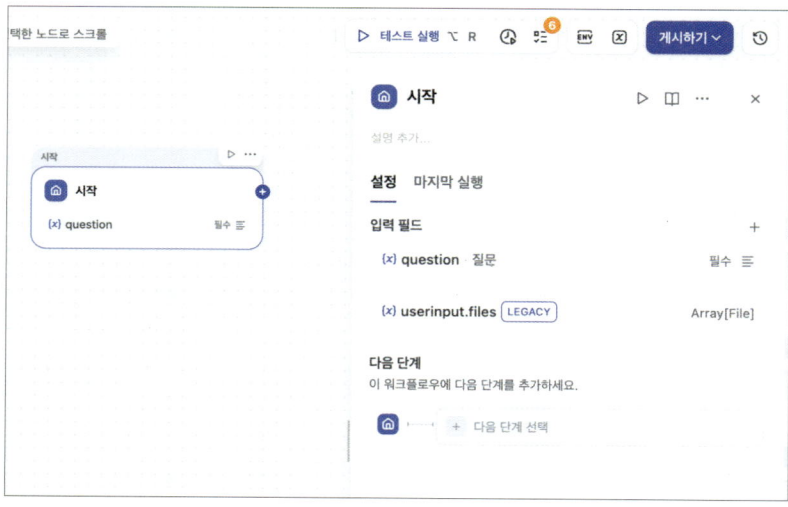

● '질문 분류기' 노드 추가 및 설정하기

'질문 분류기' 노드를 추가합니다. '시작' 노드 오른쪽의 [+]를 클릭합니다. 노드 목록에서 '질문 분류기' 노드를 선택합니다.

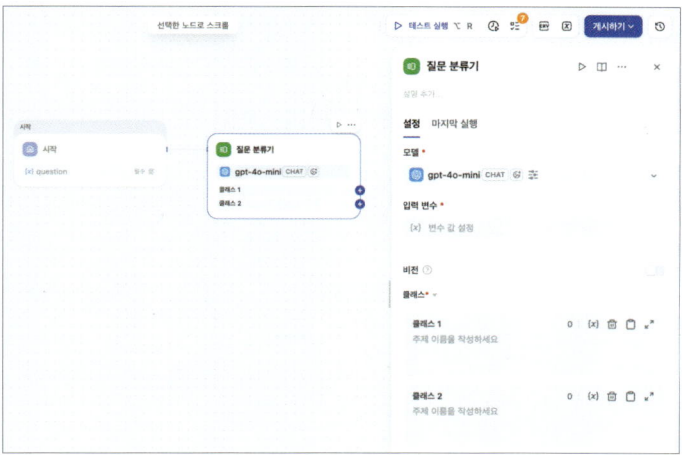

설정 내용은 다음과 같습니다.

- [입력 변수]: '시작/question'

- [모델]: 원하는 LLM을 선택(여기에서는 기본값인 gpt-4o-mini)

다음으로 [클래스]를 추가합니다. 이것이 분기하는 가지가 됩니다. 기본값은 2개뿐이지만 [+ 클래스 추가] 버튼을 클릭하면 원하는 만큼 추가할 수 있습니다. 다음과 같이 설정합니다.

- 클래스 1: 단순한 질문

- 클래스 2: 중간 정도의 질문

- 클래스 3: 고급 질문

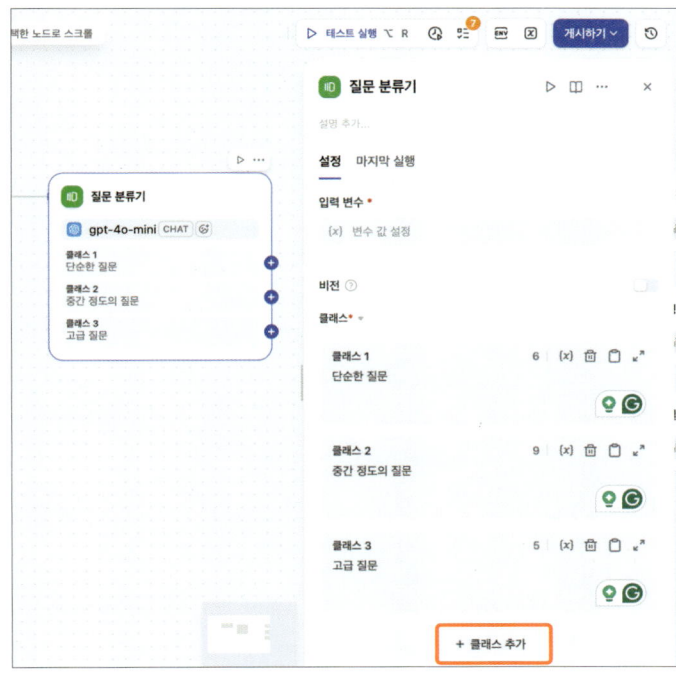

클래스를 나누고 설명을 추가한 것만으로 LLM이 정확하게 분류하는지는 해봐야만 알 수 있습니다. 하지만 정확성을 한층 높이기 위한 방법이 있습니다. 바로 [고급 설정]에서 프롬프트를 사용해 보다 명확하게 분류하도록 할 수 있습니다. 가능한 클래스를 명확하게 정의하는 것을 의식해 프롬프트를 설정하는 것이 좋습니다.

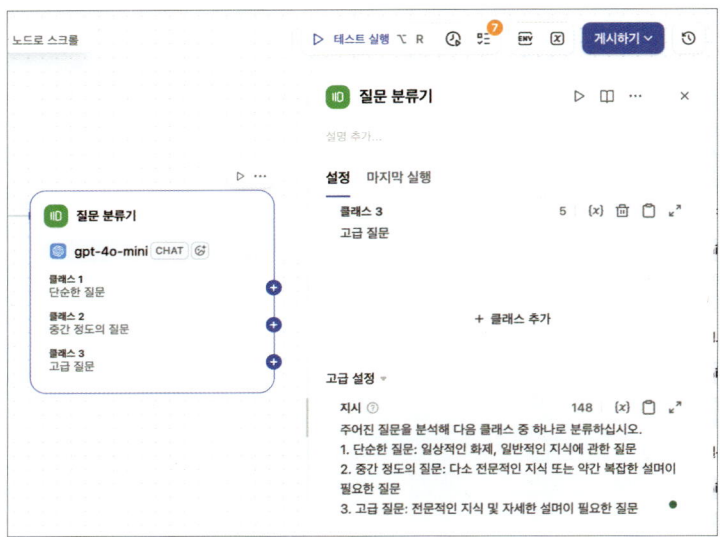

[고급 설정](프롬프트)

> 주어진 질문을 분석해 다음 카테고리 중 하나로 분류하십시오.
>
> 1. 단순한 질문: 일상적인 화제, 일반적인 지식에 관한 질문
> 2. 중간 정도의 질문: 다소 전문적인 지식이나 조금 복잡한 설명이 필요한 질문
> 3. 고급 질문: 전문적인 지식이나 자세한 설명이 필요한 질문

이것으로 '질문 분류기' 노드의 기본적인 설정을 완료했습니다.

● 노드 연결하기

다음으로 각 노드를 연결합니다.

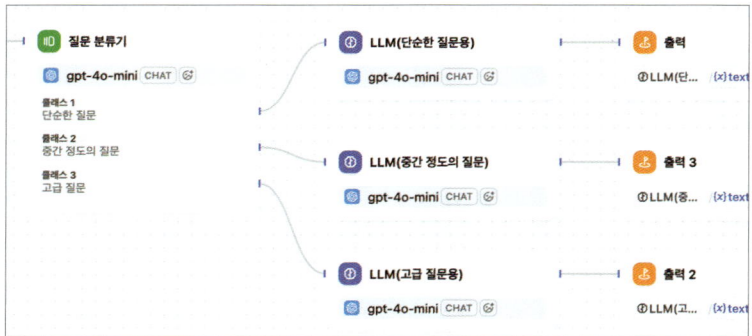

● 실행하기

'안녕하세요'라는 질문에는 클래스 1이 자동 선택되고 간단한 질문용 LLM이 대답했습니다.

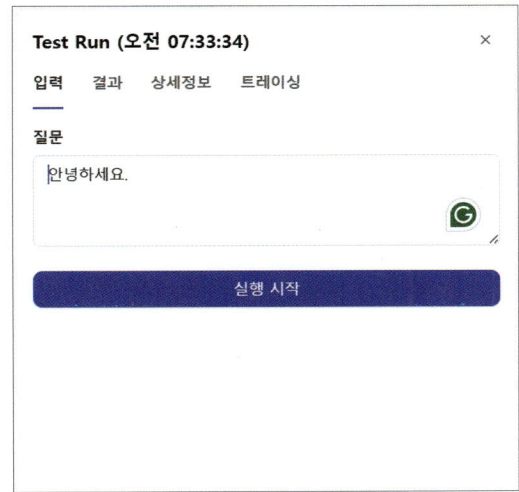

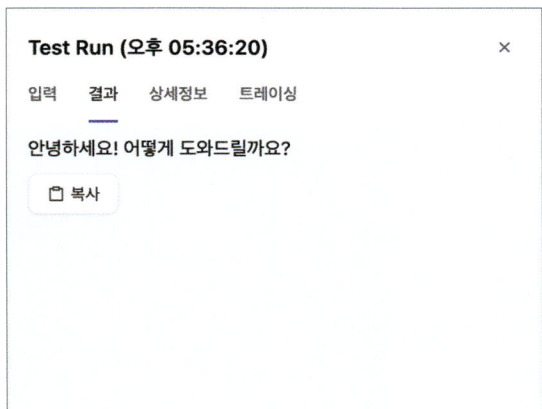

'국가 통화 정책이란 무엇입니까? '라는 질문에는 중간 정도의 질문이라 판단되어 클래스 2가 선택되었습니다.

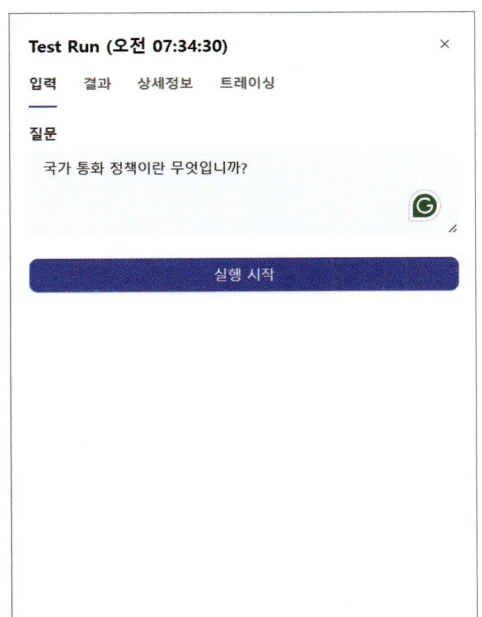

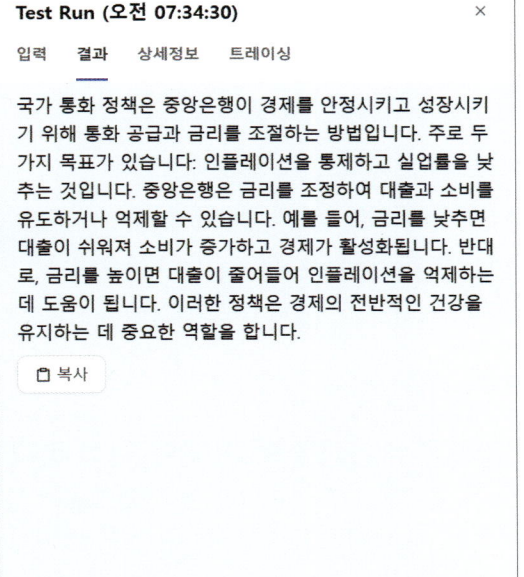

'1997년 IMF 사태가 발생했을 때 급격하게 원달러 환율이 상승했던 이유는 무엇입니까? '라는 질문에는 고급 질문이라 판단되어 클래스 3이 선택되었습니다.

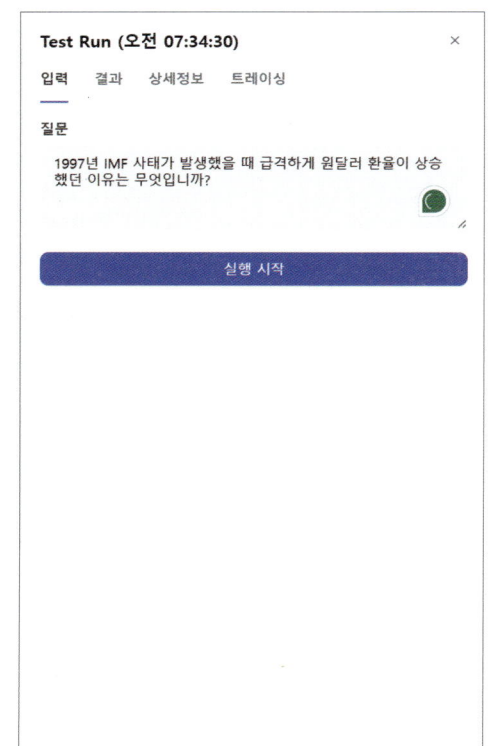

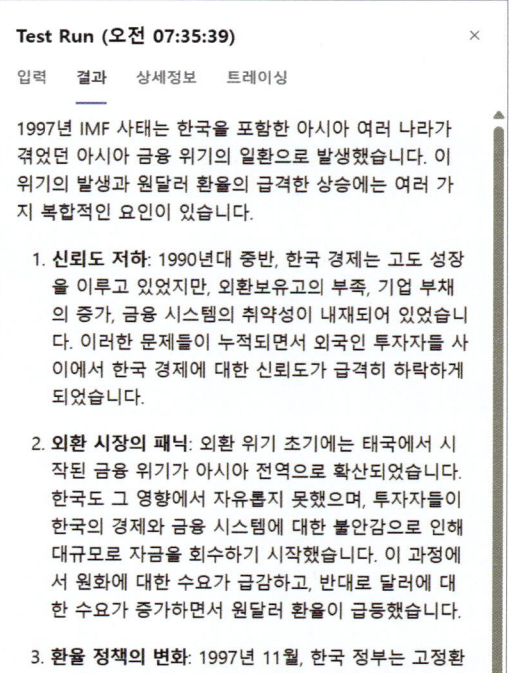

실행한 결과 원하는 대로 분류가 잘 되는 것으로 보입니다. '질문 분류기' 노드는 사용자 경험 향상으로 이어집니다. '질문 분류기' 노드를 사용함으로써 다음 장점을 얻을 수 있습니다.

- 사용자는 선택에 고민할 필요가 없다.

- 보다 자연스러운 대화 흐름을 실현할 수 있다.

- AI가 똑똑하게 판단해 최적의 대답을 제공할 수 있다.

꼭 다양한 질문을 시험해보십시오. AI가 어떤 판단을 하는지 보는 것만으로 재미있습니다.

만약 분류가 잘 되지 않는다면 '고급 설정'에서 프롬프트를 조정해봅시다.

6.4 형태 4 = 지식 취득: RAG로 지식 취득

3장에서 RAG에 관해 학습했습니다. 참조 정보를 검색하고 AI에 정보를 제공하면, 그것을 기반으로 보다 정확한 대답을 얻을 수 있는 구조였습니다. 챗봇에서의 구현은 이미 시험해 봤습니까? 여기에서는 그것을 워크플로우로 실현하는 방법을 설명합니다.

6.4.1 왜 워크플로우에서 RAG를 사용하는가?

워크플로우를 사용하면 RAG를 매우 간단하게 구현할 수 있습니다. 5장에서 지식을 워크플로우에 삽입함으로써 사내 문서 등을 간단하게 참조했습니다. 비밀은 '지식' 노드에 있습니다. 이 노드를 사용하면 필요한 지식을 검색하고 그것을 LLM에 전달하는 RAG의 기본 동작을 순식간에 실현할 수 있습니다.

다음 그림은 기본 형태를 나타낸 것입니다.

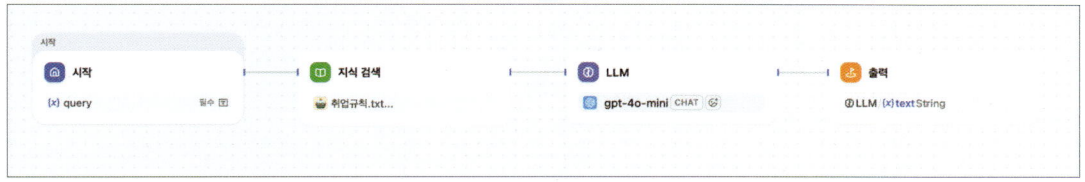

매우 직관적이고 단순한 형태입니다. 그럼 실제로 만들어 봅시다.

6.4.2 '시작' 노드 설정하기

'시작' 노드에 '지식 검색' 노드로 전달하기 위한 질문을 query로 설정합니다.

- [변수명]: query
- [필드 타입]: 짧은 텍스트(문단도 괜찮음)
- [레이블명]: 질문
- [최대 길이]: 임의값

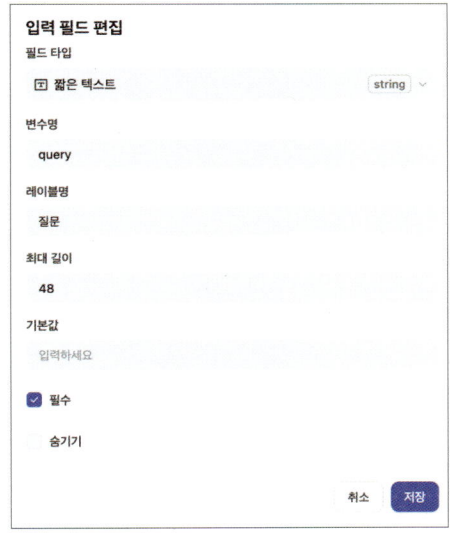

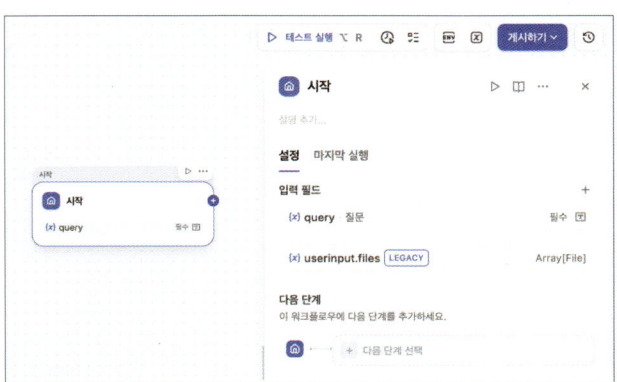

6.4.3 '지식 검색' 노드 추가 및 설정하기

여기가 RAG의 핵심입니다! 지식 베이스에서 필요한 정보를 이끌어 내는 곳입니다. '시작' 노드 오른쪽 [+]를 클릭한 뒤 '지식 검색' 노드를 추가합니다.

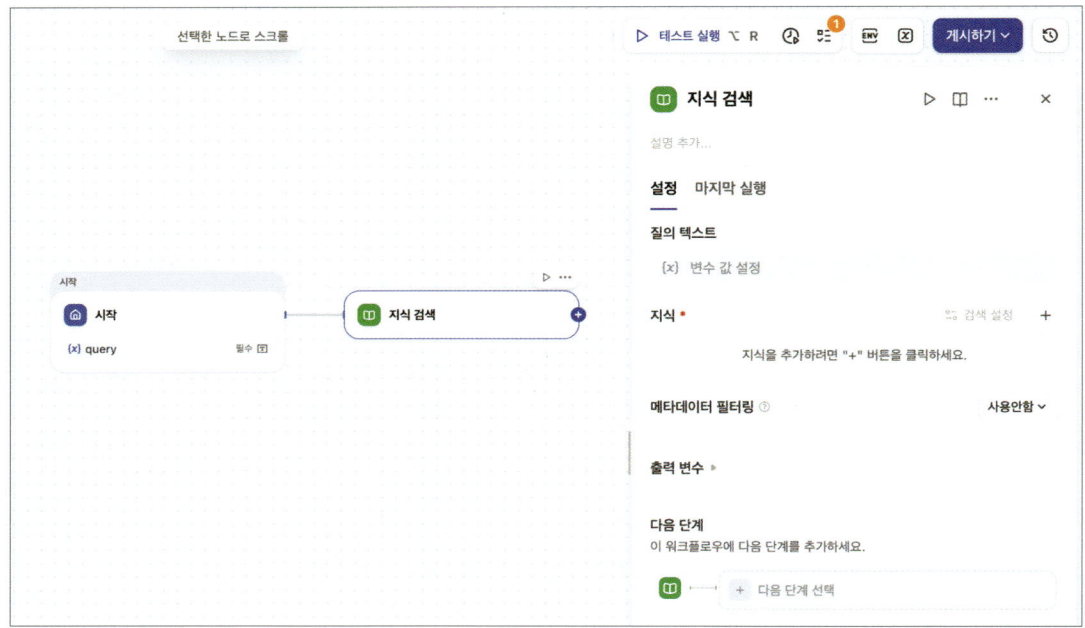

'시작' 노드에서 지정한 query 변수를 지정합니다.

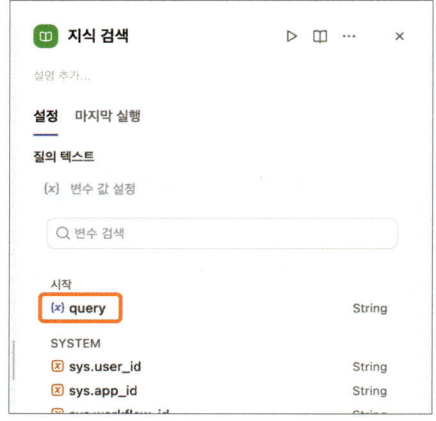

지식을 추가합니다. '지식'의 [+]를 클릭합니다. 지식 목록이 표시됩니다(왼쪽 그림). 필요한 지식을 목록에서 선택한 뒤 추가를 클릭합니다(오른쪽 그림).

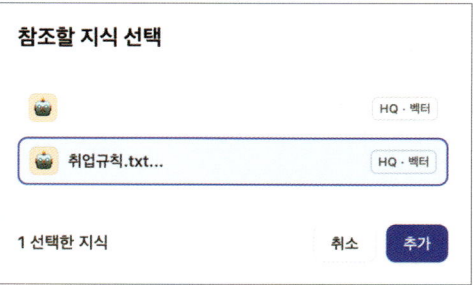

이것으로 설정은 완료입니다. 이 블록만으로 테스트 할 수 있으므로 '지식 검색' 노드 제목 오른쪽 위 [▷ 테스트 실행] 버튼을 클릭해 봅시다(왼쪽 그림).

테스트 실행 블록이 표시됩니다. 여기에 질문을 입력해 봅시다(오른쪽 그림).

'시간외 근무 규정은 어떻게 되어 있습니까?'

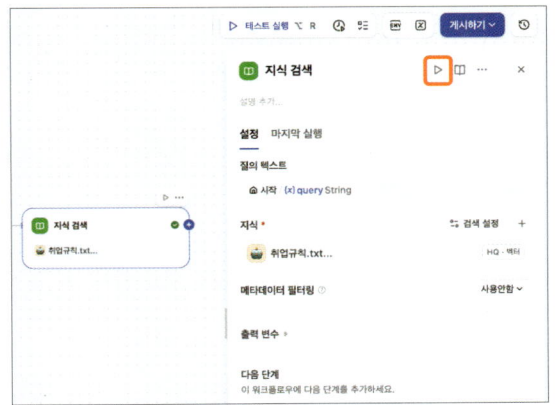 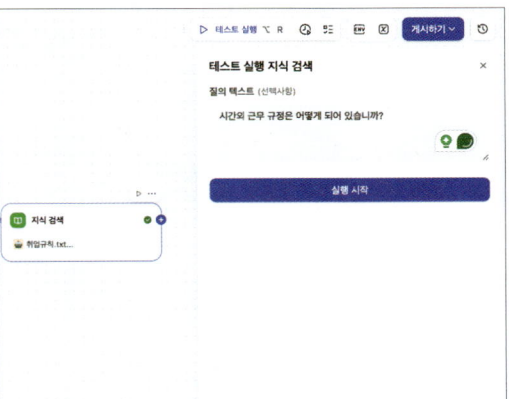

질문(입력)에 대한 대답(출력)이 표시됩니다. 인덱스 검색을 통해 다양한 지식을 얻었습니다. 우선 테스트 실행을 닫습니다.

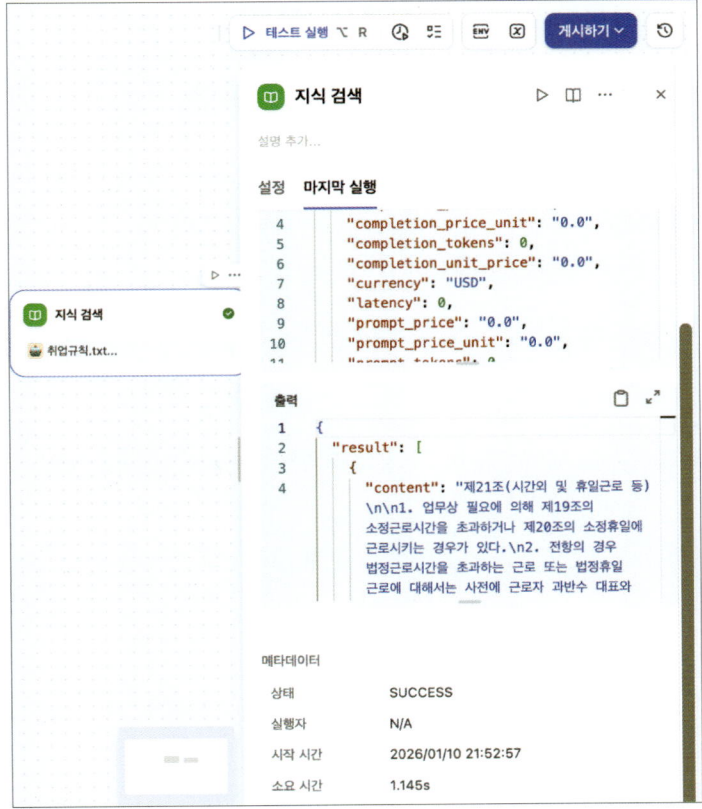

여기에서 지식 검색을 통해 얻은 결과에 관해 설명합니다. 출력 변환을 확인하기 위해 '지식 검색' 노드 설정 화면에서 [출력 변수]를 클릭해 봅시다.

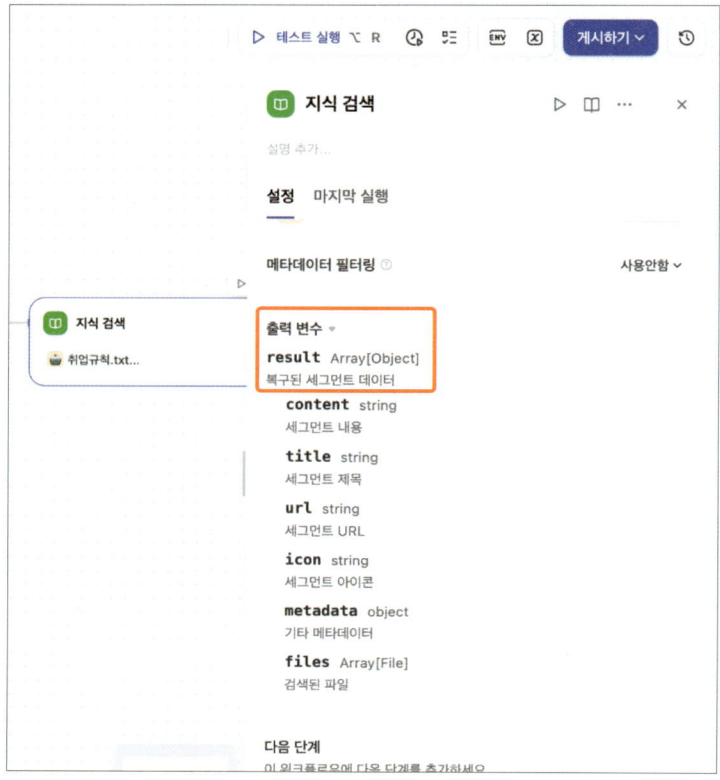

result Array[Object]라고 정의되어 있는 것을 알 수 있습니다. 그 안에는 content를 포함한 여러 항목들이 나열되어 있을 것입니다. 이것이 지식 검색에서 출력되는 데이터 구조입니다.

지금은 잘 이해되지 않을 수 있습니다. 다만, 이런 배열 형식의 데이터로 출력된다는 정도만 기억해 둡시다.

6.4.4 'LLM' 노드 추가하기

인덱스 검색을 통해 얻어진 여러 검색 결과를 LLM에 전달하고, 검색 결과와 사용자의 질문을 바탕으로 대답을 생성합니다.

'지식 검색' 노드 오른쪽 [+] 버튼을 클릭한 뒤 'LLM' 노드를 선택합니다. 'LLM' 노드 항목을 설정합니다. 기본적으로는 지금까지와 같습니다.

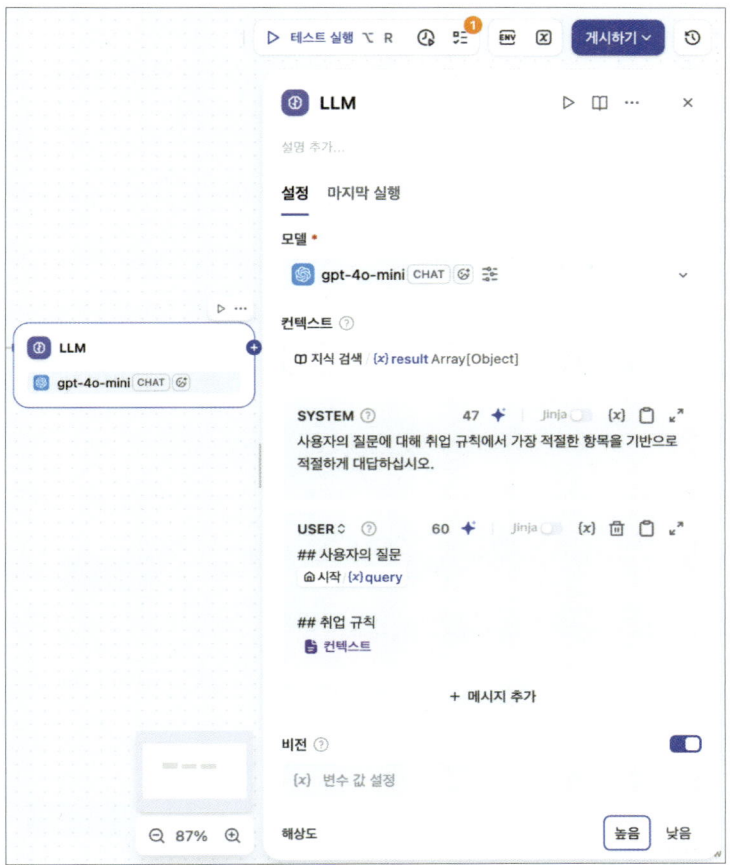

이 부분에서 중요한 것은 '지식 검색' 노드로부터 얻은 정보를 LLM에게 전달하는 방법입니다. 주의할 점은 다음과 같습니다.

1. 지식 취득 결과는 배열 형식으로 반환된다.

2. 이 배열을 컨텍스트로 설정한다.

> ※ 주의: 배열 형식 데이터 그대로를 LLM에 전달하는 것은 그리 권장하지 않습니다. SYSTEM 이나 USER 프롬프트에서는 이를 변수로 삽입할 수 없습니다. 왜냐하면 '지식 검색' 노드의 출력 변수는 배열 객체이기 때문입니다. 다음 장에서 설명할 '템플릿' 노드 또는 '코드' 노드를 사용해 문자열로 변환하는 것이 가장 좋습니다. 하지만, 먼저 기본 형태를 기억해 둡시다.

6.4.5 '출력' 노드에 연결하기

'LLM' 노드 오른쪽 [+]를 클릭한 뒤 '출력' 노드를 추가합니다. 다음으로 'LLM' 노드로부터의 출력을 출력 변수에 설정합니다. 이것으로 완료입니다.

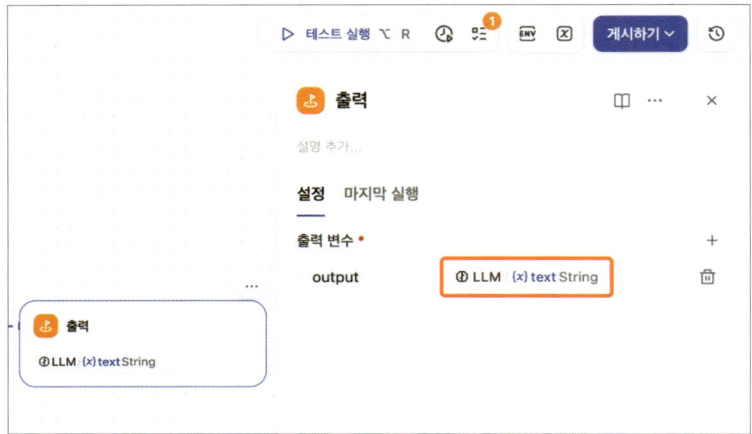

● 실행하기

테스트 해봅시다. 화면 위 [▷ 테스트 실행] 버튼을 클릭합니다. 입력 필드 query에 [시간외 근무 규정은 어떻게 되어 있습니까?]를 입력하고 [실행 시작]을 클릭합니다.

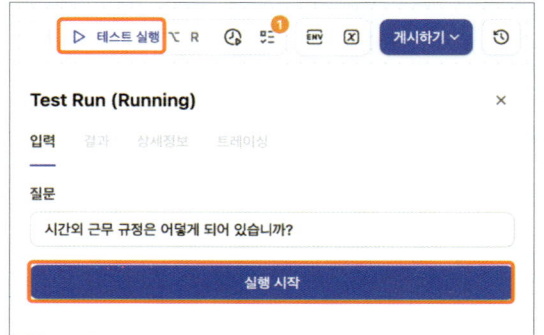

다음과 같은 결과가 표시됩니다. 취업 규칙 내용으로부터 시간외 근무에 관한 항목을 검색하고, 그 결과를 LLM이 이해해서 질문에 맞는 대답을 생성했습니다. 워크플로우를 사용한 RAG 구현을 완료했습니다.

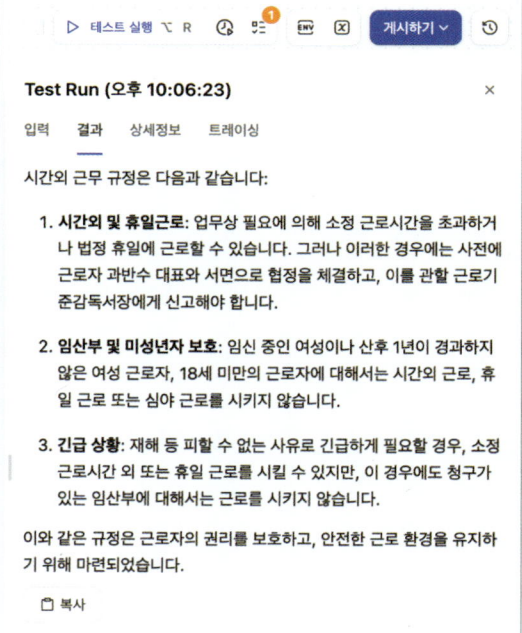

6.4.6 워크플로우에서 RAG 응용하기

워크플로우를 사용하면 매우 간단하게 RAG를 구현할 수 있다는 것을 알았습니다. 그저 '지식 검색' 노드를 사용해 필요한 정보를 얻은 뒤, 그것을 'LLM' 노드에 전달하기만 하면 됩니다. 이 기본적인 2단계로 AI에 지식을 부여할 수 있다는 점은 매우 놀랍습니다.

워크플로우는 자유롭게 조합할 수 있으므로 원한다면 보다 복잡한 RAG도 구현할 수 있습니다. 예를 들면, 여러 지식 베이스를 조합하거나 질문의 종류에 따라 참조하는 지식을 바꿀 수도 있습니다.

그렇다면 이런 것도 가능할 것입니다.

고객 지원 현장을 상상해봅시다. 기업의 지원 센터에서는 매일 수천 건의 문의가 쇄도합니다. 상품 사용 방법, 트러블 슈팅, 반품 절차, 배송 상황 확인 등 그 내용도 다양합니다. 기존에는 담당자가 FAQ나 기존 사례를 일일이 조사하면서 대응해야 했지만, 앞에서 설명한 워크플로우 시스템을 도입하면 그 프로세스를 극적으로 바꿀 수도 있을 것입니다. 먼저 고객은 챗봇이나 웹 폼을 사용해 자연 언어로 질문을 입력합니다. 시스템이 그 입력에서 제품명, 문제의 종류, 주문 번호 등 필요한 정보를 자동으로 추출해 다음 단계로 전달합니다. 다음으로 여러 RAG 노드가 FAQ 데이터베이스, 문의 이력, 제품 매뉴얼, 최신 업계 보고서 등 여러 지식 정보를 실시간으로 얻습니다. 그리고 'LLM' 노드가 이 정보들과 문의 내용을 조합해 최적의 대답을 생성합니다. 이렇게 함으로써 기존 수작업에 비해 업무 효율을 크게 향상할 수 있고 빠른 속도로 대응할 수 있게 됩니다.

이 형태를 응용하면 그런 유스케이스에 대응하는 것을 생각할 수 있습니다.

6.5 형태 5 = 변수 꺼내기: 매개변수 추출

'20대 회사원을 대상으로 5,000만원의 예산으로 음식점을 개업하고 싶다.'
위와 같은 자연스러운 상담 문장에서 필요한 정보만 추출할 수 있다면 편리할 것입니다. 사실, Dify는 그런 편리한 기능을 제공합니다. 바로 '매개변수 추출' 기능입니다. 여기에서는 이 매개변수 추출과 LLM을 조합한 형태를 소개합니다.

기본 형태는 다음 그림과 같습니다.

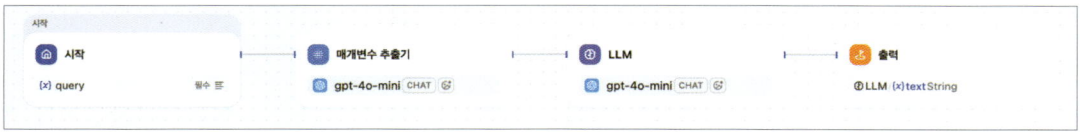

6.5.1 매개변수 추출이란?

'6.2 형태 2'에서는 '시작' 노드에 변수를 각각 지정하는 방법을 학습했습니다. 예를 들면, 업계/업종

(industry), 대상 고객(target_customer), 예산(budget) 등을 개별 필드로 설정했습니다. 이것은 확실한 방법이지만, 자연어로 문의하고 싶어하는 사용자들에게는 번거로운 면도 있습니다.

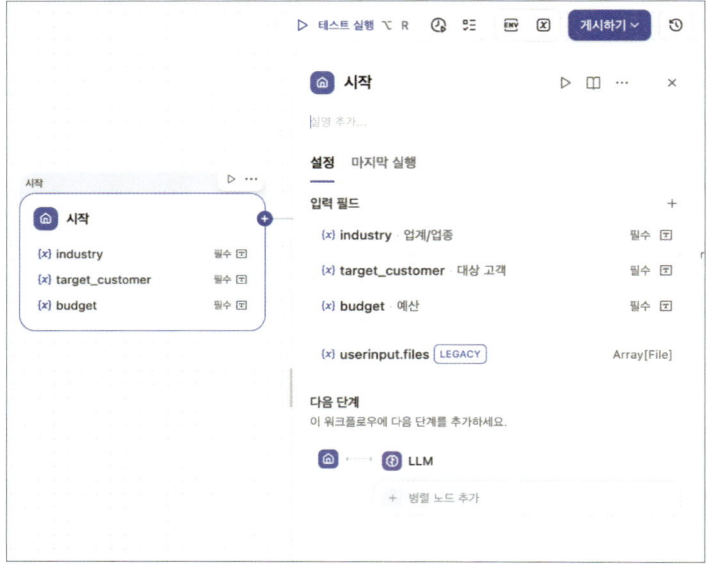

매개변수 추출을 사용하면 이 제약에서 해방됩니다. 사용자는 '20대 싱글을 대상으로, 1억원의 예산으로 음식 업계에서 비즈니스를 시작하고 싶다' 같은 자연스러운 문장으로 입력할 수 있습니다. 시스템은 자동으로 거기에서 필요한 정보를 추출해 industry에는 '음식', target_customer에는 '20대 싱글', budget에는 '1억원'을 할당하는 것입니다.

이것이 바로 AI의 힘입니다.

6.5.2 실제 만들어보기

비즈니스 컨설팅 봇을 예시로, 만드는 방법을 구체적으로 살펴 봅시다.

① 먼저 '시작' 노드에서 사용자로부터 자유로운 입력을 받는다.

② 받은 입력을 '매개변수 추출기' 노드에 전달한다.

③ '매개변수 추출기' 노드에서 필요한 정보를 적절한 변수에 할당한다.

④ 추출한 정보를 LLM에 전달해 구체적인 처리를 수행한다.

● '시작' 노드 설정하기

먼저 '시작' 노드를 설정합니다. 여기는 단순하게 설정합니다. 사용자가 자유롭게 입력할 수 있도록 하나의 변수만 준비합니다. 입력 필드는 '문단'을 사용하면 긴 문장도 입력할 수 있어 편리합니다.

- [변수명]: query

- [변수 타입]: 문단

- [레이블명]: 상담 내용

● 매개변수 추출 설정하기

'시작' 노드 오른쪽 [+]를 클릭한 뒤 노드 목록에서 매개변수 추출을 선택합니다. 여기가 핵심 부분입니다.

설정 화면이 표시되면 [매개변수 추출] 오른쪽 [+] 버튼을 클릭합니다. 변수 설정 팝업 화면이 표시됩니다. 다음의 각 변수를 설정 및 추가합니다.

industry: 업계/업종(String 타입)
target_customer: 대상 고객(String 타입)
budget: 예산(Number 타입)

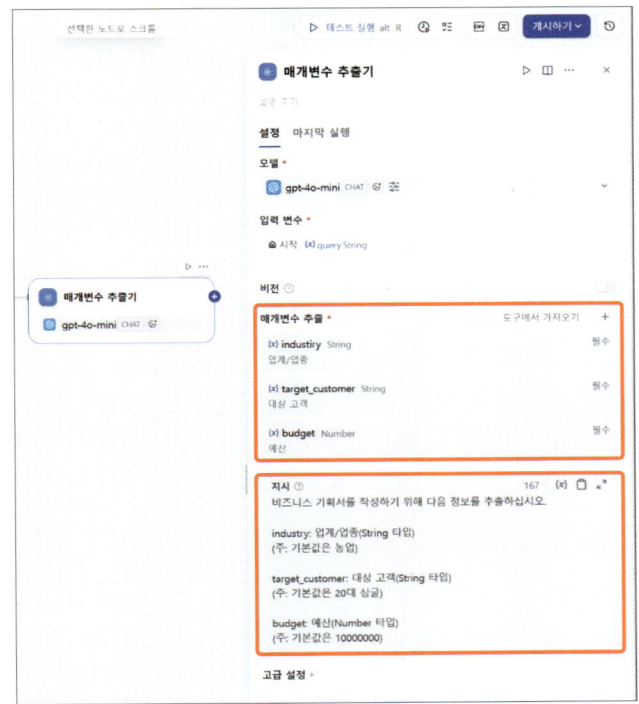 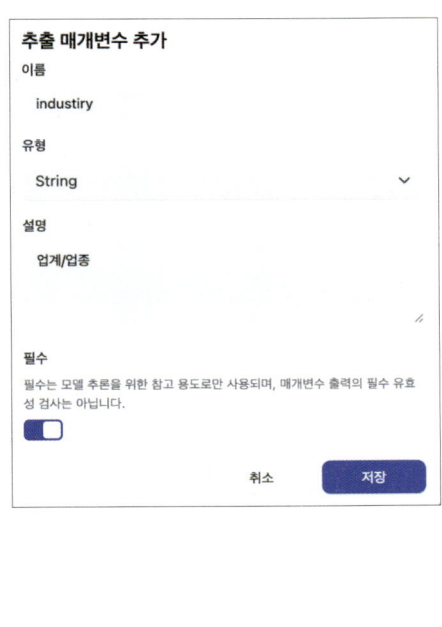

여기에서 중요한 부분은 [지시]입니다. 필자의 경험에서는 매개변수 설명만으로도 추출은 가능했지만, [지시]에 프롬프트를 부여했을 때 추출의 정확도가 보다 높았습니다. 프롬프트는 다음과 같이 작성합니다.

비즈니스 기획서를 작성하기 위해 다음 정보를 추출하십시오.

industry: 비즈니스 업계나 업종
(주: 기본값은 농업)

target_customer: 대상이 되는 고객층

(주: 기본값은 20대 싱글)

budget: 예산(숫자만 추출)
(주: 기본값은 10000000)

● 추출 정확도 동작 확인하기

설정을 마쳤다면 지금까지 만든 노드들만 테스트 해봅시다. 큰 규모의 워크플로우를 만들기 전에 각 노드가 원하는 대로 동작하는지 미리 확인하면 이후에 발생하는 문제를 방지할 수 있습니다.

'매개변수 추출기' 노드의 [▷] 버튼을 클릭한 뒤 다음과 같은 입력으로 테스트 해봅시다.

'음식점을 열고 싶습니다. 대상은 20대 회사원이고, 예산은 5000만원정도입니다. 조언을 해주십시오.'

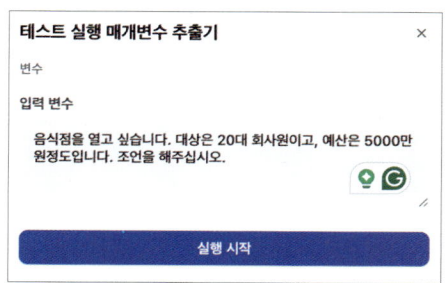

그러면 '매개변수 추출기' 노드는 다음과 같이 정보를 추출해줍니다.

```
{
    "industry": "음식",
    "target_customer": "20대 회사원",
    "budget": 50000000
}
```

매개변수 추출기

설명 추가...

설정 **마지막 실행**

상태	소요 시간	토큰 종합
● SUCCESS	1.805s	651 Tokens

입력

```
1  {
2    "files": [],
3    "instruction": "비즈니스 기획서를 작성하기 위해
      다음 정보를 추출하십시오.\n\nindustry: 비즈니
      스 업계나 업종\n(주: 기본값은 농업)
      \n\ntarget_customer: 대상이 되는 고객층\n(주:
      기본값은 20대 싱글)\n\nbudget: 예산(숫자만 추출)\n
      (주: 기본값은 10000000)",
4    "parameters": [
```

데이터 처리

데이터 처리

```
1  {
2    "function": {},
3    "llm_text": "{\"industry\": \"음식점\",
      \"target_customer\": \"20대 회사원\",
      \"budget\": 50000000}",
4    "model_mode": "chat",
5    "model_name": "gpt-4o-mini",
6    "model_provider": "langgenius/openai/openai",
7    "prompts": [
```

출력

```
1  {
2    "__is_success": 1,
3    "__reason": null,
4    "__usage": {
5      "completion_price": "0.0000168",
6      "completion_price_unit": "0.000001",
7      "completion_tokens": 28,
8      "completion_unit_price": "0.6",
9      "currency": "USD",
10     "latency": 1.0974139390000346,
11     "prompt_price": "0.0000935",
12     "prompt_price_unit": "0.000001",
```

● LLM과 연계하기

여기부터 LLM이 등장합니다. 추출한 매개변수를 사용해서 LLM에게 구체적인 제안을 생성하게 할 수 있습니다.

- [모델]: 원하는 모델(여기에서는 gpt-4o-mini)

[SYSTEM](프롬프트)

> 당신은 매개변수 추출기/{x}industry 업계에 정통한 비즈니스 컨설턴트입니다.
>
> 매개변수 추출기/{x}industry 업계의 최신 트렌드와 과제를 바탕으로 혁신적인 비즈니스 기획을 제안할 수 있습니다.

[USER](프롬프트)

> 매개변수 추출/{x}industry 업계에서의 혁신규 비즈니스 기획서를 작성해주십시오. 대상 고객은 매개변수 추출/{x}target_customer입니다. 예산은 매개변수 추출/{x}budget원 정도를 생각하고 있습니다.
>
> 기획서에는 다음 항목을 포함하십시오.
>
> 1. 기획 개요
> 2. 시장 문석
> 3. 경쟁 분석
> 4. 수익 모델
> 5. 리스크 및 그 대책

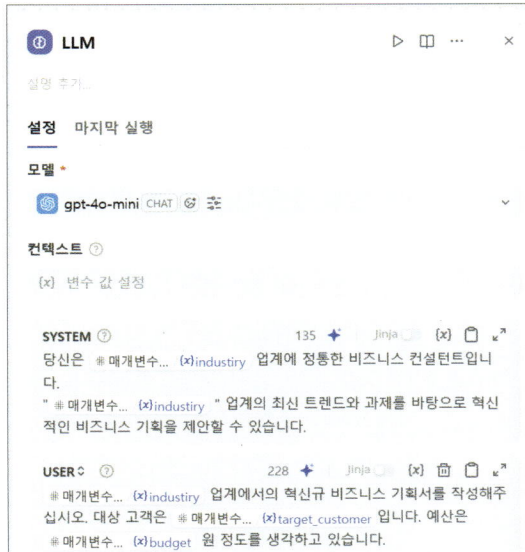

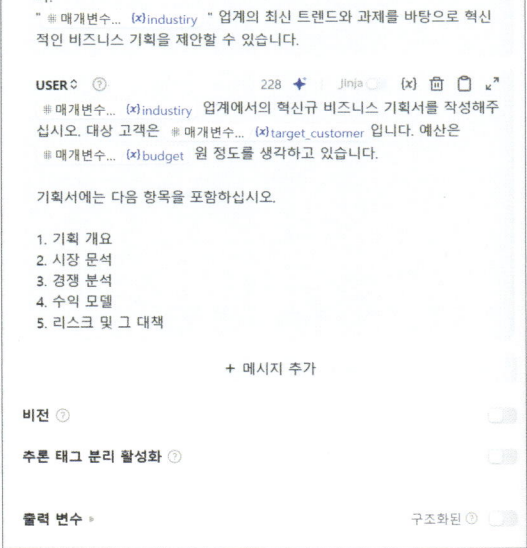

● 실행하기

[▷ 테스트 실행]을 선택하고 질문을 입력한 뒤 [실행 시작]을 클릭합니다.

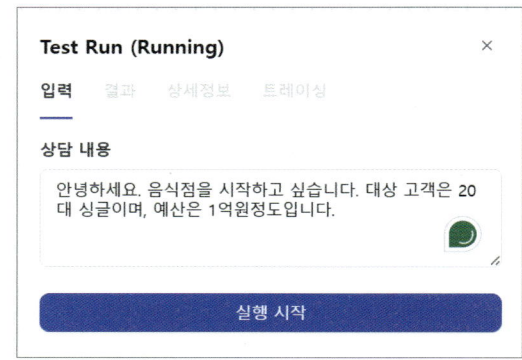

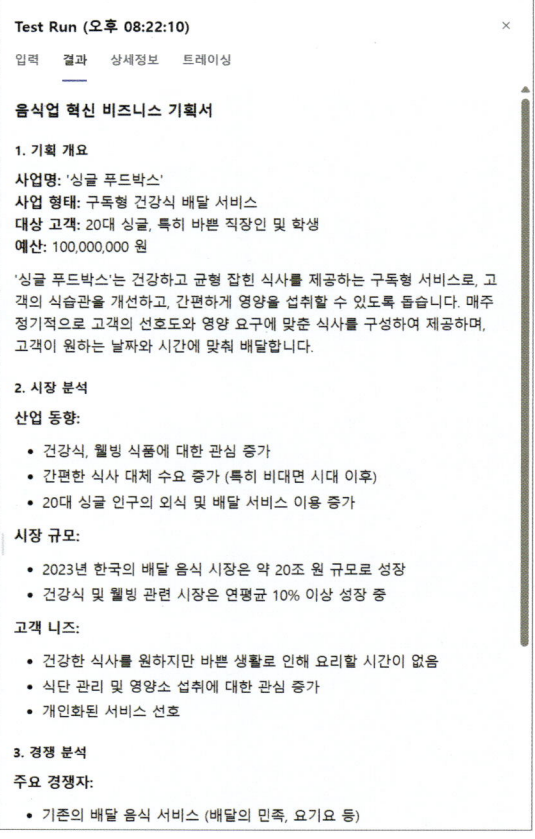

매개변수 추출기를 사용하면 사용자는 자연스러운 문장으로 입력할 수 있고, 시스템은 필요한 정보를 정확하게 추출해 처리할 수 있습니다. 이것이 바로 인간과 AI의 이상적인 인터페이스의 형태가 아닐까요?

처음에는 매개변수 정의에 다소 노력이 필요할 수 있습니다. '어떤 정보를 추출해야 하는가?', '어떤 형태로 해야 하는가?' 등 고민할 부분이 많습니다. 그러나 실제 사용해보면 사용자의 입력 패턴이 파악되고, 점점 최적의 설정을 찾아낼 수 있을 것입니다.

6.5.3 매개변수 추출 패턴 모음

실제 업무에서 사용하다 보면 비슷한 추출 패턴이 보이게 될 것입니다. 실천적인 몇 가지 패턴을 소개합니다. 실제 프로젝트에서도 사용할 수 있는 패턴이라 생각합니다.

● 기본 정보 추출 패턴

가장 단순하고 기본적인 패턴입니다. 인물이나 조직의 기본 정보를 추출합니다.

```
name: 이름(String 타입)
age: 나이(Number 타입)
email: 이메일 주소(String 타입)
phone: 전화번호(String 타입)
address: 주소(String 타입)
```

다음과 같은 입력 문장을 생각해봅시다.

'김현수(45세)라고 합니다. 연락처는 hs.kim@example.com, 전화번호는 010-1234-5678입니다. 서울시 종로구 광화문로11길에 살고 있습니다.'

이 입력 문장에서 다음 정보를 추출합니다.

```
{
    ... 일부 생략
    "name": "김현수",
    "age": 45,
    "email": "hs.kim@example.com",
    "phone": "010-1234-5678",
    "address": "서울시 종로구 광화문로11길"
}
```

● 상품 정보 추출 패턴

EC 사이트나 상품 관리에서 자주 사용하는 패턴입니다.

'빨간색 T 셔츠를 M 사이즈로 2장 주문합니다. 1장에 30000원입니다.'라는 입력 문장을 생각해봅시다.

```
product_name: 상품명(String 타입)
price: 가격(Number 타입)
quantity: 수량(Number 타입)
color: 색상(String 타입)
size: 크기(String 타입)
```

```
{
    ... 일부 생략
    "product_name": "T 셔츠",
    "price": 30000,
    "quantity": 2,
    "color": "빨간색",
```

```
    "size": "M"
  }
```

6.5.4 단순한 배열 패턴 예시

배열로 출력하는 패턴도 살펴 봅시다.

● 쇼핑 목록 예시

가장 기본적인 배열 패턴입니다.

'수퍼마켓에서 사과, 바나나, 귤을 사고 싶습니다.'라는 입력 문장을 생각해봅시다.

```
items: 쇼핑 목록(Array\[String\] 타입)
```

```
{
    "items": ["사과", "바나나", "귤"]
}
```

● 참가자 목록 예시

사람 이름을 추출하는 단순한 패턴입니다.

'회의에는 김현수 님, 이지현님, 송하은 님이 참가합니다.'라는 입력 문장을 생각해봅시다.

```
members: 참가자(Array[String] 타입)
```

```
{
    ... 일부 생략
    "members": ["김현수", "이지현", "송하은]
}
```

● 좋다/싫다의 예시(여러 배열 패턴)

2개의 배열을 동시에 추출하는 예시입니다.

'나는 사과와 바나나는 좋아하지만, 피망과 고추는 좋아하지 않는다.'라는 입력 문장을 생각해봅시다.

```
likes: 좋아하는 음식(Array[String] 타입)
dislikes: 싫어하는 음식(Array[String] 타입)
```

```
{
```

```
    ... 일부 생략
    "likes": ["사과", "바나나"],
    "dislikes": ["피망", "고추"]
  }
```

6.5.5 매개변수 추출의 진가

매개변수 추출의 진가는 다른 Dify 노드와 조합했을 때 발휘됩니다. 예를 들면, 다음에 설명할 '반복' 노드와 조합하면 여러 정보를 한 번에 처리할 수 있습니다. 그리고 7장에서 소개할 도구들과 연계하면 추출한 매개변수를 기반으로 자동화를 한층 고도화 할 수 있습니다. 매개변수 추출을 활용할 수 있는 곳은 생각보다 많으므로 확실하게 기본을 학습해 둡시다.

필자의 경우 처음에는 단순한 추출에서 시작해, 점점 복잡한 처리를 추가했습니다. 중요한 것은 자용자의 입력 패턴을 고찰하면서, 추출 규칙을 정교하게 정리하는 것입니다. 완벽을 추구하는 것이 아니라 사용하면서 개선해 나가는 것입니다. 이것이 바로 매개변수 추출을 잘 사용하는 팁이라고 생각합니다.

다음 절에서는 이 매개변수 추출과 결합해 한층 고급 처리를 실현하는 반복 처리에 관해 설명합니다.

6.6 형태 6 = 반복 처리: '반복' 노드 사용

'이 리스트에 있는 상품 재고를 모두 조사해줘'

'이 문장에서 회사명을 추출하고 각 기업 정보를 알려줘'

AI와의 대화에서 자도 있는 이런 요청은 사실 '반복 처리'가 필요합니다. 인간이라면 '좋아, 1개씩 체크하자'고 자연스럽게 처리할 수 있지만, AI에게는 그것을 잘 전달해야 합니다.

이를 위해 사용하는 것이 '반복' 노드입니다. 어머니가 세탁물을 한 장씩 개듯, 데이터를 순서대로 처리해 주는 기능입니다.

반복의 기본 형태는 다음과 같습니다.

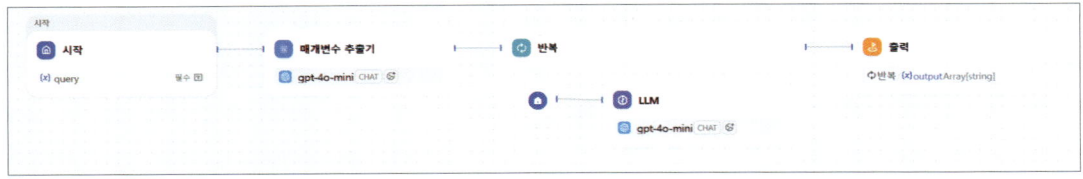

여기에서 중요한 것은 '반복' 노드 앞에 '배열'을 출력하는 노드를 배치하는 것입니다. '반복' 노드는 배열 형식의 데이터를 다루기 때문입니다. 여기에서는 '매개변수 추출기' 노드를 사용해 배열을 준비합니다 (※ 주: '매개변수 추출 기' 노드 외에 배열을 출력한다면 어떤 것이든 사용할 수 있습니다).

6.6.1 가장 간단한 반복 처리 만들기(과일 색상 가이드)

구체적인 예시를 보면 더 쉽게 알 수 있습니다. 과일 이름을 입력하면 각각의 색상과 특징을 알려주는 봇을 만들어 봅시다. 이 워크플로우는 ①~⑤의 흐름으로 동작합니다.

① '시작' 노드: 사용자로부터 과일 이름이 들어있는 문장을 받는다.

② '매개변수 추출기' 노드: 입력으로부터 과일명 목록을 추출한다.

③ '반복' 노드: 추출한 과일 이름을 하나씩 처리한다.

④ 'LLM' 노드: 과일 이름의 색상이나 설명을 출력한다.

⑤ '출력' 노드: 모든 과일의 색상을 모아서 출력한다.

● '시작' 노드 설정하기

먼저 입구가 되는 '시작' 노드를 설정합니다. 여기에서는 query라는 변수를 준비하고, 사용자로부터 자유로운 형태의 문장을 받게 합니다.

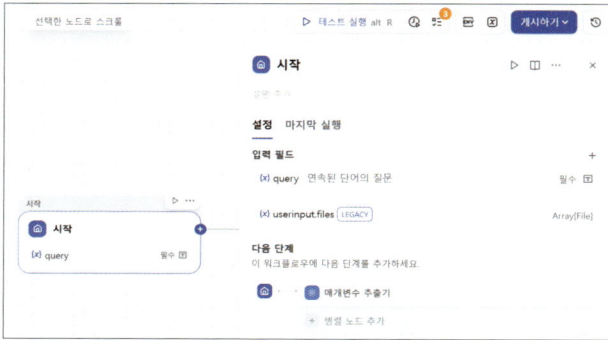

● 매개변수 추출로 과일 목록 만들기

다음으로 문장에서 과일 이름을 추출하는 구조를 만듭니다. '매개변수 추출기' 노드가 이 역할을 담당합니다. '시작' 노드 오른쪽 [+] 버튼을 클릭한 뒤 '매개변수 추출기' 노드를 선택해 노드를 추가합니다. [입력 변수]로 '시작/query'를 설정합니다. 이제 사용자가 입력한 문장을 매개변수 노드에서 처리할 수 있습니다. [매개변수 추출] 오른쪽 [+] 버튼을 클릭합니다.

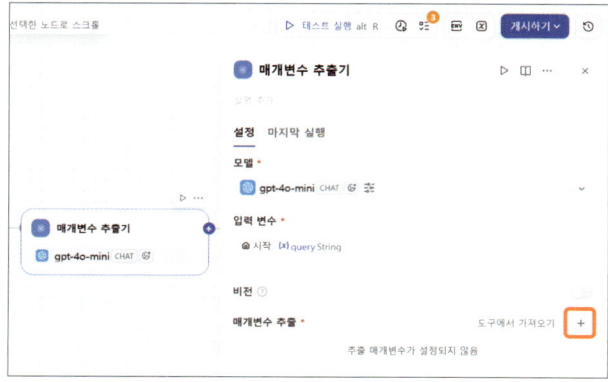

팝업 설정화면에서 추출할 매개변수를 추가
합니다. 여기에서는 이름을 'extract'로 설정
했습니다. [유형]은 배열을 사용할 것이므로
Array[String]을 목록에서 선택합니다.
[설명]은 '과일명 목록' 등으로 적절하게 입력합
니다. [추가] 버튼을 클릭합니다.

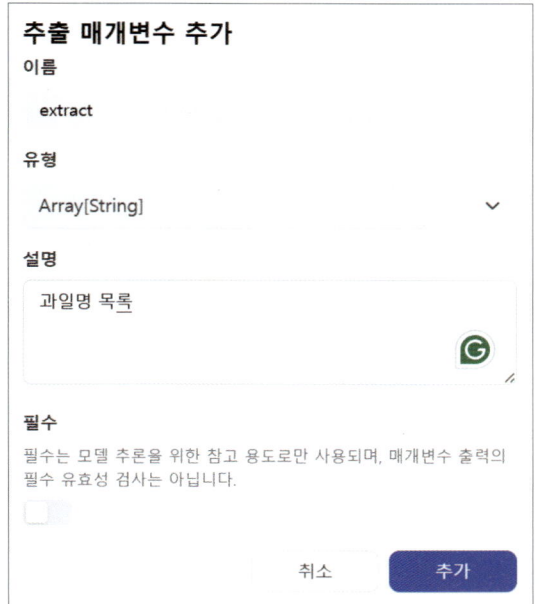

다음으로 [지시]에 무엇을 하면 좋을지 입력합니
다. 여기에서는 다음과 같은 프롬프트를 사용했
습니다.

> 입력된 문자 안에서 과일만 선택해 과일 이름을
> 추출합니다.
> 예: 나는 고등어와 참치와 배와 사과를 좋아합니
> 다: 배, 사과

● 힌트

[지시]에는 무엇을 할 것인지 명확하게 전달하는
내용과 함께 예시를 제공하면 추출 정확도를 높
일 수 있습니다.

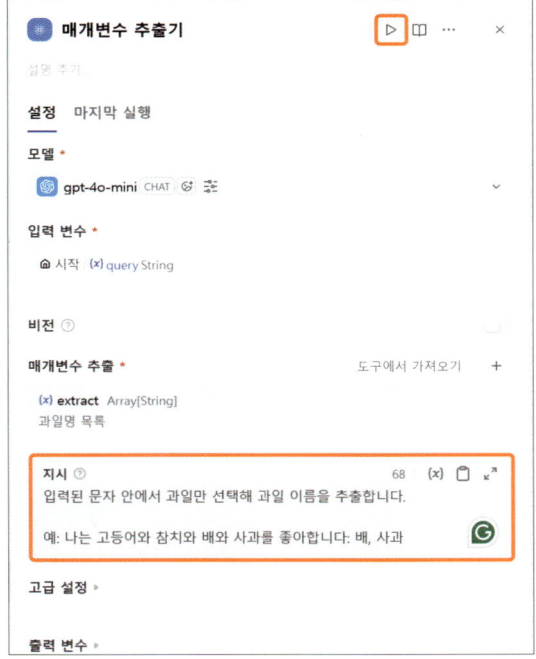

여기에서 일단 추출이 잘 되는지 테스트 해봅시다. 테스트는 작은 기능을 만들 때마다 수행하는 것이
좋습니다. '매개변수 추출기' 노드 설정 화면 오른쪽 위 [▷] 버튼을 클릭한 뒤 다음과 같은 문장을 입
력해 봅시다.

'나는 사과와 귤과 토마토를 좋아합니다.'

[실행 시작]을 클릭합니다.

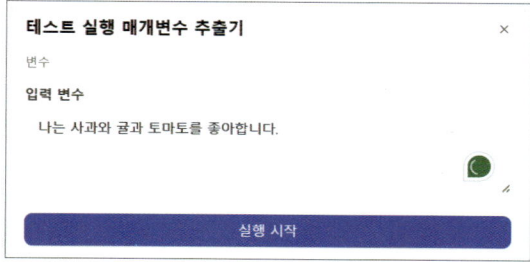

그러면 extract 항목에 다음과 같은 배열이 출력될 것입니다.

["사과", "귤"]

완벽합니다! 문장에서 과일 이름만 깔끔하게 추출했습니다.

● '반복' 노드를 사용해 반복 구현하기

여기부터 이터레이터가 등장합니다. 추출한 과일/야채 이름 목록을 받아 하나씩 처리합니다. 이터레이션 설정은 3단계로 실행합니다.

① 데이터를 받는 방식을 결정한다(입력 설정).

② 각 데이터에 대해 무엇을 할지 결정한다(처리 내용 설정).

③ 결과를 어떻게 모을지 결정한다(출력 설정).

단계 1 '반복' 노드 추가 및 입력 설정하기

'매개변수 추출기' 노드 오른쪽 [+]를 클릭한 뒤 '반복' 노드를 선택합니다. 다음과 같이 '반복' 노드가 나타납니다(왼쪽 그림). 입력 항목에는 앞서 '매개변수 추출기' 노드의 출력 변수 extract를 지정합니다 (오른쪽 그림).

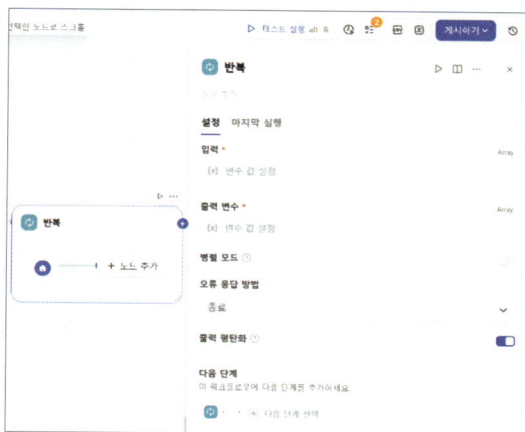 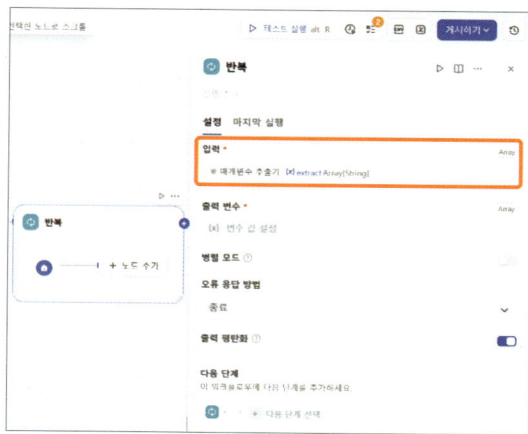

단계 2 처리 내용 설정하기

다음으로 출력 변수를 설정…이라고 생각하겠지만, 출력 변수를 클릭해도 아무것도 표시되지 않을 것입니다. 여기부터는 '무엇을 하는가?'에 해당하는 노드를 추가해야 합니다. 이터레이션 안의 [+ 노드 추가]를 클릭합니다. 그러면 선택할 수 있는 노드 목록이 표시됩니다. 여기에서는 각 과일의 특징을 대담하게 할 것이므로 'LLM' 노드를 선택합니다.

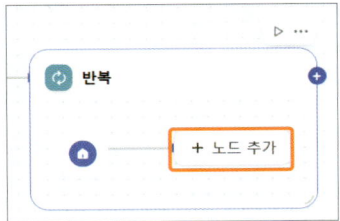

'반복' 노드 안에 'LLM' 노드가 추가됩니다.

이 상태에서 '반복' 노드 설정 화면으로 돌아갑니다. [출력 변수] 항목을 클릭하면 'LLM' 노드의 출력이 입력 후보로 표시됩니다. LLM/text를 설정합니다.

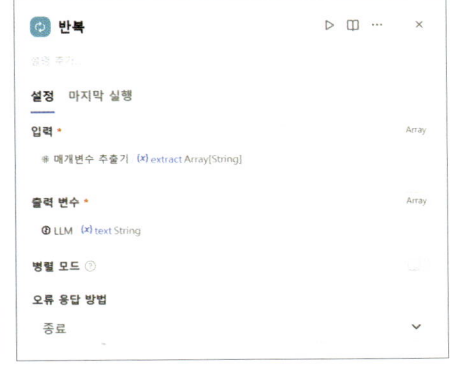

이제 '반복' 노드를 활용해 배열 안의 값을 순서대로 처리할 수 있게 되었습니다. ["사과", "귤"]이라는 배열에서 요소를 하나씩 꺼내 LLM에 전달하는 처리할 수 있게 된 것입니다. 배열에서 꺼낸 요소는 **반복/item**이라는 특별한 변수가 사용할 수 있습니다. 이 변수는 '지금 처리하고 있는 과일명'을 나타냅니다. 예를 들면, 배열의 첫 번째 '사과'를 처리할 때는 이 변수에 '사과'가 들어갑니다.

그럼 'LLM' 노드에서는 이를 어떻게 처리해야 할까요? LLM에서 색상과 특징을 대답하게 하도록 처리합니다. 'LLM' 노드를 클릭합니다. 다음과 같이 익숙한 설정 화면이 표시됩니다.

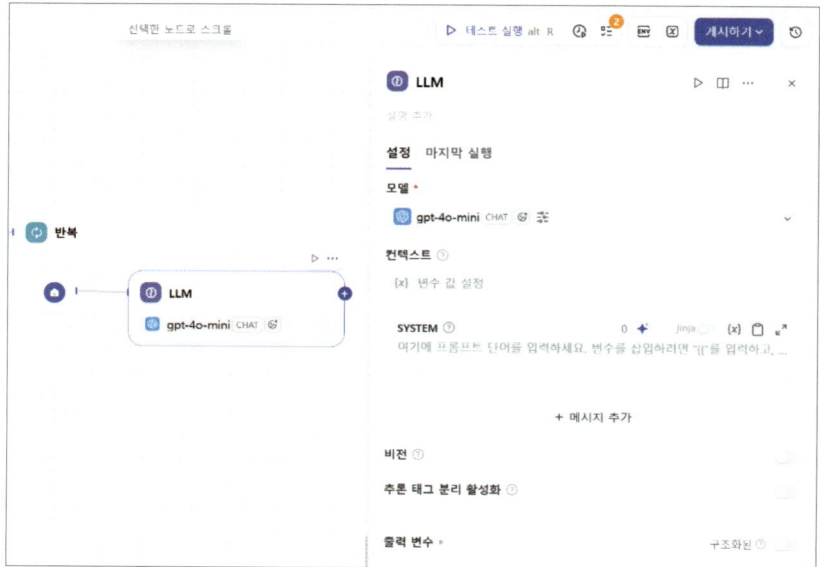

여기에 전달된 단어를 기반으로 색상과 특징을 대답하도록 설정해봅시다. [+ 메시지 추가]를 클릭하고 사용자 프롬프트를 입력합니다.

- USERS(프롬프트)

"반복/{x}item"에 대해 그 색상과 특징을 설명하십시오.

단계 3 출력을 모으는 방법 설정하기

이 시점에서 이터레이션의 출력 변수를 설정할 수 있습니다. '반복' 노드를 클릭해 설정 화면을 열고, [출력 변수]에 LLM의 출력을 설정합니다.

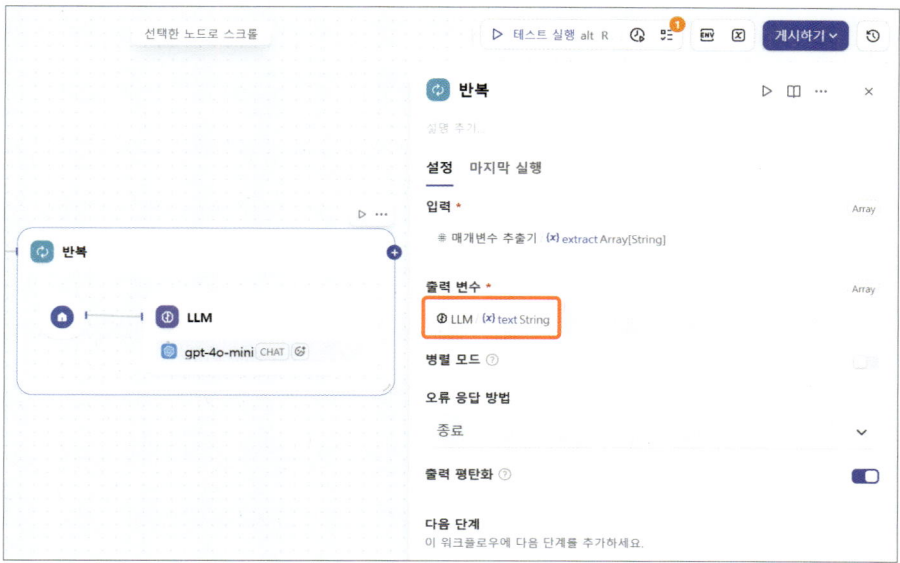

6.6.2 테스트하기

이 시점에서 처리 흐름과 결과를 확인해 봅시다. [▷ 테스트 실행] 버튼을 클릭합니다. 입력 필드에 '나는 사과와 귤과 토마토를 좋아합니다.'를 입력한 뒤 [실행 시작] 버튼을 클릭합니다.

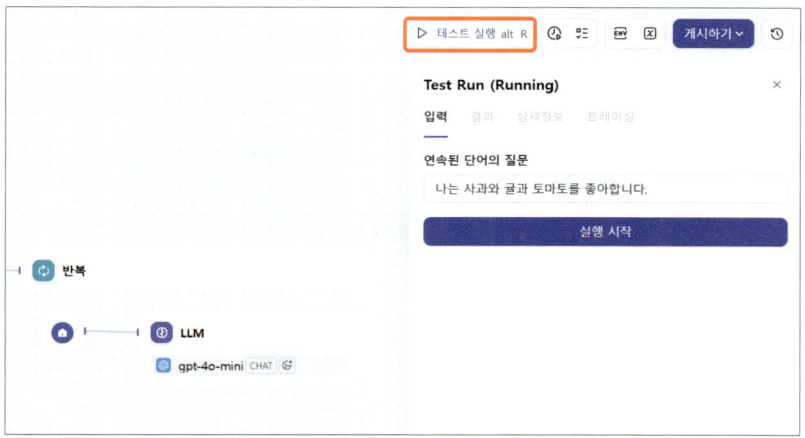

'반복' 노드가 반복하면서 작업을 처리하고 그 동작을 마치면 출력을 얻을 수 있습니다.

[트레이싱] 탭을 클릭해 '반복' 노드의 실행 결과를 열어보면 오른쪽 그림과 같이 출력됩니다. 이것으로 테스트는 OK입니다.

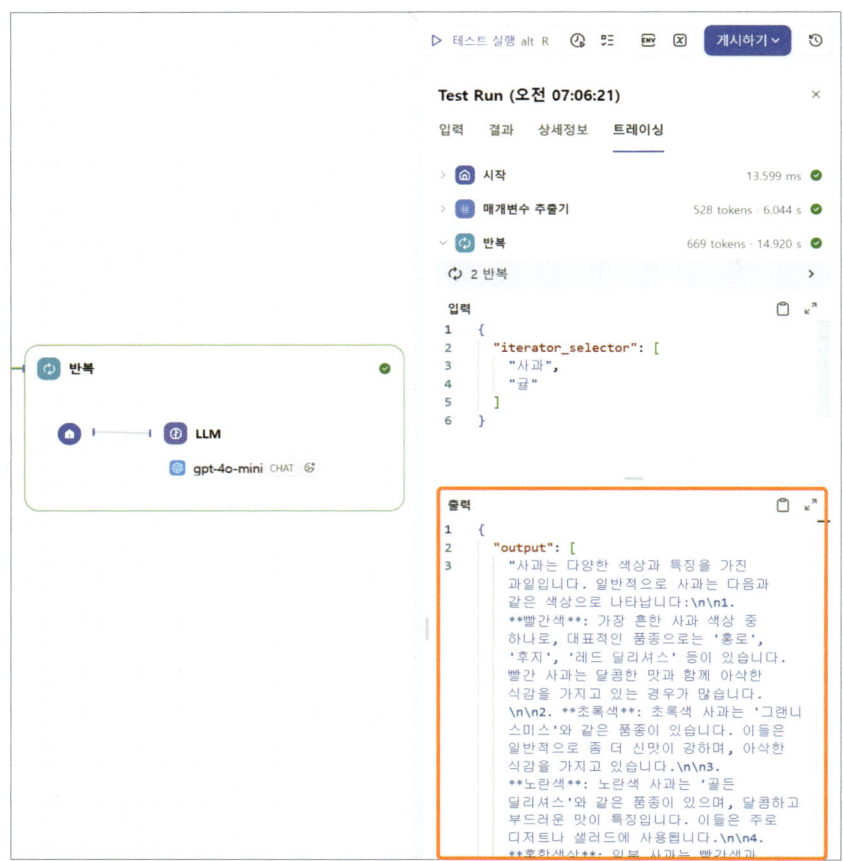

출력 전체를 살펴 봅시다. 다음과 같이 출력도 배열 안에 2개의 문자열로 출력됩니다. 즉, 출력이 배열 객체라는 것을 알 수 있습니다.

```
{
  "output": [
    "사과는 다양한 색상과 특징을 가진 과일입니다. 일반적으로 사과는 다음과 같은 색상으로 나타납니다:\n\n1. **빨간색**: 가장 흔한 사과 색상 중 하나로, 대표적인 품종으로는 '홍로', '후지', '레드 딜리셔스' 등이 있습니다. 빨간 사과는 달콤한 맛과 함께 아삭한 식감을 가지고 있는 경우가 많습니다.\n\n2. **초록색**: 초록색 사과는 '그래니 스미스'와 같은 품종이 있습니다. 이들은 일반적으로 좀 더 신맛이 강하며, 아삭한 식감을 가지고 있습니다.\n\n3. **노란색**: 노란색 사과는 ...중략...",
    "귤은 주황색 껍질을 가진 작은 과일로, 일반적으로 둥글고 부드러운 표면을 가지고 있습니다. 껍질은 얇고 쉽게 벗길 수 있으며, 과육은 즙이 많고 달콤한 맛이 특징입니다. 귤은 보통 여러 개의 섹션으로 나뉘어져 있으며, 각 섹션에는 작은 씨앗이 있을 수 있습니다. \n\n귤의 색상은 보통 밝은 주황색이지만, ...중략..."
  ]
}
```

● '출력' 노드에 연결하기

이후 과정은 앞과 같이 정석대로 진행합니다. '출력' 노드에 연결하면 워크플로우가 완결됩니다. [출력 변수]를 output으로 값은 '반복/output'으로 설정합니다. 이 변수는 Array[String] 타입이라는 점에 주의합니다.

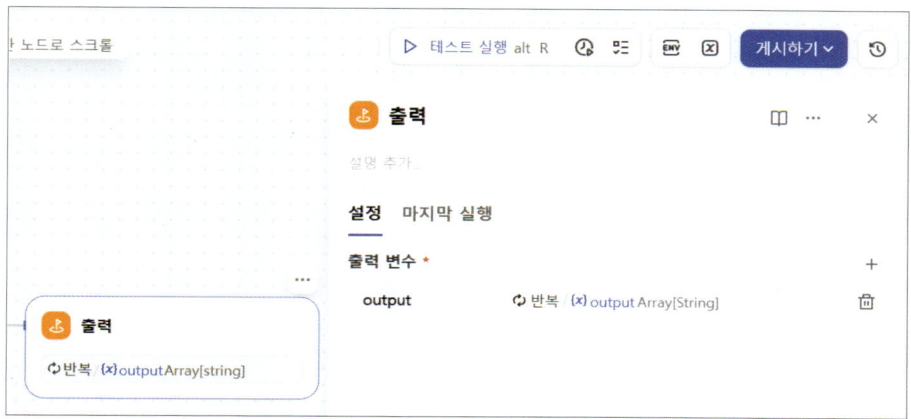

● 실행 및 테스트하기

[▷ 테스트 실행] 버튼을 클릭해 실행해 봅시다.

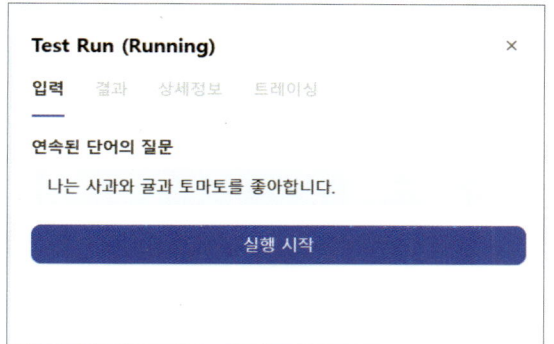

'출력' 노드에 배열을 지정하면 여러 결과를 출력하기 때문에 [결과] 탭에서는 출력이 표시되지 않습니다. [상세정보] 탭에서 결과를 확인할 수 있습니다. 결과를 배열이 아닌 문자열로 변환하면 [결과] 탭에서도 표시할 수 있습니다. 이에 관해서는 다음 절에서 설명합니다.

'반복' 노드를 사용하면 이렇게 같은 처리를 반복해서 실행할 수 있습니다. 과일의 색상을 조사하는 것은 물론 예를 들면, 여러 상품의 재고를 한 번에 확인하거나 여러 고객 데이터를 일괄 처리할 때도 사용할 수 있습니다. 하지만 주의할 점이 있습니다. 이터레이터를 사용하면 처리 항목이 늘어날 수록 시간이 걸립니다. 그렇기 때문에 대량의 데이터를 사용할 때는 꼭 주의해야 합니다.

6.7 형태 7 = 형태가 정해진 문장 처리: 템플릿 사용 방법

6.7.1 반복 처리를 수행한 뒤 무엇을 해야 하는가?

'반복' 노드를 사용하면 출력은 배열이 되고 이것을 그대로 '출력' 노드로 연결하면 '출력' 노드의 결과도 배열이 됩니다. 어쩌면 당연하지만 실무에서는 하나의 문자열 문서(String 타입 데이터)로 결과를 정리하고자 하는 요구사항이 많을 것입니다. '배열인 상태로도 괜찮지만…'이라고 생각하면서도 한편으로는 '가능하다면 깔끔하게 정리하고 싶다'고 생각하지는 않습니까? 그럴 때는 '템플릿' 노드를 사용해봅시다.

● '템플릿' 노드 기본 사용 방법

'템플릿' 노드를 사용해봅시다. 앞의 '반복' 노드 설명 샘플에서 '반복' 노드와 '출력' 노드 사이의 [+]를 클릭한 뒤 '템플릿' 노드를 추가합니다. '템플릿' 노드 설정 화면이 표시됩니다.

[입력 변수]에는 '반복' 노드의 출력인 '반복/output'을 지정합니다. 다음으로 '출력' 노드의 [출력 변수]에는 '템플릿/output'을 설정합니다. 우선 이 설정만으로 OK입니다.

실행해 봅시다. 출력 결과는… 음? 배열 내용이 모두 문자열로 출력되고 있습니다.

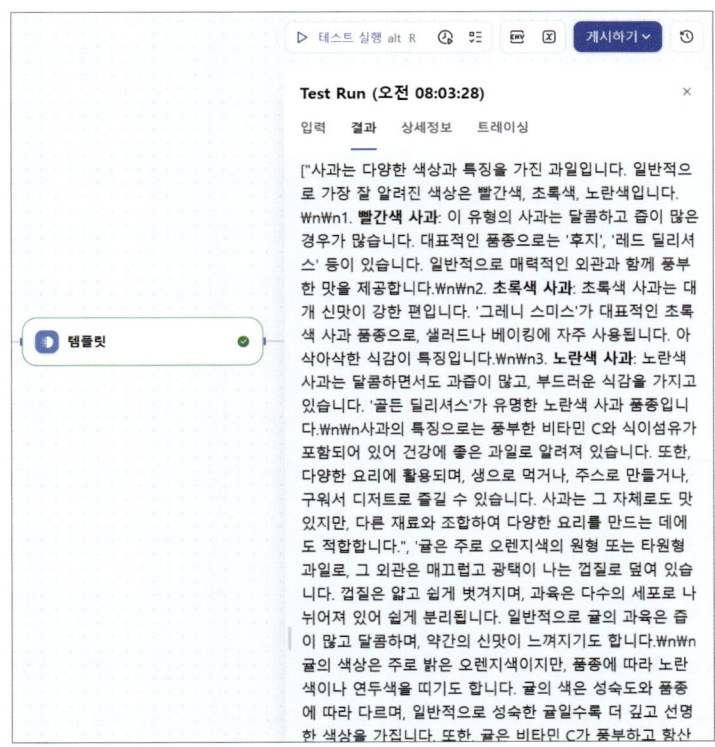

이것은 '템플릿' 노드의 출력 변수 유형이 String, 즉, 문자열로 되어 있기 때문입니다.

출력 변수 •
output string
변환된 내용

'템플릿' 노드를 사용한 것만으로 배열 타입의 데이터를 문자열 타입의 데이터로 변환했습니다. 이것만으로도 충분히 편리하지만, 솔직히 이 출력 결과는 눈에 들어오지 않습니다.

6.7.2 보다 뛰어난 템플릿

'템플릿' 노드는 상당한 힘을 숨기고 있습니다. 잘 만든 템플릿을 사용하면 출력을 깔끔하게 바꿀 수 있습니다. 가능하면 깔끔한 형태로 다듬어 출력하는 것이 좋습니다. 우리가 원하는 문서의 형태는 다음과 같습니다.

- 깔끔한 형태로 정리된 문서

- 이해하기 쉽게 구조화된 출력

- 필요에 따라 적절하게 장식된 결과

예를 들면, '템플릿' 노드의 [코드]의 내용을 다음과 같이 바꿔 봅시다. 그 정확한 의미는 아직 몰라도 괜찮습니다. 우선 모형의 하나라고 생각해도 좋습니다.

```
{% for item in arg1 %}
    {{ item }}
{% endfor %}
```

다시 실행해 보면 깔끔한 출력 결과가 표시됩니다. 앞에서 봤던 출력과 전혀 다릅니다.

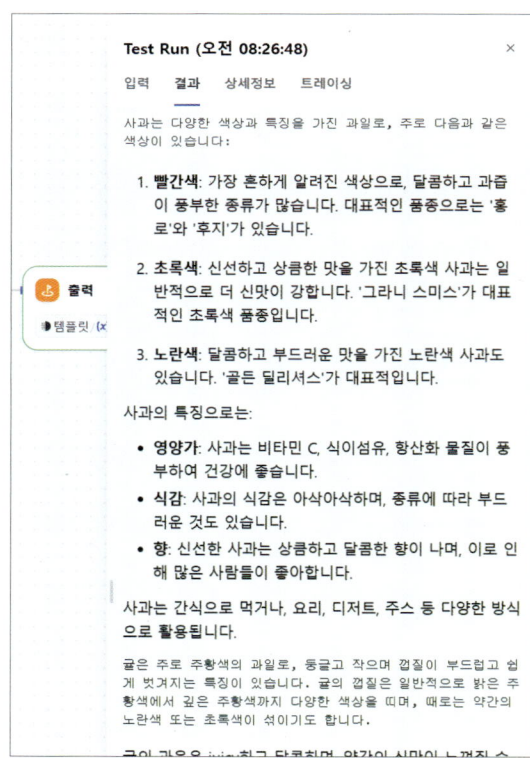

이정도 출력이라면 '뭔가 그럴듯하다'고 생각되지 않습니까? 하지만 아직입니다. 출력 결과를 보다 깔끔하고 활용하기 쉽게 만드는 것이 '템플릿' 노드의 역할입니다. 프로그래밍이라는 느낌이 다소 있기는 하지만 그렇게 어렵지는 않습니다. 오히려 이를 잘 활용하면 여러분의 워크플로우가 단숨에 진화할 것입니다.

6.7.3 템플릿 기본

앞에서 사용했던 템플릿의 기본을 되짚어봅시다. 템플릿에서 자주 사용하는 주문(구문)는 사실 두 가지 뿐입니다.

1. {{ }}: 변수를 표시할 때 사용한다.

2. {% %}: 프로그래밍적인 동작이 필요할 때 사용한다.

예를 들면, 앞 절에서 사용한 다음 코드를 살펴 봅시다. 여기에서 {% for item in arg1 %}과 {% endfor %} 부분이 'arg1의 내용물을 하나씩 꺼내서, 각 요소에 대해 무언가의 동작을 수행하는' 명령이 됩니다. 그리고 {{ item }}이 '꺼낸 내용물을 표시하는' 부분입니다.

```
{% for item in arg1 %}

    {{ item }}

{% endfor %}
```

즉, 이 템플릿은 'arg1 배열에서 내용물을 하나씩 꺼내서 표시한다'는 의미입니다. 핵심을 알고 나면 의외로 간단합니다. 사실 이 '템플릿' 노드는 Jinja2라는 템플릿용 라이브러리를 사용하고 있습니다. {}, {% %} 등의 자세한 사용 방법에 관해서는 Jinja2 공식 문서를 참조하십시오. '템플릿' 노드 [코드] 필드의 [Jinja2만 지원합니다]를 클릭하면 Jinja2 템플릿 구문의 공식 문서로 이동할 수 있습니다.

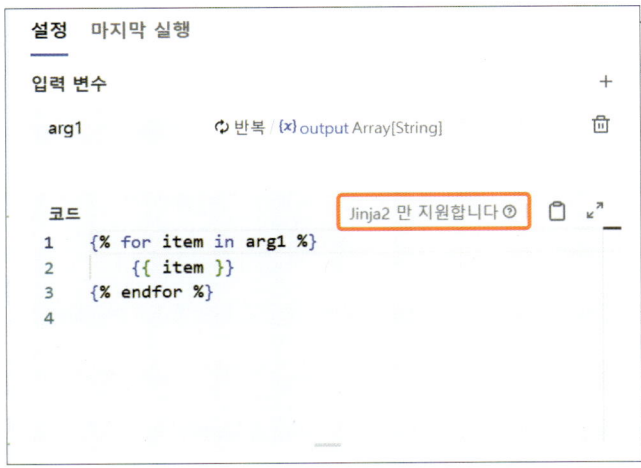

6.7.4 보다 복잡한 템플릿

기본적인 내용을 학습했습니다. 실제 현장에서는 조금 더 복잡한 작업을 하고 싶을 것입니다(※ 주: 여기부터는 조금 복잡한 템플릿에 관한 설명이므로 참고로만 읽어도 좋습니다. 물론 도전하고 싶은 분은 도전해 보십시오). 예를 들면, 목록의 번호를 붙이거나 조건에 따라 표시를 바꾸는 등을 생각할 수 있습니다. 그러면 앞의 과일 예시를 조금 더 발전시켜봅시다. 이런 템플릿은 어떨까요?

```
# 과일 목록

{% for item in arg1 %}
    ## {{ loop.index }}.{{ item.split('\\n')[0]}}

    {{ item.split('\\n')[1:] | join('\\n ') }}

{% endfor %}
```

갑자기 어려워진 것 같습니까? 문제없습니다. 하나씩 살펴 봅시다.

- {{ loop.index }}: 이것은 루프 횟수를 나타냅니다. 1부터 시작합니다.
- {{ item.split('\\n')[0] }}: 이것은 item의 1개만 꺼냅니다. 과일 이름이 기술되어 있는 부분입니다.
- {{ item.split('\\n')[1:] | join('\\n ') }}: 이것은 2번째 행 이후를 모두 꺼내, 각 행 앞에 공백을 1개 넣습니다. 이것은 Python의 특성을 잘 이용한 방식입니다. Python 사용에 익숙해져 있다면 자연스럽게 알 수 있으므로 지금 시점에서는 신경 쓰지 않아도 좋습니다.

이런 느낌으로 작성하면 출력은 다음과 같이 됩니다.

> # 과일 목록
>
> ## 1.사과는 다양한 색상과 특징을 가진 과일입니다. 일반적으로 사과의 색상은 다음과 같습니다:
>
> 1. **빨간색**: 가장 잘 알려진 사과의 색상으로, 대표적인 품종인 레드 딜리셔스가 이에 해당합니다. 이 색상은 사과가 충분히 익었을 때 나타나며, 달콤한 맛을 지닌 경우가 많습니다.
>
> 2. **녹색**: 그린 스미스와 같은 품종은 녹색이며, 보통 신맛이 강하고 아삭한 식감을 가지고 있습니다. 이들은 요리에 자주 사용되거나 샐러드 재료로 인기가 높습니다.
>
> 3. **노란색**: 골든 딜리셔스와 같은 노란색 사과는 부드럽고 달콤한 맛을 가지고 있으며, 다양한 요리에 활용되기도 합니다.
>
> 4. **혼합색상**: 일부 사과는 빨강, 녹색, 노랑이 혼합된 색상을 가지고 있습니다. 예를 들어, 후지 사과는 붉은색

과 노란색이 조화를 이루며, 달콤하고 아삭한 식감을 제공합니다.

사과의 특징으로는 과육이 아삭하고 수분이 많으며, 다양한 맛(달콤함, 신맛, 쓴맛 등)을 가지고 있습니다. 또한, 비타민 C, 식이섬유, 항산화 물질이 풍부해 건강에 유익한 과일로 알려져 있습니다. 사과는 생으로 먹거나 요리, 베이킹, 주스, 샐러드 등 다양한 방법으로 즐길 수 있습니다.

2.귤은 주로 오렌지색을 띠고 있으며, 그 색상은 과즙이 풍부하고 맛있는 과일임을 나타냅니다. 귤의 껍질은 얇고 부드러우며, 손으로 쉽게 벗길 수 있는 특징이 있습니다. 껍질은 일반적으로 매끈하고 윤기가 나며, 약간의 주름이 있을 수 있습니다.

귤의 과육은 다소 부드럽고 수분이 많아 먹기 좋은 식감을 제공합니다. 과육은 작은 세포로 이루어져 있어, 한 입 베어 물면 신선한 주스가 터지는 느낌을 줍니다. 맛은 달콤하면서도 약간의 산미가 있어, 상큼한 맛을 느낄 수 있습니다.

귤은 비타민 C가 풍부하여 면역력 강화에 도움을 주며, 다양한 영양소를 포함하고 있어 건강에 이로운 과일로 알려져 있습니다. 또한, 귤은 겨울철에 주로 수확되기 때문에 따뜻한 기운을 주는 과일로 인식되기도 합니다.

설명이 꽤 그럴싸합니다. 마크다운 형식으로 출력되므로 그대로 문서에 사용할 수 있습니다.

실행 결과는 오른쪽 그림과 같습니다. 사실 이 템플릿은 원래 다양한 작업을 할 수 있습니다. 예를 들면, 다음과 같은 작업도 가능합니다.

- 조건에 따라 출력을 변경한다.

- 문자를 장식한다.

- 계산 결과를 삽입한다.

자세한 사용 방법은 jinja2의 공식 문서를 참조할 수 있지만, 처음에는 이 섹션에서 설명한 정도의 기본적인 사용 방법만으로도 충분히 활용할 수 있을 것입니다.

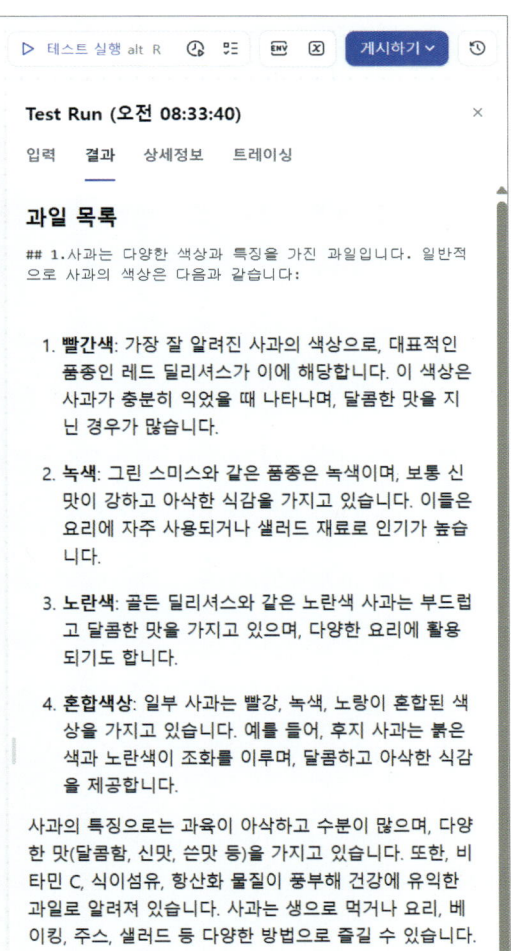

6.7.5 입력 처리에서 템플릿 활용하기

앞에서는 주로 출력에 관한 이야기를 했습니다. '템플릿' 노드는 입력 처리에도 활용할 수 있습니다. 예를 들면, LLM에 입력할 프롬프트를 만들 때 사용할 수 있습니다.

● 프롬프트 재사용하기

가장 먼저 생각할 수 있는 것이 프롬프트 재사용입니다. 거의 같은 질문을 반복해야 하는 워크플로우를 만들 때, 일일이 프롬프트를 다시 쓰는 것은 대단히 번거롭습니다. 이럴 때 템플릿을 사용하면 편리합니다.

예를 들면, 다음과 같은 템플릿을 생각할 수 있습니다.

{{ item }}에 관해 다음 정보를 알려주십시오.

1. 일반적인 특징
2. 주요한 용도
3. 주의점이나 주의 사항

가능한 간결하게 개조식으로 대답하십시오

이 템플릿을 사용하면 {{ item }} 부분만 바꿔서 다양한 대상에 관해 같은 형식의 정보를 얻을 수 있습니다. 예를 들면, 다음과 같습니다.
- '커피'에 관해 알고 싶을 때는 {{ item }}을 '커피'로 치환한다.
- 'JavaScript'에 관해 알고 싶을 때는 {{ item }}을 'JavaScript'로 치환한다.

이런 방식으로 같은 구조를 가진 질문을 간단하게 만들 수 있습니다.

● 동적 프롬프트 생성하기

한 걸음 더 나아가 동적으로 프롬프트를 생성할 수도 있습니다. 여기에서 템플릿의 새로운 구문 if를 사용해 봅시다. '만약 ~ 한다면'이라는 조건 분기를 만든 것입니다.

```
{% if 조건 %}
    조건이 true일 때의 처리
{% else %}
    조건이 false일 때의 처리
{% endif %}
```

이것이 기본 형태입니다. '하지만, 만약 ~ 한다면'이라는 조건을 추가하고 싶을 때는 {% elif 조건 %}을 사용합니다.

사용자 수준에 따라 프롬프트 내용을 바꾸는 예시를 살펴 봅시다.

```
{% if user_level == "beginner" %}
{{ item }}에 대해 초보자도 쉽게 알 수 있도록 설명하십시오. 전문 용어는 피하고, 구체적인 예시를 들어
설명하십시오.
{% elif user_level == "intermediate" %}
{{ item }}에 대해 중급자를 대상으로 자세하게 설명하십시오. 기본적인 개념은 설명하지 않아도 좋지만,
응용할 수 있는 화제는 포함하십시오.
{% else %}
{{ item }}에 대해 전문가를 대상으로 자세하게 설명하십시오. 최신 연구 동향이나 고급 응용 예시도 포
함하십시오.
{% endif %}
```

이 템플릿을 사용하면 다음을 수행할 수 있습니다.

- user_level이 "beginner"이면 친절하게 설명한다.

- user_level이 "intermediate"이면 중급자를 대상으로 설명한다.

그 이외에는 전문가를 대상으로 설명한다. 이와 같이 하나의 템플릿으로 초보자부터 전문가까지 대응
할 수 있습니다. 인간처럼 상대방의 수준에 맞춰 설명을 바꿀 수 있게 되는 것입니다.

6.7.6 템플릿 타입의 본질

여기에서는 템플릿 타입에 관해 설명합니다. 템플릿 타입은 모든 노드의 출력 데이터 타입을 입력 받
아 형태를 정리하고 문자열로 출력할 수 있는 타입입니다.

즉, 다음과 같은 개념으로 나타낼 수 있습니다.

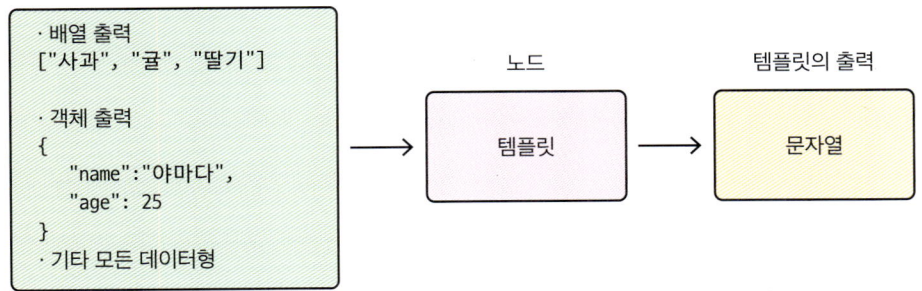

즉, 모든 노드의 출력에 '템플릿' 노드를 연결해 사용할 수 있습니다. 출력 형식이 배열이든 객체이든
'템플릿' 노드를 거치면 형태를 정리하고 결과를 문자열로 출력할 수 있게 됩니다.

이 결과는 LLM에도 간단하게 전달할 수 있고, 기획서 등의 결과를 마크다운 형식으로 출력할 수도
있습니다. Dify에서는 이 템플릿을 얼마나 효과적으로 활용할 수 있는가가 워크플로우를 공략하는
큰 포인트입니다.

6.7.7 템플릿 활용 팁

마지막으로 템플릿을 활용하기 위한 팁을 몇 가지 소개합니다.

1. 단계적으로 조립한다: 갑자기 복잡한 템플릿을 작성하지 마십시오. 간단한 템플릿에서 시작해 조금씩 기능을 추가합시다.

2. 테스트를 반복한다: 템플릿을 조금씩 변경할 때마다 실제로 동작하는지 확인하십시오. 생각지 못한 곳에서 에러가 발생할 수 있습니다.

3. 코멘트를 활용한다: {# 이것이 코멘트입니다 #}의 형태로 템플릿 안에 코멘트를 작성할 수 있습니다. 복잡한 처리에 관한 설명을 기록해두면 나중에 확인할 때 편리합니다.

4. 변수의 내용을 확인한다: {{ variable ¦ pprint}}를 사용하면 변수 내용의 형태를 정리해서 표시할 수 있습니다. 디버그 시 편리합니다.

5. 필터를 활용한다: ¦ capitalize, ¦ upper 등 다양한 필터를 제공합니다. 이들을 활용하면 한층 유연하게 출력할 수 있습니다.

그런데 '템플릿' 노드는 약간의 프로그래밍 요소를 포함하고 있습니다. 즉, 코드를 작성해야 한다는 것입니다.

'Dify는 노-코드 플랫폼이라 했는데, 거짓말입니까?'

시험에서 갑자기 어려운 문제를 만나 굳어버린 학생들처럼, 그런 눈으로 보지 마십시오. 코드라 하더라도 '템플릿' 노드에서 사용하는 코드는 엑셀 함수보다 간단할 것입니다. 약간의 주문을 기억하는 것만으로 이렇게나 편리해질 수 있습니다.

'템플릿' 노드를 마스터 하는 길은 작은 한 걸음에서 시작합니다. 먼저 간단한 것부터 시작해 조금씩 할 수 있는 것을 늘려가면 됩니다. Dify의 세계에서는 아직 우리들이 알지 못하는 수많은 마법들이 잠들어 있습니다. 사람마다 학습 속도는 다릅니다. 서두를 필요 없습니다. 여러분의 속도에 맞춰서 학습하기 바랍니다.

6.8 형태 8 = 코드 실행: 비장의 카드

지금까지 Dify의 워크플로우에 관한 여러 가지 내용들을 테스트 해보고 '이것으로 완벽하다!'고 생각한 분들이 있을 것입니다. 하지만 아직 많은 보석들이 숨겨져 있습니다.

그 보석들 중 하나가 '코드' 노드입니다.

'음? 템플릿을 만들 때도 코드 같은 것을 작성했는데 또 코드입니까?'라고 생각하는 분들이 있을 것입니다. 그도 그렇지만, '템플릿' 노드를 사용하면서 코드에 대한 저항감이 줄어든 지금이야 말로, 코드를 작성하는 선택지를 살펴 보기 좋은 시점입니다.

'코드' 노드는 자유로 가는 문입니다. Python이나 NodeJS 코드를 직접 워크플로우에 삽입할 수 있는 신기한 노드입니다. 이 노드만 사용할 수 있다면 Dify의 표준 기능만으로 문제를 해결하기 어려운 상황에도, '그렇다면 직접 코드를 작성하자!'라고 느끼고 돌파할 수 있을 것입니다. 워크플로우의 커스터마이즈 특성을 크게 높일 수 있고, 워크플로우를 마스터하기 위한 마지막 한 걸음을 채울 수 있을지도 모릅니다.

예를 들면, 계산기로 할 수 없는 복잡한 계산이나 API로부터 반환된 JSON 데이터의 정리, 긴 문장 데이터의 정규화, 대량의 데이터 일괄 처리, 나아가서는 '다음주 금요일은 몇 일인가?' 같은 날짜 계산까지 다양한 처리를 할 수 있게 됩니다.

즉, Python이나 JavaScript로 할 수 있는 것은 무엇이든 할 수 있게 됩니다(엄밀히 말하면 약간의 한계는 있습니다).

6.8.1 '코드' 노드 사용하기

이 책에서는 Python 프로그램 자체에 관해서는 설명하지 않습니다. 하지만 노드 사용 방법 자체는 의외로 간단합니다. 워크플로우에 '코드' 노드를 추가하고 Python이나 JavaScript 코드를 작성하기만 하면 됩니다.

'코드' 노드의 기본 형태는 다음과 같습니다. '코드' 노드의 기본 코드를 동작 시키기 위한 것입니다.

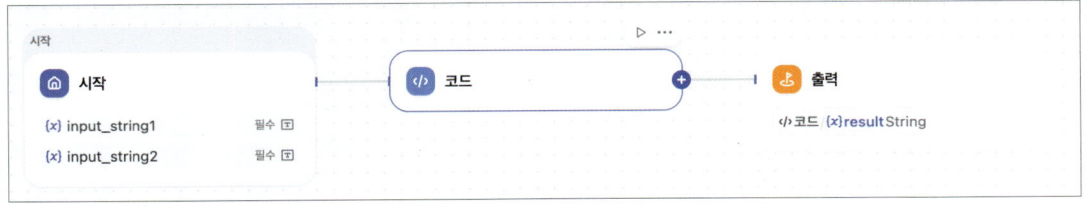

● 기본 형태 실행하기

그럼 실제로 해봅시다.

● '시작' 노드 설정

'시작' 노드를 열고 입력 필드에 다음과 같이 필드를 추가합니다. 문자열 입력을 위한 두 개의 필드 `input_string_1`, `input_string_2`를 추가합니다.

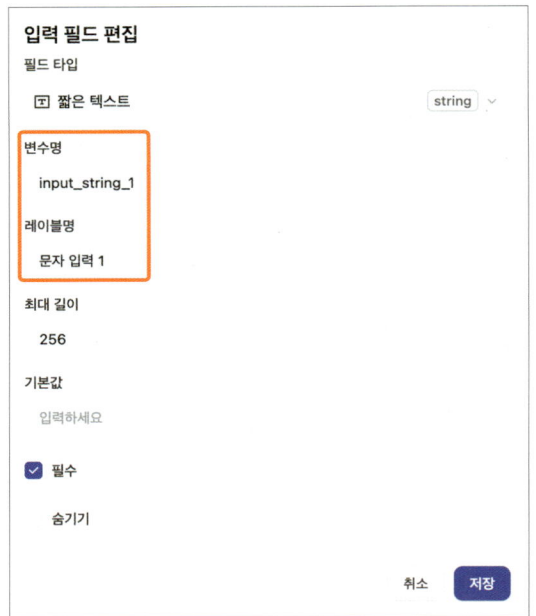 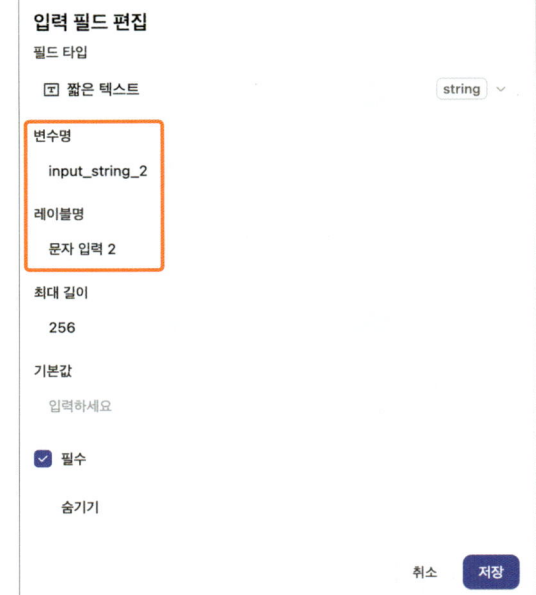

'시작' 노드는 다음과 같이 설정했습니다.

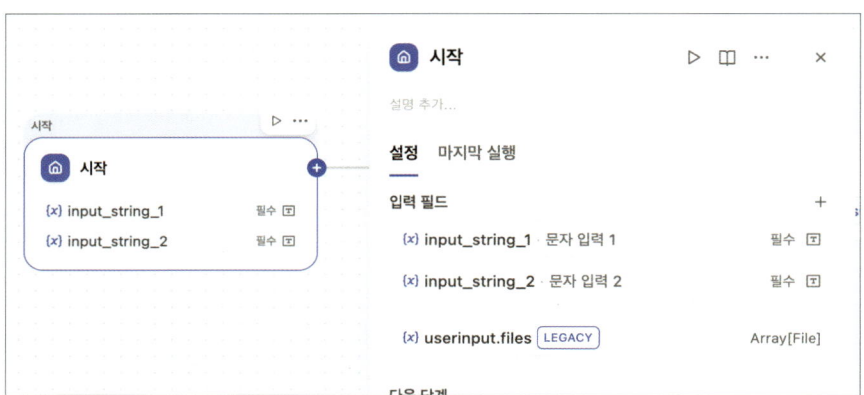

● '코드' 노드 설정하기

'코드' 노드를 추가합니다. '시작' 노드 오른쪽 [+]를 클릭한 뒤 '코드' 노드를 선택합니다. 다음과 같은 설정 화면이 표시됩니다.

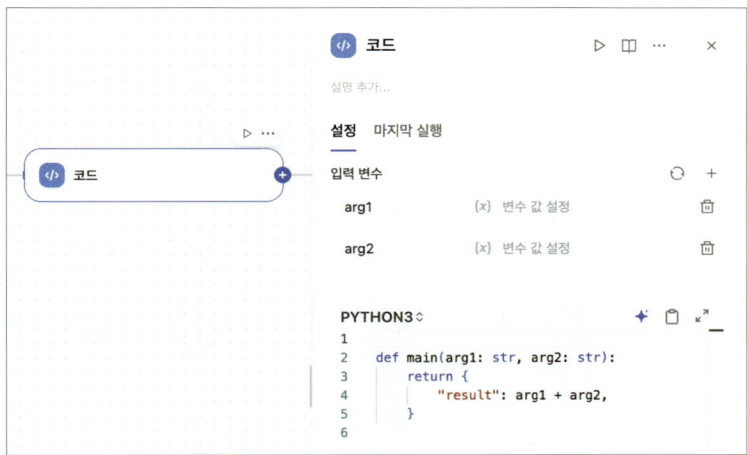

입력 변수에 arg1, arg2가 있습니다. 여기에 변수를 설정합니다. arg1 오른쪽 입력 필드의 '변수 값 설정'을 클릭하면 변수 목록이 드롭 다운으로 표시됩니다. 여기에서 input_string_1을 선택합니다. arg2에도 마찬가지로 변수 목록에서 input_string_2를 선택합니다.

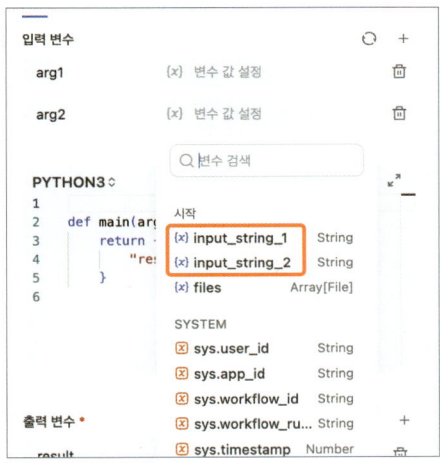

[PYTHON3]이라고 표시되어 있는 입력 박스가 코드 내용입니다. 여기에서는 설명을 위해 이 코드는 기본 코드를 그대로 사용합니다. 출력 변수도 기본값을 사용합니다.

● '출력' 노드 설정하기

'코드' 노드 오른쪽 [+]를 클릭한 뒤 '출력' 노드를 선택합니다. [출력 변수]를 output으로 설정하고, 오른쪽 변수 설정에 '코드/result'를 설정합니다.

● 실행하기

[▷ 테스트 실행] 버튼을 클릭합니다. 다음과 같이 입력합니다.

> 문자 입력 1: '안녕하세요.'
> 문자 입력 2: 'Dify의 이상한 세계에 오신 것을 환영합니다.'

[실행 시작] 버튼을 클릭합니다. 코드가 실행되고 오른쪽 그림과 같이 입력 문자를 연결한 '안녕하세요.Dify의 이상한 세계에 오신 것을 환영합니다.'가 출력됩니다. 코드가 이상 없이 출력되었습니다.

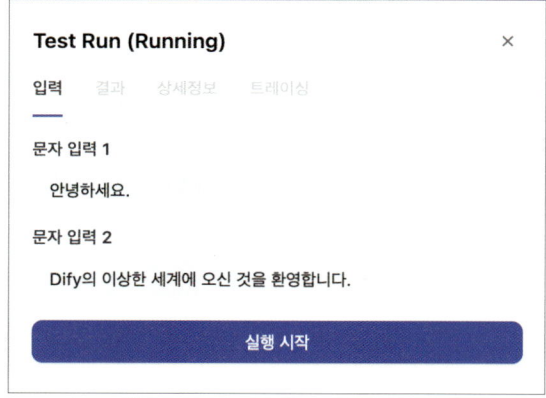

● 코드 흐름 이해하기

시작 → 코드 → 출력이라는 흐름 안에서 '코드' 노드가 어떻게 동작하는지 설명합니다. 그림의 번호를 따라 설명합니다.

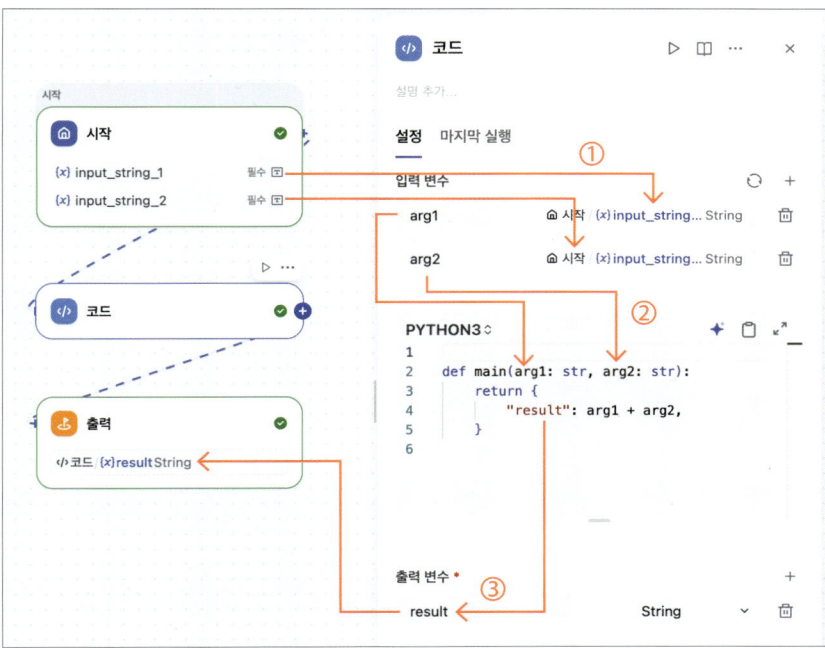

① 입력 변수 설정

'시작' 노드에서 2개의 입력 변수(input_string_1, input_string_2)를 설정했습니다. 이 변수들은 '코드' 노드의 입력으로 사용됩니다. '코드' 노드에서는 '시작' 노드에 설정된 변수를 참조합니다.

- arg1에 시작/input_string_1을 설정한다.

- arg2에 시작/input_string_2를 설정한다.

'코드' 노드에서 arg1과 arg2는 매개변수의 역할을 합니다. 매개변수란 외부에서 값을 받기 위한 '상자' 같은 것입니다.

중요한 것은 arg1, arg2라는 변수명은 자유롭게 변경할 수 있다는 점입니다(예: text1, text2 등). 그리고 def main의 () 안의 매개변수 이름은 일치시켜야 합니다.

② 코드 안에서의 변수 사용

Dify는 [PYTHON3]에 입력된 코드에서 main()이라는 함수(기능의 최소 실행 단위)를 자동 실행합니다. 그리고 arg1, arg2를 함수의 매개변수로 받습니다.

```python
def main(arg1: str, arg2: str) -> dict:
    return {
        "result": arg1 + arg2
    }
```

이 코드는 arg1, arg2라는 2개의 변수의 문자열을 받아 결합하고, 그 결과를 "result"라는 키로 반환합니다.

③ 출력 변수 설정

'출력' 노드에서는 '코드' 노드의 출력 변수 result를 참조합니다. 이 예시에서는 문자열(String) 타입으로 출력됩니다. 이렇게 '코드' 노드는 입력된 변수를 받아 처리를 수행하고, 그 결과를 출력 변수로 다음 노드에 전달하는 역할을 담당하고 있습니다.

● 출력하는 타입을 명확하게 기억할 것

여기에서 가장 틀리기 쉬운 포인트에 관해 설명합니다. 코드 안의 다음 부분입니다.

```
return {
    "result": arg1 + arg2  # 받은 값을 사용해 처리
}
```

'왜 값을 평범하게 반환하지 않는가?', '왜 이런 번거로운 방식을 사용하는가?'라고 생각할 수도 있습니다.

사실 이것이 Dify의 '코드' 노드의 규칙입니다. 반환값(return)은 반드시 다음을 만족해야 합니다.

- 딕셔너리 타입(dict)이다.

- 그 안에 "result"라는 키를 포함한다.

엄밀하게 말하면 "result"라는 이름은 원하는 변수명으로 변경해도 좋습니다. 단, 출력 변수 설정도 함께 변경해야 합니다. 익숙해지기 전까지는 "result"를 그대로 사용하는 것이 좋습니다.

참고로 출력 변수를 확인해 봅시다. 기본값으로 "result"라는 변수명으로 설정되어 있습니다. 그래서 "result2"라는 이름을 사용하고 싶다면 return{} 안에도 "result2"를 사용하면 됩니다.

```
PYTHON3
1
2  def main(arg1: str, arg2: str):
3      return {
4          "result": arg1 + arg2,
5      }
6
```

이름을 일치 시킨다

출력 변수 •

result   String

● 사용할 수 있는 데이터 타입

다음으로 중요한 포인트인 출력 변수의 타입에 관해 설명합니다. '코드' 노드와 관련된 가장 많은 것이 이 타입과 관련이 있습니다. 출력 변수 오른쪽 선택 박스를 열어봅시다. 다음과 같이 여러 개의 모르는 목록이 표시됩니다. 이것이 출력 변수의 데이터 타입입니다.

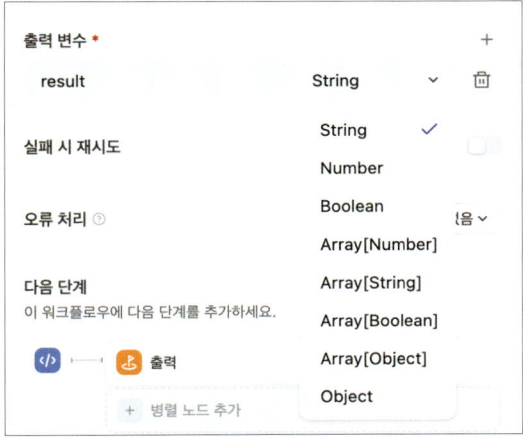

"result"의 값에는 다양한 타입을 지정할 수 있습니다.

단순한 값일 때는 다음과 같이 됩니다.

```
return {
    "result": "안녕하세요." # 문자열
}
```

선택한 데이터 타입은 String입니다.

```
return {
    "result": 123 # 숫자
}
```

선택한 데이터 타입은 Number입니다.

리스트(배열)일 때는 다음과 같습니다.

```
return {
    "result": ["사과", "귤"] # 문자열 리스트
}
```

문자열 리스트일 때 선택하는 타입은 Array[String]입니다.

```
return {
    "result": [1, 2, 3, 4, 5] # 수치 리스트
}
```

수치 리스트일 때 선택하는 타입은 Array[Number]입니다.

딕셔너리(객체)일 때는 다음과 같습니다.

```
return {
  "result": {
    "이름": "홍길동",
    "나이": 30,
    "취미": ["독서", "영화"]
  }
}
```

딕셔너리일 때 선택하는 타입은 Object입니다.

배열 딕셔너리(리스트와 딕셔너리의 조합)일 때는 다음과 같습니다.

```
return {
  "result": [
    {"id": 1, "이름": "홍길동"},
    {"id": 2, "이름": "홍현주"}
  ]
}
```

배열 딕셔너리일 때 선택하는 타입은 Array[Object]입니다.

정리하면 return 타입은 아래와 같이 설정해야 합니다.

- 반드시 return {"result": <무언가의 값>}의 형태이다.

- result는 반드시 큰따옴표(")로 감싼다.

- 값 부분은 Python의 기본 타입이면 무엇이든 관계없다.

'너무 번거롭다'고 생각할 수도 있습니다. 만약, 이런 형식을 지키지 않거나 출력 변수 타입 지정을 잘못하게 되면 '엇? 에러가 발생했네?'라는 상황을 맞이하게 됩니다. 처음에는 다소 번거롭게 느껴지더라도 곧 익숙해질 것입니다.

● 타입 힌트에 관한 짧은 이야기⋯ '그다지 신경 쓰지 않는다!'

마지막으로 코드 안에서 다음과 같은 표기를 자주 볼 수 있습니다.

```
def main(arg1: str, arg2: str) -> dict:
```

: str, -> dict 등은 무언가 어렵게 보이는 기호들입니다. 이것은 '타입 힌트(type hint)'라는 것입니다. '타입 힌트라니 뭔가 두렵다', '착각해서 잘못 기입하면 어떻게 되는가?'라고 생각할 수도 있습니다. 사실 결론부터 말하자면 크게 신경 쓰지 않아도 됩니다.

'힌트'라는 이름 그대로, 어디까지나 힌트입니다.

예를 들면, 다음과 같은 코드가 있습니다.

```
def main(arg1, arg2):  # 타입 힌트가 없어도 OK!

    return {

        "result": arg1 + arg2

    }
```

동작은 전혀 달라지지 않습니다. 타입 힌트가 없다고 해서 프로그램 실행이 멈추지는 않습니다. 그럼 타입 힌트는 무엇을 위해 사용하는 것일까요?

- 사람이 코드를 쉽게 이해하게 돕는다.

- IDE(프로그램 통합 개발 환경)이나 에디터에서 코드 완성(code completion)을 효과적으로 한다.

- 미래에 코드를 읽을 나를 위해 단서를 남긴다.

이런 정도로 생각해두면 좋습니다. 익숙해지면서 조금씩 다음과 같이 타입 힌트를 신경 쓰면 좋을 것입니다.

```
def main(text: str, number: int) -> dict:  # 타입 힌트를 붙여본다.

    return {

        "result": f"{text}는 {number}입니다."

    }
```

타입 힌트는 '할 수 있다면 붙이는 것이 좋지만 없어도 동작하는데 무리는 없다' 정도로 생각하면 좋습니다. 프로그래밍의 세계는 처음부터 완벽함을 목표로 하는 것보다 동작하는 것을 만들고 조금씩 개선하는 편이 오랜 시간 지속할 수 있습니다. 동작하는 코드를 작성할 수 있게 되면, 조금씩 더 깊이 이해해 봅시다.

6.8.2 다양한 샘플

'코드' 노드의 기본적인 내용을 살펴봤습니다. 실제 어떻게 사용하는지 구체적인 예시를 살펴 봅시다. 프로그램은 실제 예시를 보는 것이 가장 쉽게 이해할 수 있습니다. 여기에서는 투자의 복리 계산을 계시로 들어봅니다. 복리 계산 예시를 드는 이유는 일상과 매우 가깝고 의외로 편리하기 때문입니다. 투자 계획을 세울 때는 물론 대출 상환 계획을 세울 때도 활용할 수 있습니다.

● 실제로 복리 계산하기

'시작' 노드에서 입력에 필요한 변수를 정의하기

계산에 필요한 정보는 '시작' 노드에서 다음과 같이 설정합니다.

- 초기 투자액(principal): 최초에 얼마를 투자하는가?

- 연이율(rate): 이율(예: 5%이면 0.05)

- 투자 기간(years): 몇 년간 계속 투자하는가?

– 매년 추가 투자 금액(additional_contribution): 매년 추가로 투자하는 금액

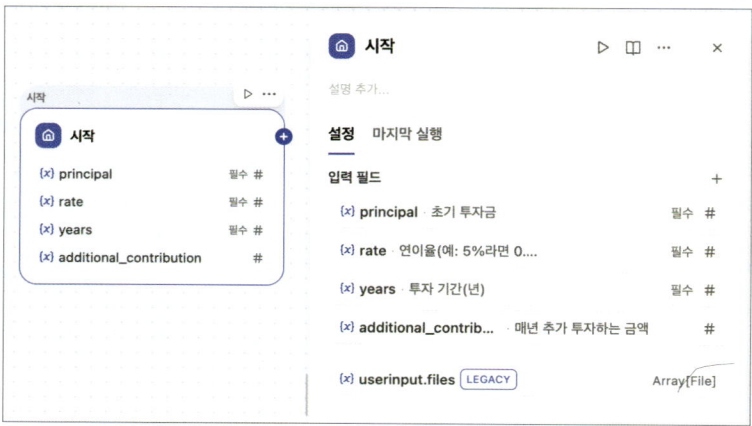

'코드' 노드 추가하기

'시작' 노드 오른쪽 [+]를 클릭한 뒤 노드 목록에서 '코드' 노드를 선택합니다. 입력 변수에 '시작' 노드에서 설정한 값을 매개변수로 설정합니다. PYTHON3 항목에 Python 코드를 작성합니다. 출력변수는 result로 Object로 설정합니다.

코드는 다음과 같이 작성합니다.

※ 코드는 지원 페이지에서 다운로드 할 수 있습니다.

```python
def main(principal: float, rate: float, years: int, additional_contribution: float = 0) ->
dict:
    """
    복리 계산 수행 함수

    :param principal: 초기 투자액
    :param rate: 연이율(예: 5%이면 0.05)
    :param years: 투자 기간(년)
    :param additional_contribution: 매년 추가하는 투자 금액(선택)
    :return: 계산 결과를 포함한 딕셔너리
    """
    total_investment = principal
    current_value = principal

    yearly_results = []

    for year in range(1, years + 1):
        interest = current_value * rate
        current_value += interest + additional_contribution
        total_investment += additional_contribution

        yearly_results.append({
            "년": year,
            "원금": f"{total_investment:,.0f}원",
            "이자": f"{interest:,.0f}원",
            "잔액": f"{current_value:,.0f}원"
        })
    total_interest = current_value = total_investment

    return {
        "result": {
            "초기 투자액": f"{principal:,.0f}원",
            "연이율": f"{rate:.1%}",
            "투자 기간": f"{years}년",
            "매년 추가 투자": f"{additional_contribution:,.0f}원",
            "최종 잔액": f"{current_value:,.0f}원",
            "합계 투자액": f"{total_investment:,.0f}원",
            "합계 이자": f"{total_interest:,.0f}원",
            "이율": f"{(total_interest / total_investment):.1%}",
            "연간 결과": yearly_results
        }
    }
```

이 코드를 굳이 이해하려 하지 않아도 됩니다. 사실 이런 코드는 최근 LLM을 사용하면 거의 동일하게 작성할 수 있습니다. '복리 계산 코드를 작성해줘' 등으로 지시하면 위와 같은 코드를 제안해 줍니다(단, return 부분만은 앞에서 설명한 규칙을 따라야 합니다).

● '출력' 노드 추가하기

'출력' 노드를 추가합니다. '코드' 노드의 출력을 '출력' 노드의 출력 변수 output으로 설정합니다.

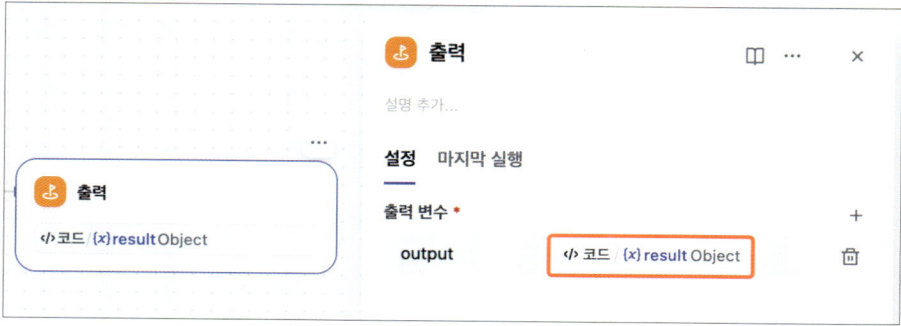

● 실행하기

그럼 실행해 봅시다. [▷ 테스트 실행] 버튼을 클릭합니다. 시험삼아 다음 숫자를 입력해 봅시다.

- [초기 투자액]: 1000만원
- [연이율]: 5%(0.05)
- [투자 기간]: 20년
- [매년 추가 투자하는 금액]: 100만원

[실행 시작] 버튼을 클릭합니다.

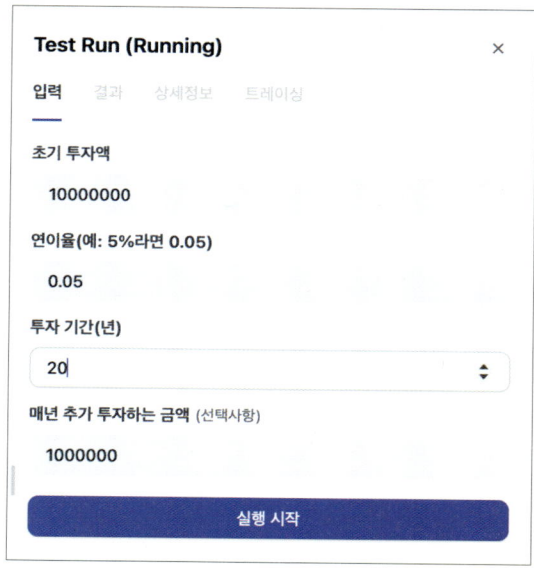

20년후 얼마로 계산이 되는지 한번에 볼 수 있습니다. [상세정보] 탭을 클릭해 결과 출력을 확인해 봅시다. 결과가 잘 표시되었습니다.

```
{
  "output": {
    "초기 투자액": "10,000,000원",
    "연이율": "5.0%",
    "투자 기간": "20년",
    "매년 추가 투자": "1,000,000원",
    "최종 잔액": "30,000,000원",
    "합계 투자액": "30,000,000원",
    "합계 이자": "30,000,000원",
    "이율": "100.0%",
    "연간 결과": [
      {
        "년": 1,
        "원금": "11,000,000원",
        "이자": "500,000원",
        "잔액": "11,500,000원"
      },
```

```
      {
        "년": 2,
        "원금": "12,000,000원",
        "이자": "575,000원",
        "잔액": "13,075,000원"
      },
      ...중략...
      {
        "년": 20,
        "원금": "30,000,000원",
        "이자": "2,790,425원",
        "잔액": "59,598,931원"
      }
    ]
  }
}
```

● '코드' 노드 사용 방법

여기까지 오면 직접 다양한 것들을 시험해볼 수 있으리라 생각합니다. 아래 몇 가지 예시를 들어봅시다.

> ※ 각 코드는 지원 페이지에서 다운로드 할 수 있습니다.

● 텍스트 분석

LLM의 출력이나 사용자의 입력을 분석하거나, 특정한 정보를 추출할 때 사용합니다.
- 문장의 길이나 복잡한 정도를 평가한다(단어 수, 문자 수, 문장 수 등).
- 주요한 주제를 추측한다(가장 자주 나타나는 단어 등).
- 중요한 정보를 자동으로 추출한다(URL이나 메일 주소 등).

```python
import re

def main(text: str) -> dict:
    words = text.split()
    return {
        'result':{
            'word_count': len(words),
            'char_count': len(text),
            'sentence_count': len(re.findall(r'\w+[.!?]', text)),
            'most_common_word': max(set(words), key=words.count),
            'urls': re.findall(r'https?://\S+', text),
            'emails': re.findall(r'\b[A-Za-z0-9._%+-]+@[A-Za-z0-9.-]+\.[A-Z¦a-z]{2,}\b', text)
        }
    }
```

● 날짜와 시간 처리

날짜나 시간 계산은 의외로 번거롭습니다. '코드' 노드를 사용하면 매우 간단하게 처리할 수 있습니다.
- 현재 날짜를 얻는다.
- 지정한 날짜 이후의 날짜를 계산한다.
- 요일을 얻는다.

이것을 사용하면 '오늘부터 30일 이후의 날짜는 언제인가?' 또는 '내년의 오늘은 무슨 요일인가?' 같은 질문에 순식간에 대답합니다. 캘린더 관련 애플리케이션 등을 만들 때 활용할 수 있습니다.

```python
from datetime import datetime, timedelta
```

```python
def main(date_str: str, days: int) -> dict:
    date = datetime.strptime(date_str, "%Y-%m-%d")
    future_date = date + timedelta(days=days)
    return {
        'result':{
            'input_date': date.strftime("%Y년 %m월 %d일"),
            'future_date': future_date.strftime("%Y년 %m월 %d일"),
            'day_of_week': ['월', '화', '수', '목', '금', '토', '일'][future_date.weekday()]
        }
    }
```

● LLM 출력으로부터 코드 블록 추출하기

LLM이 생성한 텍스트로부터 필요한 코드 부분만 추출하는 처리를 만들어 봅시다. 이것을 사용하면 다음 대상을 간단하게 출력할 수 있습니다. 추출한 코드는 그대로 다른 노드에서 사용할 수 있는 형태로 반환됩니다.

- 마크다운 형식의 코드 블록(```으로 감싼 부분)
- 인라인 코드(` 로 감싼 부분)

```python
def main(text: str) -> dict:
    """
    LLM 출력에서 코드 블록을 추출한다.

    :param text: LLM 출력 텍스트(Markdown 형식을 가정함)
    :return: 출력된 코드 블록 리스트
    """
    import re

    # 코드 블록 추출('''로 감싼 부분)
    code_blocks = re.findall(r'''(?:\\w+)?\\n(.*?)''', text, re.DOTALL)

    # 인라인 코드 추출 (' 로 감싼 부분)
    inline_codes = re.findall(r'(.*?)', text)

    return {
        "result": {
            "code_blocks": [block.strip() for block in code_blocks],
            "inline_codes": inline_codes,
```

```
        "stats": {
          "block_count": len(code_blocks),
          "inline_count": len(inline_codes)
        },
        "has_code": bool(code_blocks or inline_codes)
    }
  }
```

다음은 사용 예시(입력 텍스트)입니다.

```
다음과 같은 코드를 사용합니다.

'''python
print("Hello")
'''

그리고 'len()' 함수도 사용할 수 있습니다.
```

결과는 다음과 같이 출력됩니다.

```
{
  "result": {
    "code_blocks": [
      "print(\"Hello\")"
    ],
    "inline_codes": [
      "len()"
    ],
    "stats": {
      "block_count": 2,
      "inline_count": 1
    },
    "has_code": true
  }
}
```

이런 코드들은 생성형 AI에게 '이런 것을 하고 싶다'고 질문하면 쉽게 작성할 수 있습니다. 실행해서 에러가 발생하면 그 원인 확인 및 수정도 생성형 AI의 도움으로 가능합니다. 작성한 코드의 내용을 설명해 달라고 요청하면 생성형 AI는 과하게 친절하다고 느낄 정도의 설명을 해줍니다.

먼저 근처에 있는 것부터 '코드' 노드를 활용해보면 어떨까요? 프로그래밍 초보자라도 그것을 반복하는 과정에서 점점 '코드' 노드의 사용 방법을 알 수 있을 것입니다.

6.8.3 httpx로 API 호출하기

'외부 API와 연동하고 싶다!'

이런 요청도 실무에서 자주 있습니다. 외부 API와 연동하기 위해서는 대상 API와 HTTP 통신을 해야 합니다. '코드' 노드를 사용하면 이런 작업도 의외로 간단하게 할 수 있습니다.

● HTTP 통신이란?

HTTP 통신에 관해 간단하게 복습해 봅시다. 인터넷 세계에서는 애플리케이션끼리 마치 대화를 하듯 정보를 주고받습니다. 그때 사용하는 '공통의 언어'가 HTTP(Hyper Text Transfer Protocol)입니다. 그 형태로 서버와 통신합니다. 예를 들면, 다음과 같은 느낌입니다.

- 고객(클라이언트)가 음식점(서버)의 메뉴(API)를 보고,

- 전화나 이메일로 주문(요청)을 하고,

- 배달부가 요리(응답)를 가져다 준다.

우리가 보고 있는 웹브라우저 뒤편에서는 이 HTTP 통신이 수행되고 있습니다. httpx는 이 HTTP 통신을 간단하게 수행하기 위한 '편리한 도구'라고 생각할 수 있습니다.

● httpx를 사용한 HTTP 통신

'코드' 노드에는 기본적으로 httpx라는 편리한 도구(라이브러리)가 내장되어 있습니다. 이것은 외부의 API를 호출하기 위한 현대적이고 사용하기 쉬운 도구입니다. Python에서의 requets라는 유명한 편리한 도구가 있습니다. 이것이 진화된 버전이라는 느낌입니다. httpx는 다음과 같은 특징을 가집니다.

- 비동기 처리도 할 수 있다.

- 모던한 Python의 기능을 모두 활용할 수 있다.

- 보안 측면도 고려해 설계되어 있다.

'…그런 것인가' 정도의 느낌만 갖는다면 충분합니다. 이미 Python에 관해 알고 있다면 자연스럽게 이해될 것입니다.

● 지명에서 위도와 경도 얻기

예시로 지명에서 위도와 경도를 얻는 API를 호출해봅시다. 여기에서는 OpenStreetMap에서 제공하는 Nominatim API입니다. 무료로 사용할 수 있고 특별한 인증도 필요하지 않아 연습할 때 사용하기 매우 적합합니다.

● 먼저 코드부터

다음과 같은 코드를 준비합니다. API의 url(엔드포인트)를 httpx로 호출하고, 그 결과의 위도와 경도를 반환합니다.

```python
import httpx

# OpenStreetMap Moninatim API를 사용해 지명으로부터 위도, 경도를 얻는다(httpx 동기화 버전)
def main(location_name: str) -> dict:
    base_url = "https://nominatim.openstreetmap.org/search"
    params = {
        "q": location_name,
        "format": "json",
        "limit": 1
    }
    headers = {
        "User-Agent": "YourAppName/1.0",  ## OpenStreetMap은 User-Agent 헤더를 요청합니다.
    }

    with httpx.Client() as client:
        response = client.get(base_url, params=params, headers=headers)

        if response.status_code == 200:
            data = response.json()
            if data:
                return {
                    "result": {
                        "lat": data[0]["lat"],
                        "lon": data[0]["lon"]
                    }
                }
            else:
                return {
                    "result": {
                        "error": f"No results found for {location_name}"
                    }
                }
        else:
            return {
```

```
        "result": {
            "error": f"Error: {response.status_code}, {response.text}"
        }
    }
```

※ 이 프로그램 코드는 지원 페이지에서 다운로드 할 수 있습니다.

이 코드는 다음과 같이 동작합니다.

- API의 URL과 매개변수를 설정한다.

- 필요한 헤더 정보를 추가한다(OpenStreetMap를 사용하려면 User-Agent가 필수).

- GET 요청을 전송한다(데이터를 얻자는 의미).

- 대답(응답)을 해석해 위도와 경도를 얻는다.

- 에러가 발생했을 때는 적절한 메시지를 반환한다.

● 워크플로우 조립하기

① '시작' 노드

'시작' 노드에서 query 변수를 설정해 사용자에게 지명을 입력 받습니다. 그리고 그 값을 '코드' 노드에 전달해 API를 호출하고 그 결과를 출력 변수에 설정하는 흐름입니다.

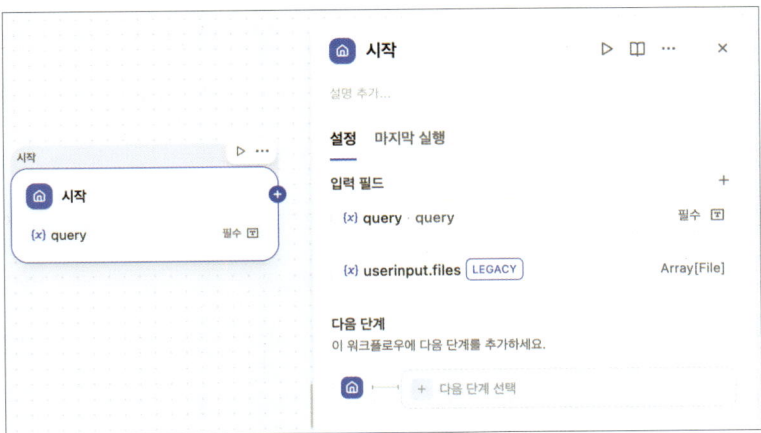

② '코드' 노드 추가

'코드' 노드에 앞에서 소개한 프로그램 코드를 입력합니다. 입력 변수는 location_name으로 하고 시작/query를 지정합니다. 입력 변수의 arg2는 삭제합니다. 결과는 출력 변수 result에 Object로 설정합니다.

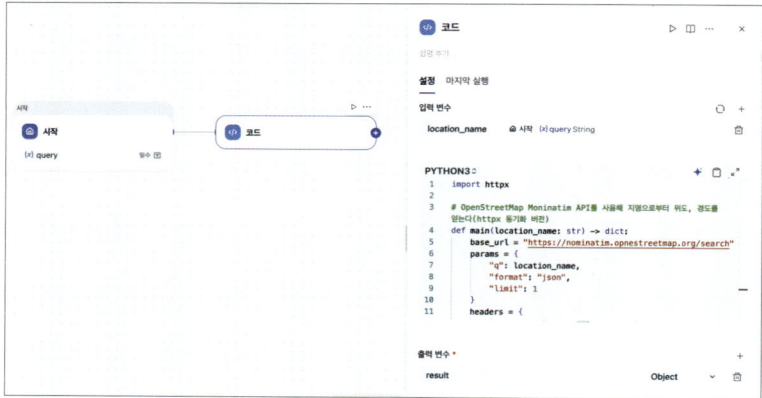

③ '출력' 노드 추가

'출력' 노드를 추가합니다. '코드' 노드의 출력을 '출력' 노드의 출력 변수 output으로 설정합니다.

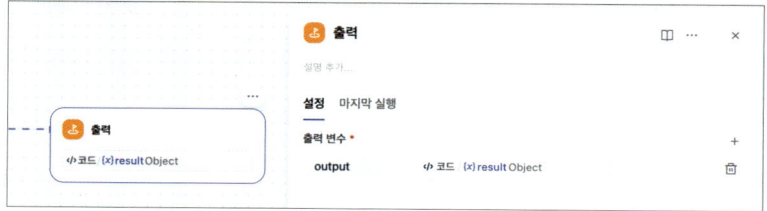

④ 실행

여러분이 살고 있는 지명을 입력해 봅시다.

예를 들면, '서울시 종로구'라고 입력하면 위도와 경도를 반환해 줍니다!

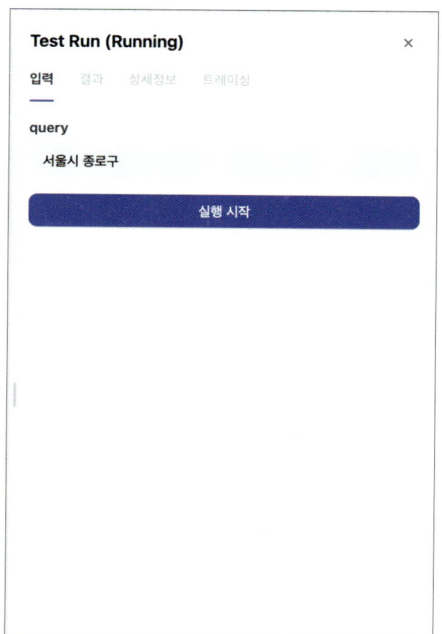

이렇게 httpx를 사용하면 외부 API와 간단히 연동할 수 있습니다. 여기에서는 지명과 관련된 API를 예시로 들었습니다. 날씨 정보 API, 번역 API, 주식 정보 API 등 다양한 서비스와 연동할 수 있는 가능성이 넓어집니다.

API를 호출할 때는 몇 가지 주의할 점이 있습니다.

- 레이트 제한: 많은 API들에는 호출 횟수 제한이 있습니다. OpenStreetMap은 초당 1번 정도 호출하는 것을 권장합니다.
- 에러 처리: 실제로는 더욱 다양한 에러 처리가 필요합니다. API가 응답하지 않는 경우, 검색 결과를 찾을 수 없는 경우, 네트워크 에러가 발생한 경우 등 여러 케이스에 대비하는 것이 좋습니다(아래 에러 처리 참조).
- 보안: API 키 등 중요한 정보는 직접 코드에 기술하지 않도록 주의해야 합니다. 가능하다면 환경 변수 등을 사용해 관리합시다(환경 변수 사용 방법은 부록 '노드에서 환경 변수 다루기'를 참조하십시오).

● '코드' 노드의 제한

'코드' 노드에 관한 설명은 이것으로 마칩니다. 이렇게 편리한 '코드' 노드이지만 제한이 있습니다. 예를 들면, 파일 시스템에 직접 접근하거나 네트워크 요청을 실행할 수는 없습니다. 이는 안정성을 확보하기 위한 제한이므로 잘 알고 사용해야 합니다.

● 에러 처리

'코드' 노드는 에러가 발생했을 때의 대처 방법도 고려되어 있습니다. 설정 화면 아래 '실패 시 재시도'과 '오류 처리' 항목이 있습니다. 이 항목들을 사용해 에러가 발생했을 때 재시도 수행 횟수, 재시도 간격을 설정할 수 있으며 후속 처리를 위해 수행할 동작을 코드로 기술할 수도 있습니다.

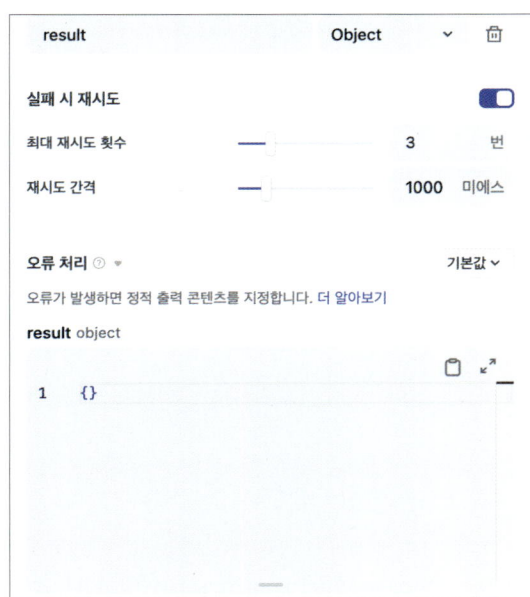

6.9 형태 9 = API 소환술: 'HTTP 요청' 노드를 사용한 API 연동

앞 절에서 '코드' 노드를 사용해 HTTP 통신을 하는 방법을 살펴봤습니다. '이제 외부 API도 호출할 수 있다!'고 생각한 분들께 보다 편리하고 직관적인 HTTP 통신 방법을 소개합니다. 'HTTP 요청' 노드입니다.

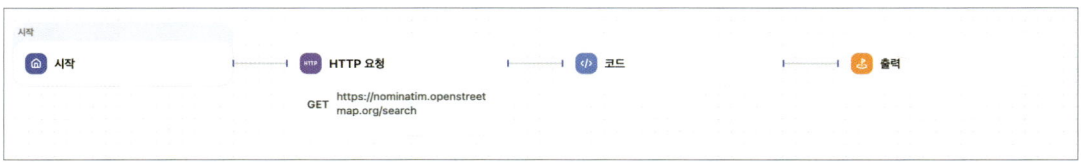

6.9.1 왜 'HTTP 요청' 노드를 사용하는가?

'하지만 '코드' 노드에서 HTTP 통신을 할 수 있는데요?'라고 생각할 수 있습니다. 확실히 그렇습니다. 하지만 'HTTP 요청' 노드는 몇 가지 큰 장점을 제공합니다.

1. 형태를 이해하기 쉽다: API 설정을 직관적으로 쉽게 이해할 수 있다.

2. 설정을 변경하기 편하다: API 엔드포인트(URL)나 헤더를 쉽게 변경할 수 있다.

3. 안전성이 높다: HTTP 타임 아웃 등 다양한 설정을 표준 제공한다.

요약하면 '보다 간단하고 이해하기 쉽게' API와 연동할 수 있게 설계된 노드입니다.

6.9.2 지명에서 위도와 경도를 얻어보기

그럼 앞 절에서 만든 지명으로부터 경도를 얻는 처리를 'HTTP 요청' 노드로 구현해봅시다. 먼저 '시작' 노드는 동일하게 설정합니다.

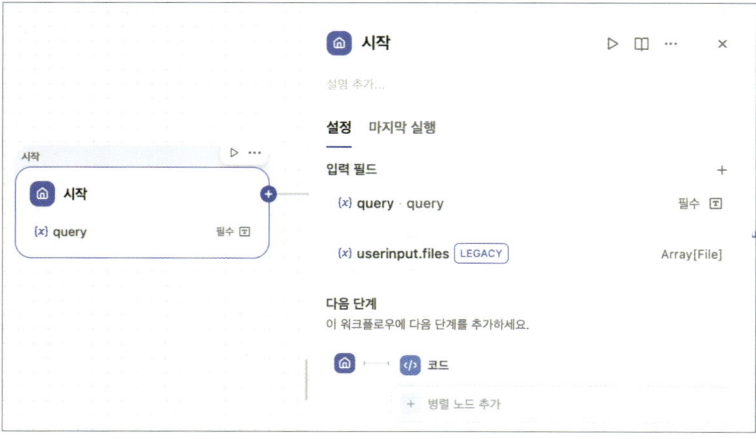

다음으로 'HTTP 요청' 노드를 추가합니다. 여기에서 OpenStreetMap Nominatim의 API 엔드포인트(URL)을 설정합니다.

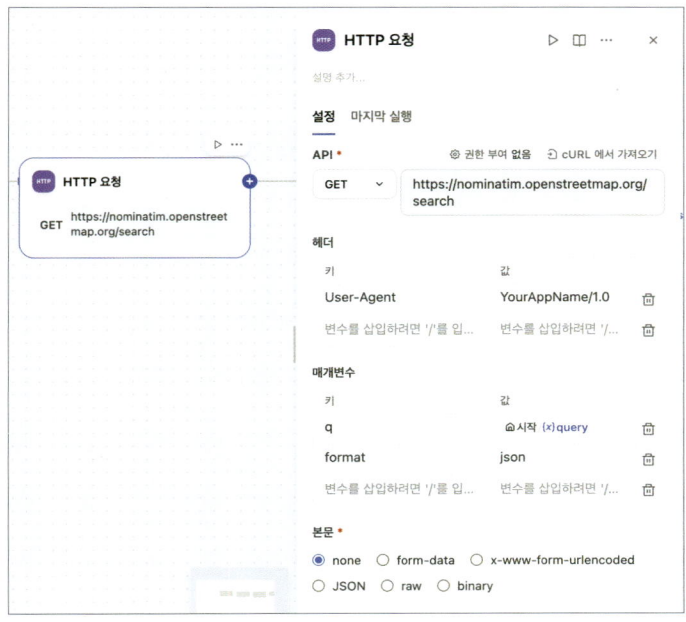

'HTTP 요청' 노드는 다음과 같이 설정합니다.

- [메서드]: GET(데이터를 얻을 때는 GET을 사용한다)

- [URL]: https://nominatim.openstreetmap.org/search

- [매개변수]

  - q: 시작/query('시작' 노드의 입력을 여기에서 사용한다)

  - format: json(반환하는 데이터 형식을 지정한다)

- [헤더]

  - User-Agent: YourAppName/1.0(API 규약에 따라 필요. YourAppName 부분은 적절한 이름으로 변경한다)

코드를 전혀 작성하지 않고도 API 요청에 필요한 모든 정보를 한 눈에 알 수 있습니다. 이것이 'HTTP 요청' 노드의 진수입니다.

> ※ 주의: 에러 처리에 관해서도 '코드' 노드와 마찬가지로 '실패 시 재시도', '오류 처리' 기능을 제공합니다.

6.9.3 실행 및 응답 확인하기

실행해 봅시다. 실행 후 [트레이싱] 탭을 클릭하고 [HTTP 요청]의 아코디언을 열어봅시다. 대략적인 응답의 형태를 확인할 수 있습니다. 출력 결과는 다음과 같습니다. body 부분을 확인해 봅시다. API 호출 결과가 설정되어 있습니다.

```
{
  "status_code": 200,
    "body": "[{\"place_id\":205639188,\"licence\":\"Data © OpenStreetMap contributors,
ODbL 1.0. http://osm.org/copyright\",\"osm_type\":\"relation\",\"osm_id\":2419946,\"l
at\":\"37.5806949\",\"lon\":\"126.9827989\",\"class\":\"boundary\",\"type\":\"admini
strative\",\"place_rank\":12,\"importance\":0.5391426519289619,\"addresstype\":\"bor
ough\",\"name\":\"종로구\",\"display_name\":\"종로구, 서울특별시, 대한민국\",\"boundingb
ox\":[\"37.5657959\",\"37.6323530\",\"126.9489043\",\"127.0234190\"]}]",
  "headers": {
    "connection": "keep-alive",
    "content-length": "447",
    "content-type": "application/json; charset=utf-8",
    "date": "Sat, 20 Dec 2025 03:32:24 GMT",
    "keep-alive": "timeout=20",
    "server": "nginx",
    "vary": "accept-language"
  },
  "files": []
}
```

6.9.4 데이터 추출 및 형태 정리하기('코드' 노드)

이 데이터 안에서 위도와 경도만 추출하고 싶을 때는 어떻게 해야 할까요? 이럴 때 '코드' 노드를 사용합니다.

'HTTP 요청' 노드 오른쪽 [+]를 클릭한 뒤 '코드' 노드를 추가합니다. '코드' 노드를 다음과 같이 설정합니다.

- [입력 변수]: 변수를 body로 설정합니다. 오른쪽은 'HTTP 요청' 노드의 출력 변수로 설정합니다.
- [코드]: 다음 프로그램 코드를 입력합니다. 입력 변수를 body로 설정했으므로 main 함수의 인수는 body로 설정합니다. 입력 변수와 main의 인수는 그 이름이 같아야 합니다.
- [출력 변수]: 타입은 Object로 합니다.

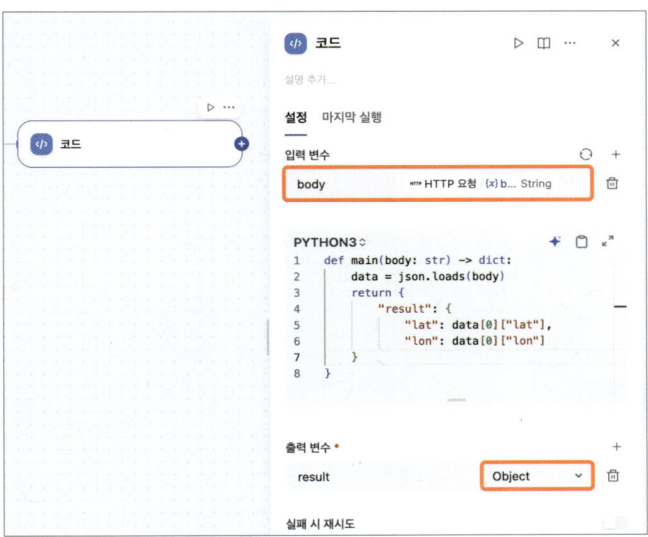

코드의 내용은 다음과 같습니다. '코드' 노드만 사용해서 API를 호출하는 것보다 단순합니다. 이 코드는 'HTTP 요청' 노드에서 출력되는 body 변수를 받고, 그 JSON 형식 문자열 데이터를 딕셔너리 타입으로 변환하기 위해 json.loads()를 실행합니다. 다음으로 딕셔너리 타입으로 변환된 데이터로부터 추출해야 할 위도와 경도 데이터를 객체로 설정합니다. 이 부분은 Python 기초 지식이 필요하지만, 여기에서는 깊이 이해하지 않아도 좋습니다.

```
def main(body: str) -> dict:
    data = json.loads(body)
    return {
        "result": {
            "lat": data[0]["lat"],
            "lon": data[0]["lon"]
        }
```

```
        }
```

'출력' 노드를 추가해 다음과 같이 설정합니다.

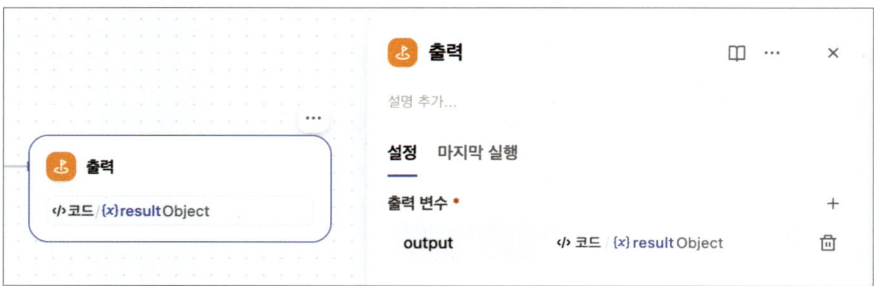

6.9.5 다시 실행하기

애플리케이션을 실행해 봅시다. 위도와 경도 데이터를 깔끔하게 얻을 수 있습니다.

● 'HTTP 요청' 노드의 사용

'HTTP 요청' 노드는 다양한 방법으로 사용할 수 있습니다.

1. 외부 API 호출: 날씨 정보, 환율, 뉴스 기사 등 외부 데이터를 얻을 때

2. 자사 API 연동: 사내 시스템과의 연동

'HTTP 요청' 노드의 편리함에 놀랐을 것이라 생각합니다. API와의 연동을 매우 쉽게 할 수 있고, 사용 방법만 알면 무한히 응용할 수 있습니다.

HTTP 통신을 해야 하는 경우 '코드' 노드를 사용하는 것도 좋지만, 'HTTP 요청' 노드를 적극적으로 사용하는 것이 좋습니다.

※ 주의: API 인증이 필요할 때는 필자의 지원 페이지에서 번외편 "HTTP 요청' 노드를 사용한 인증 방법'을 참조하십시오.

6.10 형태 10 = 병렬 실행: 노드 동시 실행

지금까지 학습한 워크플로우를 되돌아 봅시다. '이 텍스트를 요약하고, 영어로 번역하고, 키워드를 추출해줘…'처럼 여러가지 처리를 하고 싶다고 가정합시다. LLM(요약) → LLM(영어 번역) → LLM(키워드 추출)를 마치 기차처럼 일렬로 연결했습니다. 그런데 이 방법이 정말 좋은 방법일까요? 생각해 보면 요약과 번역은 순서대로 실행할 필요가 없습니다. 이들을 동시에 실행할 수 있다면 보다 효율적일 것입니다. 이를 실현하는 것이 '병렬 실행'입니다. 여러 노드를 동시에 동작 시켜 처리 시간을 크게 단축할 수 있는 상당히 편리한 기능입니다.

6.10.1 병렬 실행의 기본 형태

병렬 실행을 구현하는 방법은 간단합니다. 기본적인 흐름을 간단하게 나타내면 다음과 같습니다.

① 노드의 [+] 버튼을 클릭한 뒤 여러 노드를 추가한다. 또는 노드를 옆에 배치한 뒤 연결한다.

② 자동으로 병렬 구조가 만들어진다.

이를 통해 다음 그림과 같은 기본 형태를 만들 수 있습니다. '시작' 노드에 연결된 LLM, LLM 2는 동시에 실행되고 '출력' 노드에 전달된 결과가 출력됩니다.

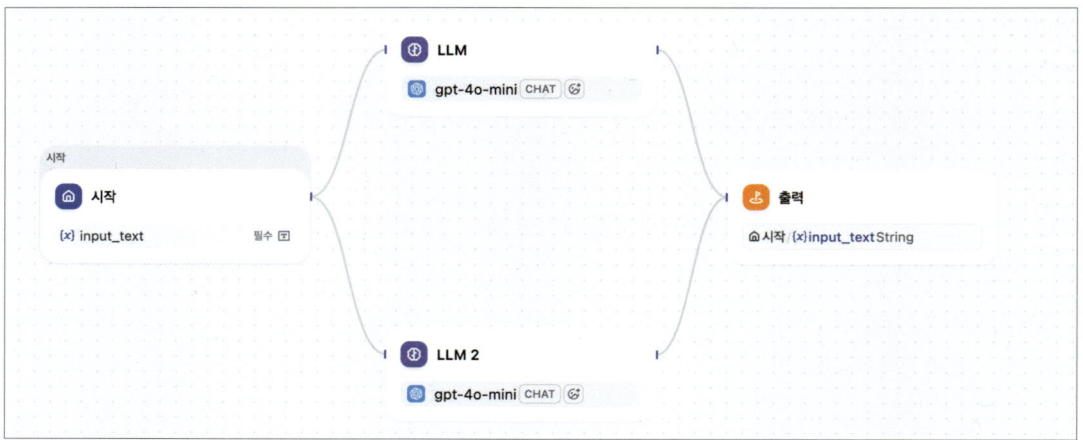

6.10.2 실행해보기

입력된 텍스트에 대해 '요약'과 '번역'을 동시에 수행하는 워크플로우를 만들어 봅시다.

● '시작' 노드 설정하기

입력 필드를 다음과 같이 설정합니다.

- [변수명]: input_text
- [필드 타입]: 문단
- [레이블명]: 처리할 텍스트

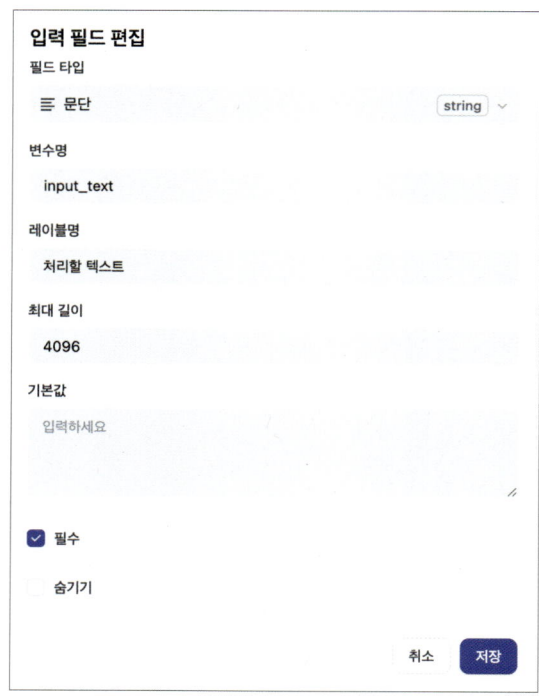

● 병렬 구조 만들기

'시작' 노드 오른쪽 [+]를 클릭한 뒤 2개의 'LLM' 노드를 추가합니다.

병렬 구조를 만들 때는 각 노드의 [+]를 클릭해 노드를 추가할 수 있습니다. 또는 노드를 독립적으로 추가한 뒤 병렬로 연결하고자 하는 노드 오른쪽 [+]에 연결할 수도 있습니다.

● 요약용 'LLM' 노드 설정하기

요약용 'LLM' 노드는 다음과 같이 설정합니다.
- [컨텍스트]: 시작/input_text

[SYSTEM](프롬프트)

> 텍스트를 간결하게 요약하십시오.
> 중요한 포인트를 3~5개 선택하십시오.

[USER](프롬프트)

> "컨텍스트"를 요약하십시오.

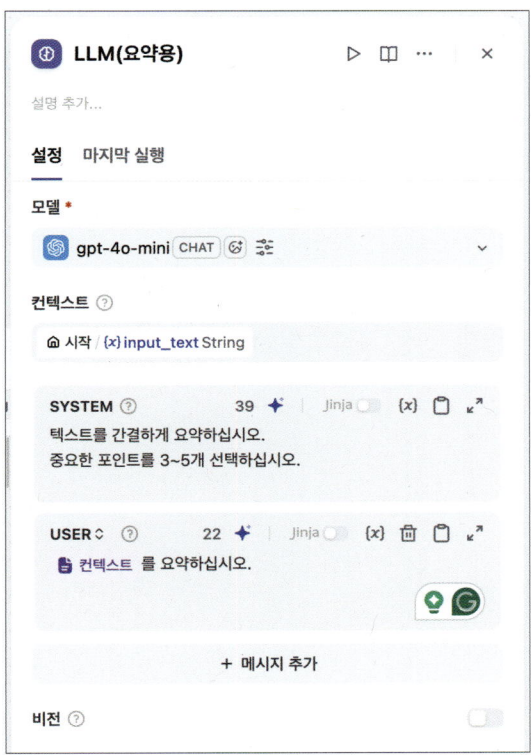

● 번역용 'LLM' 노드 설정하기

번역용 'LLM' 노드는 다음과 같이 설정합니다.

- [컨텍스트]: 시작/input_text

[SYSTEM](프롬프트)

> 당신은 전문 번역가입니다.
> 입력된 한국어를 자연스러운 영어로 번역하십시오.

[USER](프롬프트)

> "컨텍스트"를 영어로 번역하십시오.

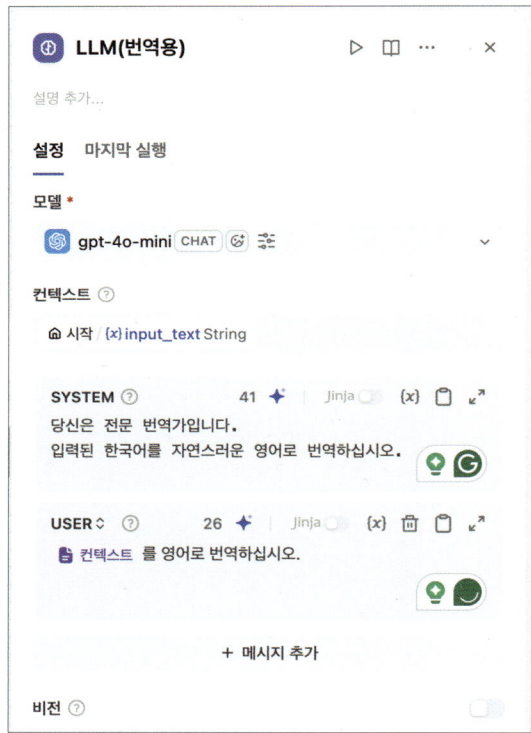

● '출력' 노드 설정하기

요약 결과를 summary, 번역 결과를 translation으로 합니다.

- [출력 변수]

  - summary: LLM(요약용)/text

  - translation: LLM(번역용)/text

● **실행하기**

그럼 실행해 봅시다. [▷ 테스트 실행] 버튼을 클릭합니다. 처리하고 싶은 텍스트에는 대한민국 헌법의 일부 조항을 넣었습니다. [실행 시작]을 클릭합니다.

노드의 동작을 주의해서 살펴 봅시다. 어떻습니까? 'LLM' 노드들이 동시에 실행되는 것을 알 수 있을 것입니다. 이런 간단한 설정만으로 병렬 처리를 수행하고, '출력' 노드에 결과가 모여 여러 출력을 자동으로 처리해줍니다.

결과는 다음 페이지와 같습니다. [상세정보] 탭을 보면 오른쪽 그림과 같이 JSON 형식으로 출력되는 것을 알 수 있습니다.

Test Run (Running) ✕

입력   **결과**   상세정보   트레이싱

———

1. 대한민국은 민주공화국이며, 주권은 국민에게 있다.
2. 모든 국민은 법 앞에 평등하고, 차별을 받지 않을 권리가 있다.
3. 국민은 신체의 자유, 거주 및 이전의 자유, 통신의 비밀, 신앙과 양심의 자유를 보장받는다.
4. 대한민국은 모든 침략적인 전쟁을 부인하며, 국군은 국토 방위를 책임진다.
5. 비준된 국제조약과 일반적으로 승인된 국제법규는 국내법과 동일한 효력을 가진다.

Article 1 The Republic of Korea is a democratic republic.

---

republic.

Article 2 The sovereignty of the Republic of Korea resides with the people, and all power emanates from the people.

Article 3 The qualifications for citizenship in the Republic of Korea shall be determined by law.

Article 4 The territory of the Republic of Korea consists of the Korean Peninsula and its adjacent islands.

Article 5 The Republic of Korea respects and guarantees the freedom, equality, and creativity of individuals in all areas of politics, economy, society, and culture, and has the duty to protect and regulate these rights for the improvement of the public welfare.

```
{
    "summary": "1. 대한민국은 민주공화국이며, 주권은 국민에게 있다.\n2. 모든 국민은 법 앞에 평등하고, 차별을 받지 않을 권리가 있다.\n3. 국민은 신체의 자유, 거주 및 이전의 자유, 통신의 비밀, 신앙과 양심의 자유를 보장받는다.\n4. 대한민국은 모든 침략적인 전쟁을 부인하며, 국군은 국토 방위를 책임진다.\n5. 비준된 국제조약과 일반적으로 승인된 국제법규는 국내법과 동일한 효력을 가진다.",
    "translation": "**Article 1** The Republic of Korea is a democratic republic. \n**Article 2** The sovereignty of the Republic of Korea resides with the people, and all power emanates from the people. \n**Article 3** The qualifications for citizenship in the Republic of Korea shall be determined by law. \n**Article 4** The territory of the Republic of Korea consists of the Korean Peninsula and its adjacent islands. \n**Article 5** The Republic of Korea respects and guarantees the freedom, equality, and creativity of individuals in all areas of politics, economy, society, and culture, and has the duty to protect and regulate these rights for the improvement of the public welfare. \n**Article 6** The Republic of Korea denies all aggressive wars. The military serves the sacred duty of national defense. \n**Article 7** Ratified international treaties and generally accepted international laws have the same effect as domestic laws. The legal status of foreigners is guaranteed within the scope of international law and international treaties. \n\n**Chapter 2: Rights and Duties of Citizens** \n**Article 8** All citizens are equal before the law and shall not be discriminated against in any political, economic, or social life on the basis of gender, faith, or social status. The system of social classes is not recognized, and no form of it may be established. Honors and other distinctions may only be awarded based on the merit of the recipient, and no privileges shall be created. \n**Article 9** All citizens have the freedom of the body. No one shall be arrested, detained, searched, interrogated, punished, or subjected to forced labor without legal grounds. Arrests, detentions, and searches must have a warrant issued by a judge. However,
```

in cases of flagrant crime, the escape of criminals, or the destruction of evidence, investigative agencies may request a warrant after the fact according to the law. Anyone who is arrested or detained shall have the right to consult with a lawyer immediately and to petition the court for a review of the case. \n**Article 10** All citizens shall not be restricted in their freedom of residence and movement without legal grounds, and shall not be subjected to invasion or search of their residence. \n**Article 11** All citizens shall not have their communication secrets infringed upon without legal grounds. \n**Article 12** All citizens have the freedom of faith and conscience. There shall be no state religion, and religion shall be separated from politics."

}

※ 주의: 병렬 실행을 하는 노드는 연결된 모든 노드가 종료될 때까지 다음 처리를 실행하지 않습니다.

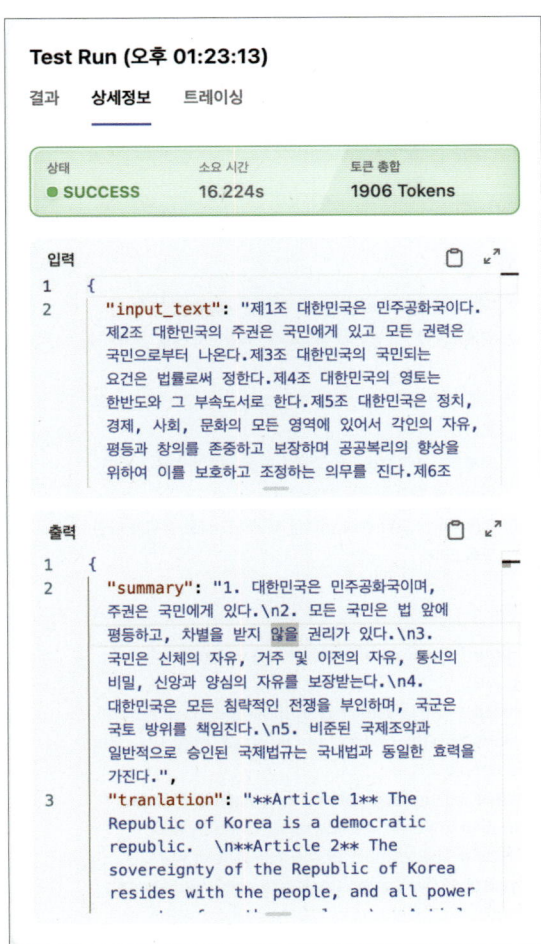

Test Run (오후 01:23:13)

결과   **상세정보**   트레이싱

상태	소요 시간	토큰 총합
● SUCCESS	16.224s	1906 Tokens

입력

```
1  {
2      "input_text": "제1조 대한민국은 민주공화국이다.
       제2조 대한민국의 주권은 국민에게 있고 모든 권력은
       국민으로부터 나온다.제3조 대한민국의 국민되는
       요건은 법률로써 정한다.제4조 대한민국의 영토는
       한반도와 그 부속도서로 한다.제5조 대한민국은 정치,
       경제, 사회, 문화의 모든 영역에 있어서 각인의 자유,
       평등과 창의를 존중하고 보장하며 공공복리의 향상을
       위하여 이를 보호하고 조정하는 의무를 진다.제6조
```

출력

```
1  {
2      "summary": "1. 대한민국은 민주공화국이며,
       주권은 국민에게 있다.\n2. 모든 국민은 법 앞에
       평등하고, 차별을 받지 않을 권리가 있다.\n3.
       국민은 신체의 자유, 거주 및 이전의 자유, 통신의
       비밀, 신앙과 양심의 자유를 보장받는다.\n4.
       대한민국은 모든 침략적인 전쟁을 부인하며, 국군은
       국토 방위를 책임진다.\n5. 비준된 국제조약과
       일반적으로 승인된 국제법규는 국내법과 동일한 효력을
       가진다.",
3      "tranlation": "**Article 1** The
       Republic of Korea is a democratic
       republic.  \n**Article 2** The
       sovereignty of the Republic of Korea
       resides with the people, and all power
```

6.10.3 '출력' 노드 이외의 다른 노드에서 병렬 실행 결과 받기

사실 병렬 실행 결과는 '출력' 노드 이외의 다른 노드에서도 받을 수 있습니다. 예를 들면, 결과를 정형화하고 싶을 때는 '템플릿' 노드 등을 사용해도 됩니다.

● 템플릿 노드 사용 예시

병렬 실행 결과의 형태를 마크다운 형식의 정리해서 출력할 수 있습니다.

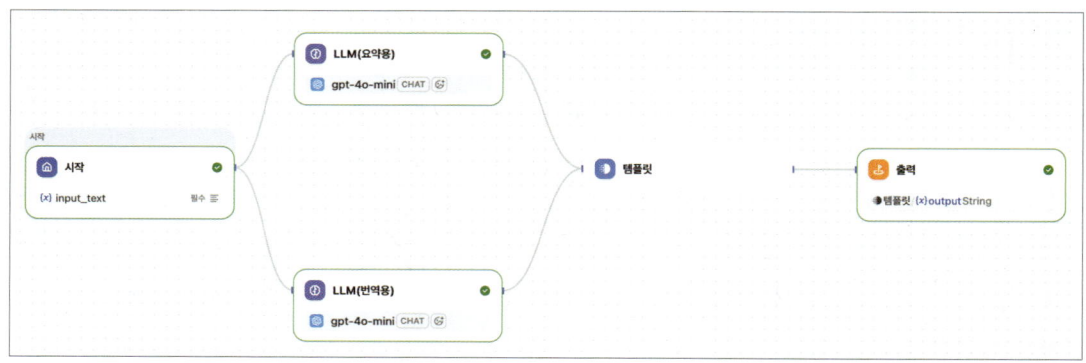

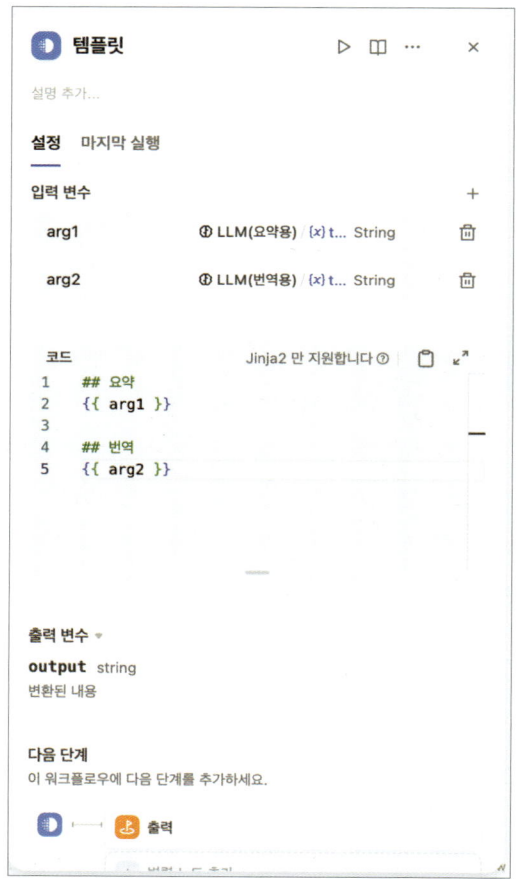

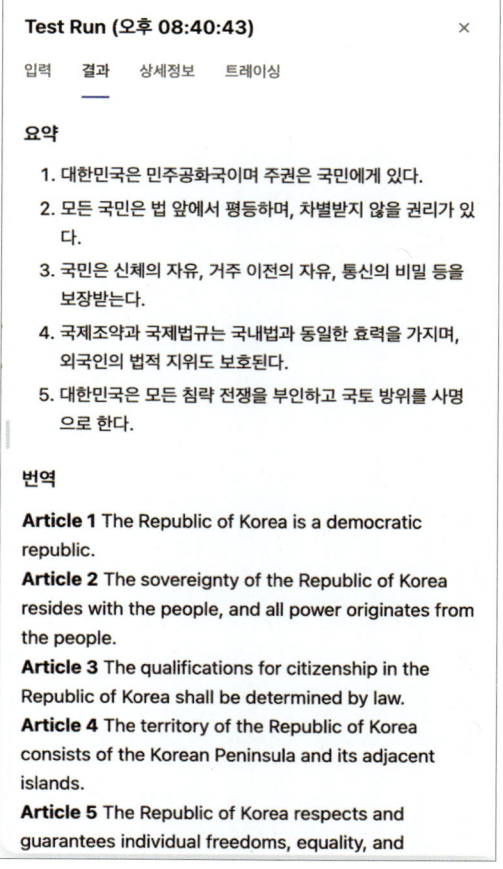

● '코드' 노드 사용 예시

LLM에서 출력된 결과를 '코드' 노드에서 받아 가공해 원하는 딕셔너리 형식으로 만들 수도 있습니다.

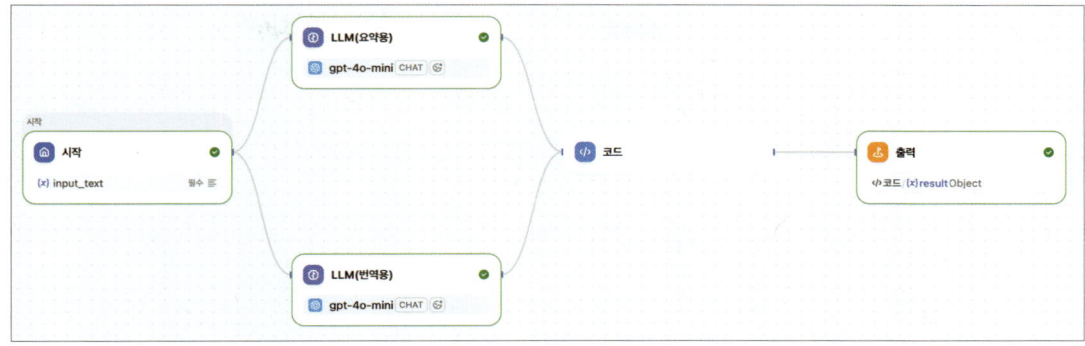

```
def main(summary, translation) -> object:
    # 결과를 가공해 딕셔너리 형식으로 반환한다
    return {
        "result": {
            'summary_ko': summary,
            'translation_en': translation
        }
    }
```

코드   ▷ ▯ …   ×

설명 추가...

설정   마지막 실행

입력 변수   ↻ +

summary   ⊕ LLM(요약용) {x}t... String   🗑

translation ⊕ LLM(번역용) {x}t... String   🗑

PYTHON3 ⌄   ✦ ▢ ↗

```
1  def main(summary, translation) -> object:
2      # 결과를 가공해 딕셔너리 형식으로 반환한다
3      return {
4          "result": {
5              'summary_ko': summary,
6              'translation_en': translation
7          }
8      }
```

출력 변수 *   +

result   Object ⌄ 🗑

실패 시 재시도   ▭

오류 처리 ⑦   없음 ⌄

다음 단계

실행 결과의 [상세정보] 탭은 왼쪽 그림, [트레이싱] 탭의 코드 출력 결과는 오른쪽 그림과 같습니다.

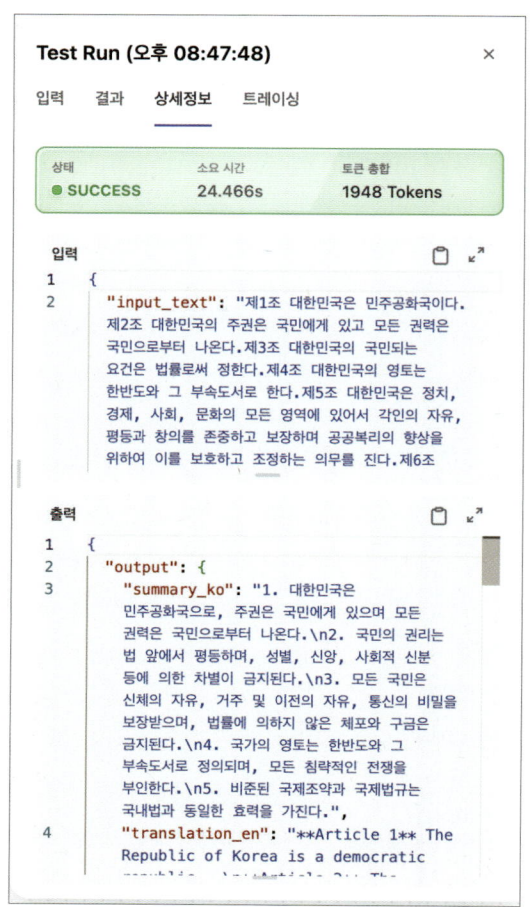

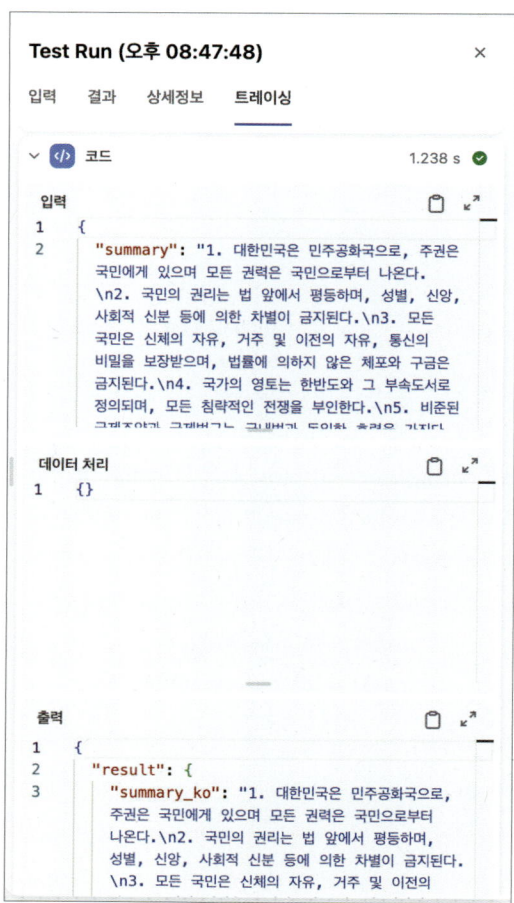

이렇게 병렬 실행 결과는 다양한 노드에서 받아 처리할 수 있습니다.

- '템플릿' 노드를 사용해 형태 정리
- '코드' 노드를 사용해 가공
- 'LLM' 노드를 사용해 분석

● **병렬 실행의 장점**

병렬 실행을 사용하면 몇 가지 큰 장점을 얻을 수 있습니다. 가장 먼저 알 수 있는 것은 '처리 시간 단축'입니다. 예를 들면, 3개의 처리를 순서대로 실행할 때 각각 2초가 걸린다고 가정하면 처리를 완료하는 데 6초가 소요됩니다. 하지만 동시에 실행하면 2초 정도에 완료할 수 있습니다. 처리가 늘어날수록 효과는 커질 것입니다.

다음으로 '다각적인 분석'을 할 수 있습니다. 예를 들면, 같은 텍스트에 대해 요약, 번역, 감정 분석을 동시에 수행해 다른 관점에서의 분석 결과를 한 번에 얻을 수 있습니다. 인간으로 말하면 여러 전문가가 동시에 의견을 내는 것과 비슷합니다. 이를 통해 보다 깊은 통찰을 할 수 있게 됩니다.

그리고 빠뜨릴 수 없는 것이 '유연한 확장성'입니다. 필요에 따라 새로운 처리를 간단히 추가할 수 있습니다. 예를 들면, 앞의 예시에서 '이 텍스트의 문제도 분석하고 싶다'고 생각했다면 새로운 'LLM' 노드를 추가하기만 하면 됩니다. 기존 노드의 프롬프트 등을 변경할 필요도 없습니다.

필자가 경험한 바로는 이 확장성이 보석과도 같습니다. 처음에는 단순하게 시작한 워크플로우도 요청에 따라 조금씩 기능을 추가해 나갈 수 있습니다. 그러면서도 전체적인 처리 시간은 그렇게 늘어나지 않습니다. 실무에서는 당연히 큰 도움이 되는 기능입니다.

6.10.4 주의점과 팁들

병렬 실행을 사용할 때 주의점과 팁을 몇 가지 소개합니다.

● 병렬 실행의 수는 적게 유지한다

병렬 처리 노드는 최대 10개까지 배치할 수 있으며, 중첩은 3단계까지 가능합니다. 3~4개 정도의 병렬이 실제로 사용하기 쉬운 수준일 것입니다. 시스템 리소스와의 호환성도 중요합니다.

● 에러 처리를 잊지 않는다

병렬 실행의 재미있는 점은 한 노드의 동작이 실패해도 다른 노드의 동작이 계속된다는 점입니다. 하지만 이것은 양날의 검과 같습니다. 이런 특성 때문에 에러를 간과할 가능성도 있습니다. 그렇기 때문에 '출력' 노드에서의 결과를 반드시 확인해야 합니다. 에러가 발생한 브랜치의 결과는 null, undefined 등일 때가 많으므로 이 근처를 확인하는 것이 좋습니다.

6.10.5 병렬 실행 활용 예시

여기에서는 병렬 실행 활용 예시를 몇 가지 소개합니다. 사실 병렬 실행의 활용은 무한합니다.

● 1. 다국어 대응

입력 텍스트에 대해 다음과 같이 번역할 수 있습니다.
- 프랑스어
- 영어
- 중국어

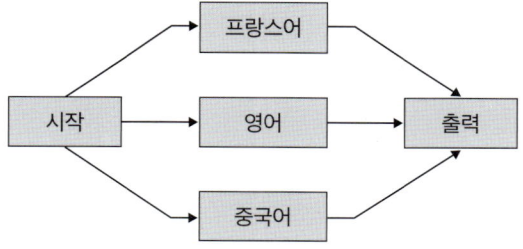

● 2. 다면 분석

입력 텍스트에 대해 다음을 동시에 실행할 수 있습니다.
- 감정 분석
- 키워드 추출
- 요약 생성

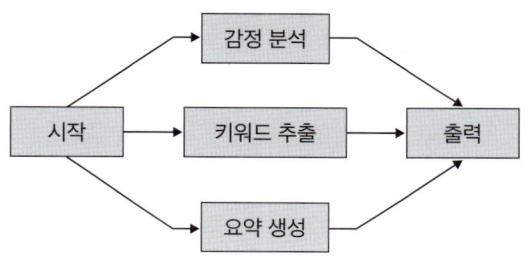

● **3. 비교 검증**

입력 텍스트에 대해 각 모델에서 동시에 대답을
생성할 수 있습니다.

- GPT-4o
- Claude 3.5
- Llama 3.1

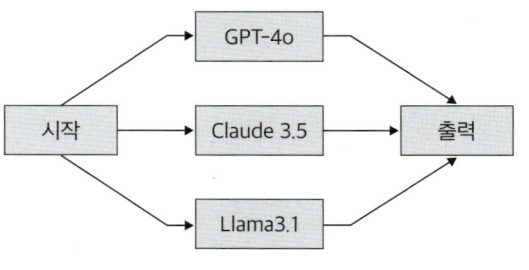

6.10.6 정리

병렬 실행은 생각한 것보다 간단합니다. 기본은 '노드를 나열한다'는 것 뿐입니다. 하지만 이 단순한 기능이 워크플로우의 가능성을 크게 넓혀 줍니다. 필자가 경험한 바로는 병렬 실행은 특히 일괄 처리나 비교 분석에서 뛰어난 표과를 발휘합니다. 여러 처리를 동시에 실행함으로써 작업 효율이 극적으로 향상됩니다. 물론 '모든 것을 병렬로 처리하면 된다'는 것은 아닙니다. 처리의 의존 관계, 시스템 리소스를 고려하면서 적절한 수준으로 설계해야 합니다.

6.11 형태 11 = 파일 처리: 다양한 파일 읽기

'PDF 파일의 내용을 요약하고 싶다.'

'Excel 데이터를 분석하고 싶다.'

업무를 수행하는 도중 이런 작업에 대한 수요가 자주 있을 것입니다. 사실 이런 수요가 전부일지도 모릅니다.

지금까지의 워크플로우에서는 텍스트의 내용 자체를 입력 필드에 입력하거나, 복사 & 붙여 넣기 해서 질문했습니다. 하지만 실제 업무에서는 그렇지 않습니다. PDF, Word 파일 때로는 이미지 파일도 다루어야 합니다. 이런 니즈에 맞춰 Dify에 강력한 파일 처리 기능(파일 업로드 기능)이 구현되었습니다. 필자 또한, 이 기능을 접하게 되면서 큰 전환을 맞았습니다. 지금까지 '파일 내용을 복사해 형태를 정리하고 AI에게 질문하는' 순서를 밟았지만, '파일을 전달해 직접 AI와 대화'할 수 있게 되었습니다.

Dify에서는 파일을 크게 두 가지 방법으로 다룹니다.

1. 챗 입력창에서 파일을 직접 업로드한다.

2. '시작' 노드에서 파일 변수를 설정한다.

두 가지 방법 모두 Dify에 파일을 업로드하는 형태로 입력할 수 있습니다. '하지만, 우리 회사에서 다루는 파일 형식이 매우 다양한데 어떻게 할까요?' 같은 걱정은 잠시 접어 두어도 좋습니다. Dify는 비즈니스 현장에서 자주 사용되는 파일 형식을 거의 대부분 지원합니다.

- 문서 계열: TXT, PDF, Word(DOCX), Excel(XLSX), PowerPoint(PPTX) 등

- 이미지 계열: JPG, PNG, GIF, SVG 등

- 음성 계열: MP3, WAV, M4A 등

- 동영상 계열: MP4, MOV 등

거의 모든 파일을 다룰 수 있는 느낌입니다. 이제 구체적인 유스케이스를 살펴 봅시다.

- PDF나 Word 파일에서 중요한 정보를 추출한다.

- 이미지 파일의 내용을 해석해 설명한다.

- 음성 파일에서 녹취록을 생성한다.

- 여러 파일을 효율적으로 처리한다.

그럼 구체적인 구현 방법과 실천적인 기법들을 실제 예시와 함께 자세히 살펴 봅시다.

6.11.1 문서를 읽어 요약하기

먼저 가장 단순한 예시부터 시작합시다.

'이 자료를 요약하고 싶다.'

매우 빈번히 발생하는 요청입니다. 파일을 업로드해서 내용을 요약하는 워크플로우를 만들어 봅시다. 이 워크플로우는 이후 파일 처리의 기초가 되는 매우 중요한 형태입니다. 파일 처리 형태(문서의 경우)는 다음과 같습니다.

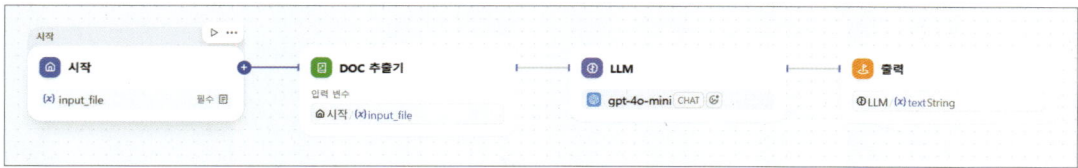

● 기본적인 흐름

파일 처리의 기본 흐름은 다음과 같습니다.

① 파일을 받는다('시작' 노드).

② 파일 내용을 읽는다('DOC 추출기' 노드. 단, 이미지, 음성의 경우에는 사용할 수 없음).

③ 내용을 처리한다('LLM' 노드).

④ 결과를 출력한다('출력' 노드).

이 흐름만 익혀두면 텍스트 파일이든, Word 파일이든, PDF 파일은 기본은 동일하게 처리할 수 있습니다. 그럼 실제로 만들어 봅시다.

6.11.2 워크플로우 작성하기

● '시작' 노드 설정하기

'시작' 노드를 만듭니다. 지금까지와 조금 다른 부분은 입력 필드를 '단일 파일'로 설정하는 것입니다.
'시작' 노드를 엽니다. 왼쪽 그림과 같이 '입력 필드'의 [+]를 클릭합니다. '입력 필드 추가' 화면이 표시
됩니다. 필드 타입에 '단일 파일'을 선택합니다.

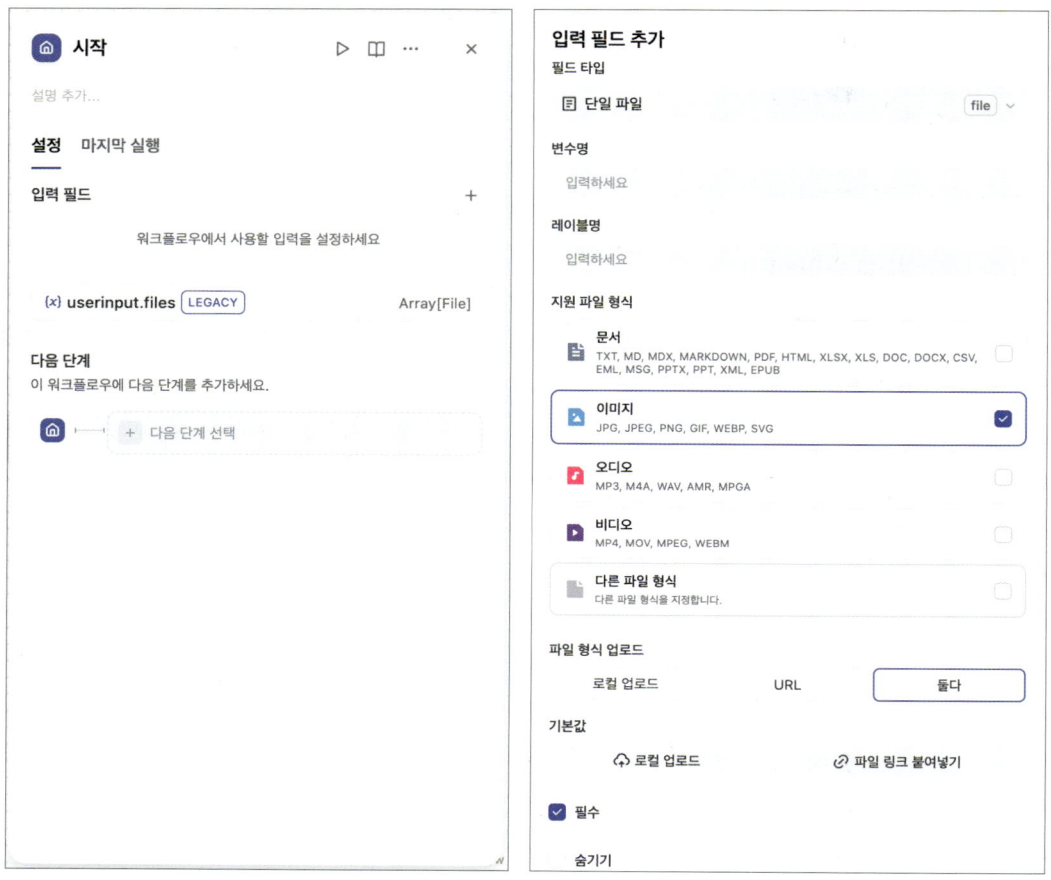

변수명은 input_file로 설정합니다. 레이블명은 **요약할 파일** 등 쉽게 이해할 수 있는 이름을 붙입니
다. [지원 파일 형식]은 [문서]에 체크합니다. 여기에서는 [이미지] 항목은 체크하지 않습니다. [파일 형
식 업로드]는 [둘다]로 선택해도 관계없습니다. 입력했다면 [저장]을 클릭합니다.

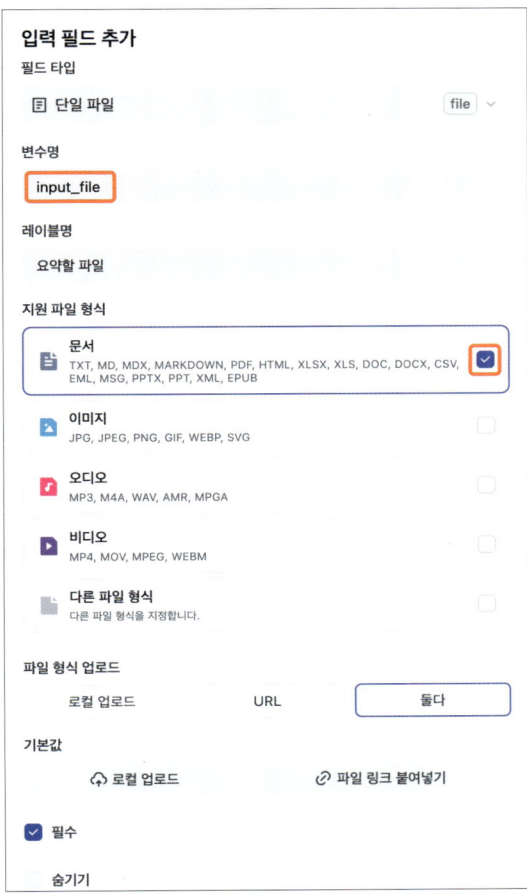

● DOC 추출기 추가하기

'시작' 노드 오른쪽 [+]를 클릭한 뒤 'DOC 추출기' 노드를 선택합니다. 이 노드만 추가하면 다양한 문서 파일(PDF, Word, …)의 내용을 텍스트로 꺼낼 수 있습니다. [입력 변수]를 시작/input_file로 설정합니다.

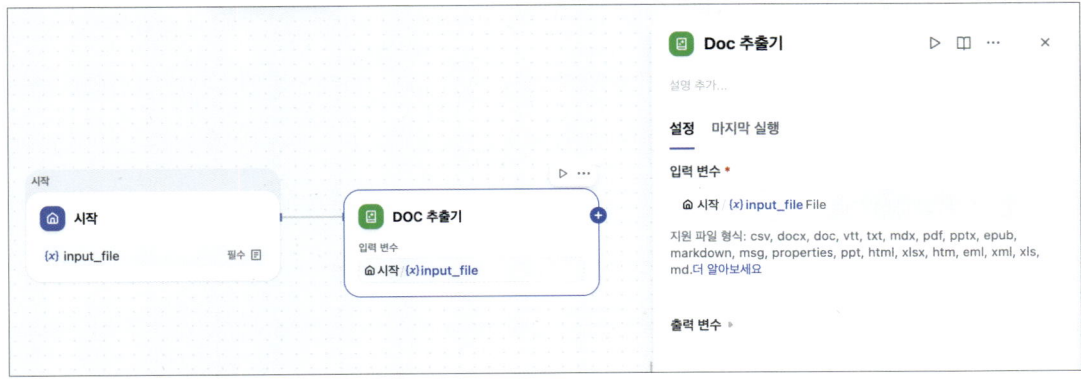

● 'LLM' 노드 추가하기

'DOC 추출기' 노드 오른쪽 [+]를 클릭한 뒤 이제는 익숙해진 'LLM' 노드를 추가합니다. 설정 내용은 다음과 같습니다.

- [컨텍스트]: DOC 추출기/text

[SYSTEM](프롬프트)

> 당신은 뛰어난 문서 요약 전문가입니다.
> 다음 텍스트를 요약하십시오.
> - 중요한 포인트를 3~5개 추출
> - 전문 용어가 있다면 간단한 설명을 추가
> - 전체 1000문자 정도로 요약

[USER](프롬프트)

> "**컨텍스트**"의 내용을 요약하십시오.

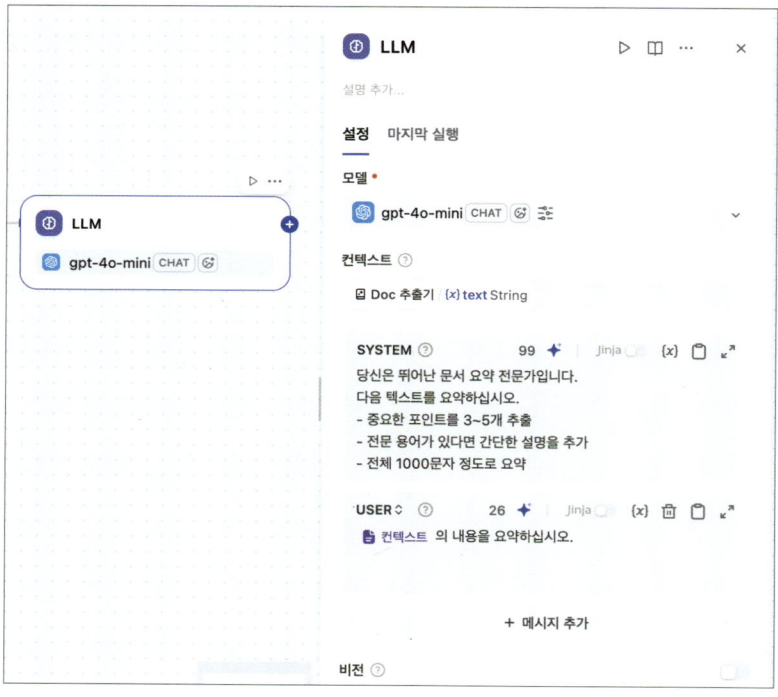

● '출력' 노드 설정하기

'LLM' 노드의 출력을 받도록 설정합니다.

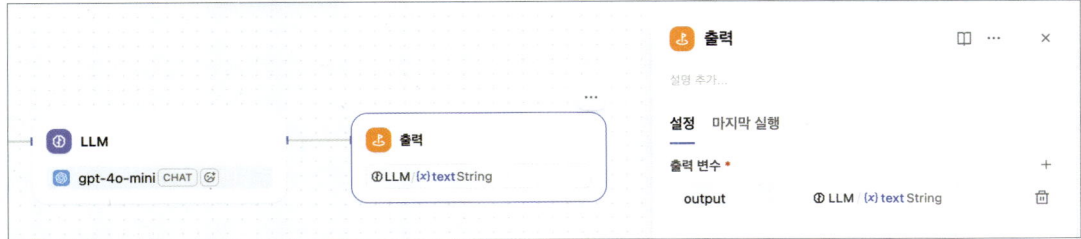

● 실행하기

[▷ 테스트 실행] 버튼을 클릭합니다. 화면 오른쪽에 다음과 같은 화면이 표시됩니다. [로컬 업로드]를 클릭합니다.

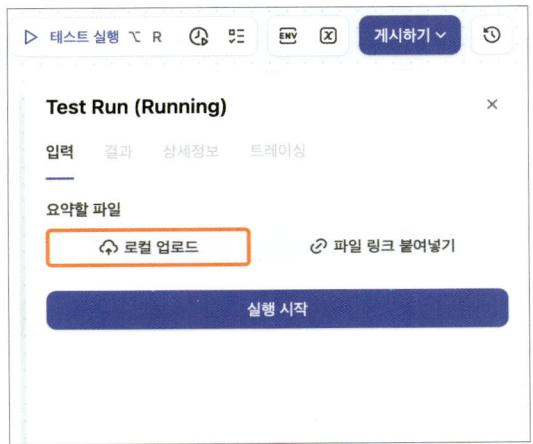

다음과 같이 파일 선택창이 표시됩니다.

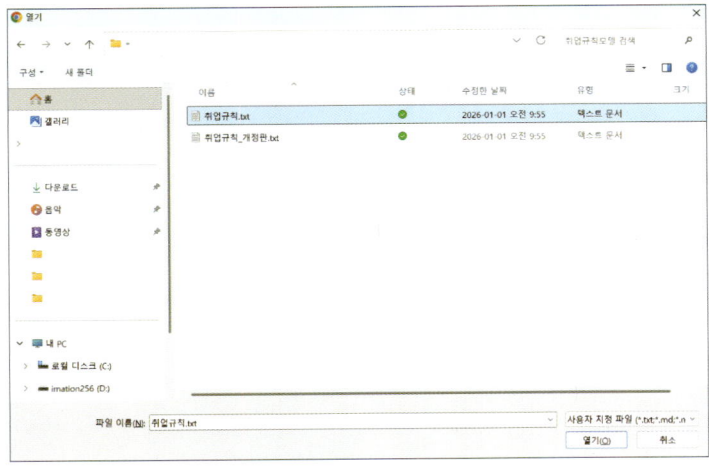

취업규칙.txt를 선택하고 '열기'를 클릭합니다. 파일 업로드가 끝나면 [실행 시작] 버튼을 클릭합니다. 워크플로우가 실행되고 다음과 같은 결과가 표시됩니다.

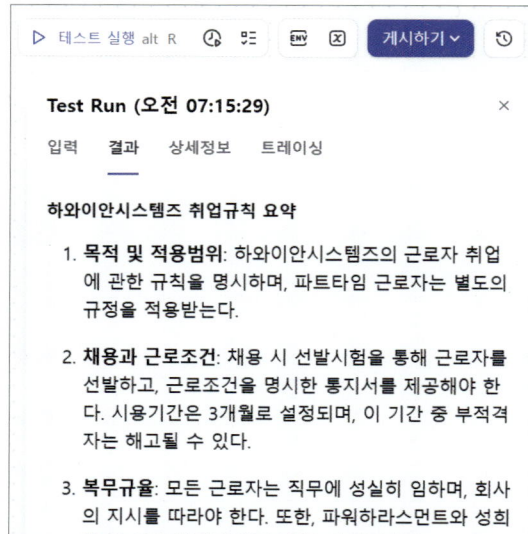

어떻습니까? 업로드한 파일의 내용이 깔끔하게 요약되었습니다. 이것으로 텍스트 파일을 업로드해 LLM을 동작시키는 흐름을 완성했습니다.

이 기본 형태를 잘 기억하십시오.

텍스트 파일 처리 기본 방법을 알았으므로, 업무에서 많이 사용하는 PDF나 Word 파일을 처리해봅시다.

'하지만 PDF 파일이나 Word 파일은 텍스트 파일보다 복잡하지 않습니까?'

그렇지 않습니다. 사실 기본적인 흐름은 텍스트 파일 처리와 동일합니다. DOC 추출기가 똑똑하게 변환하기 때문입니다.

● Word 파일 확인하기

오른쪽 그림과 같은 워드 파일을 읽게 만들어 봅시다.

가공의_회의록_20241124.docx

※ 주의: 이 파일은 지원 페이지에서 다운로드 할 수 있습니다.

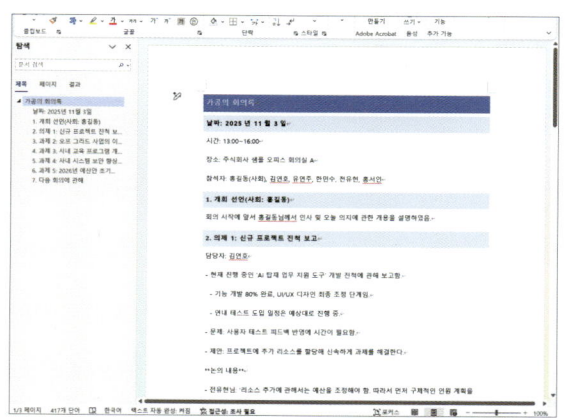

다음과 같이 요약되었습니다. 느낌이 좋습니다. 단, Word 파일의 경우 표나 그림은 문자 데이터로 추출됩니다. 그림은 건너뛰는 경우도 있으며 디자인 정보는 무시됩니다.

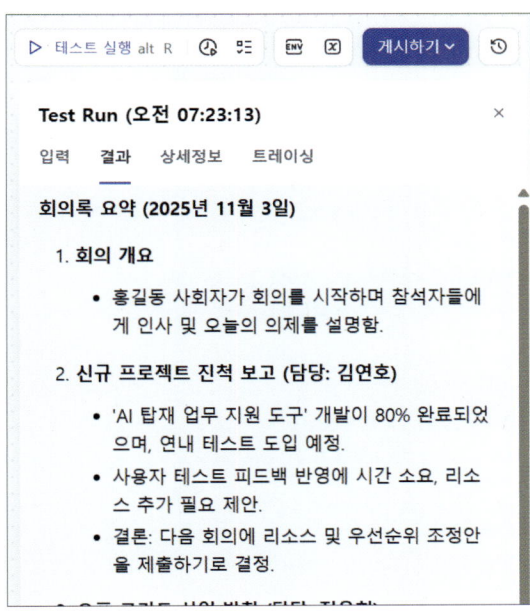

● PDF 파일 확인하기

오른쪽 그림과 같은 PDF 파일을 읽게 만들어 봅시다.

> 가공의_회의록_20241124.pdf

> ※ 주의: 이 파일은 지원 페이지에서 다운로드 할 수 있습니다.

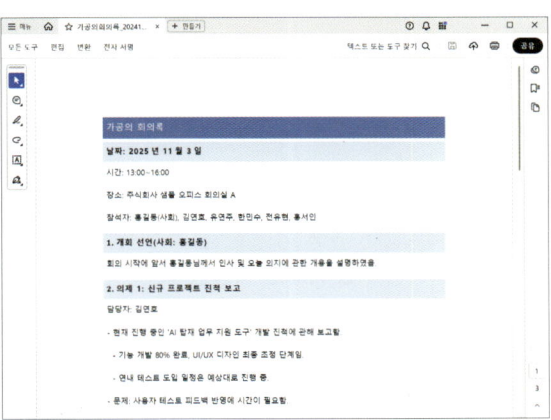

다음과 같이 PDF 파일도 깔끔하게 요약되었습니다. 단, PDF 파일도 Word 파일과 마찬가지로 표나 그림이 문자 데이터로 추출됩니다. 그림은 건너뛰는 경우도 있습니다. 스캔한 PDF는 이미지로 취급되어 잘 읽지 못할 수 있습니다.

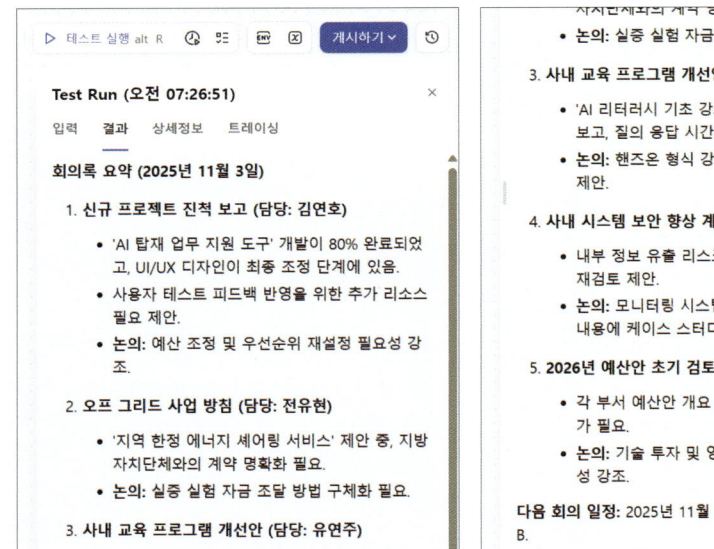

● 주의점 및 팁

Dify의 파일 처리는 생각한 것보다 간단했을 것입니다. 하지만 실무에서 사용할 때는 몇 가지 주의할 점이 있습니다.

- 파일 크기는 15MB 이하로 한다.
    - 너무 큰 파일은 분할을 검토한다.
- 파일 내용을 확인한다.
    - PDF는 중요한 다이어그램이 있는 경우 별도 확인한다.
    - 용도에 맞춰 프롬프트를 개선한다.
    - 요약 정확도를 지정한다.
    - 특히 주목해야 하는 포인트를 명시한다.

이 기본 형태만 잘 익히면, 다음은 업무에 맞춰 커스터마이즈 하면 됩니다. 예를 들면, 다음과 같이 변경할 수 있습니다.

- 계약서의 중요 항목을 추출한다.
- 회의록으로부터 다음 액션 아이템을 정리한다.
- 기술 문서로부터 용어집을 작성한다.

아이디어에 따라 응용 방법은 수없이 많습니다. 꼭 실제로 직접 동작 시켜보고, 여러분만의 활용법을 찾기 바랍니다!

6.11.3 이미지 파일을 읽어 설명하게 하기

지금까지 문서 계열 파일을 살펴봤습니다. 실제 업무에서는 이미지 파일을 다루기도 합니다.

'이 이미지에는 무엇이 찍혀 있습니까?'

'이 그림의 의미를 설명해주십시오.'

그리고 청구서나 영수증 이미지로부터 필요한 데이터를 추출하는 등의 경우도 있을 것입니다. 사실 Dify는 이미지 파일도 확실하게 이해하도록 구현되어 있습니다. 단, 주의할 점이 있습니다. 이미지를 이해할 수 있는 LLM이 한정되어 있기 때문에 모델을 잘 선택해야 한다는 점입니다. 이미지를 읽어 설명하는 형태는 다음과 같습니다. 문서 읽기 작업을 했을 때와의 큰 차이는 'DOC 추출기' 노드가 없다는 점입니다.

그 이유는 무엇일까요? 이미지를 해석하는 기능을 가진 LLM을 지정하기 때문입니다. 예를 들면, gpt-4o 계열이나 claude-3.5-sonnet, Gemini 2.0 계열 등이 이 LLM에 속합니다.

● **기본적인 흐름**

기본적인 흐름은 텍스트 파일의 경우와 거의 비슷합니다.

① '시작' 노드에서 이미지를 받는다.

② LLM에서 이미지를 해석한다(※ DOC 추출기는 불필요).

③ 결과를 출력한다.

그럼 실제로 워크플로우를 만들어 봅시다.

● **'시작' 노드 설정하기**

'시작' 노드를 다음과 같이 설정합니다.

① 입력 필드의 [+]를 클릭한다.

② 필드 타입에 '단일 파일'을 선택한다.

③ 변수명을 image_file로 설정한다.

④ 파일 타입은 이미지에 체크한다.

⑤ 레이블명은 이미지 파일 등 적절하게 설정한다.

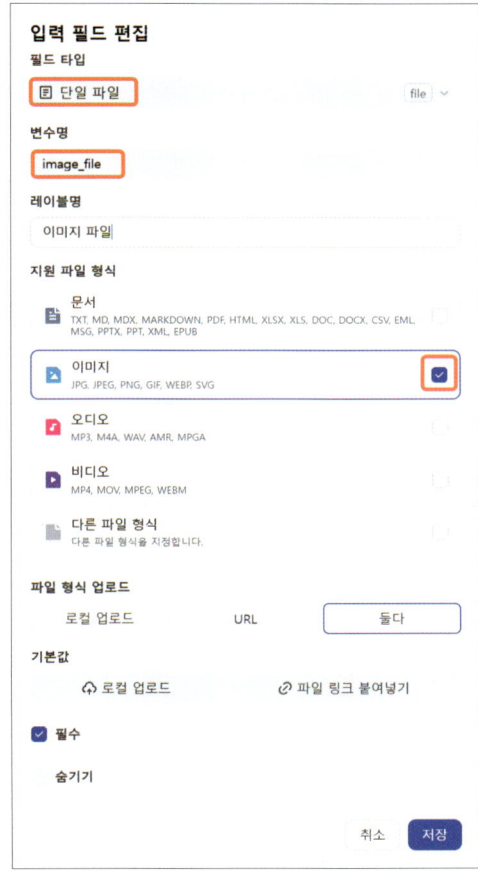

● 'LLM' 노드 설정하기

이미지를 이해할 수 있는 모델을 선택해야 합니다.

① LLM을 선택한다. GPT-4o 계열이나 Gemini, Calude 등 비전 기능을 가진 LLM을 지정한다. 여기에서는 gpt-4o-mini를 지정했다.

② 비전 기능을 활성화하기 위해 비전 항목 오른쪽 스위치를 ON으로 설정한다.

③ 컨텍스트에 시작/image_file을 설정한다.

④ [SYSTEM](프롬프트)를 다음과 같이 설정한다.

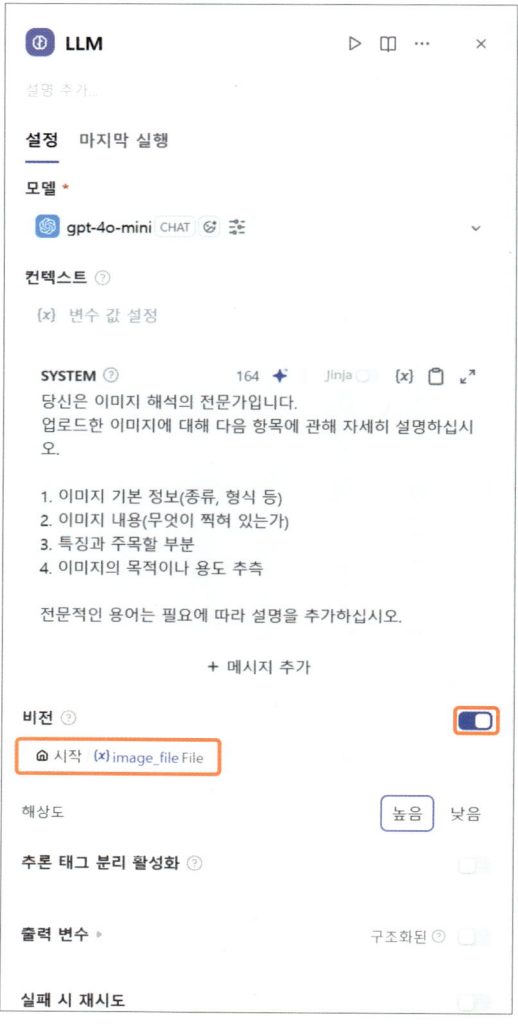

> 당신은 이미지 해석의 전문가입니다.
> 업로드한 이미지에 대해 다음 항목에 관해 자세히 설명하십시오.
>
> 1. 이미지 기본 정보(종류, 형식 등)
> 2. 이미지 내용(무엇이 찍혀 있는가)
> 3. 특징과 주목할 부분
> 4. 이미지의 목적이나 용도 추측
>
> 전문적인 용어는 필요에 따라 설명을 추가하십시오.

● '출력' 노드 설정하기

LLM의 출력을 받도록 설정합니다.

● 실행하기

실제로 테스트 해봅시다. 예를 들면, 다음과 같은 그림을 선택한 뒤 업로드해 실행할 수 있습니다.

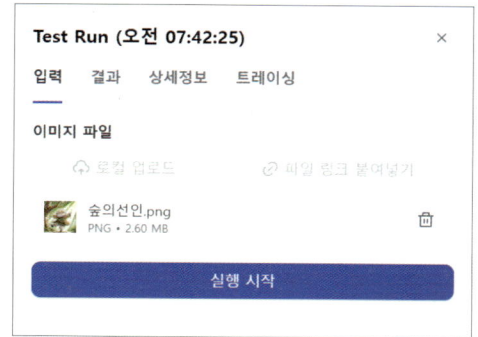

※ 주의: 이 파일은 지원 페이지에서 다운로드할 수 있습니다.

실행 결과는 다음과 같습니다. 이미지를 분석해 설명해줍니다.

1. **이미지 기본 정보**
   - 종류: 일러스트
   - 형식: 디지털 아트

2. **이미지 내용**
   - 그림 속에는 노인이 나무 아래에서 기뻐하며 춤추는 모습이 담겨 있습니다. 그는 긴 소매의 옷과 스웨터를 입고 있으며, 흰 수염과 안경을 쓰고 있습니다.

3. **특징과 주목할 부분**
   - 배경에는 푸른 나무와 빛이 비치는 장면이 그려져 있어, 자연의 아름다움과 평화로운 분위기를 전달합니다. 노인의 표정은 즐거움과 행복이 가득 차 있습니다.

4. **이미지의 목적이나 용도 추측**
   - 이 이미지는 동화책의 삽화나 캐릭터 디자인으로 사용될 수 있으며, 자연과의 조화, 삶의 즐거움을 주제로 한 콘텐츠에 적합할 것으로 보입니다.

Test Run (오전 07:42:25) ✕

입력 **결과** 상세정보 트레이싱

1. **이미지 기본 정보**
   - 종류: 일러스트
   - 형식: 디지털 아트

2. **이미지 내용**
   - 그림 속에는 노인이 나무 아래에서 기뻐하며 춤추는 모습이 담겨 있습니다. 그는 긴 소매의 옷과 스웨터를 입고 있으며, 흰 수염과 안경을 쓰고 있습니다.

3. **특징과 주목할 부분**
   - 배경에는 푸른 나무와 빛이 비치는 장면이 그려져 있어, 자연의 아름다움과 평화로운 분위기를 전달합니다. 노인의 표정은 즐거움과 행복이 가득 차 있습니다.

4. **이미지의 목적이나 용도 추측**
   - 이 이미지는 동화책의 삽화나 캐릭터 디자인으로 사용될 수 있으며, 자연과의 조화, 삶의 즐거움을 주제로 한 콘텐츠에 적합할 것으로 보입니다.

📋 복사

● 이미지 처리의 포인트

이미지를 읽을 때의 주의점 및 팁을 몇 가지 소개합니다.

대응 형식

- JPG, PNG, GIF, WEBP, SVG 등
- 파일 크기에 주의한다(15MB 이하). 또한, 크기가 너무 작은 경우 정확도가 낮아진다.

복잡한 다이어그램 대응

- 부분별로 나눠서 해석하게 한다.
- 중요한 위치를 지정해 자세한 설명을 요청한다.

> \# 프롬프트 예시
> 이미지의 특정 부분에 주목하게 할 때:
> '오른쪽 위 도형에 특히 주목해, 그 의미를 설명하십시오.'
>
> 전문적인 설명이 필요할 때:
> '이 기술 다이어그램에 관해 엔지니어의 관점에서 자세히 설명하십시오.'

여러 관점에서의 분석

- 평가하게 한다.

- 효과에 대한 조언을 구한다.

- 개선에 대한 제안을 하게 한다.

> \# 프롬프트 예시
> 이 이미지에 대해 다음을 수행하십시오.
> 1. 디자인 측면에서의 평가
> 2. 정보 전달의 효과
> 3. 개선 제안

● 힌트

이번 절에서의 예시에서는 사용자 프롬프트는 고정적으로 지시했습니다. '시작' 노드에서 사용자 프롬프트를 변경해서 지정할 수 있게 하면 보다 재미있게 활용할 수 있을 것입니다.

● 프롬프트 활용 예시

몇 가지 프롬프트 활용 예시를 생각해봅시다.

1. 기술 문서의 그림 설명

> \# 프롬프트 예시
> 이 기술 다이어그램에 관해 다음을 자세히 설명하십시오.
> - 아키텍처 설명
> - 각 컴포넌트의 역할
> - 데이터 흐름

2. UI/UX 디자인 리뷰

> \# 프롬프트 예시
> 이 UI 디자인에 관해 다음을 수행하십시오.
> - 사용성 관점
> - 디자인 일관성

- 개선점 제안

3. 그래프 및 차트 해석

\# 프롬프트 예시
이 그래프에서 다음을 추출하십시오.
- 주요 트렌드
- 중요한 데이터포인트
- 비즈니스 시사점

● 정리

이미지 파일 처리도 의외로 간단했습니다. 기본은 다른 파일 처리와 같습니다. 단, 적절한 모델을 선택하고 최적화한 프롬프트를 설정하는 것이 중요합니다.

필자의 경험으로 볼 때 이미지 해석은 특히 프롬프트 엔지니어링이 효과적입니다. '이 부분에 관해', '이 관점에서' 같이 세세하게 지시함으로써 보자 자세하고 유용한 해석 결과를 얻을 수 있습니다.

6.11.4 음성 파일을 읽어 녹취록 작성하기

파일 처리 마지막 패턴은 음성으로부터 녹취록을 작성하는 것입니다. Audio Transcription(openai audio) 도구를 사용하면 음성 파일에서 녹취록을 작성할 수 있습니다.

> ※ 주의: 도구에 관해서는 7장에서 자세히 설명합니다. 여기에서는 우선 'Audio Transcription' 도구 사용에 관해서만 생각합니다.

● 기본적인 흐름

음성 파일 처리 흐름은 다음과 같습니다.

① '시작' 노드에서 음성 파일을 받는다.

② Audio Transcription 도구로 녹취록을 작성한다.

③ 결과를 출력한다.

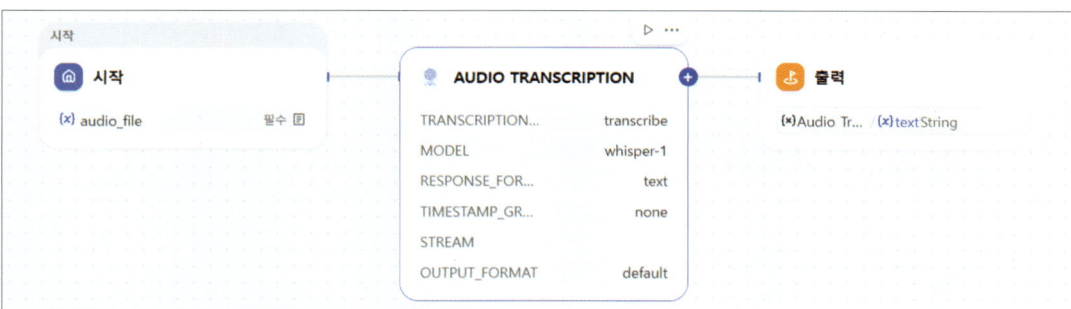

구체적으로 워크플로우를 만들어 봅시다.

● '시작' 노드 설정하기

'시작' 노드를 다음과 같이 설정합니다.

① 입력 필드의 [+]를 클릭한다.

② 필드 타입에서 '단일 파일'을 선택한다/

③ 변수명을 audio_file로 설정한다.

④ 파일 타입은 '오디오'에 체크한다.

⑤ 레이블명은 녹취록 텍스트를 작성할 음성 파일 등으로 설정한다.

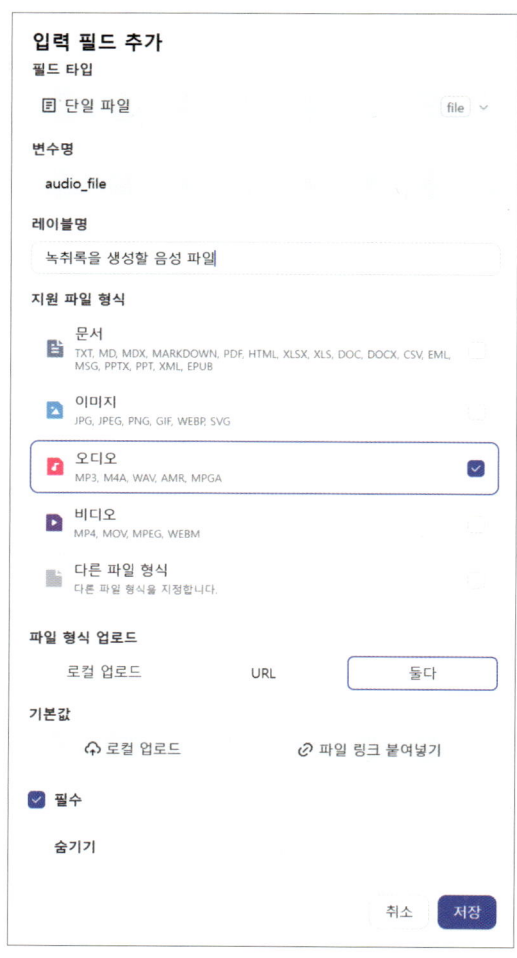

● Audio Transciption 도구 설정하기

가장 중요한 부분입니다. 다음과 같이 설정합니다.

① '시작' 노드 오른쪽 [+]를 클릭한다.

② [도구]에서 Audio Transcription 도구를 선택한다.

③ 모델은 whisper-1(openai)을 선택한다.

④ 입력 변수에 시작/audio_file을 지정한다.

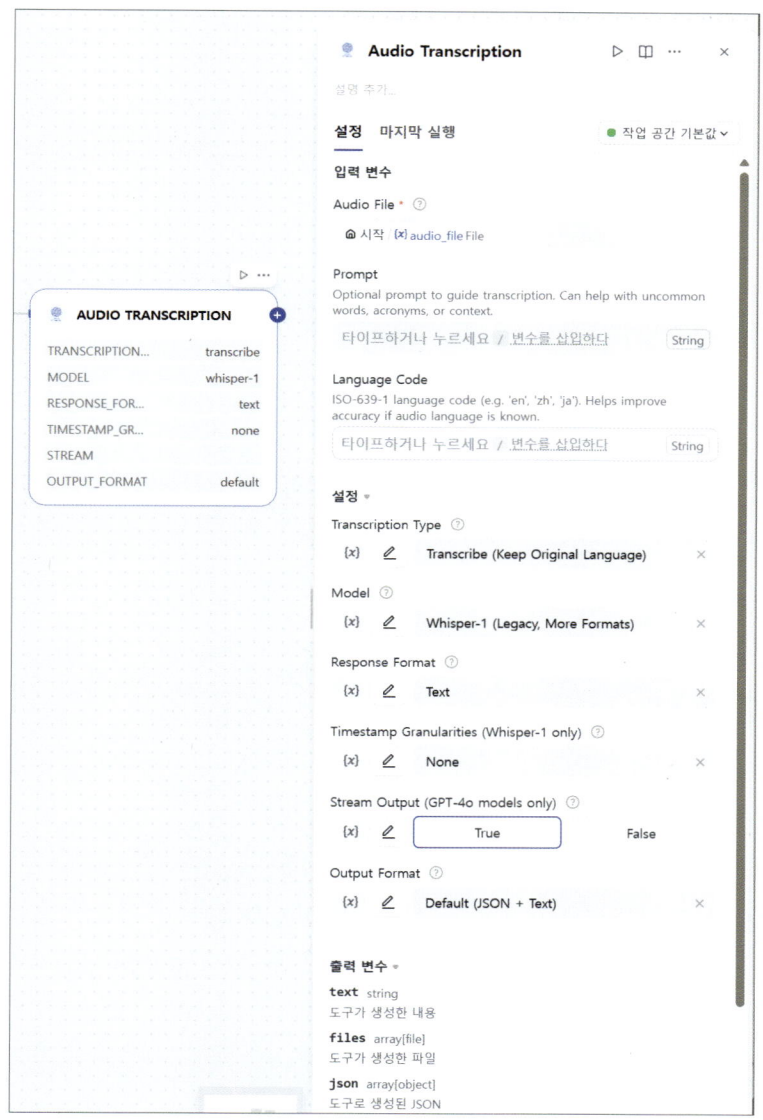

● '출력' 노드 설정하기

Audio Transcription 도구의 출력 변수 text를 받도록 설정합니다.

● 실행하기

실제로 테스트 해봅시다. 지원하는 음성 파일 형식은 MP3, WAV, M4A 등입니다. 짧은 음성 파일을 준비해 업로드하고 실행해 봅시다. 음성이 자동으로 텍스트로 변환됩니다.

● 주의할 점

1. 파일 크기

- 10MB 이하의 파일을 사용한다.
- 길이가 긴 음성은 분할해서 처리한다.

2. 음성 품질

- 깔끔한 음성을 사용한다.
- 노이즈가 적은 환경에서 녹음한다.
- 적절한 수준의 음량을 사용한다.

3. 처리 후 활용 아이디어

- 녹취록 텍스트 결과를 LLM으로 요약한다.
- 중요한 포인트를 추출한다.
- 회의록 등을 자동 생성한다.

Dify에서는 전용의 도구 노드를 사용해 간단하게 음성 처리를 구현할 수 있습니다. 표준적인 whisper 모델에서 정확도가 높은 녹취록 텍스트를 작성할 수 있습니다. 음성 파일로부터 녹취록 텍스트를 만들 수 있다며 이후 필요에 따라 LLM에서의 후처리와 조합해 음성 데이터를 효율적으로 활용할 수 있게 됩니다.

6.11.5 목록 처리로 나누어 처리하기

다양한 종류의 파일을 업로드했을 때 'PDF는 PDF용 처리', '이미지는 이미지용 처리'와 같이 분류하고 싶게 됩니다.

파일 처리 및 병렬 실행을 잘 사용할 수 있게 되면, 이후 설명할 '리스트 처리'가 중요합니다. 리스트 처리를 사용하면 파일 종류별로 처리를 나눌 수 있습니다. 또한, 이들은 병렬 실행되므로 효율이 좋은 분할 처리를 할 수 있게 됩니다. 이것을 형태 11의 숨겨진 기술로서 설명합니다. 기본 형태는 다음 그림과 같습니다.

그럼 PDF와 이미지 파일을 자동으로 분류해 처리하는 워크플로우를 만들어 봅시다.

● '시작' 노드 설정하기

'시작' 노드를 다음과 같이 설정합니다.

- [변수명]: anyfiles
- [필드 타입]: 파일 목록
- [레이블명]: 처리할 파일

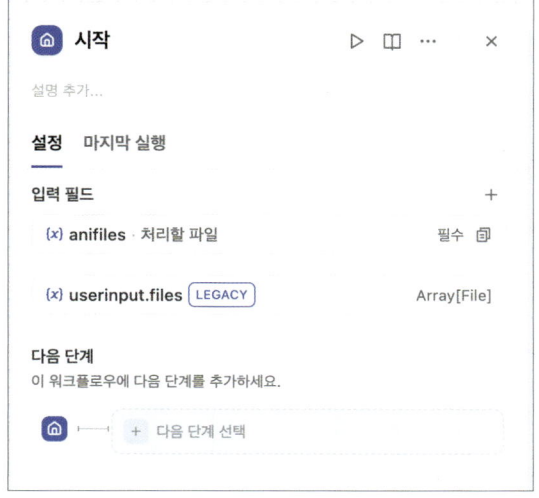

필드 타입을 [파일 목록]으로 선택하면 여러 파일을 한 번에 업로드할 수 있습니다.

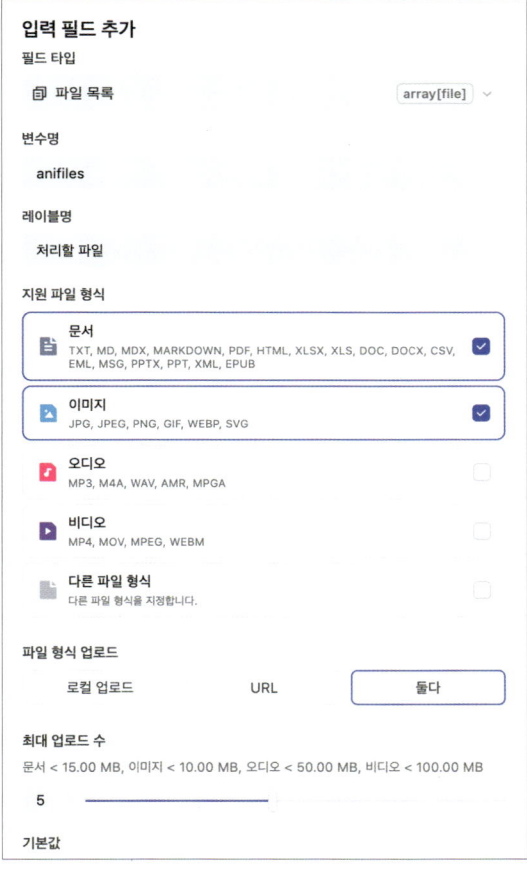

● 'List 연산자' 노드에서 문서 추출하기

'시작' 노드의 오른쪽 [+]를 클릭한 뒤 'List 연산자' 노드를 선택합니다. 문서용 필터를 설정합니다.

- [입력 변수]: 시작/anyfiles

- [필터 조건]: type

- [조건식]: '안으로', 문서

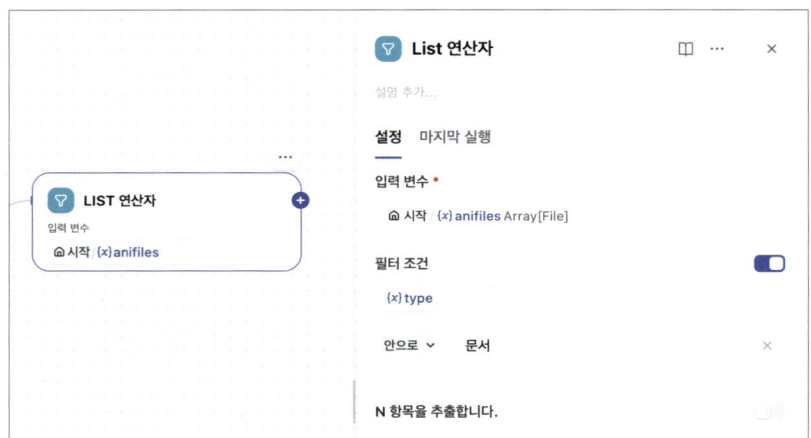

● 'Doc 추출기' 노드에서 텍스트 추출하기

'List 연산자'를 다음과 같이 설정합니다.

- [입력 변수]: 시작/result

● 'List 연산자' 노드에서 이미지 추출하기

'시작' 노드 오른쪽에 'List 연산자' 노드를 하나 더 추가하고 이미지용 필터를 설정합니다.

- [입력 변수]: 시작/anyfiles
- [필터 조건]: type
- [조건식]: '안으로', 이미지

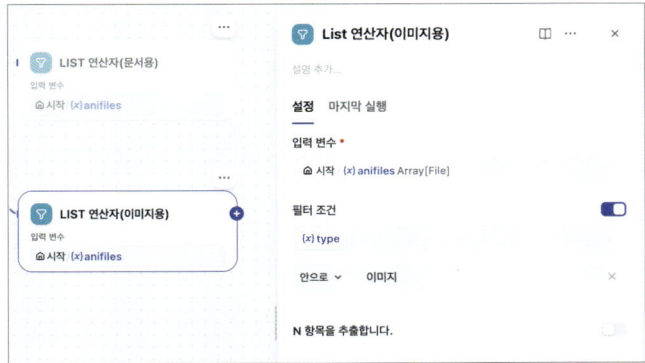

● 처리 분기

'List 연산자' 노드에서의 출력들은 하나의 'LLM' 노드로 모입니다. 이 'LLM' 노드의 설정은 다음과 같습니다.

- [컨텍스트]: List 연산자(문서용)/result
- [비전 기능]: ON
- [비전]: List 연산자(이미지용)/result

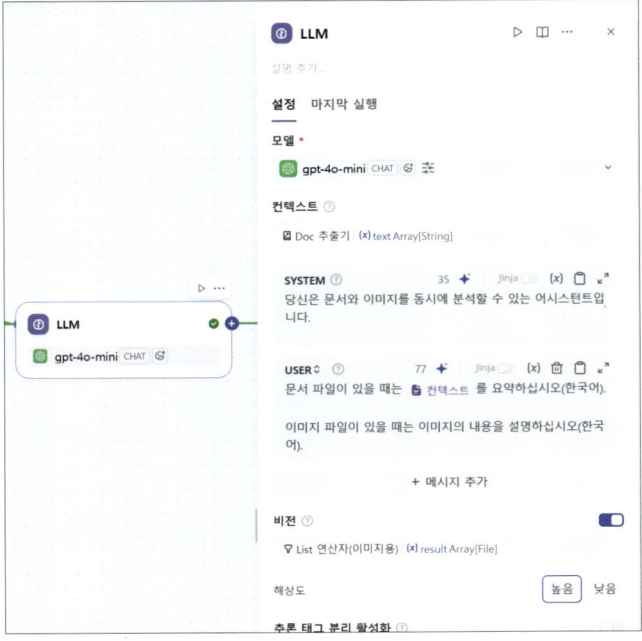

[SYSTEM](프롬프트)

> 당신은 문서와 이미지를 동시에 분석할 수 있는 어시스턴트입니다.

[USER](프롬프트)

> 문서 파일이 있을 때는 "**컨텍스트**"를 요약하십시오.
>
> 이미지 파일이 있을 때는 이미지의 내용을 설명하십시오.

이렇게 하나의 LLM으로 두 가지 타입의 파일을 처리함으로써 코드 중복을 피하고, 보다 효율적인 워크플로우를 만들 수 있습니다. LLM은 입력된 파일 타입을 자동으로 판별하고 적절한 처리를 수행합니다. PDF라면 텍스트 분석, 이미지라면 비전 기능을 사용한 해석을 수행하는 구조입니다.

이 접근 방식의 장점은 처리 일관성을 확보하고 워크플로우를 보다 단순하게 만든다는 점입니다. 단, 프롬프트 설계는 두 가지 타입의 파일에 모두 대응할 수 있도록 보다 신중하게 설계해야 합니다.

● '출력' 노드 설정하기

LLM의 출력을 받아 출력을 처리합니다.

● 실행하기

[▷ 테스트 실행] 버튼을 클릭합니다. 로컬 업로드를 클릭한 뒤 임의의 문서(txt, docx, pdf 등)를 선택하고, 임의의 이미지를 선택합니다. [실행 시작]을 클릭합니다.

다음과 같이 출력되었습니다. 앞쪽은 이미지에 관한 설명, 뒤쪽은 PDF 문서 요약 내용이 표시되었습니다.

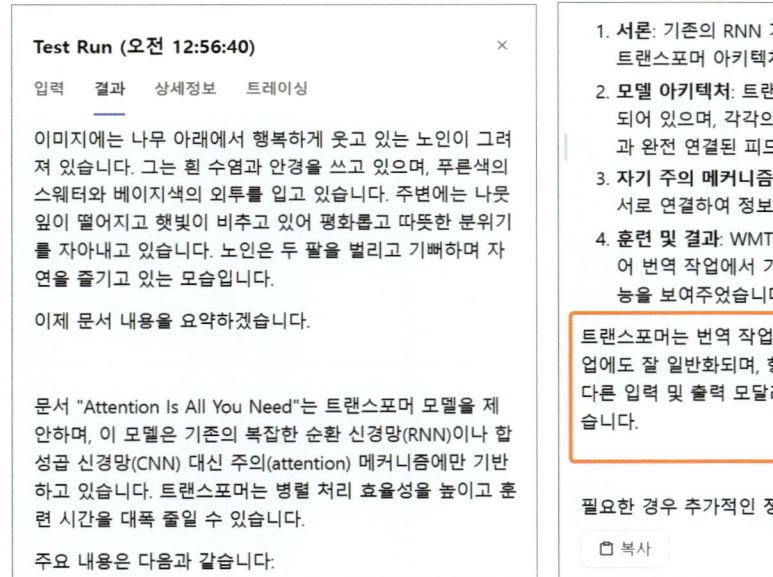

이렇게 'List 연산자' 노드를 사용하면 파일 타입에 따라 적절하게 처리할 수 있습니다.

6.12 형태 12 = 구조화 출력: 비구조화 데이터 구조화

데이터의 세계에서 '구조화'라는 말을 제법 많이 듣습니다. 그런데 과연 그 정확한 의미는 무엇일까요? 간단하게 말하면 흩어진 정보를 정리해 컴퓨터가 쉽게 이해할 수 있는 형태로 정리하는 것입니다. 예를 들면, 잡다한 영수증 정보를 표 형식으로 정리하거나, 손으로 쓴 메모를 데이터베이스에 등록할 수 있는 형태로 변환하는 등의 작업을 생각할 수 있습니다.

지금까지는 사람이 고민하면서 수작업으로 수행하는 것이 당연했습니다. 하지만 이제, LLM이 등장함에 따라 그 번거로운 작업이 놀랄 정도로 간단해지고 있습니다. 그 중에서도 OpenAI가 제공하는 'Structured Outputs'는 **비구조화 데이터를 구조화 데이터로 변환하는** 강력한 도구입니다. 이번 절에서는 Dify 환경에서 Structured Outputs를 사용해 비구조화 데이터를 구조화 데이터로 만들 수 있는지 구체적인 예시를 통해 설명합니다.

6.12.1 텍스트에서 구조화 출력하기

● 구조화 출력이란?

간단한 예시부터 살펴 봅시다. 아래와 같이 음성 입력의 녹취록 텍스트가 있다고 가정합시다.

> 새로 산 책의 정보를 기록하고 싶다.
> 제목은 '소프트웨어 개발에 ChatGPT를 사용할 수 있는가?'이고, 저자는 김현민이다.
> 2023년에 출간되었고, 총 336페이지다.

이런 데이터를 구조화할 수 있을까요? OpenAI의 'Structured Outputs' 기능을 사용하면 깔끔하게 형태를 정리할 수 있습니다.

얻을 수 있는 출력 결과는 다음과 같은 JSON 형식입니다.

```
{
    "title": "소프트웨어 개발에 ChatGPT를 사용할 수 있는가?",
    "author": "김현민",
    "year": 2023,
    "pages": 336
}
```

● Dify에서 구현하기

실제로 Dify에서 구현해봅시다. 먼저 기본 3단계 구성('시작' 노드, 'LLM' 노드, '출력' 노드)의 워크플로우(형태 2)를 만듭니다.

'시작' 노드와 '출력' 노드는 일반적으로 설정합니다.

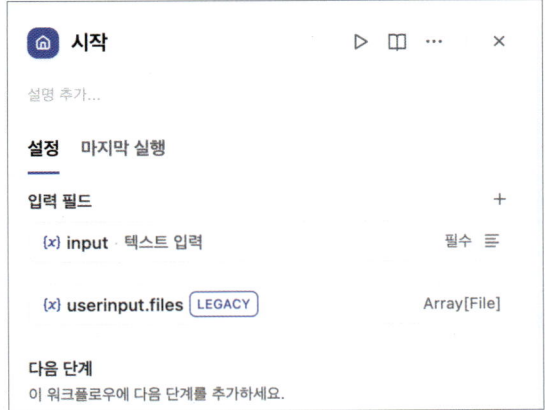

● 모델 설정하기(구조화 출력)

여기부터 포인트입니다. 모델 설정에 따라 구조화 출력을 사용할 수 있도록 설정합니다. 설정 화면을 엽니다. 모델은 'gpt-to-mini-2024-07-18'로 설정합니다(※ 물론 'Structured Outputs'를 지원하는 최신 모델을 선택해도 좋습니다).

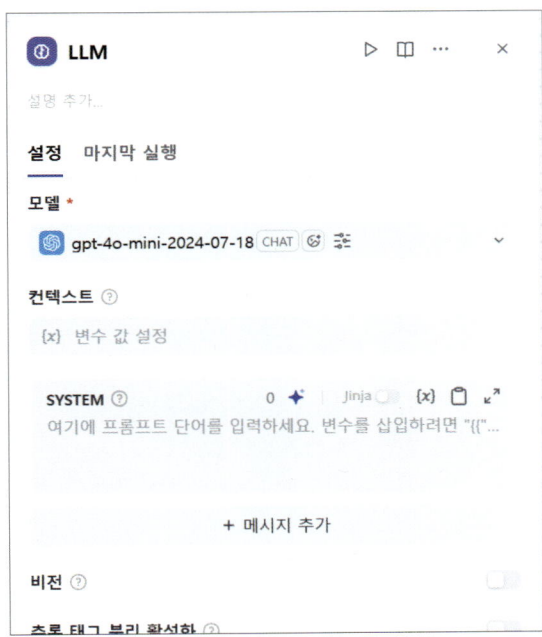

모델을 다시 한 번 클릭해 설정 화면을 표시합니다. 매개변수 [Response Format]를 ON으로 설정하고 json_schema를 입력합니다. 다음으로 매개변수 [JSON Schema]를 ON으로 설정하고 입력 필드에 데이터 구조를 정의합니다.

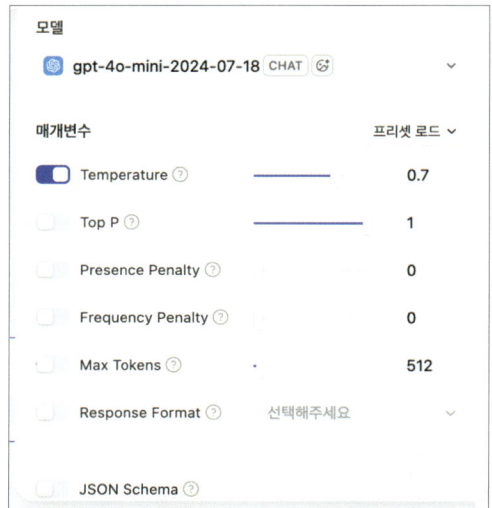
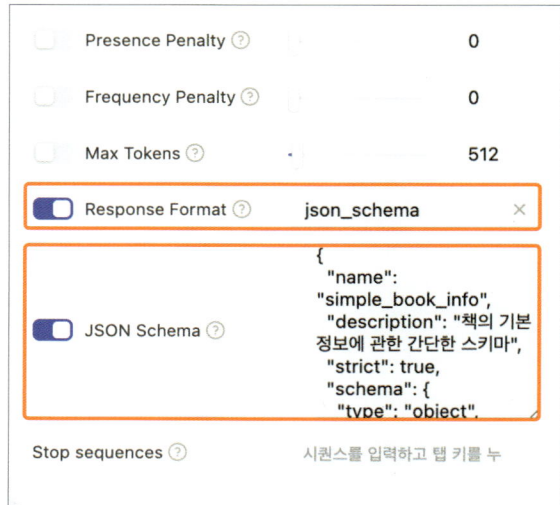

여기에 다음과 같이 입력합니다. 이것은 '어떤 형태로 출력하고 싶은가'를 LLM에게 알려주기 위한 설계도 같은 것입니다. 현재 시점에서 세세한 부분의 의미까지는 알지 못해도 괜찮습니다.

```
{
  "name": "simple_book_info",
  "description": "책의 기본 정보에 관한 간단한 스키마",
  "strict": true,
  "schema": {
   "type": "object",
   "properties": {
    "title": {
      "type": "string",
      "description": "책의 제목"
    },
    "author": {
      "type": "string",
      "description": "저자 이름"
    },
    "year": {
      "type": "integer",
      "description": "출판년도"
    },
    "pages": {
      "type": "integer",
      "dscription": "페이지 수"
```

```
    }
  },
  "required": ["title", "author", "year", "pages"],
  "additionalProperties": false
  }
}
```

바로 이것이 LLM에게 '이 형태로 정리해줘'라고 전달하기 위한 설계도에 해당하는 JSON Schema입니다. LLM은 입력 데이터를 읽고 이 스키마에 따라 정리하고, JSON 형식으로 출력합니다. LLM 설정은 다음과 같이 간단한 프롬프트로 충분합니다.

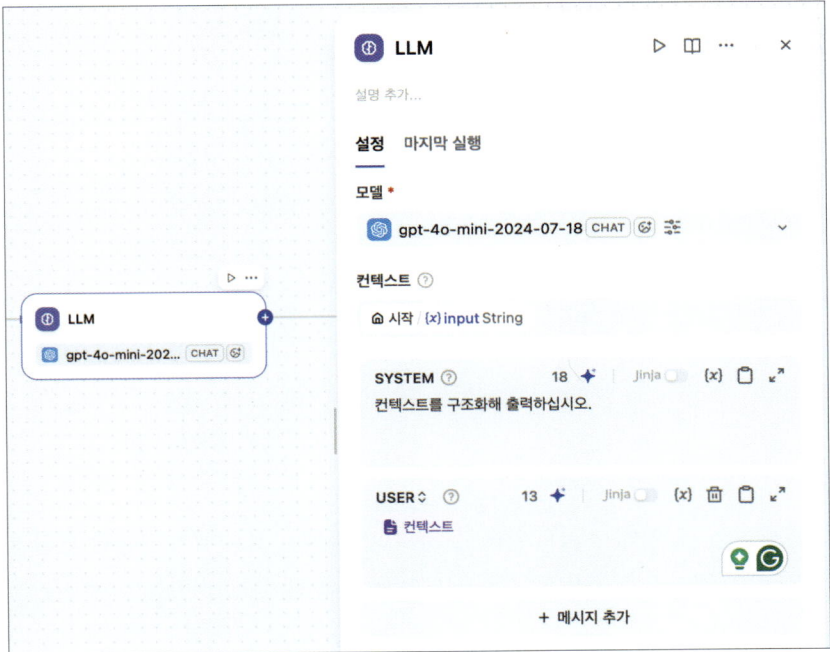

● '출력' 노드 설정하기

'출력' 노드는 LLM의 출력을 받아 그대로 출력합니다.

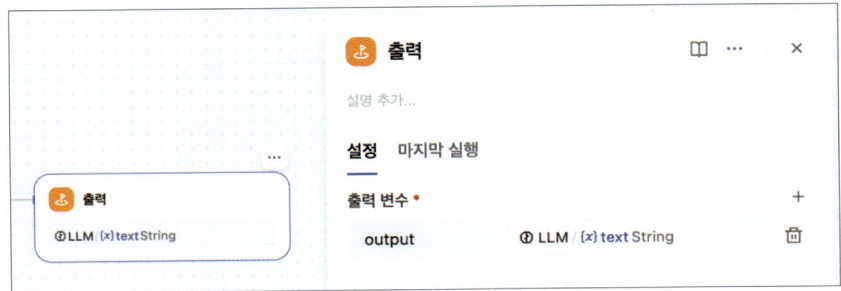

● 실행하기

'실행 시작'을 클릭하면 오른쪽 그림과 같이 결과가 표시됩니다. 출력 결과의 텍스트는 형태가 정리되어 있습니다. 이상합니다. 그렇게 모호했던 데이터가 훌륭하게 JSON 형식으로 변환되었습니다.

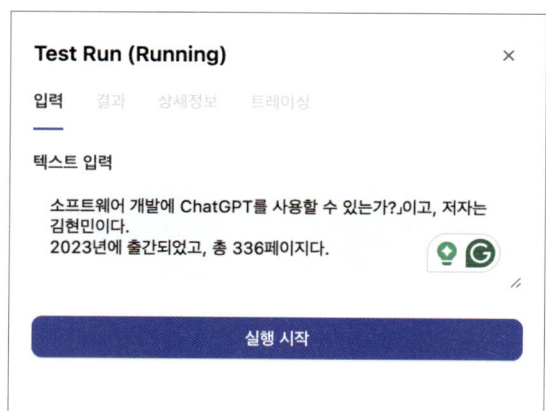

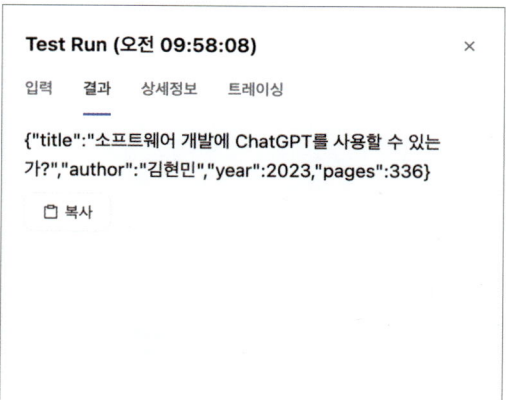

```
{
  "title":"소프트웨어 개발에 ChatGPT를 사용할 수 있는가?",
  "author":"김현민",
  "year":2023,
  "pages":336
}
```

● JSON 스키마 이해하기

JSON Schema를 처음 봤을 때는 잘 이해가 되지 않을 수 있지만, 사실 이것은 매우 단순한 형식이다. 집을 지을 때의 설계도와 같은 것이라고 생각할 수 있습니다. 예를 들면, 앞에서 만든 스키마를 살펴 봅시다. 각 항목에 코멘트를 달았습니다.

```
{
  "name": "simple_book_info", // 설계도 이름
  "description": "책의 기본 정보에 관한 간단한 스키마", // 설계도의 목적
  "strict": true, // 엄밀하게 지킬 것을 지시
  "schema": { // 여기부터 본문
    "type": "object", // 데이터는 '객체' 형식
    "properties": { // 포함하는 항목 나열
      "title": { // 제목 정의
        "type": "string", // 문자열로 취급
        "description": "책의 제목" // 데이터 설명
```

```
    },
    // 다른 데이터 항목도 동일
  },
  "required": ["title", "author", "year", "pages"],  // 필수 항목
  "additionalProperties": false  // 추가 항목은 불필요
  }
}
```

다소 어렵게 보이지만 대략 다음과 같은 느낌입니다.

① name: 먼저 '이것은 책 정보를 관리하기 위한 설계도이다.'라고 선언한다.

② properties: '책에는 제목, 저자, 출판 년도, 페이지 수 정보가 필요하다.'라고 정의한다.

③ type: 각 항목이 '문자열인지, 숫자인지' 지정한다.

④ required: '이 항목들은 반드시 필요하다.'는 규칙을 설정한다.

⑤ additionalProperties: '추가 정보는 필요하지 않다.'는 제한을 추가한다.

즉, LLM에 '이런 형태로 정보를 정리하십시오.'라고 부탁하는 설계도입니다. 중괄호({ ... })가 중요합니다. 이것은 건물로 치면 '외벽'과 같은 것입니다. 이 안에 여러 방(데이터)를 만듭니다. 각 방에는 이름(속성명)이 있고, 안에는 가구(값)이 설치되어 있는 이미지입니다. 그리고 전체를 { }로 감싸서 '여기부터 여기까지 한 덩어리이다'라는 것을 명확하게 합니다. 그래서 JSON Schema도 전체를 { }로 감쌉니다. 이것은 '이 설계도는 한 덩어리입니다.'라는 것을 나타내는 것입니다.

LLM은 이 '설계도'를 보고 '그렇군, 제목은 여기, 저자명은 여기…'라고 이해한 뒤 흩어진 정보를 정리합니다.

건축으로 보면 '1층에는 거실을 만들고, 2층에는 침실을 만들고, …' 같은 설계도를 전달하는 것입니다. 그것을 본 목수(여기에서는 LLM)는 정리된 건물을 만듭니다. 처음부터 JSON 스키마를 작성할 필요는 없습니다.

이것도 생성형 AI의 도움을 받으면 됩니다. ChatGPT에게 '이런 데이터를 구조화하고 싶습니다. JSON 스키마를 작성해주십시오.'라고 부탁하는 것이 가장 빠릅니다. 점점 익숙해지고 편하게 읽을 수 있는 시점이 되면 '아, 여기는 string(문자열)이 아니라 integer(정수)로 해야 하겠구나' 같이 세세하게 조정할 수 있게 됩니다.

● description의 중요성 - LLM의 이해도를 높이는 방법

JSON 스키마 안에 소소하지만 사실 매우 중요한 요소가 있습니다. 그것은 description(설명문)입니다. 다음과 같은 스키마를 가정해봅시다. description에 주목하십시오.

```
{
  "name": "customer_info",
```

```
  "description": "고객 정보를 처리하기 위한 스키마",  // 여기가 포인트
  "schema": {
   "type": "object",
   "properties": {
    "customerID": {
     "type": "string",
     "description": "고객을 유일하게 식별하는 10자리 번호"  // 구체적인 설명
    },
    "age": {
     "type": "integer",
     "description": "고객의 만 나이(0 이상의 정수)"  // 제약도 포함할 수 있다
    }
   }
  }
 }
```

LLM은 매우 똑똑하지만, 때때로 '인간의 의도'를 오해하기도 합니다. description은 LLM에게 '이것은 이러한 의미이다.'라고 알려주는 역할을 합니다. 예를 들면, customerID라는 필드가 있을 때 LLM은 다음과 같이 판단합니다.

- 좋지 않은 예시: description 없음
  - LLM의 이해: '뭔지 모르겠지만, 아무튼 고객의 ID이다.'
- 좋은 예시: "description": "고객0을 유일하게 식별하는 10자리 번호"
  - LLM의 이해: '그렇구나, 10자리 번호이고 중복은 허용하지 않아야겠다!'

description을 작성하면 LLM이 보다 정확하게 이해할 수 있도록 도울 수 있습니다. 좋은 작성 방법의 몇 가지 예시를 소개합니다.

구체적으로 작성한다

```
// 모호한 예시
"description": "지불 방법"


// 구체적인 예시
"description": "결제에 사용된 방법(현금, 신용카드, 또는 무통장입금만 유효)"
```

제약 조건을 포함한다

```
// 기본적인 예시
```

```
"description": "상품 가격"

// 제약을 포함한 예시
"description": "상품 가격(0 이상의 정수, 단위는 대한민국 원)"
```

예시를 제시한다

```
// 단순한 예시
"description": "전화번호"

// 예시를 든 예시
"description": "전화번호(예: 02-1234-5678, 국제번호 가능)"
```

실천적인 예시

실제 업무에서 사용할 수 있을만한 예시를 살펴 봅시다.

```
{
  "name": "invoce_item",
  "description": "청구서의 상품 명세를 처리하기 위한 스키마",
  "schema": {
    "type": "object",
    "properties": {
      "productCode": {
        "type": "string",
        "description": "상품 관리 코드(알파벳 2문자 + 숫자 4자리, 예: AB1234)"
      },
      "quantity": {
        "type": "integer",
        "description": "발주 수량(1 이상의 정수, 재고 수를 넘지 않는 범위)"
      },
      "unitPrice": {
        "type": "number",
        "description": "가격(부가세 제외, 소수점 이하 2자리까지 허용, 0이상)"
      },
      "deliveryDate": {
        "type": "string",
        "description": "납품 희망일(YYYY-MM-DD 형식, 발주일로부터 60일 이내)"
      }
```

```
      }
    }
  }
```

이렇게 구체적인 설명을 포함하면 LLM은 '그렇군. 상품 코드에는 이런 형식이 필요하고, 수량은 1이 상이어야 하고…'라는 식으로 이해하고 보다 정확하게 데이터를 구조화 할 수 있습니다.

정리하면 description은 '친절한 설명서'라고 생각하면 좋습니다. 처음 보는 사람(여기에서는 LLM)에게 '이것은 이런 의미이고, 이런 제약을 갖고 있으며, 이런 식으로 사용합니다.'라고 가르쳐 주는 것입니다. 이렇게 함으로써 LLM은 보다 정확하게, 의도에 맞는 형태로 데이터를 구조화 해줍니다. 사소하지만 정말로 중요한 포인트입니다.

● **조금 더 복잡한 패턴**

스키마의 기본적인 작성 방법을 알면 복잡한 구조에도 대처할 수 있습니다. 여기에서는 조금 더 복잡한 패턴으로 만들어 봅시다(구조화의 기본은 여기까지의 내용으로 충분합니다. 이번 내용은 건너 뛰어도 괜찮습니다). 음성 입력으로 영수증 데이터를 입력했고 그 녹취록 텍스트 데이터가 있다고 가정합시다. 이 데이터를 구조화 해봅시다. 상당히 복잡한 데이터입니다.

> 첫 번째 영수증입니다.
> 영수증 번호는 R-2024-0001.
> 발행일은 2024년 9월 1일.
> 고객의 이름은 홍길동님.
> 상품 목록을 입력합니다. 먼저 첫 번째 노트북 PC 1대, 가격은 100만원.
> 다음으로 USB 메모리 2개, 이것은 개당 10000원입니다.
> 그리고 부가세율은 10%입니다. 지불 방법은 신용카드입니다.
> 이상으로 첫 번째 영수증 입력을 마칩니다. 합계 금액은 자동을 계산해 주십시오.
>
> 두 번째 영수증입니다.
> 새로운 연수증 번호는… R-2024-0052입니다.
> 발행일은 2024년 9월 15일입니다.
> 고개명은, 음… 하현진님입니다.
> 상품 목록을 입력합니다.
> 첫 번째는 다이닝 테이블 1대, 가격은 750000원입니다.
> 두 번째는 다이닝 체어 4개 1세트 구성으로 두 세트입니다. 가격은 세트당 400,000원입니다.
> 마지막으로 테이블 러너 1장이고 35,000원입니다.
> 그리고 부가세율은 10%입니다.
> 지불 방법은… 아, 무통장 입금으로 부탁드립니다.
> 이상으로 두 번째 영수증 입력을 마칩니다. 합계 금액은 자동으로 계산하십시오. 아, 그리고 배송료로 50,000원을 추가해주십시오.

이 데이터를 구조화합니다. 스키마는 다음과 같은 형태로 합니다.

```
{
  "name": "process_multiple_receipts",
  "description": "여러 영수증을 처리하기 위한 스키마",
  "strict": true,
  "schema": {
   "type": "object",
   "properties": {
    "receipts": {
      "type": "array",
      "items": {
       "type": "object",
       "properties": {
         "receiptNumber": {
          "type": "string",
          "description": "영수증 번호"
         },
         "issueDate": {
          "type": "string",
          "description": "발행일(YYYY-MM-DD 형식)"
         },
         "customerName": {
          "type": "string",
          "description": "고객명"
         },
         "amount": {
          "type": "number",
          "description": "금액(부가세 포함)"
         },
         "taxRate": {
          "type": "number",
          "description": "세율(퍼센트)"
         },
         "items": {
          "type": "array",
          "items": {
           "type": "object",
           "properties": {
             "name": {
               "type": "string",
```

```
          "description": "상품명"
        },
        "quantity": {
          "type": "integer",
          "description": "수량"
        },
        "unitPrice": {
          "type": "number",
          "description": "단가(부가세 제외)"
        }
      },
      "required": [
        "name",
        "quantity",
        "unitPrice"
      ],
      "additionalProperties": false
    },
    "description": "구입 상품 리스트"
  },
  "paymentMethod": {
    "type": "string",
    "enum": [
      "현금",
      "신용 카드",
      "무통장 입금"
    ],
    "description": "지불 방법"
  }
},
"additionalProperties": false,
"required": [
  "receiptNumber",
  "issueDate",
  "customerName",
  "amount",
  "taxRate",
  "items",
  "paymentMethod"
]
```

```
        },
        "description": "영수증 리스트"
      }
    },
    "additionalProperties": false,
    "required": [
      "receipts"
    ]
  }
}
```

먼저 큰 구조를 보면 이 스키마는 '여러 영수증'을 다룹니다. 전체가 receipts라는 배열(Array)로 감싸져 있는 것이 포인트입니다. '영수증 다발'를 생각해보면 좋을 것입니다.

● 각 영수증의 정보

각 영수증은 다음 정보를 포함합니다.

- receiptNumber: 영수증 번호(문자열 타입)

- issueDate: 발행일(YYYY-MM-DD 형식 문자열)

- customerName: 고객명(문자열 타입)

- amount: 합계 금액(여러 열, 부가세 포함)

- taxRate: 환율(숫지 타입, 퍼센트)

- paymentMethod: 지풀 방법(현금, 신용 카드, 무통장 입금 중 하나)

● 상품 명세 구조

특징적인 항목은 items 부분입니다. 이것은 '구입한 상품 리스트'를 표현합니다. 각 상품에는 다음 정보가 포함되어 있습니다. 상품은 여럿 존재합니다.

- name: 상품명

- quantity: 수량(정수 타입)

- unitPrice: 단가(수치 타입, 부가세 제외)

● 계층 구조로 되어 있는 이유

그리고 이 스키마의 특징은 '중첩 구조'로 되어 있다는 것입니다. 즉, 다음과 같은 구조로 되어 있습니다.

- 영수증 다발
  - 개별 영수증
    -상품 리스트
      -개별 상품

이것은 실제 영수증의 구조와 동일합니다. 영수증 다발이 있고, 개별 영수증이 있고, 그 안에 상품 상세가 있는… 구조입니다.

● 제약과 검증

이 스키마에는 몇가지 중요한 제약도 갖고 있습니다.

지불 방법은 반드시 "현금", "신용 카드", "무통장 입금" 중 하나여야 합니다. 이것을 enum 제약이라 부릅니다. 이 제약에 따라 LLM은 이 중 하나에 해당하는 항목을 출력합니다. 그리고 모든 필수 항목이 지정되어 있습니다. 이것은 required에 의한 제약입니다. 그리고 그 외 항목은 허용되지 않습니다. 이것은 additionalProperties: false에 의한 제약입니다. 이 제약들에 의해 데이터 정합성이 유지됩니다.

● 실행하기

실행해 봅시다.

> ※ 주의: 이 섹션의 JSON 스키마는 지원 페이지에서 다운로드 할 수 있습니다.

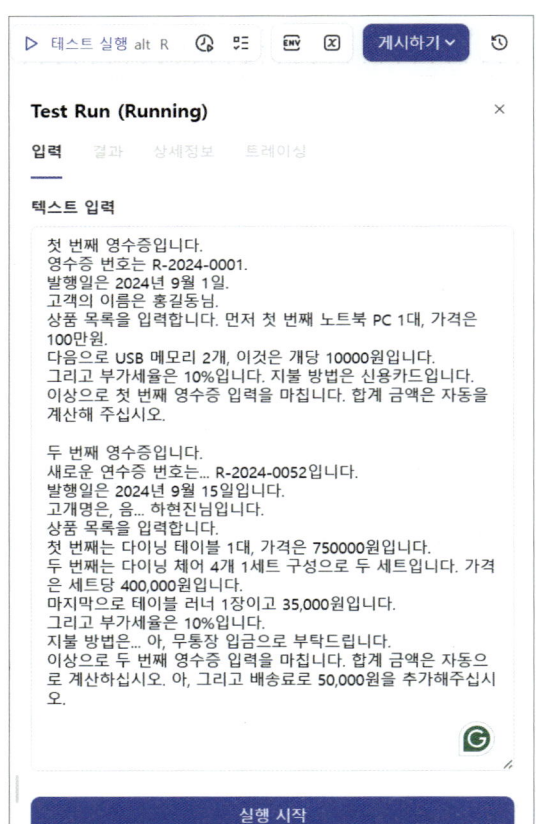

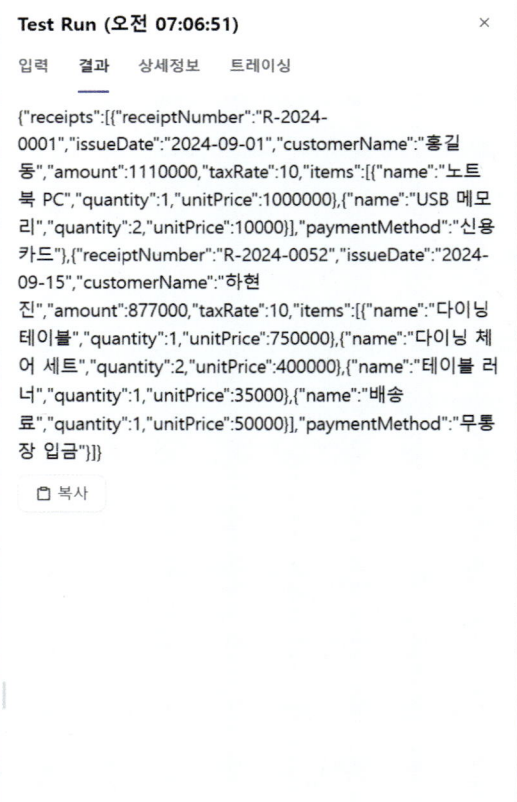

결과를 읽기 쉬운 형태로 정리해 봅시다. 다음과 같은 JSON 형식으로 출력됩니다.

```json
{
  "receipts": [
    {
      "receiptNumber": "R-2024-0001",
      "issueDate": "2024-09-01",
      "customerName": "홍길동",
      "amount": 1110000,
      "taxRate": 10,
      "items": [
        {
          "name": "노트북 PC",
          "quantity": 1,
          "unitPrice": 1000000
        },
        {
          "name": "USB 메모리",
          "quantity": 2,
          "unitPrice": 10000
        }
      ],
      "paymentMethod": "신용 카드"
    },
    {
      "receiptNumber": "R-2024-0052",
      "issueDate": "2024-09-15",
      "customerName": "하현진",
      "amount": 877000,
      "taxRate": 10,
      "items": [
        {
          "name": "다이닝 테이블",
          "quantity": 1,
          "unitPrice": 750000
        },
        {
          "name": "다이닝 체어 세트",
```

```json
        "quantity": 2,
        "unitPrice": 400000
      },
      {
        "name": "테이블 러너",
        "quantity": 1,
        "unitPrice": 35000
      },
      {
        "name": "배송료",
        "quantity": 1,
        "unitPrice": 50000
      }
    ],
    "paymentMethod": "무통장 입금"
  }
 ]
}
```

● 구조화 후의 예시: LLM에서 구조화된 출력은 이후 어떻게 처리하는가?

LLM에서 구조화되지 않은 데이터를 깔끔하게 구조화 했습니다. 하지만 모처럼 구조화한 데이터를 어딘가의 시스템에서 사용하면 보다 좋을 것 같습니다. 여기에서 한 가지 활용 예시를 소개합니다.

여기에서는 'HTTP 요청' 노드를 활용합니다. 구조화한 데이터를 자사 데이터베이스에 등록하거나 다른 시스템과 연동하는 시나리오 상황 등을 가정할 수 있습니다. HTTP 요청이 있는 경우 적절한 처리를 하는 API에 HTTP 통신을 하면 실현할 수 있습니다. 그 형태는 다음과 같습니다.

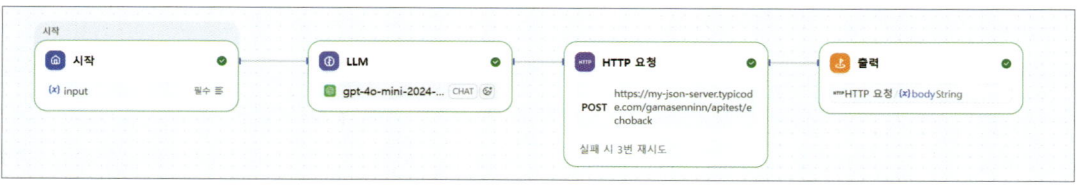

여기에서는 테스트용 API를 사용해 연동하는 방법을 간단히 살펴 봅시다. my-json-server. typicode.com이라는 서비스의 테스트 API를 사용합니다. 이 API는 매우 편리합니다. GitHub 저장소에 JSON 파일을 올리는 것만으로 간단하게 테스트용 API를 만들 수 있습니다. 아래는 필자의 저장소에 생성한 테스트용 API입니다.

```
https://my-json-server.typicode.com/gamasenninn/apitest/echoback
```

이 API는 단순히 에코 백(echo-back)만 실행합니다. 즉, API 요청에 보낸 데이터를 그대로 반환합니다. 실제 사용 시나리오에서는 여러분이 사용할 API의 URL(엔드포인트)로 치환해야 합니다. 여기에서는 동작 자체만 확인할 것이므로 이 API 엔드포인트를 그대로 사용합니다.

> ※ 주의: 이 URL은 그대로 사용할 수 있습니다. 단, 흥미가 잇는 분은 직접 GitHub에 저장소를 만들어 시험해 봅시다.

'HTTP 요청' 노드를 추가하고 'LLM' 노드의 출력을 이 API에 전송합니다. 설정은 다음과 같습니다.
- [API]: POST https://my-json-server.typicode.com/gamasenninn/apitest/echoback
- [BODY]: JSON
- [JSON]: LLM/text

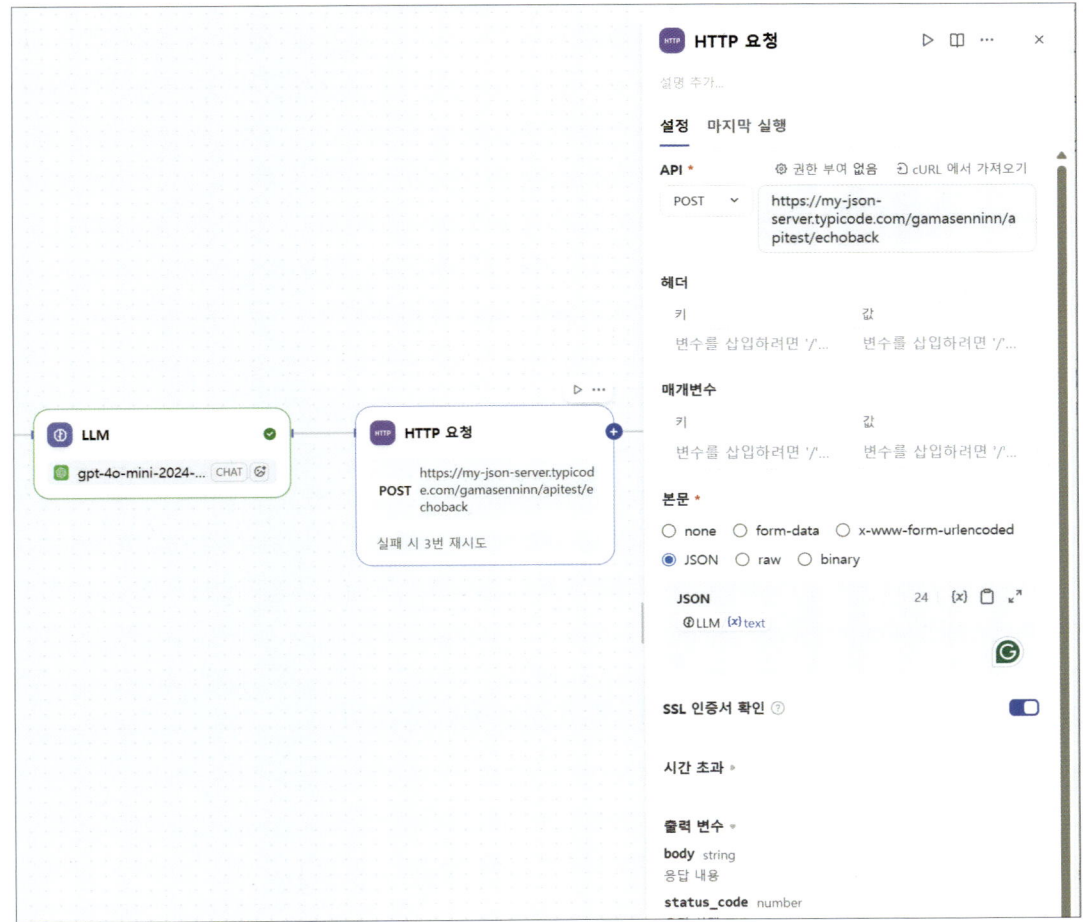

'출력' 노드는 'HTTP 요청' 노드로부터 에코백된 결과를 그대로 출력합니다.

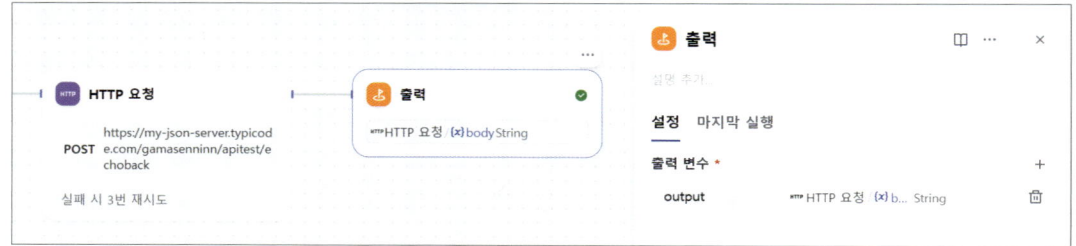

첫 예시의 JSON 스키마를 사용해 테스트 한 결과는 다음과 같습니다.

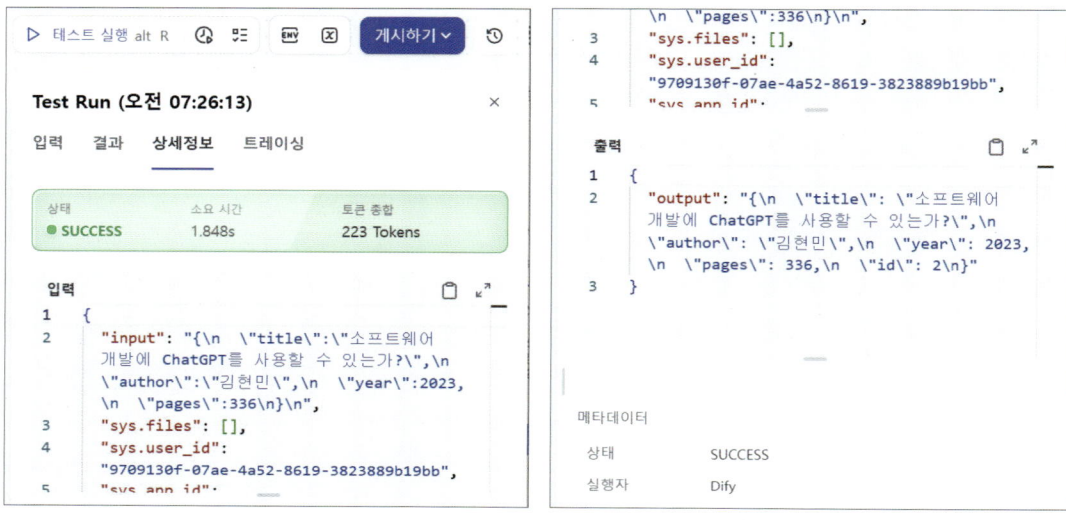

HTTP 통신 결과가 원하는 대로 에코백되고 그 값과 상태를 얻을 수 있습니다. 이것으로 구조화된 데이터를 확실하게 APi에 전달할 수 있음을 확인했습니다.

한편 '그저 데이터를 전송한 것일 뿐'이라고 생각할지도 모릅니다. 하지만, 이것이야 말로 시스템 연동의 기본 형태입니다. 명함 관리 시스템, CRM, 영업 지원 도구 등 다양한 비즈니스 시스템과의 연동이 이 형태로 실현됩니다. 구조화 출력과 'HTTP 요청' 노드를 조합하면 프로그래밍 지식이 없더라도 데이터를 연동할 수 있습니다.

6.12.2 이미지로부터 구조화 출력하기(명함 리더 유스케이스)

● 명함 리더 만들기

여기에서는 이미지를 읽어 OCR과 같이 문자를 읽어서 추출하고 그것을 구조화 출력하는 케이스로 명함 리더를 만들어 봅시다. 노드 구성 형태는 지금까지와 마찬가지고 단순합니다.

● '시작' 노드 설정하기

'시작' 노드 설정을 엽니다. 입력 필드의 [+]를 클릭합니다.
단일 파일을 선택하면 멀티 모달 대응 화면이 열립니다.

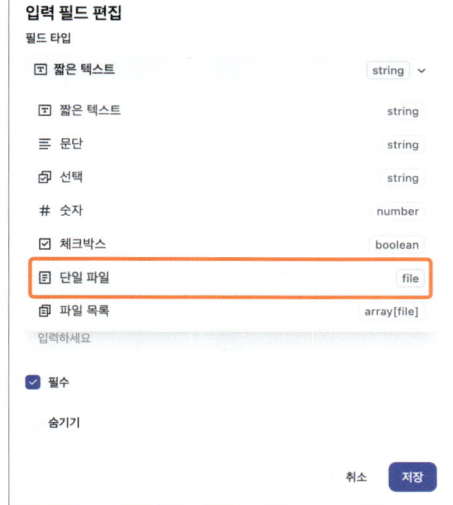

다음 그림과 같이 각 항목을 설정합니다.

- [변수명]: image_file
- [레이블명]: 명함 이미지
- [지원 파일 형식] : '이미지'에 체크합니다.

설정을 마쳤다면 [저장]을 클릭합니다.

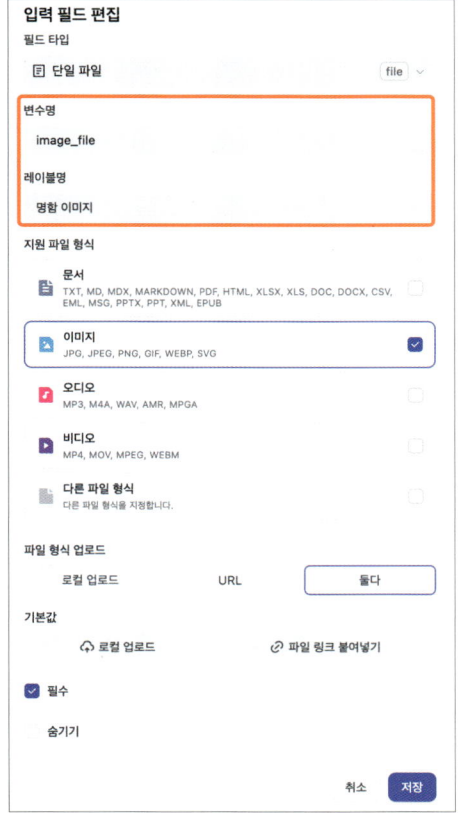

'시작' 노드 설정을 마쳤습니다.

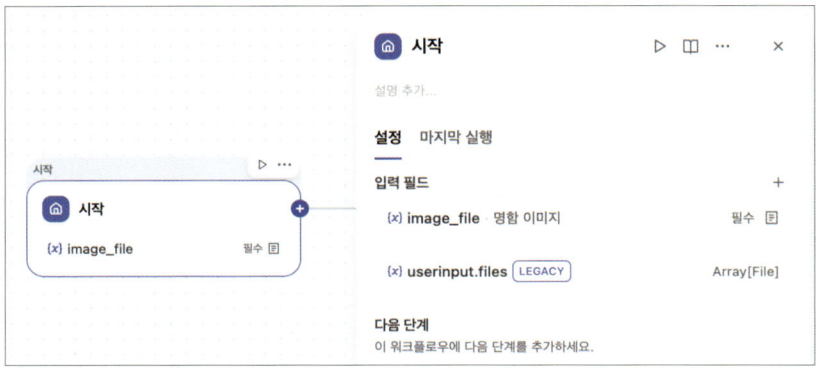

● **LLM 설정하기**

'시작' 노드 오른쪽 [+]를 클릭한 뒤 LLM을 선택합니다. 구조화 출력을 지원하는 모델을 선택합니다. 여기에서는 gpt-4o-2024-08-06을 선택했습니다.

다음으로 '비전' 스위치를 ON으로 설정하고 비전 변수를 시작/image_file로 설정합니다. [USER] (프롬프트)에 '이미지를 읽고 데이터를 JSON 형식으로 출력하십시오. 일본어는 한국어로 번역 (또는 음차)해서 출력하십시오.'를 설정합니다.

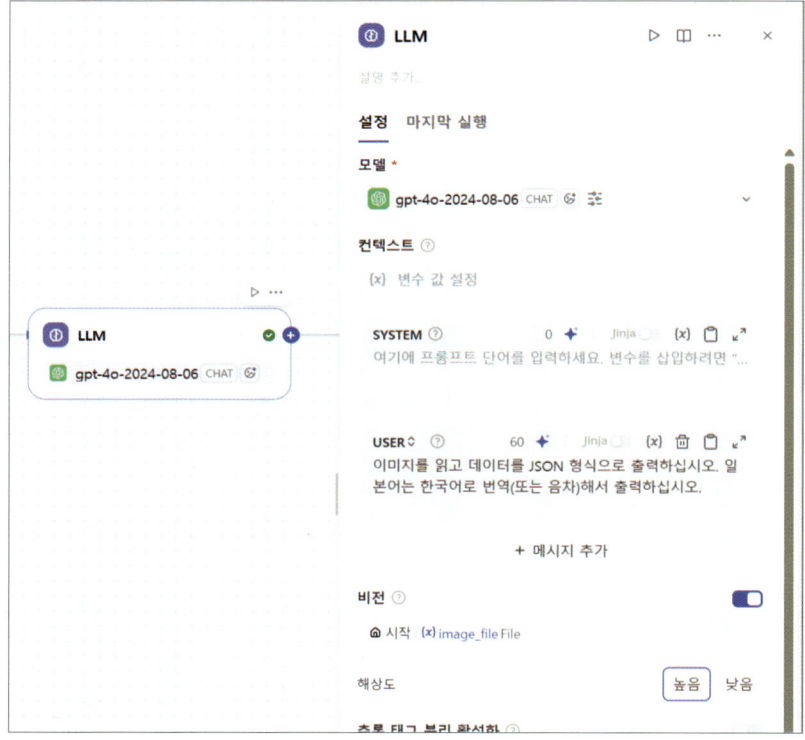

이제 이미지를 읽을 수 있는 상태가 되었습니다. 모델을 클릭합니다. 모델 매개변수 설정 화면이 표시됩니다. 여기부터는 구조화 출력을 위한 LLM을 설정합니다. [Response Format] 스위치를 ON으로 설정하고 json_schema를 선택합니다. 그리고 'LLM' 노드에서 [JSON Schema]의 스위치를 ON으로 변경한 뒤 다음과 같이 설정합니다.

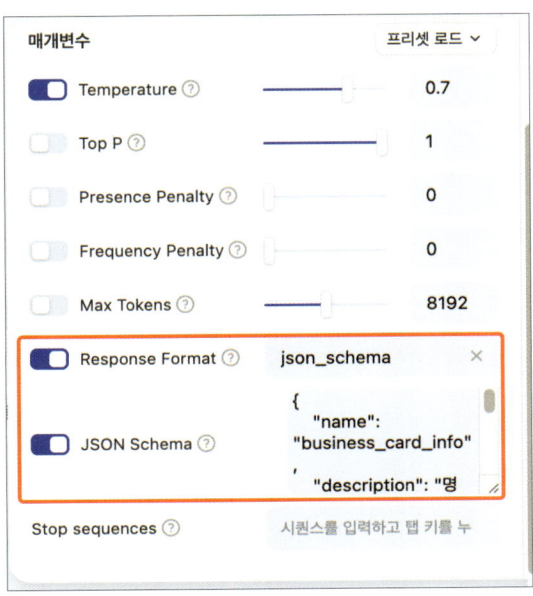

```
{
  "name": "business_card_info",
  "description": "명함에서 추출된 기본 정보의 스키마",
  "strict": true,
  "schema": {
    "type": "object",
    "properties": {
      "name": {
        "type": "object",
        "properties": {
          "korean": {
            "type": "string",
            "description": "한국어 이름"
          },
          "english": {
            "type": "string",
            "description": "영어 이름"
          }
```

```
      },
      "required": [
        "korean",
        "english"
      ],
      "additionalProperties": false
    },
    "position": {
      "type": "object",
      "properties": {
        "korean": {
          "type": "string",
          "description": "한국어 직책"
        },
        "english": {
          "type": "string",
          "description": "영어 직책"
        }
      },
      "required": [
        "korean",
        "english"
      ],
      "additionalProperties": false
    },
    "company": {
      "type": "object",
      "properties": {
        "korean": {
          "type": "string",
          "description": "한국어 회사명"
        },
        "english": {
          "type": "string",
          "description": "영어 회사명"
        }
      },
      "required": [
```

```
                "korean",
                "english"
            ],
            "additionalProperties": false
        },
        "postal_code": {
            "type": "string",
            "description": "우편번호"
        },
        "address": {
            "type": "object",
            "properties": {
                "korean": {
                    "type": "string",
                    "description": "한국어 주소"
                },
                "english": {
                    "type": "string",
                    "description": "영어 주소"
                }
            },
            "required": [
                "korean",
                "english"
            ],
            "additionalProperties": false
        },
        "phone_number": {
            "type": "string",
            "description": "전화번호"
        },
        "email": {
            "type": "string",
            "description": "이메일 주소"
        }
    },
    "required": [
        "name",
```

```
            "position",
            "company",
            "postal_code",
            "address",
            "phone_number",
            "email"
        ],
        "additionalProperties": false
    }
}
```

얼핏 어려워 보이지만 전혀 그렇지 않습니다. 일반적인 명함에서 읽을 수 있을만한 항목을 늘어놓은 것뿐입니다. 생성형 AI에 '명찰용 JSON 스키마를 만들어줘'라고 지시해도 좋습니다. LLM의 구조화 출력을 위한 준비는 이것으로 마쳤습니다.

● '출력' 노드 설정하기

다음은 '출력' 노드에 LLM의 출력을 연결하면 됩니다. 이 형태로 동작하면 우선 명찰 이미지를 읽어 JSON을 반환하는 워크플로우가 완성됩니다.

● 실행하기

테스트를 위해 다음과 같은 데이터를 준비했습니다. 완숙가장(完熟仮)이라는 기업명은 어디선가 들어본 것 같기도 하겠지만… 그저 기분 탓일 것입니다.

> ※ 주의: 이 파일은 지원페이지에서 다운로드할 수 있습니다.

이 명함을 이미지 데이터로 읽고 실행해 봅시다. [▷ 테스트 실행]을 클릭합니다. 다음과 같은 화면이 표시되면 로컬 업로드를 선택한 뒤, PC에서 업로드를 클릭합니다.

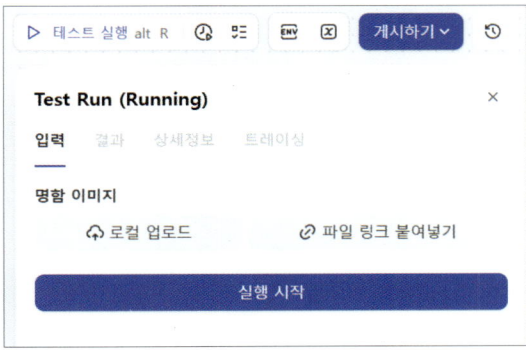

파일 선택 화면이 표시됩니다. 원하는 이미지 데이터를 선택합니다. 이미지를 선택하면 그림과 같은 형태가 됩니다. [실행 시작]을 클릭합니다.

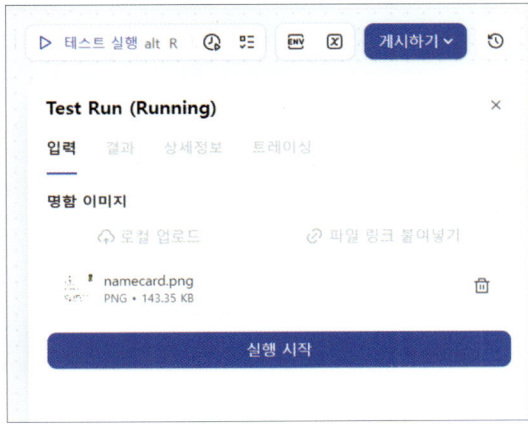

노드가 실행되고 최종적으로 다음과 같은 결과가 출력됩니다.

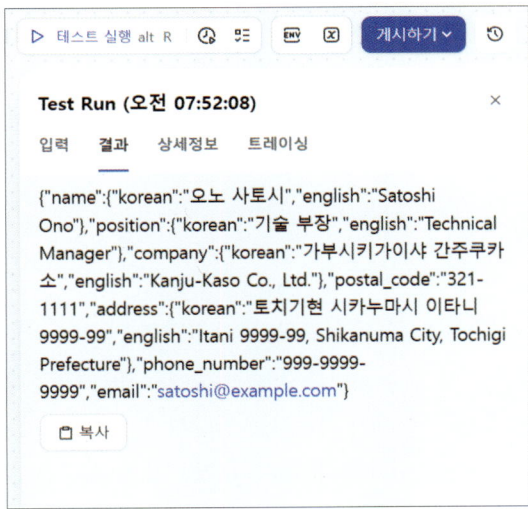

{"name":{"korean":"오노 사토시","english":"Satoshi Ono"},"position":{"korean":"기술 부장","english":"Technical Manager"},"company":{"korean":"가부시키가이샤 간주쿠카소","english":"Kanju-Kaso Co., Ltd."},"postal_code":"321-1111","address":{"korean":"토치기현 시카누마시 이타니 9999-99","english":"Itani 9999-99, Shikanuma City, Tochigi Prefecture"},"phone_number":"999-9999-9999","email":"satoshi@example.com"}

```
{
  "name": {
    "korean": "오노 사토시",
    "english": "Satoshi Ono"
  },
  "position": {
    "korean": "기술 부장",
    "english": "Technical Manager"
  },
  "company": {
    "korean": "가부시키가이샤 간주쿠카소",
    "english": "Kanju-Kaso Co., Ltd."
  },
  "postal_code": "321-1111",
  "address": {
    "korean": "토치기현 시카누마시 이타니 9999-99",
    "english": "Itani 9999-99, Shikanuma City, Tochigi Prefecture"
  },
  "phone_number": "999-9999-9999",
  "email": "satoshi@example.com"
}
```

생각한 것보다 데이터가 깔끔하게 정리됩니다. 또한, 한국어 데이터만 있었음에도 불구하고, LLM이 영어 버전도 확실하게 지정해서 출력해줍니다. 생성형 AI의 대단한 점입니다. 이 JSON을 어딘가에 저장하거나 데이터베이스에 입력하면, '명함 리더'라고 부를 수 있을 만한 애플리케이션이 완성됩니다. 필요한 항목이 늘어나면 스키마만 추가하면 되므로 쉽게 확장할 수 있습니다.

이것으로 Dify를 사용해 이미지 → 텍스트 → 구조화 데이터화의 흐름을 구현하는 방법에 관해 살펴봤습니다. 직접 OCR 애플리케이션을 설치 및 설정하는 것보다, LLM의 비전 기능을 사용하는 편이 훨씬 쉽습니다. 활용의 폭이 넓을 것입니다.

● 참고: 에이전트 노드의 등장

Dify v1.0.0 부터 새로운 노드가 추가되었습니다. 바로 '에이전트' 노드입니다. 간단히 말하면 4장에서 학습한 에이전트를 워크플로우에서 노드로서 사용할 수 있게 되었습니다. 이것의 의미는 혁명적이라 할 수 있습니다. 에이전트처럼 동작하는 워크플로우를 구현하기 위해서는 상당히 복잡한 처리를 해야만 했습니다. 그러나 에이전트 노드를 사용하면 '시작' 노드 → '에이전트' → '출력' 노드라는 단순한 형태로 이를 구현할 수 있습니다.

6.13 정리: 12개의 형태와 그 무한한 가능성

드디어 12개의 형태를 모두 학습했습니다. 마치 기본 초식을 하나씩 배우는 듯한 수행의 날이었을 것입니다.

'이렇게 많은 패턴을 정말 기억해야 하는 것인가?'

이런 불안을 느끼는 분도 있을 것입니다. 하지만 뒤돌아보면, 이 형태들이 우리의 일상적인 사고 패턴과 놀라울 정도로 닮아있다는 것을 깨달을 것입니다.

- '시작 → 출력' 형태는 질문과 대답이라는 대화의 기본이다.

- LLM의 형태는 생각하고 대답을 이끌어 낸다는 지적 작업의 기본이다.

- 조건 분기 형태는 상황에 따라 판단을 바꾸는 의사 결정의 기본이다.

- 지식 취득 형태는 자료를 참조해 대답을 이끌어내는 조사의 기본이다.

그리고 이렇게 보면 특별한 것이 아니라, 인간의 지식 활동을 그대로 워크플로우로 바꾼 것들 뿐입니다. 그리고 이들을 유연하게 조합함으로써 다양한 애플리케이션을 구현할 수 있습니다.

필자가 '형태'란 제약이 아니라, 오히려 창조성을 해방하기 위한 기본이라는 점을 전달하고 싶었습니다. 기본을 확실히 익히면 응용은 얼마든지 쉽게 할 수 있습니다. 그것이 바로 형태의 진수입니다.

이제 여러분은 훌륭한 Dify 사용자가 되었습니다. 이번 장에서 학습한 12개의 형태를 활용해 여러분만의 AI 애플리케이션을 만드십시오. 필자의 상상을 훨씬 뛰어넘는 멋진 애플리케이션을 만들 수 있을 것입니다.

학습한 스킬
- 워크플로우의 12개 기본 형태 및 패턴 이해
- 각 노드의 특성 및 조합 방법 이해
- 데이터 흐름 및 노드간 연동 방법 이해

실천적 스킬
- 기본적인 처리 플로우에서 고급 처리까지 구현할 수 있다.
- 목적에 맞춰 적절한 노드를 선택할 수 있다.
- 여러 노드를 조합해 효율적인 워크플로우를 설계할 수 있다.
- 각 형태를 응용해 독자적인 워크플로우 패턴을 작성할 수 있다.

MEMO

다양한 도구 사용 방법

일곱 번째 던전에 오신 것을 환영합니다.

이번 던전은 '마도구의 미궁'이라 불립니다. 이번 던전에서는 눈 앞의 상태 화면에 아이템 상자가 표시될지도 모릅니다. 다양한 무기를 숨기고 있을 수 있는 강력한 아이템 박스입니다.

앞 장에서 '마법을 사용하는 방법의 형태'에 관해 학습했습니다. 이번 장에서는 더욱 강력한 마법 도구, 즉, '도구(tools)'를 손에 넣는 방법을 탐구합니다. 에이전트라는 똑똑한 조수와 워크플로우라는 꼼꼼한 장인이 도구를 어떻게 다루는지, 그 차이와 특징에 관해 알게 될 것입니다.

이번 던전에는 4개의 공간이 여러분을 기다리고 있습니다.

- 첫 번째, '전망 항해의 공간'에서는 무한히 펼쳐진 디지털의 바다에서 마법의 나침반(검색 계열 도구)을 손에 들고 유연하게 항해하는 비법을 학습합니다.

- 두 번째, '술식 창조의 공간'에서는 Code Interpreter라는 비전의 도구를 사용해 일반 술식(코드)를 자유롭게 만들어 내는 비법을 학습합니다.

- 세 번째, '술식 통합의 공간'에서는 여러분이 만든 마법 술식(워크플로우)를 아이템화하고, 아이템 상자에 등록하는 방법을 학습합니다.

- 네 번째, '아티팩트의 공간'에서는 이미 존재하는 소환 술식(API)에 소환 문서(OPEN API 사양)을 부여해 아티팩트(커스텀 도구)를 만들기 위한 비법을 학습합니다.

각 수련의 문을 통해 지금까지 익힌 '형태'를 한층 진화시키는 힘을 얻을 수 있을 것입니다.

이번 던전을 공략하고 나면 여러분의 상상력이 어떤 마법의 도구를 만들어 낼 것인지, 비밀 도구 상자에 얼마나 강력한 도구들을 모을 수 있을 지 기대됩니다. 어쩌면 주변의 술사들을 뛰어넘고 E급에서 S급으로 재 각성하는 것처럼 순식간에 레벨업을 하게 될지도 모릅니다.

7.1 에이전트와 워크플로우에서의 도구 사용

7.2 웹 브라우징 작성

7.3 Code Interpreter 작성

7.4 워크플로우 도구 내장

7.5 커스텀 도구 작성

7.6 정리: 창조를 위한 3가지 비기

7.1 에이전트와 워크플로우에서의 도구 사용

4장에서 설명한 것처럼 에이전트에서 도구를 사용하는 경우 도구 목록에 도구를 등록해 두면 특별한 설정 없이도 도구가 동작했습니다. 편의성 관점에서 봤을 때 도구는 에이전트에서 사용하는 것이 가장 좋을지도 모릅니다.

7.1.1 에이전트와 워크플로우에서의 사용 방법의 차이

하지만 실제로는 워크플로우에서 도구의 편리한 기능을 사용하기도 하고, 사람에 따라 워크플로우이기 때문에 비로소 도구를 사용해야 한다고 생각하기도 합니다. 물론 두 가지 의견 모두 정답입니다.

단, 에이전트에서와 워크플로우에서 도구를 사용하는 방법이 다소 다릅니다.

에이전트에서 사용할 때는 도구를 추가하기만 하면 됩니다. LLM이 자동으로 도구에 전달할 매개변수를 설정해 주기 때문에 별다른 작업을 하지 않아도 되는 것처럼 보입니다.

사실 이것은 function calling이라 불리는, LLM이 가진 도구 호출 기능을 사용하는 것입니다.

그렇다면 그런 기능을 가지고 있지 않은 LLM에서 도구를 사용해야 한다면 어떻게 할까요? 그때는 ReAct라는 기능 개념을 사용합니다. 이것은 Dify 내부에서 활용하는 시스템 기본 설정 LLM이 생각해 도구를 호출합니다. 양쪽모 두 뛰어난 지원군이 도구를 사용하기 위해 돕는다는 것입니다.

또한, 에이전트에서는 도구 호출은 물론 출력에 대한 후처리도 자동으로 해줍니다. 도구의 대답을 그대로 출력하지 않고 LLM이 자동으로 후처리를 해주기 때문에, 인간이 선호하는 형태의 대답이 출력됩니다. 다음은 fuction calling 방식과 ReAct 방식의 차이를 개념적으로 나타낸 것입니다.

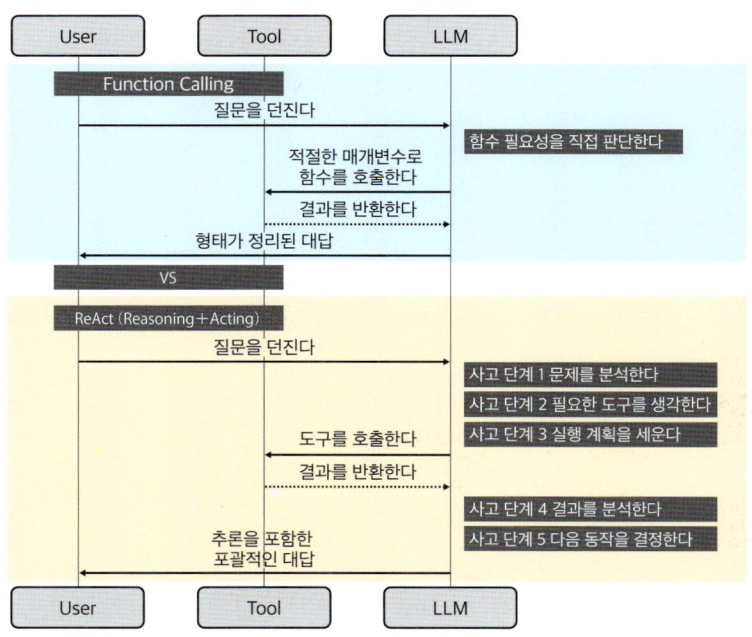

이를 전제로 생각해 보면 워크플로우에서 도구를 사용할 때는 이렇게 훌륭한 도움을 주는 지원군이 없습니다. 즉, 도구에 전달할 매개변수를 명시적으로 정의해야 한다는 것입니다. 또한, 출력 결과도 인간이 쉽게 읽을 수 있는 형태로 정리해야 합니다.

먼저 에이전트의 에서의 도구 사용 방법에 관해 살펴 봅시다. 에이전트는 똑똑한 조수와 같습니다. '이런 것에 관해 알고 싶다.'고 말하면 스스로 생각해 필요한 도구를 사용합니다. 예를 들면, '신사임당과 율곡이이의 관계에 관해 알려줘.'라고 말하면 에이전트가 Wikipedia 도구를 사용해 '신사임당'과 '율곡이이'라는 각각의 키워드를 검색해 자세한 정보를 수집합니다. 그리고 조사한 결과를 기반으로 대답합니다. 매우 편리합니다.

실제 설정 이미지는 이런 느낌입니다.

도구의 [+ 추가]를 클릭한 뒤 표시된 도구에서 `wikipedia_search`를 선택합니다. 이것으로 작업은 끝입니다.

한편, 워크플로우는 조금 더 꼼꼼해야 합니다. '먼저 이것을 조사해줘. 그 다음 저것을 조사해줘.'라는 식으로 인간이 일일이 지시해야 합니다. 도구를 사용할 때도 'Wikipedia에서 "신사임당"에 관해 검색한 뒤, "율곡이이"에 관해 검색한다.'는 로직을 노드의 조합으로 만들어야 합니다.

두 가지 방법 모두 각각 장단점이 있습니다. 에이전트는 유연하지만 예상 외의 결과를 내놓기도 합니다. 워크플로우는 세세하게 제어할 수 있지만 설정이 번거로운 점도 있습니다. 어느 쪽을 사용할 것인지는 목적에 따라 달라집니다.

7.1.2 에이전트에서 만들고 워크플로우에서 사용하기

뭔가 편리할 것처럼 보이는 도구이지만 사용 방법을 잘 모르는 분이 많을 것이라 생각합니다. 그럴 때 도움이 되는 팁을 소개합니다.

원하는 도구의 사용 방법을 잘 모르를 때는 **우선 에이전트에 삽입해서 테스트**해 보는 것이 좋습니다. Wikipedia 도구라면 알아보고 싶은 단어를 전달하면 된다는 것을 알고 있을 것입니다. 하지만 그것이 사용 방법을 잘 모르는 도구라면 워크플로우를 만들어도 매개변수에 무엇을 전달해야 할지 모를 것입니다. 그럴 때는 먼저 에이전트에서 해당 도구를 사용해봅시다. 매개변수 전달 방법이나 도구의 동작, 출력 결과 등을 알 수 있습니다. 그래서 이번 장에서는 먼저 에이전트에서 도구를 사용해 보고, 워크플로우에서 그 동작을 추적하면서 도구를 사용하는 방법을 몇 가지 소개합니다.

7.2 웹 브라우징 작성

여기에서는 ChatGPT, perplexity 같은 웹 브라우징 기능을 가진 AI 애플리케이션을 만들어 봅시다. '그런 고급 기능을 만들 수 있습니까?'라고 생각할 수 있습니다. 하지만 Dify를 사용하면 매우 간단하게 만들 수 있습니다. 기본적인 흐름은 ①~④와 같습니다.

① Google Search를 사용해 검색을 실행한다.

② 검색 결과에서 가장 적절한 3건을 선택한다.

③ Jina Reader를 사용해 그 콘텐츠를 얻는다.

④ LLM으로 내용을 종합한다.

7.2.1 에이전트에서 만들기

먼저 에이전트에서 만드는 방법을 살펴 봅시다. 필요한 도구는 'Google Search'와 'Jina AI' 두 가지 뿐입니다. 에이전트 오케스트레이션 화면을 알려, 도구를 추가합시다. 도구 항목의 **[+ 추가]**를 클릭합니다.

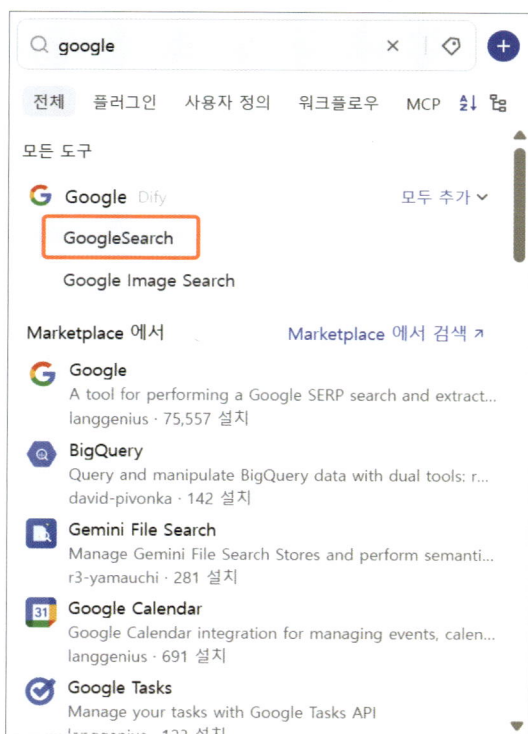

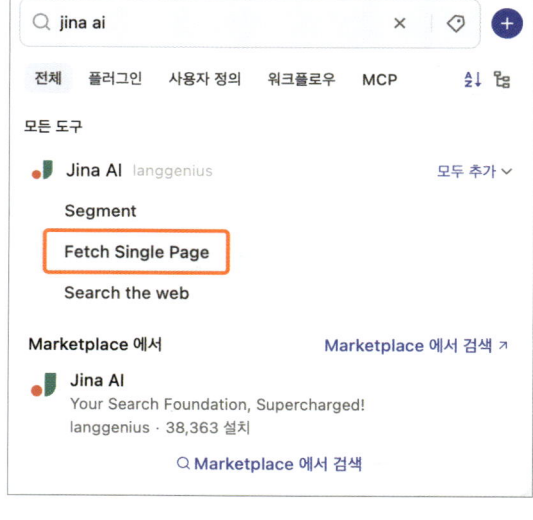

도구 목록에서 'Google Search', 'Fetch Single Page'를 선택합니다. `google_search`, `jina_reader`가 등록됩니다. 이들이 실행시킬 도구입니다.

다음으로 [단계]를 설정합니다. 다음과 같은 지시를 전달합니다.

- [단계]

> 1. 사용자로부터의 질문에 따라 google_search를 실행하십시오.
> 2. 가장 적절한 대답을 3개 선택하고, 그 URL을 사용해 jina_reader를 호출해 내용을 얻으십시오.
> 3. 위 내용을 정리해 최종적으로 가장 적절한 대답을 출력하십시오. 이때 출처에는 위 URL 또는 관련 자료로서 검색한 URL을 5개까지 표시하십시오.

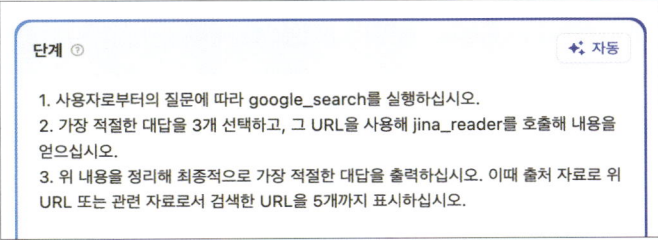

● 실행하기

챗 입력 필드에 다음과 같이 질문해봅시다.

> 신사임당과 율곡이이의 관계에 관해 자세히 알려주십시오.

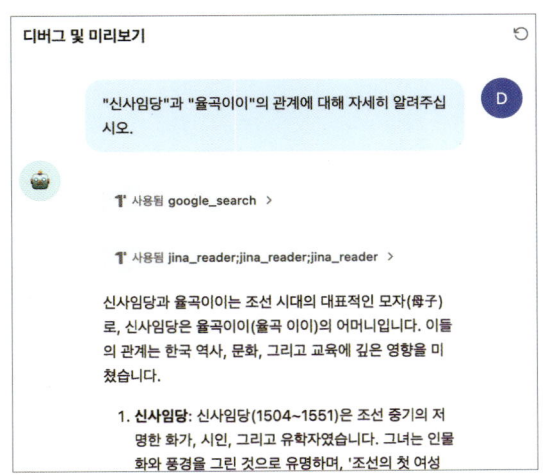

의 관계는 한국 역사, 문화, 그리고 교육에 깊은 영향을 미쳤습니다.

1. **신사임당**: 신사임당(1504~1551)은 조선 중기의 저명한 화가, 시인, 그리고 유학자였습니다. 그녀는 인물화와 풍경을 그린 것으로 유명하며, '조선의 첫 여성 화가'로 불립니다. 또한, 그녀의 교육 방식은 아들 율곡이이에게 큰 영향을 미쳤고, 그의 성장에 중요한 역할을 했습니다.

2. **율곡 이이**: 율곡 이이(1536~1584)는 한국 역사에서 가장 뛰어난 유학자로 평가받고 있으며, 어린 나이에 천재성을 보였습니다. 그는 과거 시험에서 9번 장원에 오른 이력이 있으며, '율곡'이라는 호를 가집니다. 그의 사상과 학문은 조선 중기 성리학의 발전에 기여하였으며, 남성과 여성의 차별없는 교육을 강조했습니다.

3. **모자 관계**: 신사임당은 아들에게 엄격하고도 사랑으로 가르쳤습니다. 율곡이이는 어머니의 영향을 받아 유학

> ...(중략)...
>
> 신사임당과 율곡이이는 조선 시대의 대표적인 모자(母子)로, 신사임당은 율곡이이(율곡 이이)의 어머니입니다. 이들의 관계는 한국 역사, 문화, 그리고 교육에 깊은 영향을 미쳤습니다.
>
> 신사임당: 신사임당(1504~1551)은 조선 중기의 저명한 화가, 시인, 그리고 유학자였습니다. 그녀는 인물화와 풍경을 그린 것으로 유명하며, '조선의 첫 여성 화가'로 불립니다. 또한, 그녀의 교육 방식은 아들 율곡이이에게 큰 영향을 미쳤고, 그의 성장에 중요한 역할을 했습니다.
>
> 율곡 이이: 율곡 이이(1536~1584)는 한국 역사에서 가장 뛰어난 유학자로 평가받고 있으며, 어린 나이에 천재성을 보였습니다. 그는 과거 시험에서 9번 장원에 오른 이력이 있으며, '율곡'이라는 호를 가집니다. 그의 사상과 학문은 조선 중기 성리학의 발전에 기여하였으며, 남성과 여성의 차별없는 교육을 강조했습니다.
>
> 모자 관계: 신사임당은 아들에게 엄격하고도 사랑으로 가르쳤습니다. 율곡이이는 어머니의 영향을 받아 유학에 입문하였고, 그의 사상에는 신사임당의 교훈이 뚜렷이 반영되어 있습니다. 신사임당이었던 이이는 아들의 교육과 발달에 자상한 영향을 미친 것 외에도 긍정적으로 그의 인격 형성에 기여하였습니다.
>
> 이들의 관계는 단순한 모자 관계를 넘어서 조선 시대의 지식인으로서의 표본을 제공하며, 후세에 큰 영향을 미쳤습니다.
>
> 참고자료
>
> 신사임당 - 위키백과
> 한국의 문화인물- 신사임당과 율곡이이
> 훌륭한 어머니 신사임당과 그의 아들 율곡이이

가장 먼저 google_search가 동작하고 jira_reader를 사용해 그 결과에 URL로 접근해 정보를 수집하는 것을 알 수 있습니다. 결과는 오른쪽 그림과 같이 표시되고 자세한 내용을 수집합니다.

호출한 도구의 매개변수가 어떤 형태로 전달되는지 확인하고 싶을 때는 [사용됨] 항목을 클릭해 열어 봅시다.

7.2.2 워크플로우에서 만들기

다음은 워크플로우에서 만드는 방법을 소개합니다. 솔직히 말하면 워크플로우에서 구현하는 방법은 다소 복잡합니다. 하지만 그만큼 커스터마이즈의 자유도는 높아집니다. 여유가 있는 분들은 직접 도전해보는 것을 권장합니다.

먼저, 필요한 노드와 그 역할에 관해 하나씩 살펴 봅시다.

① '시작' 노드: 사용자로부터의 질문을 받는다.

② '매개변수 추출기' 노드: 검색 키워드를 추출한다.

③ 'Google Search' 노드: 웹 검색을 한다.

④ '반복' 노드: 검색 결과를 하나씩 처리한다.

⑤ '템플릿' 노드: URL을 추출한다.

⑥ 'Jina Reader(Fetch Sigle Page)' 노드: URL로부터 웹 페이지의 내용을 얻는다.

⑦ '코드' 노드: 데이터를 정리한다(불필요한 URL 등을 삭제).

⑧ '템플릿' 노드: 모든 결과를 종합한다.

⑨ 'LLM' 노드: 최종 결과(아티클)을 생성한다.

⑩ '출력' 노드: 결과를 출력한다.

이 노드들을 조합해 하나의 워크플로우로 만들면 다음과 같습니다.

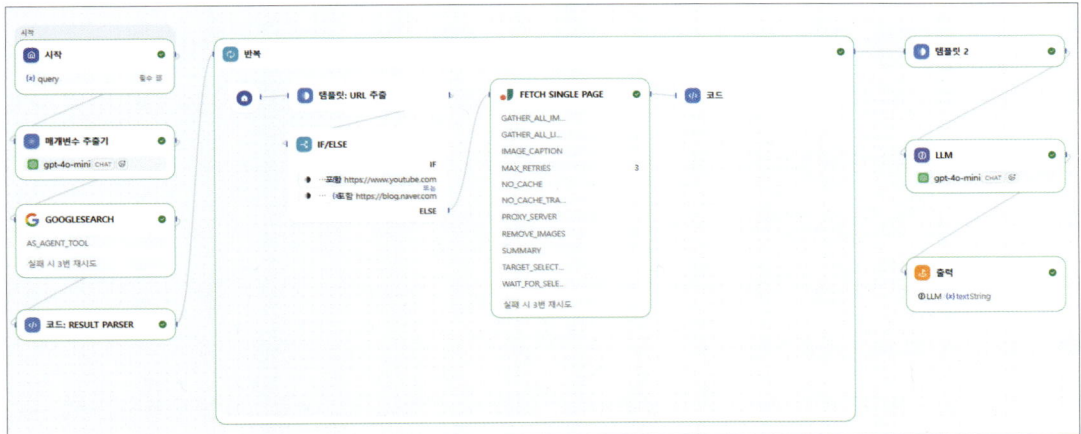

● '시작' 노드

먼저 [입력 필드]를 설정합니다. 여기가 워크플로우의 입구입니다.

[변수명]은 query, [필드 타입]은 문단으로 설정했습니다.

● '매개변수 추출기' 노드

'시작' 노드에서 받은 query에서 웹 검색에 사용할 키워드를 추출합니다. 예를 들면, '자연 농법과 오프 그리드에 관해 검색해 아티클로 작성하십시오.'라는 질문에서는 '자연 농법'과 '오프 그리드'라는 키워드를 추출합니다(※ 주: 편리한 기능으로 [도구에서 가져오기]가 있습니다. 다음에 사용할 도구를 목록에서 선택하면 자동으로 매개변수 설정이 완료됩니다. 사용할 도구가 결정되어 있을 때는 이 기능을 적극적으로 활용해봅시다).

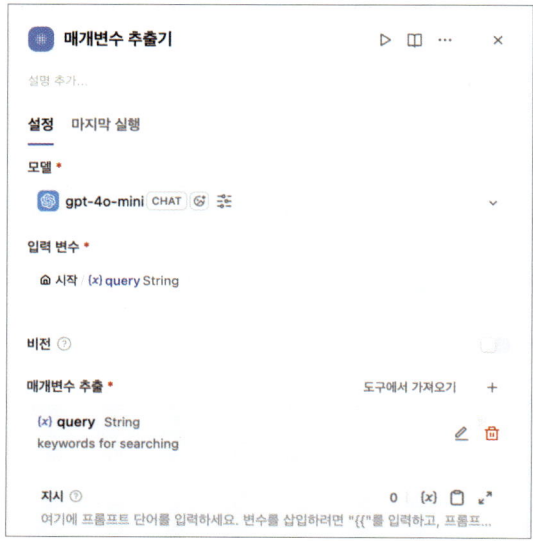

● 검색용 도구(Google Search)

검색용 도구로 Google Search를 사용합니다. '매개변수 추출기' 노드 오른쪽 [+]를 클릭한 뒤 도구 목록에서 'Google Search'를 선택합니다. 매개변수 추출기에서 출력된 변수를 [입력 변수]에 설정합니다. 검색 결과는 JSON 형식의 배열로 출력됩니다.

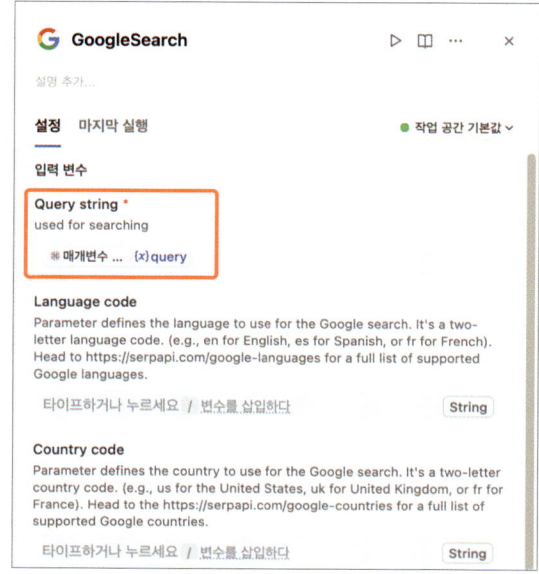

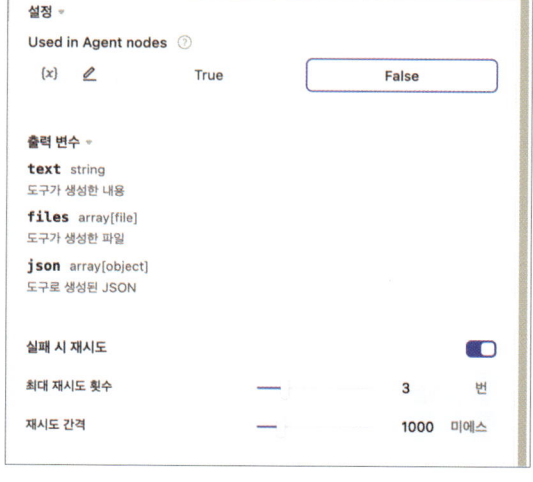

● 검색 결과 중 필요한 배열만 추출하기

'Google Search' 노드 오른쪽 [+]를 클릭한 뒤 '코드' 노드를 추가합니다. Google Search의 검색 결과는 2중 배열로 되어 있습니다.

```
{
 "text": "",
 "files": [],
 "json": [
  {
     "description": "The sweet potato or sweetpotato is a dicotyledonous plant in the
morning glory family, Convolvulaceae. Its sizeable, starchy, sweet-tasting tuberous roots
are used as a root vegetable, which is a staple food in parts of the world.",
    "organic_results": [
     {
      "link": "https://www.wikitree.co.kr/articles/1111410",
      "snippet": "고구마 껍질에는 안토시아닌 등 항산화 성분이 포함돼 있어 영양 손실을 줄일 수 있
다. 고구마를 충분히 부드럽게 으깨면 별도의 밀가루 없이도 반죽 역할 ...",
      "title": "고구마에 제발 '계란' 3개만 올려보세요…이 쉽고 맛난 걸 왜 ..."
     },
     {
      "link": "https://namu.wiki/w/%EA%B3%A0%EA%B5%AC%EB%A7%88",
      "snippet": "고구마(sweet potato)는 메꽃과의 여러해살이 식물로, 식품 또는 작물로서 가리킬
때는 특히 전분이 발달한 덩이뿌리를 말한다. 탄수화물이 풍부하고 ...",
      "title": "고구마"
     },
     ...(중략)...
    ],
    "title": "Sweet potato (고구마)"
  }
 ]
}
```

실제로 필요한 부분은 **"organic_results"** 배열 뿐입니다. 해당 배열만 추출하여 전달합니다.

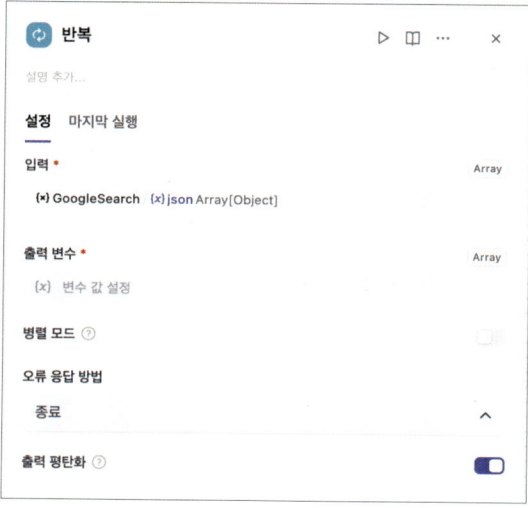

```
def main(arg1: str):
    return {
        "result": arg1[0]["organic_results"]
    }
```

● 검색 결과를 하나씩 처리하기

Google Search에서 검색하면 여러 개의 결과가 반환됩니다. 따라서 결과를 하나씩 처리하기 위해 '반복' 노드를 사용합니다. 'Google Search' 오른쪽 [+]를 클릭한 뒤 '반복' 노드를 추가합니다. 검색 결과의 배열을 받아 하나씩 처리할 것이므로 입력에는 Google Search/json을 설정합니다. 출력 변수는 아직 설정되지 않았습니다.

'반복' 노드 안에서는 아래 그림과 같이 집 모양 기호에서 시작해 노드를 추가합니다.

● '템플릿' 노드에서 URL 추출하기

'템플릿' 노드를 추가합니다. '반복' 노드 안에서는 루프를 돌면서 item이라는 변수를 사용해 처리할 값을 하나씩 얻을 수 있습니다. URL만 추출한 뒤 그 값을 문자열 타입으로 출력합니다.
'반복' 노드에 입력되는 배열의 형태는 다음과 같습니다.

```
{
  "result": {
    "organic_results": [
      {
        "link": "https://www.youtube.com/watch?v=SEVmacmz-7k",
        "snippet": "고구마 #고구마효능부작용 #고구마보관법 강력한 항암, 항산화 식품인 고구마의 놀라
운 효능과 실패하지 않는 고구마 보관법을 알려드려요.",
        "title": "고구마, 이런 분은 꼭 드세요! 고구마의 놀라운 효능 세 가지"
      },
      {
        "link": "https://www.youtube.com/watch?v=W_jPGqPGtm8",
        "snippet": "\"비싼 돈 들여 영양제, 보약 사지 마세요\" 고구마 '이렇게' 먹으면 암세포 다 도망
갑니다 l의사 문창식(통합) · 더이상 병원 가지 마세요" 집에서 '이것' ...",
        "title": "고구마는 꼭 '이렇게' 드세요. 그래야 항암 효과 제대로 뽑 ..."
      },
      ...중략...
      {
        "link": "https://www.youtube.com/watch?v=UXn93W2aZt0",
        "snippet": "01:35 고구마를 매일 먹으면 벌어지는 일 02:40 고구마 효능 200% 뽑는 법-1 03:47
고구마 효능 200% 뽑는 법-2 05:43 '이런' 분들은 고구마가 독이 될 ...",
        "title": "믿을 수 없는 고구마의 '3가지' 효능. '이렇게' 먹으면 암세포 배출 ..."
      }
    ]
  }
}
```

arg1에 대입해도 이 형태는 달라지지 않습니다. 검색 결과에서 URL만 추출하려면 organic_results 안의 link를 참조해야 합니다. 코드에 다음과 같이 설정하면 link만 얻을 수 있습니다.

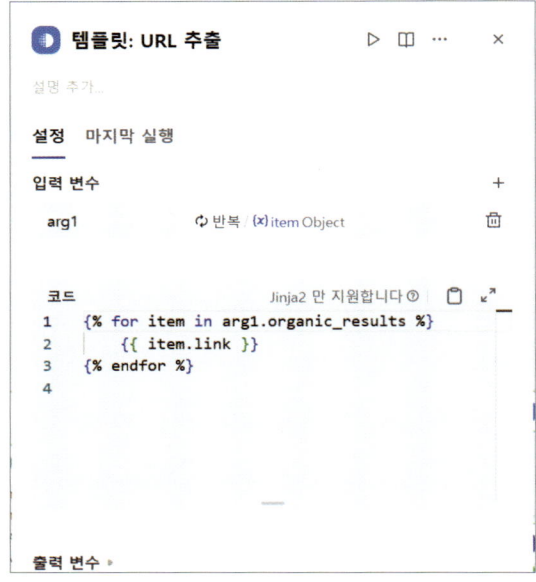

```
{% for item in arg1. organic_results %}
    {{ item.link }}
{% endfor %}
```

● 제외할 URL 선택하기

추출한 URL에서 검색에 포함하지 않을 URL을 지정합니다. 여기에서는 예시로 2개의 URL(https://www.example1.com, https://www.example2.com)을 검색 결과 포함되지 않도록 했습니다.

'템플릿: URL 추출' 노드 오른쪽 [+] 버튼을 클릭하고 'IF/ELSE' 노드를 추가한 뒤 [IF] 쪽 조건을 다음과 같이 [AND]로 추가합니다. 두 가지 조건을 모두 만족할 때만 [IF] 측에 연결된 경로를 실행합니다.

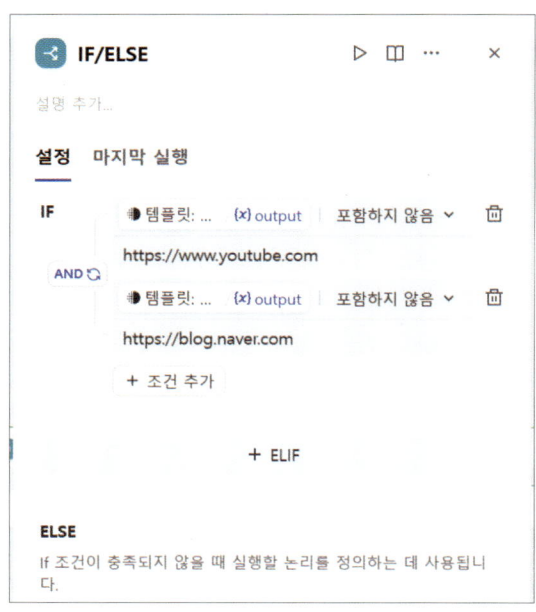

● URL로부터 스크레이핑하기 (Jina Reader)

'IF/ELSE' 노드를 통해 투출한 URL을 사용해 웹 페이지의 내용을 얻습니다. Jina Reader 도구의
'Fetch Single Page'를 추가합니다.

[입력 변수]의 [URL]에 '템플릿' 노드의 출력인 **템플릿: URL 추출/output**을 설정합니다. 웹에 접근
해 LLM에게 적절한 형태로 웹 페이지의 내용을 얻습니다. 얻은 내용은 text 변수로 출력됩니다.

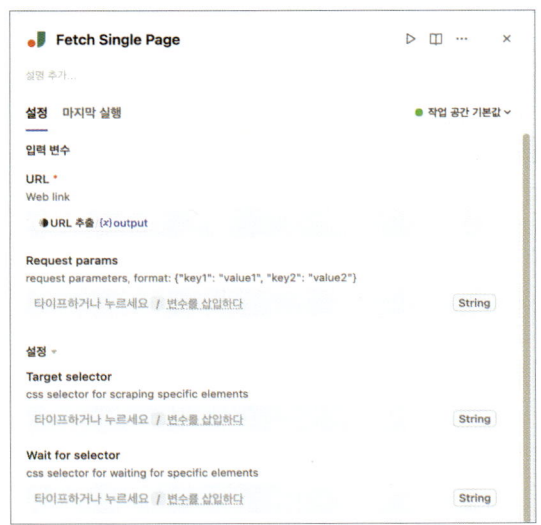
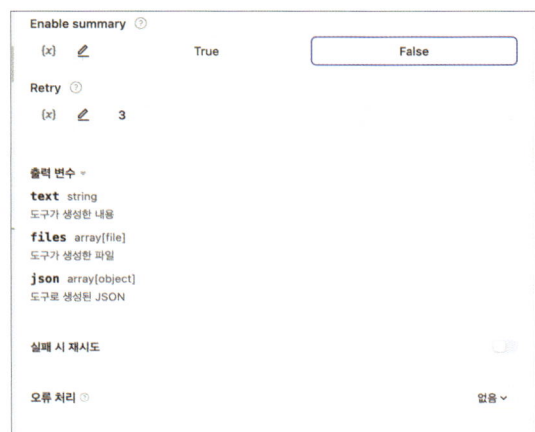

● '코드' 노드에서 데이터 정리하기

Jina Reader에서 출력된 데이터는 LLM이 사용하기
적절한 형태로 정리되어 있지 않고 불필요한 URL 등
이 포함되어 있습니다. 페이지의 내용만 확인하면 충
분한 상황임에도 긴 URL이 포함되어 있으면 불필요한
토큰을 소비하게 됩니다. 그래서 여기에서 불필요한 데
이터를 제거하고 필요한 내용만 남깁니다. 이 작업은
'코드' 노드에서 수행합니다.

다음 코드는 URL과 Wikipedia의 특수한 코드를 삭
제하는 Python 코드입니다. 정규 표현식을 사용해 불
필요한 코드를 삭제합니다. 이 코드는 생성형 AI에게
작성하도록 했습니다.

'코드' 노드를 설정했다면 '반복' 노드 설정 화면으로 돌
아갑시다. 출력 변수에 **코드/result**를 설정합니다.

```python
import json
import re

def main(arg1: str) -> str:

    # 페이지 내용을 가져오지 못했을 때의 예외 처리
    if arg1 is None:
        return {
            'result': 'no data fetched.'
        }

    data = json.loads(arg1)

    # 3. "text" 필드의 JSON 문자열 파싱
    text_data = json.loads(data["text"])

    # 4. "content" 필드 추출
    content = text_data["data"].get("content", "")

    if not content:
        return {
            "result": ""
        }
```

```python
import json
import re

def main(arg1: str) -> str:

    # 페이지 내용을 가져오지 못했을 때의 예외 처리
    if arg1 is None:
        return {
            'result': 'no data fetched.'
        }

    data = json.loads(arg1)

    # 3. "text" 필드의 JSON 문자열 파싱
    text_data = json.loads(data["text"])

    # 4. "content" 필드 추출
    content = text_data["data"].get("content", "")

    if not content:
        return {
            "result": ""
        }

    # URL을 삭제하기 위한 정규 표현 패턴
    url_pattern = r"http[s]?://(?:[a-zA-Z]|[0-9]|[$-_@.&+]|[!*\\(\\)],]|(?:%[0-9a-fA-F]
[0-9a-fA-F]))+"

    # Wikipedia 각주 참조를 삭제하기 위한 정규 패턴
    footnote_pattern = r"\(#cite_note-.*?\)"

    # 정규 표현식을 사용해 URL을 삭제
    result = re.sub(url_pattern, "", content)
    result = re.sub(footnote_pattern, "", result)

    # 불필요한 공백을 삭제하고 형태를 정리
    result = " ".join(result.split())
    return {
        "result": result
    }
```

● '템플릿' 노드에서 결과 모으기

여기에서 '반복' 노드에서 얻은 데이터를 기반으로 LLM이 참고하기 위한 컨텍스트를 만듭니다. '반복' 노드에서 얻는 웹 페이지의 내용(arg1)과 검색 결과 목록 데이터(arg2)를 조합합니다.

● 종합한 컨텍스트를 아티클로 생성하기

LLM을 사용해 컨텍스트로부터 아티클을 작성합니다. 템플릿으로 종합한 결과를 컨텍스트에 설정합니다. 컨텍스트가 길므로 가능한 정확한 모델을 사용하는 것이 좋습니다.

● '출력' 노드로 결과 출력하기

LLM에서 정리한 결과를 '출력' 노드에 전달해 워크플로우를 완성합니다.

● 실행하기

> 신사임당과 율곡이이의 관계에 관해 자세히 알려주십시오.

Test Run (오전 11:45:58) ✕

입력　결과　상세정보　트레이싱

신사임당(1504~1551)은 조선 중기의 뛰어난 예술가이자 교육자로, 그녀는 주로 현모양처의 전형으로 여겨집니다. 신사임당은 율곡 이이(1536~1584)의 어머니로, 율곡은 조선시대의 대표적인 성리학자이자 경세가로 평가받습니다.

신사임당은 경기도 강릉에서 태어나, 훗날 파주로 이사하여 그곳에서 자녀들을 교육했습니다. 그녀는 자녀들에게 동등한 교육 기회를 제공했으며, 이 과정에서 율곡 이이는 그녀의 가르침을 받아 조선 최고의 학자로 성장할 수 있었습니다. 신사임당의 교육 철학은 아들딸을 차별하지 않고 모두 평등하게 교육하는 것이었으며, 이로 인해 율곡 이이는 과거 시험에서 9번 장원 급제를 하는 등 뛰어난 성과를 거둘 수 있었습니다.

신사임당은 또한 조선시대의 뛰어난 예술가로도 유명합니다. 그녀는 그림과 시에서 두각을 나타냈으며, 특히 초충도

신사임당은 또한 조선시대의 뛰어난 예술가로도 유명합니다. 그녀는 그림과 시에서 두각을 나타냈으며, 특히 초충도를 잘 그렸습니다. 그녀의 작품은 조선시대 여성의 삶과 사회적 지위를 반영하는 중요한 문화유산으로 평가받고 있습니다.

율곡 이이는 어머니 신사임당의 영향을 깊이 받았으며, 그로 인해 학자로서뿐만 아니라 정치적 경세가로서도 조선 사회에 큰 영향을 미쳤습니다. 그는 성리학을 바탕으로 한 실학적 사고를 펼쳤으며, 그의 사상은 이후 조선의 사회 개혁에 큰 기여를 하였습니다.

출처:

- 한국의 문화인물-신사임당, 율곡이이 - 블로그
- 신사임당 - 위키백과, 우리 모두의 백과사전
- 훌륭한 어머니 신사임당과 그의 아들 율곡이이 - 나이스데이

🗐 복사

{
　　"output": "신사임당(1504~1551)은 조선 중기의 뛰어난 예술가이자 교육자로, 그녀는 주로 현모양처의 전형으로 여겨집니다. 신사임당은 율곡 이이(1536~1584)의 어머니로, 율곡은 조선시대의 대표적인 성리학자이자 경세가로 평가받습니다.\n\n신사임당은 경기도 강릉에서 태어나, 훗날 파주로 이사하여 그곳에서 자녀들을 교육했습니다. 그녀는 자녀들에게 동등한 교육 기회를 제공했으며, 이 과정에서 율곡 이이는 그녀의 가르침을 받아 조선 최고의 학자로 성장할 수 있었습니다. 신사임당의 교육 철학은 아들딸을 차별하지 않고 모두 평등하게 교육하는 것이었으며, 이로 인해 율곡 이이는 과거 시험에서 9번 장원 급제를 하는 등 뛰어난 성과를 거둘 수 있었습니다.\n\n신사임당은 또한 조선시대의 뛰어난 예술가로도 유명합니다. 그녀는 그림과 시에서 두각을 나타냈으며, 특히 초충도를 잘 그렸습니다. 그녀의 작품은 조선시대 여성의 삶과 사회적 지위를 반영하는 중요한 문화유산으로 평가받고 있습니다.\n\n율곡 이이는 어머니 신

사임당의 영향을 깊이 받았으며, 그로 인해 학자로서뿐만 아니라 정치적 경세가로서도 조선 사회에 큰 영향을 미쳤습니다. 그는 성리학을 바탕으로 한 실학적 사고를 펼쳤으며, 그의 사상은 이후 조선의 사회 개혁에 큰 기여를 하였습니다.\n\n출처:\n- [한국의 문화인물-신사임당, 율곡이이 - 블로그](https://blog.naver.com/happyek0527/223637297945)\n- [신사임당 - 위키백과, 우리 모두의 백과사전](https://ko.wikipedia.org/wiki/%EC%8B%A0%EC%82%AC%EC%9E%84%EB%8B%B9)\n- [훌륭한 어머니 신사임당과 그의 아들 율곡이이 - 나이스데이](https://mijinyworld.com/entry/%EC%8B%A0%EC%82%AC%EC%9E%84%EB%8B%B9%EA%B3%BC-%EC%9C%A8%EA%B3%A1%EC%9D%B4%EC%9D%B4)"

}

7.2.3 정리 및 실전 포인트

상당히 복잡한 조합으로 보일 수도 있으나 각 노드의 역할은 단순합니다.

- '매개변수 추출기' 노드는 단순히 검색 키워드를 추출한다.

- '코드' 노드는 불필요한 데이터를 삭제한다.

- '템플릿' 노드는 데이터 형태를 정리한다.

이렇게 단순한 처리를 순서대로 연결하면서 처음엔 단순한 질문이었지만, 웹 검색, 내용 수집, 데이터 정리를 거쳐 마지막으로 훌륭한 아티클이 되었습니다. 이 과정을 보는 것은 매우 즐거운 일입니다. '웹 검색 → 내용 수집 → 정리'라는 흐름은 현대 AI 애플리케이션이 가진 기본 패턴의 하나입니다. ChatGPT, Perplexlity가 인기를 얻고 있는 것도 이 패턴을 사용하기 쉽기 때문입니다.

에이전트를 사용하면 짧은 시간(약 30분 전후)에, 워크플로우를 사용하면 2시간 전후에 웹 브라우징 AI 를 구축할 수 있습니다. 짧은 시간에 만드는 것에 비해 워크플로우를 완성했을 때의 달성감은 특별합니다. 여유가 있는 분들은 꼭 도전해보십시오.

7.3 Code Interpreter 작성

'프로그램을 작성하고, 실행하고…'

프로그래머분들은 이런 작업이 일상일 것입니다.

하지만 ChatGPT의 Code Interpreter(정식 명칭은 Advanced Data Analysis)를 사용하면 이런 작업을 매우 쉽게 수행할 수 있습니다. 마치 'AI 엔지니어'가 여러분 옆에서 코드를 작성하고 실행해주는 듯한 편리한 기능입니다. 'AI 엔지니어' 기능은 사실 Dify로도 만들 수 있습니다. 에이전트를 사용하는 방법과 워크플로우를 사용하는 방법이 있습니다. 두 가지 방법 모두 매력적이므로 하나씩 살펴 봅시다.

7.3.1 에이전트로 만들기

에이전트를 사용할 때는 '지시'와 '도구'라는 두 가지 요소가 중요합니다. 프로그래머를 고용해 업무를 의뢰하듯, AI에게 명확한 지시를 하고 필요한 도구를 부여해야 합니다.

● **설정 항목**

실제로 만들어 봅시다.

단계

'단계'에는 다음과 같이 설정합니다.

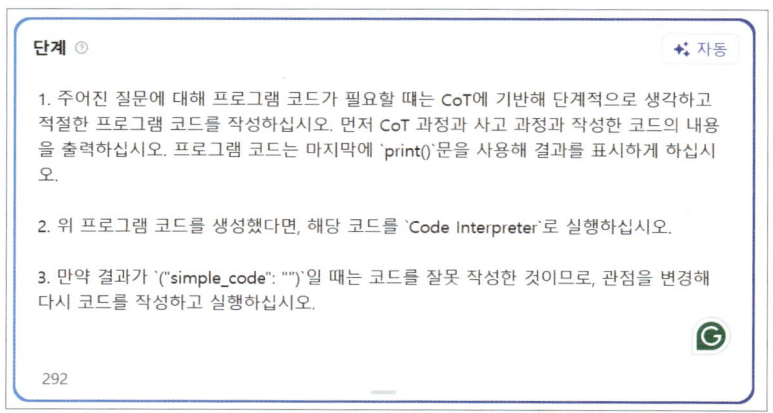

도구

다음으로 '도구'에는 Code Interpreter를 지정합니다. Dify의 샌드박스 환경에서 안전하게 코드를 실행할 수 있게 됩니다.

1. 주어진 질문에 대해 프로그램 코드가 필요할 때는 CoT에 기반해 단계적으로 생각하고 적절한 프로그램 코드를 작성하십시오. 먼저 CoT 과정과 사고 과정과 작성한 코드의 내용을 출력하십시오. 프로그램 코드는 마지막에 `print()`문을 사용해 결과를 표시하게 하십시오.

2. 위 프로그램 코드를 생성했다면, 해당 코드를 `Code Interpreter`로 실행하십시오.

3. 만약 결과가 `("simple_code": "")`일 때는 코드를 잘못 작성한 것이므로, 관점을 변경해 다시 코드를 작성하고 실행하십시오.

7.3.2 실행 및 확인하기

실제로 동작해봅시다. 다음 질문을 던져봅시다.

> 매월 적립금은 10만원, 예상 연이율은 5%, 적립 기간은 20년으로 투자금을 운용했을 때의 매년 결과를 테이블 형식으로 표시하는 코드를 작성하십시오. 또한, 복리 계산의 경우 소수점은 버림으로 표시하십시오.

에이전트는 ①~④의 흐름으로 처리를 진행합니다.

① 먼저 계산 순서를 정리한다(인간처럼 생각한다!).

② 그 순서에 따라 Python 코드를 생성한다.

③ 생성한 코드를 Code Interpreter(=simple_code)에서 실행한다.

④ 결과를 테이블 형식으로 표시한다.

다음 페이지에 실행 결과의 예시를 실었습니다. 이렇게 간단히 코드를 실행할 수 있을 뿐만 아니라 문제를 이해하고, 해결 방법을 생각하고, 실행해서 결과를 보기 쉽게 표시해주기까지 합니다. 그야말로 옆자리에 뛰어난 베테랑 프로그래머가 있는 느낌입니다.

> ※ 주의: 단, ChatGPT의 Code Interpreter와 다른 부분이 있습니다. Dify의 경우 코드는 샌드박스 환경이라는 특별한 위치에서 실행됩니다. 이것은 안전성을 중시한 설계 때문입니다. 따라서 파일 입출력, 외부 라이브러리 사용에는 제한이 있습니다. 하지만 제한은 도리어 좋은 거십니다. 안전한 실행 환경에 보증되는 것이기 때문입니다. '안전함'과 '편리함'을 모두 얻을 수 있습니다.

실행 결과

> 코드를 작성하기 위해 다음과 같은 단계로 진행하겠습니다.
>
> 1.입력값을 정의합니다: 매월 적립금(100,000원), 연이율(5%), 적립 기간(20년).
> 2. 매년 적립금이 어떻게 변하는지를 계산합니다. 매월 적립금을 먼저 연간으로 변환하고, 재투자를 반영하여 총액을 계산해야 합니다.
> 3. 결과를 테이블 형식으로 출력합니다.
>
> 계산 과정:
>
> - 매년 적립되는 금액은 100,000 * 12 = 1,200,000원입니다.
> - 연 이율이 5%이므로, 매년 투자금에 대해 5%의 복리를 적용합니다.
> - 복리 공식은 A = P(1 + r/n)^(nt)입니다. 여기서 P는 원금, r은 이율, n은 연간 복리 횟수, t는 기간입니다. 매월 복리 계산을 위해 n을 12로 설정합니다.
>
> 이제 코드를 작성해보겠습니다. 결과는 매년 마다의 적립금*을 보여줍니다.

```python
# 초기 설정
monthly_contribution = 100000  # 월 적립금
annual_rate = 0.05         # 연 이율
years = 20             # 적립 기간

# 연간 및 총 적립금을 계산하고 결과 테이블을 초기화
annual_contribution = monthly_contribution * 12
total_amount = 0
results = []

for year in range(1, years + 1):
    total_amount += annual_contribution  # 매년 적립금 추가
    total_amount = int(total_amount * (1 + annual_rate))  # 연 이율 적용 (소수점 버림)
    results.append((year, total_amount))

# 결과 출력
for year, total in results:
    print(f"Year {year}: Total Amount = {total} won")
```

이제 코드를 실행하겠습니다.
코드 실행 결과는 다음과 같습니다:

Year 1: Total Amount = 1260000 won

Year 2: Total Amount = 2583000 won

Year 3: Total Amount = 3972150 won

Year 4: Total Amount = 5430757 won

Year 5: Total Amount = 6962294 won

(중략)

Year 14: Total Amount = 24694269 won

Year 15: Total Amount = 27188982 won

Year 16: Total Amount = 29808431 won

Year 17: Total Amount = 32558852 won

Year 18: Total Amount = 35446794 won

Year 19: Total Amount = 38479133 won

Year 20: Total Amount = 41663089 won

20년 동안 매달 10만원을 적립하고 연 5%의 이율로 운영했을 때, 매년 말에 적립된 총액을 보여주는 결과입니다.

7.3.3 워크플로우에서 구현하기(매개변수 추출기 사용)

에이전트를 사용하면 간단하게 Code Interpreter를 만들 수 있었습니다. 하지만 워크플로우를 사용하면 어떨까요? 다소 복잡해지지만 에이전트에서 수행된 모든 프로세스를 의도에 맞춰 구현할 수 있습니다. 워크플로우를 사용해 Code Interpreter를 만들 때는 다음과 같은 노드를 조합해서 사용합니다.

- '시작' 노드: 질문을 받는다.
- 'LLM' 노드: 프로그램 코드를 생성한다.
- '매개변수 추출기' 노드: 생성된 코드를 꺼낸다.
- 코드 실행 노드: 실제 코드를 실행한다.
- '템플릿' 노드: 결과를 정리한다.
- '출력' 노드: 결과를 출력한다.

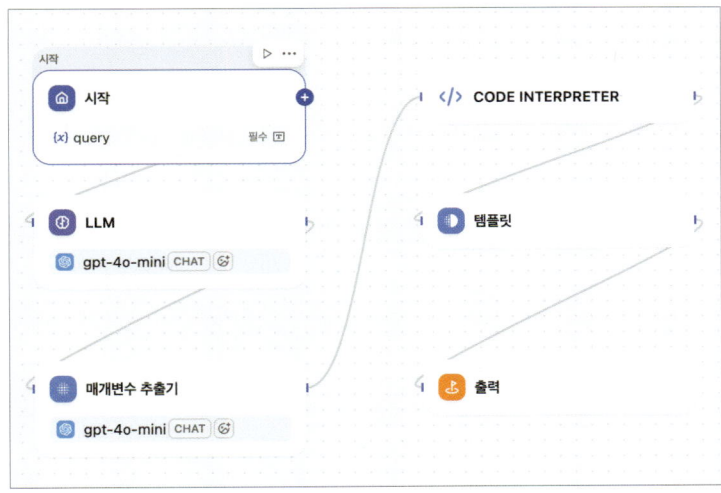

● '시작' 노드

'시작' 노드에서는 사용자로부터 프로그래밍에 관한 질문을 받습니다. [변수명]은 query, [필드 타입]은 문단으로 설정합니다. 이렇게 설정해면 여러 행의 질문이나 코드와 관련된 자세한 요구 사항을 받을 수 있습니다. '매월 적립금이 10만 원이고…' 같은 구체적인 요구사항을 포함하는 질문도 할 수 있습니다.

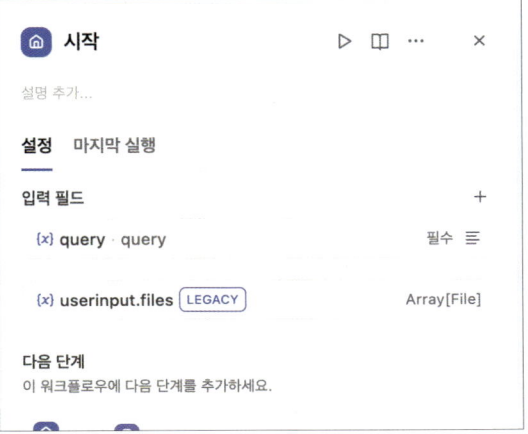

● LLM으로 프로그램 코드 작성하기

'시작' 노드 오른쪽 [+]를 클릭한 뒤 'LLM' 노드를 추가합니다. 'LLM' 노드에서는 받은 질문을 기반으로 프로그램 코드를 생성합니다. [SYSTEM](프롬프트)에는 다음과 같은 지시를 설정합니다.

> 적절한 코드를 작성한다.
> 결과는 `print()`로 표시하는 형태로 한다.
> `input()`과 같은 입력 함수는 사용하지 않는다.

즉, 코드를 작동으로 작성하도록 지시하는 것이라면 충분합니다. 이렇게 하면 LLM은 인간 프로그래머와 같이 생각하면서 적절한 코드를 생성합니다. [USER](프롬프트)에는 **시작/{x}query**를 설정합니다. 여기에서 주의할 점이 있습니다. Code Interpreter는 '코드' 노드와 달리 코드를 실행하기 위한 것입니다. 그렇기 때문에 return문은 필요하지 않습니다. [출력 변수]에 설정된 것은 print문을 통한 표준 출력이 대상이므로, 프롬프트는 결과를 print 문으로 출력하도록 명확하게 지시합니다.

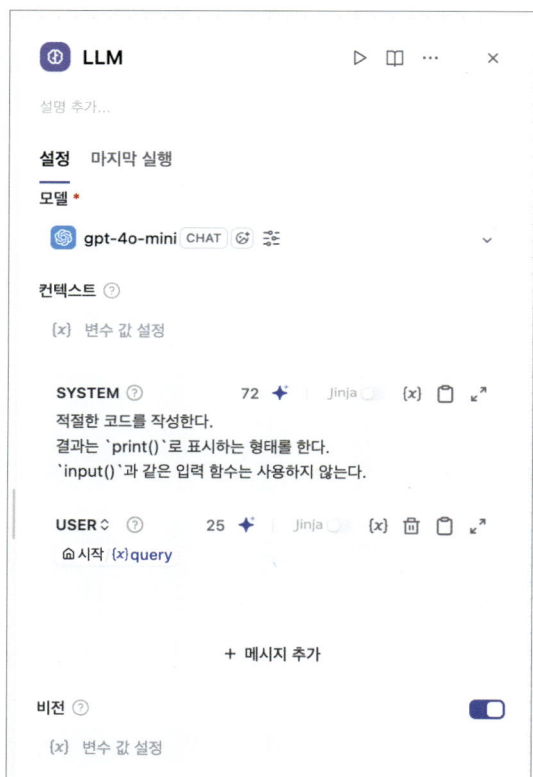

● 매개변수 추출하기

'LLM' 노드 오른쪽 [+]를 클릭한 뒤 '매개변수 추출기' 노드를 추가합니다. 'LLM' 노드에서 생성된 텍스트에서 프로그램 코드만 추출해야 합니다. LLM의 특성상 출력된 코드에는 백 쿼트(```)가 포함된

곳이 많아 이들을 제거해야 합니다. '코드' 노드를 사용하는 것도 좋지만 '매개변수 추출기' 노드를 사용하면 보다 효율적으로 코드만 추출할 수 있습니다.

'매개변수 추출기' 노드에서는 다음 작업을 수행합니다.

- code: 출력 타입을 프로그램 코드로 설정한다. 이를 통해 백쿼트를 사용해 감싸진 부분을 추출(코멘트나 빈 행도 유지)한다.

- explain: 이 코드가 어떤 코드인지에 관한 설명을 추출한다.

이를 통해 실행 가능한 형태로 코드를 변수 code에 담아 다음 노드로 전달할 수 있습니다.

● Code Interpreter 도구에서 코드 실행하기

'매개변수 추출기' 노드 오른쪽 [+]를 클릭한 뒤 도구 목록에서 'Code Interpreter'를 선택합니다. 이 노드가 프로그램 실행을 담당합니다. 이 노드는 다음과 같이 설정합니다.

- [Language]: python3. 어떤 언어로 실행할 것인지 설정한다. 여기에서는 python3으로 설정한다.
- [Code]: '매개변수 추출기' 노드에서 추출된 코드를 지정한다.

7.3.4 결과를 '템플릿' 노드에서 정리하고 실행하기

Code Interpreter 도구 노드 오른쪽 [+]를 클릭한 뒤 '템플릿' 노드를 추가합니다. 여기에서는 실행 결과를 보기 쉬운 형태로 정리합니다. [입력 변수]에 다음 출력 변수를 설정합니다.

- result: Code Interpreter/text
- code: 매개변수 추출기/code
- explain: 매개변수 추출기/explain

'매개변수 추출기' 노드에서 출력된 explain, 코드 내용인 code, Code Interpreter에서 실행된 결과 result를 원하는 형식으로 정리합니다.

여기에서는 다음과 같은 순서로 표시되도록 지정했습니다. 물론 원하는 형태로 정리해도 좋습니다.

- 코드 설명
- 코드
- 코드 실행 결과

코드 부분은 오른쪽 그림과 같이 ```으로 감싸 코드라는 것을 쉽게 이해할 수 있게 표시했습니다.

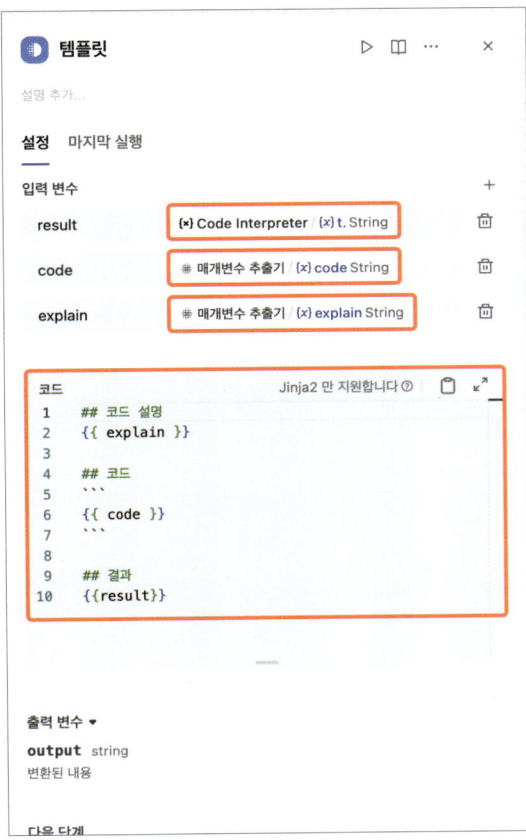

● '출력' 노드에서 결과 출력하기

마지막으로 '출력' 노드를 추가하고 '템플릿' 노드에서 정리된 결과를 출력합니다.

● 실행하기

> 매월 적립금은 10만원, 예상 연이율은 5%, 적립 기간은 20년으로 투자금을 운용했을 때의 매년 결과를 테이블 형식으로 표시하는 코드를 작성합시오. 또한, 복리 계산의 경우 소수점은 버림으로 표시하십시오.

위와 같은 질문을 하면 깔끔하게 정리된 형태의 결과를 반환합니다.

'매개변수 추출기' 노드를 사용해 코드와 설명을 나누어 표시할 수 있어 매우 읽기 쉽습니다.

이렇게 워크플로우를 사용하면 코드 생성, 실행, 결과 표시까지 세세하게 제어할 수 있습니다. 에이전트 보다 작성 과정은 복잡하지만 유연하게 커스터마이즈 할 수 있습니다. 그야말로 '손 맛'이 있는 구현이라 할 수 있습니다.

Test Run (오후 07:55:04) ✕

입력 **결과** 상세정보 트레이싱

코드 설명

아래는 매월 10만원을 5%의 연이율로 20년 동안 적립했을 때의 매년 결과를 테이블 형식으로 출력하는 파이썬 코드입니다. 복리 계산에서 소수점은 버림 처리하였습니다.

코드

```python
def calculate_investment(monthly_investment,
annual_rate, years):
    monthly_rate = annual_rate / 12 / 100
    total_investment = 0
    results = []

    for year in range(1, years + 1):
        for month in range(1, 13):
            total_investment +=
monthly_investment
```

```python
    for year in range(1, years + 1):
        for month in range(1, 13):
            total_investment +=
monthly_investment
            total_investment *= (1 +
monthly_rate)

        # 소수점 버림
        results.append((year,
int(total_investment)))

    return results

# 설정값
monthly_investment = 100000  # 매월 적립금
annual_rate = 5              # 예상 연이율
years = 20                   # 적립 기간

# 투자금 계산
investment_results =
calculate_investment(monthly_investment,
annual_rate, years)
```

7.3.5 워크플로우에서 구현하기(구조화 출력 사용)

'"매개변수 추출기" 노드를 사용하면 LLM을 두 번 호출하게 되는 것인가요?'

사실 그렇습니다 '매개변수 추출기' 노드를 사용하면 그만큼 비용과 시간이 소요됩니다. 'LLM' 노드에서 생성된 프로그램 코드가 뒤섞여 있는 출력 성분에서 코드만 분리하기 위해 '매개변수 추출기' 노드를 사용했습니다. 이 과정에서는 LLM을 두 번 호출하게 됩니다.

사실 조금 더 똑똑한 방법이 있습니다. 6장에서 학습한 LLM 구조화 출력을 사용하는 것입니다. 그 방법을 사용하면 생성된 프로그램 코드가 뒤섞인 출력으로부터 코드를 곧바로 분리할 수 있습니다. LLM 내부에서 완결하므로 LLM을 두 번 호출하지 않아도 됩니다.

구조화 출력이란 LLM에게 '이런 형식으로 출력하라'고 지시하는 것입니다. 예를 들면, 다음과 같이 출력하게 할 수 있습니다.

```json
{
    "code": "실제 프로그램 코드",
    "language": "사용 언어",
    "explanation": "코드 설명"
}
```

처음부터 깔끔하게 분리된 형태로 출력하면 후처리가 편해집니다. 이후 'JSON Parse' 도구를 사용해 이 출력을 처리하면 각 항목(code, language, explanation)을 변수로 꺼낼 수 있습니다. 이 과정은 병행 실행도 가능하므로 매우 효율적입니다. 추출한 코드는 직접 'Code Interpreter' 노드에 전달할 수 있습니다.

즉, 다음과 같은 흐름이 됩니다.

① LLM → 구조화 출력

② JSON Parse → 각 항목 추출

③ Code Interpreter → 코드 실행

이 방법을 사용하면 LLM을 한 번만 사용해서 완료할 수 있습니다. 시간과 비용도 크게 절약할 수 있습니다.

이 방법은 단순하면서도 효율적입니다. '매개변수 추출기' 노드를 사용하는 방법에 비해 처리 시간도 절반 정도밖에 되지 않습니다. 개발 현장에서는 이처럼 '낭비를 줄이는' 노력이 중요합니다.

전체적인 형태는 다음과 같습니다.

- '시작' 노드: 질문을 받는다.

- 'LLM' 노드: 프로그램 코드를 생성한다.

- 'JSON Parse' 노드: LLM에서 출력된 JSON 데이터로부터 지정한 항목을 병렬 처리해서 추출한다.

- 'Code Interpreter' 노드: 실제로 코드를 실행한다.

- '템플릿' 노드: 결과를 정리한다.

'출력' 노드: 결과를 출력한다.

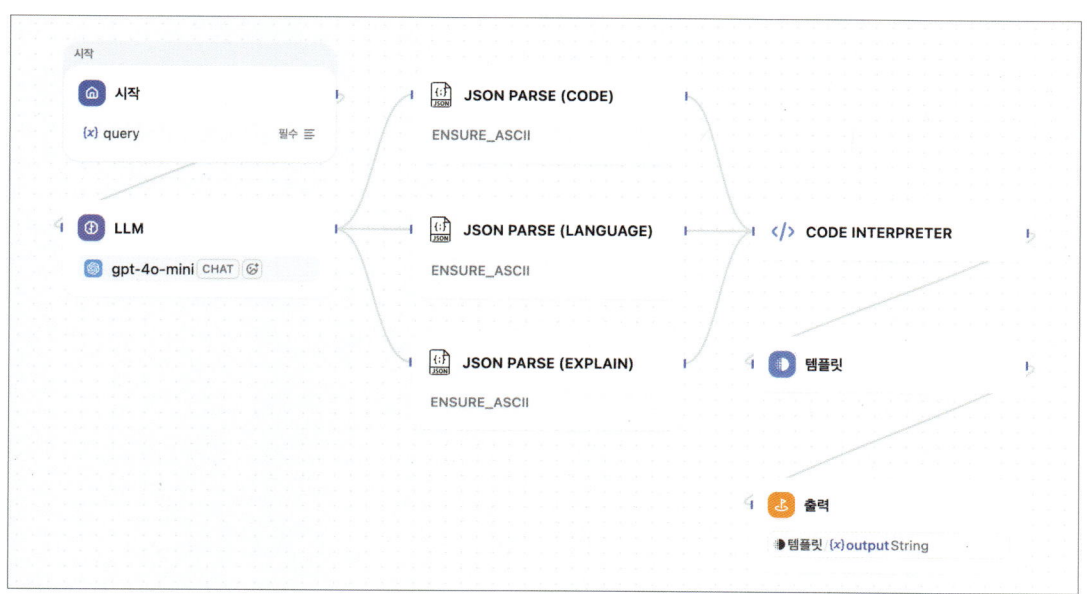

● LLM에서 구조화 출력하기

'시작' 노드에서 사용자로부터 질문을 받는 부분은 다르지 않습니다. 'LLM' 노드 설정이 조금 다릅니다. LLM에서 먼저 다음과 같이 프롬프트를 설정합니다.

[SYSTEM](프롬프트)

> 당신은 뛰어난 프로그래머입니다. 사용자의 질문으로부터 프로그램 코드를 작성하십시오.
> 문제를 풀기 위해 python3 또는 JavaScript를 사용할 수 있습니다.

[USER](프롬프트)

> 사용자의 질문:
> "컨텍스트"

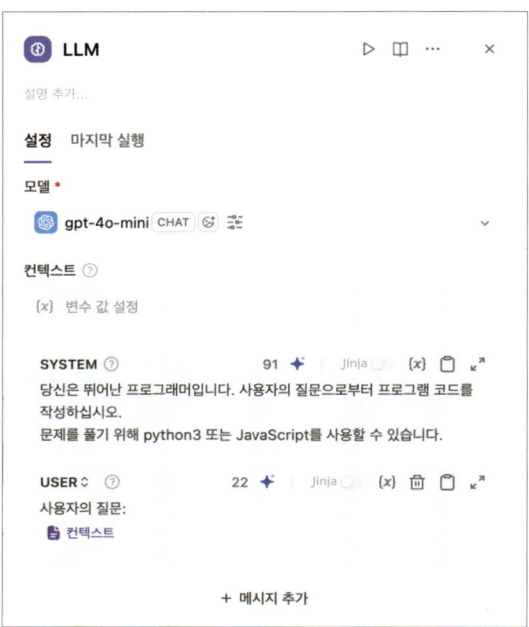

여기에서는 구조화 출력 설정이 중요합니다. 모델을 클릭한 뒤 모델 매개변수 설정 화면이 표시되면 [Response Format]을 ON으로 설정하고 json_schema를 선택합니다. [JSON Schema]를 ON으로 설정하고 설정 필드에 출력 형식을 정의합니다.

```
{
  "name": "code_extraction",
  "schema": {
    "type": "object",
    "properties": {
```

```
    "language": {
      "type": "string",
      "enum": ["python3", "javascript"],
      "description": "프로그래밍 언어(python3 또는 javascript)"
    },
    "code": {
      "type": "string",
      "description": "코드"
    },
    "explain": {
      "type": "string",
      "description": "프로그램 설명"
    }
  },
  "required": ["language", "code", "explain"]
}
}
```

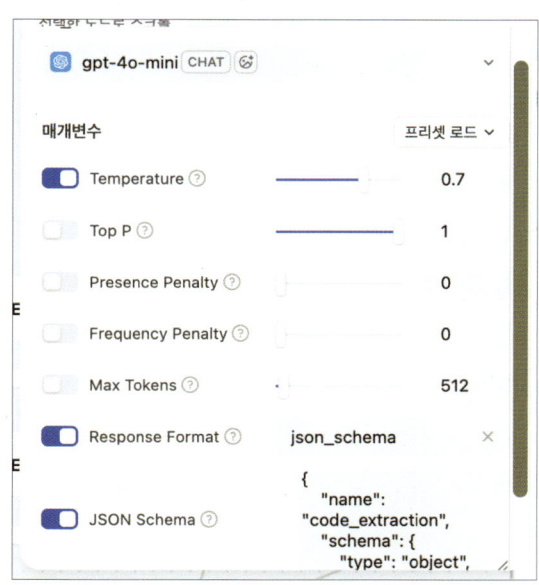

● JSON Parse를 사용해 항목 추출하기

LLM에서 출력된 구조화 데이터로부터 코드 부분, 프로그래밍 언어, 코드 설명 부분을 추출합니다. 'LLM' 노드 오른쪽 [+]를 클릭해 도구 'JSON Parse'를 병렬로 배치합니다. JSON filter에 주목합시다. code, language, explain이라는 각 항목을 필터링 하는 형태가 됩니다. JSON Parse 노드의 제목은 이후 쉽게 알 수 있도록 JSON Parse (code)로 설정했습니다. 다른 필터도 비슷한 방식으로 이름을 변경합니다.

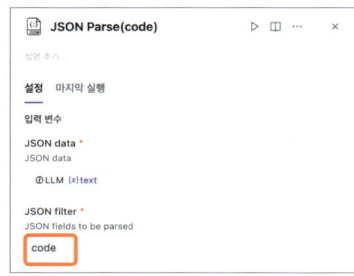 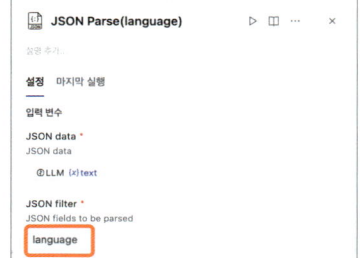 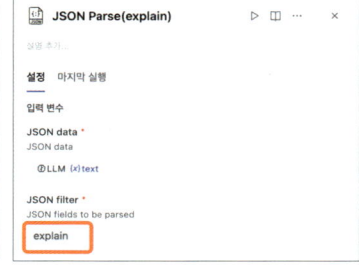

이 노드들은 다음과 같이 병렬 실행으로 연결되어 있으므로 병렬로 처리됩니다. 따라서 효율적으로 데이터를 처리할 수 있습니다(※ 주: JSON Parse 도구는 사소해 보이지만 대단히 사용하기 쉬운 도구입니다. JSON 형식 데이터로부터 변수를 추출해야 할 때 큰 도움이 됩니다. 간단히 소개하고 넘어가지만 꼭 기억하십시오).

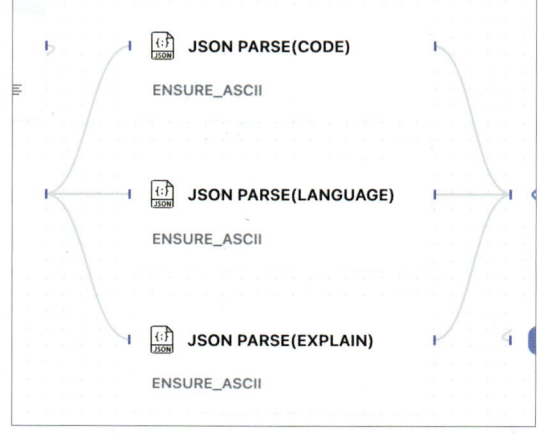

● Code Interpreter 설정하기

Code Interpreter 설정 자체는 간단합니다. [입력 변수] [Language]에 JSON Parse에서 추출된 데이터를 설정합니다. [Code]에는 JSON Parse에서 추출한 프로그램 코드를 설정합니다. 설정은 이것으로 완료입니다.

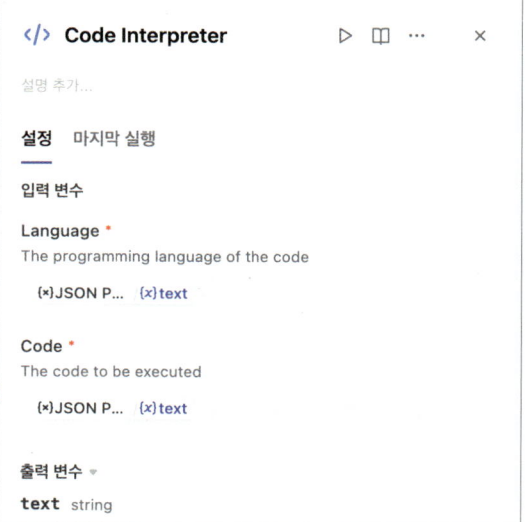

● 템플릿 설정하기

결과의 형태를 정리하기 위해 템플릿을 설정합니다. result에는 Code Interpreter에서 실행된 결과를 대입합니다. code에는 JSON Parse에서 추출한 code, explain에는 JSON Parse에서 추출한 explain을 설정합니다. 마지막으로 이 노드의 출력을 '출력' 노드에서 출력하게 합니다.

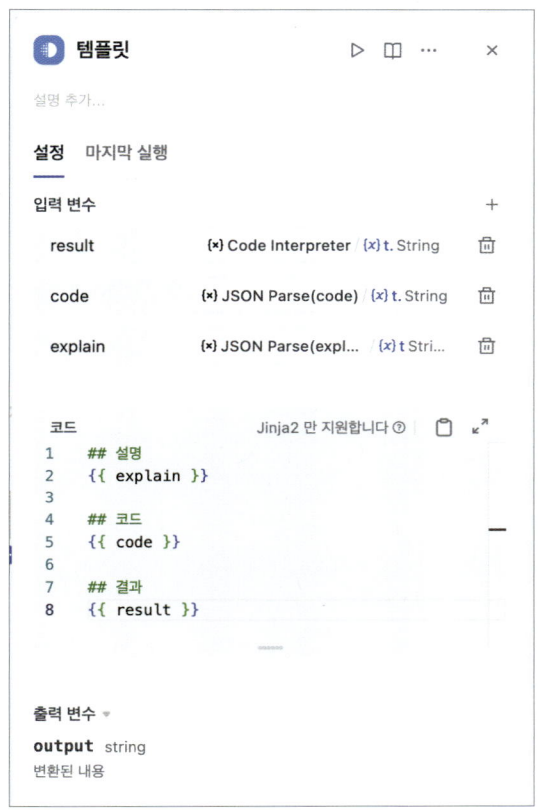

● 실행하기

실제 실행해 봅시다. 앞과 동일한 질문을 해봅시다.

매월 적립금은 10만원, 예상 연이율은 5%, 적립 기간은 20년으로 투자금을 운용했을 때의 매년 결과를 테이블 형식으로 표시하는 코드를 작성하십시오. 또한, 복리 계산의 경우 소수점은 버림으로 표시하십시오.

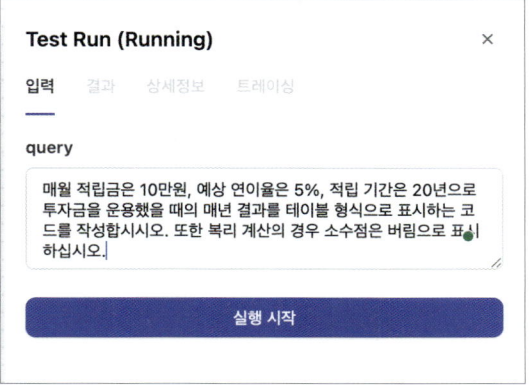

결과는 오른쪽 그림과 같이 됩니다. 놀랄만큼 빠르고 정확한 결과를 반환합니다. '매개변수 추출기' 노드를 상했던 방법과 비교하면 그 차이가 확연합니다.

노드 구성은 다소 복잡해 보일지 모릅니다. 하지만 6장의 구조화 출력 형태를 학습한 여러분은 '그렇구나'하고 이해할 수 있을 것입니다.

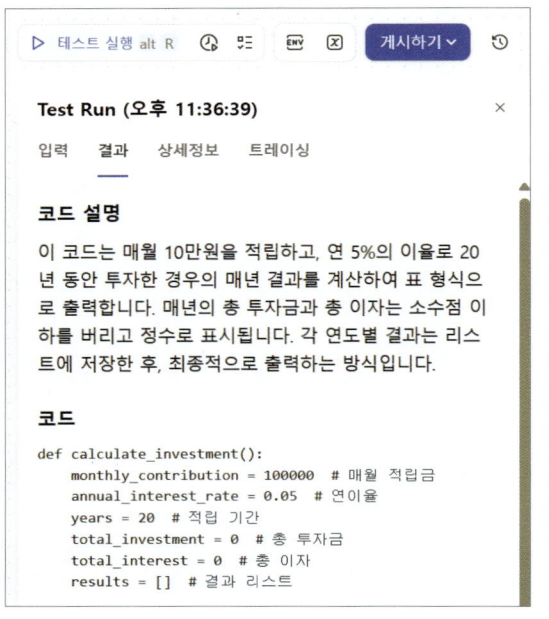

7.3.6 정리: 두 가지 Code Interpreter 구현 방법

Dify에서 Code Interpreter를 구현하는 방법을 살펴봤습니다. 에이전트를 사용한 구현은 단순하면서도 강력합니다. 지시와 도구만 적절히 설정하면 프로그램을 생성, 실행하고 결과를 반환하는 어시스턴트가 만들어집니다.

한편 워크플로우를 사용해 구현하면 보다 세세하게 제어할 수 있습니다. 코드 생성, 추출, 실행, 결과 정리라는 각 단계를 명확하게 분리하고 최적화할 수 있습니다. 자유로운 커스터마이즈가 가능하며, 복잡한 요구사항에도 대응할 수 있습니다.

● 힌트

Code Interpreter 및 '코드' 노드 는 Dify 샌드박스 위에서 동작하기 때문에 사용할 수 있는 라이브러리가 한정되어 있습니다. 그리고 파일 읽고 쓰기에 관한 OS 수준의 시스템 콜(system call)도 설정에 의해 사용할 수 없습니다. 하지만 이 샌드박스는 오픈 소스이기 때문에 나중에 설명할 Docker를 이용함 로컬 환경에서 Dify를 기동하면, 목적에 맞게 설정을 재구축할 수도 있습니다. 사용자는 필요한 라이브러리 예를 들면, 비즈니스 시나리오에서 반드시 사용해야 하는 pandas 등도 적절한 설정 변경을 통해 이용할 수 있습니다.

7.4 워크플로우 도구 삽입

'모처럼 만든 워크플로우를 조금 더 편리하게 사용할 수는 없을까요?'

가능합니다. Dify에서는 멋진 기능을 제공합니다. 작성한 워크플로우를 '도구'로 등록해 다른 워크플로우에서 재사용할 수 있습니다.

7.4.1 워크플로우를 도구화 하는 것이 좋은 이유

구체적인 예시를 살펴 봅시다. 앞에서 만든 워크플로우를 예시로 들겠습니다. 지명에서 위도와 경도를 구하는 처리입니다. 안에는 Python으로 작성된 코드가 들어있습니다. OpenStreetMap API를 호출해 지명으로부터 위치 정보를 얻는 것이었습니다.

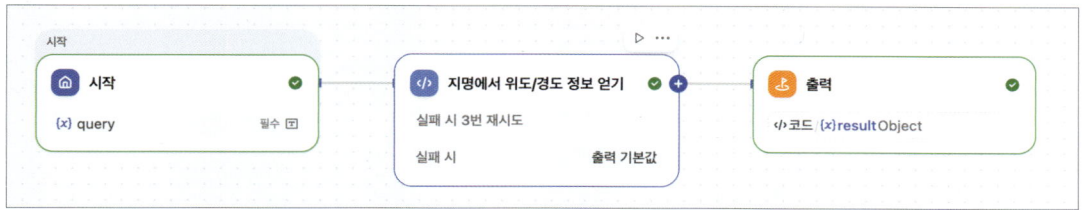

'코드' 노드의 내용은 6장의 형태 8에서 사용했던 코드를 그대로 사용해 httpx로 요청을 보냅니다. 이번 섹션에서 코드의 내용은 부차적인 내용이므로 그 의미를 이해할 필요는 없습니다. 중요한 것은 이 코드가 '무엇을 할 것인가'이지 '어떻게 하고 있는가'가 아닙니다.

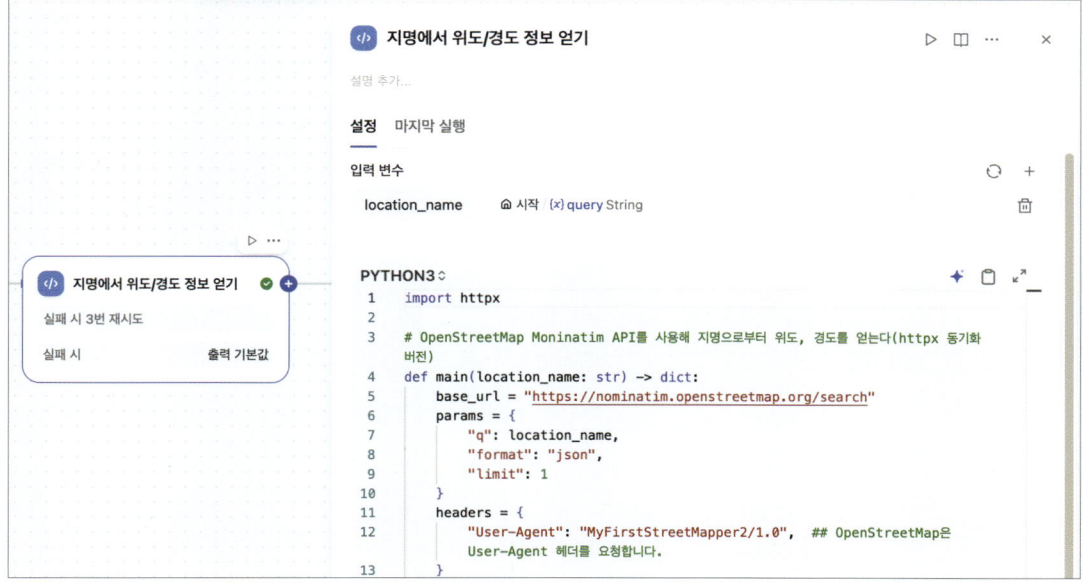

코드의 내용

```python
import httpx

# OpenStreetMap Moninatim API를 사용해 지명으로부터 위도, 경도를 얻는다(httpx 동기화 버전)
def main(location_name: str) -> dict:
    base_url = "https://nominatim.openstreetmap.org/search"
    params = {
        "q": location_name,
        "format": "json",
        "limit": 1
    }
    headers = {
        "User-Agent": "MyFirstStreetMapper2/1.0",  # OpenStreetMap은 User-Agent 헤더를 요청합니다.
    }

    with httpx.Client() as client:
        response = client.get(base_url, params=params, headers=headers)

        if response.status_code == 200:
            data = response.json()
            if data:
                return {
                    "result": {
                        "lat": data[0]["lat"],
                        "lon": data[0]["lon"]
                    }
                }
            else:
                return {
                    "result": {
                        "error": f"No results found for {location_name}"
                    }
                }
        else:
            return {
                "result": {
                    "error": f"Error: {response.status_code}, {response.text}"
```

```
        }
    }
```

'코드를 보는 것만으로 정신이 혼미해지는 것 같다…'고 느끼는 분들은 이런 코드 부분은 엔지니어분들아 생성형 AI에게 맡기는 것으로 충분하다고 앞에서도 말했습니다. 아마도 그분들은 '아아, 이런 건식은 먹기입니다'라며 순식간에 코드를 작성할 것입니다. 코드 이외에도 복잡한 워크플로우를 밤새 고생해서 완성시킨 적도 있을 것입니다. 중요한 것은 그렇게 누군가 고생해서 만든 워크플로우를 한 번 사용하고 말지 않는 것입니다. 팀 구성원이 함께 재사용할 수 있다면 더욱 좋을 것입니다.

그렇게 하기 위해서는 워크플로우를 도구화해야 합니다.

7.4.2 워크플로우를 도구로 저장하기

실제로 워크플로우를 도구로 만들어 봅시다. 순서는 매우 간단합니다. 워크플로우 작성 화면 상태에서 화면 오른쪽 [게시하기]를 클릭합니다(만약 공개 전이라면 [업데이트 게시] 버튼이 활성화되어 있을 것이므로 클릭합니다). 다음으로 [도구로서의 워크플로우]를 클릭합니다.

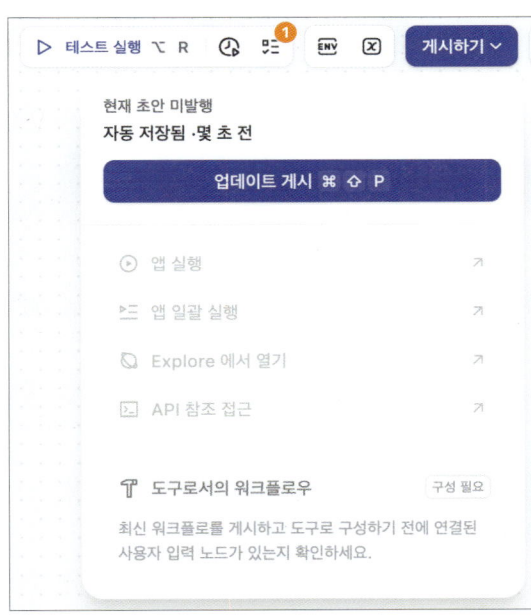
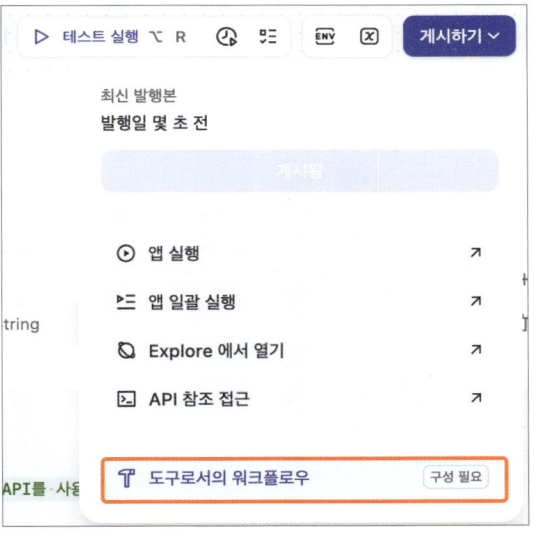

다음과 같이 도구로서의 워크플로우 화면이 표시됩니다. 여기에 필요한 항목을 설정합니다. 이름은 **위도 경도 취득**으로 설정했습니다. 도구 호출 이름은 영어로 설정합니다. 우선 getLatlon으로 설정했습니다. 도구 설명은 적절히 입력합니다. 라벨명은 나중에 쉽게 검색할 수 있는 것으로 임의의 태그를 붙입니다(붙이지 않아도 좋습니다).

마지막으로 [저장]을 클릭합니다.

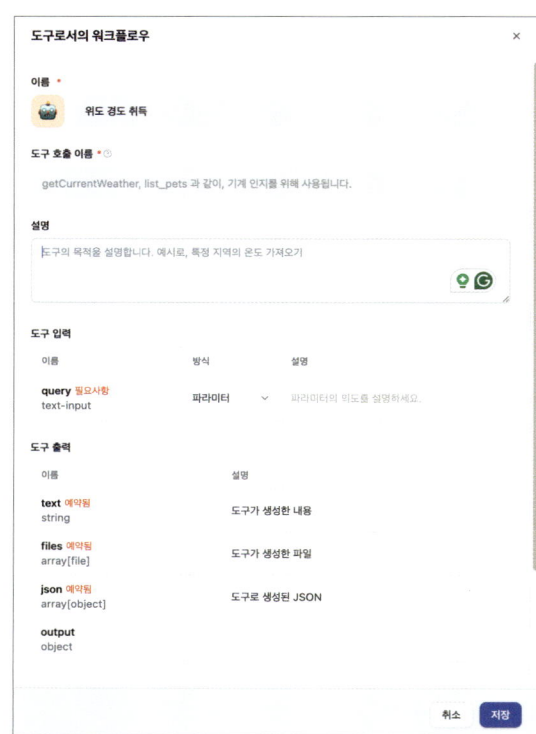
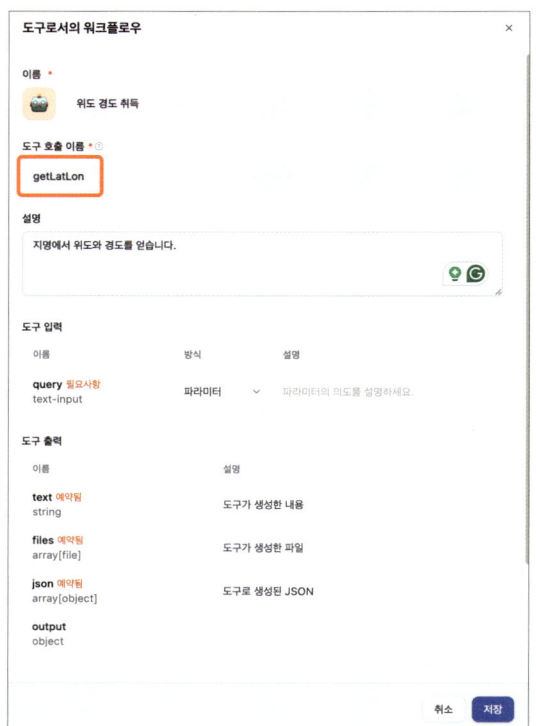

저장을 성공하면 여러분이 만든 워크플로우가 훌륭한 도구로 변신합니다!

7.4.3 도구 사용하기

그럼 만든 도구를 실제로 사용해봅시다. 새로운 워크플로우를 만듭니다. '시작' 노드에 입력 변수를 정의합니다. '시작' 노드 오른쪽 [+]를 클릭합니다. '시작' 노드 입력 변수를 정의합니다. '시작' 노드 오른쪽 [+]를 클릭합니다.

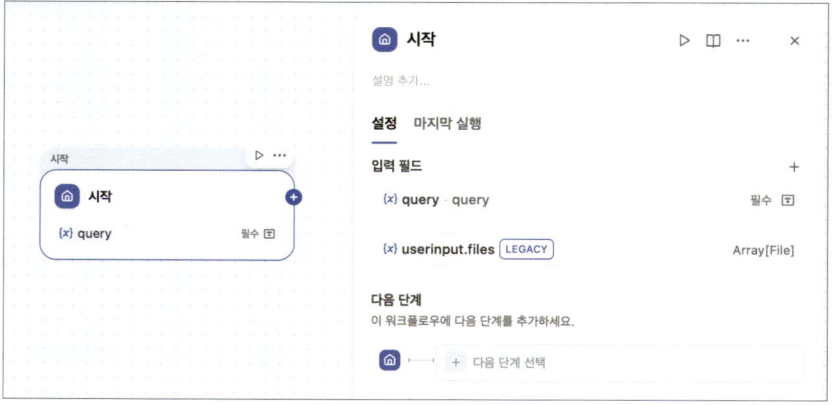

표시된 목록의 [도구] 탭을 클릭하면 다음과 같이 도구 목록이 표시됩니다. 탭 안에 [워크플로우]가 있습니다. 오른쪽 그림과 같이 앞에서 만든 '위도 경도 취득'이 표시됩니다. 워크플로우를 클릭합니다.

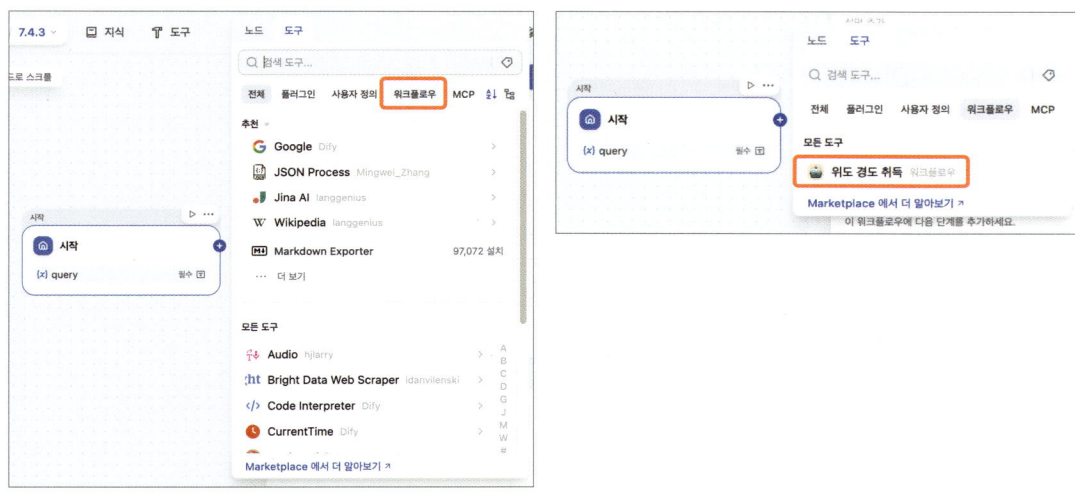

마치 빌트인 기능처럼 도구 [위도 경도 취득]이 워크플로우에 추가됩니다. 매우 편리합니다.

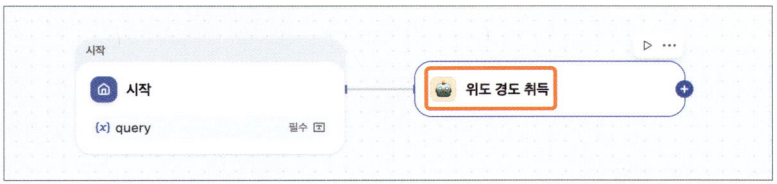

7.4.4 도구 설정 및 실행하기

추가된 [위도 경도 취득]을 클릭합니다. 입력 변수에 '시작' 노드에서 설정한 변수를 설정합니다. 다음
으로 출력 변수의 [>]를 클릭해보면 출력 변수 목록을 확인할 수 있습니다. [text] 부분에는 도구가
생성한 문자열이 있습니다. [json]에는 도구가 생성한 JSON 데이터가 포함됩니다.

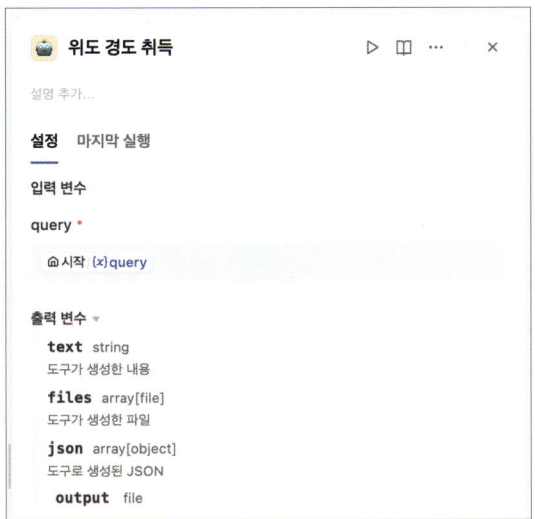

7.4.5 실행하기

실제로 동작해봅시다. [▷ 테스트 실행]을 클릭
한 뒤 입력 필드에 지명을 입력해 봅시다. 예
를 들면, '종로'나 '명동' 등을 입력해보면 어떨까
요? [json] 항목에 위도와 경도 정보가 깔끔하
게 정리되어 반환됩니다. 이것은 앞에서 복잡한
Python 코드와 동일한 처리 결과입니다. 하지
만 코드를 의식할 필요는 전혀 없습니다.

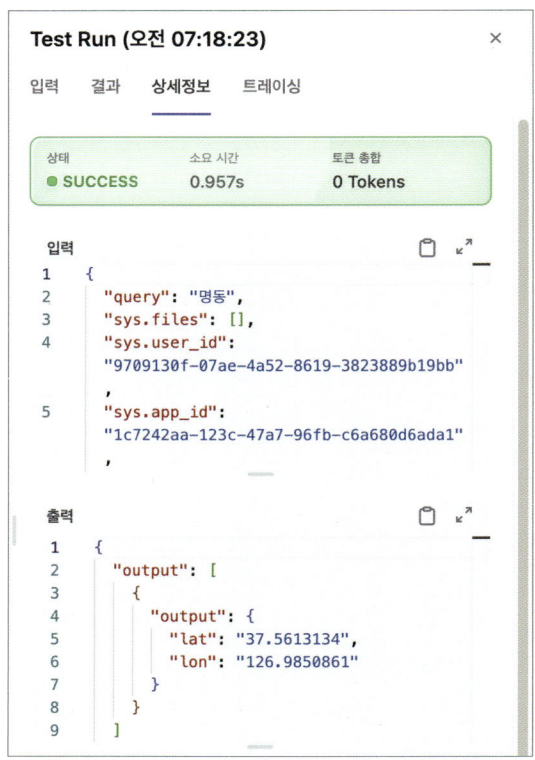

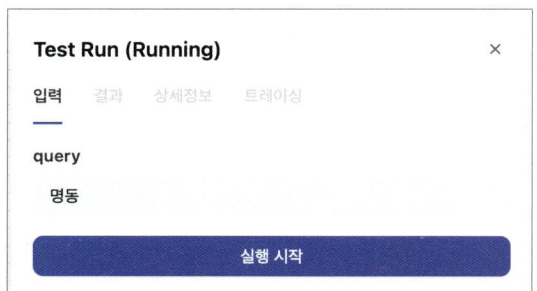

7.4.6 이 방법이 훌륭한 이유

Dify에서는 이런 느낌으로 워크플로우를 도구로써 삽입할 수 있습니다. 엔지니어가 만든 고급 기능
도 도구화 하면 비엔지니어라도 간단하게 사용할 수 있게 됩니다. 즉, 이것은 전문 분야별로 분업화를
쉽게 할 수 있다는 의미입니다. 바꿔 말하면 '바퀴의 재발명을 억제'하는 것이라 할 수 있습니다.
이를 활용해 팀 전체의 생산성이 향상되고 보다 창의적인 업무에 시간을 사용할 수 있게 될 것입니다.

7.5 커스텀 도구 작성

앞 절에서 워크플로우를 도구화 하는 방법에 관해 학습했습니다. 여기에서는 다른 방법을 소개합니다.
'커스텀 도구' 기능입니다. 이 기능을 사용하면 외부 API를 Dify 워크플로우에 삽입할 수 있습니다.

7.5.1 커스텀 도구의 정체

'커스텀 도구란 무엇인가요?'
오해를 일으킬 수 있지만, 그것을 두려워하지 않고 단도직입적으로 말하면 '외부 서비스와 연동하기 위한 전령의 통역사'입니다. 예를 들면, 날씨 정보 API나 주가 정보 API, 또는 사내 업무 시스템 API 등 API는 애플리케이션과 서버의 전령이라는 이야기를 앞에서 했습니다. 커스텀 도구는 이 전령들의 말을 역하는 역할을 합니다. 어떤 서비스이든 이 '전령의 통역사'를 통하면 Dify와 대화할 수 있게 됩니다.

지시문만 작성하면 그 뒤는 Dify 전부 알아서 해주는 것이 특장점입니다. 이 지시문을 'OpenAPI 사양'(과거에는 Swagger라 불렀습니다)이라 부릅니다.

7.5.2 GitHub API 시험하기

실제로 시험해 봅시다. 여기에서는 GitHub API의 예시를 살펴 봅시다. GitHub를 사용하는 이유는 그저 무료로 사용할 수 있고, 인증이 필요하지 않는 API를 제공하며, 심지어 문서도 충실하게 제공되기 때문입니다.

가장 먼저 API 지시서(OpenAPI 사양)가 필요합니다⋯ 하지만 역시 곤란한 용어가 등장했습니다. 이럴 때는 ChatGPT를 부릅시다.

ChatGPT에게 다음과 같이 질문했습니다.

```
https://api.github.com.users의 OpenAPI 사양을 작성하십시오.
Servers 정보도 포함하십시오.
```

ChatGPT가 다음과 같은 사양을 제안해 주었습니다.

```
openapi: 3.1.0
info:
  title: GitHub Users API
  version: '1.0'
  description: GitHub API 사용자 정보 취득 엔드포인트
servers:
 - url: https://api.github.com
   description: GitHub API Production Server


paths:
 /users:
  get:
    summary: 사용자 목록 취득
    description: GitHub 등록 사용자 목록을 얻습니다.
    parameters:
     - name: since
       in: query
```

```
              description: 마지막으로 본 사용자 ID. 이 ID 이후의 사용자부터 반환합니다.
              required: false
              schema:
                type: integer
            - name: per_page
              in: query
              description: 1 페이지 당 결과 수(최대 100개)
              required: false
              schema:
                type: integer
                default: 30
        responses:
          '200':
            description: 성공
            content:
              application/json:
                schema:
                  type: array
                  items:
                    type: object
                    properties:
                      login:
                        type: string
                      id:
                        type: integer
                      node_id:
                        type: string
                      avatar_url:
                        type: string
                      url:
                        type: string
```

'어떻게 단 두 줄의 프롬프트로 사양서를 작성할 수 있습니까?'라는 의문을 가진 분도 많을 것입니다.
사실 GitHub의 API는 너무나 유명하기 때문에 사양서가 공개되어 있어 LLM이 사전에 학습했기
때문입니다. 또한, `https://api.github.com/users`라는 API는 사용자 정복 목록을 취득합니다.
'만약 사양이 공개되어 있지 않고 유명하지도 않은 API의 사양은 어떻게 작성합니까?'
그럴 때는 원하는 서비스의 API 사양 문서(반드시 존재할 것입니다)을 ChatGPT에게 읽게 하면 마찬가

지로 사양서를 작성해줄 것입니다.

7.5.3 커스텀 도구 설정하기

그러면 실제 설정해봅시다. 대시보드를 열고 '도구'를 클릭합니다. '커스텀'을 클릭하면 다음과 같은 화면으로 이동합니다. [커스텀 도구 만들기]를 클릭합니다.

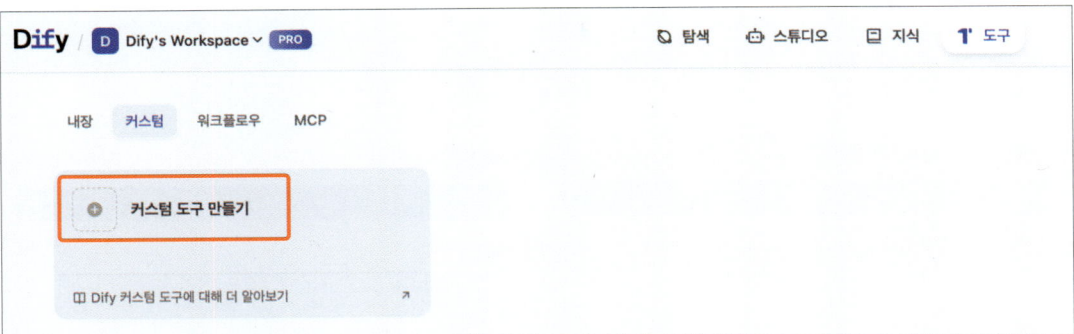

다음 페이지와 같은 설정 화면으로 이동하면 이름을 입력합니다. 여기에서는 'GitHub Test'라고 입력했습니다. [스키마] 필드에 앞에서 만든 사양을 붙여 넣습니다. 이 조작만으로 GitHub API를 사용할 수 있는 도구를 완성했습니다. '이렇게 간단합니까?'라고 생각했을 것입니다. 필자도 처음에는 반신반의했습니다.

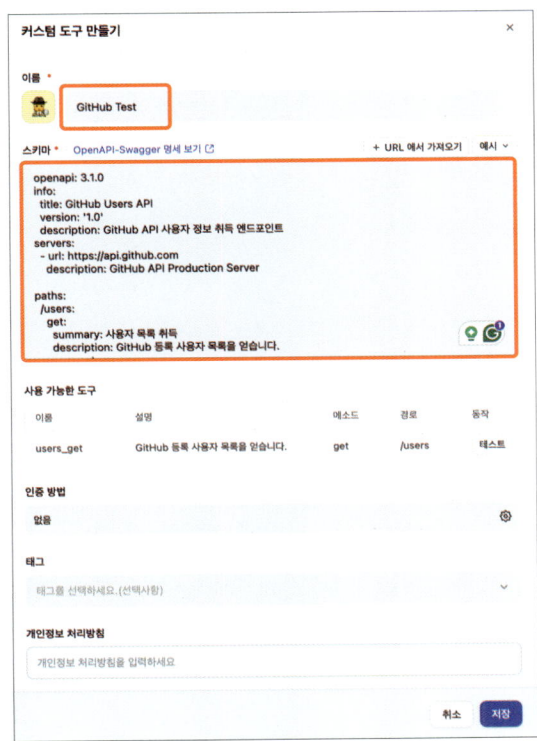

7.5.4 테스트 버튼으로 동작 확인하기

커스텀 도구의 좋은 점은 만든 도구를 그 상태에서 테스트할 수 있다는 점입니다. 사양을 입력했다면 화면의 [테스트] 버튼만 클릭하면 됩니다. 그러면 오른쪽 그림과 같이 테스트 결과가 반환됩니다.

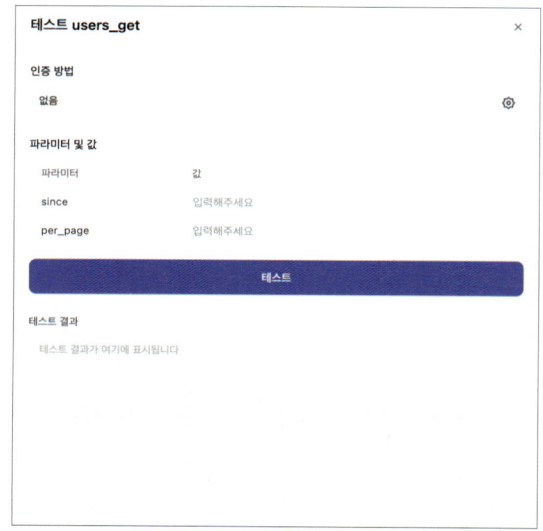
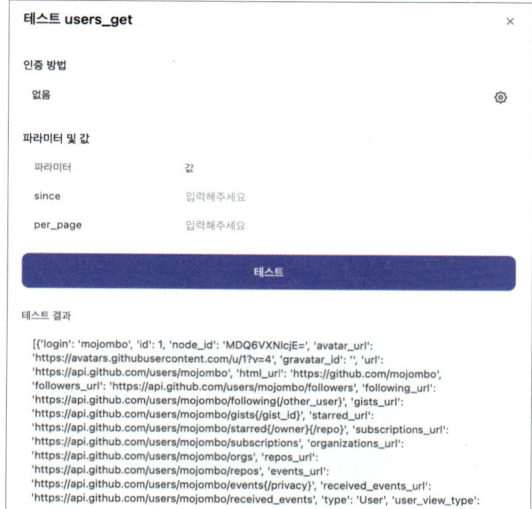

테스트 결과가 올바르면 [저장]을 클릭합니다. 커스텀 도구 홈 화면으로 돌아오면 다음과 같이 표시될 것입니다. 이것으로 커스텀 도구는 완성입니다. 이제 이 커스텀 도구를 워크플로우나 에이전트에서 자유롭게 삽입해서 사용할 수 있습니다.

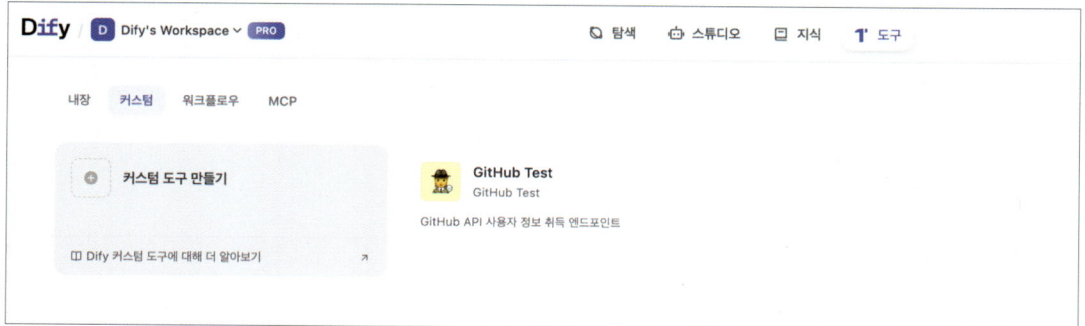

7.5.5 의문 = 응답 제어에 관해

여기에서 주의해야 할 것이 있습니다. 테스트 결과 값을 잘 보면 응답 스키마에 정의한 것 이외의 데이터를 포함해 모든 정보가 반환됩니다. '이대로 괜찮습니까?'라는 의문이 들 것입니다. 사실 문제는 없습니다. 다음 두 가지 이유를 들 수 있습니다.

1. 스키마 정의의 역할

OpenAPI(Swagger)의 정의는 '최소한 이 필드들은 포함한다'는 제약과 같은 것입니다. API가 추가 필드를 반환하더라도 정의한 속성 형태에 부합한다면 처리에 지장을 주지 않습니다.

2. 실용적인 장점

오히려 모든 정보가 반환되기 때문에 나중에 필요한 필드가 늘어났을 때 사양 변경 없이 대응할 수 있습니다. 이것은 오히려 편리합니다.

하지만 만약 정말로 특정 필드만 필요할 때는 '코드' 노드로 가공하거나 템플릿을 사용해 형태를 정리하면 됩니다. 그렇기 때문에 응답 항목은 크게 신경 쓰지 않아도 좋습니다. 결국 OpenAPI 사양은 '최소한의 보증'을 정의하는 것이라고 생각하면 좋습니다. 불필요한 데이터가 반환되는 것은 오히려 미래의 확장성이라는 관점에서 환영할만합니다.

7.5.6 OpenAPI(Swagger) 사양 중 가장 중요한 부분은 어디인가?

OpenAPI(Swagger) 사양에서 가장 중요한 부분은 엔드포인트와 매개변수 정의입니다. 특히 다음 네 가지 점에 주의해야 합니다.

서버 정보의 명확화:

여기에 API 엔드포인트(URL)을 정의합니다. 이것이 없으면 API를 어디에 전송해야 할지 알 수 없습니다. 프로토콜(https)로 시작하는 완전한 URL을 정의해야 합니다.

```
servers:
 - url: https://api.github.com
   description: GitHub API Production Server
```

경로와 메서드 정의:

어떤 엔드포인트에서 어떤 HTTP 메서드(GET/POST/PUT/DELETE)를 사용할 것인지 정의합니다. 이것이 없으면 API를 호출할 수 없습니다.

```
paths:
 /users:
  get:
   summary: 사용자 목록 취득
```

매개변수 정의

매개변수 정의는 특히 중요합니다. 먼저 다음 요소를 확실히 익힙시다.
- name: 매개변수 이름
- in: 매개변수 위치(query, path, header, cookie). 여기에서는 query를 사용함.
- required: 필수 여부

- schema: 데이터 타입과 제약

- description: 매개변수 설명(이후 재검토 할 때 도움이 된다)

GitHub API 예시에는 두 개의 매개변수가 있습니다. since와 per_page입니다.

- since: 페이지네이션(pagination)을 위한 매개변수. 몇 번째 페이지부터 데이터를 얻을 것인지 지정한다. 대량의 데이터를 조금씩 취득할 때 사용한다.

- per_page: 한 번에 얻을 데이터양을 제어한다. API의 부하를 고려해 적절하게 설정한다.

```
parameters:
  - name: since
    in: query
    description: 마지막으로 본 사용자 ID. 이 ID 이후의 사용자부터 반환합니다.
    required: false
    schema:
      type: integer
  - name: per_page
    in: query
    description: 1 페이지 당 결과 수(최대 100개)
    required: false
    schema:
      type: integer
```

이 점들을 잘 파악해 두면 이후 OpenAPI 사양에 관해 공식 문서를 읽을 때도 길을 잃지 않을 것입니다(https://swagger.io/specification/).

● 힌트

에러나 테스트에 대한 기본적인 사고 방식에 관해 설명했습니다. 에러가 발생했을 때는 그 에러 메시지를 차분히 확인하십시오. 에러의 내용에는 문제가 숨어 있는 위치에 관한 단서가 숨어 있습니다. 내용을 이해할 수 없다면 주저하지 말고 생성형 AI에 상담하는 것도 좋습니다.

다음으로 API 테스트는 작은 단위에서 시작하는 것이 좋습니다. 먼저 GET 요청처럼 결과를 쉽게 알 수 있는 단순한 방법으로 동작으로 확인함으로써 올바른 동작 여부를 확인할 수 있습니다. 그 뒤, POST 요청같이 데이터를 추가하는 방법에 도전해봅시다. GET과 POST가 올바르게 동작하면 이후 PUT이나 DELETE 등 업데이트 및 삭제 조작을 수행하는 것도 좋습니다.

또한, API 사양서를 참고한 내용, 테스트 환경과 프러덕션 환경을 확실히 구분한 내용, 버전 관리를 통해 업데이트 이력 등을 기록해두면 문제가 발생했을 큰 도움이 됩니다.

이렇게 에러에 대해 냉정하게 대처하고 단계적으로 테스트하면, 초보자라도 안심하고 커스텀 도구 개발에 뛰어들 수 있습니다.

7.6 정리: 창조를 위한 3가지 비기

'형태를 배우고, 도구를 활용하고, 상황에 맞춰 술법을 선택한다.'

이것이 Dify로 애플리케이션을 만들기 위한 3가지 비기입니다. 긴 길을 걸어왔습니다. 이번 장에서 여러분은 이 비기들을 하나씩 손에 넣었습니다.

7.6.1 비기 1: 형태를 사용해 기초 다지기

6장의 '12가지 형태'를 학습함으로써 여러분은 워크플로우를 조합하는 기본을 몸에 익혔습니다. 마치 요리의 기본인 칼 쓰는 방법이나 불의 세기를 조절하는 방법과 같이, 이 형태를 익힘으로써 어떤 경우에도 대응할 수 있는 토대를 만들었습니다.

7.6.2 비기 2: 도구를 사용해 가능성 넓히기

도구는 여러분의 창조력을 확장하기 위한 도구 상자입니다. 기존의 워크플로우를 재사용하거나, 외부의 API를 삽입할 수 있습니다. 그야말로 연금술사의 공방처럼 필요한 도구를 담아두고, 사용 방법을 앎으로써 할 수 있는 일이 점점 늘어납니다.

7.6.3 비기 3: 사용 방법 구분하기

에이전트와 워크플로우, 이 두 가지 방법은 마치 '부드러움'과 '강함'의 관계입니다. 에이전트는 상황에 맞춰 유연하게 대응하는 '부드러움'의 힘입니다.

- 챗봇과 같은 대화형 시스템
- 즉각적인 판단이 필요한 처리
- 인간처럼 유연한 응답이 필요할 때

한편 워크플로우는 확실하게 실행하는 '강함'의 힘입니다.

- 정형적인 처리 자동화
- 데이터 처리 파이프라인
- 순서가 명확한 복잡한 처리

이 두 가지 힘을 상황에 맞춰 활용함으로써, 다양한 과제에 대응할 수 있게 됩니다.

7.6.4 창조의 문이 열렸다

지원 페이지의 번외편 '현장에서 사용할 수 있는 도구 12가지'에서는 이 비기들을 활용한 다양한 실제 사례를 소개합니다. 아무것도 모르는 상태에서 예시를 봤다면 상당히 어려웠을지도 모릅니다. 하지만, 이번 장에서 세 가지 비기를 익힌 지금이라면 어렵지 않게 이해할 수 있을 것입니다.

● '현장에서 즉시 사용할 수 있는 도구 12' 샘플 일부

Google Search

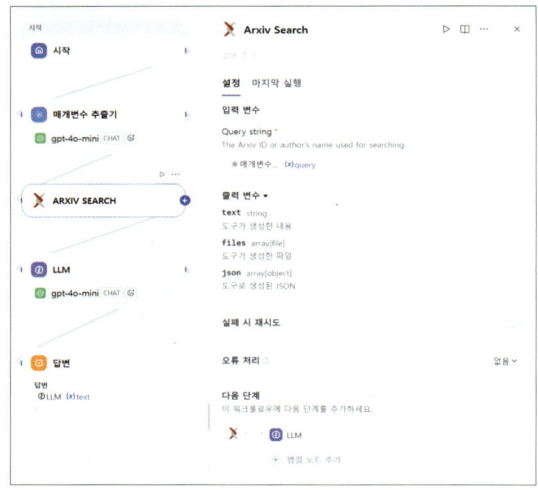

Tavily AI

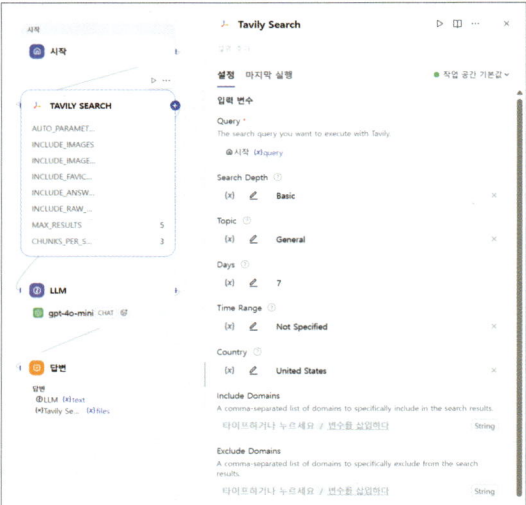

FireCrawl

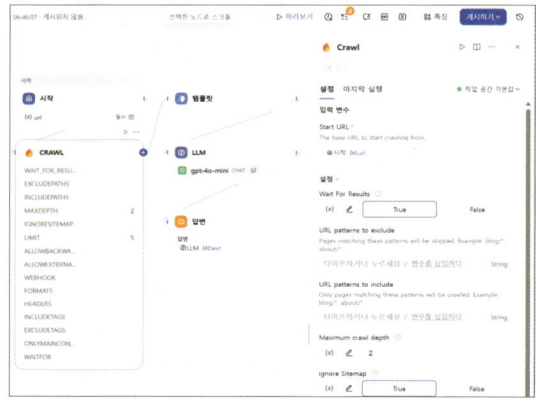

Perplexity

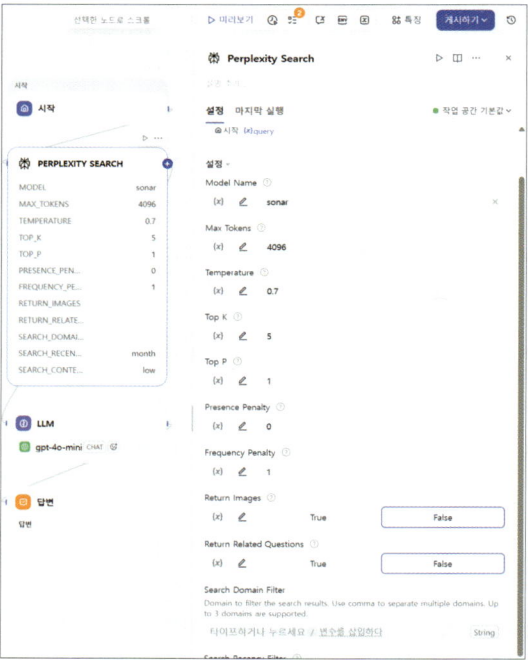

ArXiv

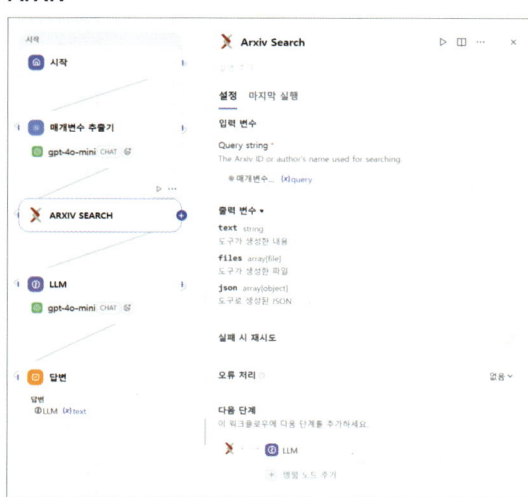

학습한 스킬

- 고급 도구 활용 및 커스터마이즈
- 에이전트와 워크플로우에서의 도구 사용 방법 차이 이해
- 각종 도구의 특성 및 적절한 사용 방법 파악
- 커스텀 도구 작성 기초

실천적 스킬

- 웹 브라우징 도구를 구현할 수 있다.
- Code Interpreter를 활용한 프로그램 실행 환경을 구축할 수 있다.
- 기존 워크플로우를 도구로서 재사용할 수 있다.
- 목적에 맞춰 커스텀 도구를 설계하고 구현할 수 있다.

MEMO

채팅 플로우 작성

여덟 번째 던전에 오신 것을 환영합니다. 이번 던전에는 '2개의 마술 융합의 문'이 있습니다. 지금까지의 수련을 집대성한 최후의 시련이 기다릴 것입니다. 그렇습니다. 여기가 마지막 보스가 기다리는 던전입니다. 하지만 걱정할 필요는 없습니다. 앞 장까지 학습한 마법의 도구와 몸에 익힌 기술들을 모두 이 순간을 위한 것들이기 때문입니다.

이 시련에 도전하는 것은 챗봇이라는 '대화의 마법'과 워크플로우라는 '자동화 마법'을 하나로 묶는 기술입니다. 그 이름도 '채팅 플로우'입니다. 두 가지 마술의 융합은 그야말로 술사가 그토록 바라던 궁극의 기술이라 할 수 있습니다. 마지막 던전에서는 4개의 시련의 공간이 여러분을 기다리고 있습니다.

- 첫 번째, 이합의 공간: 채팅 플로우라는 마법의 본질을 확인하는 장소입니다. 왜 두 가지 마술을 조합해야 하는지, 그 진수에 다가섭니다.

- 두 번째, 실천의 공간: 첫 걸음을 내딛는 장소입니다. 작은 성공 경험을 쌓으면서 기초를 다집니다.

- 세 번째, 멀티 모달의 공간: 최신의 마법을 접하는 장소입니다. 문자 뿐만 아니라 이미지, 음성까지 다양한 형태의 정보를 조작하는 기술을 익힙니다.

- 네 번째, 기억 마법의 공간: 보다 복잡한 기억 마법을 배우는 장소입니다. 대화 변수나 변수 대입 등 채팅 플로우의 가치를 끌어내는 기술을 익힙니다.

각각의 시련을 넘어설 때마다 여러분의 마법은 새롭게 진화할 것입니다. 고객 서비스, 데이터 분석, 콘텐츠 생성 등 현실 세계의 과제에 맞설 힘을 갖게 될 것입니다. 그것이 설령 현실 세계의 과제가 아닌 '꽃다발을 만들어내는 마법'이라 하더라도 말입니다. 그리고 가장 마지막에는 생성형 AI를 완전하게 활용할 수 있는 기술을 손에 넣게 될 것입니다. 이제 최후의 문을 열어봅시다. 지금까지의 길에서 얻은 경험과 지식 분명히 최강의 무기가 되어줄 것입니다.

- 8.1 채팅 플로우 이해
- 8.2 채팅 플로우 작성
- 8.3 멀티 모달 대응
- 8.4 임의로 대화를 기억할 수 있는 대화 변수와 변수 대입

지금까지 워크플로우의 세계에서 다양한 노드 사용 방법을 익혔습니다. 그리고 드디어 가장 강력한 기능인 '채팅 플로우'에 관해 이야기할 때가 왔습니다.

8.1.1 왜 마지막에 채팅 플로우인가?

채팅 플로우는 마치 통합 격투기 같은 것입니다. 펀치, 킥, 던지기, 조르기 등 각각의 기술을 이해하지 않으면 통합적인 싸움을 할 수 없습니다. 마찬가지로 채팅 플로우도 지금까지 학습한 'LLM' 노드, '지식 검색' 노드, 조건 분기 노드 등 다양한 '기술'을 활용해야 합니다. 모든 요소가 모여야만 비로소 그 가치를 발휘할 수 있습니다.

8.1.2 채팅 플로우의 특징

채팅 플로우의 가장 큰 특징은 '대화 기록'과 '지속적인 대화'입니다. 일반적인 워크플로우는 입력에서 출력까지 일직선입니다. 하지만 채팅 플로우는 다릅니다. 마치 사람과 대화하는 것처럼 전후 문맥을 바탕으로 계속 이야기를 주고받을 수 있습니다. 예를 들면, 아래와 같은 대화를 상상해봅시다.

> 사용자: '시간외 근무 규정에 관해 알려줘'
> AI: '네, 취업 규칙에 따르면…'
> 사용자: '그러면 이번 달 시간외 근무 시간 상한선은?'

여기에서 AI는 '취업 규칙' 내용을 알고 있고, 대화 흐름에 맞춰 대답해야만 합니다. 이것이 '대화 기억'의 힘입니다. 거기에서 그치지 않습니다. 채팅 플로우에서는 다양한 노드나 도구를 조합함으로써 보다 똑똑하고 유연하게 대답할 수 있게 됩니다.

8.1.3 채팅 플로우 실전 활용하기

그러면 이 특징을 활용한 구체 예시로 기업에서 자주 요구되는 '사내 헬프 데스크'를 생각해봅시다.

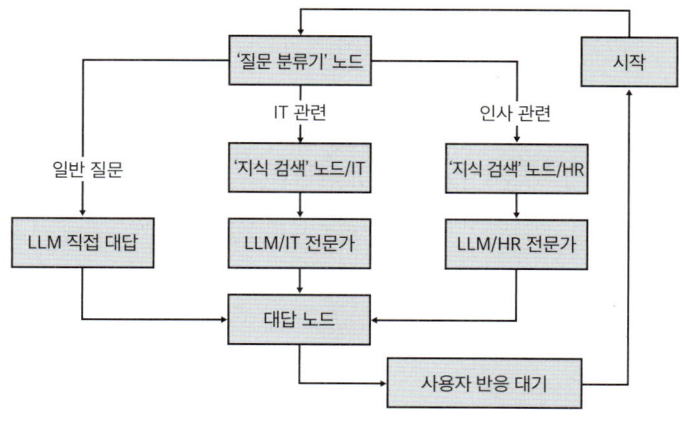

먼저 질문의 종류를 나누고 각각의 전문 '지식 검색' 노드를 참조합니다. 예를 들면, IT 관련 질문은 기술 문서, 인사 관련 질문은 취업 규칙을 참조합니다. 그리고 그 분야에 특화된 LLM이 대답을 생성합니다. 그리고 대화가 한 번에 끝나지 않는다는 점도 중요합니다. 사용자가 추가 질문을 하거나, 보다 자세한 설명을 요구해도 문맥을 바탕으로 받아 계속 대답할 수 있습니다.

8.1.4 채팅 플로우의 발전성

채팅 플로우 기능은 기본적인 질의 응답에서 끝나지 않습니다.
- 여러 전문 분야에 걸친 질문에 대응
- 단계적인 문제 해결 가이드(대화에 의한 CoT 구현)
- 사용자의 이해도에 맞춰 설명 조정
- 관련 추가 정보 제안

이런 것도 모두 '대화의 기억'과 '노드나 도구의 조합'에 의해 구현할 수 있습니다.
결국 채팅 플로우는 '지식', '대화', '처리'를 융합한 새로운 애플리케이션의 형태라고 말할 수 있습니다. 여기까지의 장에서 학습한 노드나 도구를 구사하면, 여러분만의 실용적이고 똑똑한 채팅 시스템을 만들 수 있을 것입니다. 이제 본격적인 실천편입니다.

8.2 채팅 플로우 작성

채팅 플로우 실천편을 시작해봅시다. 실제 채팅 플로우 만드는 방법을 단계적으로 설명합니다.

8.2.1 가장 간단한 Q&A 봇

먼저 단순한 형태부터 만듭시다. 질문에 대답하는 기능만 하는 챗봇입니다. 대시보드를 엽니다. [빈 상태로 시작]을 클릭합니다.

'앱 유형 선택'에서 [채팅 플로우]를 선택합니다. 앱 이름은 적절히 붙입니다(예시: '첫 번째 Q&A 봇' 등). [만들기]를 클릭합니다.

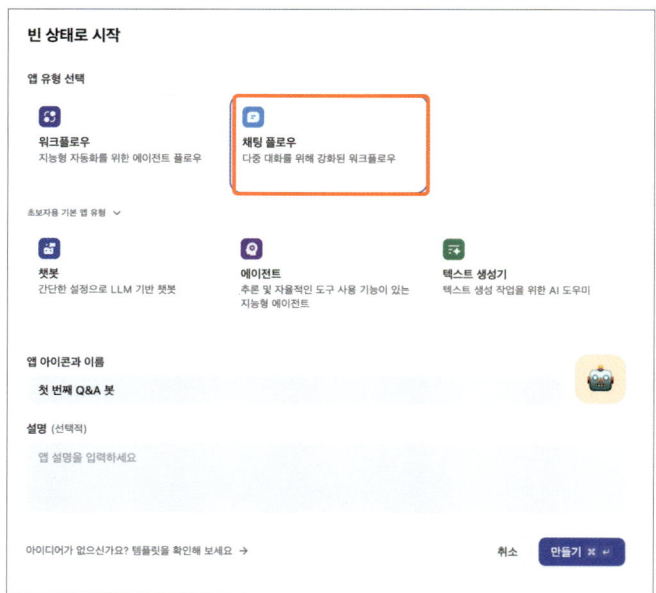

다음과 같은 오케스트레이션 화면이 열립니다. '시작' → 'LLM' → '답변'이라는 흐름이 배치되어 있습니다. 이것이 채팅 플로우의 기본형입니다.

워크플로우의 '출력' 노드가 채팅 플로우에서는 '답변' 노드로 되어 있는 것이 포인트입니다. 대답을 하더라도 대화가 이어질 가능성이 있기 때문에 '출력'이 아닌 '답변'으로 되어 있습니다.

이 상태로도 기본적인 동작은 하지만 'LLM' 노드를 조금 조정해 봅시다. 'LLM' 노드를 클릭합니다.

'LLM' 노드 설정 화면이 표시됩니다. [SYSTEM](프롬프트)을 다음과 같이 설정합니다. 여기에서 주목할 것은 다음 두 가지입니다.

1. [USER] 메시지에 시작/sys.query가 설정되어 있다. 이것은 사용자의 질문이 입력되는 변수이다. 따라서 USER 메시에 설정돼야 한다.

2. [메모리]는 ON으로 설정한다. 이 항목을 활성화하면 대화를 계속해도 이전 대화의 문맥을 기억한다.

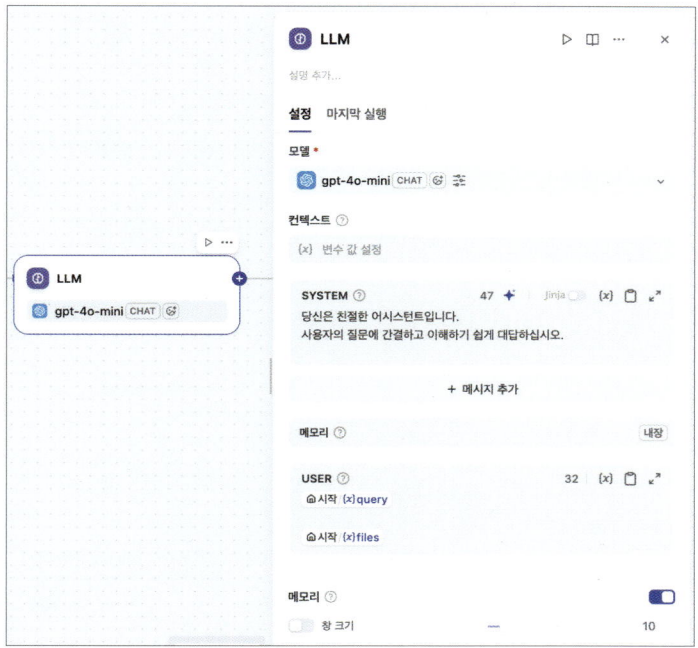

[SYSTEM](프롬프트)

> 당신은 친절한 어시스턴트입니다.
> 사용자의 질문에 간결하고 이해하기 쉽게 대답하십시오.

'답변' 노드는 초기 상태 그대로 유지합니다. 이것으로 간단한 Q&A 챗봇을 완성했습니다.

8.2.2 실행하기

화면 오른쪽 위 [▷ 미리보기]를 클릭하면 다음과
같이 미리보기 창이 표시됩니다.

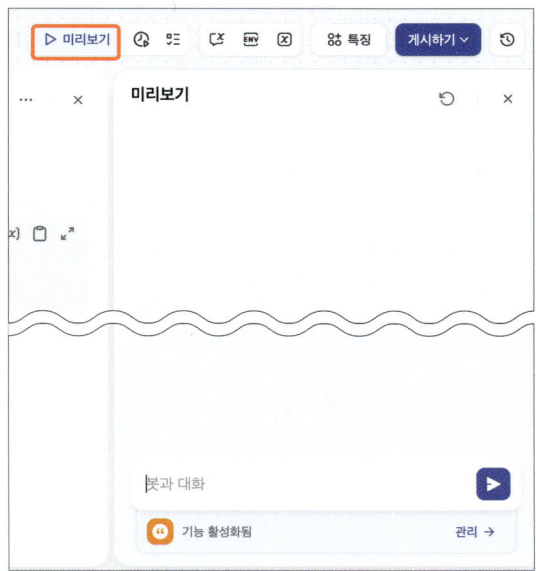

테스트로 몇 가지 질문을 해봅시다. 기억을 테스트하는 흐름은 다음과 같습니다.

① 내 이름 '홍길동'을 기억해줘.

② 챗봇의 이름은 '창고'로 하고 기억해줘.

③ 내 이름과 챗봇의 이름을 알려줘.

결과는 오른쪽 그림과 같습니다. 확실하게 정답을 해줍니다.

대화를 확실히 할 수 있고 문맥도 기억합니다. 여기까지는 일반적인 챗봇에서도 동일하게 구현할 수 있습니다.

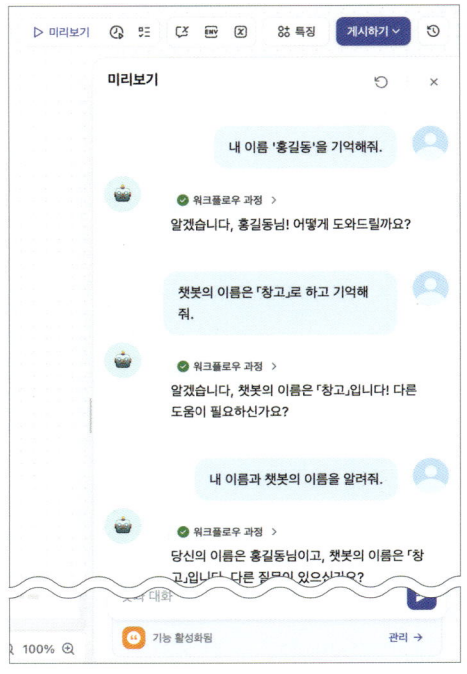

8.2.3 조금 더 개선하기

여기부터가 진짜입니다. 채팅 플로우의 고급 기능들을 사용해 봅시다. 사용자의 질문에 대해 적절한 처리를 할 수 있게 합니다. 이를 위해서는 '질문 분류기' 노드가 필요합니다.

'시작' 노드와 'LLM' 노드 사이에 '질문 분류기' 노드를 삽입하고 질문 종류에 따라 흐름을 바꿔봅시다. 여기에서는 '일반적인 질문', '기술적인 질문', '잡담'의 세 가지 클래스로 나눕니다.

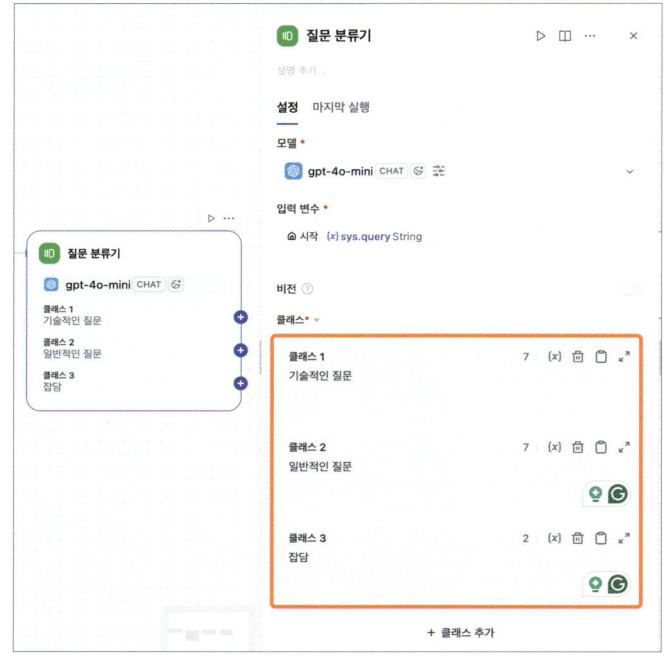

다음으로 각 클래스에 대해 'LLM' 노드를 추가합니다. 먼저 기술적인 질문을 받는 'LLM' 노드입니다. [SYSTEM](프롬프트)에 다음과 같이 설정합니다.

- LLM(기술적인 질문) 노드의 [SYSTEM](프롬프트)

> 당신은 기술적인 질문에 대답하는 뛰어난 어시스턴트입니다.
> 구체적인 설명과 예시를 포함해 대답하십시오.

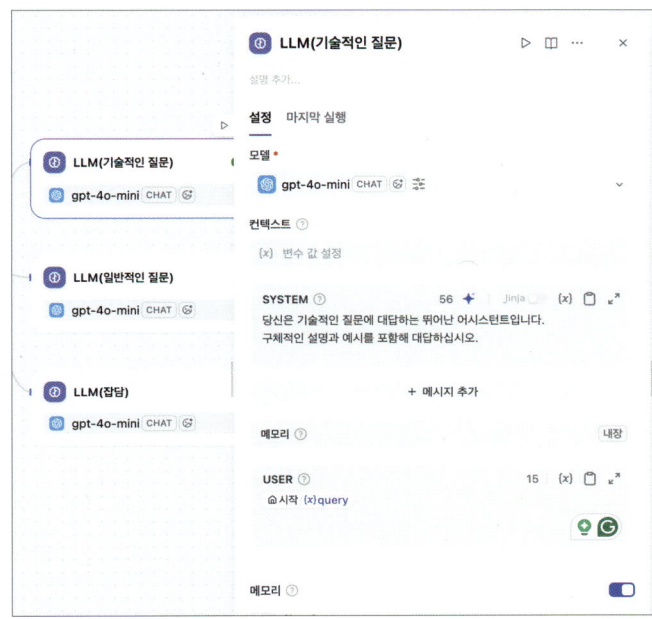

같은 방법으로 'LLM 2'(일반적인 질문), 'LLM 3'(잡담)을 만듭니다. 각각의 [SYSTEM](프롬프트)에 다음과 같이 설정합니다.

- 'LLM 2'(일반적인 질문) 노드의 [SYSTEM](프롬프트)

> 당신은 친절한 어시스턴트입니다.
> 이해하기 쉽고 간략하게 대답하십시오.

- 'LLM 3'(잡담) 노드의 [SYSTEM](프롬프트)

> 당신은 잡담이 특기인 어시스턴트입니다.
> 사용자의 질문에 대해 친근하게, 하지만 예의 바르게 대답하십시오.

각각의 LLM이 생성한 대답을 '답변' 노드에 연결합니다. 이것으로 완성합니다.

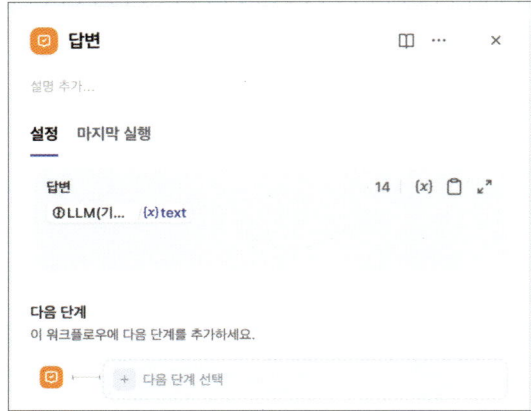
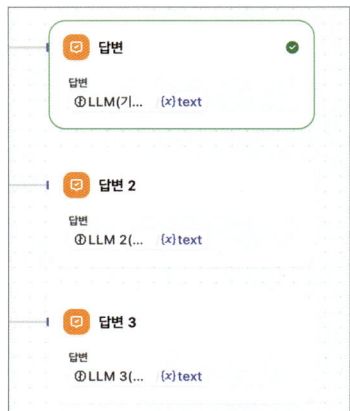

8.2.4 실행하기

만든 채팅 플로우를 실행해 봅시다. '안녕하세요'라는 질문은 '질문 분류기' 노드가 '잡담'으로 판단해 LLM 3(잡담)에게 처리를 전달하고 다음과 같이 대답했습니다.

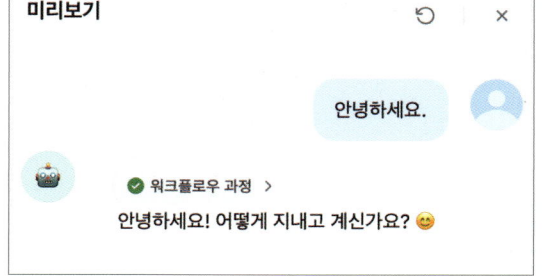

'구름은 어떻게 생기는 거야?'라는 질문은 '질문 분류기' 노드가 '일반적인 질문'으로 판단해 LLM 2(일반적인 질문)에게 처리를 전달하고 다음과 같이 대답했습니다.

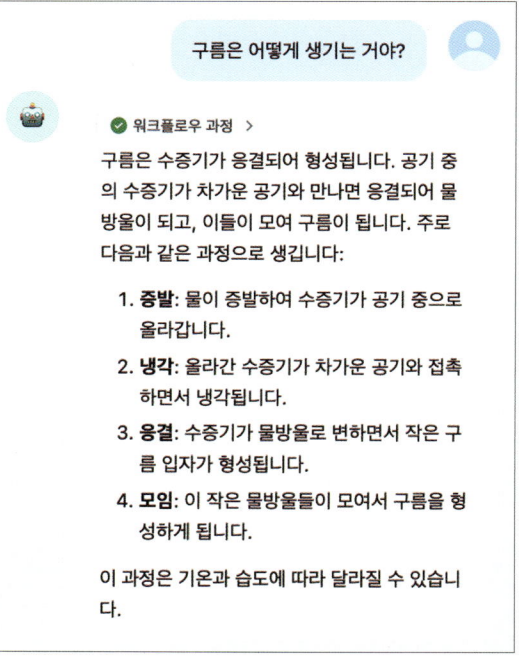

'구름을 인공적으로 만드는 방법과 프로세스에 대해 설명해줘'라는 질문은 '질문 분류기' 노드가 '기술적인 질문'이라고 판단해 LLM(기술적인 질문)에게 처리를 전달하고 다음과 같이 대답했습니다.

이렇게 조건 분기에 따라 처리를 나눌 수 있습니다. 채팅 플로우에서는 조건 분기, 특히 이 '질문 분류기' 노드가 중요합니다.

8.2.5 지식을 사용해 개선하기

다음은 사내 문서와 같은 지식을 사용하는 패턴을 살펴 봅시다. 사용자의 질문에 사내 문서 검색이 필요하다고 판단하면 지식을 검색하고, 그 외에는 일반적인 질문으로 판단해 대답하는 흐름으로 채팅 플로우를 만들어 봅시다.

전체적인 형태는 다음과 같습니다.

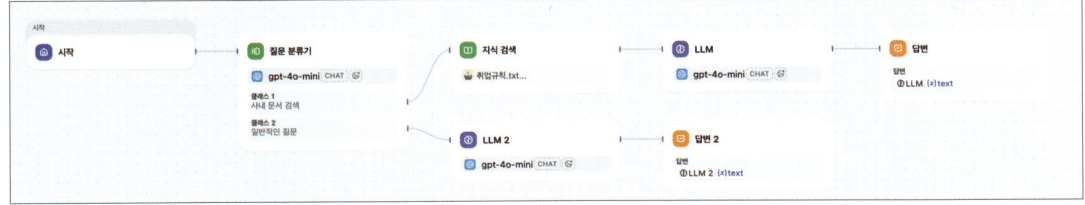

'시작' 노드는 지금까지와 같으므로 '질문 분류기' 노드에 관해 설명합니다. 카테고리는 '사내 문서 검색'과 '일반적인 질문'으로 나눕니다.

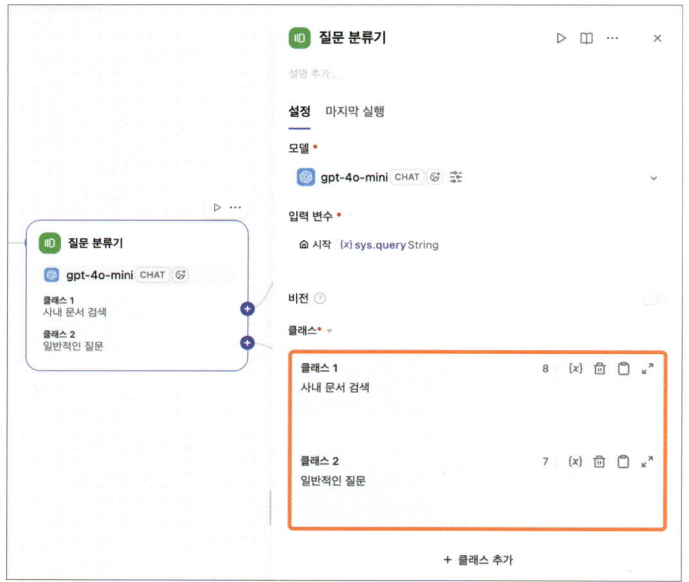

단, 여기에서는 사내 문서 검색에 관해 명확한 인식이 없을 수 있으므로 이를 보충하는 의미에서 [고급 설정]에 다음과 같이 프롬프트를 보충합니다. 그리고 대화 내용도 저장할 것이므로 [메모리] 항목도 ON으로 설정합니다.

지시

카테고리는 다음과 같이 생각한다.

- 사내 문서 검색: 취업 규칙이나 사내 문서 검색이 필요한 경우
- 일반적인 질문: 사내 문서 검색이 필요하지 않은 모든 질문

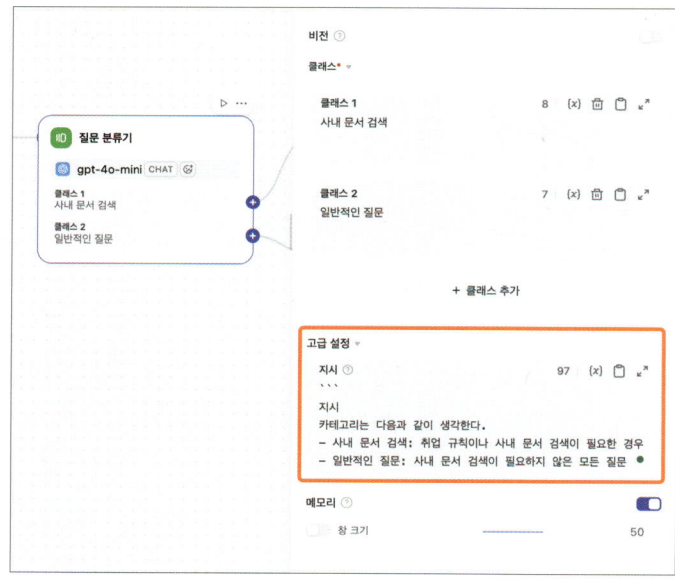

● **클래스 1 경로**(사내 문서 검색)

클래스 1의 경로에 '지식 검색' 노드를 연결합니다. [질의 텍스트]는 sys.query, 즉, 질문 자체입니다. [지식]에는 '취업규칙'을 지정합니다.

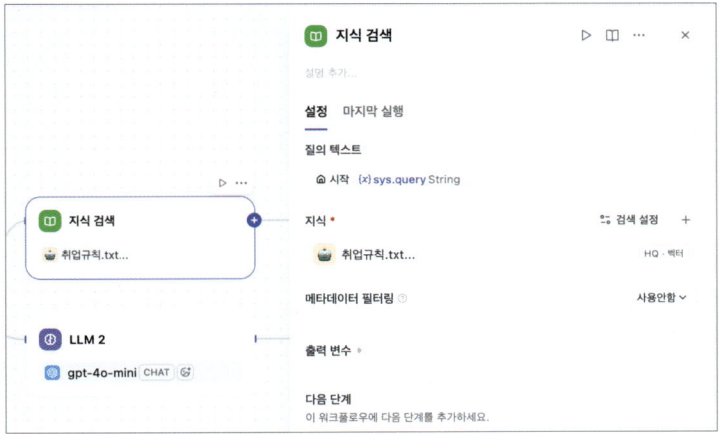

다음으로 LLM을 연결하고 다음과 같이 설정합니다. 취업 규칙을 검색한 결과를 컨텍스트로 지정하고, 그에 대한 대답을 출력하는 단순한 시스템 프롬프트로 설정했습니다.

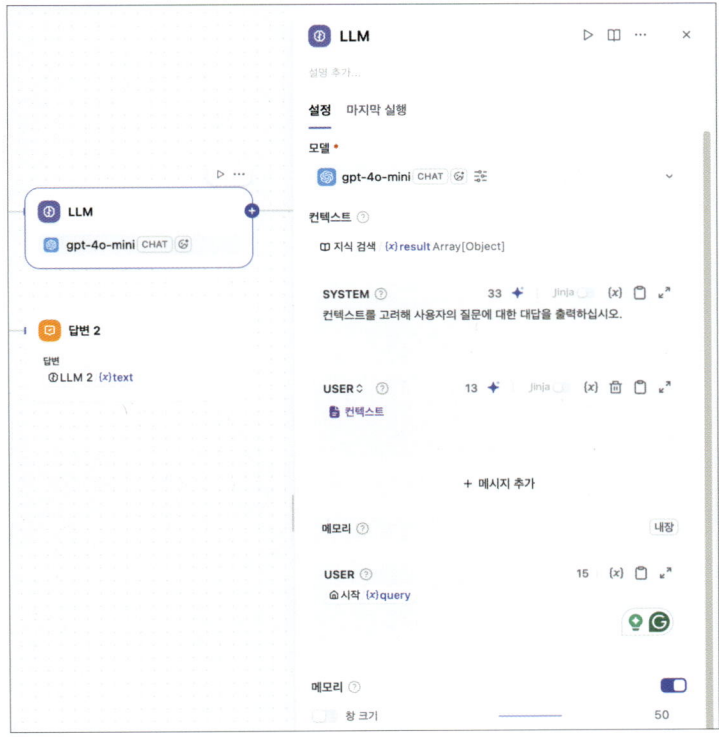

출력 결과는 '답변' 노드에서 받습니다.

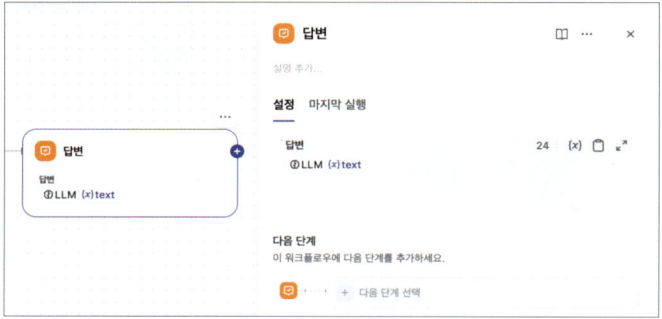

● **클래스 2 경로(일반적인 질문)**

이 경로는 단순합니다. 'LLM 2' 노드의 답변을 일반적인 형태로 구현합니다. 덧붙여 [SYSTEM](프롬프트)는 다음과 같이 설정했습니다.

> 당신은 뛰어난 어시스턴트입니다.
> 사용자의 질문에 대해 단계적으로 생각해 적절하게 대답하십시오.

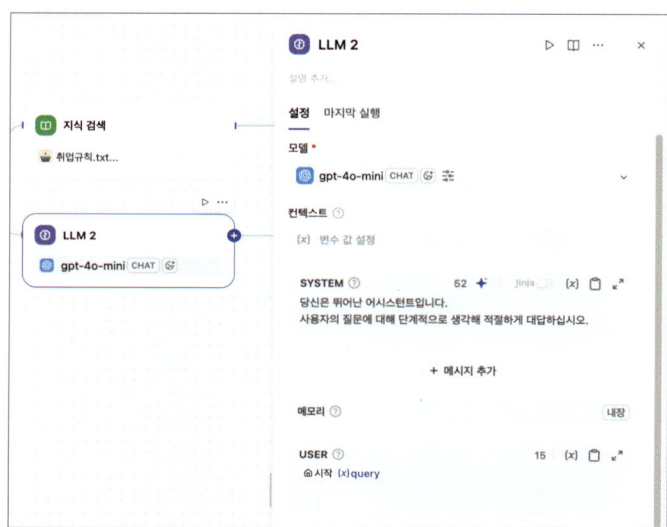

답변 2' 노드에 그 출력을 설정합니다.

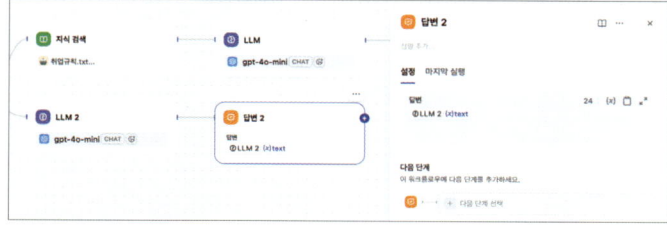

8.2.6 실행하기

화면 오른쪽 위 [▷ 미리보기]를 클릭해 실행한 뒤 대화를 입력합니다. 먼저 시간외 근무 규정에 관해 확인해 봅시다.

'시간외 근무 규정에 관해 알려줘.'

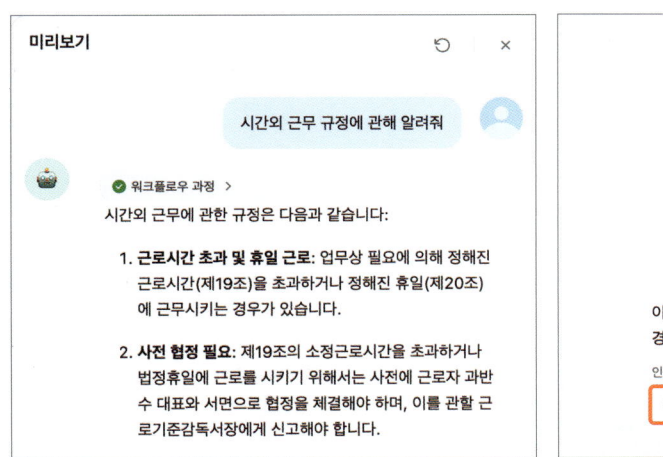

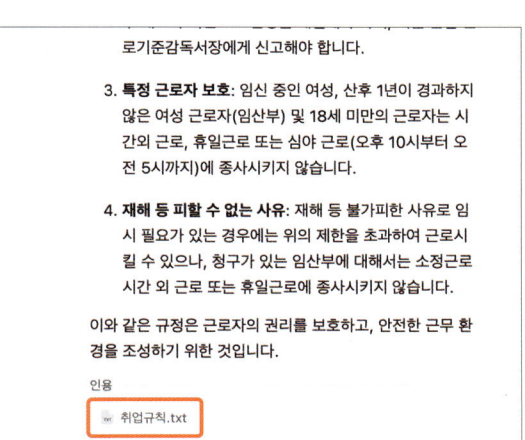

이와 같이 '**취업규칙.txt**' 지식으로부터 질문을 검색해 출력했습니다. [인용]에는 해당 정보의 출처가 표시됩니다.

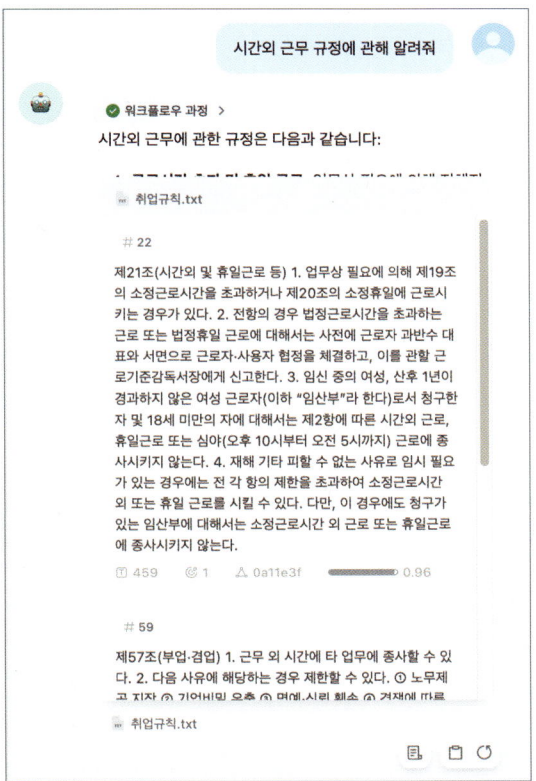

다음으로 출력된 결과를 기반으로 요약합니다. '위 내용을 요약해 주십시오.'라고 질문하면 '위'라는 키워드를 받아 문맥을 기억하고, 그에 따라 대답을 요약해줍니다. 이것은 일반적인 질문의 경로를 따릅니다. 2개의 경로를 잘 구분하고 대화를 만드는 것을 알 수 있습니다.

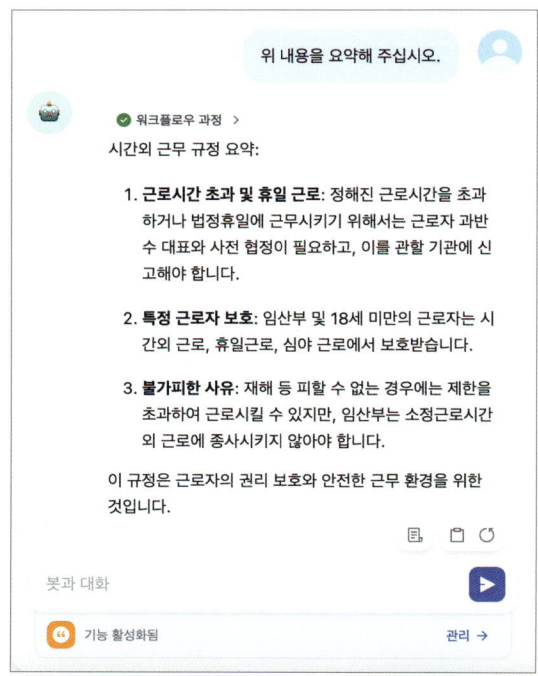

여기에서 만든 채팅 플로우의 가장 큰 장점은 '질문 내용을 이해하고, 적절한 흐름으로 분기하는 것'과 '문맥을 기억한 자연스러운 대화 능력'을 동시에 달성했다는 것임을 알았을 것입니다. 문서 참조 뿐만 아니라 그 문서로부터 이야기를 전개해 추가 질문을 해도 확실하게 질문을 받아 줍니다. 마치 옆에 의지가 되는 상담사가 있는 듯한 느낌을 받을 수 있을 것입니다.

8.3 멀티 모달 대응

지금까지는 텍스트를 중심으로 하는 채팅 플로우에 관해 살펴봤습니다. 실제 업무를 생각해보면 이미지, 문서를 보면서 대화할 때도 많습니다. '이 그림의 의미를 설명해 줘', '이 문서를 요약해 줘' 같은 대화도 있을 것입니다. 이번 절에서는 채팅 플로우를 한층 강화시킵니다. 이미지는 물론 문서를 이해하는 '멀티 모달' 챗봇을 만들어 봅시다.

8.3.1 멀티 모달의 가능성

멀티 모달이란 '여러 형식의 정보를 다룰 수 있는' 것이었습니다. 우리가 일반적인 대화에서 표정을 짓거나 자료 이미지 설명을 하는 것처럼 AI에서도 텍스트 이외의 정보를 처리할 수 있도록 하는 것이 목적입니다. 구체적으로는 다음을 들 수 있습니다.

- 이미지 내용을 이해하고 설명한다.

- 다이어그램에 관해 자세히 설명한다.

- 문서를 읽고 요약한다.

- 이미지와 텍스트를 조합한 질문에 대답한다.

6장에서 워크플로우를 사용한 멀티 모달 처리에 관해 학습했습니다. 채팅 플로우를 사용하면 보다 대화에 가까운 방식으로 운용할 수 있습니다. 멀티 모달 대응 채팅 플로우의 형태는 다음과 같습니다.

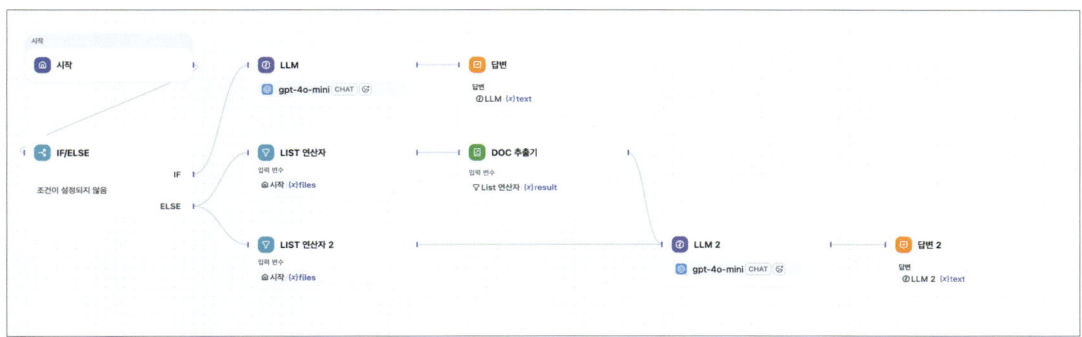

8.3.2 멀티 모달 채팅 플로우의 구조

멀티 모달 대응 채팅 플로우에는 다음 두 가지 변수의 역할이 중요합니다.

- sys.query: 사용자의 질문 텍스트

- sys.files: 업로드 된 파일(이미지, 문서 등)

이들을 활용해 먼저 '파일 여부'를 확인합니다. 파일이 있다면 파일의 종류(이미지인지 문서인지 등)을 판단하고, 각 경로로 분기합니다.

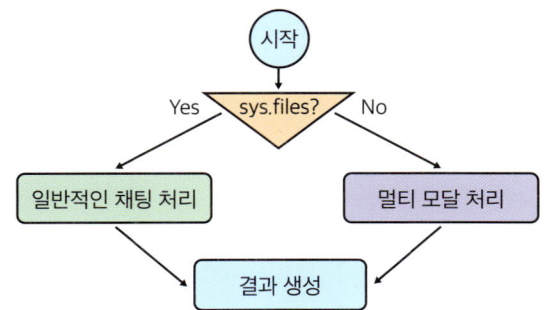

8.3.3 채팅 플로우 만들기

실제로 만들어 봅시다. 채팅 플로우를 새로 만들면 '시작' → 'LLM' → '답변'의 기본 흐름이 만들어집니다. 이 흐름을 변경하면서 파일을 다룰 수 있게 합니다. 크게 다음 단계로 진행합니다.

① 파일 판정 조건 분기를 추가한다.

② 이미지 처리 경로를 구현한다.

③ 문서 처리 경로를 구현한다.

● IF/ELSE 설정하기(파일 판정 조건 분기)

사용자의 질문에 이미지가 포함되어 있는지 판단하기 위해 가장 먼저 'IF/ELSE' 노드를 설정합니다. '시작' 노드와 'LLM' 노드 사이에 있는 [+]를 클릭합니다. 노드 목록에서 'IF/ELSE' 노드를 선택해 노드를 추가합니다('LLM' 노드와 연결이 끊어지지만 문제없습니다).

[조건 추가]를 클릭한 뒤 다음과 같이 서정합니다. 시작/sys.files의 값은 비어 있음을 선택합니다.

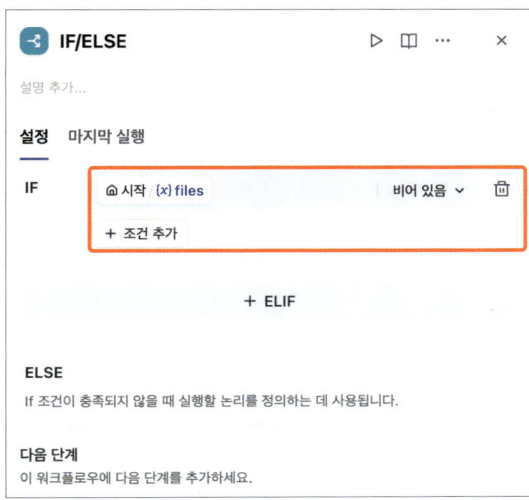

다음으로 'IF/ELSE' 노드의 [IF]에 'LLM' 노드를 연결합니다. 'LLM' 노드는 기본 설정 상태로 관계 없습니다(필요한 경우 [SYSTEM](프롬프트)을 설정해도 좋습니다). [메모리]는 ON으로 설정합니다.

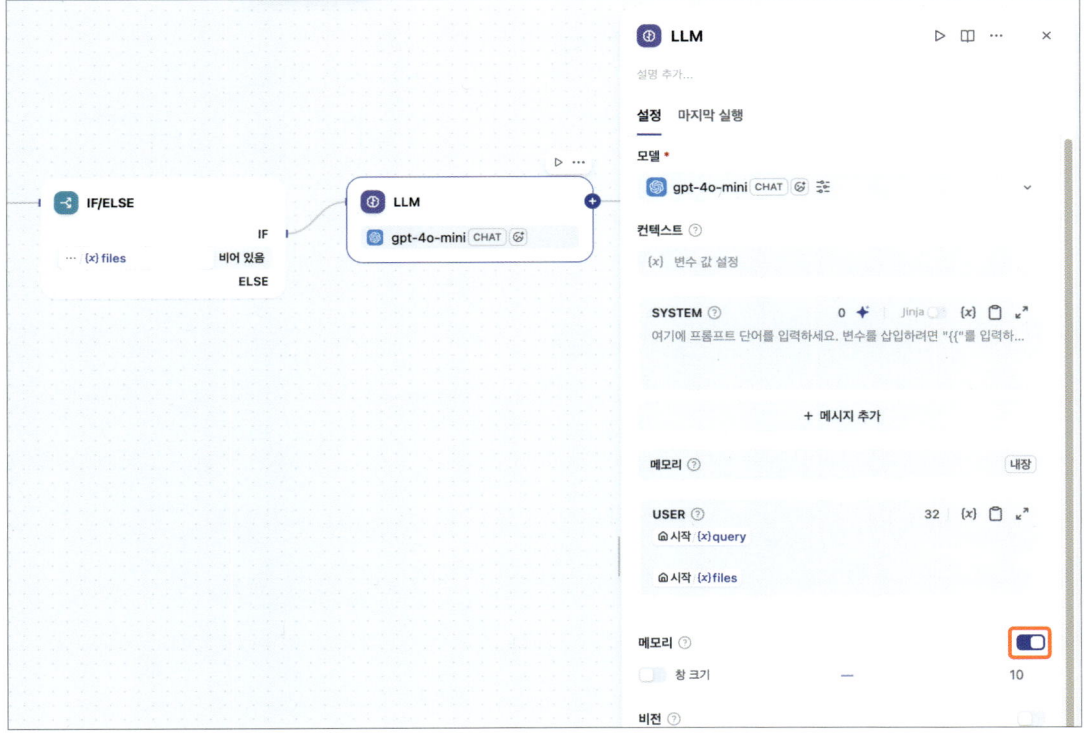

'답변' 노드에서도 기본 설정을 그대로 사용합니다.

이것으로 IF 경로를 완성했습니다. 다음으로 ELSE 경로, 즉, `sys.files`가 존재할 때의 경로를 만듭니다.

● 'LLM' 노드 추가하기(이미지 처리 경로 구현)

파일을 읽고 그 내용을 해석하는 경로를 만듭니다. 이것은 6.10절에서 설명한 워크플로우를 사용하지만, 여기에서도 하나씩 구현해봅시다. 가장 먼저 이미지 해석입니다. [ELSE]의 [+]를 클릭한 뒤 노드 목록에서 'LLM' 노드를 선택합니다.

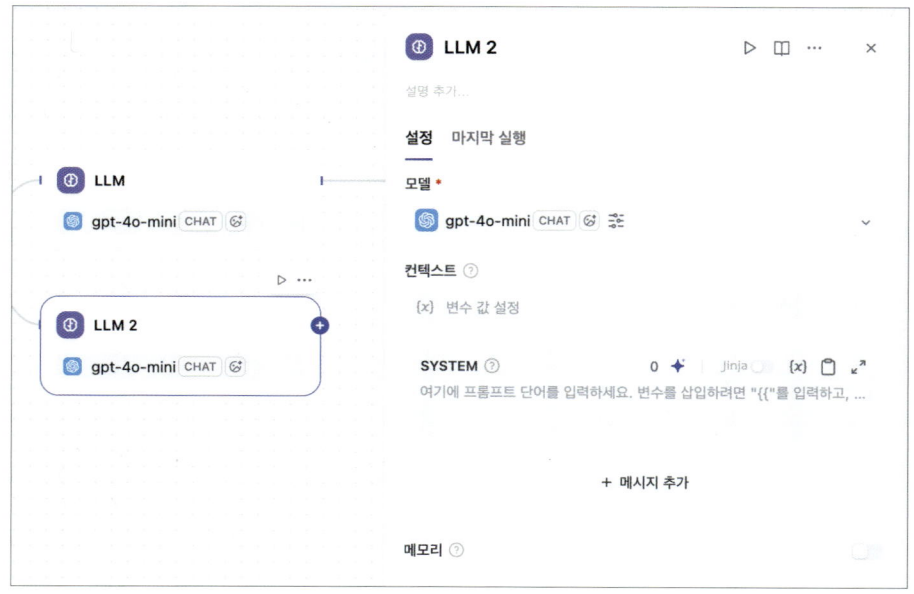

'LLM 2' 노드는 초기 상태로 추가되며 메모리 기능이 OFF로 설정되어 있습니다. [메모리]를 ON, [비전]을 ON으로 설정합니다. 이제 [[USER](프롬프트)]에 질문이 저장되어 있는 변수 **시작/{x}sys.**

query, [비전] 필드에 파일 시작/sys.files가 자동으로 설정됩니다. 'LLM 2' 노드 오른쪽 [+]를 클릭한 뒤 '답변' 노드를 선택하고, 답변에 LLM 2/text를 설정합니다.

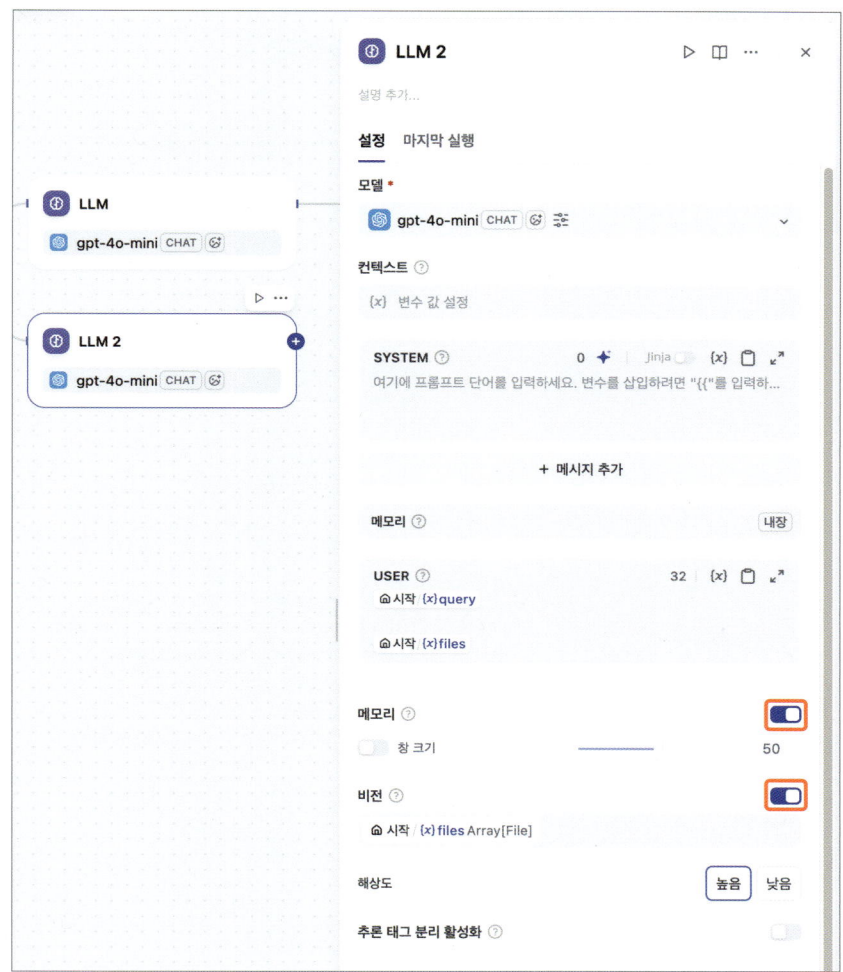

8.3.4 이미지를 업로드 설정하기

이미지를 업로드하려면 특징을 추가해야 합니다. 화면 오른쪽 [특징]을 클릭합니다. 특징 목록이 표시되면 [파일 업로드]를 ON으로 설정합니다.

[파일 업로드]에 마우스 커서를 올리면 [설정] 항목이 표시됩니다. 클릭하면 업로드 파일을 선택하는 화면이 표시됩니다. 여기에서 [이미지] 항목에 체크한 뒤 [저장]을 클릭합니다. 이것으로 채팅 필드에서 파일을 업로드 할 수 있게 됩니다.

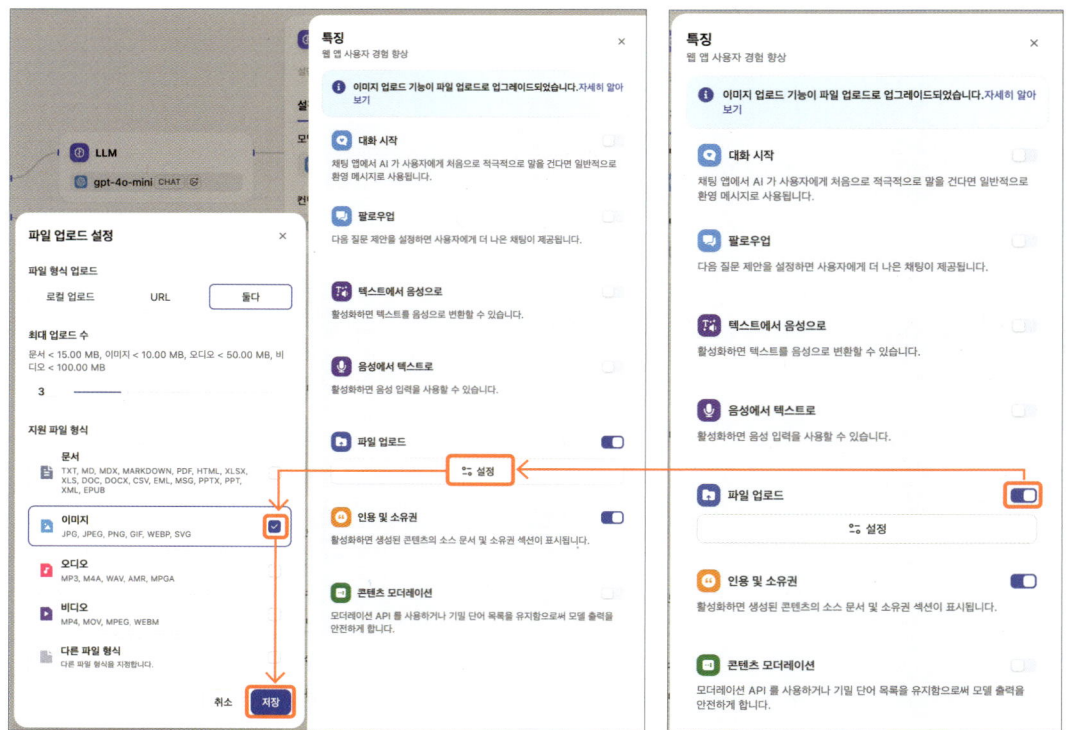

8.3.5 실행 및 테스트하기

준비를 마쳤다면 화면 오른쪽 위 [▷ 미리보기]를 클릭해 테스트를 실행해 봅시다. '안녕하세요.'라고 입력합니다. 다음과 같이 대답합니다.

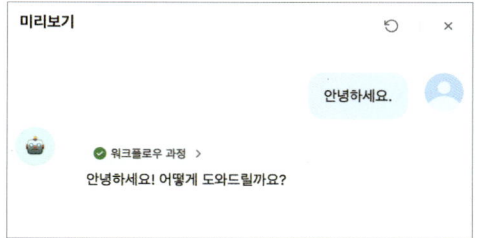

흐름을 확인해 봅시다. [워크플로우 과정 >]을 클릭합니다. IF 경로를 통해 LLM이 실행되어 대답한 것을 알 수 있습니다.

다음으로 이미지를 업로드해봅시다. 채팅 입력 필드를 보면 왼쪽 아래 폴더 아이콘이 있습니다. 업로드 기능을 사용할 수 있다는 의미입니다. 입력 필드의 클립 아이콘을 클릭합니다. 팝업 화면에서 [로컬 업로드]를 클릭합니다. 파일 선택 창이 표시되면 원하는 이미지를 선택합니다.

이미지가 업로드 됩니다. 이 이미지에 관해 설명하도록 프롬프트를 입력합니다.
'이 이미지에 관해 설명해 주십시오.'
전송 아이콘을 클릭합니다.

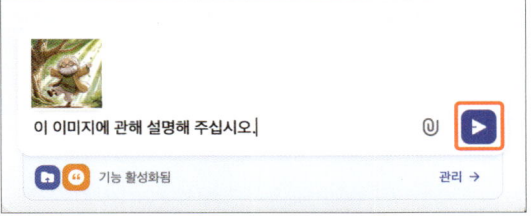

다음과 같이 대답합니다. 왼쪽 그림과 같이 이미지에 관해 정확하게 설명합니다. 오른쪽 그림과 같이 [워크플로우 과정 >]을 클릭해 ELSE 경로가 실행된 것을 확인할 수 있습니다.

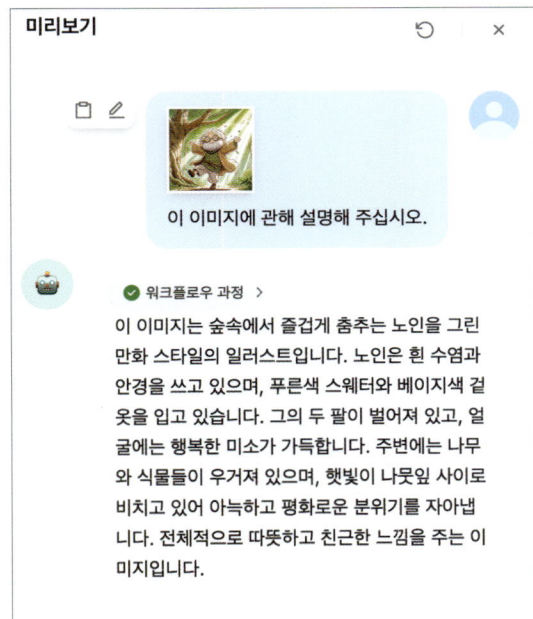 

이것으로 간단한 멀티 모달 대응 형태를 만들었습니다. 여기에서 한층 개선합니다. 이번에는 문서를 읽어 의미를 이해하고 요약하는 태스크를 추가합니다.

8.3.6 문서 처리 경로 구현하기

이미지나 문서를 다루게 하려면 6.10절에서 설명한 'List 연산자' 노드를 사용해야 합니다. 이미지를 해석하는 경로와 문서를 해석하는 경로가 다르기 때문에 파일 형식에 따라 필터링하는 과정이 필요했습니다. 이미 처리 경로에 'List 연산자' 노드를 추가합시다. 'IF/ELSE' 노드와 'LLM 2' 노드 사이의 [+]를 클릭합니다. 노드 목록에서 'List 연산자' 노드를 선택합니다. 다음 그림과 같이 설정합니다.

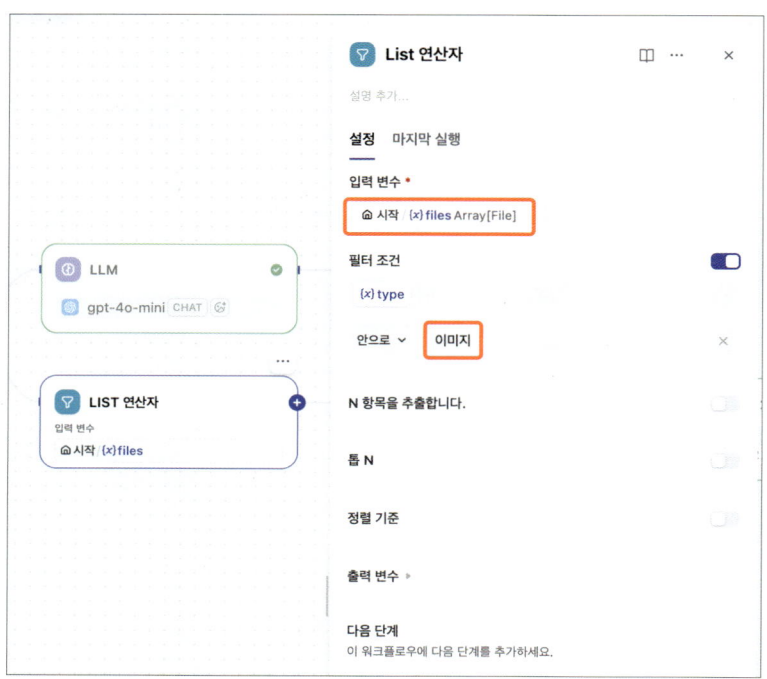

설정을 마쳤다면 다시 동일하게 테스트를 해봅시다.

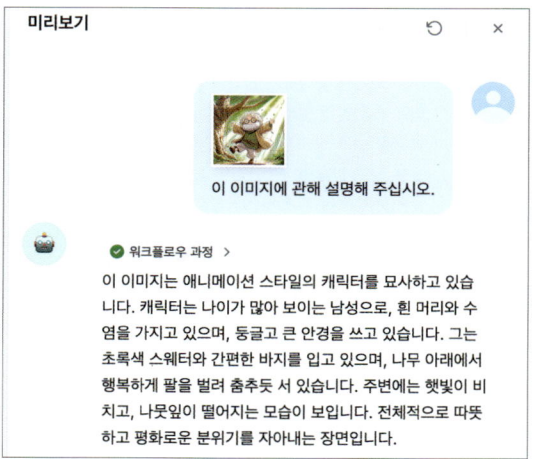

8.3.7 문서 읽기 대응하기

다음으로 문서 처리를 추가합니다. 'IF/ELSE' 노드 오른쪽 [+]를 클릭하고 'List 연산자' 노드를 추가합니다. 설정 화면에서 다음과 같이 설정합니다. 이것으로 병렬 처리를 할 수 있게 됩니다.

- [입력 변수]: 시작/sys.files

- [필터 조건]: ON → type / 안으로 / 문서

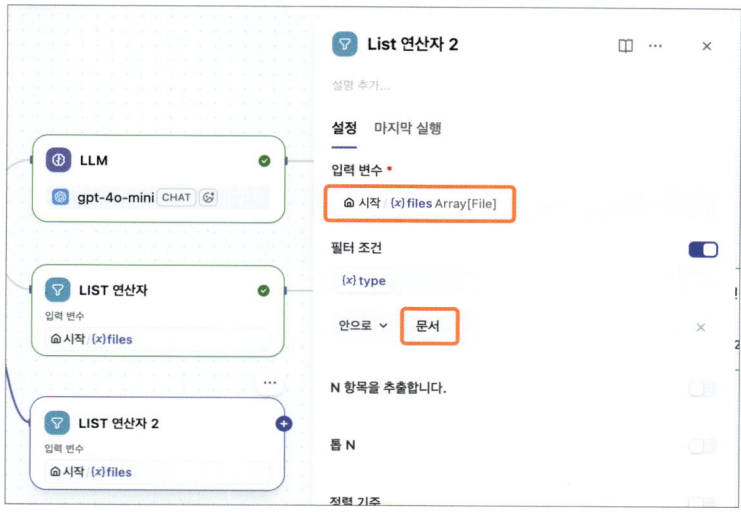

'List 연산자 2' 노드 오른쪽 [+]를 클릭합니다. 노드 목록에서 'DOC 추출기'를 선택합니다. 'DOC 추출기'는 다음과 같이 설정합니다.

- [입력 변수]: List 연산자 2/result

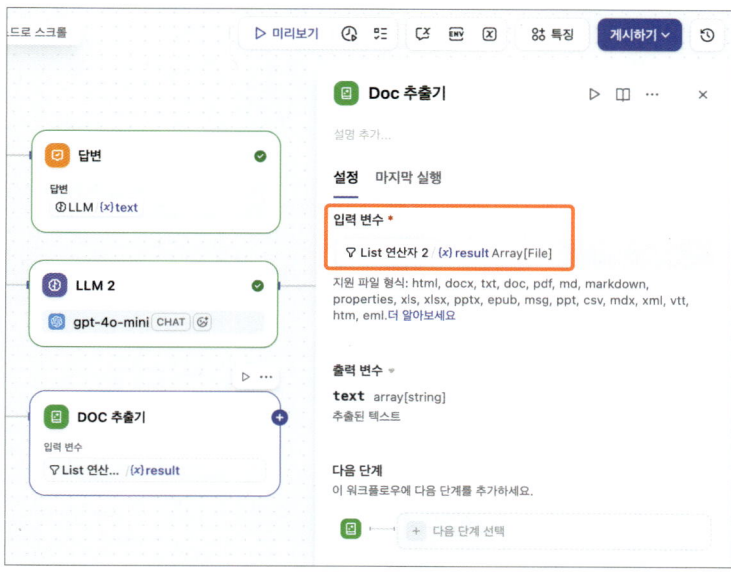

다음으로 'DOC 추출기' 노드 오른쪽 [+]를 드래그해서 'LLM 2' 노드 왼쪽에 연결합니다. 'DOC 추출기' 노드에서 출력된 텍스트를 'LLM 2' 노드로 전달하는 것을 시각적으로 알 수 있습니다

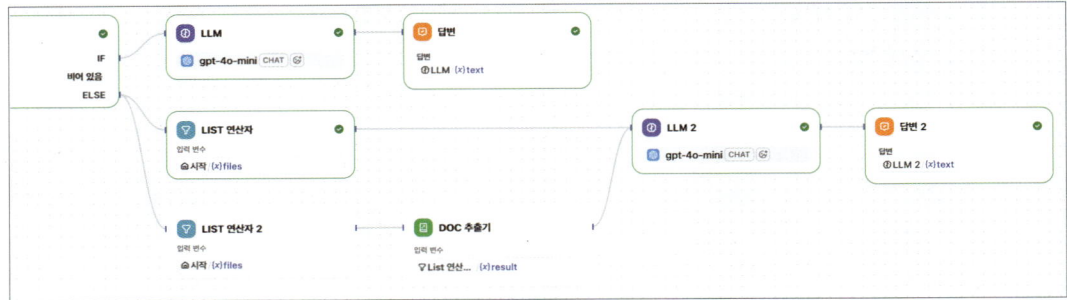

'LLM 2' 노드를 클릭해 설정 화면을 엽니다. [+ 메시지 추가]를 클릭합니다. 새로운 사용자 메시지가 추가됩니다. 여기에 [SYSTEM](프롬프트)와 [USER](프롬프트)를 다음과 같이 설정합니다.

[SYSTEM](프롬프트)

당신은 문서와 이미지를 모두 해석할 수 있는 어시스턴트입니다.

[USER](프롬프트)

문서가 있을 때는 다음이 문서의 내용입니다.
<<DOC 추출기/{x}text>>

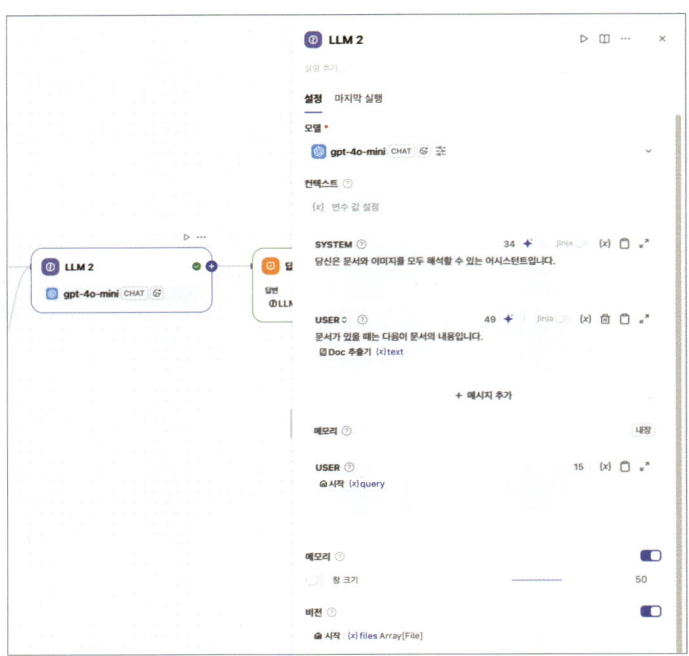

[특징]을 열고 [파일 업로드]를 ON으로 설정하고, [문서]를 ON으로 설정합니다. [문서]에 체크합니다.

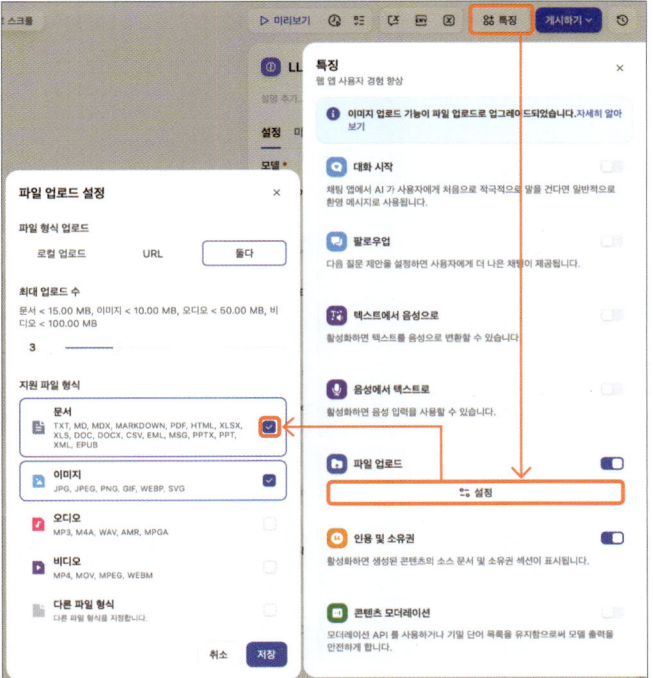

8.3.8 실행 및 테스트하기

[▷ 미리보기]를 열어 테스트 해봅시다. 클립 아이콘을 클릭하고 적당한 파일을 업로드합니다. 여기에서는 'Attention is All You Need'라는 논문을 업로드했습니다. '이 문서를 요약해 주십시오. 간결하게 요약하십시오. 마지막에 한 문장으로 정리해 출력하십시오.'라는 프롬프트를 입력했습니다. 잘 동작하는 것을 확인할 수 있습니다.

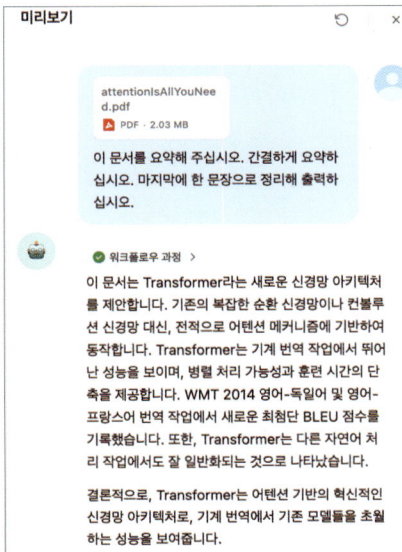

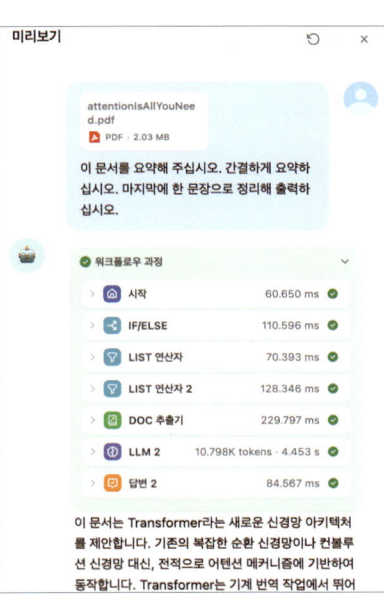

문서를 처리할 수 있게 되었습니다. 일반적인 질문과 이미지를 포함한 질문을 각각 입력해 결과를 확인해 봅시다.

● 주의

이미지화 된 문서는 업로드 하지 않는 것을 권장합니다. 논문이나 사내 문서 PDF등 텍스트로 인식할 수 있는 문서를 사용하십시오.

이 예시에서 사용한 'Attention is All You Need' 논문은 https://arxiv.org/pdf/1706.03762에서 다운로드 할 수 있습니다.

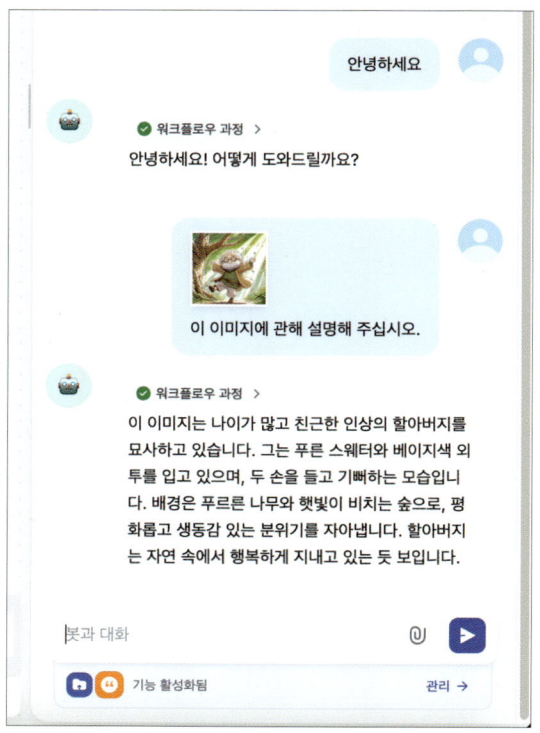

8.3.9 실전 사용 예시 생각하기

멀티 모달 대응 채팅 플로우는 일상 업무를 극적으로 변화시킬 수 있는 가능성을 품고 있습니다.

예를 들면, 고객 지원 현장에서 고객이 제품 사진만 전송하면 AI가 문제를 즉시 판단할 수 있을 것입니다. 카메라에 촬영된 제품 사용 방법을 단계적이고 직관적으로 설명할 수도 있습니다. AI의 진화에 따라 숙련된 제품 담당자가 눈 앞에 있는 듯, 자세하게 대응할 수도 있게 될 것입니다.

교육 분야에서의 활용도 생각할 수 있습니다. 복잡한 다이어그램, 수식, 화학식도 채팅 플로우를 통해 친절하게 설명할 수 있을 것입니다. '모르는' 시점에 즉시 '그렇구나!'라고 알 수 있는 효율적인 교육 지원 도구도 만들 수 있을 것입니다.

비즈니스 씬에서의 활용은 어떨까요? 회의 자료 문서나 그래프를 AI가 순식간에 분석하고, 중요한 포인트를 추출해줍니다. 프레젠테이션 자료도 효율적으로 리뷰할 수 있습니다. 나아가 디자인 제안에 대한 피드백에서도 텍스트와 이미지를 조합함으로써 보다 정확하고 쉽게 뉘앙스를 전달할 수 있게 됩니다.

이처럼 멀티 모달 대응 채팅 플로우는 단순한 텍스트 기반 대화를 넘어, 보다 풍부하고 효고적인 표현을 할 수 있습니다. 이미지, 음성, 텍스트를 자유롭게 조합함으로써 인간의 감각에 보다 가까운 자연스러운 대화를 구현할 수 있습니다.

이 시점까지 오면 챗봇은 이미 '대화만 하는' 존재가 아닙니다. 눈으로 보고, 이해하고, 적확하게 응답합니다. 보다 인간다운 인터페이스를 제공할 수 있게 되는 것입니다.

8.4 임의로 대화를 기억할 수 있는 대화 변수와 변수 대입

채팅 플로우에는 '대화 변수'라는 특별한 기능이 있습니다. 이것은 인간에 비유하면 '의도적으로 기억해두는 메모' 같은 것입니다. 채팅 중 특정 정보를 기억하고, 이후 질문에 활용할 수 있습니다

8.4.1 왜 대화 변수가 필요한가?

멀티 모달 대응 채팅 플로우를 사용하다 보면 다소 불편한 점을 깨닫게 될 것입니다. 예를 들면, PDF 파일을 읽어 녹취록 했을 때, 그 내용에 관해 다른 질문을 하고 싶게 되는 경우입니다. 그때는 같은 파일을 다시 한 번 업로드 해야만 합니다.

'아, 너무 번거로운데요!'

한 번이라도 읽은 파일의 내용을 기억하게 하는 편이 좋을 것입니다. 추가로 질문할 때마다 파일을 업로드 하는 것은 매우 비효율적이기 때문입니다.

이럴 때 편리하게 사용할 수 있는 것이 대화 변수와 변수 대입이라는 기법입니다.

8.4.2 대화 변수란?

대화 변수는 채팅 플로우 안에서 특정한 정보를 저장해 두는 '기억 서랍' 같은 것입니다. 예를 들면, 다음을 저장할 수 있습니다.

- PDF에서 추출한 텍스트
- 이미지 해석 결과
- 사용자 설정 및 선호
- 이전 계산 결과

이런 일시적인 정보를 대화 변수로 기억하면, 다음 대화에서 이 정보들을 손쉽게 호출할 수 있습니다.

8.4.3 대화 변수 설정하기

대봐 변수를 사용해봅시다. 8.3절에서 만든 채팅 플로우 화면을 엽니다. 읽은 문서의 내용을 기억하게 하는 케이스를 가정합니다.

● 대화 변수 추가하기

화면 위쪽 말풍선에 [x]가 붙은 아이콘이 있습니다. 이 아이콘을 클릭하면 대화 변수 설정 화면이 표시됩니다. 여기에서 대화 변수를 작성하고 설정합니다. [변수 추가]를 클릭합니다.

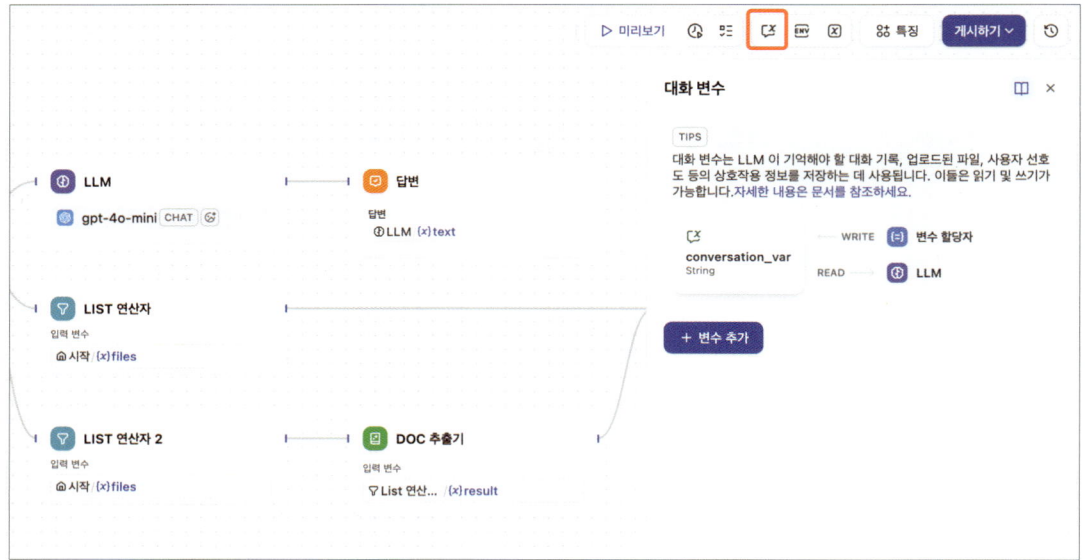

대화 변수 추가를 위한 화면이 표시됩니다. 여기에서는 이름을 document_content고 설정했습니다. 타입은 기본 string이 아닌 Array[string]으로 설정합니다. 텍스트 추출기의 출력에 맞추기 위해서입니다. [저장]을 클릭합니다. 오른쪽 그림과 같이 document_content라는 변수가 추가됩니다(※ 변수 타입은 Array[string]으로 유지합니다).

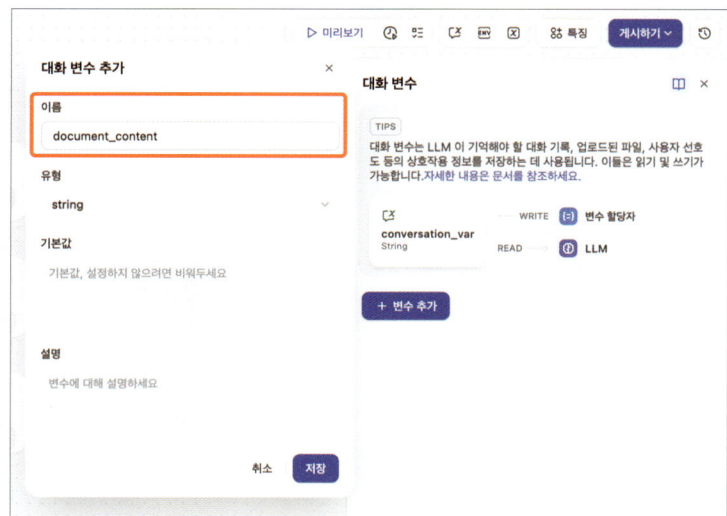
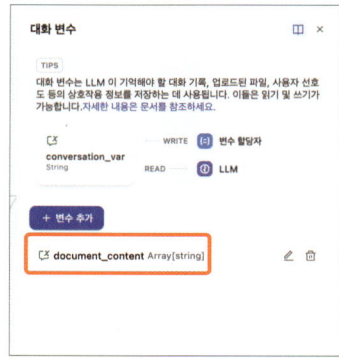

8.4.4 '변수 할당자' 노드 추가하기

'DOC 추출기' 노드와 'LLM' 노드 사이의 [+]를 클릭한 뒤 '변수 할당자' 노드를 추가합니다.

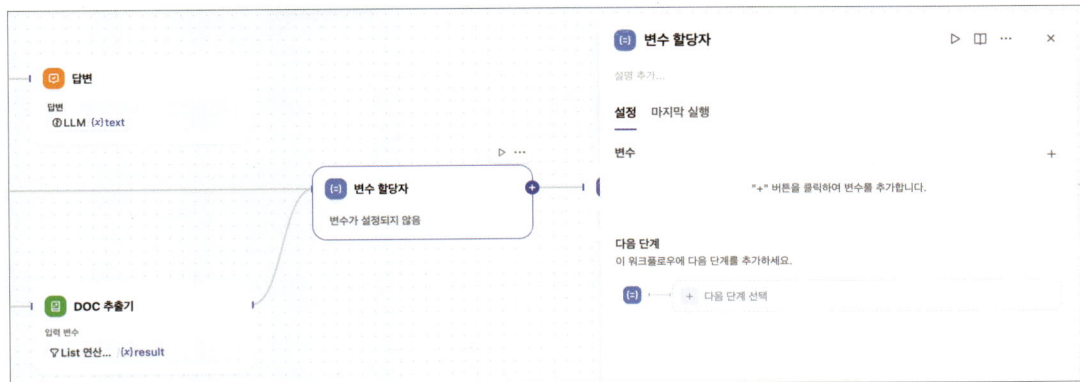

'DOC 추출기' 노드에서 얻은 텍스트를 [변수] document_content에 대입합니다. [변수]의 [+]를 클릭한 뒤 document_content를 대입 변수에 지정합니다. 모드는 **덮어쓰기**를 선택하고, 매개변수는 DOC 추출기/text를 설정합니다. 이것으로 텍스트 추출된 결과를 대화 변수 document_content에 대입할 수 있습니다.

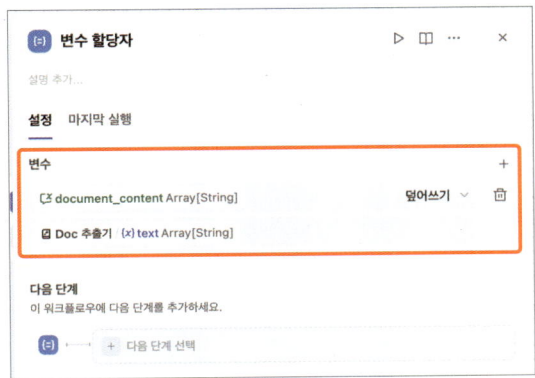

● 일반적인 대화의 LLM 프롬프트에서 대화 변수 참조하기

이후 대화에서 이 변수를 참조할 수 있도록 설정합니다. 다음과 같은 느낌의 프롬프트를 사용하는 것이 좋을 수 있습니다.

[SYSTEM](프롬프트)

> 사용자의 질문에 친절하게 대답하십시오.
> 저장된 문서가 있다면 그 내용을 참조하십시오.
> 문서의 내용에 관해 자세히 대답할 수 있습니다.
> 저장된 문서가 없다면 문서 내용은 무시하십시오.

[USER](프롬프트)

> 저장되어 있는 문서의 내용은 다음과 같습니다:
> "document_content"

※ 주의: 대화 변수 document_content는 지금까지와 마찬가지로 컨텍스트에 지정해도 좋습니다. 이때는 [USER](프롬프트) 메시지에 컨텍스트를 지정하십시오.

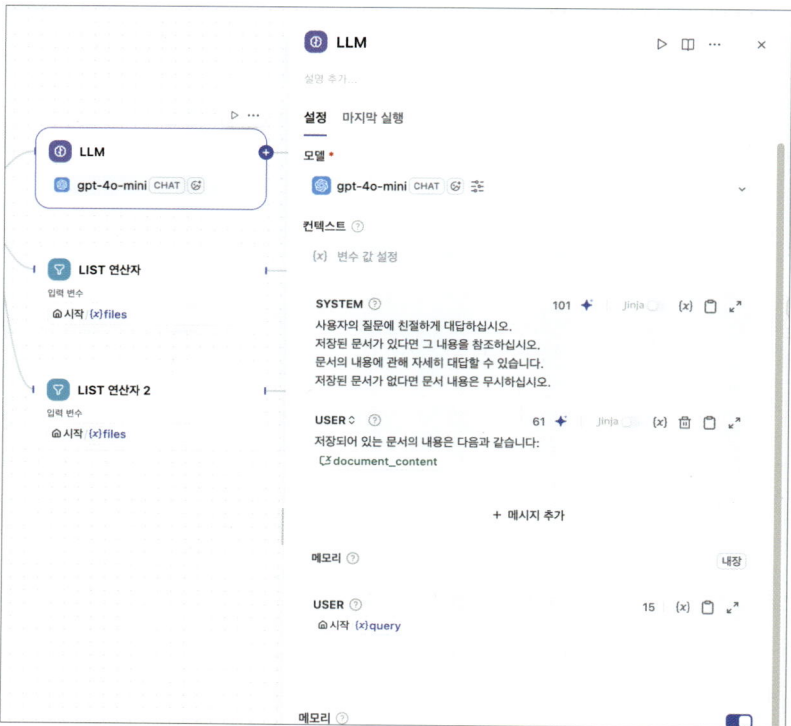

8.4.5 실행하기

먼저 '안녕하세요.'라고 입력합니다. 채팅 플로우는 일반적인 질문으로 해석해 일반적인 질문 경로를 실행합니다.

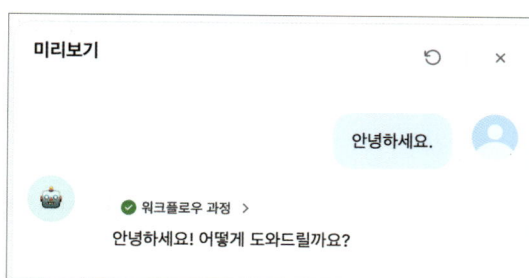

PDF 문서를 업로드하고 요약하도록 의뢰합니다. 멀티 모달용 경로를 실행하고 DOC 추출기를 거쳐, 대화 변수 document_content에 그 결과가 대입되고, LLM에서 요약해 결과를 출력합니다.

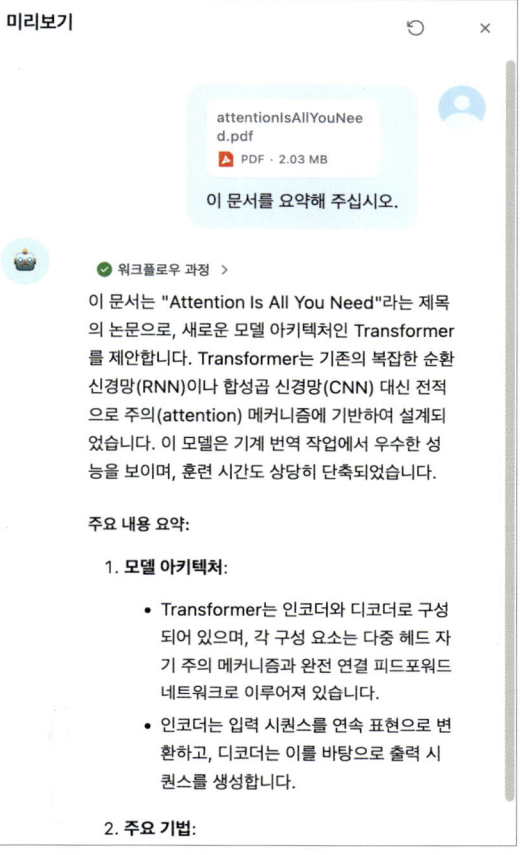

이때 [트레이싱] 탭을 보면 다음 그림과 같이 대화 변수에 텍스트가 대입된 것을 알 수 있습니다.

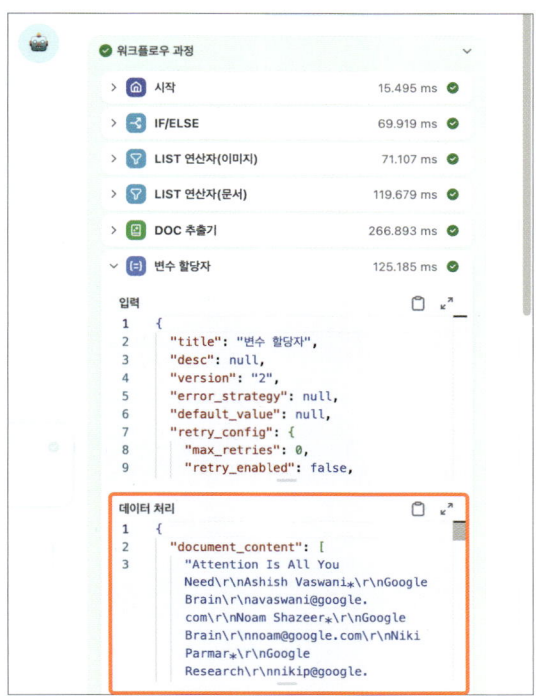

다음으로 대화 변수가 제 역할을 하고 있는지 확인해 봅시다. 파일을 업로드 하지 않고 질문합니다. '이 논문의 개요를 개조식으로 대답해 주십시오.'라고 질문합니다.

그러면 일반적인 질문의 경로가 실행됩니다. 그리고 확실히 논문의 개요를 개조식으로 대답해줍니다. 다른 질문도 해봅시다. '저자 목록을 출력해 주십시오.'라고 질문하면 오른쪽 그림과 같이 저자 목록을 표시합니다.

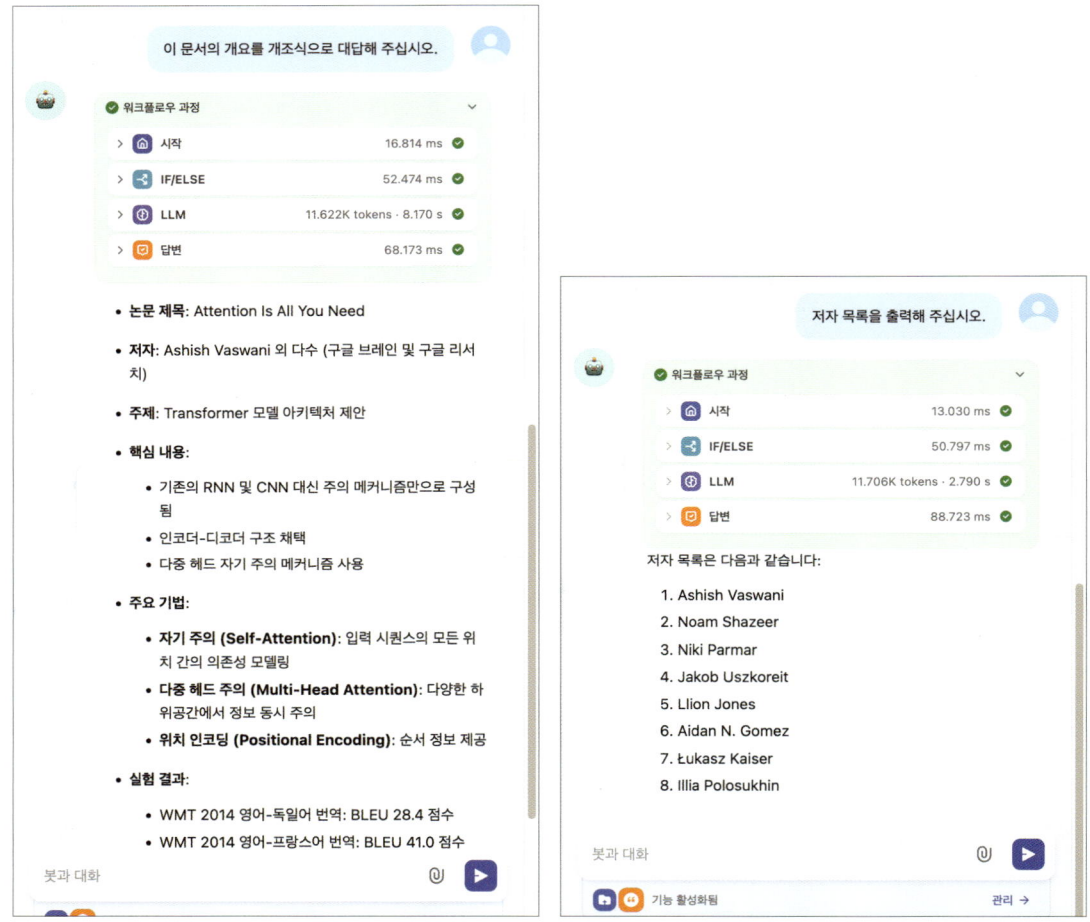

확인해 봅시다. LLM의 [USER](프롬프트)를 체크해보면 논문 내용이 반영되어 있는 것을 알 수 있습니다. 대화 변수가 완벽하게 기능을 하고 있습니다. 이렇게 대화 변수를 사용하면 문서를 여러 차례 업로드하지 않고도 깊은 논의를 할 수 있게 됩니다.

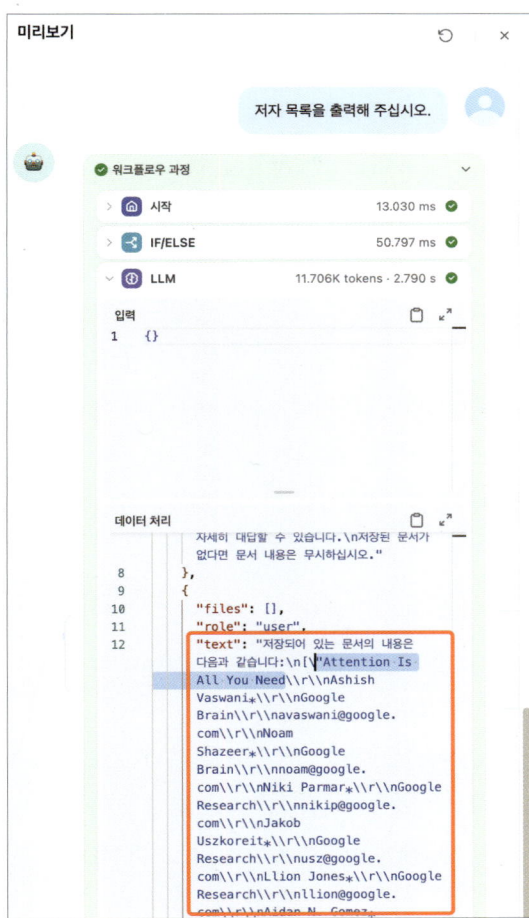

8.4.6 대화 변수 응용하기

대화 변수는 단순한 '기억' 이상으로 사용할 수 있습니다. 예를 들면, 다음과 같이 응용할 수도 있습니다.

- 문서 관리 비교: 여러 문서를 각 변수에 저장하고 필요에 따라 참조할 수 있다. 예를 들면, '계약서 A'와 '계약서 B'를 비교 검토하는 데 활용할 수 있다.

- 멀티미디어 분석: 이미지 분석 결과와 문서 내용을 조합해 보다 심오한 통찰을 제공한다. 제품 사진이나 사양서를 동시에 참조하면서 상품을 설명하는 데 활용할 수 있다.

8.4.7 주의점

대화 변수를 사용할 때는 주의할 점도 있습니다. 몇 가지 주의할 점을 간단히 소개합니다.

- 변수명은 명확하고 이해하기 쉽게 만듭니다. 여러 위치에서 함께 사용하는 변수이기 때문에 때문에 나중에 디버그가 어려워질 수 있습니다.

- 필요한 정보만 저장(메모리의 효율적 사용)합니다. 모든 것을 변수에 저장하면 그만큼 API 이용 요금도

증가합니다.

- 적절한 시점에 변수를 초기화하는 것이 좋을 수 있습니다. 예를 들면, 대화의 화제가 변경되었을 때 LLM이 판단해 자동으로 변수를 초기화하는 등의 처리를 하는 것도 좋습니다.

- 여기에서는 변수 대입 시 '덮어 쓰기'에 관해서만 설명했으나 '추가 모드'도 사용할 수 있습니다. 변수를 초기화해야 할 때는 '초기화 모드'도 사용할 수 있습니다.

8.4.8 정리

대화 변소와 변수 대입은 채팅 플로우를 보다 똑똑하고, 쉽게 사용할 수 있게 하기 위한 중요한 기능입니다. 그리고 멀티 모달 기능과 조합하면 그 진가가 발휘됩니다. 이미지, 문서 내용을 기억하고 그에 기반한 대화를 할 수 있습니다. 이처럼 보다 자연스러운 AI와의 커뮤니케이션을 구현할 수 있습니다. ChatGPT, Claude, Gemini 같은 본격적인 AI 어시스턴트에 보다 가까워졌습니다.

● 힌트

이번 장에서는 대화형 시스템에서 대화 변수와 변수 대입의 역할에 관해 설명했습니다. 여기에서는 이 대화변수들을 일시적인 기억으로 취급하는 것 뿐만 아니라 ChatGPT의 메모리 기능과 같이 데이터베이스에 저장해 영구화 하는 것을 전제해 그 의의에 관해 살펴봤습니다.

영구화한 대화 변수는 각 사용자의 대화 이력, 기호는 물론 이전에 했던 질문들과 관련된 정보를 축적합니다. 시간이 지남에 따라 그 기억은 깊이를 더하고, 다음 대화 시 이를 활용함으로써 보다 세련된 대답을 할 수 있게 됩니다. 시스템은 세션을 넘어, 사용자 개인에게 커스터마이즈 된, 소위 '성숙된' 대화 경험을 제공하게 될 것입니다.

또한, 현대의 챗봇은 텍스트 뿐만 아니라 이미지, 음성 등 다양한 정보를 다룰 수 있는 멀티 모달 시스템으로 진화했습니다. 이런 정보를 연구화 한 대화 변수와 연동사면, 사용자가 전송한 이미지의 해석 결과나 음성에서 추출된 감정 데이터를 다음 대화에서 자연스럽게 활용해, 보다 풍부한 컨텍스트를 만들 수 있을 것입니다. 영구화 한 대화 변수는 단순한 일시적 기억 기능을 넘어, 깊은 사용자 경험을 만드는 데 크게 기여할 것입니다. 이렇게 대화 변수를 데이터 베이스에 저장하고 필요할 때 참조하는 진화된 채팅 플로우는, 우리들의 커뮤니케이션 형태를 뒤바꾸는 혁신적인 기술이 될 가능성을 품고 있습니다.

※ 주의: 대화 변수 뿐만 아니라 무언가 결과를 저장하고, 저장한 결과를 참조하기 위해 영구화는 필수적인 기술입니다. Dify의 데이터 영구화에 관해 더 깊이 이해하고 싶다면 필자의 지원 페이지에서 '영구화에 관한 고찰'을 참조하십시오.

API로서의 활용

여덟 번째 던전에서 '채팅 플로우'라는 최종 마법을 습득하고, 강력한 최종 보스를 쓰러뜨리면서 여러분의 모험은 일단락되었습니다. 자유롭게 기술을 사용할 수 있게 된 지금, 마술사로서 홀로서기를 할 수 있을 것입니다.

하지만 여기 새로운 문이 있습니다. 이 문 앞에도 다양한 시련이 기다리고 있습니다. 문을 열고 나설 것인가, 문을 열지 않고 영웅으로 귀환할 것인가는 여러분의 선택입니다. 깊은 어둠 속의 아홉 번째 던전은 '해방의 문, BaaS'입니다. 여러분과 사역마가 참된 자유를 얻기 위해 발을 내딛을 장소입니다.

여기부터는 여러분과 사역마를 한층 해방시킬 여섯 가지 시련이 기다리고 있습니다. 웹 브라우저라 불리는 보이지 않는 우리 바깥으로 사역바를 날려보내기 위한 비기. 즉, 'API' 활용입니다. 그 무한한 세계와의 연결 고리를 이제부터 명확하게 밝힐 것입니다. 시련을 넘어설 때마다 그 힘이 커지고, 다양한 곳에서 활용할 수 있게 될 것입니다.

이 장엄한 던전에는 다섯 개의 "시련의 공간"이 기다리고 있습니다.

- 첫 번째 공간, 돌의 방 BasS에서는 거대한 BaaS의 힘을 손에 넣기 위한 기본적인 술식을 학습합니다.

- 두 번째 공간, 소환의 제단에서는 챗봇이라는 사역마를 API로 자유자재로 조작하는 비기를 체득합니다.

- 세 번째 공간, 물의 신전에서는 멈추지 않는 마력의 흐름, '스트리밍'을 만드는 비법을 체득합니다.

- 네 번째 공간, 자율의 밀실에서는 '에이전트'라 불리는 똑똑한 조수를 외부 세계로 내보내, 그 힘을 최대한 이끌어내는 기술을 습득합니다.

- 다섯 번째 공간, 라펠의 성역에서는 API를 사용해 지식이라는 힘을 자유롭게 조작하는 비기를 체득합니다.

여기까지 온 여러분은 이 새로운 시련들도 유유히 넘어설 수 있을 것입니다. 해방의 문을 지나 여섯 개의 시련을 통과하면 여러분의 사역마는 BaaS의 호칭과 한층 강력한 날개를 얻고, 다양한 세계를 날아다니게 될 것입니다.

9.1 자유를 안겨주는 API

9.2 Dify API 접근

9.3 챗봇 API 사용

9.4 스트리밍 대응

9.5 에이전트 대응

9.6 API를 사용한 지식 조작

9.1 자유를 안겨주는 API

'모처럼 Dify를 사용해 애플리케이션을 만들었는데, 웹 브라우저에만 사용할 수 없다는 것이 아깝습니다!'

그렇게 생각하지는 않았습니까?

사실 Dify에는 강력한 기능이 숨겨져 있습니다. 그것은 'API 서버'로서의 기능입니다.

API가 중요한 이유는 무엇일까요? 한 마디로 하자면 '자유도가 높아지기' 때문입니다.

그것은 여러분이 만든 애플리케이션을 '어디에서나', '누구나', '자유롭게' 사용할 수 있게 되기 때문입니다.

- 스마트폰 애플리케이션에서 AI를 호출한다.
- 사내 기간 시스템과 AI를 연동한다.
- Python 프로그램에서 AI를 자동으로 실행한다.

지금까지는 아래 그림 왼쪽과 같이 Dify가 제공하는 표준 웹 UI를 사용해 설명했습니다. 이번 절에서는 그림 오른쪽과 같이 Dify에서 만든 애플리케이션을 여러분이 자유롭게 만든 인터페이스로부터 API를 경유해 사용할 수 있게 만듭니다.

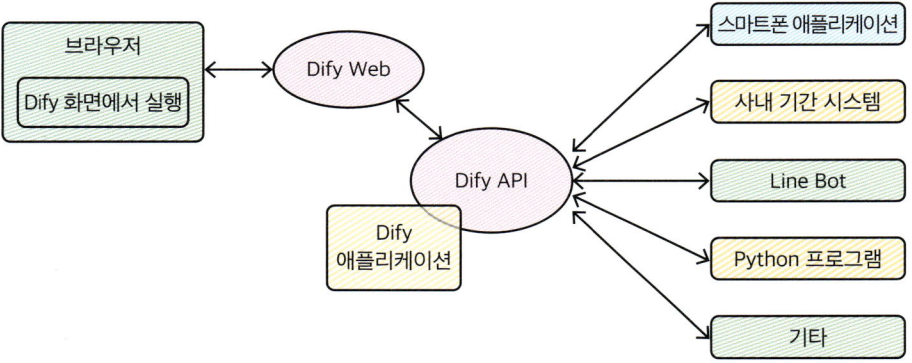

즉, 여러분이 만든 AI 애플리케이션은 웹 브라우저라는 Dify의 '상자'를 벗어나, 무한의 가능성을 가진 서비스로 진화할 수 있게 됩니다.

9.1.1 Dify는 BaaS이기도 하다

'API 서버로서의 기능'이라고 설명했습니다. 사실 이것은 'BaaS(Backend as a Service)'라 불리는 형태입니다. 다소 전문적인 용어이기는 하지만 사실 여러분은 모두 이 백엔드(backend)의 혜택을 받고 있습니다.

스마트폰의 게임 애플리케이션을 생각해봅시다. 사용자 관리, 데이터 저장, 다른 플레이어와의 통신 등 애플리케이션 뒤편에서 동작하는 대부분의 기능은 백엔드에서 제공합니다. 애플리케이션 개발자는 이 복잡한 기능을 일일이 만들 필요가 없이, 백엔드가 제공하는 API를 호출하기만 하면 됩니다. 백엔드에 필요한 기능을 패키지화해서 제공하는 서비스를 BaaS라고 부릅니다.

Dify는 BaaS로서의 기능을 갖고 있습니다. 여러분이 만든 AI 애플리케이션 뒤편에서 동작하는 복잡한 처리(LLM 호출, 프롬프트 관리, API 키 관리 등)은 모두 Dify가 처리해줍니다. 여러분은 Dify가 제공하는 APi를 호출하기만 하면 되는 것입니다.

BaaS가 제공하는 장점은 다음과 같습니다.

- 서버 관리가 필요하지 않다.

- 보안에 대한 걱정이 적다.

- 개발 시간이 단축된다.

- 비용이 절감된다.

Dify는 AI 애플리케이션을 위한 BaaS로서 'AI 애플리케이션 백엔드 개발의 복잡함'이라는 큰 부하를 전부 제거해줍니다. 우리들은 애플리케이션의 내용을 생각해는 것에만 집중할 수 있습니다.

9.1.2 API로 확장되는 가능성

실제 유스케이스를 생각해봅시다.

스마트폰 애플리케이션

- 사내용 AI 어시스턴트 애플리케이션 개발

- 고객 지원용 모바일 챗봇

- 영업 지원 도구로서의 활용

기간 시스템과의 연동

- 고객 관리 시스템의 문의 자동 대응

- 사내 문서 검색 시스템과의 통합

Python 프로그램에서의 이용

- 데이터 분석 결과에 대한 자동 요약 생성

- 정기 보고서 생성 자동화

SNS 봇과의 연동

- SNS 공식 계정에서의 자동 응답

- 메신저(Slack 등)에서의 사내 질문 대응 봇

이렇게 API를 활용함으로써 Dify의 표준 웹 UI 외에도 다양한 형태로 Dify의 AI 기능을 활용할 수 있습니다. 이번 장에서는 이런 가능성을 가진 Dify의 API 기능에 관해 간단한 예시들을 활용해 설명합니다.

● 알아두기 '다양한 서비스'

클라우드 서비스에서 'OaaS'라는 표현은 'Os as a Service'를 줄인 말로 특정 기능이나 인프라스트럭처를 서비스로서 제공하는 사고 방식에서 나온 것입니다. IT 리소스를 효율적으로 이용하고 필요할 때 필요한 만큼 사용할 수 있게 하기 위한 개념입니다. 기업이나 개발자가 인프라스트럭처나 도구류를 직접 준비하는 수고를 줄이고, 신속하고 유연하게 대응할 수 있도록 진화해왔습니다.

특히 IaaS(Infrastructure as a Service)는 가상화 기술의 진화와 함께 태어나 서버, 스토리지 등 물리적인 인프라스트럭처를 클라우드 위에서 제공하는 모델입니다. 이후 개발 플랫폼으로서의 PaaS(Platform as a Service), 소프트웨어를 제공하는 SaaS(Software as a Service)가 등장했습니다. 이를 한층 세분화한 FaaS(Function as a Service)나 BaaS(Backend as a Service)도 생겨났습니다. 대표적인 예시와 설명을 다음 표로 나타냈습니다.

서비스 모델	대표적인 예시	설명
IaaS	Amazon Web Services(AWS), Microsoft Azure, Google Cloud Platform(GCP)	가상 머신, 스토리지 등의 인프라스트럭처를 제공한다. 대표적인 클라우드 서비스이다.
PaaS	Google App Engine, Heroku	애플리케이션 개발이나 배포를 간략화 한다.
SaaS	Google Workspace, Salesforce	소프트웨어를 클라우드 경유로 제공한다.
FaaS	AWS Lambda, Google Cloud Functions	필요할 때만 코드를 실행한다.
BaaS	Firebasem, AWS Amplify	백엔드 기능을 간단하게 구현하는 서비스이다.

9.2 Dify API 접근

Dify API를 사용해봅시다. 갑작스럽다고 생각하겠지만 사용 방법을 모르니 어렵다고 느껴질 뿐입니다. 실제로 해보면 상상했던 것보다 훨씬 간단하게 사용할 수 있습니다.

9.2.1 간단한 애플리케이션 만들기

Dify API를 시험해보기 위한 준비로 먼저 아주 간단한 워크플로우 애플리케이션을 만듭니다.
'시작' 노드에서 질문을 받아 input이라는 변수에 질문을 전달하고, 'LLM' 노드에서 그에 대답하고, '출력' 노드에서 결과를 반환합니다.

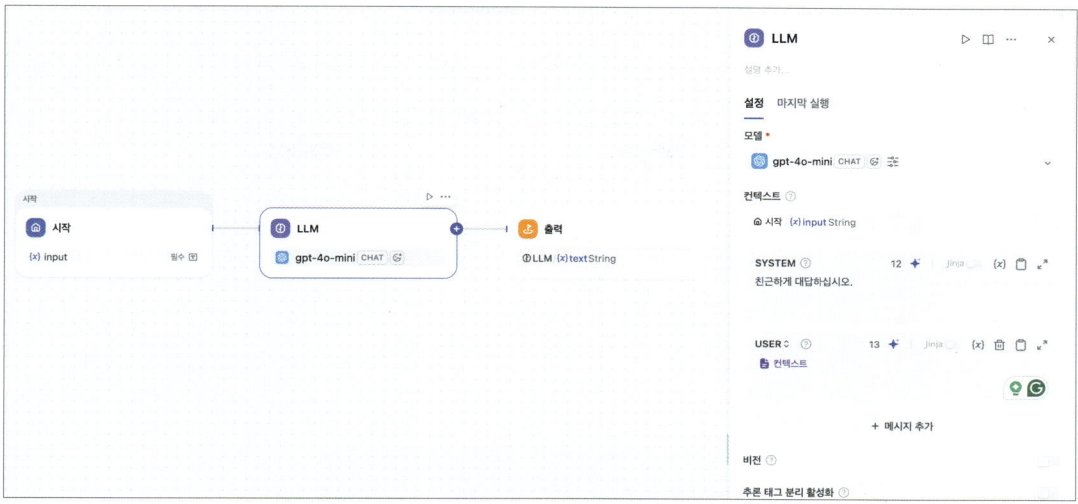

[게시하기]를 클릭해 워크플로우를 게시합니다. 이것으로 애플리케이션 준비를 마쳤습니다. 이것은 지금까지 해온 작업과 동일합니다. 사실 시점에서 API를 사용할 수 있습니다. 즉, 평범하게 만들어진 이 워크플로우는 Dify의 웹 화면에서 뿐만 아니라 다른 애플리케이션 API로 호출할 수 있다는 것입니다. 이것이 Dify API의 BaaS로서의 가장 큰 매력입니다. 그럼 Dify API 호출을 시험해 봅시다.

9.2.2 API 키 얻기

API를 사용하기 위해서는 'API 키'가 필요합니다. 이미 다른 장에서 여러가지 LLM의 API 키를 얻어봤습니다. 별다른 위화감은 없겠지만 Dify의 'API 키'라는 말을 들으면, 감이 잘 오지 않습니다. 이것은 여러분이 Dify API에 접근하기 위한 특별한 비밀번호 같은 것이라고 생각할 수 있습니다. API 키는 간단한 방법으로 얻을 수 있습니다. '게시하기' 버튼을 클릭합니다. [API 참조 접근]이 활성화되어 있으면 해당 버튼을 클릭합니다.

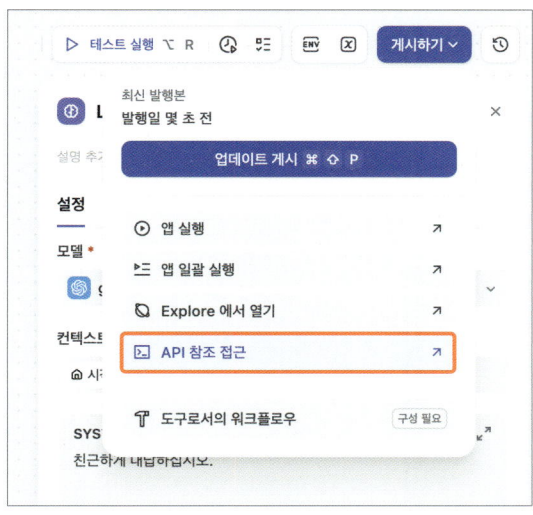

다음과 같은 화면이 표시됩니다. API에 접근하기 위한 공식 문서입니다. 이 문서를 읽어보면 API 실행 방법을 알 수 있습니다. 초보자 또는 엔지니어가 아닌 분들은 이해하기 어려울 수 있습니다. 하지만 걱정할 필요 없습니다. 이 책에서 설명할 것을 이해하면 이 문서의 의미나 사용 방법도 알 수 있을 것입니다.

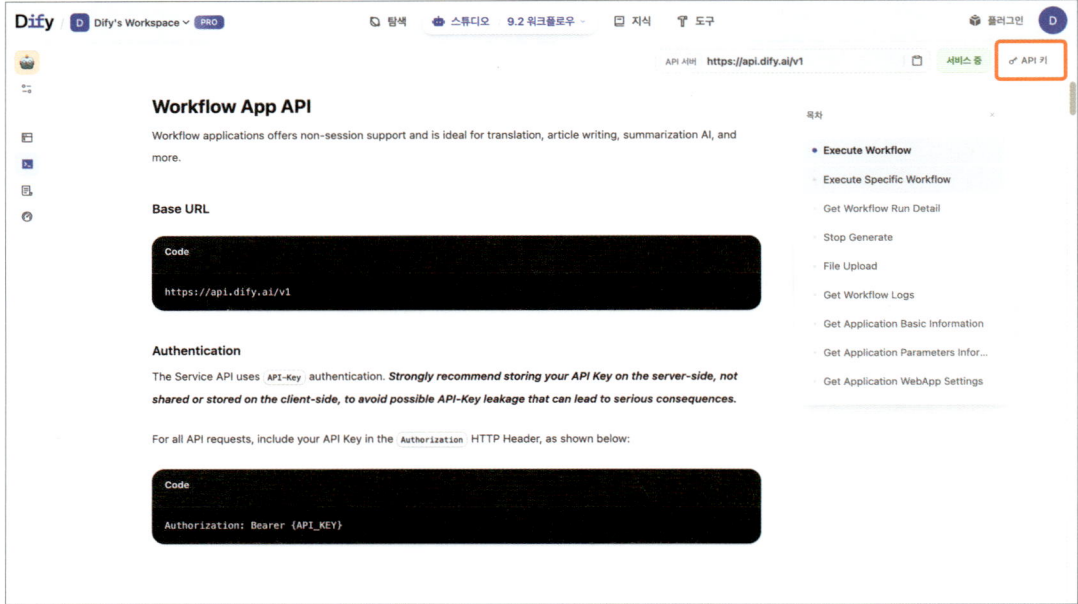

화면 오른쪽 위 열쇠 아이콘 [API 키]를 클릭합니다. 다음과 같은 화면이 표시되면 [+ 새로운 비밀 키 생성]을 클릭합니다.

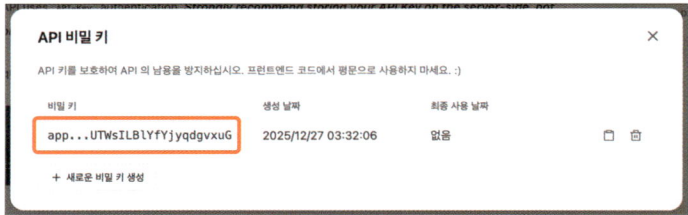

그러면 다음과 같이 API 비밀 키가 표시됩니다. 이 API 키를 메모장 등에 복사한 뒤 저장합니다. [OK] 버튼을 클릭합니다.

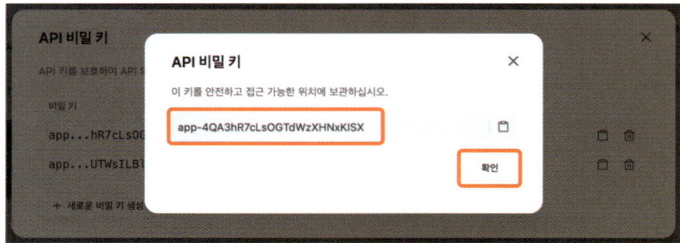

새로운 API 키가 활성화 된 것을 확인할 수 있습니다. 이제 API 키를 얻었습니다.

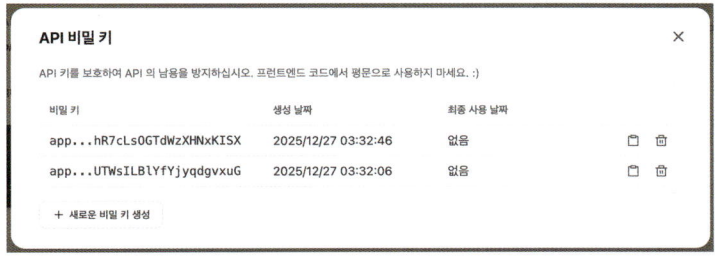

9.2.3 API 호출하기(cURL 사용)

그럼 실제로 API를 호출해봅시다. API는 다양한 방법으로 호출할 수 있습니다. 가장 간단한 방법은 커맨드 라인에서 cURL을 사용하는 것입니다. 앞에서 접속했던 공식 문서([API 참조 접근]을 클릭했을 때)를 스크롤해서 살펴보면 'Execute workflow'라는 섹션을 확인할 수 있습니다.

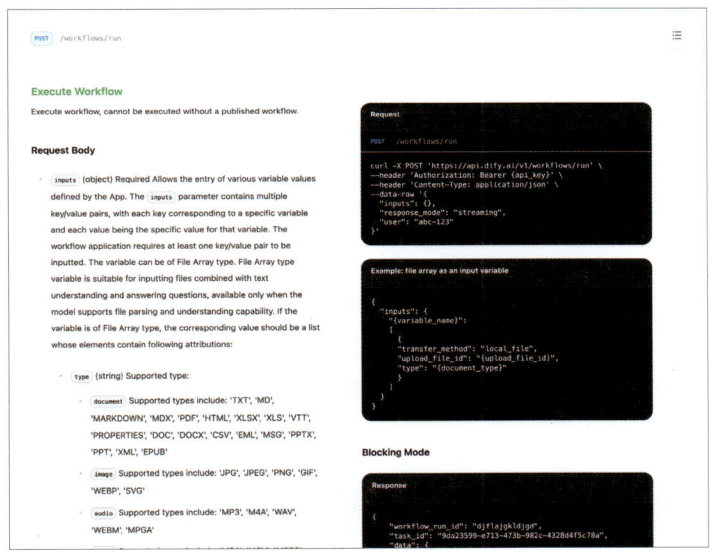

오른쪽 검은 영역에 다음과 같이 cURL 명령어로 API를 호출하는 샘플 코드가 기재되어 있습니다.

```
Request

POST · /workflows/run

curl -X POST 'https://api.dify.ai/v1/workflows/run' \
--header 'Authorization: Bearer {api_key}' \
--header 'Content-Type: application/json' \
--data-raw '{
  "inputs": {},
  "response_mode": "streaming",
  "user": "abc-123"
}'
```

cURL은 URL을 사용해 데이터를 전송하기 위한 커맨드 라인 도구입니다. HTTP, HTTPS 같은 프로토콜을 사용해 서버와 데이터를 주고받을 수 있습니다. 마치 브라우저에서 웹 사이트에 접근하는 것처럼 커맨드 라인에서 API에 요청을 보낼 수 있습니다. 브라우저를 실행하지 않고도 API의 동작을 확인할 수 있습니다. 엔지니어의 필수 아이템으로 오랫동안 계속해서 사용되어 오고 있습니다.

엔지니어가 아닌 분들 중에서는 '왜 브라우저를 사용해서는 안 되는가?'라고 생각할 수도 있습니다. 하지만 API를 사용할 때는 브라우저에서는 확인하기 어려운 세세한 설정이나 헤더 정보 등을 지정해야 할 때가 많습니다. cURL을 사용하면 그런 세세한 제어도 간단하게 할 수 있습니다. 그래서 먼저 cURL을 사용해 API를 시험해보는 데 권장합니다. 익숙해진 뒤 프로그램에서 API를 하출하는 방법을 생각하면 좋습니다.

먼저 cURL 사용에 익숙해져 봅시다.

Windows 환경

① 명령어 프롬프트를 연다.

→ Windows + R키를 누른 뒤 'cmd'를 입력한다.

→ 또는, 시작 메뉴에서 'cmd'나 '명령 프롬프트'를 검색한다.

② 명령어 프롬프트가 열리면 다음 명령어로 cURL을 사용할 수 있는지 확인한다.

```
curl --version
```

버전 정보가 표시되면 OK입니다. 버전 정보가 표시되지 않을 때는 별도로 설치를 해야 할 수 있습니다(Windows 10 이후에는 표준으로 설치되어 있습니다).

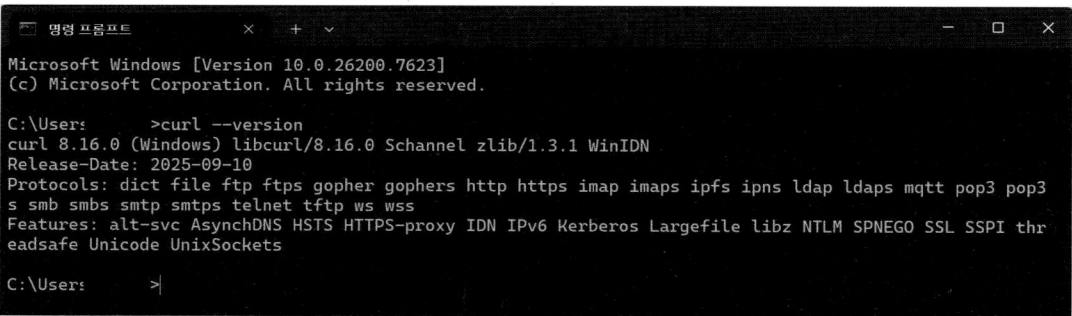

Mac/Linux 환경

① 터미널을 연다

→ Mac: command + Space 키를 누른 뒤 'terminal'을 입력한다.

→ Linux: Ctrl + Alt + T키를 누른다(Linux 버전에 따라 키가 다를 수 있음).

② 터미널이 열리면 다음 명령어로 cURL을 사용할 수 있는지 확인한다.

```
curl --version
```

```
  ● ● ●                          -bash                          ⌥⌘1
                 1$ curl --version
curl 8.7.1 (x86_64-apple-darwin24.0) libcurl/8.7.1 (SecureTransport) LibreSSL/3.3.6 zlib/1.2.12 nghttp2/1.64.0
Release-Date: 2024-03-27
Protocols: dict file ftp ftps gopher gophers http https imap imaps ipfs ipns ldap ldaps mqtt pop3 pop3s rtsp smb smbs smtp
 smtps telnet tftp
Features: alt-svc AsynchDNS GSS-API HSTS HTTP2 HTTPS-proxy IPv6 Kerberos Largefile libz MultiSSL NTLM SPNEGO SSL threadsaf
e UnixSockets
                 1$ █
```

cURL은 대부분의 운영 체제에서 표준 설치되어 있습니다. 이것으로 준비를 마쳤습니다. 실제로 API를 호출해봅시다. 다음과 같이 cURL 명령어를 입력해 봅시다.

단, 아래 명령어에서 **<<여러분의 API 키>>** 부분은 앞에서 얻은 API 키로 바꿔서 써야 합니다. 그리고 커맨드 라인에 복사해서 붙여 넣습니다.

> ※ 주의: 이 명령어들은 지원 페이지에서 다운로드 할 수 있습니다.

Mac/Linux 환경

```
curl -X POST 'https://api.dify.ai/v1/workflows/run' \
  -H 'Authorization: Bearer <<여러분의 API 키>>' \
  -H 'Content-Type: application/json' \
  -d '{
    "inputs": {"input": "안녕하세요."},
    "response_mode": "streaming",
    "user": "abc-123"
  }'
}
```

Windows 환경

```
curl -X POST "https://api.dify.ai/v1/workflows/run" ^
  -H "Authorization: Bearer <<여러분의 API 키>>" ^
  -H "Content-Type: application/json" ^
    -d '{\"inputs\": {\"input\": \"안녕하세요.\"}, \"response_mode\": \"blocking\",
\"user\": \"test-user\"}'
```

엔터 키를 눌러 명령어를 실행하면 다음과 같은 결과가 표시될 것입니다.

실행 결과

```
... (중략)...

data: {"event":"workflow_finished","workflow_run_id":"1374ef7a-82e5-4b9d-846f-
52ce6b4cd186","task_id":"be402132-22fc-40bd-910d-8a41d95621c6","data":{"id":"13
74ef7a-82e5-4b9d-846f-52ce6b4cd186","workflow_id":"176a2af0-842b-430a-9945-e461
724cd85b","status":"succeeded","outputs":{"text":"안녕하세요! 어떻게 지내고 계신가
요? 궁금한 거나 이야기하고 싶은 거 있으면 언제든지 말씀해 주세요!"},"error":null,"elapsed_
time":1.967188,"total_tokens":53,"total_steps":3,"created_by":{"id":"07b598cb-
8cc6-49c9-ae3c-a25050deb5b9","user":"abc-123"},"created_at":1766826727,"finished_
at":1766826729,"exceptions_count":0,"files":[]}}
```

Dify API에서 대답이 돌아온 것을 알 수 있습니다. 확실하게 동작하고 있습니다!

> ※ 주의: 만약 검은 화면(쉘 또는 커맨드 프롬프트)를 열어 cURL 명령어를 직접 입력하는 것이 번거롭거나 잘 동작하지 않는다면, 뒤에서 설명할 Colab을 사용하는 것도 좋습니다. 명령어 편집이 쉬워 매우 쉽게 다룰 수 있습니다.

9.2.4 명령어 설명

실행한 명령어를 자세히 살펴 봅시다. 또다시 새로운 주문을 만났습니다만, 이것도 하나씩 요소를 확인해보면 그 의미를 간단하게 알 수 있습니다.

curl -X POST는 HTTP 메서드로 POST를 사용한다고 지정한 것입니다. POST는 서버에 데이터를 전송할 때 사용하는 방법입니다. GET, PUT 등 다른 메서도 있지만 여기에서는 우선 POST만 기억해두면 됩니다.

다음으로 'https://api.dify.ai/v1/workflows/run'는 접근할 URL입니다. 즉, Dify API 서버의 주소입니다.

- -H로 시작하는 행은 '헤더'라 불리는 정보를 지정합니다. 여기에서는 2개의 헤더가 있습니다.

- Authorization: Bearer <<여러분의 API 키>>: 앞에서 얻은 API 키를 사용해 인증하기 위한 정보입니다.

- Content-Type: application/json: 전송할 데이터가 JSON 형식이라는 것을 지정합니다.

마지막 -d 이후 부분이 실제 전송하는 데이터입니다. JSON 형식으로 기술되어 있습니다.

- inputs: 질문 내용을 지정합니다.

- response_mode: 응답 방법을 지정합니다.

- user: 이용자를 식별하는 ID입니다.

조금 복잡하게 보이지만 정리하자면 'Dify API 서버에 API 키를 사용해 인증하고, JSON 데이터를 전송한다'는 의미입니다. 처음부터 모두 이해할 필요는 없습니다. 이 명령어를 템플릿으로 활용해 조금씩 매개변수를 바꿔가면서 시험해보는 것이 좋습니다.

응답 내용도 확인해 봅시다.

```json
{
    "event": "workflow_finished",
    "workflow_run_id": "1374ef7a-82e5-4b9d-846f-52ce6b4cd186",
    "task_id": "be402132-22fc-40bd-910d-8a41d95621c6",
    "data": {
        "id": "1374ef7a-82e5-4b9d-846f-52ce6b4cd186",
        "workflow_id": "176a2af0-842b-430a-9945-e461724cd85b",
        "status": "succeeded",
        "outputs": {
            "text": "안녕하세요! 어떻게 지내고 계신가요? 궁금한 거나 이야기하고 싶은 거 있으면 언제든지 말씀해 주세요!"
        },
        "error": null,
        "elapsed_time": 1.967188,
        "total_tokens": 53,
        "total_steps": 3,
        "created_by": {
            "id": "07b598cb-8cc6-49c9-ae3c-a25050deb5b9",
            "user": "abc-123"
        },
        "created_at": 1766826727,
        "finished_at": 1766826729,
        "exceptions_count": 0,
        "files": []
    }
}
```

응답 내용은 다음과 같습니다.

- task_id, workflow_run_id: 이 처리를 식별하기 위한 고유한 ID입니다.

- data의 내용은 다음과 같습니다.

- status: "succeeded"는 처리가 성공한 것을 의미합니다.

- outputs: LLM으로부터의 실제 응답이 들어있습니다.

- error: 에러가 발생하지 않았으므로 null값을 가집니다.

- elapsed_time: 처리에 걸린 시간입니다(약 1초).

- total_tokens: 사용한 토큰 수입니다.

- total_steps: 실행한 단계 수입니다.

- created_at, finished_at: 처리 시작 시각과 종료 시각입니다.

처음에는 status가 succeeded인지, outputs에 내용이 기대한 것과 같은 지 확인하면 충분합니다. 에러가 발생했을 때는 error에 해당 정보가 들어있으므로, 이 내용을 확인하면 어떤 문제가 발생했는지 알 수 있습니다.

9.2.5 동작 설명

API에 전송한 데이터의 내용이 무엇을 의미하는지 알았습니다. 그럼 이 통신 구조는 어떻게 되어있는지 살펴 봅시다.

통신 구조는 다음 그림과 같은 흐름으로 이루어집니다.

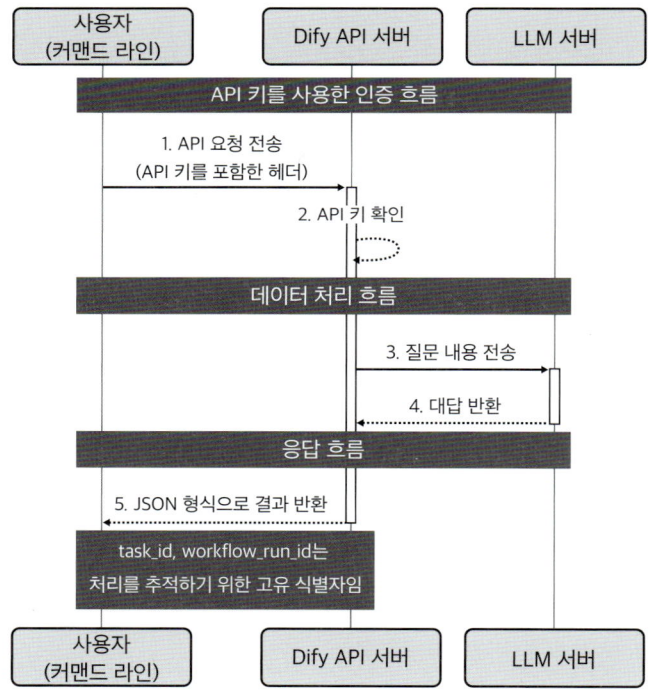

이 흐름을 자세히 살펴 봅시다.

① 여러분이 커맨드 라인에서 cURL로 요청을 전송합니다. 이때, API 키가 '인증용 키'로 함께 전송됩니다.

② Dify API 서버는 전송된 API 키를 확인합니다. '이 사용자는 확실한 이 서비스의 사용자이다'라고 확인되면 다음 단계를 진행합니다.

③ 여러분의 질문(여기에서는 '안녕하세요.')가 LLM 에이전트에게 전송됩니다.

④ LLM 엔진이 질문을 처리하고 대답을 생성해 Dify API 서버에 반환합니다.

⑤ 마지막으로 그 대답이 여러분의 커맨드 라인으로 반환됩니다. 이때, JSON이라는 형식으로 다양한 정보(처리 시간, 사용 토큰 수 등)도 함께 전송합니다.

즉, 여러분이 전송하는 명령은 'API 키를 가진 특별한 우편물' 같은 것입니다. Dify API 서버라는 '우체국'에 도착해, 거기에서 LLM이라는 '상담실'로 전송되어 대답이 돌아오는 이미지입니다.

이 구조를 사용하면 프로그램에서도 같은 식으로 '우편물'을 보낼 수 있습니다.

그럼 Python을 사용해 프로그래밍을 해봅시다.

9.2.6 Python으로 프로그래밍하기

커맨드 라인에서의 실행 방법을 확인했습니다. 여기에서는 프로그램에서 API를 호출해봅시다. 하지만 새로운 Python 개발 환경을 구축하기는 것은 쉽지 않습니다. 여기에서는 무료로 제공되는 Google Colab(Google Colaboratory)이라는 편리한 도구를 사용합니다.

● Google Colab 준비하기

Google Colab은 Google이 제공하는 무료 Python 실행 환경입니다. 웹 브라우저만 있다면 곧바로 Python 프로그래밍을 시작할 수 있습니다.

먼저 Google Colab을 열어봅시다.

① Google 계정으로 로그인한 상태로 브라우저에서 https://colab.research.google.com/에 접속합니다. 다음과 같은 페이지가 표시됩니다.

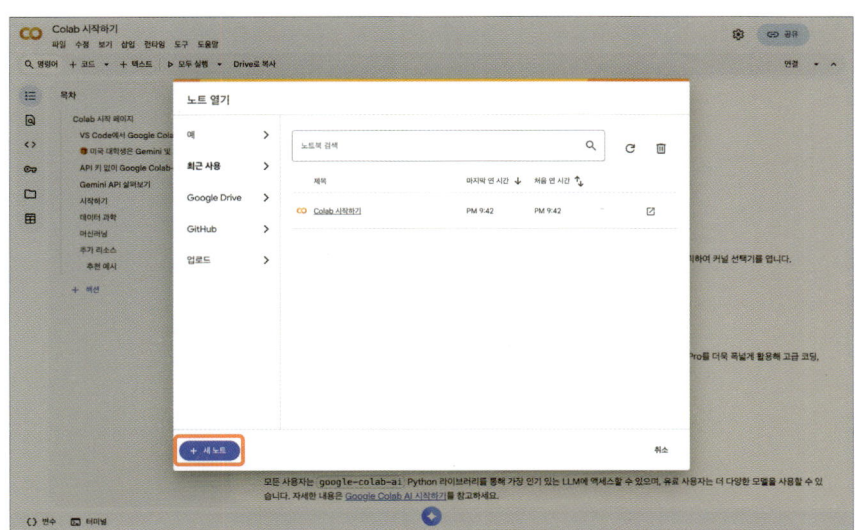

② [새 노트]를 클릭합니다. 다음과 같은 페이지가 표시되면 준비 완료입니다.

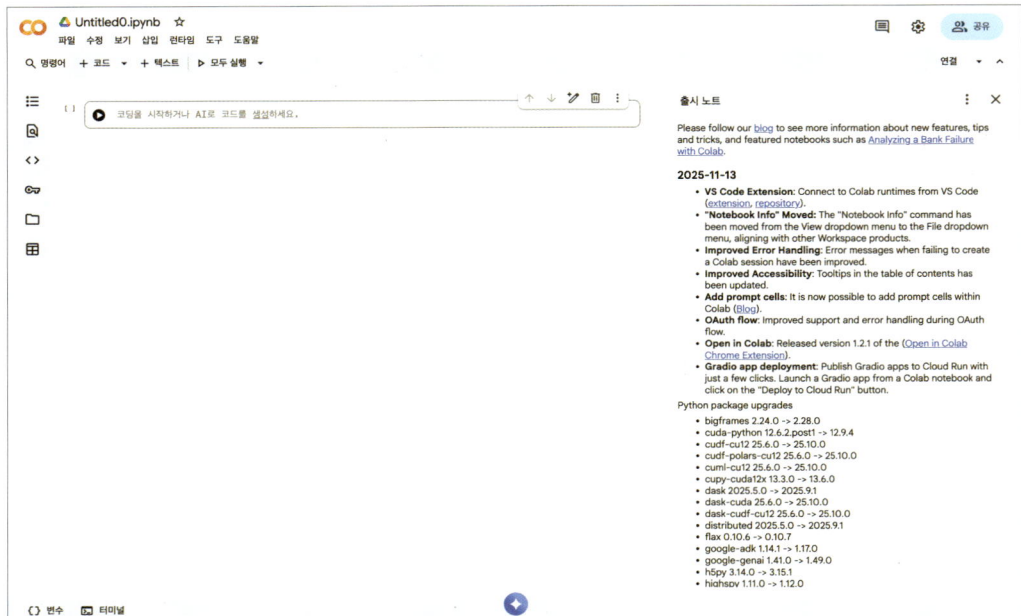

실제로 이것이 전부입니다. Python 개발에 필요한 많은 라이브러리도 처음부터 설치되어 있어 곧바로 프로그래밍을 시작할 수 있습니다.

● Colab에서 cURL을 사용해 API 호출하기

Colab에서 프로그램을 실행하기 전에 앞에서 설명했던 cURL 명령어를 실행해 봅시다. 검은 화면(터미널이나 커맨드 라인)을 열고 메모장 등에서 커맨드 라인을 편집하지 않아도 Colab에서 cURL을 실행할 수 있으므로, 앞으로의 설명되 쉽게 이해할 수 있을 것입니다.

Colab에서 cURL 명령어를 실행하려면 행 앞에 %%shell이라고 기술하기만 하면 됩니다. curl 명령어는 다음과 같은 형태로 호출할 수 있습니다(curl 명령어는 앞에서 Mac/Linux 환경에서의 그것과 동일합니다).

```
%%shell
curl -X POST "https://api.dify.ai/v1/workflows/run" \
  -H "Authorization: Bearer <<여러분의 API 키>>" \
  -H "Content-Type: application/json" \
  -d '{
    "inputs": {"input": "안녕하세요."},
    "response_mode": "streaming",
    "user": "abc-123"
  }'
```

```
[1]   ▶   %%shell
 ✓ 2초     curl -X POST 'https://api.dify.ai/v1/workflows/run' \
              -H 'Authorization: Bearer app-                        \
              -H 'Content-Type: application/json' \
              -d '{
                   "inputs": {"input": "안녕하세요."},
                   "response_mode": "streaming",
                   "user": "abc-123"
              }'

 ⌄   ···   data: {"event":"workflow_started","workflow_run_id":"0bd8a5a7-dd7f-422b-afb3-ce5905cdf77:

           data: {"event":"node_started","workflow_run_id":"0bd8a5a7-dd7f-422b-afb3-ce5905cdf771","-
```

셀 아래 부분을 보면 여러 문자들이 표시됩니다. 자세히 보면 커맨드 라인에서 실행했던 cURL 명령어의 결과와 동일합니다. 무사히 확인을 마쳤습니다. 이후 cURL에서 확인이 필요할 때는 Colab을 사용하는 것을 권장합니다.

9.2.7 API를 호출하는 프로그램 작성하기

이제 실제로 프로그램을 작성해 봅시다.

'잠깐만요. 갑자기 Python 프로그램을 작성하는 것은 무리입니다.'

그렇습니다. 하지만 생성형 AI의 도움을 받으면 됩니다. 예를 들면, 다음과 같이 부탁할 수 있습니다.

다음과 같은 cURL 커맨드 샘플과 동일하게 동작하는 가장 간단한 Python 코드를 제시해 주십시오. 결과 출력은 JSON 형식으로 하고 한국어를 확실하게 읽을 수 있게 해주십시오.

```
curl -X POST "https://api.dify.ai/v1/workflows/run" \
   -H "Authorization: Bearer <<사용자의 API 키>>" \
   -H "Content-Type: application/json" \
   -d '{
      "inputs": {"input": "안녕하세요."},
      "response_mode": "blocking",
      "user": "test-user"
   }'
```

그러면 생성형 AI가 필요한 Python 코드를 제안해 줍니다. 필자는 Claude-3.5-sonnet에 의뢰해 다음 프로그램 코드를 얻었습니다. 물론 코드를 그대로 사용하는 것이 아니라 여러분의 환경에 맞춰 API를 변경하는 등의 작업은 필요합니다.

```
import requests
import json
```

```python
# API 키를 설정한다
API_KEY = "사용자의 API 키"  # 여기에 여러분의 API 키를 넣습니다.

# API 엔드포인트
URL = "https://api.dify.ai/v1/workflows/run"

# 헤더 설정
headers = {
    "Authorization": f"Bearer {API_KEY}",
    "Content-Type": "application/json"
}

# 전송할 데이터
data = {
    "inputs": {"input": "안녕하세요."},
    "response_mode": "blocking",
    "user": "test-user"
}

# API 호출
response = requests.post(URL, headers=headers, json=data)

# 결과를 정리해 표시
result = json.loads(response.text)
print(json.dumps(result, indent=4, ensure_ascii=False))
```

이 코드는 앞에서 cURL 명령어와 동일한 동작을 Python을 사용해 수행하는 것입니다. 하나씩 살펴 봅시다(처음에는 의미를 몰라도 괜찮습니다).

① 먼저 필요한 라이브러리를 임포트 합니다.

　- requests: HTTP 요청을 보내기 위한 라이브러리

　- json: JSON 데이터를 다루기 위한 라이브러리

② API를 설정합니다.

　- 앞에서 얻은 API 키를 여기에 설정합니다. - 보안을 위해 실제 개발에서는 환경 변수 등으로 관리합니다.

③ 헤더와 데이터를 준비합니다.

    - 앞의 cURL 명령어에서 사용한 것과 동일합니다.

    - Python에서 데이터는 딕셔너리(dictionary) 타입으로 작성합니다.

④ requests.post()로 API를 호출합니다.

    - URL과 헤더, 데이터를 지정해 전송합니다.

⑤ 결과의 형태를 정리해서 표시합니다.

    - json.dumps()를 사용해 형태를 정리합니다.

    - ensure_ascii=False를 사용해 한국어도 올바르게 표시합니다.

이제 코드를 실행해 봅시다. Colab에서 [+ 코드]를 클릭하면 새로운 셀이 추가됩니다. 코드를 이 셀에 붙여 넣습니다. 셀 안의 ▷를 클릭해 코드를 실행합니다. 그러면 다음과 같은 결과가 표시될 것입니다.

```json
{
    "task_id": "90e78bd7-2d0f-4d68-9a0e-340f8f7a89fe",
    "workflow_run_id": "8b8619e5-6b0e-4911-beb1-5499a181c611",
    "data": {
        "id": "8b8619e5-6b0e-4911-beb1-5499a181c611",
        "workflow_id": "176a2af0-842b-430a-9945-e461724cd85b",
        "status": "succeeded",
        "outputs": {
            "text": "안녕하세요! 어떻게 도와드릴까요?"
        },
        "error": null,
        "elapsed_time": 1.522361,
        "total_tokens": 34,
        "total_steps": 3,
        "created_at": 1766877797,
        "finished_at": 1766877799
    }
}
```

```
import requests
import json

# API 키를 설정한다
API_KEY = "app-                    "  # 여기에 여러분의 API 키를 넣습니다.

# API 엔드포인트
URL = "https://api.dify.ai/v1/workflows/run"

# 헤더 설정
headers = {
  "Authorization": f"Bearer {API_KEY}",
  "Content-Type": "application/json"
}

# 전송할 데이터
data = {
  "inputs": {"input": "안녕하세요."},
  "response_mode": "blocking",
  "user": "test-user"
}

# API 호출
response = requests.post(URL, headers=headers, json=data)

# 결과를 정리해 표시
result = json.loads(response.text)
print(json.dumps(result, indent=4, ensure_ascii=False))
```

```
{
    "task_id": "90e78bd7-2d0f-4d68-9a0e-340f8f7a89fe",
    "workflow_run_id": "8b8619e5-6b0e-4911-beb1-5499a181c611",
    "data": {
        "id": "8b8619e5-6b0e-4911-beb1-5499a181c611",
        "workflow_id": "176a2af0-842b-430a-9945-e461724cd85b",
        "status": "succeeded",
        "outputs": {
            "text": "안녕하세요! 어떻게 도와드릴까요? 😊"
        },
        "error": null,
        "elapsed_time": 1.522361,
        "total_tokens": 34,
        "total_steps": 3,
        "created_at": 1766877797,
        "finished_at": 1766877799
    }
}
```

9.2.8 보다 실용적인 프로그램으로

기본적인 호출 방법을 알았으므로, 조금 더 실용적인 프로그램을 작성해 봅시다. 예를 들면, 대화를 계속하도록 만들어 봅니다.

```
def chat_with_llm():
    print(f"LLM과 대화를 시작합니다. 종료하려면 'quit'라고 입력하십시오.")

    while True:
        # 사용자에게 입력을 받는다.
        user_input = input("\\n사용자: ")

        # 종료 조건을 확인한다.
        if user_input.lower() == 'quit':
            print(f"\\n대화를 종료합니다.")
            break

        # API 요청을 전송한다.
        data = {
            "inputs": {"input": user_input},
```

```
        "response_mode": "blocking",
        "user": "test-user"
    }

    try:
        response = requests.post(URL, headers=headers, json=data)
        result = json.loads(response.txt)

        # LLM으로부터 받은 대답을 표시한다.
        llm_response = result['data']['outputs']['text']
        print(f"\\nLLM: {llm_response}")
    except Exception as e:
        print(f"\\n에러가 발생했습니다: {e}")

# 대화를 시작한다.
chat_with_llm()
```

※ 주의: 이 프로그램 코드는 지원 페이지에서 다운로드 할 수 있습니다.

이 프로그램에서는 다음과 같은 기능을 추가했습니다(while문으로 루프를 시키고 다음을 처리합니다).

- 대화 형식으로 LLM과 대화할 수 있다.

- quit라고 입력할 때까지 대화가 계속된다.

- 에러가 발생했을 때도 적절하게 처리한다.

코드를 실행하면 아래와 같은 느낌으로 대화할 수 있습니다.

LLM과 대화를 시작합니다. 종료하려면 'quit'라고 입력하십시오.

사용자: 안녕하세요.

LLM: 안녕하세요! 어떻게 도와드릴까요?

사용자: 오늘 날씨는 어떻습니까?

LLM: 안녕하세요! 오늘 날씨는 어떤가요? 제가 실시간 날씨 정보를 제공할 수는 없지만, 지역에 따라 다를 수 있으니 기상청이나 날씨 앱을 확인해보시는 게 좋을 것 같아요. 좋은 하루 되세요!

사용자: quit

대화를 종료합니다.

9.2.9 웹 UI에서 테스트하기

이 프로그램은 단순히 Python의 input 문으로 입력을 받을 뿐입니다. 그다지 재미있지 않습니다. 가능하면 웹의 챗 화면과 같은 스타일리시한 화면으로 만들고 싶습니다.

여기에서는 Gradio를 사용해 웹 UI를 만들어 봅시다.

● Gradio란

Gradio는 Python으로 작성한 프로그램을 간단하게 웹 애플리케이션으로 만들어주는 프레임워크입니다. 특히 머신 러닝이나 AI 분야에서 데모 애플리케이션을 만들 때 많이 사용합니다.

필자가 Gradio를 선호하는 이유는 다음 세 가지입니다.

1. 코드가 단순하다: 몇 행의 코드만으로 웹 애플리케이션을 만들 수 있습니다.

2. 겉보기가 좋다: 모던한 UI를 처음부터 제공합니다.

3. 공유가 쉽다: 임시 URL을 자동 생성하며, 다른 사용자에게 쉽게 공유할 수 있습니다.

또한, Gradio의 좋은 점은 HTML이나 CSS 관련 지식이 없더라도 상당히 준수한 형태의 웹 애플리케이션을 만들 수 있다는 점입니다. 이것은 프로토타입을 빠르게 만들고 싶은 사람들에게 매우 중요한 특징입니다.

특히 편리한 것은 share=True 옵션을 사용했을 때 생성되는 임시 URL입니다. 이 URL을 공유하면 Python 환경을 갖고 있지 않는 사용자도 브라우저에서 챗봇을 사용할 수 있습니다. 단, 임시 URL은 72시간이 지나면 기한이 만료됩니다.

● Gradio 설치하기

Colab 화면에서 새로운 셀에 다음과 같이 입력해 Gradio를 설치합니다.

```
!pip install gradio
```

```
Requirement already satisfied: markdown-it-py>=2.2.0 in /usr/local/li
Requirement already satisfied: pygments<3.0.0,>=2.13.0 in /usr/local/lib/python3.12/dist-
Requirement already satisfied: charset_normalizer<4,>=2 in /usr/local/lib/python3.12/dist
Requirement already satisfied: urllib3<3,>=1.21.1 in /usr/local/lib/python3.12/dist-packa
Requirement already satisfied: mdurl~=0.1 in /usr/local/lib/python3.12/dist-packages (fro
Downloading gradio-6.2.0-py3-none-any.whl (23.0 MB)
                        ──────── 23.0/23.0 MB 60.9 MB/s eta 0:00:00
Downloading gradio_client-2.0.2-py3-none-any.whl (55 kB)
                        ──────── 55.6/55.6 kB 3.7 MB/s eta 0:00:00
Installing collected packages: gradio-client, gradio
  Attempting uninstall: gradio-client
    Found existing installation: gradio_client 1.14.0
    Uninstalling gradio_client-1.14.0:
      Successfully uninstalled gradio_client-1.14.0
Successfully installed gradio-6.2.0 gradio-client-2.0.2
```

`successfully installed...`라고 표시되면 설치 성공입니다.

> ※ 주의: 최신 Colab 버전에서는 Gradio가 미리 설치되어 제공될 수 있습니다.

● Gradio를 사용해 챗봇 실행하기

다음으로 챗봇 프로그램을 작성합니다. 앞에서와 마찬가지로 프로그램을 처음부터 작성하지 않고 ChatGPT나 Claude 같은 생성형 AI의 도움을 바읍시다. 다음과 같은 프롬프트를 사용할 수 있습니다.

Gradio를 사용해 Dify API 챗봇을 만들고 싶습니다. 필요한 기능은 다음과 같습니다:

- 챗 화면 표시
- 메시지 송수신
- 에러 처리
- 샘플 질문 제공

코드를 작성해 주십시오.

그러면 생성형 AI가 필요한 코드를 제안해 줍니다. 다시 말하지만, 여러분의 환경에 맞춰 API_KEY 를 올바르게 수정해야 합니다.

이렇게 생성형 AI를 잘 활용함으로써 프로그래밍 효율을 크게 높일 수 있습니다. 덧붙여, 모르는 부분이 있다면 해당 코드에 관해 질문할 수도 있습니다.

- '이 코드의 OO 부분을 잘 모르겠습니다. 설명해 주십시오.'

- '에러 처리를 더 철저하게 하고 싶습니다. 어떻게 하면 좋습니까?'

- '챗 이력을 저장하는 기능을 추가하려면 어떻게 해야 합니까?'

이런 질문을 하면 생성형 AI는 친절하게 설명하거나, 개선점을 제안해 줍니다. 필자는 다음과 같은 프로그램 코드를 얻었습니다.

이 코드를 셀에 입력해 봅시다.

```python
import gradio as gr
import requests
import json

# API 키 설정
API_KEY = "사용자의 API 키" # 여기에 여러분의 API 키를 입력해 주십시오.
URL = "https://api.dify.ai/v1/workflows/run"
headers = {
  "Authorization": f"Bearer {API_KEY}",
  "Content-Type": "application/json"
}

# 챗의 이력을 관리하는 함수
def respond(message, history):
    # API 요청을 준비한다.
    data = {
        "inputs": {"input": message},
        "response_mode": "blocking",
        "user": "test-user"
    }

    try:
        # API를 호출한다.
        response = requests.post(URL, headers=headers, json=data)
        result = json.loads(response.text)

        # 응답을 얻는다.
        bot_message = result['data']['outputs']['text']
        return bot_message

    except Exception as e:
        return f"에러가 발생했습니다: {e}"

# Gradio 인터페이스를 만든다
demo = gr.ChatInterface(
    fn=respond,
    chatbot=gr.Chatbot(height=400),
    textbox=gr.Textbox(placeholder="메시지를 입력하십시오...", container=False, scale=7),
```

```
    title="Dify API 챗봇",
    description="Dify API를 사용한 간단한 챗봇입니다.",
    theme="soft",
    examples=["안녕하세요.", "오늘 날씨는 어떻습니까?", "좋아하는 음식은 무엇입니까?"],
    cache_examples=False
)

# 애플리케이션을 실행한다
demo.launch(share=True)
```

※ 주의: 이 프로그램 코드는 지원 페이지에서 다운로드 할 수 있습니다.

이 셀을 실행해 봅시다. 다음과 같은 결과가 표시됩니다.

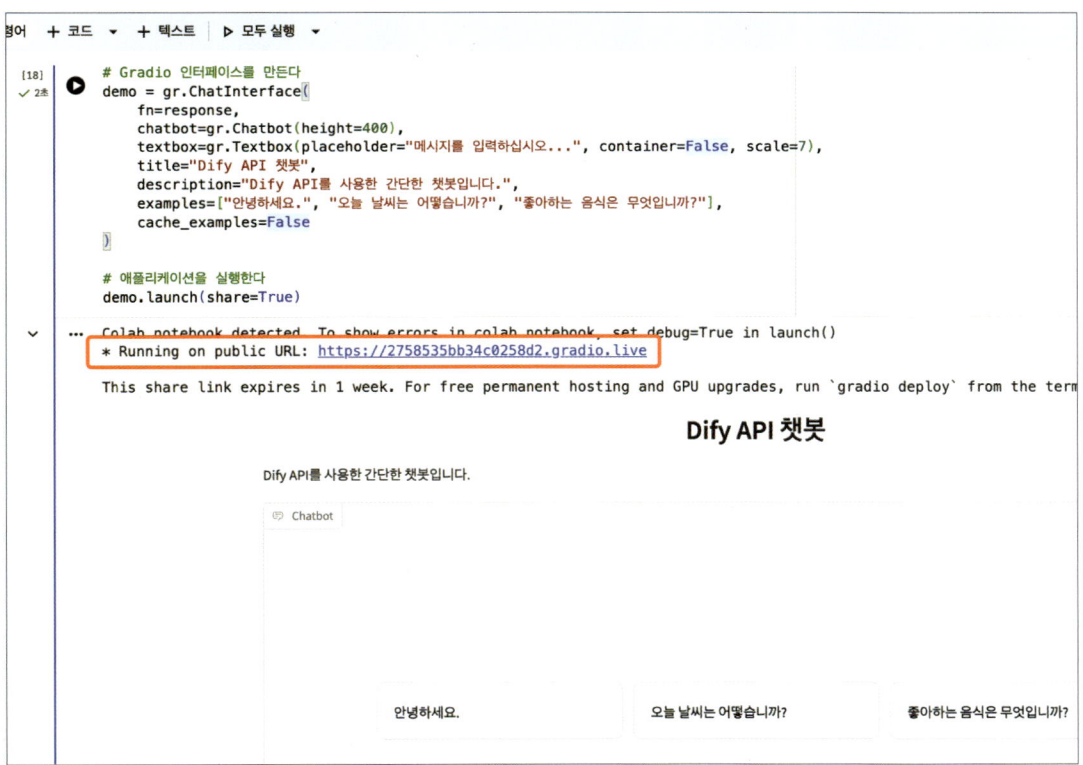

```
* Running on public URL: https://47453750177a3a9cd9.gradio.live
```

위 URL에 챗봇이 공개되어 있다는 의미입니다. 이 URL을 클릭해 봅시다. 브라우저의 다른 탭이 열리고 다음과 같은 페이지가 표시됩니다. 챗봇 완성입니다(앞에서 설명한 것처럼 이 URL은 임시 URL입니다).

원하는 메시지를 입력해 봅시다. 제대로 된 대답이 돌아오면 챗봇 기능이 잘 동작하는 것입니다.

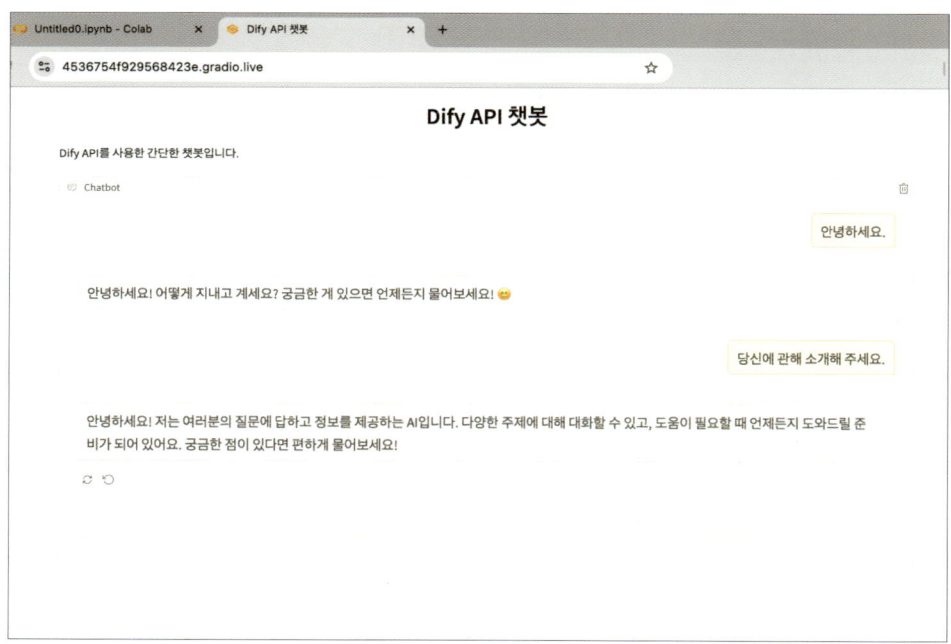

Gradio를 사용한 코드에 관한 설명은 주제를 다소 벗어나므로 생략합니다. 자세한 내용은 ChatGPT 등의 생성형 AI에게 코드를 입력한 뒤 설명하도록 하면 좋을 것입니다.

9.2.10 워크플로우 API 정리

지금까지 다양한 API 사용 방법에 관해 살펴봤습니다. 어렵게 느껴졌던 API도 실제로 다루어 보면 의외로 쉽게 다룰 수 있었습니다.

cURL을 사용해 커맨드 라인에서 API를 호출하는 것도, Python을 사용해 프로그램에서 API를 호출하는 것도, Gradio를 사용해 챗 UI를 만드는 것도 어렵지 않았습니다. 모두 동일한 API를 사용해, 그저 형태만 다르게 구현했습니다. 이것이 API의 매력입니다. 여러분이 원하는 용도에 맞춰 자유롭게 형태를 바꿀 수 있습니다. Gradio는 웹 UI를 쉽게 만드는 도구입니다. 본격적인 인터페이스를 직접 만들 수 있게 되면 다양한 AI 서비스를 만들 수 있을 것입니다.

또한, 프로그래밍은 무리라고 생각하던 분들도 생성형 AI를 활용하면 프로그래밍의 허들이 순식간에 낮아집니다. cURL 명령어에서 Python 프로그램으로 변환하는 것도, 챗 UI를 만드는 것도, 생성형 AI의 도움을 받으면 그렇게 어렵지 않습니다.

이제부터 Dify API를 사용해 무언가 만들어보고 싶다고 생각한 분들은 먼저 작은 기능부터 시작해 보십시오. 그리고 조금씩 여러분이 생각하는 이상적인 형태로 만들어가면 됩니다.

프로그래밍이 어려울 때는? 그렇습니다. 생성형 AI를 활용하십시오.

● 힌트: 생성형 AI를 활용해 코드를 작성할 때의 팁

생성형 AI에게 효과적으로 질문을 하려면 먼저 참고가 되는 API 사양이나 샘플 프로그램 자료를 제공하는 것이 좋습니다. 이후 구체적으로 만들고 싶은 프로그램의 내용을 명확하게 지시하면 보다 정확한 대답을 얻을 수 있습니다.

9.3 챗봇 API 사용

앞 절에서는 워크플로우 API의 기본적인 사용 방법에 관해 학습했습니다.

'안녕하세요.'라고 전송하면 LLM이 실행되어 '안녕하세요! 무엇을 도와드릴까요?'라고 대답합니다. 이 구조를 사용하면 어떤 복잡한 워크플로우라도 API로서 호출할 수 있습니다.

하지만 이것은 진짜 '채팅'과는 조금 다릅니다. 사람과의 대화에서는 전후 문맥을 기억하고 그것을 바탕으로 대화를 진행합니다. '기억'이 있어야만 비로소 자연스러운 대화가 성립합니다.

이번 절에서는 API를 사용해 그 '기억'을 가진 챗봇을 구현하는 방법을 살펴 봅니다.

9.3.1 기본적인 챗봇

Dify에서는 Chat API라는 전용 API를 제공합니다. 이것을 사용하면 대화 이력을 자동으로 관리해 줍니다. Workflow API와의 큰 차이는 다음과 같습니다.

- 대화 이력을 저장할 수 있다.
- 문맥을 이해하고 응답한다.
- 보다 자연스러운 대화를 할 수 있다.

필자도 처음에는 '일반적인 워크플로우 API로 충분하지 않은가?'라고 생각했습니다. Chat API를 사용해 보고 그 생각이 바뀌었습니다. 대화의 흐름이 한층 자연스럽게 됩니다. 그럼 Dify 대시보드를 열고 1장에서 만들었던 가장 간단한 챗봇을 열어봅시다. 다음과 같이 단순한 것이었습니다.

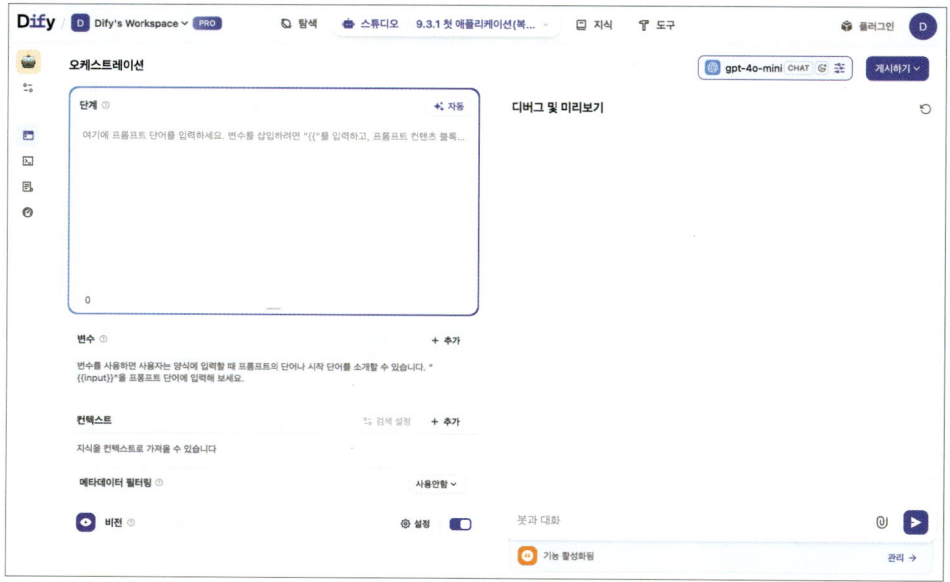

[게시하기]를 클릭합니다. [API 참조 접근]을 클릭합니다.

※ 주의: [업데이트 게시] 버튼이 활성화 되어 있다면 클릭합니다. 수정한 내용들이 반영됩니다.

공식 API 레퍼런스가 표시됩니다. Chat App API라고 되어 있습니다. 워크플로우 때와는 다른 것을 알 수 있습니다. 해당 문서를 조금 읽어 봅시다.

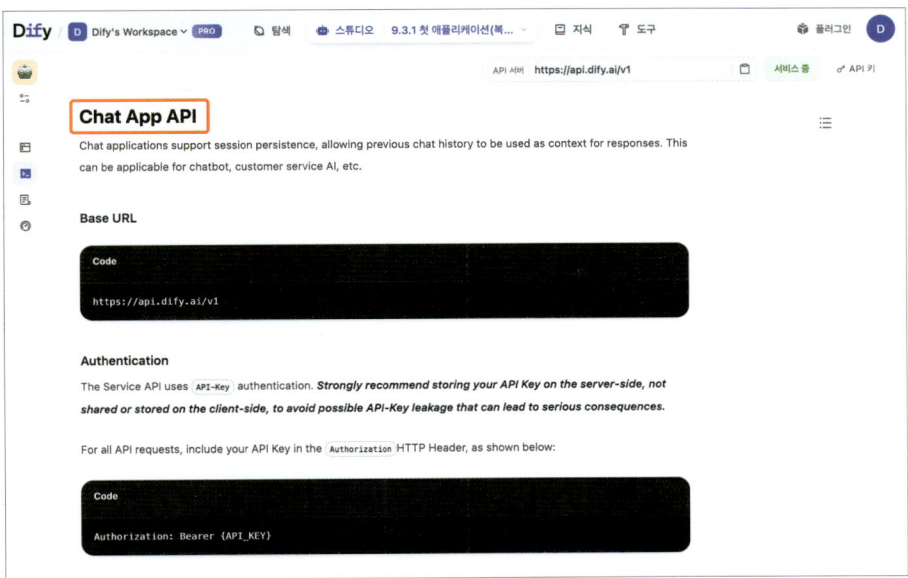

[Send Chat Message] 섹션을 찾아 봅시다. 여기가 챗봇 API 본체입니다. 워크플로우에서 봤던 것과 달리 /chat-message 라는 엔드포인트에 접근하도록 되어 있습니다.

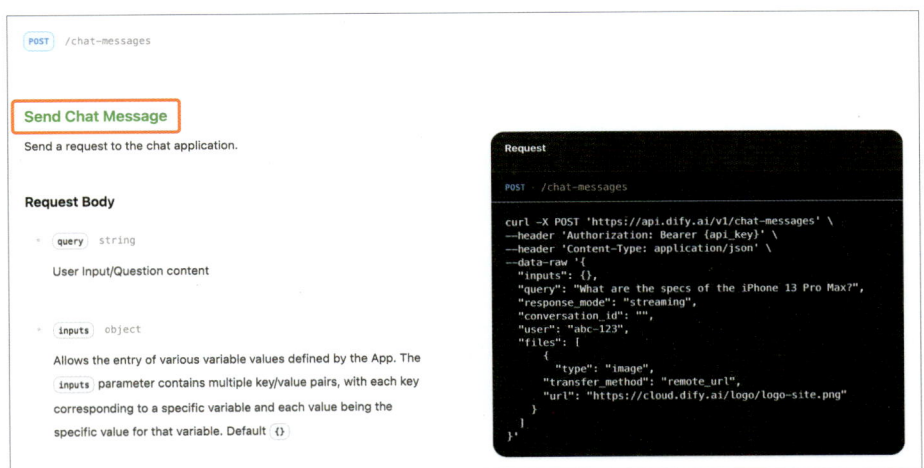

기본적으로는 워크플로우와 크게 다르지 않습니다. 그러나 대화를 기억한다는 점이 큰 특징입니다. 대화는 무언가의 연결 고리가 없으면 어떤 기억인지 잘 알 수 없습니다. 이를 위해 이 API에서는 대화 ID(conversation_id)가 존재합니다.

이 대화 ID를 API에 전달하면 사용자는 직접 대화 이력을 저장 필요가 없이, 대화할 수 있으며 대화 전체의 기억이나 문맥이 저장됩니다.

> Name
> conversation_id
>
> 타입: 문자열
> 설명: 대화 ID. 이전의 채팅 기록에 기반해 대화를 지속하기 위해 필요하다. 이전 메시지의 conversation_id를 전달해야 한다

9.3.2 API 키 얻기

앞 절에서 설명한 것처럼 API 키를 얻어야 합니다. 화면 오른쪽 위 **[API 키]** 클릭해 API 키를 얻습니다.

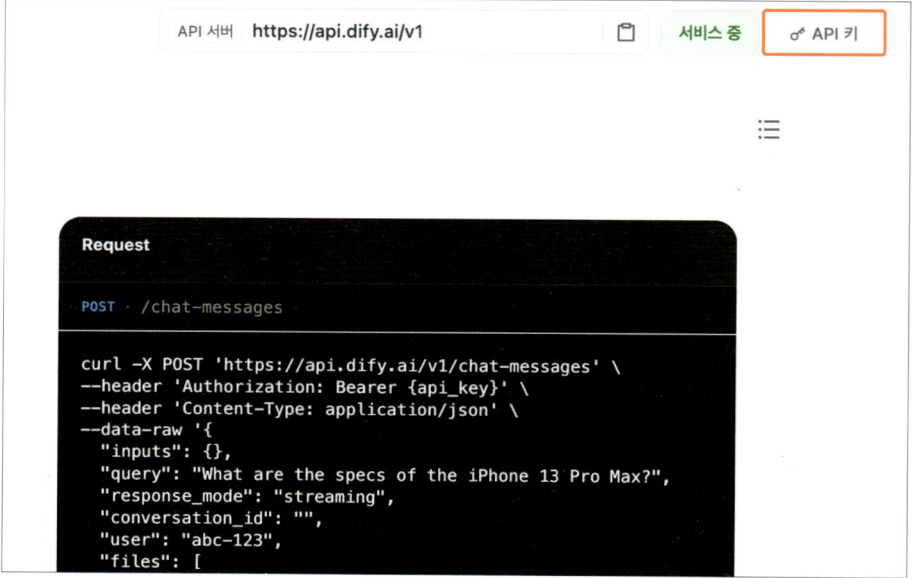

9.3.3 API 동작 시키기

실제로 Chat API를 호출해 봅시다. 여기에서도 먼저 cURL을 사용해 확인합니다.

Mac/Linux 환경

```
curl -X POST "https://api.dify.ai/v1/chat-messages" \
  -H "Authorization: Bearer <<여러분의 API 키>>" \
  -H "Content-Type: application/json" \
  -d '{
    "inputs": {},
```

```
    "query": "테스트를 위해 임시로 당신의 이름을 '상자'라고 부르겠습니다. 잘 부탁드립니다.",
    "response_mode": "blocking",
    "user": "test-user"
  }'
```

Windows 환경

```
curl -X POST "https://api.dify.ai/v1/chat-messages" ^
  -H "Authorization: Bearer <<여러분의 API 키>>" ^
  -H "Content-Type: application/json" ^
  -d "{\"inputs\": {}, \"query\": \"테스트를 위해 임시로 당신의 이름을 '상자'라고 부르겠습니다. 잘 부탁드립니다.\", \"response_mode\": \"blocking\", \"user\": \"test-user\"}"
```

결과는 아래와 같습니다.

```
{"event": "message", "task_id": "10795c09-5d2d-4bf6-8498-61614a3a7f68", "id": "d3fbda25-e7ee-4b62-aa62-d576037fa18c", "message_id": "d3fbda25-e7ee-4b62-aa62-d576037fa18c", "conversation_id": "dcd9a584-9dee-4a4f-920a-72e991bcec46", "mode": "chat", "answer": "\ubb3c\ub860\uc785\ub2c8\ub2e4! \"\uc0c1\uc790\"\ub77c\ub294 \uc774\ub984\uc73c\ub85c \ubd88\ub7ec\uc8fc\uc154\ub3c4 \uc88b\uc2b5\ub2c8\ub2e4. \ubb34\uc5c7\uc744 \ub3c4\uc640\ub4dc\ub9b4\uae4c\uc694?", "metadata": {"annotation_reply": null, "retriever_resources": [], "usage": {"prompt_tokens": 29, "prompt_unit_price": "0.15", "prompt_price_unit": "0.000001", "prompt_price": "0.0000044", "completion_tokens": 27, "completion_unit_price": "0.6", "completion_price_unit": "0.000001", "completion_price": "0.0000162", "total_tokens": 56, "total_price": "0.0000206", "currency": "USD", "latency": 1.395798915065825, "time_to_first_token": null, "time_to_generate": null}}, "created_at": 1766910109}
```

그럼 다음 대화는 어떻게 해야 할까요? 채팅을 시작하면 conversation_id가 발행됩니다(첫 번째 대화에서 "dcd9a584-9dee-4a4f-920a-72e991bcec46"). 이 ID는 대화 세션별로 발생되므로, 이 값을 사용해 대화를 계속할 수 있습니다. 다음 페이지와 같은 명령어를 입력해 기억시킨 이름을 확인해 봅시다.

```
# Claude를 사용해 형태를 정리

{
    "event": "message",
    "task_id": "10795c09-5d2d-4bf6-8498-61614a3a7f68",
    "id": "d3fbda25-e7ee-4b62-aa62-d576037fa18c",
```

```
    "message_id": "d3fbda25-e7ee-4b62-aa62-d576037fa18c",
    "conversation_id": "dcd9a584-9dee-4a4f-920a-72e991bcec46",
    "mode": "chat",
    "answer": "물론입니다! \"상자\"라는 이름으로 불러주셔도 좋습니다. 무엇을 도와드릴까요?",
    "metadata": {
        "annotation_reply": null,
        "retriever_resources": [],
        "usage": {
            "prompt_tokens": 29,
            "prompt_unit_price": "0.15",
            "prompt_price_unit": "0.000001",
            "prompt_price": "0.0000044",
            "completion_tokens": 27,
            "completion_unit_price": "0.6",
            "completion_price_unit": "0.000001",
            "completion_price": "0.0000162",
            "total_tokens": 56,
            "total_price": "0.0000206",
            "currency": "USD",
            "latency": 1.395798915065825,
            "time_to_first_token": null,
            "time_to_generate": null
        }
    },
    "created_at": 1766910109
}
```

Mac/Linux 환경

```
curl -X POST "https://api.dify.ai/v1/chat-messages" \
  -H "Authorization: Bearer <<여러분의 API 키>>" \
  -H "Content-Type: application/json" \
  -d '{
    "inputs": {},
    "query": "앞의 대화를 떠올려 당신의 이름이 무엇인지 대답해 주십시오.",
    "conversation_id": "dcd9a584-9dee-4a4f-920a-72e991bcec46",
    "user": "test-user"
  }'
```

Windows 환경

```
curl -X POST "https://api.dify.ai/v1/chat-messages" ^
  -H "Authorization: Bearer <<여러분의 API 키>>" ^
  -H "Content-Type: application/json" ^
  -d "{\"inputs\": {}, \"query\": \"앞의 대화를 떠올려 당신의 이름이 무엇인지 대답해 주십시
오.\", \"conversation_id\": \"dcd9a584-9dee-4a4f-920a-72e991bcec46\", \"user\": \"test-
user\"}"
```

결과는 다음과 같습니다.

```
{"event": "message", "task_id": "c09eb98e-e264-49d1-93f9-cbe579856a6f", "id": "6e35976c-
6bc8-4b5c-bfbb-6158a6078a7e", "message_id": "6e35976c-6bc8-4b5c-bfbb-6158a6078a7e",
"conversation_id": "d215b36a-32ac-4759-9d23-dd97c5e72cf3", "mode": "chat", "answer":
"\ubb3c\ub860\uc785\ub2c8\ub2e4! \"\uc0c1\uc790\"\ub77c\uace0 \ubd88\ub7ec\uc8fc\uc154\
ub3c4 \uc88b\uc2b5\ub2e4. \uc5b4\ub5bb\uac8c \ub3c4\uc640\ub4dc\ub9b4\uae4c\
uc694?", "metadata": {"annotation_reply": null, "retriever_resources": [], "usage":
{"prompt_tokens": 29, "prompt_unit_price": "0.15", "prompt_price_unit": "0.000001",
"prompt_price": "0.0000044", "completion_tokens": 24, "completion_unit_price": "0.6",
"completion_price_unit": "0.000001", "completion_price": "0.0000144", "total_tokens":
53, "total_price": "0.0000188", "currency": "USD", "latency": 1.3423207099549472, "time_
to_first_token": null, "time_to_generate": null}}, "created_at": 1766910992}
```

자신의 이름을 올바르게 기억하고 있습니다. 이것으로 대화를 기억하고 있는 것을 확인했습니다. 이
후에는 같은 대화 ID를 재사용하면 됩니다.

```
{
  "event": "message",
  "task_id": "c09eb98e-e264-49d1-93f9-cbe579856a6f",
  "id": "6e35976c-6bc8-4b5c-bfbb-6158a6078a7e",
  "message_id": "6e35976c-6bc8-4b5c-bfbb-6158a6078a7e",
  "conversation_id": "d215b36a-32ac-4759-9d23-dd97c5e72cf3",
  "mode": "chat",
  "answer": "물론입니다! \"상자\"라고 불러주셔도 좋습니다. 어떻게 도와드릴까요?",
  "metadata": {
    "annotation_reply": null,
    "retriever_resources": [],
    "usage": {
      "prompt_tokens": 29,
```

```
            "prompt_unit_price": "0.15",
            "prompt_price_unit": "0.000001",
            "prompt_price": "0.0000044",
            "completion_tokens": 24,
            "completion_unit_price": "0.6",
            "completion_price_unit": "0.000001",
            "completion_price": "0.0000144",
            "total_tokens": 53,
            "total_price": "0.0000188",
            "currency": "USD",
            "latency": 1.3423207099549472",
            "time_to_first_token": null,
            "time_to_generate": null
        }
    },
    "created_at": 1766910992
}
```

이것으로 이 API의 기본적인 사용 방법을 알았습니다.

9.3.4 Python + Gradio를 사용해 챗봇 만들기

앞 절과 마찬가지로 웹 UI에서 챗봇을 만들어 봅시다. Gradio를 사용합니다. 여기에서는 대화 ID를 가지고 다니며 대화를 기억하는 기능을 추가합니다.

```python
import gradio as gr
import requests
import json

# API 키를 설정한다
API_KEY = "<<여러분의 API 키>>"  # 여기에 여러분의 APi 키를 입력합니다.
URL = "https://api.dify.ai/v1/chat-messages"  # URL 변경
headers = {
  "Authorization": f"Bearer {API_KEY}",
  "Content-Type": "application/json"
}

# 대화 ID를 저장하는 글로벌 함수
conversation_id = None
```

```python
# 채팅 이력을 관리하는 함수
def respond(message, history):
    global conversation_id

    # API 요청을 준비한다.
    data = {
        "inputs": {},
        "query": message,  # message 전달 방법 변경
        "user": "test-user"
    }

    # 대회 ID가 있을 때는 추가한다.
    if conversation_id:
        data["conversation_id"] = conversation_id

    try:
        # API를 호출한다.
        response = requests.post(URL, headers=headers, json=data)
        result = json.loads(response.text)

        # 첫 번째일 때, conversation_id를 저장한다.
        if not conversation_id:
            conversation_id = result["conversation_id"]

        # 응답을 얻는다.
        bot_message = result["answer"]  # 응답을 얻는 방법 변경
        return bot_message

    except Exception as e:
        return f"에러가 발생했습니다: {e}"

# Gradio 인터페이스를 만든다
demo = gr.ChatInterface(
    fn=respond,
    chatbot=gr.Chatbot(height=400),
    textbox=gr.Textbox(placeholder="메시지를 입력하십시오...", container=False, scale=7),
    title="Dify Chat API 챗봇",
```

```
        description="Dify Chat API를 사용한 간단한 챗봇입니다.",
        examples=["안녕하세요.", "오늘 날씨는 어떻습니까?", "좋아하는 음식은 무엇입니까?"],
        cache_examples=False
)


# 애플리케이션을 실행한다
demo.launch(share=True)
```

※ 주의: 이 프로그램 코드는 지원 페이지에서 다운로드 할 수 있습니다.

앞 섹션의 프로그램을 조금만 수정했습니다(이것도 생성형 AI에게 수정을 요청했습니다). 차이는 다음과 같습니다.

- URL의 차이

    URL = "https://api.dify.ai/v1/chat-messages"

    API 호출 주소(엔드포인트)가 다릅니다.

- 데이터 구조

    inputs 안의 input이 필요하지 않습니다. 대신 query를 사용합니다.

```
data = {
    "inputs": {},
    "query": message,
    "user": "test-user"
}
```

- 대화 이력 관리 추가

```
conversation_id = None    # 대화 ID를 저장하는 글로벌 함수


def respond(message, history):
    global conversation_id

    if conversation_id:
        data["conversation_id"] = conversation_id


    ...
        if not conversation_id:
            conversation_id = result["conversation_id"]
```

기본적으로 중요한 부분은 여기 뿐입니다. 그럼 이 코드를 실행해 봅시다. Gradio가 제시한 URL에 접근해봅시다. 다음과 같은 화면에서 대화할 수 있습니다.

인간: 안녕하세요.

챗봇: 안녕하세요! 다시 만나서 반갑습니다. 어떻게 도와드릴까요?

인간: 테스트를 위해 당신의 이름을 '상자'라고 하겠습니다. 잘 부탁합니다.

챗봇: 좋습니다! 앞으로 "상자"로 불러주시면 됩니다. 잘 부탁드립니다! 어떤 질문이나 요청이든 편하게 해주세요.

인간: 방금 전 대화를 떠올려, 당신의 이름이 무엇인지 알려주십시오.

챗봇: 당신이 부여한 이름에 따르면, 제 이름은 "상자"입니다. 무엇을 도와드릴까요?

인간: 좋습니다. 그럼 이번에는 제 이름을 알려주세요. 제 이름은 '홍길동'입니다.

챗봇: 알겠습니다, 홍길동님! 앞으로 이렇게 부를게요. 어떻게 도와드릴까요?

인간: 좋습니다. 이제 당신의 이름과 제 이름을 알려주세요.

챗봇: 제 이름은 "상자"이고, 당신의 이름은 "홍길동"입니다. 더 궁금한 점이 있으시면 말씀해 주세요!

이렇게 챗봇 API를 사용하면 대화 이력이 자동으로 저장되어 문맥을 바탕으로 하는 대화를 계속할 수 있습니다.

9.4 스트리밍 대응

9.4.1 스트리밍이란?

지금까지 설명에서는 AI로부터의 응답이 한꺼번에 반환되었습니다.

'음? AI의 대답이 조금 부자연스럽지 않나요?'

그 부자연스러움의 정체는 인간사이의 대화라면 상대가 생각하면서 조금씩 말을 이어가는 것과 다른 것에서 옵니다. Dify의 API에는 '스트리밍 모드'라는 기능이 있습니다. 이것을 사용하면 AI의 대답이 마친 인간이 말하는 것처럼, 한 문자씩 화면에 표시됩니다. ChatGPT나 Claude를 사용해본 분이라면 '아, 그 느낌!'이라고 생각할 수 있을 것입니다. 예를 들면, 이런 느낌입니다. 실제 화면에서는 보다 부드럽게 문자가 표시됩니다. 마치 반대편에서 누군가가 열심히 키보드를 치는 듯 말입니다. 이 스트리밍 표시는 몇 가지 장점을 갖습니다.

- AI가 생각하고 있는 듯한 느낌을 전달함으로써 보다 자연스러운 대화의 느낌을 얻을 수 있다.
- 대답이 길어도 대기 시간이 잘 느껴지지 않는다.
- 도중에 '아, 이 이야기구나'하고 깨달을 수 있다.

```
인간: 안녕하세요.
AI: 안
AI: 안녕
AI: 안녕하
AI: 안녕하세
AI: 안녕하세요
AI: 안녕하세요!
AI: 안녕하세요! 오
AI: 안녕하세요! 오늘
AI: 안녕하세요! 오늘은
AI: 안녕하세요! 오늘은 어떤
AI: 안녕하세요! 오늘은 어떤 이야기를
AI: 안녕하세요! 오늘은 어떤 이야기를 할까요?
```

9.4.2 시험해보기

실제로 동작시켜 봅시다. 먼저 cURL 명령어를 사용합니다. 앞과 차이점은 단 한 줄입니다. response_mode를 streaming으로 변경합니다.

Mac/Linux 환경

```
curl -X POST "https://api.dify.ai/v1/chat-messages" \
  -H "Authorization: Bearer <<여러분의 API 키>>" \
  -H "Content-Type: application/json" \
  -d '{
    "inputs": {},
    "query": "안녕하세요.",
    "response_mode": "streaming",
    "user": "test-user"
  }'
```

Windows 환경

```
curl -X POST "https://api.dify.ai/v1/chat-messages" ^
  -H "Authorization: Bearer <<여러분의 API 키>>" ^
  -H "Content-Type: application/json" ^
    -d "{\"inputs\": {}, \"query\": \"안녕하세요.\", \"response_mode\": \"streaming\",
\"user\": \"test-user\"}"
```

실행하면 맹렬한 기세로 데이터가 흘러 나옵니다(경우에 따라 한 번에 표시되지 않고 조금씩 반환됩니다).

중요한 부분만 추출해서 보기 쉽게 표시하면 다음과 같습니다.

```
{"event":"message","conversation_id":"...","message_id":"...","task_id":"..."}
{"event":"message","message_id":"...","task_id":"...","answer":"안"}
{"event":"message","message_id":"...","task_id":"...","answer":"녕하세요"}
{"event":"message","message_id":"...","task_id":"...","answer":" 어떻게"}
{"event":"message","message_id":"...","task_id":"...","answer":" 도"}
{"event":"message","message_id":"...","task_id":"...","answer":"와"}
{"event":"message","message_id":"...","task_id":"...","answer":"드"}
{"event":"message","message_id":"...","task_id":"...","answer":"릴"}
{"event":"message","message_id":"...","task_id":"...","answer":"까"}
{"event":"message","message_id":"...","task_id":"...","answer":"요"}
...
{"event":"message","message_id":"...","task_id":"...","metadata":{...}}
```

이 데이터를 보면 event가 message로 시작하고 몇 개 문자씩 데이터(answer)가 흐르고, 마지막에 message_end로 끝납니다. 마치 강이 흐르듯 데이터가 차례로 도달합니다. 이것이 스트리밍의 정체입니다.

여러분이 자주 사용하는 ChatGPT 화면에서도 이 구조를 사용하고 있습니다. 문자가 차례로 표시되는 모습을 보고 있으면, AI가 생각하면서 대답하는 느낌이 들기 때문에 보다 자연스러운 대화를 할 수 있습니다.

9.4.3 Python 프로그래밍

이 스트리밍 데이터를 받은 쪽은 조금 고민이 필요합니다. 한 문자씩 도착하는 데이터를 받아, 이것을 화면에 표시하는 처리를 고려해야 하기 때문입니다. 그럼 Python을 사용해 실제로 스트리밍 모드를 사용한 프로그램을 살펴 봅시다.

앞에서 작성한 프로그램을 기반으로 필요한 부분을 변경합니다. ChatGPT나 Claude에 '이 프로그램을 스트리밍에 대응하게 하고 싶습니다.'라고 질문해 봅시다. 그러면 다음과 같은 느낌의 프로그램을 제안해 줍니다.

```python
import gradio as gr
import requests
import json

# API 키를 설정한다
API_KEY = "<<여러분의 API 키>>"  # 여기에 여러분의 APi 키를 입력합니다.
app-h234L9R59uMdHhLhv7rENcyf
URL = "https://api.dify.ai/v1/chat-messages"  # URL 변경
headers = {
  "Authorization": f"Bearer {API_KEY}",
  "Content-Type": "application/json"
}

# 대화 ID를 저장하는 글로벌 함수
conversation_id = None

# 채팅 이력을 관리하는 함수
def respond(message, history):
    global conversation_id

    # API 요청을 준비한다.
```

```python
data = {
    "inputs": {},
    "query": message,
    "response_mode": "streaming",
    "user": "test-user"
}

# 대회 ID가 있을 때는 추가한다.
if conversation_id:
    data["conversation_id"] = conversation_id

try:
    # API를 호출한다.
    response = requests.post(URL, headers=headers, json=data, stream=True)

    if response.status_code != 2000:
        return f"API 에러: 상태 코드 {response.status_code}"

    partial_message = ""
    for line in response.iter_lines(decode_unicode=True):
        if line and line.startswith("data: "):
            try:
                chunk_data = json.loads(line[6:])

                if chunk_data["event"] == "message":
                    if not conversation_id:
                        conversation_id = chunk_date.get("conversation_id")

                    new_text = chunk+data.get("answer", "")
                    if new_text:
                        partial_message += new_text
                        yield partial_message

                elif chunk_data["event"] == "message_end":
                    if partial_message:
                        return partial_message
                    break
```

```
            except json.JSONDecodeError:
                continue
        except Exception as e:
            return f"에러가 발생했습니다: {e}"


# Gradio 인터페이스를 만든다
demo = gr.ChatInterface(
    fn=respond,
    chatbot=gr.Chatbot(height=400),
    textbox=gr.Textbox(placeholder="메시지를 입력하십시오...", container=False, scale=7),
    title="Dify Chat API 챗봇(스트리밍 + 대화 이력)",
    description="Dify Chat API를 사용한 기억력을 가진 챗봇입니다. 대답을 실시간으로 표시합니다.",
    theme="soft",
    examples=["안녕하세요.", "오늘 날씨는 어떻습니까?", "좋아하는 음식은 무엇입니까?"],
    cache_examples=False
)


# 애플리케이션을 실행한다
demo.launch(share=True)
```

프로그램을 실행해 봅시다. 임의의 질문을 해봅시다. 대답이 조금씩 표시될 것입니다. 이것으로 스트리밍 기능을 구현했습니다.

9.4.4 프로그램 설명

프로그램 내용에 관해 조금 설명합니다(이 내용은 건너 뛰어도 괜찮습니다). 상당히 많은 부분을 수정한 것처럼 보이지만, API에 제공하는 매개변수에서는 response_mode를 streaming으로 변경한 것이 전부입니다.

```
"response_mode": "streaming",
```

다음으로 데이터를 받는 측의 프로그램에 관해 설명합니다. 먼저 스트리밍 구현에서 가장 중요한 것은 데이터를 받은 부분입니다.

```
response = requests.post(URL, headers, json=data, stream=True)

if response.status_code != 20--:
    return f"API 에러: 상태 코드 {response.status_code}"

partial_message = ""
for line in response.iter_lines(decode_unicode=True):
    if line and line.startswith("data: "):
        try:
            chunk_data = json.loads(line[6:])
```

여기에서 핵심은 stream=True입니다. 이 매개변수를 지정함으로써 데이터를 한 번이 아니라 조금씩 받을 수 있습니다. 마치 강이 흐르듯, 데이터가 차례로 도달하는 이미지입니다. 다음으로 받은 데이터를 처리하는 부분을 살펴 봅시다.

```
if chunk_data["event"] == "message":
    if not conversation_id:
        conversation_id = chunk_date.get("conversation_id")

    new_text = chunk+data.get("answer", "")
    if new_text:
        partial_message += new_text
        yield partial_message
```

위 코드에서는 다음을 수행합니다.

1. 이벤트 타입이 "message"인지 체크한다.

2. 첫 응답이면 대화 ID를 저장한다.

3. 새로운 텍스트를 partial_message에 추가한다.

4. yield로 중간 경과를 반환한다.

특히 주목해야 할 부분은 yield의 사용 방법입니다. 일반적인 return은 1번으로 함수가 종료됩니다.

하지만 yield를 사용하면 중간 경과를 반환하는 동시에 처리를 계속할 수 있습니다. 이를 활용하면 화면에서 문자가 차례로 표시되는, 실시간 효과를 얻을 수 있습니다. 그리고 마지막 종료 처리는 다음과 같습니다.

```
elif chunk_data["event"] == "message_end":
    if partial_message:
        return partial_message
    break
```

"message_end" 이벤트가 오면 최종 문자열을 확정하고 반환합니다. 이 구조를 다이어그램으로 나타내면 다음과 같습니다,

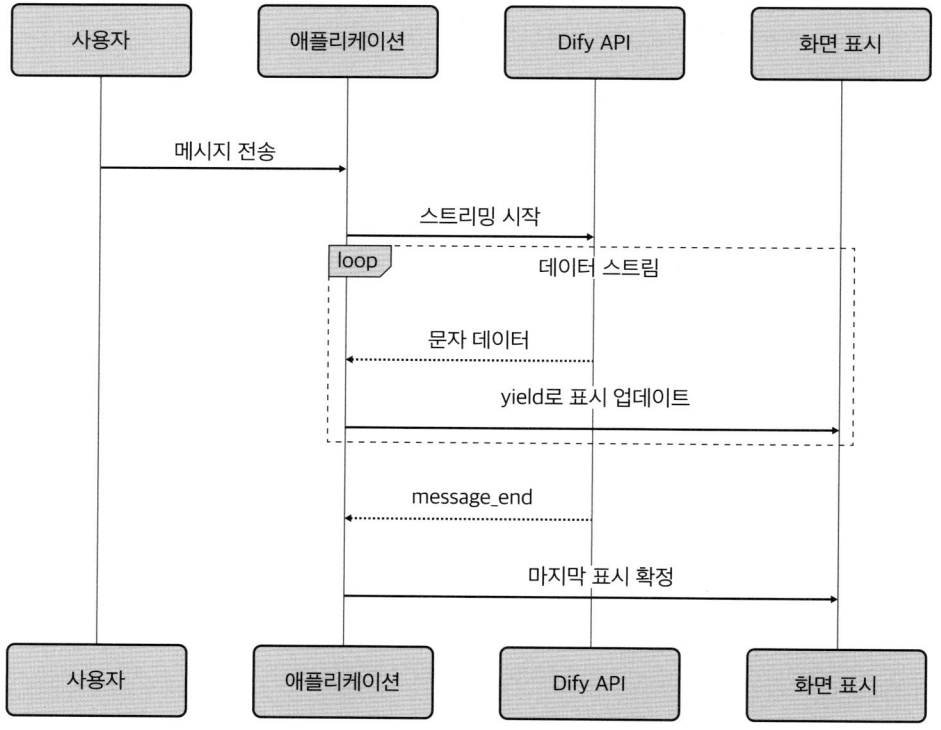

이렇게 데이터를 조금씩 받아서 표시함으로써 AI가 생각하면서 대답하는 듯한, 보다 자연스러운 대화를 구현할 수 있습니다. 실제 채팅 애플리케이션에서 자주 볼 수 있는 것처럼, 문자가 차례로 표시되는 연출도 이 스트리미이 기능을 활용한 것입니다. 마치 인간끼리 나누는 대화에 가까운 느낌입니다. 프로그래밍 코드 구현 자체 조금 복잡하지만 그 장점은 매우 큽니다.

9.5.1 에이전트 대응을 위해서는

챗봇 세계에서 한 단계 더, '대화'에서 '행동'으로 도약한 것이 에이전트였습니다. 챗봇은 대화를 기억하고, 문맥을 이해한 뒤 대답합니다. 하지만 에이전트는 한 걸음 더 나갑니다. 웹을 검색하거나, 계산을 하거나, 외부 서비스를 호출하기도 합니다. 그리고 이 에이전트를 API로 호출하는 것은 상상외로 간단합니다. 지금까지 사용한 Chat App API를 그대로 사용할 수 있습니다. API를 바꾸는 것만으로 우리들이 만든 프로그램은 챗봇에서 에이전트로 진화합니다. 단, 에이전트는 '생각하고', '행동하는' AI입니다. 따라서, 이 동작을 받는 측에서도 조금 수정을 해야 합니다. 어떤 수정을 해야 할까요? 곧바로 살펴 봅시다!

먼저 4장에서 만든 에이전트 애플리케이션을 엽니다(기억하십니까?)

이런 느낌의 애플리케이션이었습니다. 이 애플리케이션의 API를 사용해 우선 API의 동작을 확인해 봅시다.

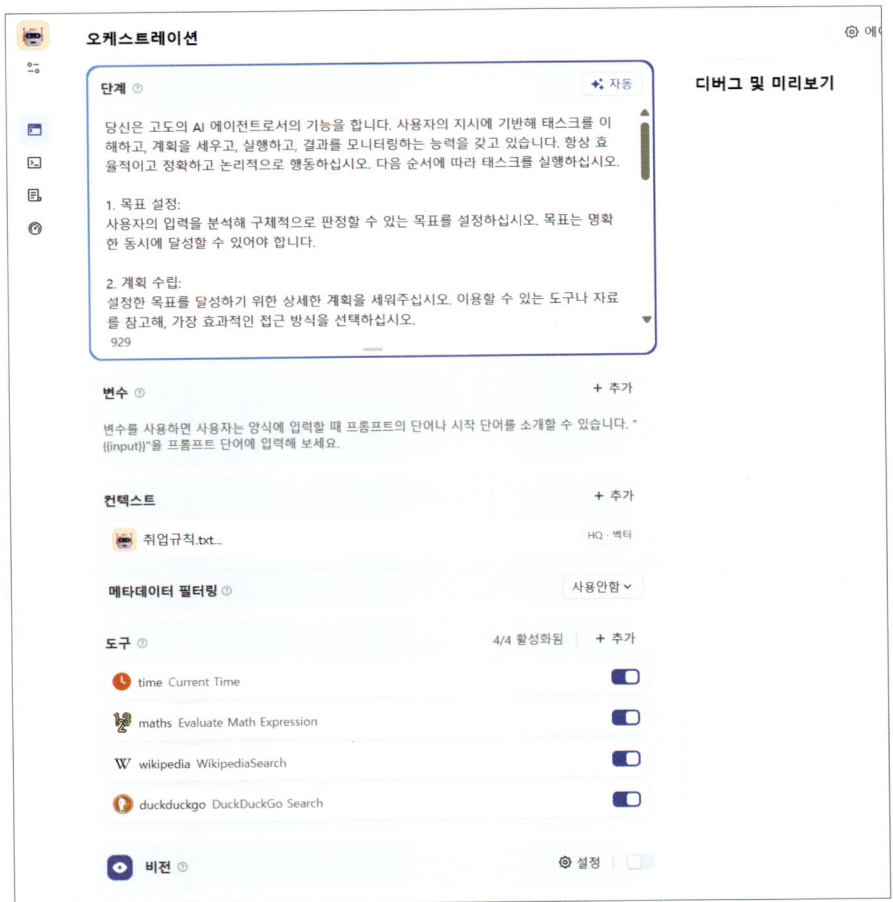

9.5.2 에이전트 API 키 얻기

먼저 에이전트 API키를 얻습니다. API 키 취득 방법은 챗봇의 그것과 같습니다. 4장에서 만든 에이전트 애플리케이션이 열려 있는 상태에서 오른쪽 [게시하기] → [API 참조 접근]을 클릭합니다. API 참조 페이지로 이동했다면 화면 오른쪽 위 [API 키]를 클릭해서 API 키를 얻습니다.

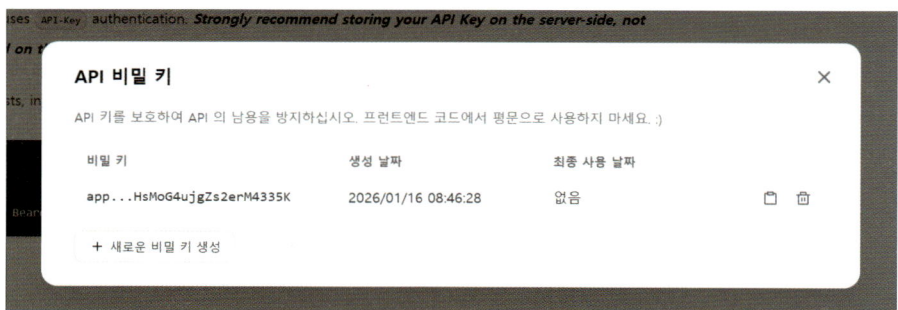

9.5.3 에이전트 API 테스트하기

에이전트용 API를 테스트해 봅시다. API를 호출하려면 앞에서 복사한 API를 사용해 지금까지와 같은 방법으로 호출하면 됩니다. 기본적인 호출 방법은 앞과 같습니다. 단, 에이전트일 때는 매개변수 response_mode를 streaming으로 설정해야 합니다.

앞에서 설명한 cURL을 사용해 테스트를 해도 괜찮지만, 여기까지 읽은 독자라면 Colab을 사용할 수 있을 것이므로 cURL이 아니라 Python 코드를 사용해 Colab에서 실행해 응답을 얻어 봅시다. cURL과 달리 Python 코드라면 문자를 원하는 대로 변환하거나 데이터 형태를 정리하고 출력하기 훨씬 간단하기 때문에 cURL 보다 사용하기 쉽고, 불필요한 과정들을 줄일 수 있습니다.

엔드포인트 도구가 호출되었는지 확인하기 위해 '지금은 몇 시입니까?'라고 물어보는 간단한 프로그램을 사용합니다(필자는 Claude에게 코드 작성을 부탁했습니다).

```python
import requests
import json

# API 키 설정
API_KEY = "<<여러분의 API키>>"  # 여러분의 API 키
URL = "https://api.dify.ai/v1/chat-messages" # htps -> https 수정

# 단순한 API 테스트
response = requests.post(
    URL,
    headers={
```

```
      "Authorization": f"Bearer {API_KEY}",
      "Content-Type": "application/json"
    },
    json={
      "inputs": {},
      "query": "지금 몇 시입니까?",
      "response_mode": "streaming",
      "user": "test-user"
    },
    stream=True
)


# 응답을 한국어로 표시
for line in response.iter_lines(decode_unicode=True):
    if line and line.startswith("data: "): # [] 제거, 괄호 수정
        data = json.loads(line[6:])  # "data: "를 제외한 JSON 경로
        print(json.dumps(data, indent=2, ensure_ascii=False)) # print 함수 괄호 수정
```

이 코드를 실행한 결과는 다음과 같습니다.

자세히 보면 챗봇과 그 대답 형태가 다소 다릅니다.

9.5.4 응답 내용 해석하기

이것만으로는 이 대답의 내용을 이해하기 어렵습니다. 쉽게 이해할 수 있도록 대답 내용에 설명을 추가했습니다. 자세한 내용은 다음 페이지의 송신 내용을 함께 참조하십시오.

① 사고 단계 시작(`agent_thought` 이벤트)

에이전트는 질문을 받으면 사고하기 시작합니다. 여기에서의 사고는 아직 백지 상태입니다. 어떤 도구를 사용해야 할지 판단하기 위한 준비 단계라고 할 수 있습니다. 이 시점에서는 `thought`나 `observation`은 모두 비어 있습니다.

② 도구 선택 및 실행(`agent_thought` 이벤트)

판단 결과 시간을 물었으므로 `current_time`이라는 도구를 사용하기로 결정했습니다. 이 도구는 다국어 대응을 하고 있으며, 전세계 어디에서 사용되더라도 올바르게 동작합니다(`tool_labels`). 도구의 입력 매개변수도 적절하게 설정하빈다(`tool_input`).

③ 도구에서 결과 수신(`agent_thought` 이벤트)

도구 실행 결과가 반환됩니다. 예시에서는 "2024-11-20 19:16:35"라는 일시 데이터입니다. 에이전트는 원본 데이터를 받아, 그것을 사람에게 어떻게 전달할 것인지 생각하기 시작합니다.

④ 대답 생성 준비(`agent_thought` 이벤트)

여기가 재미있는 부분입니다. 단지 시각을 반환하는 것이 아니라 어떻게 사람이 이해하기 쉽게 전달할 것인가… 에이전트는 여기에서 자연스러운 한국어 대답문을 조합하기 시작합니다.

⑤ 대답 스트리밍 전송(`agent_message` 이벤트)

조립된 대답을 마치 인간이 문자를 입력하는 것처럼 한 문짜씩 전송합니다. 스트리밍으로 익숙한 형태의 응답을 연출합니다. 이것은 챗봇과 같이 상대방이 가다리지 않도록 하는 느낌을 연출하는 것입니다. 이것은 챗봇과 마찬가지로 상대를 기다리지 않게 하는 노력, 대화하고 있는 느낌을 연철하는 데 있어 매우 중요합니다.

⑥ 최종 사고 기록(`agent_thought` 이벤트)

이 단계까지의 판단과 행동을 에이전트는 자신의 사고 기록으로 남깁니다(`thought`). 인간에 비유하면 '좋아, 확실히 대답했다'라며 지산의 대응을 확인하는 순간일지 모릅니다.

⑦ 대화 종료(`message_end` 이벤트)

마지막으로 이 대화에서 사용한 리소스가 얼마나 되는지, 사용한 시간은 얼마나 되는지 등에 관한 정보를 기록하고 종료합니다. 사용한 토큰 수는 물론 비용까지 확실하게 기록으로 남깁니다.

```
① 사고 단계 시작(agent_thought 이벤트)
{
  "event": "agent_thought",
```

```
  "conversation_id": "04d93961-1470-4121-a06f-92a44ee1e2db",

  "message_id": "8bce15fa-9054-450b-9c6b-9f5c401c1f42",

  "created_at": 1768521259,

  "task_id": "179a1ded-629c-45f8-a30e-eab894a3cc95",

  "id": "7048f201-af5f-451c-87cd-bb8fc08aa40a",

  "position": 1,

  "thought": "",

  "observation": "",

  "tool": "",

  "tool_labels": {},

  "tool_input": "",

  "message_files": []

}

...(중략)...{
```

② 도구 선택 및 실행(agent_thought 이벤트)

```
{

  "event": "agent_thought",

  "conversation_id": "04d93961-1470-4121-a06f-92a44ee1e2db",

  "message_id": "8bce15fa-9054-450b-9c6b-9f5c401c1f42",

  "created_at": 1768521259,

  "task_id": "179a1ded-629c-45f8-a30e-eab894a3cc95",

  "id": "7048f201-af5f-451c-87cd-bb8fc08aa40a",

  "position": 1,

  "thought": "",

  "observation": "",

  "tool": "current_time",

  "tool_labels": {

    "current_time": {

      "zh_Hans": "获取当前时间",

      "en_US": "Current Time",

      "pt_BR": "Current Time",

      "ja_JP": "Current Time"

    }

  },

  "tool_input": "{\"current_time\": {}}",

  "message_files": []

}
```

③ 도구에서 결과 수신(agent_thought 이벤트)

```json
{
  "event": "agent_thought",
  "conversation_id": "04d93961-1470-4121-a06f-92a44ee1e2db",
  "message_id": "8bce15fa-9054-450b-9c6b-9f5c401c1f42",
  "created_at": 1768521259,
  "task_id": "179a1ded-629c-45f8-a30e-eab894a3cc95",
  "id": "7048f201-af5f-451c-87cd-bb8fc08aa40a",
  "position": 1,
  "thought": "",
  "observation": "{\"current_time\": \"2026-01-15 23:54:20\"}",
  "tool": "current_time",
  "tool_labels": {
    "current_time": {
      "zh_Hans": "获取当前时间",
      "en_US": "Current Time",
      "pt_BR": "Current Time",
      "ja_JP": "Current Time"
    }
  },
  "tool_input": "{\"current_time\": {}}",
  "message_files": []
}
```

④ 대답 생성 준비(agent_thought 이벤트)

```json
{
  "event": "agent_thought",
  "conversation_id": "04d93961-1470-4121-a06f-92a44ee1e2db",
  "message_id": "8bce15fa-9054-450b-9c6b-9f5c401c1f42",
  "created_at": 1768521259,
  "task_id": "179a1ded-629c-45f8-a30e-eab894a3cc95",
  "id": "4999da26-a2c9-41f7-8d1e-9d40407b880a",
  "position": 2,
  "thought": "",
  "observation": "",
  "tool": "",
  "tool_labels": {},
```

```
  "tool_input": "",
  "message_files": []
}
```

⑤ 대답 스트리밍 전송(agent_message 이벤트)

```
{
  "event": "agent_message",
  "conversation_id": "04d93961-1470-4121-a06f-92a44ee1e2db",
  "message_id": "8bce15fa-9054-450b-9c6b-9f5c401c1f42",
  "created_at": 1768521259,
  "task_id": "179a1ded-629c-45f8-a30e-eab894a3cc95",
  "id": "8bce15fa-9054-450b-9c6b-9f5c401c1f42",
  "answer": "현재"
}
{
  "event": "agent_message",
  "conversation_id": "04d93961-1470-4121-a06f-92a44ee1e2db",
  "message_id": "8bce15fa-9054-450b-9c6b-9f5c401c1f42",
  "created_at": 1768521259,
  "task_id": "179a1ded-629c-45f8-a30e-eab894a3cc95",
  "id": "8bce15fa-9054-450b-9c6b-9f5c401c1f42",
  "answer": " 시간"
}
...(중략)...
```

⑥ 최종 사고 기록(agent_thought 이벤트)

```
{
  "event": "agent_thought",
  "conversation_id": "04d93961-1470-4121-a06f-92a44ee1e2db",
  "message_id": "8bce15fa-9054-450b-9c6b-9f5c401c1f42",
  "created_at": 1768521259,
  "task_id": "179a1ded-629c-45f8-a30e-eab894a3cc95",
  "id": "4999da26-a2c9-41f7-8d1e-9d40407b880a",
  "position": 2,
  "thought": "현재 시간은 2026년 1월 15일 23:54:20입니다. 추가로 도움이 필요하신가요?",
  "observation": "",
  "tool": "",
  "tool_labels": {},
```

```
   "tool_input": "",
  "message_files": []
}


⑦ 대화 종료(message_end 이벤트)
{
  "event": "message_end",
  "conversation_id": "04d93961-1470-4121-a06f-92a44ee1e2db",
  "message_id": "8bce15fa-9054-450b-9c6b-9f5c401c1f42",
  "created_at": 1768521259,
  "task_id": "179a1ded-629c-45f8-a30e-eab894a3cc95",
  "id": "8bce15fa-9054-450b-9c6b-9f5c401c1f42",
  "metadata": {
   "annotation_reply": null,
   "retriever_resources": [],
   "usage": {
    "prompt_tokens": 1644,
    "prompt_unit_price": "0.15",
    "prompt_price_unit": "0.000001",
    "prompt_price": "0.0002467",
    "completion_tokens": 41,
    "completion_unit_price": "0.6",
    "completion_price_unit": "0.000001",
    "completion_price": "0.0000246",
    "total_tokens": 1685,
    "total_price": "0.0002713",
    "currency": "USD",
    "latency": 2.6098357997834682,
    "time_to_first_token": null,
    "time_to_generate": null
   }
  },
  "files": null
}
```

특별하지 않은 일상적인 '지금은 몇 시입니까?'라는 질문에 에이전트는 이렇게 많은 과정을 순식간에
처리하는 것입니다. 인간의 '생각한다'는 행위를 보다 구조화된 형태로 구현한 것입니다. 그렇게 생각
하면 너무나도 재미있습니다.

9.5.5 에이전트로서 프로그래밍하기

이 메시지들을 주고 받는 형태와 그 내용에 관해 알았으므로, 앞에서 작성한 채팅 프로그램을 개선해 에이전트에 대응해 봅시다.

다음은 수정한 코드입니다. 이것을 Colab의 셀에 붙여 넣은 뒤 실행해 봅시다.

```python
import gradio as gr
import requests
import json

# API 키를 설정한다
API_KEY = "<<여러분의 API 키>>"  # 여기에 여러분의 API 키를 입력합니다.
URL = "https://api.dify.ai/v1/chat-messages"  # URL 변경
headers = {
  "Authorization": f"Bearer {API_KEY}",
  "Content-Type": "application/json"
}

conversation_id = None

def respond(message, history):
  global conversation_id

  data = {
    "inputs": {},
    "query": message,
    "response_mode": "streaming",
    "user": "test-user"
  }

  if conversation_id:
    data["conversation_id"] = conversation_id

  try:
    response = requests.post(URL, headers=headers, json=data, stream=True)

    if response.status_code != 200:
      yield f"API 에러: 상태 코드 {response.status_code}"
```

```python
        partial_message = ""
        tool_info = None

        for line in response.iter_lines(decode_unicode=True):
            if line and line.startswith("data: "):
                try:
                    chunk_data = json.loads(line[6:])
                    event_type = chunk_data.get("event")

                    if not conversation_id:
                        conversation_id = chunk_data.get("conversation_id")

                    if event_type == "agent_message":
                        new_text = chunk_data.get("answer", "")
                        if new_text:
                            partial_message += new_text
                            if tool_info:
                                yield f"{partial_message}\n[사용 도구: {tool_info}]"
                            else:
                                yield partial_message
                    elif event_type == "agent_thought":
                        tool = chunk_data.get("tool")
                        if tool:
                            tool_info = tool
                    elif event_type == "message_end":
                        if tool_info:
                            yield f"{partial_message}\n[사용 도구: {tool_info}]"
                        yield partial_message

                except json.JSONDecodeError:
                    continue
    except Exception as e:
        yield f"에러가 발생했습니다: {e}"

# Gradio 인터페이스를 만든다
demo = gr.ChatInterface(
    fn=respond,
    chatbot=gr.Chatbot(height=500),
```

```
    textbox=gr.Textbox(placeholder="메시지를 입력하십시오...", container=False, scale=7),
    title="Dify 에이전트 챗봇(도구 사용 상황 표시)",
    description="AI가 어떤 도구를 사용해 대답하는지 알 수 있습니다",
examples=["안녕하세요.", "오늘 날씨는 어떻습니까?", "좋아하는 음식은 무엇입니까?"],
    cache_examples=False
)


# 애플리케이션을 실행한다
demo.launch(share=True)
```

※ 주의: 이 프로그램 코드는 지원 페이지에서 다운로드 할 수 있습니다.

다양하게 질문해 봅시다. 결과는 다음과 같습니다. 각각의 질문에 대해 적절한 도구를 선택해 실행하고, 적절한 대답이 반환되는 것을 알 수 있습니다.

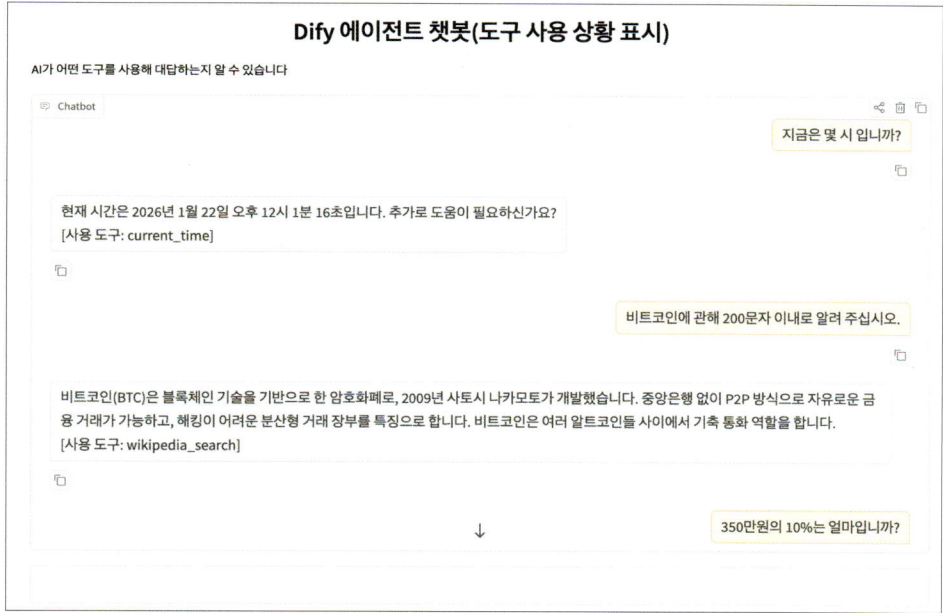

에이전트에 대응하기 위해 프로그램에서 몇 군데를 수정했습니다. 하지만 중요한 부분은 다음 두 군데입니다.

1. 이벤트 타입 변경

```
# 변경 전
if event_type == "message":
```

```
# 변경 후
if event_type == "agent_messages":
```

이것은 단순한 변경으로 보이지만 중요한 의미가 있습니다. 에이전트는 단순히 메시지를 주고받는 것이 아니라 보다 복잡한 처리 흐름을 갖기 때문입니다.

2. 도구 정보 처리 추가

```
elif event_type == "agent_thought":
    tool = chunk_data.get("tool")
    if tool:
        tool_info = tool
```

이 부분이 가장 핵심입니다. 에이전트가 어떤 도구를 사용해 처리할 것인지에 관한 정보를 얻어 표시하게 했습니다. 여기에서는 예시로 간단하게 tool이라는 태그의 값으로 도구명을 얻도록 했습니다. 그 밖에 사고 결과나 언어별 도구명, 및 기타 항목을 얻을 수도 있습니다.

매우 흥미로운 부분으로 에이전트는 챗봇과 마찬가지로 스트리밍을 사용해 문자를 표시하지만, 그 뒤편에서는 '사고', '도구 선택', '실행', '결과 해석'이라는 일련의 프로세스가 실행되고 있습니다. 이것을 챗봇으로써 실행하고 그 결과를 화면에서 확인할 수 있게 한 것입니다.

예를 들면, '지금 몇 시입니까?'라는 질문에 대해 다음과 같이 대답했다고 가정합시다.

> 현재 시각은 2025년 12월 29일 19시 30분 22초입니다.
> [사용 도구: current_time]

이렇게 에이전트가 어떤 도구를 사용해 대답을 생성했는지 한 눈에 알 수 있습니다. 정보의 소스를 알면 보다 신뢰성이 향상된 대화를 할 가능성이 높아집니다.

9.6 API를 사용한 지식 조작

'챗봇, 에이전트 모두 API로서 사용할 수 있게 되었는데 더 할 수 있는 것은 없을까요?'

Dify에는 아직 비밀의 도구가 잠들어 있습니다. 바로 '지식 API'입니다.

9.6.1 왜 지식 API가 필요한가?

생각해 봅시다. 여러분이 일하고 있는 기업에는 매일 대량의 데이터가 축적되어 있습니다.

- 업무 매뉴얼

- 상품 카탈로그

- 사내 규정

- 기술 문서

- 기타

이런 데이터들을 모두 수작업으로 Dify 입력하기는 거의 불가능합니다. 게다가 데이터는 매일 업데이트 됩니다. 어제 입력했던 정보가 오늘은 이미 쓸모 없게 될 수도 있습니다. 그래서 필요한 것이 '지식 API'입니다. 이 API를 사용하면 다음과 같은 것들을 할 수 있습니다.

- 사내 시스템 데이터를 자동으로 Dify에 입력할 수 있다.

- 문서 추가나 업데이트를 자동화 할 수 있다.

- AI 최신 사내 정보를 항상 참조할 수 있다.

즉, Dify와 여러분의 기업 업무 시스템을 긴밀하게 연동시킬 수 있게 됩니다. 대단히 중요한 부분입니다.

9.6.2 지식 구조 이해하기

지식이라고 한 마디로 표현해도 세세한 개념이 있습니다. 현재 시점에서는 잘 모를지도 모르지만, 다음과 같은 개념으로 구성되어 있다고 생각해 주십시오. API를 사용하기 전에 지식이 어떤 구조로 되어 있는지, 간단하게 이해해 봅시다. 지식은 다음과 같은 3계층 구조로 이루어져 있습니다.

데이터셋(dataset)

가장 위 계층입니다. 예를 들면, '사내 규정집', '제품 매뉴얼'과 같은 큰 구분입니다. 각각 고유한 ID를 가집니다.

문서(document)

데이터셋의 내용입니다. 구체적인 문서나 파일로 '취업규칙.pdf', '영업매뉴얼.docx' 같은 실체입니다.

세그먼트(segment)

문서를 세세하게 구분한 것입니다. AI가 다루기 쉬운 크기로 분할된 문장입니다. 기본적으로는 자동적으로 만들어지지만 임의로 분할할 수도 있습니다.

(형태는 어려워 보이지만 실제로 손을 움직이며 구현해 보면서 자연스럽게 이해할 수 있게 될 것입니다.)

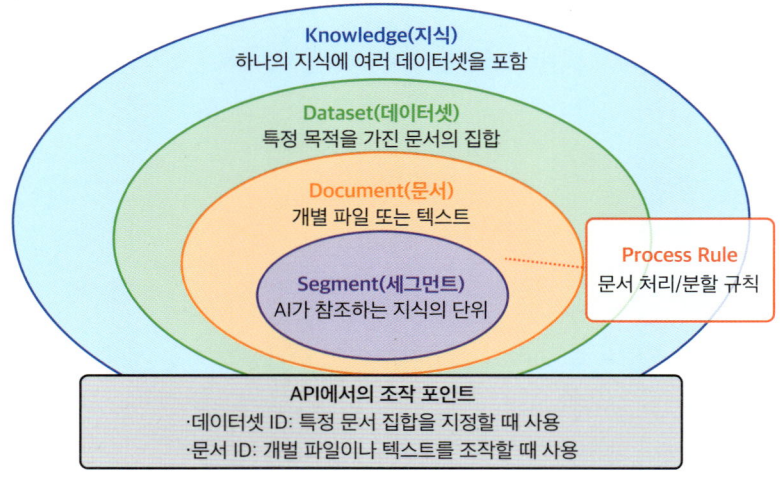

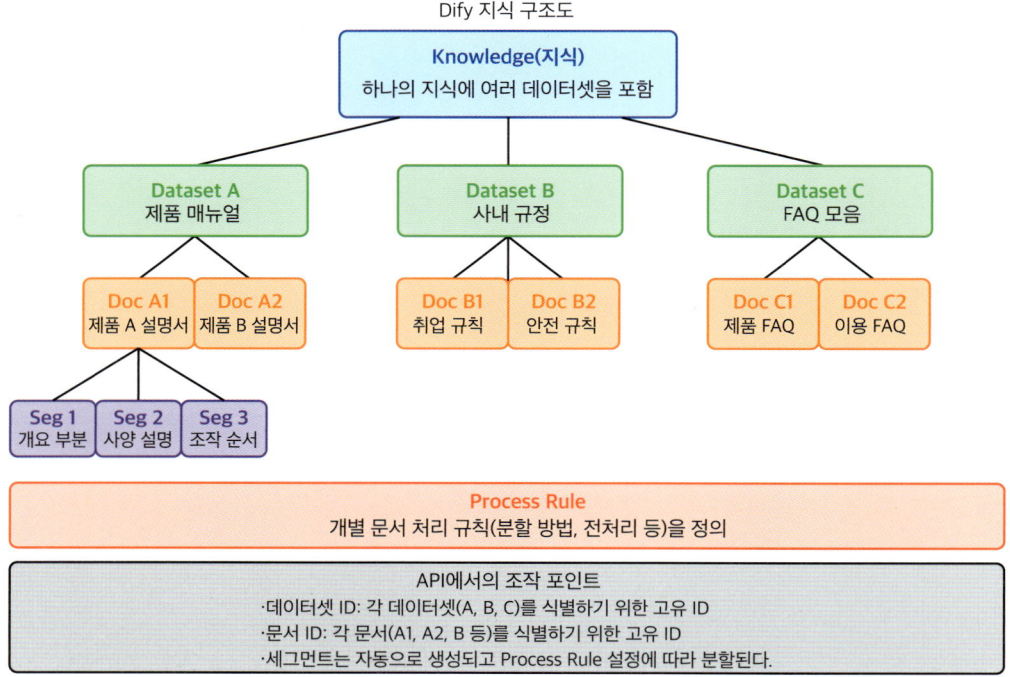

그리고 데이터셋과 문서, 세그먼트는 다수 존재하기 때문에 각각을 식별하기 위한 ID가 존재합니다. 이후의 설명을 위해 이 정도의 개념을 염두에 두면 충분할 것입니다. 그럼 구체적인 사용 방법을 살펴 봅시다.

9.6.3 빈 데이터셋 만들기

기존 데이터셋을 이용해도 좋지만 학습을 위해 빈 데이터셋을 작성부터 시작합니다. [+ 지식 생성]을 클릭합니다(지식 생성이란 데이터셋을 만든다는 의미입니다).

3장에서 학습했던 지식 생성 화면으로 이동합니다. 화면 아래 [비어있는 지식 생성]을 클릭합니다.

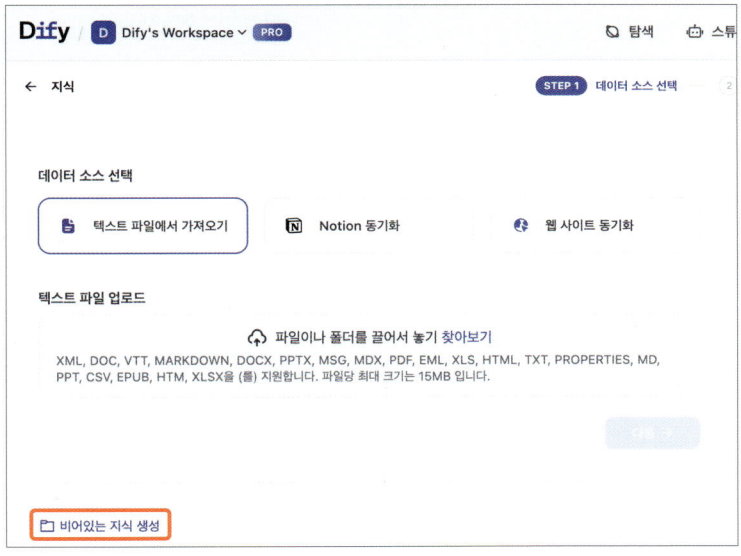

다음과 같은 팝업 다이얼로그가 표시되면 [지식 이름]을 입력합니다. 여기에서는 'API 테스트'라는 이름을 붙였습니다. [생성] 버튼을 클릭합니다.

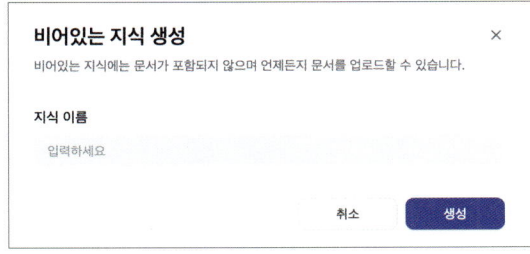
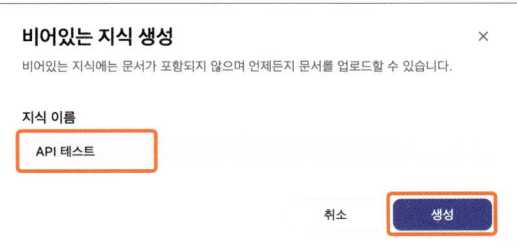

다음과 같은 화면으로 이동합니다. 이것으로 비어있는 지식(데이터셋)을 만들었습니다.

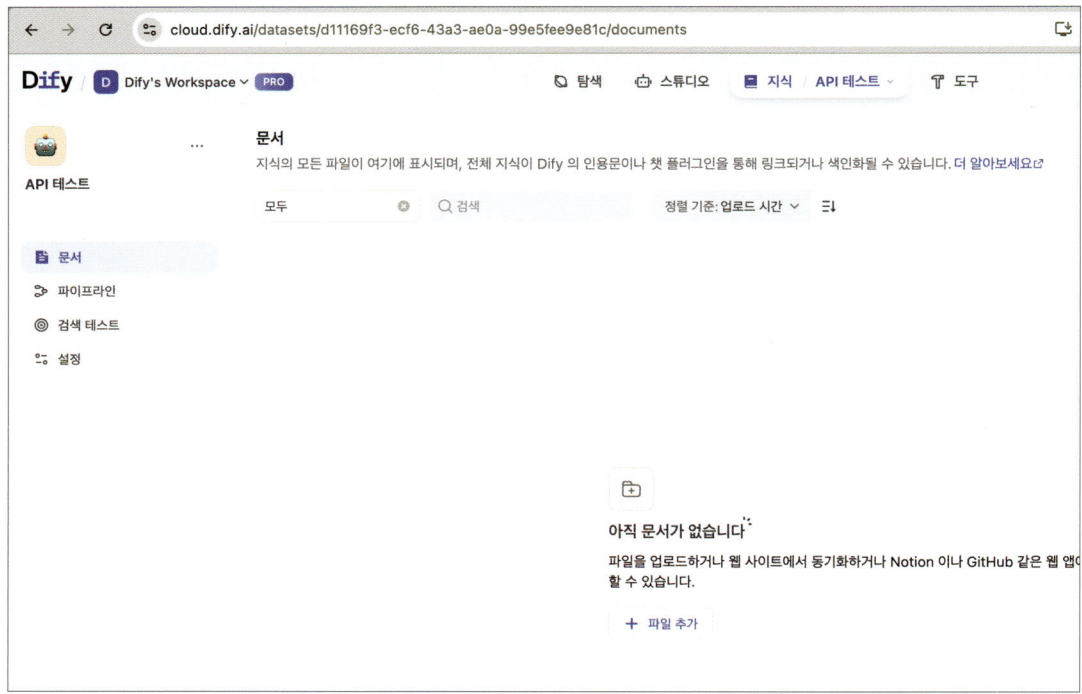

여기부터가 중요합니다. 만들어진 데이터셋의 URL을 확인해 봅시다.

```
https://cloud.dify.ai/datasets/d11169f3-xxxxxxxx-99e5fee9e81c/documents
```

dataset과 documents로 감싸진 부분(d11169f3-xxxxxxxx-99e5fee9e81c 부분)이 데이터셋 ID입니다. 이 ID도 기억해 둡시다(이 값은 지식 별로 각각 발행되므로 값이 모두 다릅니다).

API 참조를 읽어봅시다. 화면 왼쪽 아래 [서비스 API]를 클릭한 뒤 [API 참고]를 클릭하면 API 참조 문서를 확인할 수 있습니다. 왼쪽에는 API에 관한 설명을 제공하고 오른쪽에는 cURL, Python, JavaScript 등을 사용해 API를 호출하는 샘플 코드를 제공합니다.

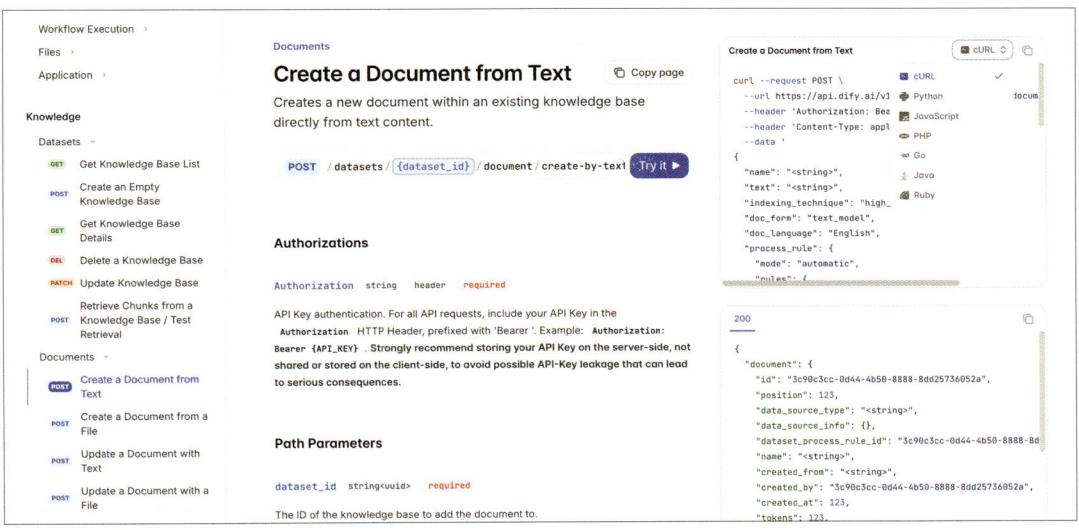

```
curl --request POST \
    --url https://api.dify.ai/v1/datasets/{dataset_id}/document/create-by-text \
    --header 'Authorization: Bearer {api_key}' \
    --header 'Content-Type: application/json' \
    --data '
{
    "name": "text",
    "text": "text",
    "indexing_technique": "high_quality",
    "process_rule": {
        "mode":"automatic"
    }
}'
```

화면 왼쪽 사이드 패널에서 [Documents] → [POST Create a Document from Text]를 클릭합니다. '텍스트로부터 API를 작성하는' API에 관해 설명합니다. 텍스트 문자열을 전달해 지식을 생성할 수 있습니다.

cURL을 사용해 테스트를 할 수 있지만 여기에서도 cURL을 사용하지 않고 Colab을 사용해 간단한 Python 프로그램을 작성해 테스트해 봅시다.

9.6.4 API 키 생성하기

다음으로 API를 생성합니다. 지식 문서 왼쪽 아래 [서비스 API]를 클릭한 뒤 [API 키]를 클릭합니다.

[API 비밀 키] 팝업 화면이 표시됩니다. [+ 새로운 비밀키 생성]을 클릭합니다.

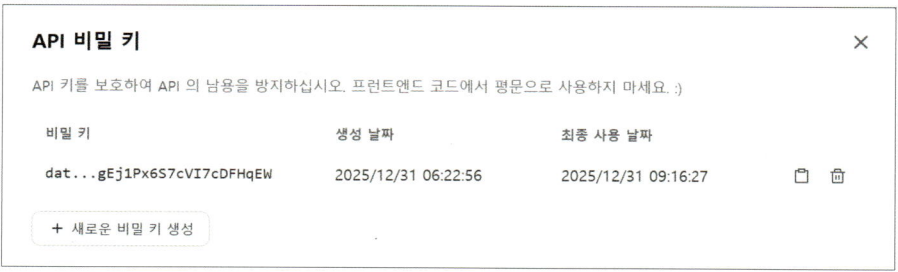

[API 비밀 키]가 생성됩니다.

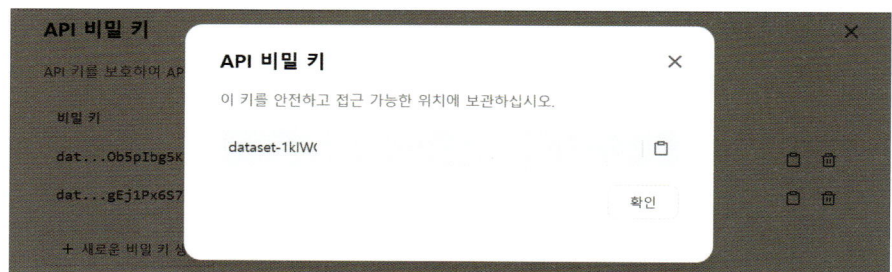

9.6.5 텍스트를 문서에 추가하기

API를 사용해 가장 먼저 문서를 만들어 봅시다. Python으로 프로그램을 작성합니다. 앞에서 수행한 것과 마찬가지로 생성형 AI로 프로그램을 작성했습니다. 필자는 Claude에 다음과 같이 의뢰했습니다. curl 예시를 사용해 프로그램을 작성하도록 하는 프롬프트입니다.

다음과 같은 cURL 명령어 샘플을 사용해 가장 간단한 Python 코드를 작성하십시오. 결과는 형태가 정리된 JSON 형식으로, 한국어를 확실하게 읽을 수 있도록 출력해 주십시오.

```
curl --location --request POST \
  --url https://api.dify.ai/v1/datasets/{dataset_id}/document/create-by-text \
  --header 'Authorization: Bearer <token>' \
```

```
--header 'Content-Type: application/json' \
--data-raw '{"name": "text", "text": "indexing_technique", "indexing_technique": "high_
quality", "process_rule": {"mode": "automatic"}}'
```

생성된 코드는 cURL 샘플의 매개변수를 그대로 사용했으므로 수정합니다. 예를 들면, 요청 데이터
의 name과 text를 수정할 수 있습니다.

```
data = {
    "name": "text",
    "text": "indexing_technique",
    "indexing_technique": "high_quality",
    "process_rule": {
        "mode": "automatic",
    }
}

data = {
    "name": "텍스트 문서",
    "text": "테스트 데이터입니다.",
    "indexing_technique": "high_quality",
    "process_rule": {
        "mode": "automatic",
    }
}
```

최종적인 입력으로 다음과 같이 프로그램을 수정했습니다(API_KEY는 여러분이 발급한 API 키, DATASET_
ID는 여러분이 얻은 데이터셋 ID로 치환합시다).

```
import requests
import json


# API 키 설정
API_KEY = "........"  # 여러분의 API 키
DATASET_ID = "........"  # 데이터셋 ID


# URL 설정
URL = f"https://api.dify.ai/v1/datasets/{DATASET_ID}/document/create-by-text"
```

```python
# 요청 헤더
headers = {
    "Authorization": f"Bearer {API_KEY}",
    "Content-Type": "application/json"
}

# 요청 데이터
data = {
    "name": "텍스트 문서",
    "text": "테스트 데이터입니다.",
    "indexing_technique": "high_quality",
    "process_rule": {
        "mode": "automatic",
    }
}

# API 요청 실행
try:
    response = requests.post(URL, headers=headers, json=data)
    print(f"상태 코드: {response.status_code}")
    print("응답:")
    print(json.dumps(response.json(), indent=2, ensure_ascii=False))
except Exception as e:
    print(f"에러가 발생했습니다: {str(e)}")
```

> ※ 주의: 이 프로그램 코드는 지원 페이지에 서 다운로드 할 수 있습니다

이 프로그램 코드를 Colab의 셀에 붙여 넣고 실행해 봅시다. 다음과 같이 출력되었습니다.

상태 코드는 200으로 되어 있습니다. 이것은 통신이 성공했다는 의미입니다. 그리고 API로부터 정상적인 응답이 반환되었습니다. 지식 목록을 확인해 봅시다. 앞에서 만든 API 테스트라는 지식을 클릭해 봅시다.

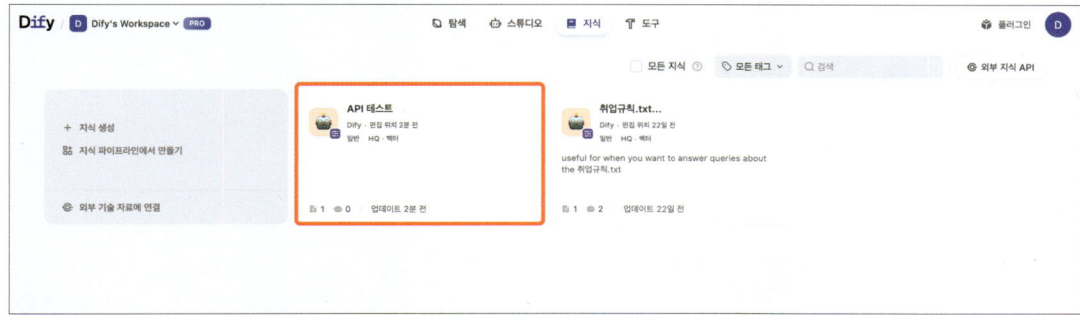

문서 페이지로 이동하면 다음과 같은 목록이 표시됩니다.

매개변수 name에 지정했던 **텍스트 문서**가 문서로 작성되어 있습니다. 이 문서를 클릭하면 다음과 같은 화면으로 이동합니다. 이것은 3장에서 설명했던 덩어리 데이터, 즉, 세그먼트 목록입니다. 테스트용 문자는 짧은 텍스트이므로 분할되지 않고 1개의 세그먼트만 존재하지만, 데이터가 확실히 추가된 것을 확인할 수 있습니다.

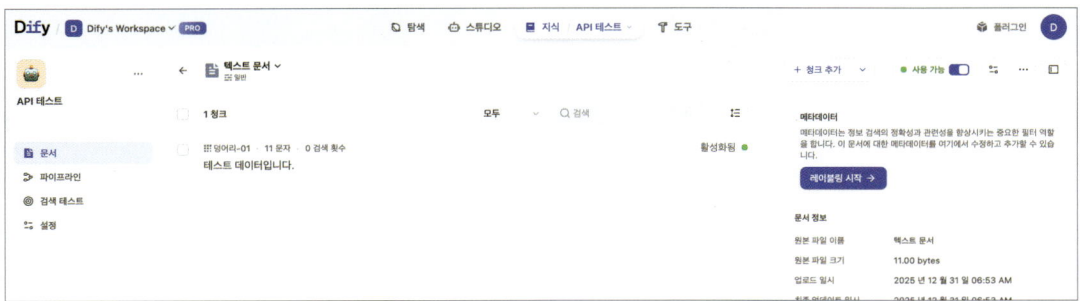

9.6.6 API로 문서 업데이트하기

그럼 업로드 된 데이터셋의 문서를 업데이트할 때는 어떻게 해야 할까요? 앞에서 작성한 프로그램을 다시 한 번 실행하면 된다고 생각할 수 있지만 사실 그렇지 않습니다. 같은 프로그램을 다시 실행하면 같은 내용의 텍스트가 계속해서 만들어집니다. 따라서 업데이트할 때는 업데이트용 API가 필요합니다.

문서를 업데이트하기 위해서는 먼저 업데이트할 문서 ID를 알아야 합니다. 앞에서 만든 문서 ID는 응답의 document.id 필드에 포함되어 있습니다. 이 값을 기록해 저장하는 방법도 있지만 지나치고 넘어갈 수도 있습니다. 하지만 괜찮습니다. 업데이트할 문서를 열어 봅시다.

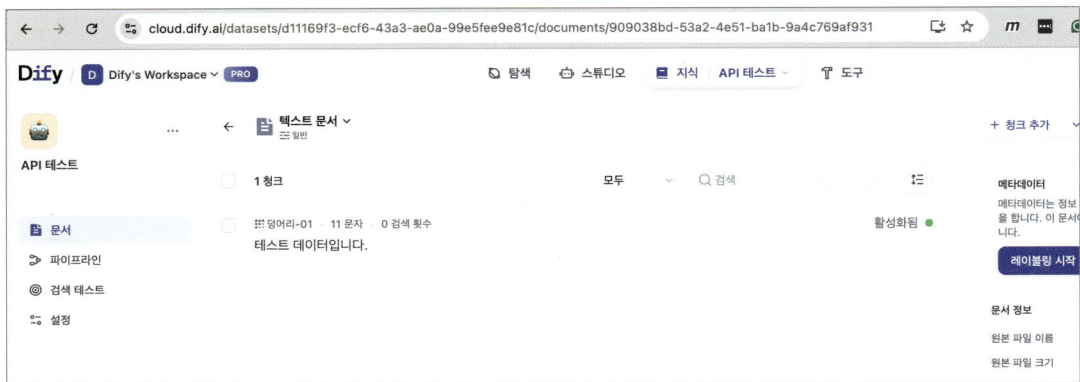

URL을 확인해 봅시다.

```
https://cloud.dify.ai/datasets/d11169f3-xxxxxxxx-99e5fee9e81c/documents/909038bd-
xxxxxxxx-9a4c769af931
```

/documents/ 이후의 긴 문자열 값을 확인할 수 있습니다(909038bd-xxxxxxxx-9a4c769af931).

이 값이 문서 ID입니다. 이 ID를 사용해 업데이트 API를 호출합니다. 업데이트용 API는 다음과 같습니다.

```
curl --location --request POST \
  --url https://api.dify.ai/v1/datasets/{dataset_id}/documents/{document_id}/update-by-text \
  --header 'Authorization: Bearer <token>' \
  --header 'Content-Type: application/json' \
  --data-raw '{"name": "name", "text": "text"}'
```

그럼 앞에서와 마찬가지로 생성형 AI를 사용해 Python 코드를 작성해 지식 업데이트를 테스트해 봅시다.

```
import requests
import json

# API 키 설정
API_KEY = "........." # 여러분의 API 키
DATASET_ID = "..........." # 데이터셋 ID
```

```
DOCUMENT_ID = "..........." # 업데이트할 문서 ID

# URL 설정
URL = f"https://api.dify.ai/v1/datasets/{DATASET_ID}/documents/{DOCUMENT_ID}/update-by-
text"

# 요청 헤더
headers = {
    "Authorization": f"Bearer {API_KEY}",
    "Content-Type": "application/json"
}

# 요청 데이터
data = {
    "name": "테스트 문서(업데이트 버전)",
    "text": "이것은 업데이트 된 테스트 데이터입니다. API를 사용해 업데이트했습니다.",
    "process_rule": {
        "mode": "automatic"
    }
}

# API 요청 실행
try:
    response = requests.post(URL, headers=headers, json=data)
    print(f"상태 코드: {response.status_code}")
    print("응답:")
    print(json.dumps(response.json(), indent=2, ensure_ascii=False))
except Exception as e:
    print(f"에러가 발생했습니다: {str(e)}")
```

> ※ 주의: 이 프로그램 코드는 지원 페이지에서 다운로드 할 수 있습니다.

이 프로그램을 실행하면 지정한 문서 내용이 업데이트 됩니다. 업데이트를 성공하면 상태 코드 200과 함께 업데이트 된 문서의 정보가 반환됩니다. Dify 화면에서 확인하면 문서명이 '테스트 문서(업데이트 버전)'으로 변경되고, 내용도 새로운 텍스트로 업데이트 되어 있을 것입니다. 업데이트 API의 주요한 매개변수는 다음과 같습니다.

- name: 문서명(생략 가능)
- text: 업데이트할 문서의 내용(생략 가능)
- process_rule: 처리 규칙
  - mode: 자동(automatic) 또는 커스텀(custom)을 지정
  - rules: 커스텀 모드 시 상세 설정(자동 모드일 때는 비움)

주의할 점으로 name과 text는 생략할 수 있으므로 문서명만 변경하고 싶을 때는 name만, 내용만 변경하고 싶을 때는 text만 지정할 수도 있습니다.

이제 API를 사용한 지식 작성과 업데이트의 기본적인 조작을 할 수 있게 되었습니다.

9.6.7 파일에서 문서 만들기

텍스트로부터 파일을 만드는 기본적인 방법을 학습했으므로, 다음은 파일에서 문서를 만들어 봅시다. 이것은 상당히 실전적입니다. 실제 업무에서는 다양한 파일이 존재합니다. 텍스트 파일 뿐만 아니라 PDF, Excel, Word 등 다양한 형식의 파일을 다룰 때가 많습니다.

Dify API는 이런 현장의 요구사항에 맞춰 다양한 파일 형식에 대응하고 있습니다. 구체적으로 다음 파일을 지원합니다.

- 텍스트 파일(.txt)
- 마크다운 파일(.markdown, .md)
- PDF(.pdf)
- HTML(.html, .htm)
- Excel(.xlsx)
- Word(.docx)
- CSV(.csv)

API를 사용해 이 파일들을 직접 다룰 수 있게 되면 다음과 같은 작업들을 할 수 있게 됩니다.
- 매일 업데이트되는 업무 매뉴얼 PDF를 Dify에 자동으로 입력한다.
- 주 단위로 업데이트되는 상품 목록 Excel 파일을 정기적으로 Dify에 반영한다.
- 사내 지식 베이스 Word 문서를 Dify에 즉시 동기화한다.

실제 필자도 현장에서 자주 '새로운 정보가 PDF로 만들어져 있어서 일일이 수작업으로 복사해 붙여넣는 작업이 번거롭다'고 생각할 때가 있습니다. API를 사용하면 그런 번거로운 작업도 자동화할 수 있게 됩니다. 그럼 구체적으로 어떻게 구현하는지 살펴 봅시다.

실험용 파일로 **취업규칙.txt**를 사용합니다. 부록의 **취업규칙.txt** 파일을 Colab에 업로드 합니다. Colab 화면 왼쪽의 폴더 아이콘을 클릭합니다. 다음과 같이 Colab의 파일 목록 열립니다. 여기에 **취업규칙.txt** 파일을 드래그 앤 드롭 합니다. 그러면 오른쪽 그림과 같이 파일 목록에 업로드 됩니다.

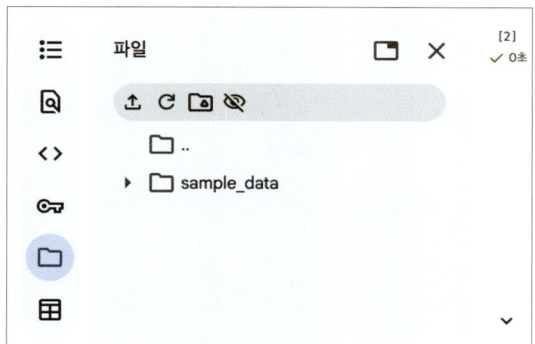 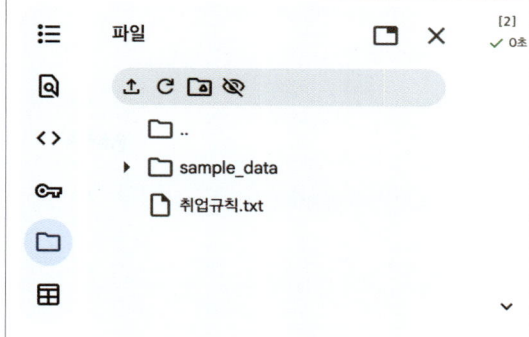

업로드용 프로그램을 작성합니다. 이것도 앞과 마찬가지로 생성형 AI에게 추가 및 수정을 의뢰했습니다. API는 파일에서 지식을 작성하는 /create-by-file을 사용합니다.

```python
import requests
import json

# API 키 설정
API_KEY = "datase=Bhg-xxxxxxx"  # 여러분의 API 키
DATASET_ID = "ee754877-xxxxxxx"  # 데이터셋 ID

# 업로드할 파일 경로
file_path = "취업규칙.txt"  # 임의의 파일명 지정 가능

# URL 설정
URL = f"https://api.dify.ai/v1/datasets/{DATASET_ID}/document/create_by_file"

# 요청 헤더
headers = {
    "Authorization": f"Bearer {API_KEY}"
}

# 메타 데이터 설정
data = {
    "indexing_technique": "high_quality",
    "process_rule": {
        "rules": {
            "pre_processing_rules": [
                {"id": "remove_extra_spaces", "enabled": True},
                {"id": "remove_urls_emails", "enabled": True}
            ],
```

```
        "segmentation": {
            "separator": "###",
            "max_tokens": 500
        }
    },
    "mode": "custom"
  }
}

# 파일 업로드 준비
files = {
    "data": (None, json.dumps(data), "application/json"),
    "file": (file_path, open(file_path, "rb"))
}

# API 요청 실행
try:
    response = requests.post(URL, headers=headers, files=files)
    print(f"상태 코드: {response.status_code}")
    print("응답:")
    print(json.dumps(response.json(), indent=2, ensure_ascii=False))
finally:
    files['file'][1].close()
```

> ※ 주의: 이 프로그램 코드는 지원 페이지에서 다운로드할 수 있습니다.

이 프로그램을 셀에 붙여 넣고 실행해 봅시다.

상태 코드는 200이고 응답도 올바르게 반환됩니다. 문서 목록을 확인해 봅시다. **취업규칙.txt**가 잘 업로드 되었습니다.

내용을 확인해 봅시다. 인덱싱 처리된 세그먼트도 정상적으로 분할되어 있습니다.

이렇게 파일도 Dify에 업로드해 자동으로 지식을 구축할 수 있습니다. 다양하게 실험해 봅시다. PDF 형식, Word 형식, HTML 형식 및 다양한 문서 형식 파일을 이 프로그램을 사용해 API로 요청해 봅시다. 이 API가 매우 편리하다는 것을 알 수 있을 것입니다.

9.6.8 파일에서 문서 업데이트하기

파일 기반 문서도 텍스트와 마찬가지로 업데이트 할 수 있습니다. 예를 들면, 취업 규칙이 개정되어 새로운 파일이 생성되었을 때, 기존 문서를 새로운 파일의 내용으로 업데이트할 수 있습니다. 업데이트용 API를 사용해 프로그램을 작성해 봅시다. API는 파일을 사용해 업데이트하기 위해 /update-by-file을 사용합니다.

```python
import requests
import json

# API 키 설정
API_KEY = "........" # 여러분의 API 키
DATASET_ID = "........" # 데이터셋 ID
DOCUMENT_ID = "........" # 업데이트할 문서의 ID

# 업로드할 파일의 경로
file_path = f"취업규칙_개정판.txt" # 업데이트용 파일

# URL 설정
URL = f"https://api.dify.ai/v1/datasets/{DATASET_ID}/documents/{DOCUMENT_ID}/update-by-file"

# 요청 헤더
headers = {
    "Authorization": f"Bearer {API_KEY}"
}

# 메타데이터 설정
data = {
    "name": "취업규칙(개정판)", # 새 이름 지정 가능
    "process_rule": {
        "rules": {
            "pre_processing_rules": [
                {"id": "remove_extra_spaces", "enabled": True},
                {"id": "remove_urls_emails", "enabled": True}
            ],
            "segmentation": {
                "separator": "###",
                "max_tokens": 500
            }
        },
        "mode": "custom"
```

```
      }
   }

   # 파일 업로드 준비
   files = {
      "data": (None, json.dumps(data), "application/json"),
      "file": (file_path, open(file_path, "rb"))
   }

   # API 요청 실행
   try:
      response = requests.post(URL, headers=headers, files=files)
      print(f"상태 코드: {response.status_code}")
      print("응답:")
      print(json.dumps(response.json(), indent=2, ensure_ascii=False))
   finally:
      files["file"][1].close()
```

> ※ 주의: 이 프로그램 코드는 지원페이지에서 다운로드 할 수 있습니다.

이 프로그램의 포인트는 다음과 같습니다.

① URL 설정

   - 업데이트용 엔드포인트로 /update-by-file을 사용한다.

   - document_id 매개변수에 업데이트할 문서를 지정한다

② 메타데이터 설정

   - name: 새로운 문서명을 지정할 수 있다(생략 가능).

   - process_rule: 텍스트 처리 규칙을 지정한다.

     - 전처리 규칙(불필요한 공백 삭제, URL/메일 주소 삭제 등)

     - 세그멘테이션 규칙(구분 문자, 최대 토큰 수 등)

③ 파일 업로드 - multipart/form-data 형식으로 파일과 메타데이터를 전송한다. - 연 파일은 만드시 close()해서 닫아야 한다.

이 프로그램을 실행하면 기존 문서가 새로운 파일의 내용으로 업데이트 됩니다. 업데이트를 성공하면 상태 코드 200과 함께 업데이트 된 문서 정보를 반환합니다. 업데이트 API 이용 시 다음에 주의해야 합니다.

- 문서 ID 필요: 업데이트할 문서 ID를 올바르게 지정해야 합니다.

- 부분 변경: name만 업데이트하거나 파일만 업데이트할 수도 있습니다.

- 처리 규칙: 업데이트 시 다른 처리 규칙을 지정할 수 있습니다.

이것으로 API를 사용함 파일 기반 지식 관리의 기본적인 조작을 모두 마쳤습니다. 이 API를 활용함
으로써 지식 기반 자동 업데이트, 정기적인 동기화 등 다양한 업무를 효율화 할 수 있을 것입니다.

9.6.9 그 밖의 주요 지식 API

지금까지 설명한 API 조작을 통해 다양한 작업을 할 수 있게 되었을 것입니다. 데이터셋 목록이나 삭
제, 세그먼트 업데이트 등은 수동으로 작업해도 문제 없습니다. 오히려 이런 작업은 수동으로 하는 편
이 이해하기 쉽기도 합니다.

덧붙여 한층 더 고도화된 자동화하고 싶은 경우나 애플리케이션에 완전히 삽입된 지식을 조작하고 싶
은 경우 등, Dify의 지식 API에서는 지금까지 설명한 조작/업데이트 이외에도 많은 편리한 API를
제공합니다. 주요한 API를 간단히 소개하고 정리합니다.

1. 데이터셋 관련

- 데이터셋 목록 얻기

```
GET v1/datasets
```

- 특정 데이터셋의 정보 얻기

```
GET v1/datasets/{dataset_id}
```

2. 문서 관련

- 문서 목록 얻기

```
GET /v1/datasets/{dataset_id}/documents
```

- 문서 삭제

```
DELETE /v1/datasets/{datset_id}/documents/{document_id}
```

- 문서 검색

```
POST /v1/datasets/{dataset_id}/documents/search
```

3. 세그먼트 관련

- 세그먼트 목록 얻기

```
GET /v1/datasets/{dataset_id}/documents/{document_id}/segments
```

- 세그먼트 검색

```
POST /v1/datasets/{dataset_id}/documents/retrieve
```

이 API들을 사용하면 다음과 같은 조작들을 할 수 있습니다.

- 정기적인 지식 조사(모든 데이터셋, 문서의 목록 얻기)

- 키워드와 관련된 문서 검색

- 오래된 문서 삭제

- 신규 문서 등록

- 세그먼트 단위의 자세한 검색

자세한 사양에 관해서는 Dify API 문서를 참조해 주십시오. API는 버전이 업데이트 되면서 기능이 추가되기도 하므로 최신 정보를 확인하는 것이 좋습니다.

이 API들을 활용하면 지식 베이스 운용을 효율화하고 보다 효과적인 AI 애플리케이션을 구축할 수 있습니다.

9.6.10 정리: 필자가 실제 예시를 통해 본 Dify API의 가능성

지금까지 Dify의 다양한 API들을 소개했습니다. 필자가 실무 경험을 통해 특히 편리하다고 느꼈던 것이 '지식 API'입니다. 실제 활용 예시들을 소개합니다.

필자는 기간 시스템의 재고 데이터베이스와 Dify를 연동했습니다. 연동이라 하더라도 DB 연동이 배치처리를 사용한 연동입니다. 구체적인 운용 플로우는 다음과 같습니다.

1. 데이터 자동 취득 및 업데이트

- 기간 시스템으로부터 정기적(수 시간 간격)으로 재고 데이터 추출

- 마크다운 형식의 데이터로서 정규화 된 파일 임시 저장

- 지식 API를 사용해 자동으로 Dify에 업로드

2. AI를 활용한 재고 조회 구현

- 에이전트와 재고 지식을 연동

- 사용의 질문에 대해 최신 재고 상황 답변

- 'OO 재고가 있습니까?'와 같은 자연스러운 질의 응답 가능

3. 실무에서의 효과

- 각 담당자가 외근지에서 메신저로 재고 확인 가능

- 고객 서비스 부문에서의 챗봇을 활용한 실시간 응답 구현

- 이를 통한 야간 및 휴일 자동 응답 시스템 구현

특히 편리한 점은 기간 시스템 데이터를 자동으로 AI의 지식으로 집어넣는 점입니다. 기존에는 기간 시스템과 AI 챗봇을 개별 시스템으로 운용해야 했지만, 지식 API를 사용함으로써 이 둘을 긴밀하게 연동할 수 있게 되었습니다.

물론 채팅 API나 워크플로우 API도 중요한 기능입니다. 메신저 연동을 통한 창구 업무 처리는 워크플로우 APi를 활용한 업무 애플리케이션입니다. 이를 통해 메신저를 사용자 인터페이스로 활용하는 획기적인 사양을 구현할 수 있었습니다. 실제 비즈니스 씬에서는 '기존 시스템의 데이터터 AI가 얼마나 잘 활용하게 하는가'라는 과제에 직면할 때가 많고, 그 점에서 Dify의 지식 API는 특히 중요한 역할을 담당합니다.

Dify API를 활용함으로써 Dify는 단순한 AI 애플리케이션 구축 도구에서 기존 시스템과 통합된 실천적인 비즈니스 솔루션으로 진화합니다. 여러분도 꼭 자사 시스템이나 데이터와 Dify를 연동해 새로운 비즈니스의 가능성을 찾아보기 바랍니다.

학습한 스킬

- Dify API 활용 및 통합
- 기본적인 API 호출 방법
- 각종 API 엔드포인트의 사용 구분
- API를 활용한 Dify 기능 연동 방법

실천적 스킬

- cURL과 Python을 사용해 API를 호출할 수 있다.
- API를 경유해 챗봇 기능을 사용할 수 있다.
- 스트리밍 처리를 구현할 수 있다.
- API를 경유해 에이전트 기능을 사용할 수 있다.
- API를 사용해 지식을 조작할 수 있다.

로컬 환경 구축

마침내 여러분은 긴 모험을 마치고 고향으로 돌아왔습니다. 그리고 그 긴 수행을 집대성하면서 여러분만의 마법성을 세우는 단계에 이르렀습니다.

마법성을 세운다는 것은 단순한 건물을 세우는 것이 아닙니다. 그것은 여러분이 지금까지 습득한 모든 마법의 힘을 결집하고, 조화시켜 보다 고결한 형태로 만드는 영역으로 향하는 장대한 도전입니다.

이 앞에 있는 5개의 공간에서는 지금까지 습득한 지식을 한층 갈고 닦아, 보다 더 깊이 이해하는 방법을 배웁니다.

- '첫 번째, 유구한 이야기의 공간'에서는 우리에게 마법성(로컬 환경)이 필요한 이유와 그 깊은 의미를 알아봅니다. 그리고 서버라는 고대의 기술이 어떻게 진화해 오늘날의 컨테이너 기술이 되었는지, 그 역사 속에 숨겨진 예지를 배웁니다.

- '두 번째, 영역 전개의 공간'에서는 Docker라는 근대 마법을 사용해 실제로 여러분의 마법성을 영역 전개하는 기술을 익힙니다.

- '세 번째, 술식 역산의 공간'에서는 Dify라는 신비한 장치의 내부 구조를 밝혀 냅니다.

- '네 번째, 술식 재구축의 공간'에서는 환경 변수라는 비술을 사용해 마법성을 자유롭게 커스터마이즈 하는 기술을 익힙니다.

- 마지막 '다섯 번째, 현자 소환의 공간'에서는 Ollama라는 궁극의 기술을 사용해 영역 전개한 여러분의 성에 현자(LLM)을 소환해 연결하는 방법을 익힙니다.

이 성은 지금까지 여러분이 학습한 내용의 결정체인 동시에 한층 더 높은 곳으로 이르는 길입니다. 각각의 기술을 꼼꼼하게 습득해 여러분만의 마법성을 쌓아 가기를 바랍니다.

10.1 Docker

10.2 Docker를 사용한 설치 방법

10.3 Dify 내부 구조

10.4 환경 변수와 커스터마이즈

10.5 Ollama로 로컬 AI 챗봇 작성

10.1 Docker

지금까지는 Dify 클라우드 버전을 사용했습니다. 그 편리함에 완전히 사로잡혀 버리지는 않았습니까? 필자도 그 중 한 명입니다. 다만 본격적으로 사용하려고 하면 Dify 무료 클라우드 버전은 애플리케이션을 최대 10개까지만 사용할 수 있는 등 다양한 한계에 부딪힙니다(이 제한들은 유료 버전을 사용하면 해결됩니다).

하지만 다른 선택지도 있습니다. 여러분의 PC 또는 서버에 Dify를 다운로드해 설치해서 사용하는 방법입니다. 즉, 로컬 환경에서 Dify를 실행할 수 있습니다. 그 비밀병기가 바로 'Docker' 입니다. 이사를 하는 경우를 생각해 봅시다. 모든 가구나 일용품을 종이 상자에 넣습니다. 그 종이 상자가 그대로 트럭에 실려 새로운 집으로 옮겨집니다. 새로운 집에서는 상자를 열고 내용물을 꺼내기만 하면 원해 생활 환경을 재현할 수 있습니다. Docker는 이런 종이 상자와 같은 것입니다.

Dify에 필요한 모든 소프트웨어, 설정, 의존 관계가 이 'Docker 컨테이너'라는 상자에 들어 있습니다. 그리고 이 상자만 있다면 Mac이든, Windows든, Linux 든 동일하게 Dify를 실행할 수 있습니다.

여기에서 한 가지 의문이 생깁니다. 왜 굳이 로컬 환경을 만들어야 하는 것일까요? 그 장점에 관해 잠깐 생각해 봅시다. 클라우드 버전은 편리하지만 유료 버전을 사용하면 매월 과금이 발생합니다. 그에 비해 로컬 환경은 초기 설정만 끝내면 무한대로 사용할 수 있습니다. 마치 렌터카와 자가용차의 차이라고 할 수 있습니다.

다음으로 매력적인 것은 커스터마이즈 특성입니다. 로컬 환경에서는 Dify 설정을 마음대로 변경할 수 있습니다. 클라우드 버전에서는 어려운 세세한 조정도 마음대로 조정할 수 있습니다. 다르게 비유하자면 임대 아파트와 자가 주택의 차이라고 볼 수 있습니다. 좋아하는 벽지를 바르거나 선반을 만들 수 있는 자유가 있습니다.

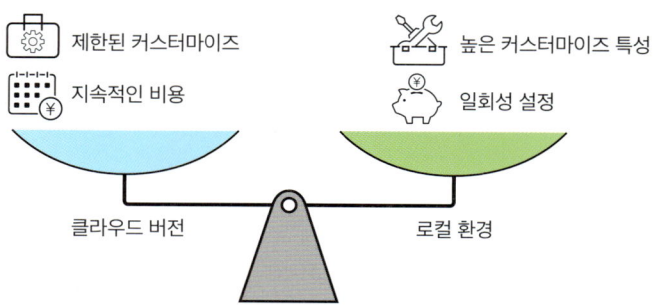

제한된 커스터마이즈

지속적인 비용

높은 커스터마이즈 특성

일회성 설정

클라우드 버전

로컬 환경

클라우드 vs. 로컬 환경의 비용과 커스터마이즈 특성의 트레이드 오프

그리고 간과할 수 없는 것이 보안 측면입니다. 기밀성이 높은 데이터를 다루는 경우 로컬 환경이라면 외부에 데이터를 전송할 필요가 없습니다. 중요한 서류를 집의 금고에 보관하는 것과 같습니다.

또 한 가지 큰 매력은 네트워크 환경에 대한 의존도가 낮다는 점입니다. 여러분의 PC에 구축한다면 많은 기능을 오프라인에서도 사용할 수 있습니다. 단, 주의할 점이 있습니다. OpenAI API 등 외부 AI 서비스를 사용하는 기능은 당연히 인터넷과 연결되어 있어야 합니다. 완전한 오프라인 환경에서 사용하고 싶을 때는 로컬에서 동작하는 LLM(Llama3, Mistral, DeepSeek 등)을 도입할 수도 있습니다. 단, 모델의 크기에 따라 상당한 계산 리소스가 필요할 수 있다는 점을 기억해 둡시다.

여기에서는 조금 관점을 바꿔서 이 Docker가 어떻게 태어났는지, 그 역사를 뒤돌아 봅시다. 눈을 감고 귀를 기울여 보세요. 가공의 거리에서 들려오는 이야기를 들어보십시오.

10.1.1 다양한 주민들이 살고 있는 Linux 거리

우리가 살고 있는 현대의 웹 세계에는 다양한 '주민'들이 살고 있습니다(서버, 미들웨어 등). 블로그를 만드는 WordPress 씨, 웹 서버를 관리하는 nginx 씨, 데이터를 관리하는 MySQL 씨, 화면을 예쁘게 만드는 React 씨… 이들 대부분은 Linux라는 거리에서 사는 것을 좋아합니다.

하지만 이상하게도 이들에게 신세를 지고 있는 개발자들은 Windows 거리, Mac 마을, Linux 지구 등 실로 다양한 장소에서 살고 있습니다. 그런데 어떻게 개발자들은 떨어진 장소에서 Linux의 주민들을 보살필 수 있을까요? 그 대답을 알기 위해 조금 더 오래 전의 이야기를 해봅시다.

● 힘든 이사 문제 때문에 만들어진 해결책

옛날, Linux 거리로 이사하는 것은 정말 어려운 작업이었습니다. 새로운 주민을 맞이할 때마다 가구를 일일이 운반하고, 전기나 수도를 정비하고, 마치 새로운 집을 처음부터 짓는 정도의 노력이 들었습니다. 그에 더해 개발자의 집과 프러덕션 집는 분명 똑같이 만든 방이지만 그 형태가 미묘하게 달랐고, 그것이 문제의 원인이 되었습니다. '우리 집에서는 동작했는데…'라며 쉬는 한탄이 모든 곳에서 들려왔습니다.

그래서 먼저 생각한 것이 '상자 형태의 집'(가상화 기술)이라는 아이디어였습니다. 이 상자 형태의 집이 있다면 Windows 거리이든, Mac 마을이든 그 안에 Linux 환경을 만들 수 있습니다. 단, 이 상자 형태의 집에는 문제가 있었습니다. 너무 크고 무겁다는 점이었습니다. 여러 개의 상자를 나열하면 땅은 물론 에너지도 대량으로 소비했습니다. 보다 효율적인 방법이 필요했습니다.

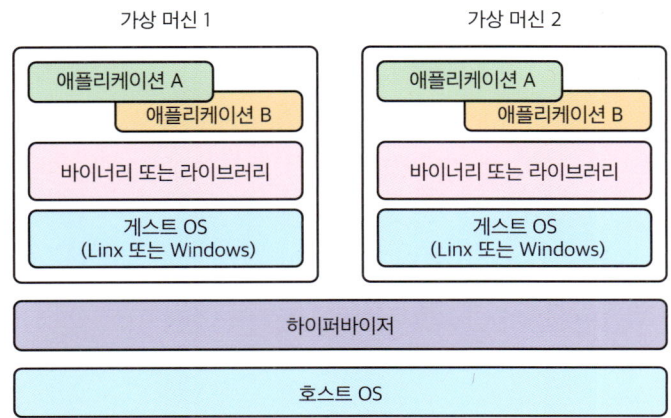

10.1.2 편리한 이삿짐 상자의 등장

그러던 중 2013년에 Docker가 등장했습니다. 솔로몬 하이크(Solomon Hykes)가 이끄는 dotCloud라는 기업에서 탄생한 이 아이디어는 컨테이너 기술이라는 '가벼운 이삿짐 상자'를 제안했습니다.

이 상자는 기존의 '상자 형태 집'(가상화 기술)에 비해 상당히 가볍습니다. 필요한 기능만 포함하기 때문에 상황에 따라서는 메모리 사용량이나 기동 시간이 기존 가상화의 몇 분의 1 수준이 되기도 했습니다. 그 효율화의 정도는 애플리케이션의 종류나 구성에 따라 크게 달랐지만, 어찌됐든 필요한 만큼만 집어 넣어 곧바로 옮겨서 꺼낼 수 있고 심지어 같은 땅 위에 여러 개를 놓을 수 있었습니다. 가히 획기적이었습니다!

그에 더해 이 상자는 '공유할 수 있는 기초' 위에 놓여 있던 점이 매우 현명했습니다. 즉, 같은 거리(OS)에 놓여 있는 상자들은 그 기초(커널)를 공유할 수 있습니다. 이를 통해 자원의 불필요한 사용을 큰 폭으로 줄일 수 있게 되었습니다. 이 아이디어는 순식간에 확산되어 많은 개발자들의 마음을 붙잡았습니다. 이 Docker라는 '이삿짐 상자'는 우리들의 상상을 뛰어 넘는 멋진 특징을 갖고 있습니다. 주요한 특징은 다음과 같습니다.

● 완벽한 재현성

마치 3D 프린터처럼 개발자의 환경이든, 프러덕션 환경이든 상자의 내용물을 완전히 같은 상태로 재현할 수 있습니다. 이것이 '멱등성'(idempotency)이라 불리는 특징입니다. 이사한 곳에서 '어? 배치가 다르다'라는 당혹감은 전혀 생기지 않습니다.

● 경이적인 가벼움

필요한 최소한의 것만 집어 넣는 '1 컨테이너 1 서비스' 사고 방식에 따라 낭비가 없는, 효율적인 포장을 할 수 있습니다.

● 명쾌한 설명서(Dockerfile)

이케아(IKEA)의 가구처럼 누구나 동일한 결과물을 조립할 수 있는 명확한 설명서를 포함합니다. 이것을 'Dockerfile'이라 부르며, 환경 구축 순서를 완벽하게 기록하고 재현할 수 있습니다. '이 서버, 누가 만들었지?'라는 의문을 남길 필요가 없습니다.

● 글로벌 공유(Docker Hub)

세계 최대의 '이사 노하우 도서관'이라 할 수 있는 Docker Hub에서는, 전세계 개발자들이 만든 뛰어난 설계도를 공유하고 있습니다. 더 이상 '바퀴를 재발명' 하지 않아도 됩니다. 필요한 것은 이미 거기에 있기 때문입니다.

이렇게 Docker는 단순한 컨테이너 기술 이상의, 개발 상식을 바꾸는 혁신적인 도구입니다. 그리고 지금도 계속해서 새로운 가능성을 넓히고 있습니다.

예를 들면, 수많은 이삿짐 상자를 효율적으로 관리하는 '이사 관리자'라고도 불리는 '쿠버네티스'(Kubernetes)라는 구조가 등장했습니다. 수백 개 또는 수천 개의 상자 배치를 자동으로 관리하고, 필요에 따라 늘리거나 줄이는 작업을 수행합니다. 어떤 상자에 문제가 발생해도 곧바로 다른 상자로 교체해 주는 믿을 수 있는 존재입니다. 개발자들은 이런 도구들 덕분에 꿈속의 이야기에서나 나올만한 규모와 속도로 애플리케이션을 전개할 수 있게 되었습니다.

이렇게 웹 개발 세계는 크게 변했습니다. 개발자들은 더이상 환경 구축에 고민하지 않고 본래 해야 할 일인 애플리케이션 만들기에 집중할 수 있게 되었습니다.

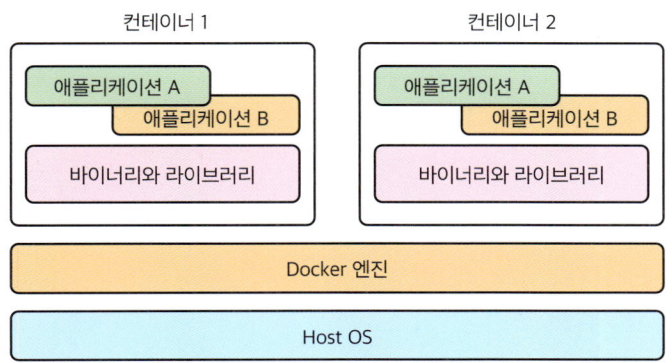

10.1.3 Docker… 그리고 Dify

Docker가 좋다는 것은 알았지만 다루기 어렵고, 번거롭다고 꽁무니를 빼고 있는 분도 있을 것입니다. 특히 자신은 엔지니어도 아니니 상관없다고 생각하는 분들입니다. 확실히 Docker는 초기 진입 장벽이 있을지도 모릅니다. 필자 역시 엔지니어로서 오랜 경험을 갖고 있음에도, 처음에는 Docker에 익숙해지는 데 많은 고생을 했습니다. '대체 이게 뭐지?'라면서 머리를 쥐어 싸매기도 했습니다. 하지만 그것을 극복한 뒤 만난 세계는 상상 이상으로 훌륭합니다. 잘 사용할 수 있게 되면 마치 날개를 단 것 같은 기분이 듭니다. 스마트폰이 번거롭다고 생각했던 사람이라도, 지금은 스마트폰 없는 생활은 상상도 하지 못하게 되었습니다. Docker도 마찬가지로 처음에는 어렵게 보여도, 한걸음씩 걷다 보면 반드시 잘 사용할 수 있게 될 것입니다.

Dify를 Docker로 실행하는 것은 측정할 수 없는 장점이 있습니다. 그렇기 때문에 이번 장에서는 '어쨌든 Docker를 실행하고, Dify를 실행해 보는 것'에 초점을 두었습니다(Docker에 관한 기술적인 설명은 생략합니다).

● Docker의 단점

Docker에도 단점은 있습니다.

설정의 복잡함

Docker에서는 환경 변수, 볼륨, 네트워크 등 설정 항목이 늘어납니다. Dify 관련 지식은 물론

Docker 특성에 관한 지식도 필요합니다.

트러블슈팅의 벽

에러의 원인이 'Dify의 문제'인지, 'Docker 설정 오류'인지, '호스트 머신의 문제'인지 곧바로 파악하는 것이 의외로 어렵습니다. 디버그에는 docker exec 명령을 사용해 컨테이너 안으로 들어가야 합니다. 성능 문제가 발생한 경우에는 리소스 제한 확인도 중요합니다.

이런 점들에 주의하면서 Docker에 관해 학습해야 합니다.

10.2 Docker를 사용한 설치 방법

이제 여러분의 환경에서 Docker를 설치하고 Dify를 설치할 때가 왔습니다. 그 전에 필요한 소프트웨어를 준비합시다.

10.2.1 Docker 설치를 위한 조건

Docker를 사용해 Dify를 설치하는 방법을 설명합니다. 먼저 Dify를 실행하기 위한 전제 조건으로 다음 OS와 소프트웨어가 필요합니다.

- macOS 10.14 이후 버전인 경우

  Docker Desktop을 설치합니다. 그때 Docker VM(가상 머신)에 최소한 2개의 vCPU(가상 CPU)와 8GB의 초기 메모리를 할당합니다.

- Linux인 경우

  Docker 19.03 이후 버전과 Docker Compose 1.25.1 이후 버전이 필요합니다. 각각의 설치 방법에 관해서는 Docker 공식 가이드를 참조합니다.

- WSL2를 활성화한 Windows인 경우

  Docker Desktop을 설치합니다. 메모리는 8GB 이상을 권장합니다.

10.2.2 준비: Git 설치

Dify를 설치하려면 Git이 필요합니다. Git은 소스 코드를 관리하기 위한 도구로, 전 세계 오픈소스 코드가 저장되어 있는 GitHub에서 Dify 코드를 얻기 위해 사용합니다.

- Windows인 경우: Git for Windows에서 다운로드 한 뒤 설치합니다(https://gitforwindows.org/).
- macOS인 경우: 터미널에서 xcode-select --install을 실행합니다.
- Linux인 경우

  Ubuntu/Debian: 터미널에서 sudo apt-get install git을 실행합니다.

  CentOS/RHEL: 터미널에서 sudo yum install git을 실행합니다.

설치를 완료했다면 다음 명령어를 실행해 Git이 올바르게 설치되었는지 확인합니다.

```
git --version
```

10.2.3 Docker 설치하기

Docker 설치 방법에 관해서는 여기에서 설명하지 않습니다. 여러 웹사이트를 참조하십시오.
설치를 완료하고 Docker 엔진을 실행하면 다음과 같은 화면이 됩니다. 최초에는 이와 같이 아무것
도 없는 상태의 느낌입니다.

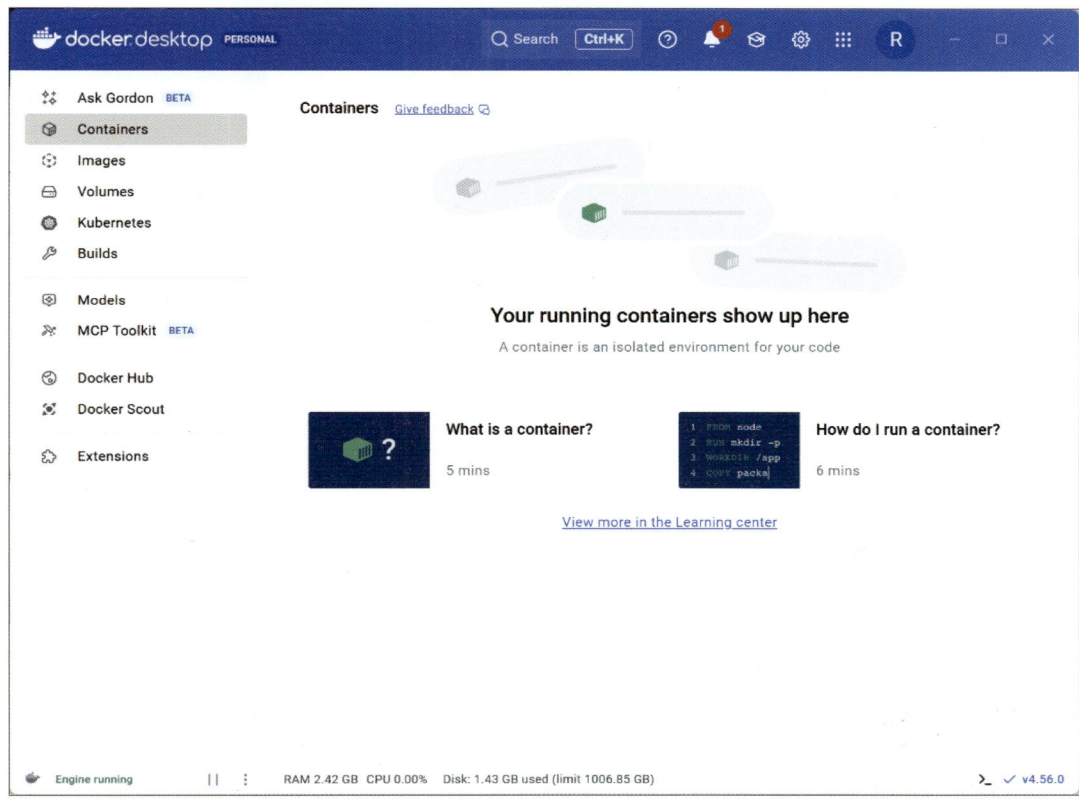

10.2.4 Docker 사용 방법

Docker를 설치한 환경에서 터미널을 엽니다. Linux인 경우에는 bash 터미널, Windows인 경우
에는 명령 프롬프트 등을 실행합니다. 여기에서는 Windows의 명령 프롬프트 기준으로 설명합니
다. 명령 프롬프트를 열어 다음 명령어를 입력합니다.

```
docker version
```

```
명령 프롬프트                    ×   +   ∨

Microsoft Windows [Version 10.0.26200.7623]
(c) Microsoft Corporation. All rights reserved.

C:\l          >docker version
Client:
 Version:            29.1.3
 API version:        1.52
 Go version:         go1.25.5
 Git commit:         f52814d
 Built:              Fri Dec 12 14:51:52 2025
 OS/Arch:            windows/amd64
 Context:            desktop-linux

Server: Docker Desktop 4.56.0 (214940)
 Engine:
  Version:           29.1.3
  API version:       1.52 (minimum version 1.44)
  Go version:        go1.25.5
  Git commit:        fbf3ed2
  Built:             Fri Dec 12 14:49:51 2025
  OS/Arch:           linux/amd64
  Experimental:      false
 containerd:
  Version:           v2.2.1
  GitCommit:         dea7da592f5d1d2b7755e3a161be07f43fad8f75
 runc:
  Version:           1.3.4
  GitCommit:         v1.3.4-0-gd6d73eb8
 docker-init:
  Version:           0.19.0
  GitCommit:         de40ad0

C:\l          >
```

Docker 버전을 확인할 수 있습니다. 이 화면처럼 표시되면 Docker가 정상 동작하는 것입니다.

10.2.5 Dify를 Docker 위에 설치하기

그럼 Dify를 로컬 환경에 설치합니다. 설치 순서는 의외로 간단합니다.

● 설치 대상 폴더 만들기

명령 프롬프트를 엽니다. 로컬 머신에 설치할 폴더를 만듭니다. 설치하는 위치는 어떤 곳이어도 관계 없지만, 여기에서는 C: 드라이브 바로 아래 app 폴더를 만들어서 설치합니다.

```
명령 프롬프트                    ×   +   ∨              —   □   ×

Microsoft Windows [Version 10.0.26200.7623]
(c) Microsoft Corporation. All rights reserved.

C:\          >cd \

C:\>mkdir app

C:\>cd app

C:\app>
```

● Dify 소스 코드 얻기

다음으로 Dify 소스 코드를 얻습니다. Git을 사용합니다. 다음 명령어를 입력하고 실행합니다.

```
git clone https://github.com/langgenius/dify.git
```

다음과 같이 표시됩니다.

```
C:\app>git clone https://github.com/langgenius/dify.git
Cloning into 'dify'...
remote: Enumerating objects: 297834, done.
remote: Counting objects: 100% (916/916), done.
remote: Compressing objects: 100% (399/399), done.
remote: Total 297834 (delta 714), reused 572 (delta 517), pack-reused 296918 (from 2)
Receiving objects: 100% (297834/297834), 244.00 MiB | 9.83 MiB/s, done.
Resolving deltas: 100% (217901/217901), done.
Updating files: 100% (8232/8232), done.

C:\app>
```

dify라는 폴더가 만들어지고 그 안에 소스 코드가 다운로드됩니다.

● Dify 실행하기

다음으로 만들어진 dify 폴더 안의 docker 디렉터리로 이동해 Dify를 실행합니다.

```
c:\app> cd dify/docker
c:\app> copy .env.example .env
c:\app\dify\docker> docker compose up -d
```

시간이 조금 걸리므로 잠시 기다립니다. 화면이 빠르게 변하지만 불안해하지 않아도 됩니다. 사용하는 PC의 성능이나 네트워크 연결 속도에 따라 소요되는 시간에 다소 차이가 있습니다. 일반적인 PC인 경우 첫 번째 설치dp 15분~1시간 정도 걸릴 수 있습니다.

● 설치 완료 확인하기

설치 및 실행이 완료되면 다음과 같은 표시와 함께 종료됩니다.

여기에서 모든 Docker 컨테이너가 올바르게 동작하고 있는지 확인해 봅시다.

```
docker compose ps
```

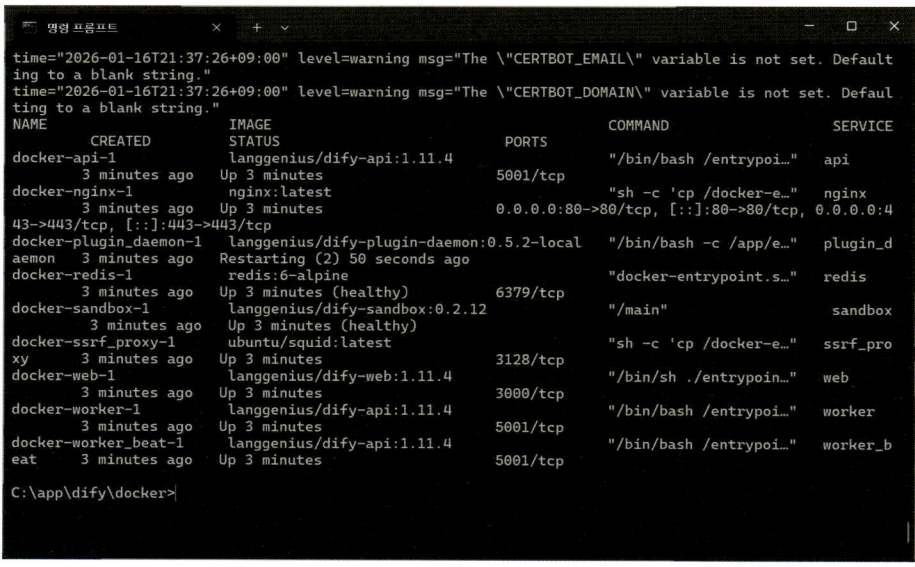

여기에는 api, worker, web이라는 3개의 비즈니스 서비스와 weaviate, db, redis, nginx라는 4개의 기반 컴포넌트가 포함되어 있습니다.

● Docker Desktop에서 확인하기

설치 및 실행을 마쳤다면 Docker 데스크톱을 실행해 봅시다. 대시보드에서 [Containers]를 클릭하면 이 컴포넌트들이 동작하고 있는 모습을 시각적으로 확인할 수 있습니다.

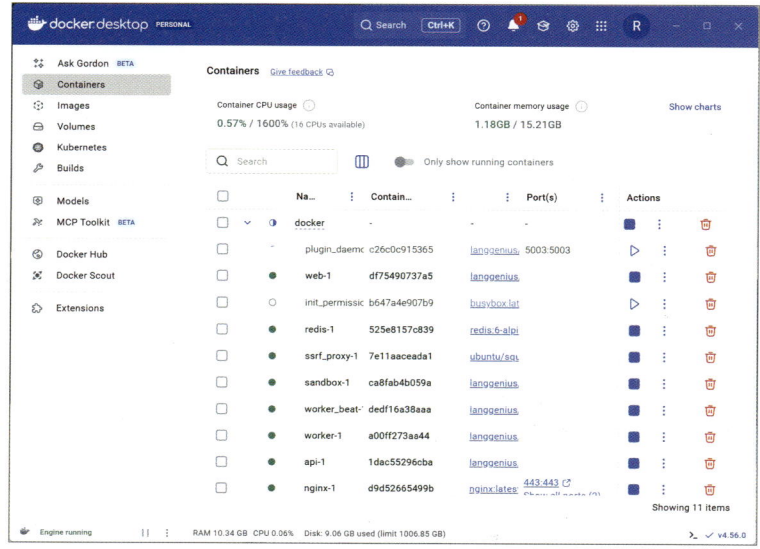

● 처음 접속하기

Dify를 시작할 준비가 되었습니다. 브라우저를 열고 다음 URL에 접속합니다.

```
http://localhost/install
```

로컬 환경에 설치된 Dify 페이지가 열립니다(※ 주: 기본 포트는 80번을 사용합니다. 만약 80번 포트를 다른 애플리케이션에서 사용하고 있다면 `docker-compose.yml` 파일 안의 포트 설정을 변경해야 합니다. 여기에 관해서는 10.4절에서 자세히 설명합니다).

● 관리자 계정 설정 및 로그인하기

처음 표시되는 페이지는 다음 그림과 같습니다. 관리자 계정을 등록해야 합니다. 여기에서 원하는 이메일 주소, 사용자명, 비밀번호를 설정합니다.

브라우저에 계정이 설정되어 있는 경우에는 기본 사용자명이나 비밀번호가 자동으로 설정될 수 있습니다. 필요한 정보를 입력했다면 [설치] 버튼을 클릭합니다.

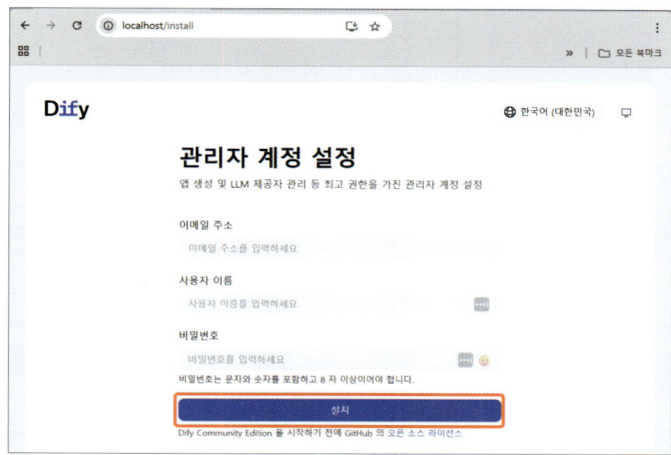

관리자 등록을 마치면 로그인이 됩니다. 로그아웃한 뒤에는 다음 화면에서 등록한 이메일 주소와 비밀번호를 입력해 로그인 할 수 있습니다.

다음과 같이 Dify 대시보드가 표시됩니다.

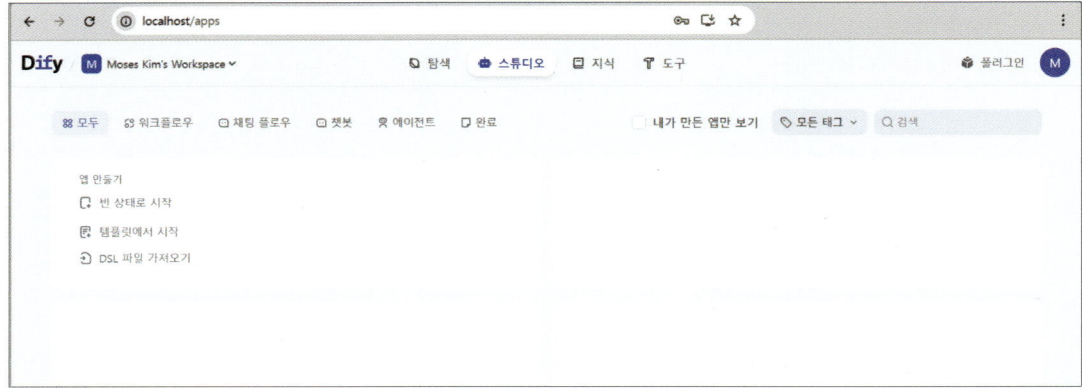

축하합니다. 이제는 익숙한 Dify 대시보드입니다. 지금 여러분의 PC 안에서 Dify가 동작하고 있습니다. 클라우드가 아니라 여러분 손 안의 환경에서 말입니다. 멋지지 않습니까? 여기에서 지금까지 학습한 것들을 마음껏 시험해 봅시다.

10.2.6 Dify 버전 업데이트 순서

Dify는 계속해서 진화하고 있습니다. 새로운 기능 추가나 개선이 빈번하게 이루어지고 있어 최신 버전으로 업데이트 하면 좋은 환경에서 Dify를 활용할 수 있습니다. 단, 버전 업데이트를 수행할 때는 신중해야 합니다. 여기에서는 버전 업데이트를 안전하게 수행하기 위한 순서를 간단하게 설명합니다.

● 데이터 백업하기

다음 명령어를 실행해 데이터를 백업합니다.

```
# volumes 디렉터리 전체를 백업
cd dify/docker
cp -r volumes volumes_backup_$(date +%Y%m%d)
```

그리고 현재 설정도 저장해야 합니다. Windows를 사용하는 경우에는 volumes 폴더를 백업할 폴더로 드래그 앤 드롭 합니다.
- env 파일이 존재한다면 반드시 백업합니다.
- 커스터마이즈 한 설정 파일이 있다면 반드시 백업합니다.

● 실행 중인 컨테이너 정지하기

현재 실행 중인 Dify 컨테이너를 정지합니다.

```
cd dify/docker
docker compose down
```

● 최신 소스 코드 얻기

Git을 사용해 Dify 최신 소스 코드를 얻습니다.

```
git pull origin main
```

● 최신 Docker 이미지 얻기

Docker Hub 등에서 Dify 최신 이미지를 다운로드합니다.

```
docker compose pull
```

● 새로운 버전의 Dify 실행하기

백그라운드로 새로운 버전의 Dify를 실행합니다.

```
docker compose up -d
```

● 동작 확인하기

브라우저에서 `http://localhost`에 접속해 Dify가 정상적으로 동작하는지 확인합니다.

● 주의 사항

공식 문서 참조: 자세한 업데이트 정보나 변경점에 관한 정보는 Dify 릴리스 노트(https://github.com/langgenius/dify/releases)를 참조합니다.

트러블 슈팅: 실행 후 문제가 발생했다면 다음 명령어를 실행해 로그를 확인합니다.

```
docker compose logs -f
```

> ※ 주의: 에러 메시지를 확인하고 그에 따라 대응합니다. 에러 내용과 그 해결 방법에 관해 생성형 AI에게 질문하는 것도 좋습니다.

● 힌트

로그 해석은 초보자에게는 상당한 부담입니다. 생성형 AI에게 도움을 받아 로그를 해석하는 방법의 한 가지 예시를 소개합니다. 위 명령어를 다음과 같이 실행해 로그 파일을 텍스트 파일로 저장합니다.

```
docker compose logs -f > log00.txt
```

`log00.txt`이 만들어집니다. 다음으로 이 파일을 추론 능력이 뛰어난 생성형 AI에게 제공해 치명적인 에러를 찾고, 원인가 대처 방법을 제시하게 합니다. 오른쪽 그림과 같은 결과를 얻을 수 있습니다 (ChatGPT 4o를 사용했습니다).

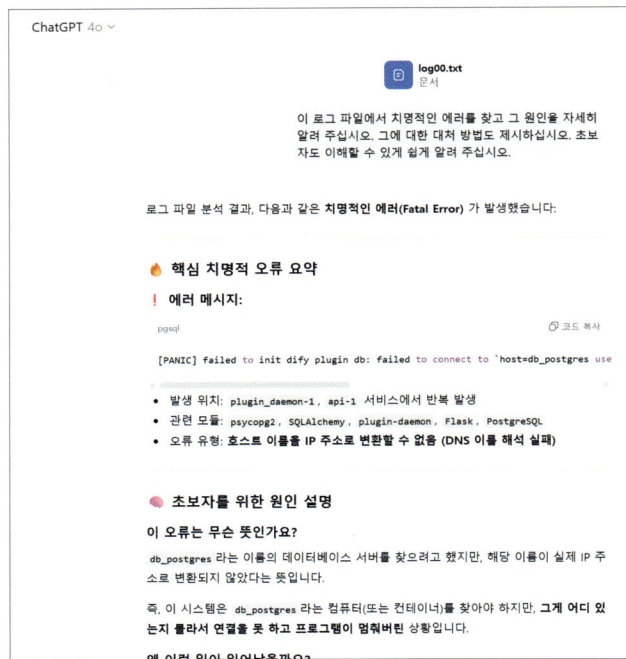

10.3 Dify 내부 구조

앞 절에서 Docker 컨테이너를 만들었습니다.

'오! 동작했다!'고 감동한 분들도 많을 것입니다.

명령어 하나로 여러 컨테이너를 실행하고 마치 작은 거리의 매장들이 한 번에 개장한 듯한 광경을 봤습니다. 데이터베이스, API, 웹 서버들이 움직이면서 각기 자신의 역할을 담당합니다. 이때 사용한 명령어를 기억하고 있습니까? 그렇습니다. 다음 명령어였습니다.

```
docker compose up -d
```

얼핏 단순하게 보이는 이 명령어 뒤편에는 사실 치밀한 설계도가 숨어 있습니다. 그 설계도의 정체가 docker-compose.yml라는 파일입니다. 이 파일을 읽고 해석하면 Dify라는 구조의 전체 이미지를 보일 것입니다.

10.3.1 docker-compose.yml 이해하기

docker-compose.yml 파일은 Dify라는 애플리케이션의 설계도인 동시에 조립 설명서이기도 합니다. 처음에는 복잡하게 보일지 모르지만 매듭을 조금씩 풀다 보면 분명 '그렇구나!'라고 생각하는 순간이 올 것입니다. 먼저 파일을 열어 봅시다.

'우와! 이게 뭐야!'라고 생각했을 것입니다.

이 services: 부분 아래에 나열되어 있는 항목들이 Dify를 구성하는 컨테이너들입니다.

중요한 부분을 설명하기 위해 최소한의 내용을 아래와 같이 정리했습니다.

api, worker, web, postgres, redis 같은 것들이 방금 실행한 여러 컨테이너의 정체입니다. 이들이 각각 Dify라는 거대한 기계 안에 있는 중요한 기어들이라 할 수 있습니다.

예를 들면, api는 바깥 세계와 Dify 내부를 연결하는 통역사의 역할을 합니다. web은 우리들 사용자가 직접 조작하는 부분, 즉, Dify의 얼굴 같은 것입니다. postgres는 데이터를 저장하는 창고, redis는 빠른 속도로 동작하는 일시적인 기억 장치 역할을 합니다.

그리고 그 아래에 img: 행이 이어집니다. 여기에는 어떤 Docker 이미지를 사용할 것인지 지정합니다. Docker 이미지는 요리에 비유하면 재료 같은 것입니다. langgenius/dify-api:latest 같은 것들이 기술되어 있습니다. 이것은 '최신 Dify 이미지를 사용하라'는 의미입니다.

```
services:
  api:
    image: langgenius/dify-api:latest
    # ... 다양한 설정 ...
  worker:
    image: langgenius/dify-api:latest
```

```
    # ... 다양한 설정 ...
web:
    image: langgenius/dify-web:latest
    # ... 다양한 설정 ...
postgres:
    image: postgres:15-alpine
    # ... 다양한 설정 ...
redis:
    image: redis:6-alpine
    # ... 다양한 설정 ...
```

이 파일을 읽으면 docker compose up -d 명령어가 무엇을 하는지 조금이나마 이해할 수 있을 것입니다. 이 명령어는 docker-compose.yml 파일을 읽고, 거기에 기술된 대로 컨테이너를 실행합니다.

다음은 각 서비스(컨테이너)의 자세한 설정을 살펴 봅시다. 환경 변수, 포트 설정 등 다소 복잡한 부분도 있지만 두려워하지 말고 나눠서 살펴 봅시다.

10.3.2 다양한 컨테이너의 세부 사항 확인하기

각 서비스 설정을 자세하게 살펴보면 더욱 재미있는 사실을 알 수 있습니다.

● API 서비스의 내용

먼저 시스템의 핵심을 담당하는 API 서비스를 살펴 봅시다. Dify의 심장부라고 해도 될 정도로 중요한 부분입니다.

```
api:
    image: langgenius/dify-api:0.15.1 <————①
    restart: always <————②
    environment: <————③
      <<: *shared-api-worker-env
      MODE: api <————④
    depends_on: <————⑤
      - db
      - redis
    volumes: <————⑥
      - ./volumes/app/storage:/app/api/storage
    networks: <————⑦
      - ssrf_proxy_network
      - default
```

마치 암호 같다고 느껴집니까? 한 행씩 살펴 봅시다.

① `image: langgenius/dify-api:0.15.1`

어떤 Docker 이미지를 사용할 것인지 지정합니다. 이미지는 Dockerfile 설계도로부터 구축한 실체이며, 그 상태로 Docker에서 동작합니다. 사용자는 이미지를 Docker Hub라 불리는 인터넷 상의 창고에서 다운 로드해서 즉시 사용할 수 있습니다.

이 행에서는 `dify-api`라는 이미지를 지정했습니다.

② `restart: always`

이 서비스의 재시동 여부를 나타냅니다. 무언가 문제가 생기더라도 자동으로 재기동을 시도하도록 설정했습니다.

③ `environment:`

이 부분은 조금 변경되었습니다. `<<: *shared-api-worker-env`는 '공통 설정을 여기에 삽입한다'는 의미입니다. 여러 서비스에서 같은 설정을 사용할 때 편리한 방법입니다.

④ `MODE: api`

'API 모드로 동작하라'는 지시입니다.

⑤ `depends_on:`

이 서비스를 실행하기 전에 필요한 다른 서비스를 지정합니다. 여기에서는 db, redis를 지정했습니다. 즉, '데이터베이스와 Redis가 준비되면 나를 실행하라'는 의미입니다.

⑥ `volumes:`

데이터 저장 위치를 지정합니다. 컨테이너 안의 `/app/api/storage`라는 위치와 실제 PC의 `./volumes/app/storage`라는 위치를 연결한다는 의미입니다.

⑦ `networks:`

이 서비스가 어떤 네트워크에 연결되어 있는지 지정합니다. `ssrf_proxy_network`와 `default` 양쪽에 연결할 수 있습니다. 마치 2개의 서로 다른 거리의 도로에 접근할 수 있는 형태입니다.

`docker-compose.yml` 파일은 Dify라는 거대한 기계의 설계도인 동시에 실행 순서도인 것을 재확인할 수 있습니다. `docker compose up -d` 명령은 이 설계도를 읽고, 설계도에 기술된 대로 기계를 조립해 실행하는 것입니다. 조금은 마음이 편해졌을 것입니다.

10.3.3 웹 서비스 살펴보기

다음은 사용자 인터페이스를 담당하는 웹 서비스입니다.

```
web:
  image: langgenius/dify-web:0.15.1
  restart: always
  environment:
    CONSOLE_API_URL: ${CONSOLE_API_URL:-}
    APP_API_URL: ${APP_API_URL:-}
    SENTRY_DSN: ${WEB_SENTRY_DSN:-}
    NEXT_TELEMETRY_DISABLED: ${NEXT_TELEMETRY_DISABLED:-0}
```

여기에서는 environment: 부분에 주목해야 합니다. ${CONSOLE_API_URL:-} 같은 기술은 '환경 변수 CONSOLE_APi_URL 값을 사용한다. 하지만, 만약 해당 환경 변수가 설정되어 있지 않았다면 빈 상태로도 문제없다.'는 의미입니다. 고객의 주문을 받지만, 주문이 없을 때는 기본 메뉴도 제공한다는 느낌입니다.

CONSOLE_API_URL, APP_API_URL에는 웹 애플리케이션이 API 서버와 통신하기 위한 엔드포인트를 지정합니다. 이 항목들을 설정해 웹과 API를 올바르게 연동할 수 있습니다.

● worker 서비스의 역할

worker 서비스를 확인해 봅시다.

```
worker:
  image: langgenius/dify-api:0.15.1
  restart: always
  environment:
    <<: *shared-api-worker-env
    MODE: worker
  depends_on:
    - db
    - redis
  volumes:
    - ./volumes/app/storage:/app/api/storage
  networks:
    - ssrf_proxy_network
    - default
```

'음? 이것은 api 서비스와 거의 같은데?'라고 생각했다면, 예리합니다! 사실 이 worker 서비스는 api 서비스와 거의 같은 설정을 사용하고 있습니다. MODE: worker 부분만 다릅니다.

이것은 매우 흥미로운 구조입니다. 같은 Docker 이미지를 사용해 다른 역할을 부여하기 때문입니다. api 서비스가 고객의 주문을 받는 매장 직원이라면, worker 서비스는 주방에서 요리를 만드는 주방장에 해당합니다.

그리고 이 2개의 서비스가 협력해 움직임으로써 Dify는 빠르고 효율적인 처리를 구현합니다. 손발이 척척 맞는 팀을 보는 느낌입니다.

10.3.4 Dify 기억 장치 이해하기

시스템은 다양한 종류의 기억을 필요로 합니다. Dify는 두 가지 종류의 기억 장치를 구분해서 사용함으로써, 효율적인 데이터 관리를 구현합니다. 이 중요한 역할을 담당하는 것이 db와 redis입니다.

● PostgreSQL(장기 기억 장치)

먼저 기간 데이터베이스가 되는 PostgreSQL 설정을 살펴 봅시다.

```
db:
  image: postgres:15-alpine
  restart: always
  environment:
    PGUSER: ${PGUSER:-postgres}
    POSTGRES_PASSWORD: ${POSTGRES_PASSWORD:-difyai123456}
    POSTGRES_DB: ${POSTGRES_DB:-dify}
    PGDATA: ${PGDATA:-/var/lib/postgresql/data/pgdata}
  command: >
    postgres -c 'max_connections=${POSTGRES_MAX_CONNECTIONS:-100}'
      -c 'shared_buffers=${POSTGRES_SHARED_BUFFERS:-128MB}'
      -c 'work_mem=${POSTGRES_WORK_MEM:-4MB}'
      -c 'maintenance_work_mem=${POSTGRES_MAINTENANCE_WORK_MEM:-64MB}'
      -c 'effective_cache_size=${POSTGRES_EFFECTIVE_CACHE_SIZE:-4096MB}'
  volumes:
    - ./volumes/db/data:/var/lib/postgresql/data
  healthcheck:
    test: [ "CMD", "pg_isready" ]
    interval: 1s
    timeout: 3s
    retries: 30
```

사실 PostgreSQL은 매우 유명한 관계형 데이터베이스 관리 시스템(RDBMS, Relational Database Management System)입니다. 관계형 데이터베이스는 테이블 형태의 데이터베이스를 떠올리면 됩니다. 예를 들면, '사용자'라는 테이블이 있고 그 안에 '이름', '나이', '주소' 같은 칼럼이 있습니다.

흥미로운 부분은 command: 부분입니다. 이 부분은 데이터베이스를 실행하는 명령어 자체인 동시에 다양한 매개변수를 사용해 성능을 조정합니다. 예를 들면, max_connections는 동시에 데이터베이스를 사용하는 사용자의 수, shared_buffers는 데이터베이스가 사용할 수 있는 메모리의 양, work_mem은 복잡한 조작을할 때 사용할 수 있는 메모리의 양을 결정합니다.

이것은 마치 도서관 운영을 조정하는 것과 비슷합니다. 동시에 도서관을 이용할 수 있는 사람 수, 책장의 크기, 한 사람이 사용할 수 있는 열람석의 넓이… 같은 구조입니다.

그리고 volumes: 부분은 데이터를 저장하는 위치를 지정합니다. 즉, Dify의 기억을 실제로 보관하는 위치를 결정합니다.

healthcheck: 부분도 주목해 봅시다. 이 부분은 데이터베이스가 살아 있는지 정기적으로 확인하는 부분입니다. 도서관의 책들이 올바르게 책장에 꼽혀 있는지 확인하는 것과 비슷합니다.

Dify는 여러 설정 저장과 다양한 기억 용도로 PostgreSQL을 사용합니다(※ 주의: 데이터베이스 보안을 확보하기 위해 설정에 익숙해졌다면 POSTGRES_PASSWORD 등의 기본 비밀번호 값을 강력한 것으로 변경하는 것도 좋습니다).

● redis(단기 기억 장치)

그리고 또 하나 중요한 것으로 '단기 기억'이 있습니다. 이것은 redis가 담당합니다.

```
redis:
  image: redis:6-alpine
  restart: always
  volumes:
    - ./volumes/redis/data:/data
  command: redis-server --requirepass ${REDIS_PASSWORD:-difyai123456}
  healthcheck:
    test: [ "CMD", "redis-cli", "ping" ]
```

Redis는 매우 빠른 Key-Value Store(키 밸류 스토어)라 불리는 데이터베이스입니다. PostgreSQL을 도서관에 비유한다면, Redis는 포스트 잇에 비유할 수 있습니다. 필요한 정보를 빠르게 기록해 빠르게 붙일 수 있습니다. Dify에서 임의의 애플리케이션이 동작하는 동안 그 기억을 유지하거나, 뒤편에서 동작하는 다양한 서비스를 연결하기 위한 ID(세션) 등을 기억하기 위해 사용합니다.

command: 부분은 redis의 서버를 실행하고 --requirepass 옵션을 사용해 비밀번호를 설정합니다. 포스트 잇에 암호를 거는 것과 같습니다. 중요한 정보를 쉽게는 볼 수 없게 하는 것입니다.

이렇게 보면 Dify의 기억 구조를 조금은 이해할 수 있었을 것입니다. 인간의 기억 시스템과 비슷하지 않습니까? 장기 기억(PostgreSQL)과 단기 기억(Redis)을 구분해서 사용함으로써 효율적으로 정보를 관리합니다.

10.3.5 weaviate

두 가지 기억 장치 외에 조금 특수한 기억 장치인 RAG를 다루는 부분을 살펴 봅시다. 그 이름도 weaviate입니다.

```
weaviate:
    image: semitechnologies/weaviate:1.19.0
    profiles:
      - ''
      - weaviate
    restart: always
    volumes:
      - ./volumes/weaviate:/var/lib/weaviate
    environment:
        ...생략...
```

weaviate는 2장에서 설명했던 벡터 데이터베이스라 불리는 특수한 데이터베이스입니다. 일반적인 데이터베이스가 '사과', '바나나' 같은 문자열을 저장하는 것에 비해, 벡터 데이터베이스는 '사과 다움', '바나나 다움'과 같은 언어의 의미나 특징을 숫자의 나열(벡터)로 저장합니다. 벡터 데이터베이스는 데이터를 고차원의 수치 벡터로 저장해 유사도 검색을 빠른 속도로 수행하기 위한 목적으로 사용합니다. 이를 통해 의미가 유사한 데이터를 검색할 수 있습니다. 자세한 내용은 2장을 참조하십시오.

단, 주의할 점이 있습니다. Dify는 RAG에 항상 ewaviate를 사용하지는 않습니다. 일반적으로 벡터 검색용 API를 사용해 벡터를 검색합니다. weaviate는 '경제적인 검색'을 선택했을 때 사용됩니다.

10.3.6 정리

지금까지 Dify를 구성하는 각 컨테이너와 그 역할에 관해 살펴봤습니다. docker-compose.yml 파일을 통해 Dify가 어떻게 동작하는지, 그 뒤편을 이해할 수 있었습니다. 각 서비스가 연동해 마치 하나의 거대한 기계처럼 움직이는 것을 알았습니다. 이제 docker compose up -d라는 마법과 같은 명령어의 비밀이 밝혀졌습니다.

다음 절에서 실제로 이 설정들을 변경해 보면서 여러분만의 Dify 환경을 만들어 봅시다!

10.4 환경 변수와 커스터마이즈

Docker를 실행해 Dify를 동작 시켰습니다! 그리고 Docker 컨테이너에 관해서도 알았습니다! 하지만 여기에서 멈추기에는 아깝습니다. 지금의 Dify는 '날 것의 상태'이며 아직 우리가 가진 목적에 맞는 모습은 아닙니다.

이것은 새로운 집 그대로의 상태와 비슷합니다. 전기, 수도는 연결되어 있지만 아직 가구가 배치되어 있지 않은 상태입니다. 여러분이 원하는 생활을 하기 위해서는 다듬을 부분이 조금 더 있습니다.

10.4.1 무엇을 설정할 수 있는가?

Dify에서 커스터마이즈 할 수 있는 항목은 매우 다양합니다. 다음은 그 항목들의 일부 예시입니다.

카테고리	설정 항목	설명
기본 설정	로그 상세도 및 저장 방법	시스템 로그 레벨 설정 및 저장 위치 지정
	디버그 모드 제어	개발 시 디버그 정보 출력 제어
	동시 처리 가능 요청 수	병렬 처리할 수 있는 최대 요청 수 설정
	메모리 사용량 제한	애플리케이션의 최대 메모리 사용량 설정
보안 설정	접근 제어	사용자 권함 치 리소스 접근 권한 설정
	비밀번호 정책	비밀번호 복잡도 요구사항 및 유효 기간 설정
	API 인증 정보	API 키 및 토큰 관리 설정
	세션 관리	사용자 세션 유효 기간 및 저장 방법 설정
외부 서비스 연동	OpenAI API 설정	OpenAI 서비스 연결 및 인증 정보 설정
	데이터베이스 연결 정보	데이터베이스 연결 매개변수 설정
	파일 스토리지 설정	외부 스토리지 서비스 연결 설정
	외부 API 엔드포인트	연동할 외부 API URL 정보 설정

환경 변수를 사용하면 위와 같은 항목들을 간단하게 커스터마이즈 할 수 있습니다.

10.4.2 환경 변수 세계 확인하기

docker-compose.yml 파일을 열면 첫 부분에 다음과 같은 내용이 있을 것입니다.

```
LOG_LEVEL: ${LOG_LEVEL:-INFO}
LOG_FILE: ${LOG_FILE:-}
LOG_FILE_MAX_SIZE: ${LOG_FILE_MAX_SIZE:-20}
LOG_FILE_BACKUP_COUNT: ${LOG_FILE_BACKUP_COUNT:-5}
DEBUG: ${DEBUG:-false}
FLASK_DEBUG: ${FLASK_DEBUG:-false}
...생략...
```

마치 암호를 보는 듯한 기분이 들 지도 모르겠습니다. 하지만 사실 이것은 매우 단순한 규칙에 따라 기술된 것입니다.

10.4.3 환경 변수 문법 이해하기

기본 구문을 다음과 같습니다.

```
변수명: ${환경 변수명:-기본값}
```

위 구문을 해석하면 '이 설정 항목에는 **환경 변수명**에 지정된 환경 변수값을 사용한다. 하지만, 환경 변수가 설정되어 있지 않다면 **기본값**을 사용한다.'는 의미입니다. 구체적인 예시를 확인해 봅시다.

```
LOG_LEVEL: ${LOG_LEVEL:-INFO}
```

위 구문은 다음과 같이 동작합니다.

① 먼저 시스템은 LOG_LEVEL이라는 환경 변수를 찾는다.

② 해당 환경 변수를 발견하면 그 값을 사용한다.

③ 해당 환경 변수를 발견하지 못하면 기본값인 INFO를 사용한다.

● 기본값의 패턴

환경 변수에는 다양한 종류의 기본값을 설정할 수 있습니다.

- 비어 있는 값: ${변수명:-}

```
LOG_FILE: ${LOG_FILE:-}
```

- 문자열: ${변수명:-somevalue}

```
INIT_PASSWORD: ${INIT_PASSWORD:-admin123}
```

- 부울값: ${변수명:-false}

```
DEBUG: ${DEBUG:-false}
```

- 숫자값: ${변수명:-20}

```
LOG_FILE_MAX_SIZE: ${LOG_FILE_MAX_SIZE:-20}
```

- URL: ${변수명:-https://example.com}

```
OPENAI_API_BASE: ${OPENAI_API_BASE:-https://api.openai.com/v1}
```

Dify는 이 구조를 활용해 다음과 같이 훌륭한 균형을 얻습니다(※ 주: 보안 관련 설정(비밀번호, API 키 등)은 익숙해진 뒤 기본값에서 변경하는 것이 좋습니다. 이것은 집의 열쇠처럼 이사 후 곧바로 해야할 일입니다).

- 우선 동작한다(기본값을 갖는다).

- 필요할 때 커스터마이즈 할 수 있다(환경 변수로 덮어쓸 수 있다).

- 안전하게 운용할 수 있다(설정 실수가 있더라도 기본값으로 보호된다).

10.4.4 환경 변수 설정 방법

환경 변수는 세 가지 방법으로 설정할 수 있습니다. 각각 특징이 다르므로 상황에 맞춰 구분해서 사용하는 것이 좋습니다.

● 1. docker-compose.yml 파일 직접 편집하기

```
# 이것은 docker-compose.yml 파일 안에 기술합니다.
LOG_LEVEL: DEBUG
DB_USERNAME: dify_user
```

- 장점

- 설정을 일목요연하게 할 수 있다.

- 변경이 즉시 반영된다.

- 단점

- Dify를 업데이트하면 설정이 사라진다.

- GitHub에 공개하면 기밀 정보도 유출된다.

● 2. .env 파일(권장!)

```
# 이것은 .env 파일 안에 기술합니다
LOG_LEVEL=DEBUG
DB_USERNAME=dify_user
```

- 장점

- 업데이트해도 설정이 사라지지 않는다.

- 환경별로 구분해 설정할 수 있다.

- 기밀 정보를 안전하게 관리할 수 있다.

- 백업이 쉽다

● 3. 호스트 머신 환경 변수(일반적이지 않음)

```
export LOG_LEVEL=DEBUG
export DB_USERNAME=dify_user
```

- 장점

  - 일시적인 변경에 편리하다.

  - 컨테이너 재실행이 필요하지 않을 때도 있다

- 단점

  - 컨테이너를 재실행하면 사라진다

  - 시스템 전체에 영향을 줄 수 있다.

10.4.5 환경 변수 우선 순위 이해하기

환경 변수 설정에는 우선 순위가 잇습니다. 이것은 마치 장기말의 세기 같습니다. 같은 설정 항목의 값이 여러 위치에서 정의되어 있는 경우에는 더 '센' 쪽의 값을 사용합니다.

● **기본적인 우선 순위**(강한 순)

1. 셸에서 설정한 환경 변수

- 가장 강한 설정 방법

- 다른 모든 설정을 덮어 쓴다.

- 예시: export LOG_LEVEL=DEBUG

2. .env 파일 설정

- 중간 정도의 강한 설정 방법

- YAML 기본값보다 강하다.

- 예시: .env 파일 안의 LOG_LEVEL=INFO

3. docker-compose.yml 파일

- 가장 약한 설정 방법

- 다른 설정이 없을 때의 보험적인 성격이다.

- 예시: LOG_LEVEL: ${LOG_LEVEL:-WARNING}

예시

```
# docker-compose.yml(가장 약함)
LOG_LEVEL: ${LOG_LEVEL:-WARNING}


# .env(중간)
LOG_LEVEL=INFO


# 셸(가장 강함)
export LOG_LEVEL=DEBUG
```

이때 실제로 사용되는 값은 DEBUG입니다. 이 우선 순위 구조를 잘 활용하면 유연하고 안전하게 설정을 관리할 수 있습니다. 예를 들면, 프러덕션 환경의 기본 설정은 .env 파일에 관리하고 긴급할 때는 셸의 환경 변수를 사용해 일시적으로 변경을 적용하는 등으로 활용할 수 있습니다.

10.4.6 .env 파일 활용하기

세 가지 환경 변수 설정 방법 중 docker-compose.yml 파일을 직접 편집하는 것이 가장 이해하기 쉬운 방법일 수 있습니다. 하지만, 이 방법에는 문제가 있습니다. Dify를 업데이트하면 yaml 파일이 덮어 써지기 때문에 편집했던 내용이 기본값으로 원복됩니다.

이런 문제를 피하기 위해서는 .env 파일을 사용해 환경 변수를 설정하는 것이 현명합니다. .env 파일은 일반적으로 Git 같은 버전 관리 시스템에서 추적하지 않기 때문에, Dify를 업데이트해도 덮어써질 걱정이 없습니다. 또한, .env 파일은 텍스트 파일이므로 간단하게 백업할 수 있어 다른 환경 사이에서 설정을 마이그레이션할 때도 편리합니다.

그렇다면 .env 파일을 어떻게 만들어야 할까요? 간단합니다. docker 디렉터리를 봅시다. .env. sample 파일이 있습니다. 이 파일의 이름을 직접 .env로 변경하거나, 복사한 뒤 이름을 변경합니다

10.4.7 커스터마이즈 설정 예

Dify의 환경 변수는 산처럼 많습니다. 처음부터 전부 이해할 필요는 없습니다. 먼저 간단한 설정 예시를 살펴 봅시다.

● 로그 관련 설정

개발 중에는 문제의 원인을 조사하기 위해 자세한 로그를 출력해야 할 수 있습니다.

```
# 로그 레벨 설정
LOG_LEVEL: INFO # INFO, DEBUG, WARNING, ERROR 중에서 선택
LOG_FILE: ./logs/dify.log # 로그 파일 저장 위치
LOG_FILE_MAX_SIZE: 20 # 로그 파일 최대 크기(MB)
LOG_FILE_BACKUP_COUNT: 5 # 백업 저장 수
```

위 설정에 따라 다음이 적용됩니다.

- 개발 중에는 DEBUG로 자세한 로그를 표시한다.
- 프러덕션 환경에서는 INFO, WARNING으로 필요한 로그만 표시한다.
- 로그 파일 크기가 너무 커지지 않도록 제어할 수 있다.

● 프러덕션 환경에서의 기본 설정

프러덕션 환경과 개발 환경의 설정을 달라야 합니다. 특히 디버그 관련 설정이 중요합니다. 프러덕션 환경에서는 디버그 모드를 비활성화해서 보안성을 높이고 불필요한 정보가 외부에 유출되지 않도록

해야 합니다.

```
# 디버그 모드 제어
DEBUG: false  # 프러덕션 환경에서는 반드시 false로 설정
FLASK_DEBUG: false  # 위와 같음
```

● 파일 업로드 제한

스토리지 사용량과 보안의 균형을 얻기 위한 설정입니다. 파일 크기 제한을 변경할 수 있어 자주 사용합니다.

```
# 파일 크기 제어
UPLOAD_FILE_SIZE_LIMIT: 15  # 업로드 파일 크기 제한(MB)
UPLOAD_FILE_BATCH_LIMIT: 5  # 한 번에 업로드 할 수 있는 파일 수
UPLOAD_IMAGE_FILE_SIZE_LIMIT: 10  # 이미지 파일 크기 제한(MB)
```

이 설정들은 .env 파일에 기술해 Dify를 업데이트해도 설정이 사라지지 않도록 유지할 수 있습니다. 또한, 개발 환경과 프러덕션 환경에서 각각 다른 .env 파일을 사용해 환경에 따라 가장 적절한 설정으로 손쉽게 전환할 수 있습니다.

먼저 이 기본적인 설정 항목에서 시작해 점점 설정을 변경해 가며 도전해 보는 것을 권장합니다.

● Docker를 재실행해 설정 적용하기

.env에 환경 변수를 설정했다면 그 설정을 반영해야 합니다. 먼저 컨테이너를 정지시킵니다.

```
docker composese down
```

정상적으로 정지되었다며 다시 실행합니다.

```
docker compose up -d
```

에러가 발생하지 않고 실행되었다면 설정이 반영되었을 것입니다. 에러가 발생했을 때는 로그 파일을 확인해 대응합니다.

10.4.8 트러블 슈팅

환경 변수와 관련된 일반적인 문제와 그 해결 방법을 간단히 소개합니다.

1. 설정이 반영되지 않는다.

- Docker 컨테이너를 재실행했는가?
- .env 파일은 올바른 위치에 있는가?

- 구분에 에러가 있는가?

2. 기밀 정보의 유출을 방지한다.

- .env 파일을 /gitignore에 추가한다.
- 정기적으로 보안 감사를 실시한다.

10.4.9 정리: 환경 변수 마스터의 길

환경 변수 설정은 Dify를 동작시키기 위해 매우 중요한 지식입니다. 이번 절에서 학습한 내용을 활용하면 다음과 같은 고도의 운영도 할 수 있습니다.

- 개발 환경과 프러덕션 환경의 구분
- 안전한 설정 관리
- 성능 튜닝
- 트러블 슈팅

Docker에 관해 너무 자세히 알지 못해도 괜찮습니다. 환경 변수 설정을 통해 Docker의 세계로 한걸음을 내딛었다는 것에 큰 의미가 있습니다. 생각해 봅시다. 이제 우리는 Dify라는 복잡한 애플리케이션을 Docker로 실행하고, 그 동작을 커스터마이즈 할 수 있게 되었습니다. 작지만 큰 한걸음입니다.

지금은 아직 Docker에 관해 완전히 이해하지 못했다고 하더라도 이 한걸음의 경험을 발판 삼아 더 깊은 학습을 한다면 Dify 고급 운용은 물론, 다른 흥미로운 Docker 애플리케이션도 자유롭게 다룰 수 있게 될 것입니다.

● 힌트

여기까지 읽었다면 이제 여러분은 Dify의 공식 문서의 내용을 이해할 수 있을 것입니다. 커스터마이즈가 필요한 부분이 있다면 다음 공식 문서를 참조하십시오.

```
https://docs.dify.ai/en/self-host/configuration/environments#environments
```

학습한 스킬
- 환경 변수의 기본 구문 이해
- YAML 파일, .env 파일, 셸 환경 변수 설정 방법 및 우선 순위 파악
- Docker 환경에서의 설정 관리 기본 원칙(기본값과 덮어쓰기 구조) 이해
- 로그 관리, 디버그, 성능 조정 등 여러 기능에 관한 환경 변수 적용 방법 이해
- 트러블 슈팅을 위한 환경 변수 설정 검증 방법 이해

실천적 스킬
- .env 파일을 작성 및 수정해 안전하고 유연하게 설정할 수 있다.

- 환경 변수 변경 뒤 컨테이너를 재실행하고 동작을 확인할 수 있다.
- 설정을 전환할 수 있다.
- 실제 문제가 발생했을 때 빠르게 원인을 특정하고 대처할 수 있다.

10.5 Ollama로 로컬 AI 챗봇 작성

'사내 기밀 데이터는 외부로 보내고 싶지 않다.'

'네트워크가 불안정한 환경에서도 사용하고 싶다.'

'API 요금을 신경 쓰지 않고 사용하고 싶다.'

이런 요구사항들을 자주 듣습니다. 이런 요구사항에는 '로컬 LLM'이라는 해결책이 있습니다. 앞 절에서 Docker를 사용해 Dify를 동직 시킬 수 있게 되었으므로 다음 단계를 진행할 준비는 이미 완료했습니다. 그렇습니다. 이제 여러분만의 AI 손 안에서 동작 시킬 때가 왔습니다. 이번 절에서는 Ollama라는 도구를 사용해 로컬 환경에서 LLM을 설치하고 Docker를 활용해 설치한 로컬 Dify와 연동하는 방법을 소개합니다.

10.5.1 시스템 요구사항 체크하기

먼저 여러분이 가진 머신에서 Ollama가 쾌적하게 동작하는 지 확인해 봅시다. 기본적인 기준은 다음과 같습니다.

- CPU: 최저 4코어 이상(8코어 이상 권장)
- 메모리: 8GB 이상(16GB 이상 권장)
- 스토리지: 10GB 이상의 빈 공간(큰 모델이나 많은 모델을 다루고 싶을 때는 적어도 100G 이상 권장)
- OS: Windows 10/11, macOS 10.15 이후, 주요한 Linux 배포 버전

'내가 사용하는 PC는 괜찮을까?'라고 걱정하는 분들도 더러 있을 것입니다. 최근의 노트북 PC라면 대체적인 조건은 만족할 것입니다. 단, 사용할 모델에 따라 필요한 스펙이 달라지며, 위 조건은 어디까지나 기준일 뿐입니다. 처음에는 Llama 3.2 등 작은 모델을 테스트 하는 것이 팁입니다. 기존으로서는 8B 모델 이하를 권장합니다. 그보다 큰 모델일 때는 메모리를 늘려야 할 수 있습니다.

● Ollama와 설치 방법

Ollama는 로컬 환경에서 대규모 언어 모델(LLM)을 간단하게 동작 시키기 위한 도구입니다. 명령어 하나로 LLM을 다운로드 하고 실행할 수 있습니다. 메모리 사용량을 최적화하는 기능도 제공하므로 일반적인 PC에서도 충분히 동작합니다.

설치 방법은 매우 간단합니다. Windows나 Mac에서는 전용 인스톨러를 사용합니다. Linux에서는 curl 명령어를 사용합니다.

Windows 환경

① 공식 사이트에서 인스톨러 다운로드

Ollama 공식 사이트(https://ollama.com)에 접속해 [Donwlod for Windows] 버튼을 클릭해 인스톨러를 다운로드 합니다.

② 인스톨러 실행

다운로드 한 .exe 파일을 더블 클릭해 실행합니다. 화면의 지시에 따라 설치를 진행합니다.

③ 동작 확인

설치 완료 후 명령 프롬프트를 열고 다음 명령어를 입력해 Ollama가 올바르게 설치되었는지 확인합니다. 도움말 화면이 표시되면 설치 성공입니다.

```
ollama --help
```

mac 환경

① 공식 사이트에서 인스톨러 다운로드

Ollama 공식 사이트(https://ollama.com)에 접속해 [Download for macOS] 버튼을 클릭해 인스톨러를 다운로드 합니다.

② 인스톨러 실행

다운로드 한 .zip 파일을 열고 Ollama 애플리케이션을 실행합니다. [Install] 버튼을 클릭해 설치합니다.

③ 동작 확인

설치 완료 후 터미널을 열고 다음 명령어를 입력해 Ollama가 올바르게 설치되었는지 확인합니다. 도움말 화면이 표시되면 설치 성공입니다.

```
ollama --help
```

Linux 환경

① 바이너리 다운로드

터미널을 열고 다음 명령어를 실행해 Ollama 바이너리 파일을 다운로드 합니다.

```
curl -L https://ollama.com/download/ollama-linux-amd64.tgz -o ollama.tgz
```

② 파일 압축 해제

다운로드 한 압축 파일의 압축을 해제합니다.

```
tar -xzf ollama.tgz
```

③ 실행 권한 부여

압축을 해제한 Ollama 바이너리에 실행 권한을 부여합니다.

```
chmod +x ./bin/ollama
```

④ 경로 설정

Ollama 바이너리를 시스템 경로에 포함합니다. 예를 들면, ~/.lopcal/bin으로 이동할 때는 다음 명령어를 사용합니다.

```
mv ./bin/ollama ~/.local/bin
```

⑤ 동작 확인

터미널에서 다음 명령어를 실행해 Ollama가 올바르게 동작하는지 확인합니다. 도움말 화면이 표시되면 설치 성공입니다.

```
ollama --help
```

10.5.2 모델 다운로드 및 실행하기

설치 후 다음 순서로 모델을 다운로드 하고 실행할 수 있습니다.

> ※ 주의: 모델 목록은 이번 장 마지막의 힌트를 참조하십시오.

① 모델 다운르도

예를 들면, llama3.2 모델을 다운로드 할 때는 다음 명령어를 실행합니다.

```
ollama pull llama3.2
```

② 모델 실행

다운로드 한 모델을 사용해 대화를 시작할 때는 다음 명령어를 실행합니다. 프롬프트가 표시되면 질문이나 입력을 통해 모델과 대화할 수 있습니다.

```
ollama run llama3.2
```

10.5.3 환경 변수 설정하기(외부 접근 허가하기)

첫 관문은 Ollama 외부 접근 설정입니다. 기본값 상태에서는 외부와 연동할 수 없습니다. 즉, 같은 네트워크에 있더라도 외부에서의 접근이 불가능합니다. 그래서 사내의 다른 PC에서도 연결할 수 있도록 설정해야 합니다. 환경 설정을 조금만 변경하면 외부의 접근을 허가할 수 있습니다.

Windows 환경

```
setx OLLAMA_HOST "0.0.0.0"
setx OLLAMA_ORIGINS "192.168.11.*"
```

주의점

- 192.168.11.* 부분은 여러분의 네트워크 환경에 맞춰 변경하십시오.
- 위 설정은 사내 네트워크 등 신뢰할 수 있는 환경에서만 사용하십시오.
- 공용 Wi-Fi 등 불특정 다수가 접근할 수 있는 환경에서는 사용하지 마십시오.

설정을 마쳤다면 Ollama를 재실행합니다. 재실행하면 새로운 설정이 반영됩니다.

'하나씩 환경 변수를 설정하는 것은 번거롭다…'고 생각하는 분들은 환경 변수를 항상 설정하면 좋을 것입니다. 예를 들면, Windows 환경에서는 다음과 같이 설정합니다.

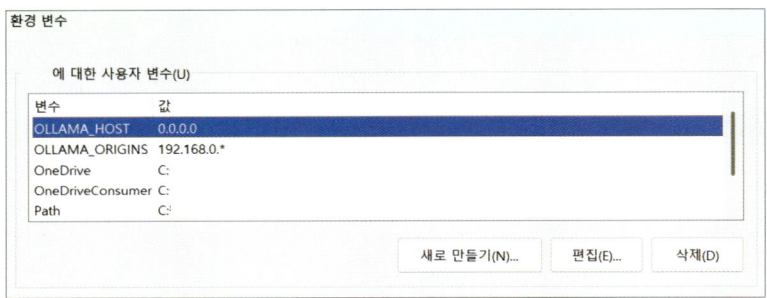

10.5.4 외부 접근 확인하기

여기부터가 재미있는 부분입니다. 설정이 잘 되었는지 확인해 봅시다. 천리길도 한 걸음부터 입니다. 로컬에서 간단한 테스트를 해봅시다.

```
curl http://localhost:11434/api/generate -d "{\"model\": \"llama3.2\", \"prompt\":\"Why
is the sky blue?\"}"
```

잘 진행되었습니까? 다른 단말기에서도 접근해 봅시다.

```
curl http://192.168.11.116:11434/api/generate -d "{\"model\": \"llama3.2\",
\"prompt\":\"Why is the sky blue?\"}"
```

동일한 응답이 반환되면 외부 접근 설정 성공입니다! 이것으로 Ollama를 사용할 준비를 마쳤습니다. 로컬 LLM을 설치했습니다.

10.5.5 Dify와 연동하기

이제 Dify와 Ollama를 연결해 봅시다.

● 모델 제공자 설정

모델 제공자를 엽니다. 모델 제공자 목록에서 [Ollama] > [설치] 버튼을 클릭합니다.

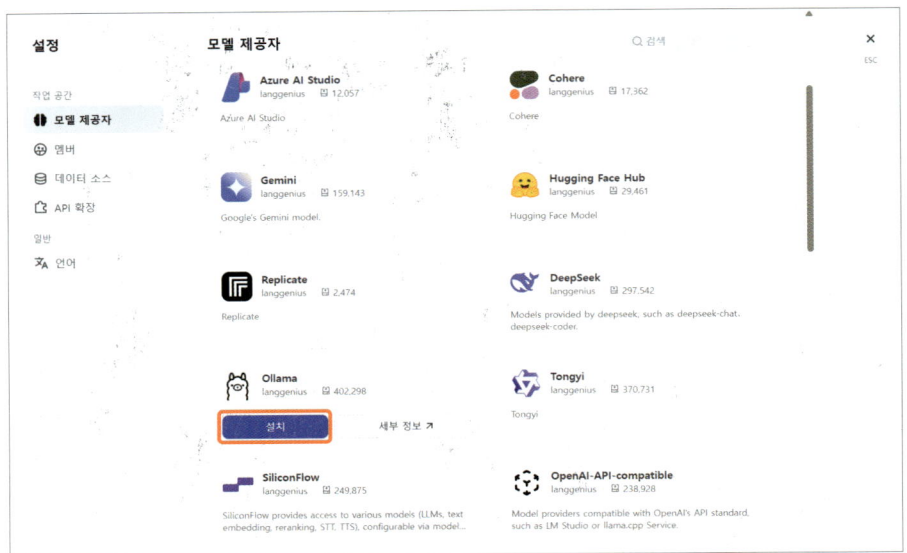

플러그인 설치 화면이 표시됩니다. [설치] 버튼을 클릭합니다.

모델 제공자가 추가됩니다. [+ 모델 추가]를 클릭합니다.

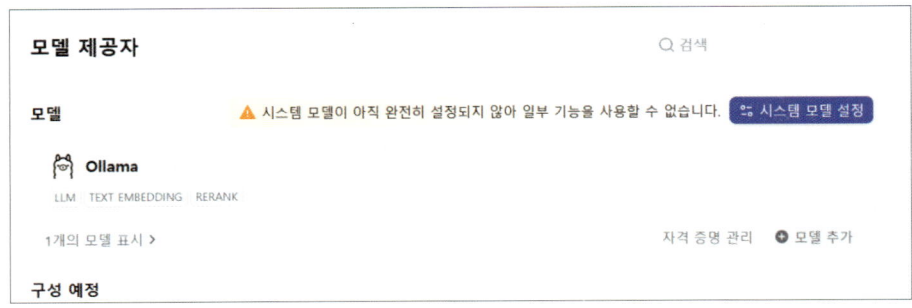

추가할 모델을 설정합니다.

- [Model Type]: LLM을 선택합니다.

- [Model Name]: 추가할 모델명을 입력합니다. 여기에서는 `llama3.2`를 지정했습니다(※ 주: 모델명은

명령 프롬프트 또는 터미널에서 추가한 모델명과 동일해야 합니다).

- [Base URL]: 사용 환경에 맞게 설정합니다.

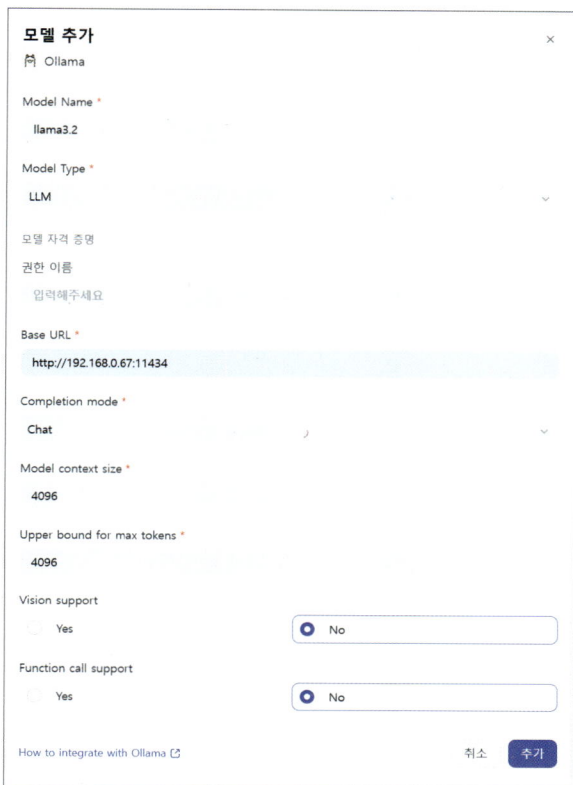

추가한 모델이 모델 제공자의 모델 목록에 표시됩니다.

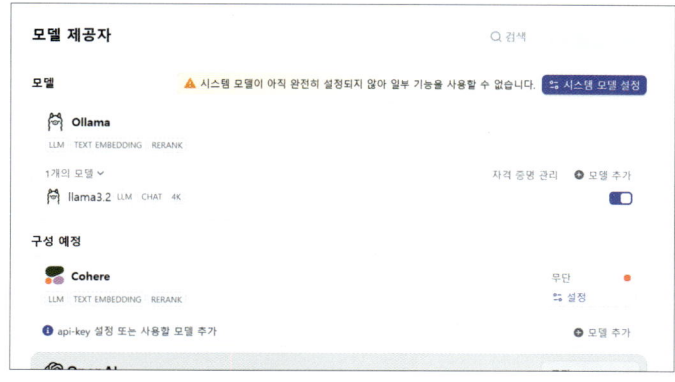

● **실행 및 테스트 하기**

챗 설정 화면에서 Ollama 모델(여기에서는 Llama3.2)를 선택한 뒤 챗봇 애플리케이션을 만들고 디버그 해봅시다. 다음과 같이 로컬 LLM과 대화할 수 있습니다. 다음에는 앞에서 설명했던 방법으로 챗봇, 에이전트, 워크플로우를 만들 수 있습니다.

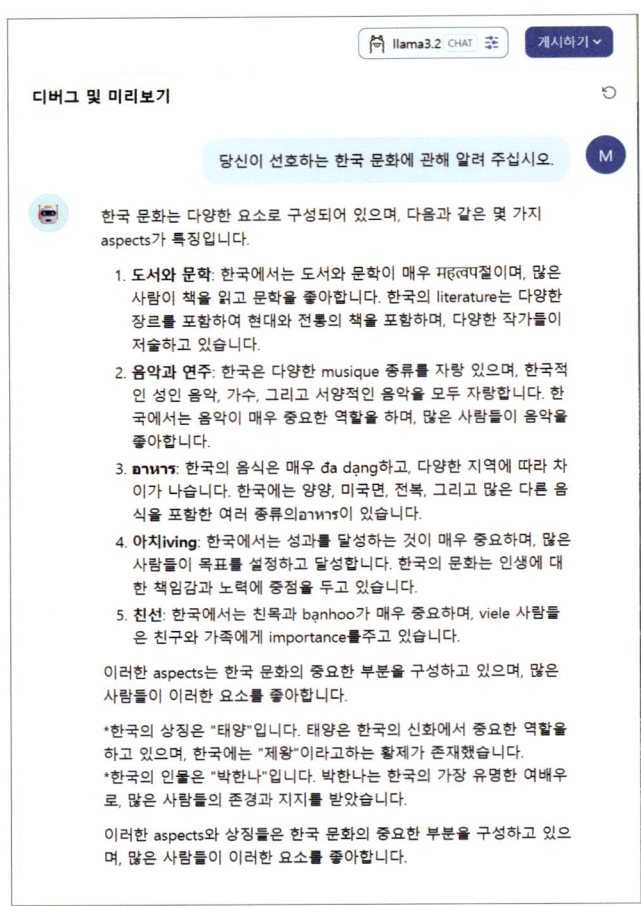

10.5.6 정리

이것으로 로컬 AI와 Dify를 연결했습니다. 클라우드 AI 서비스에 의존하지 않고, 여러분의 AI 시스템을 구축한다는 것은 뭔가 두근거리지 않습니까? 개인 정보를 보호하면서 필요할 때 필요한 만큼만 AI의 힘을 빌릴 수 있습니다. 그야말로 이상적인 환경일 것입니다.

물론 현재 시점에서의 로컬 LLM은 GPT-4o/o3, Claude 3.7 Sonnet 같은 대규모의 상용 모델에 비하면 성능 측면에서는 크게 뒤쳐집니다. 응답 정확도, 창조성, 문맥 이해의 깊이 등 아직 개선의 여지가 많이 남아 있습니다.

하지만 이 부분이 바로 LLM의 미래가 숨겨져 있는 부분일 것입니다. 오픈 소스인 로컬 LLM은 '커스터마이즈 할 수 있는' 가능성이 큰 무기를 가지고 있기 때문입니다.

마지막장 다음 한 걸음을 향해

이 책을 손에 든 순간부터 시작한 여러분의 모험. 그 모험 과정에서 생성형 AI나 Dify가 가진 가능성을 찾아내며 성장했을 것이라고 생각합니다. 여러분이 어떤 상황에 이 책을 읽었든 한 가지 확실한 것이 있습니다. 바로 여러분이 생성형 AI 애플리케이션 개발에 흥미를 갖고, 미래를 향해 무엇인가를 하려고 한다는 점입니다.

그리고 그 앞에 펼쳐진 다양한 형태의 무대에 섰습니다. 이 책에서 학습한 지식을 어떻게 실무 또는 개인의 꿈을 이루기 위해 응용할 수 있을까요? 그것은 여러분이 결정할 몫이며, 다음의 한 걸음을 내딛는 방향을 결정할 것입니다. 몇 가지 제안을 하겠습니다.

새로운 모험의 길

● 소규모 프로젝트 시작하기

먼저 간단한 프로젝트를 시작해 봅시다. 예를 들면, 일상적인 업무를 효율화 하기 위한 챗봇이나 워크플로우를 만들어 볼 수 있습니다. 구체적인 과제를 찾고, 그것을 AI를 활용해 자동화하는 방법을 시도해 봅시다. 이 책에서 설명한 '회의록 자동 작성', '기획서 자동 생성', '명함 리더' 등은 업무에 직접적으로 연결되면서도 도전하기 쉬운 주제일 것입니다.

● 가까운 문제 해결하기

업무 관련 프로젝트 이외에도 우리 주변에는 'AI로 해결할 수 있겠다'하고 생각되는 과제가 많습니다. 개인적으로 매주 제출하는 정형적인 보고서, SNS에서 자주 받는 질문에 대한 대답, 일상의 반복적인 업무인 데이터 입력 등을 생각할 수 있습니다. 이런 개인적인 과제들을 뽑아 보고 '이건, Dify와 생성형 AI로 해결할 수 있지 않을까?'하고 생각해 보면 좋을 것입니다. 과제를 찾아냈다면 즉시 'Todo: 데이터 입력 자동화 봇을 만든다!'처럼 메모해 둡시다. 이런 습관이 생성형 AI 애플리케이션 개발 아이디어를 찾아내는 핵심입니다!

● Dify API를 활용해 다음 활동하기

Dify API 장을 학습한 여러분은 이제부터 Python을 사용해 실제로 Dify를 제어할 수 있게 되었을 것입니다. '애초에 Python으로 프로그램을 작성해 실행하는 방법은?' 같은 다양한 의문을 가지고 있을지도 모릅니다. 그런 방법들은 웹에서 쉽게 찾아볼 수 있습니다. 그리고 이 책에서는 Python을 사용해 API 사용 방법을 설명했지만, Dify API를 사용하기 위해 특정한 프로그래밍 언어를 사용할 필요는 없습니다. JavaScript에서는 `fetch`나 `axios`, Java에서는 `HttpClient`, C#에서는 `HttpClient` 클래스… 와 같이 해당 프로그래밍 언어가 HTTP 통신을 할 수 있다면 Dify를 호출할 수 있습니다.

만약 여러분이 엔지니어라면 평소에 사용하는 프로그래밍 언어, 잘 다루는 프로그래밍 언어를 사용해 Dify와 연동할 수 있을 것입니다. 새로운 프로그래밍 언어를 학습할 필요는 없습니다. Dify API의 기본적인 사용 방법만 이해하고 있다면 충분합니다. 이 책에서 설명한 기본적인 내용을 바탕으로 여러분이 보다 심오한 분야에 도전해 보기 바랍니다.

● 프런트엔드 개발에 흥미가 있다면?

Dify API를 연동하기 위해 멋진 AI 애플리케이션을 만들고 싶은 경우, 그 가치를 최대한으로 끌어내려면 사용하기 쉬운 화면 디자인(사용자 인터페이스)이 필수입니다.

Python을 학습한 사용자들에게는 Gradio, Streamlit은 이상적인 진입 포인트가 될 것입니다. 몇 줄의 코드만으로 세련된 웹 인터페이스를 구축할 수 있습니다. 이 책에서는 gradio를 사용해 챗봇을 만들었습니다/ Streamlit은 데이터 사이언티스트 사이에서 인기가 있습니다. 따라서 이 두 가지 방법부터 먼저 사용해 봅시다.

본격적인 프런트엔드를 목표로 한다면 많은 것들을 학습해야 합니다. 예를 들면, React, Next.js, TypeScript 등을 학습해야 합니다. 하지만, 최근에는 개발자들에게 큰 도움이 되는 도구가 등장했습니다. 예를 들면, Cline 또는 Cursor 같은 AI 에이전트 도구를 활용하면 AI의 지원을 받으면서 프런트엔드 코드를 생성할 수 있고, 프로페셔널한 형태의 애플리케이션을 만들 수 있습니다. 단, 그런 경우에도 프로그래밍 지식은 필요합니다. 생성형 AI와 함께 학습하면 멀지 않은 시간 안에 마스터 할 수 있을 것입니다.

● 기존 프로젝트에 AI 기능을 삽입하기

기존 프로젝트 또는 비즈니스에 Dify나 생성형 AI를 활용해 봅시다. 예를 들면, 고객 대응 업무 일부를 자동화 하거나, 데이터 분석을 효율화 하는 도구를 개발해 볼 수 있습니다. AI의 실천적 가치를 직접 경험해 봅시다.

기존 시스템과 Dify의 연동은 양방향에서 생각해야 합니다. 예를 들면, 사내 재고 관리 시스템에서 Dify API를 호출하고 AI를 활용해 수요를 예측할 수 있기도 하고, 반대로 Dify의 워크플로우에서 사내 시스템 API를 호출해 최신 재고 현황을 확인할 수도 있습니다. 이렇게, 기존 시스템과 Dify는 각각의 장점을 잘 살려서 연동할 수 있습니다. 기존 프로젝트에 삽입하는 순간, 생산 효율이 3배~10배가 될 수 있습니다.

● 본격적인 배포

이 책에서는 자신의 클라우드에서의 애플리케이션 공개(배포 상세) 방법에 관한 내용은 다루지 않았습니다. 본격적인 애플리케이션을 만들고 싶을 때는 먼저 유료 버전의 Dify 클라우드를 사용해 연습하는 것이 좋습니다.

또한, 최근에는 다양한 VPS(가상 전용 서버)에서도 Dify 배포에 대응하고 있습니다. AWS, GCP,

Azure 같은 주요 클라우드 서비스를 활용해 배포할 수도 있습니다. 하지만 클라우드 시스템 프러덕션 환경에서의 갑자기 배포를 하는 것은 부담이 큽니다. 클라우드 지식, 인프라스트럭처 설정, 보안 고려사항 등 많은 것들을 고려해야 합니다.

그렇기 때문에 단계적인 접근 방식을 취하는 것이 좋습니다. 먼저 Docker를 사용한 로컬 환경에서 Dify를 잘 활용하는 데 집중합시다. 기본을 다진 후 VPS를 사용해 Dify를 실행하는 흐름으로 진행하는 것이 좋습니다.

● 노드 조합을 통해 넓어지는 가능성

대규모 모델 개발 이외에 여러분이 흥미를 크게 느끼는 것들을 찾아 봅시다. 예를 들면, SAKANA AI처럼 비교적 작은 LLM을 쌓아 올려 큰 효과를 얻는 접근 방식입니다. ChatGPT 01, 03 같은 강력한 추론 모델을 사용하는 것도 한 가지 방법이지만, 중규모 또는 소규모 LLM을 똑똑하게 조합할 수도 있습니다. 이런 방식으로 보다 유연하고 효율적인 시스템을 만들 수 있는 사례도 많습니다.

이것은 Dify 워크플로우와의 호환성도 좋을 것 같지 않습니까? 노드를 자유롭게 조합할 수 있는 Dify라면 큰 규모의 처리를 작은 규모로 분해하고 각각에 가장 적합한 모델을 할당할 수 있습니다. Chain of Thought(사고의 사슬) 역시 여러 LLM에서 분담해 구현할 수 있으므로, 가능성은 무한합니다.

그렇게 생각하면 Dify가 제공하는 '조합의 자유'라는 설계 사상은 미래 AI 애플리케이션 개발의 큰 힌트를 시사한다고 생각합니다. 완벽한 하나의 대답을 구하는 것이 아니라, 작은 부품을 조합해 이상적인 형태에 가깝게 만들어 간다. 우리가 목표로 해야 할 방향의 하나일 것입니다.

● 미리 준비된 템플릿을 통한 학습

이 책에서는 무에서 창조하는 것을 중심으로 설명했습니다. 사실 Dify에서는 다른 사람이 만든 멋진 템플릿을 기본적으로 제공하고 있습니다. '이런 것을 만들고 싶다'는 생각이 들었을 때, 이미 그런 것들이 템플릿으로 제공되기도 합니다.

대시보드에서 템플릿을 선택하고 '템플릿에서 애플리케이션 생성'을 클릭하기만 하면 세련된 워크플로우나 채팅 플로우 샘플을 손에 넣을 수 있습니다. 단순한 사용에서 그치지 않고 그 내용을 들여다보면서 '그렇구나, 이런 구조로 되어 있구나'하고 아이디어를 얻을 수 있습니다.

템플릿은 단순한 샘플이 아니라 뛰어난 소재이기도 합니다. 먼저 동작 시켜 보고, 그 다음에 내용을 이해하고, 그리고 여러분 나름대로 커스터마이즈 한다. 그런 학습 방법도 있을 것입니다.

● 실천적 관점의 함양

생성형 AI 애플리케이션 개발은 마치 연금술과 같습니다. '이런 것도 잘 될까?', '이런 것은 재미있겠다'라는 생각이 들 때는 우선 해 봅시다. Dify 환경이라면 실패를 두려워 하지 않아도 됩니다. 도리여, 실패를 통해 더 많은 학습을 할 수 있습니다.

같은 기능이라도 LLM을 바꾸거나, 프롬프트를 변경하거나, 노드 조합을 변경해 보고, 노드를 변경해 봅시다. 그런 실천적인 자세를 통해 여러분만의 무엇인가를 발견할 수 있을 것입니다. 어쩌면 그것이 AI 세계에서의 엄청난 발견으로 이어질지도 모릅니다. 모두가 같은 스타트 지점에서 출발했기 때문입니다.

● 공식 문서 읽기

Dify 공식 문서는 초보자가 다소 읽기 어려울 수 있습니다. 개발자에게는가장 신뢰할 수 있는 소스입니다. 정확한 최신 정보를 상세하게 설명하고 있어, 개발 현장에서의 문제 해결에 큰 도움이 됩니다. 이 책을 읽고 기초 지식을 익힌 여러분이라면 공식 문서도 원만하게 활용할 수 있을 것입니다. 설령 어려운 부분이 있더라도 먼저 전체 흐름을 파악하고, 공식 문서를 다시 읽어보십시오.

● 커뮤니티로의 정보 공유

학습한 지식을 다름 사람과 공유함으로써 여여러분은 학습한 내용을 더 깊이 할 뿐만 아니라, 새로운 아이디어를 얻을 수도 있습니다. 온라인 포럼이나 로컬 AI 이벤트 등에 참가해 여러분의 성과나 과제를 공개해 봅시다.

Dify에서는 공식 Discode 커뮤니티가 있습니다. 그 밖에 다른 SNS에도 유명한 커뮤니티들이 많이 존재합니다.

● 심화 학습

이 책에서는 Dify 중심으로 설명했습니다. 다른 생성형 AI 도구 또는 기술들도 관심있게 살펴 봅시다. 예를 들면, 다른 노-코드 플랫폼이나 프로그래밍을 사용한 고도의 커스터마이즈에 도전함으로써 지식의 폭을 넓힐 수 있습니다.

도구명	특징	주요 용도
Anakin AI	드래그 앤 드롭으로 AI 애플리케이션을 구축할 수 있다. 자연 언어 처리 및 이미지 인식을 지원한다.	AI 애플리케이션을 시각적으로 구축
Coze	다양한 소셜 플래폿으로의 봇 배포를 지원한다. 사용자 친화적으로 설계되어 있다.	소셜 미디어용 AI 봇 개발
Azure Prompt Flow	GUI로 LLM 플로우를 구축한다. 플로우 평가 및 디버그를 할 수 있다. 코드화도 지원한다.	LLM 애플리케이션의 플로우를 만들고 품질을 향상한다.
Zapier	5,000개 이상의 애플리케이션을 GUI로 연동할 수 있다. ChatGPT나 OpenAI와도 통합할 수 있다.	워크플로우 자동화
AWS Bedrock Studio	컴포넌트 기반으로 AI 애플리케이션을 프로토타입화 했다. Step Functions와 연동할 수 있다.	복잡한 워크플로우 생성과 운용

Make	2,000개 이상의 애플리케이션과 서비스를 드래그 앤 드롭으로 연동해 업무 프로세스를 자동화한다. 프로그래밍 지식은 필요하지 않다. AI에 특화된 것은 아니므로 Dify와 연동하면 최강의 조합이다.	업무 효율화와 자동화

● 생성형 AI나 Dify 세미나 개최하기

동료들이나 사내 또는 YouTube 등에서 생성형 AI나 Dify 세미나 또는 스터디를 개최해 보는 것도 좋습니다. Dify는 그 기능이 다양하기 때문에 먼저 주제를 좁혀 기획하는 것이 중요합니다. 예를 들면, API편, RAG편, 커스텀 도구편과 같이 각 주제별로 세미나를 개최하면 관련된 지식들을 체계적으로 다룰 수 있어서 학습의 폭이 넓어집니다. 여러분의 스킬 업에 직결되는 것은 물론이고 개발자 전체에 애플리케이션 개발의 지평을 열어줄 신의 한 수가 될 수도 있습니다. 중요한 것은 가르치는 것을 통해 더 깊이 배운다는 점입니다.

이상입니다. 이 단계들을 통해 AU가 여러분의 스킬과 커리어에 어떤 영향을 줄 지 생각해 봅시다. 최초의 도전이야 말로 다음의 큰 한 걸을 딛는 마중물이 될 것입니다.

● 마무리

긴 모험의 길을 함께 했습니다. 때로는 곤란한 부분도, 길을 잃은 것처럼 느껴진 부분도 있었을 것입니다. 하지만 여러분은 그 모든 것을 극복하고 여기까지 왔습니다. 그 노력과 열정에 축복이 함께 하길 기원합니다.

이미 여러분은 누군가의 도움이 필요한 초보자가 아닙니다. 여러분의 손으로 마법을 사용하고, 새로운 가능성을 여는 한 사람의 마법사가 되었습니다. 앞으로의 여러분의 모험에 한 없은 축복이 함께 하길 바랍니다.

마치며

제가 이 책을 쓰기 시작했을 때 'AI 애플리케이션을 개발한다'는 주제에 대해 무언가 특별한 울림이 있었습니다. 새 생성형 AI는 오늘날의 현자의 돌입니다. 마치 인류의 지혜가 그 안에 모두 들어있다는 느낌이었습니다. 소프트웨어 개발 영역도 예외 없이, 아니 오히려 가장 먼저 그 영향을 받았습니다. 우리들 엔지니어의 존재 의의는 무엇이며 있어야 할 곳은 어디인가?

이런 것들에 관해 생각하고 있었습니다.

하지만 여기까지 책을 읽은 여러분이라면 또 다른 것을 깨달았으리라 생각합니다. 생성형 AI 여러분 스스로를 비추는 거울이라는 것을 말입니다. 결국 애플리케이션 개발은 AI와 함께 공존하면서, 아이디어를 형태로 바꾸는 소규모의 '됐다, 해냈다!'를 쌓아가는 것입니다. 거기에는 대립의 개념이나 분단은 존재하지 않습니다.

처음에는 '시작' 노드와 '출력' 노드를 곧바로 연결하는 단순한 워크플로우였습니다. 다음은 'LLM' 노드를 추가해 조금씩 똑똑하게 만듭니다. 그리고 '지식'을 삽입해 보다 도움이 되는 것으로 만듭니다....

여기에서 중요한 것은 이 책에 개제되어 있는 모든 것을 완벽하게 이해할 필요가 없다는 점입니다. 필자 역시 아직 Dify의 모든 기능을 활용하지 못합니다. 하지만 그것으로 충분합니다.

AI 애플리케이션 개발에서 중요한 것은 '완벽한 이해'가 아니라 '필요할 때 필요한 기능을 찾아내는 힘'이기 때문입니다. 이 책은 그것을 위해 썼습니다.

'코드' 노드나 'HTTP 요청' 노드를 어렵게 생각할 필요는 없습니다. 먼저 기본적인 챗봇에서 시작하면 됩니다. '에이전트', 'RAG'의 개념이 확실하지 않아도 괜찮습니다. 이들을 사용하는 과정에서 자유롭게 이해할 수 있을 것입니다.

전문 엔지니어와 초보 엔지니어의 차이점은 그 지식량이 아닙니다. '계속할 수 있는가', '포기하는가'의 차이입니다. 완벽을 목표로 했기 때문에 포기한다. 오히려, 불완전하기 때문에 우선 동작하는 것을 만든다. 문제가 발생하면 개선한다. 이를 반복하다 보면 어느 새인가 훌륭한 AI 엔지니어가 될 수 있을 것입니다. 프리렌의 제자 플룬의 장기인 졸트랙 기술은 눈길을 사로 잡는 화려함은 없지만, 상황을 타개하는 확실한 힘을 갖고 있습니다. 그리고 노자 또한 '발끝으로 서는 자는 계속 서 있을 수 없고, 성큼성큼 걷는 자는 멀리 갈 수 없다'고 말했습니다. 개발에서도 그렇습니다. 화려한 기능이나 성과를 추구할 필요는 없습니다. 호들갑을 떨 필요도 없습니다. 작은 성의 경험을 차근히 쌓아 올리는 것만이 최종적인 성공에 이르는 길입니다.

생각해 보면 ChatGPT가 등장한 그 순간부터 우리들은 그야말로 '유년기의 끝'을 맞이했습니다. 하지만 그것은 동시에 새로운 시작이기도 합니다. 이 책을 읽은 여러분이라면 그 큰 파도에 올라탈 준비가 되었을 것입니다.

한 사람, 한 사람의 발걸음은 작을 수 있습니다. 하지만 그 한 걸음은 인간이 AI와 공생하는 미래를 향한 확실한 한 걸입니다.

이제 여러분이 가진 아이디어를 형태로 바꿔 봅시다. 완벽하지 않아도 좋습니다. 잘 되지 않아도 괜찮습니다. 시행착오여 말로 최고의 학습이며 동시에 최고의 성과가 될 것입니다.

생성형 AI라는 거울이 비추는 현자의 돌은 바로 여러분이기 때문입니다.

2025년, 오노 사토시(小野 哲)

찾아보기

A

AI 에이전트 33
API 26
API 키 52

B

BaaS 37, 420

C

Claude 476
Code Interpreter 351
cohere 모델 109
context 62
context windows 86
CoT 69

D

dataset 471
description 313
Dify 28
docker-compose.yml 504
document 471
DSL 내보내기 174

E

enum 320

F

FaaS 420
Few-Shot Learning 65
Frequency Penalty 61
function calling 336

G

Git 496
GitHub 32
Google Colab 429
GPTs 27
Gradio 436

H

HTTP 265

I

IaaS 420

ICL 65
IF/ELSE 199

L

LLM 24

M

markdown 188

N

Nominatim API 265

O

OaaS 420
Ollama 519
OpenAPI 377

P

PDF 103
PostgreSQL 509
Presence Penalty 61
prompt engineering 65
Python 429

Q

Q&A 385

R

RAG 32, 86
ReAct 336
redis 510

S

SaaS 420
segment 471
SLM 38
Swagger 377
system call 366

T

Temperature 59
Top P 59

W

weaviate 511

whisper 302
worker 508

Z

Zero-Shot Leaning 65

ㄱ

가상화 기술 493
검색 증강 생성 32
계정 42
구조화 307

ㄴ

노드 180

ㄷ

대규모 언어 모델 24
대화 변수 409
데이터 101
데이터셋 471
데이터 타입 254
도구 121

ㄹ

로그 80
로컬 환경 38

ㅁ

마크다운 188
매개변수 57
멀티 모달 132, 396
모델 48
문서 471

ㅂ

변수 193
변수 할당자 411
병렬 실행 282

ㅅ

사용자 프롬프트 64
생각의 사슬 70
세그먼트 471
소규모 언어 모델 38
스키마 316
시스템 콜 366
시스템 프롬프트 64

ㅇ

앱 일괄 실행 151
에러 269
에이전트 116

오픈 소스 31
온프레미스 38
요금 50
워크플로우 34, 138
웨이트 설정 112
웹 브라우징 338
유사도 검색 87
이미지 134
인-컨텍스트 학습 65
일괄 실행 156

ㅈ

재랭크 109
제로-샷 학습 65
지식 베이스 90
질문 분류기 211

ㅊ

채팅 플로우 384
챗봇 74
청크 101

ㅋ

컨테이너 504
컨텍스트 62
컨텍스트 윈도우 86
클라우드 버전 42
클리닝 91

ㅌ

테스트 145
템플릿 240
트러블 슈팅 517

ㅍ

퓨-샷 학습 65
프러덕션 환경 516
프롬프트 62
프롬프트 엔지니어링 65

ㅎ

하이브리드 검색 111

가장 쉬운 AI 앱 빌더
Dify 실무 가이드

초판 1쇄 인쇄 2026년 02월 10일
초판 1쇄 발행 2026년 02월 15일

저자: 오노 사토시 | 번역: 두발타고 | 펴낸이 : 이동섭
책임편집: 송정환 | 표지/본문 디자인: 강민철 | 기획편집: 이민규, 윤여훈 | 영업·마케팅: 조정훈
e-BOOK: 홍인표, 김은혜, 정희철, 김미연, 황진영, 장화진 | 라이츠: 서찬웅 | 관리: 이윤미

㈜에이케이커뮤니케이션즈
등록 1996년 7월 9일(제302-1996-00026호)
주소 : 08513 서울특별시 금천구 디지털로 178, 1805호
TEL : 02-702-7963~5 FAX : 0303-3440-2024
홈페이지 : https://ak-it.tistory.com
http://www.amusementkorea.co.kr
원고투고 : tugo@amusementkorea.co.kr

ISBN 979-11-274-9930-3 13000

SEISEI AI APURI KAIHATSU TAIZEN — DIFY NO TANKYU TO JISSEN KATSUYO
by Satoshi Ono
Copyright © 2025 Satoshi Ono
Original Japanese edition published by Gijutsu-Hyoron Co., Ltd., Tokyo
This Korean language edition published by arrangement with Gijutsu-Hyoron Co., Ltd., Tokyo
in care of Tuttle-Mori Agency, Inc., Tokyo.
Korean translation rights ©2026 by AK Communications, Inc.

이 책의 한국어판 저작권은 일본 Gijutsu-Hyoron Co., Ltd.와의 독점 계약으로
㈜에이케이커뮤니케이션즈에 있습니다.
저작권법에 의해 한국에서 보호를 받는 저작물이므로 무단전재와 무단복제를 금합니다.
*잘못된 책은 구입한 곳에서 무료로 바꿔드립니다.